ALLTÄGLICHE DINGE
AUSSERGEWÖHNLICH
EINGESETZT

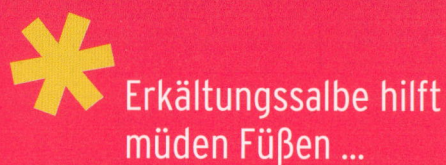

* Erkältungssalbe hilft müden Füßen …

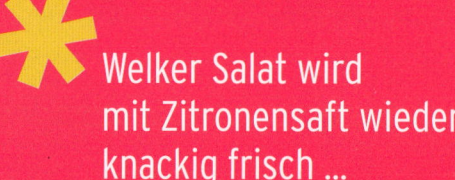

* Welker Salat wird mit Zitronensaft wieder knackig frisch …

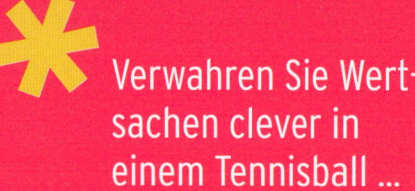

* Verwahren Sie Wertsachen clever in einem Tennisball …

* Das Geheimnis perfekt pochierter Eier ist Essig …

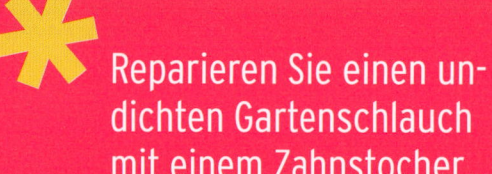

* Reparieren Sie einen undichten Gartenschlauch mit einem Zahnstocher …

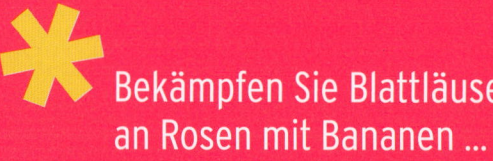

* Erzielen Sie mit Kaffee eine reiche Möhrenernte …

* Bekämpfen Sie Blattläuse an Rosen mit Bananen …

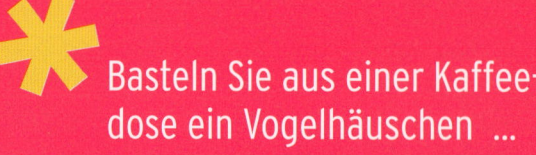

* Basteln Sie aus einer Kaffeedose ein Vogelhäuschen …

ALLTÄGLICHE DINGE AUSSERGEWÖHNLICH EINGESETZT

2247 GENIALE LÖSUNGEN

Reader's Digest

DEUTSCHLAND · SCHWEIZ · ÖSTERREICH

Zweiter Nachdruck 2007
Sonderausgabe von
„Alltägliche Dinge außergewöhnlich eingesetzt"

Verlag Das Beste GmbH – Stuttgart, Zürich, Wien

US 4655/IC-GR

Printed in Germany
ISBN 978-3-89915-342-2

Druck und Binden
Mohnmedia Mohndruck GmbH, Gütersloh

Besuchen Sie uns im Internet
www.readersdigest.de

ÜBER DIESES BUCH

Jeden Tag werden wir mit vielen alltäglichen Problemen konfrontiert. Auf den folgenden Seiten geben wir Ihnen zahlreiche Tipps, wie Sie mit gewöhnlichen Haushaltsprodukten nahezu alles rund ums Haus wiederherstellen, ersetzen, reparieren oder erneuern können.

Der Hauptteil dieses Buches besteht aus einem A–Z-Teil, der alle Dinge von Alka-Seltzer® bis Zwiebeln vorstellt. Über das ganze Buch verteilt finden Sie Anmerkungen (Sicherheitshinweise oder Tipps zum Umgang mit bestimmten Artikeln) und amüsante Geschichten zum Ursprung von Produkten – beispielsweise über die Erfindung des deutschen Heftpflasters. Außerdem gibt es zahlreiche Anregungen, was Sie speziell mit Kindern ausprobieren können – einfach nur so zum Spaß oder auch, um aus kleinen Experimenten etwas zu lernen.

Ob Sie nun Freude daran haben, neue Möglichkeiten zu entdecken, wie man alltägliche Haushaltsartikel einmal ganz anders verwenden kann, oder ob es Ihnen einfach widerstrebt, Dinge wegzuwerfen, in diesem Buch werden Sie in unterhaltsamer und informativer Form genügend Lösungen finden.

Der Herausgeber

INHALT

A

B

C D

E

F

G

H

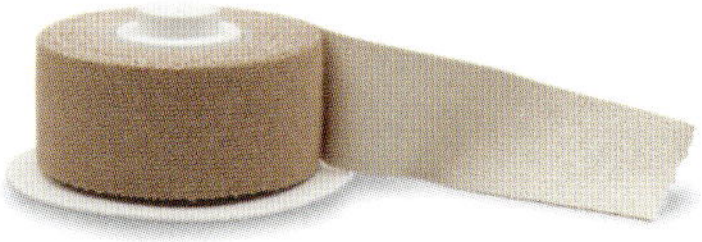

I J

K

L

M

N

O

P

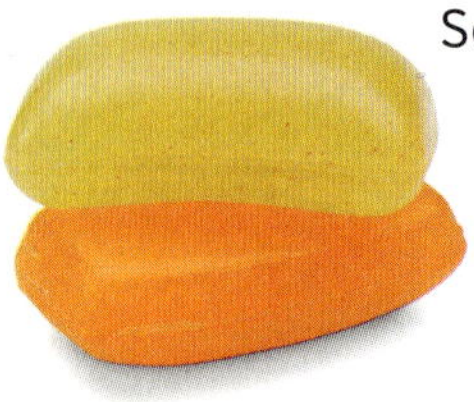

Alle Tipps von A-Z

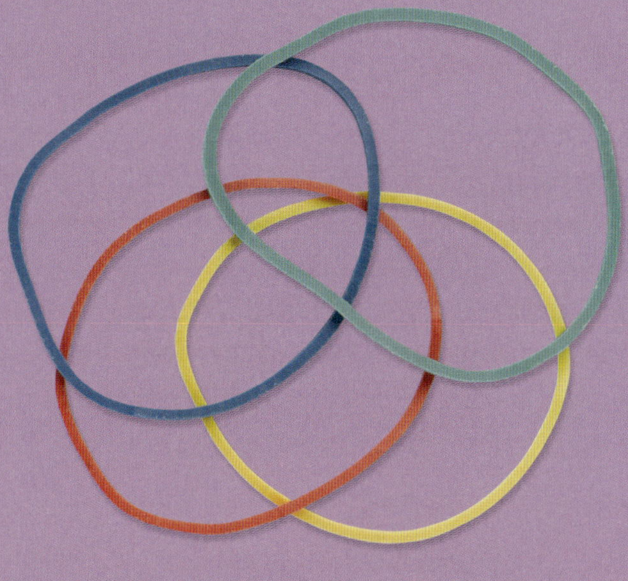

ALKA-SELTZER®

NICHT WEGWERFEN • Haben Sie noch einen Vorrat Alka-Seltzer®-Tabletten, der sich dem Verfallsdatum schon bedenklich nähert oder vor kurzem abgelaufen ist? Keine Sorge – Sie müssen die Tabletten nicht wegwerfen, sondern können sie für überraschend viele Dinge in Haushalt oder Hobby einsetzen!

KAFFEEMASCHINE VERKALKT? • Füllen Sie den Wasserbehälter der Kaffeemaschine mit Wasser und geben Sie vier Tabletten Alka-Seltzer® hinein. Nachdem sich die Tabletten aufgelöst haben, lassen Sie das Wasser durchlaufen; so wird das Rohrsystem im Innern der Maschine vom Kalk befreit. Spülen Sie den Wasserbehälter anschließend zwei- oder dreimal aus und lassen Sie vor dem Aufbrühen von frischem Kaffee mehrfach klares Wasser durchlaufen.

VASEN REINIGEN • Hartnäckiger Bodensatz in einer Vase mit engem Hals ist nur schwer zu entfernen. Abhilfe schaffen hier zwei Tabletten Alka-Seltzer®, die man in die halb mit Wasser gefüllte Vase gibt. Sobald die Tabletten nicht mehr schäumen, spült man die Vase aus. Dieser Trick funktioniert auch bei Thermosflaschen mit Glaseinsatz.

SO WIRD GLASGESCHIRR WIE NEU • Jetzt hat das mühsame Abscheuern hartnäckiger Flecken von feuerfestem Glasgeschirr ein Ende: Füllen Sie den Topf mit Wasser und geben Sie bis zu sechs Tabletten Alka-Seltzer® hinzu. 1 Stunde stehen lassen. Anschließend lassen sich die eingebrannten Speisereste ganz leicht abreiben.

EIN SAUBERES ÖRTCHEN • Der Gehalt an Zitronensäure und der Sprudeleffekt machen Alka-Seltzer® zu einem wirksamen Toilettenreiniger. Man gibt ein paar Tabletten in die Toilettenschüssel bzw. den -abfluss und lässt sie etwa 20 Minuten einwirken. Anschließend reinigt man die Toilette wie gewohnt mit der Bürste – und erfreut sich an strahlendem Glanz.

SCHMUCK REINIGEN • Geben Sie zwei Alka-Seltzer®-Tabletten in ein Glas mit Wasser und legen Sie Ihren glanzlos gewordenen Schmuck in die schäumende Lösung. Beim Herausnehmen funkelt und glänzt er wie neu.

SO BEISSEN DIE FISCHE

Jeder Angler weiß, dass Fische von Wasserblasen angelockt werden. Experimentieren Sie – am besten gemeinsam mit Ihren Kindern – mit dieser Wirkung, indem Sie ein ausgedientes Tee-Ei mit einem Stück Alka-Seltzer® an Ihrer Angelschnur anbringen.

Lebendige Wissenschaft

Hätten Sie gedacht, dass sich Alka-Seltzer® hervorragend als Raketenantrieb eignet? Probieren Sie es aus!

Für den Bau der Rakete benötigt man lediglich eine ganz normale 35-mm-Filmdose mit einem Deckel, der in die Dose eingesetzt wird. Achtung: Filmdosen mit aufgesetztem Deckel funktionieren nicht! Außerdem sollten dickes Papier, Klebeband und eine Schere bereitliegen.

Zunächst den Deckel der Dose abnehmen. Dann aus Papier den Rumpf der Rakete formen, dabei das untere Ende um die Dose wickeln; deren Öffnung muss nach unten weisen. Festkleben. Aus Papier eine Raketenspitze formen. Den unteren Rand gleichmäßig abschneiden, dann die Spitze mit Klebeband am oberen Ende der Rakete anbringen.

Zum Starten der Rakete wird die Filmdose halb mit Eiswasser gefüllt – ohne wirklich kaltes Wasser wird der Start nicht gelingen. Zwei Tabletten Alka-Seltzer® hineingeben, rasch den Deckel einsetzen, die Rakete auf den Boden stellen und beiseite treten. Das entstehende Gas baut nun Druck in der Dose auf, sodass der Deckel abgesprengt wird und die Rakete ein paar Meter in die Luft steigt.

ABFLUSS VERSTOPFT? • Ist der Abfluss wieder einmal verstopft, lässt sich fast immer Abhilfe schaffen, indem man ein paar Tabletten Alka-Seltzer® in die Öffnung gibt und eine Tasse Essig nachgießt. Ein paar Minuten warten, dann aus dem Warmwasserhahn heißes Wasser nachlaufen lassen; so kann sich die Verstopfung vollständig lösen. Diese Methode eignet sich auch, um unangenehme Gerüche aus dem Küchenabfluss zu beseitigen.

SCHNELLE HILFE BEI INSEKTENSTICHEN • Wenn Sie von Mücken- und anderen Insektenstichen gequält werden, können Sie den Juckreiz wirksam lindern, indem Sie zwei Tabletten Alka-Seltzer® in einem halben Glas Wasser auflösen, einen Wattebausch in die Lösung tauchen und den Stich damit abtupfen.

VORSICHT: Diese Behandlung darf nicht bei Patienten mit einer Allergie gegen Acetylsalicylsäure angewendet werden, das ein Hauptbestandteil von Alka-Seltzer® ist (s. a. S. 19).

ALUMINIUMDOSEN

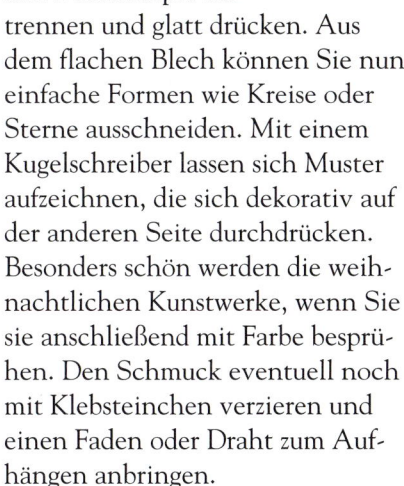

SO BASTELN SIE EINEN DEKORATIVEN SCHNEEMANN • Legen Sie weißes Papier um eine leere Getränkedose und befestigen Sie es mit Klebeband. Für den Kopf des Schneemanns kleben Sie eine Styroporkugel oben auf die Dose. Anschließend wird die Dose so mit Verbandsmaterial umwickelt, dass ein runder Leib entsteht. Festkleben. Nun basteln Sie einen kegelförmigen Papierhut, der auf den Kopf gesetzt wird. Augen und Nase bestehen aus Knöpfen, die Sie mit einem Styroporkleber befestigen. Arme erhält der Schneemann, indem Sie seitlich Löcher in die Dose bohren und geeignete kleine Zweige hineinstecken. Mit einem schwarzen Filzstift auf die Vorderseite des Schneemanns Knöpfe auftupfen, dann noch aus Wollstoff einen Schal schneiden und dem Schneemann um den Hals legen.

WEIHNACHTSSCHMUCK AUS ALUMINIUM • Deckel und Boden leerer Aluminiumdosen vorsichtig mit einer geeigneten Schere abschneiden; den Dosenkörper auftrennen und glatt drücken. Aus dem flachen Blech können Sie nun einfache Formen wie Kreise oder Sterne ausschneiden. Mit einem Kugelschreiber lassen sich Muster aufzeichnen, die sich dekorativ auf der anderen Seite durchdrücken. Besonders schön werden die weihnachtlichen Kunstwerke, wenn Sie sie anschließend mit Farbe besprühen. Den Schmuck eventuell noch mit Klebsteinchen verzieren und einen Faden oder Draht zum Aufhängen anbringen.

Fortsetzung →

TIPPS FÜR PFLANZENFREUNDE

SCHLUSS MIT SCHWEREN PFLANZGEFÄSSEN • Nimmt es Ihr Rücken mitunter übel, wenn Sie ein schweres Pflanzgefäß heben? Dies muss nicht sein – verringern Sie einfach das Gewicht des Topfes, indem Sie ihn vor dem Bepflanzen zu einem Drittel oder zur Hälfte mit leeren, auf den Kopf gestellten Aluminiumdosen füllen. Erst dann geben Sie Erde in das Gefäß und setzen die Pflanzen ein. Die rostfreien Aluminiumdosen machen das Pflanzgefäß nicht nur leichter, sondern verbessern auch die Entwässerung.

SCHUTZ FÜR JUNGPFLANZEN • Eine Konservendose wird im Handumdrehen zu einer Manschette, die junge Gartenpflanzen vor Raupen schützt. Dazu die leere Dose vorsichtig spülen, dabei das Papieretikett ablösen. Dann den Boden der Dose mit dem Dosenöffner entfernen und die Dose in die Erde stecken.

PFLANZEN KENNZEICHNEN • Entfernen Sie Deckel und Boden einiger Aluminiumdosen und schneiden Sie daraus Pflanzenetiketten zurecht, die Sie mit einem wasserfesten Stift beschriften. Befestigen Sie die Schilder an Stäbchen, die Sie an den entsprechenden Stellen im Beet in die Erde oder in Blumentöpfe stecken. So wissen Sie genau, welche Pflanzen in welcher Farbe nach einigen Monaten an der bezeichneten Stelle erscheinen werden. Empfehlenswert ist die Methode u. a. für Blumenzwiebeln und frisch ausgebrachte Samen.

VORSICHT: Beim Hantieren mit Aluminium kann man sich leicht verletzen, denn die Kanten sind messerscharf. Tragen Sie unbedingt Arbeitshandschuhe, wenn Sie Aluminium zurechtschneiden, und benutzen Sie gegebenenfalls eine Blechschere. Wollen Sie Aluteile zusammenfügen, empfiehlt sich ein Zweikomponentenklebstoff.

EINE DOSE WIRD ZUM LAMPION

1 Eine gebrauchte saubere Getränkedose lässt sich leicht in einen Lampion verwandeln. Dazu im Abstand von 1,5 cm senkrecht Linien auf die Dose zeichnen; die Linien sollten jeweils 2,5 cm unterhalb des Deckels bzw. oberhalb des Bodens enden. Nun das Blech entlang den Linien mit einem scharfen Messer einschneiden (siehe Foto), dabei die Dose möglichst fixieren, um Verletzungen zu verhindern, falls das Messer abrutscht. Wer möchte, kann die Dose vor dem Einschneiden mit einer Farbe seiner Wahl besprühen.

2 Um eine Öffnung für die Kerze zu erhalten, zwei nebeneinander liegende Streifen unten abschneiden und hochziehen.

3 Leicht von oben auf die Dose drücken, damit sich die Streifen in der Mitte nach außen biegen. Ein Teelicht durch die Öffnung schieben und die abgeschnittenen Enden der Streifen in die Dose stecken.

4 Nun an dem Verschluss der Getränkedose eine Schnur anbringen, damit der Lampion aufgehängt werden kann.

53 TIPPS

ALUMINIUMFOLIE

In der Küche

SO GELINGT DER BLECHKUCHEN • Damit der Rand des selbst gebackenen Blechkuchens nicht zu braun wird, deckt man ihn mit einem Streifen Aluminiumfolie ab. Die Folie verhindert, dass der Rand verbrennt, während der Blechkuchen Farbe annehmen kann.

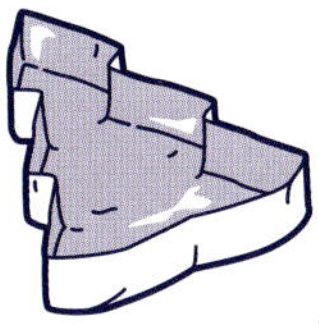

KUCHEN FÜR JEDEN ANLASS • Backen Sie zum Geburtstag Ihres Jüngsten einen Kuchen in Teddybärform, zum Valentinstag etwas Herzförmiges und zu Weihnachten eine Leckerei, die wie ein Christbaum aussieht. Um den passenden Kuchen für jeden Anlass herzustellen, bringen Sie einfach eine doppelte Lage starker Aluminiumfolie in die gewünschte Form. Bevor Sie den Teig einfüllen, in eine etwas größere Backform setzen.

WIE BRAUNER ZUCKER WIEDER KÖRNIG WIRD • Will man hart gewordenen braunen Zucker wieder streufähig machen, schlägt man ein Stück ab, wickelt es in Alufolie und erwärmt es im Backofen etwa 5 Minuten bei 150 °C.

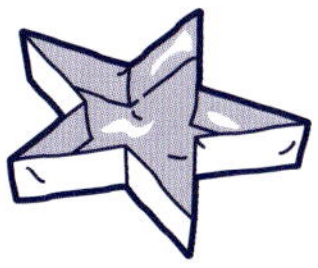

SILBERPFLEGE

SILBER POLIEREN IN REKORDZEIT • Leicht angelaufenes Silber lässt sich im Handumdrehen reinigen. Hierzu kleidet man eine Schüssel mit Alufolie aus, lässt kaltes Wasser einlaufen und fügt 2 TL Salz hinzu. Nun wird das angelaufene Silber für 2–3 Minuten in die Lösung gelegt und anschließend abgespült und abgetrocknet. Es glänzt danach wie neu – dank einer chemischen Reaktion im Wasser, bei der das Aluminium als Katalysator dient.

KEIN LÄSTIGES ANLAUFEN MEHR • Silber läuft kaum noch an, wenn man die frisch polierten Stücke auf einem Blatt Alufolie aufbewahrt. Will man Gegenstände aus Silber längere Zeit lagern, umhüllt man jedes Stück einzeln fest mit Zellophanfolie. Hierbei möglichst viel Luft herauspressen. Anschließend wickelt man das Bündel in Alufolie und verschließt die Enden fest.

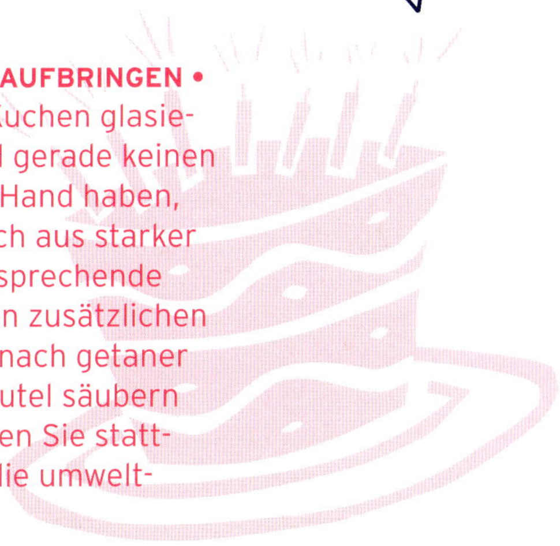

KUCHENGLASUR AUFBRINGEN • Wenn Sie Ihren Kuchen glasieren möchten und gerade keinen Spritzbeutel zur Hand haben, drehen Sie einfach aus starker Alufolie eine entsprechende Hülle. Das hat den zusätzlichen Vorteil, dass Sie nach getaner Arbeit keinen Beutel säubern müssen. Entsorgen Sie stattdessen die Alufolie umweltgerecht.

SALATSCHÜSSEL IN ÜBERGRÖSSE • Sie haben besonders viele Freunde zum Essen eingeladen und stellen in letzter Minute fest, dass Ihre Salatschüssel zum Anmachen einer entsprechenden Menge zu klein ist? Dieses Problem ist schnell gelöst: Legen Sie einfach das Spülbecken mit Alufolie aus und mischen Sie darin den Salat.

Fortsetzung →

SO BLEIBEN BRÖTCHEN WARM • Wenn Sie selbst oder aufgebackene Brötchen für Ihre Abendgesellschaft warm halten wollen, legen Sie den Brotkorb einfach mit einem entsprechend großen Stück Alufolie aus, wickeln die frischen Backwaren in eine Serviette und legen sie in den Korb. Die Folie strahlt die Wärme zurück und hält die Brötchen eine ganze Zeit lang warm. Dieser Trick funktioniert natürlich auch mit Baguette oder Brot.

KEINE TROPFENDEN EISTÜTEN MEHR • Eis (Glace) ist lecker – aber allzu oft ärgert man sich, wenn die Kinder Kleidung oder Möbel verschmutzen, weil die Eistüte unten leckt. Hier lässt sich Abhilfe schaffen, indem man die Tüte mit einem Stück Alufolie umwickelt, bevor man sie dem Nachwuchs in die Hand gibt. Dasselbe funktioniert auch mit Stücken von Wassermelone.

TIPP

Säurehaltige Nahrungsmittel

Ist am Wochenende ein Stück Hackbraten übrig geblieben, das Sie in Alufolie gewickelt bis zum nächsten Tag aufheben wollen? Wenn es sich um Hackbraten mit Tomatensauce handelt, sollten Sie hiervon besser Abstand nehmen!

Stark säure- oder salzhaltige Nahrungsmittel wie z. B. Zitrusfrüchte oder auch Tomatensauce beschleunigen die Oxidation von Aluminium und können sich bei längerem Kontakt sogar durch Alufolie fressen. Dadurch gelangt unter Umständen Aluminium in das Essen, was den Geschmack beeinträchtigen und ein Gesundheitsrisiko darstellen kann. Will man also den betreffenden Hackbraten in Alufolie aufheben, sollte man ihn zunächst mit einer oder zwei Lagen Klarsichtfolie oder Butterbrotpapier umwickeln, damit die Tomatensauce auf keinen Fall mit der Alufolie in Berührung kommt.

WIE DER BACKOFEN SAUBER BLEIBT • Beim Garen eines Auflaufs oder einer Lasagne lassen sich Fettspritzer auf dem Ofenboden vermeiden, wenn man eine Lage Alufolie unter die Auflaufform auf den Rost legt. Keinesfalls darf man den Ofenboden mit Alufolie auslegen – der Ofen könnte sich überhitzen und es bestünde Brandgefahr!

ENDLICH ROSTFREIES BESTECK • Wenn sich auf dem Besteck immer wieder kleine Rostflecken bilden (Flugrost), obwohl Sie Messer, Gabeln und Löffel absolut trocken in die Besteckschublade räumen, schaffen eventuell kleine Kugeln aus zusammengeknüllter Alufolie Abhilfe, die man zum Besteck gibt. Probieren Sie es einfach aus!

STAHLWOLLEPADS RICHTIG AUFBEWAHREN • Es ist ärgerlich, wenn man ein mit Seifenlösung getränktes Stahlwollepad nach dem ersten Gebrauch in das oft mitgelieferte Plastikschälchen legt und dann am nächsten Tag ein rostiges Gewirr vorfindet, das nur noch für den Abfalleimer taugt. Man vermeidet Rost, indem man das Pad in Alufolie wickelt und in den Tiefkühlschrank legt. Im Schälchen lässt sich die Haltbarkeit von Stahlwollepads mit einem zerknüllten Stück Alufolie verlängern, das man unter das Pad legt. Allerdings darf man auch nicht vergessen, das am Boden des Schälchens gesammelte Wasser regelmäßig zu entfernen.

TÖPFE SCHEUERN • Hat man beim Abwaschen einmal gerade keinen Topfreiniger zur Hand, zerknüllt man einfach ein Stück Alufolie und scheuert die Töpfe damit aus.

Im Haus

DIE WÄRMELEISTUNG ALTER HEIZKÖRPER VERBESSERN • Wollen Sie die Leistungsfähigkeit Ihrer alten gusseisernen Heizkörper steigern, ohne zusätzliches Geld für Gas oder Heizöl auszugeben? Dann basteln Sie sich Wärmereflektoren. Dazu bekleben Sie große Rechtecke aus Pappe oder Dämmstoff so mit starker Alufolie, dass die glänzende Seite nach außen zeigt, und stellen sie hinter die Heizkörper. Die ausgestrahlte Wärme wird von der Folie in den Raum reflektiert und geht nicht durch die Wand hinter dem Heizkörper verloren. Haben Sie Fensterbretter über Ihren Heizkörpern, hilft es, wenn Sie darunter Alufolie anbringen.

SCHUTZ FÜR DIE MATRATZE IM KINDERBETT • Eltern von Kindern, die gerade gelernt haben, aufs Töpfchen gehen, wissen, dass nachts hin und wieder kleine Unglücksfälle noch unvermeidlich sind. Auch wenn man keine wasserundurchlässige Matratzenauflage hat, kann man die Matratze vor Nässe schützen: Zunächst werden ein paar Lagen Alufolie quer über die Matratze gelegt. Die Folie bedeckt man mit einem großen Strandlaken, dann werden Matratzenauflage und Bettlaken darübergelegt.

Spaß für Kinder

Durch das Experimentieren mit Fingerfarben entdecken Kinder ganz von selbst, wie sie Farben mischen und ihrer Kreativität Ausdruck verleihen können. Für die Eltern wird der Malspaß allerdings leicht zum Alptraum, wenn sich die Farbe über das ganze Kinderzimmer verteilt.

Um das Chaos in Grenzen zu halten, schneiden Sie die Wände eines rechteckigen Pappkartons so ab, dass noch 8 cm stehen bleiben. Die Innenseite des Kartons kleiden Sie mit Alufolie aus. Nun können die Kleinen ihre Farben (beim Kauf auf schadstofffreie Ware achten) hineinschütten. Wenn Sie jetzt noch Arbeitstisch und Teppich mit einer alten Wachstuchdecke oder Malerfolie abdecken und den Kindern großformatiges Malpapier (z. B. Packpapier oder Reste von Tapetenrollen) geben, sollten Wände und Boden des Kinderzimmers von Farbspritzern verschont bleiben.

HAUSTIERE VON MÖBELSTÜCKEN FERN HALTEN • Wenn Ihrem Haustier das nagelneue Sofa genauso gut gefällt wie Ihnen, bedecken Sie die Sitzfläche am ersten Tag einfach mit Alufolie. Sobald das Tier auch nur einmal versucht hat, sich auf dem heftig knisternden Polster häuslich niederzulassen, wird es den Gedanken, dass Ihr Sofa ein bequemer Schlafplatz sein könnte, auf der Stelle aufgeben. Dieser Effekt hält an, auch nachdem die Alufolie wieder entfernt worden ist.

SCHEREN SCHLEIFEN • Ist ein Stück saubere Alufolie übrig geblieben, das eigentlich zu klein für eine sinnvolle Verwendung ist? Nutzen Sie es zum Schärfen stumpfer Scheren! Hierzu die Folie gegebenenfalls glätten und dann mehrfach zu einem Streifen zusammenfalten. Wenn sie nun mit der Schere sieben- oder achtmal in den Streifen schneiden, sollten die Schneiden wieder geschärft sein. Einfach, nicht wahr? *(Auf Seite 9 erfahren Sie, wie man Alufolie verwenden kann, um im Garten Schnecken abzuwehren oder Vögel von Obstbäumen zu verscheuchen.)*

SCHMUCK REINIGEN • Zum Reinigen Ihrer unattraktiv gewordenen Schmuckstücke kleiden Sie ein Glasschälchen mit Alufolie aus. Mit heißem Wasser füllen und 1 EL bleichmittelfreies Waschpulver hinzufügen (kein Flüssigwaschmittel). Den Schmuck in die Lösung legen und 1 Minute warten. Dann die Schmuckstücke herausnehmen, gut abspülen und an der Luft

Fortsetzung →

trocknen lassen. Ein ganz ähnliches Verfahren eignet sich auch für die Reinigung von Silber *(siehe Seite 5)*.

MÖBEL MÜHELOS VERSCHIEBEN • Große Möbelstücke lassen sich auf glatten Böden leicht verschieben, nachdem man kleine Stücke Alufolie unter die Füße gelegt hat. Die stumpfe Seite der Folie muss dabei nach unten zeigen, denn sie ist glatter als die glänzende Seite.

LOCKERE BATTERIEN BEFESTIGEN • Haben Taschenlampe, Reiseradio oder Kinderspielzeug einen Wackelkontakt? Um Abhilfe zu schaffen, öffnen Sie das Batteriefach und untersuchen die Federn, die die Batterien halten. Oft verlieren diese im Lauf der Zeit ihre Spannkraft und die Batterien lockern sich. Ist dies der Fall, faltet man ein Stückchen Alufolie mehrfach und klemmt es zwischen Batterie und Feder – nun sollte das Gerät wieder funktionieren.

SO SCHÜTZEN SIE IHRE BRILLE BEIM FRISEURBESUCH

Können Sie, wenn Ihr Friseur Ihnen die Haare färbt, Ihre Lesebrille nicht tragen, weil sich sonst die Bügel verfärben? Wenn Sie die Brillenbügel zum Schutz vor der Farbe mit Alufolie umwickeln, steht der Lektüre Ihrer Lieblingszeitschrift nichts mehr im Weg – und die Zeit wird wie im Flug vergehen.

EIN SAUBERER KAMIN • Wer einen offenen Kamin besitzt, schätzt die Gemütlichkeit, die vom Feuer ausgeht. Doch oft ist es lästig, am nächsten Morgen die Asche zu entfernen. Hier kann man sich behelfen, indem man eine doppelte Schicht starker Alufolie auf den Kaminboden bzw. unter den Rost legt. Nach dem vollständigen Abkühlen der Asche oder am nächsten Tag faltet man die Folie einfach zusammen und entsorgt sie. *(Auf Seite 17 erfahren Sie, wie sich die Asche verwenden lässt.)*

HÄTTEN SIE'S GEWUSST?

Haben Sie sich jemals gefragt, warum Aluminiumfolie auf der einen Seite stärker glänzt als auf der anderen? Die Antwort ist im Herstellungsverfahren begründet. Laut Alcoa, einem der führenden Hersteller von Alufolie, entstehen die verschiedenen Silbertöne während des letzten Walzvorgangs, bei dem die Folienbahnen gedoppelt durch die Walzen laufen. Die Außenseiten, die mit den schweren, polierten Walzen in Kontakt kommen, werden glänzend, während die Innenseiten ihre matte Oberfläche behalten. Die glänzende Seite reflektiert besser Wärme und Licht. Um Lebensmittel einzuwickeln oder den Grill auszulegen, sind jedoch beide Seiten gleich gut geeignet.

Beim Bügeln

SCHNELLER BÜGELN • Beim Bügeln wird ein großer Teil der Hitze, die das Bügeleisen abgibt, vom Bügelbrett absorbiert, sodass man häufig sehr lange bügeln muss, bis alle Knitterfalten beseitigt sind. Um das Bügeln zu beschleunigen, legt man ein Stück Alufolie unter den Bügelbrettbezug. Die Folie bewirkt, dass die Hitze zurückgestrahlt wird und der Stoff schneller glatt wird.

FLICKEN AUFBÜGELN • Mit einem Aufbügelflicken lassen sich kleine Löcher in Textilien problemlos ausbessern. Das funktioniert allerdings nur, wenn der Flicken nicht am Bügelbrett kleben bleibt. Das verhindert man mit einem Stückchen Alufolie, das man unter das Loch in dem zu flickenden Kleidungsstück legt. Wenn man den Flicken nun aufbügelt, bleibt seine Unterseite an der Alufolie hängen – doch diese lässt sich ganz einfach abziehen.

BÜGELEISEN REINIGEN • Hat sich Sprühstärke in Form unschöner, leicht klebriger Beläge auf dem Bügeleisen abgesetzt, fährt man mit dem heißen Bügeleisen über ein Stück Alufolie und hat das Problem damit bereits behoben.

Im Garten

SCHNECKEN ABWEHREN • Halten Sie Schnecken von Ihren Beeten fern, indem Sie in den Mulch, den Sie aufbringen, Streifen von Alufolie einarbeiten. Die Tiere schrecken davor zurück, über die Streifen zu kriechen, und lassen Ihre Pflanzen in Ruhe. Ein zusätzlicher Vorteil dieser Methode besteht darin, dass die Folie Licht auf die Pflanzen zurückstrahlt.

BAUMSTÄMME SCHÜTZEN • Kaninchen und andere Tiere nagen im Winter gern die Rinde junger Bäume im Garten an. Auch hier ist Alufolie ein preiswertes und wirksames Hilfsmittel: Man umwickelt die Baumstämme im Spätherbst mit einer doppelten Lage starker Alufolie. Im Frühjahr muss man die Folie allerdings unbedingt wieder entfernen.

VÖGEL VERTREIBEN • Wenn die Vögel mehr Obst von den Bäumen holen als Ihnen lieb ist, verscheuchen Sie sie, indem Sie Alufolienstreifen an Schnüren in die Zweige hängen. Darüber hinaus können Sie noch ein paar Muscheln in Alufolie wickeln und aufhängen – wenn die Muscheln gegeneinander oder an das Blattwerk schlagen, entstehen Geräusche, die die gefiederten Diebe zusätzlich erschrecken.

PFLANZEN MIT LICHT VERSORGEN • Ein sonniges Fenster ist ein idealer Platz für Licht liebende Pflanzen. Weil das Licht jedoch immer aus derselben Richtung einfällt und die Pflanzen sich ihm entgegenneigen, wachsen sie schief. Damit die Gewächse von allen Seiten Licht bekommen und gleichmäßig wachsen, bauen Sie ein Sonnenhaus: Dazu von einem oben offenen Pappkarton eine Seitenfläche abschneiden und die verbleibenden drei Seiten und den Boden mit Alufolie auslegen; die glänzende Seite zeigt nach außen. Festkleben. Die Folie reflektiert das Licht, sodass die Pflanzen von allen Seiten Sonne erhalten und gerade wachsen.

TIPP

Bäume vor Frostrissen schützen

*** *Manche Jungbäume mit dünner Rinde sind anfällig für Frostrisse. Dazu zählen Obstbäume, Ahorn, Eiche, Esche, Linde und Weide. Um Schäden vorzubeugen, umhüllt man die Stämme in kalten Regionen im Winter mit einigen Lagen Alufolie.***

Frostrisse entstehen an warmen Wintertagen, wenn die Sonne die Baumrinde erwärmt, die sich dadurch ausdehnt. Während der Nacht kühlen die äußeren Schichten der Rinde stärker ab als die inneren. Durch die Temperaturunterschiede kommt es zu Spannungen im Gewebe, der Stamm kann aufreißen. Der Riss an sich ist nicht problematisch, aber durch ihn können später Keime oder Insekten eindringen, die den Baum schädigen. Im zeitigen Frühjahr nimmt man die Aluhülle wieder ab.

EIN SELBST GEBAUTER SAATKASTEN • Pflanzen aus Saatgut entwickeln sich besser, wenn man sie in einem Saatkasten zieht. Ein solcher Kasten ist schnell gebaut: Legen Sie einen alten Schuhkarton so mit Alufolie aus, dass die matte Seite zu den Pappwänden zeigt. Lassen Sie die Folie am oberen Rand etwa 5 cm überstehen. Durch die Folie hindurch stechen Sie ein paar Entwässerungslöcher in den Boden des Kartons. Anschließend füllen Sie den Saatkasten etwas mehr als halbhoch mit Anzuchtsubstrat und säen die Samen

Fortsetzung →

aus. Die Alufolie im Kasten nimmt die Wärme auf und hält die Samen beim Keimen warm, gleichzeitig reflektiert die Folie, die über den Kastenrand hinaussteht, das einfallende Licht, was den Sämlingen zugute kommt. Stellen Sie den Kasten an ein sonniges Fenster, halten Sie die Erde feucht und erfreuen Sie sich an dem kräftigen Wachstum der Pflänzchen.

STECKLINGE VERMEHREN • Stecklinge entwickeln sich hervorragend, wenn man sie in ein mit Erde gefülltes und mit Alufolie abgedecktes Pflanzgefäß setzt. Einfach ein paar Löcher in die Folie stechen und die Stecklinge durch die Löcher in die Erde stecken. Die Folie eventuell kurz anheben und die Erde festdrücken. Ein zusätzlicher Vorteil dieser Methode besteht darin, dass durch die Folie die Wasserverdunstung verlangsamt wird und man nicht so häufig gießen muss. Zum Gießen die Folie an einer Ecke anheben.

Im Freien

WESPEN IN DER LIMONADE – NEIN DANKE! • Gerade wollten Sie es sich mit einer wohlverdienten Limonade im Garten gemütlich machen. Plötzlich summen Wespen um Ihr Glas, in dem sie süßen Nektar vermuten. Sie können die geflügelten Störenfriede ganz einfach fern halten, indem Sie das Glas straff mit Alufolie abdecken. Stecken Sie einen Strohhalm hindurch und genießen Sie Ihr Erfrischungsgetränk ohne die lästigen Insekten.

SO WIRD DER GRILLROST WIEDER SAUBER • Sobald das letzte Steak auf dem Teller liegt, bedeckt man den Grillrost mit einem Blatt Alufolie; die glühende Kohle sorgt dafür, dass der Großteil der noch am Rost hängenden Essensreste verbrennt. Vor dem nächsten Grillen zerknüllt man die Folie und streift damit mühelos das ab, was noch verblieben ist.

TROPFSCHALE FÜR GESUNDES GRILLEN • Wenn beim Grillen Bratfett auf die Grillkohle tropft, können sich gesundheitsschädliche und sogar krebserregende Verbindungen bilden. Für einen Genuss ohne Reue faltet man aus ein paar Lagen starker Alufolie eine Tropfschale, die man nach dem Grillfest einfach entsorgt. Am besten formt man sie frei aus der Hand. Dabei sollte man daran denken, dass die Schale etwas größer sein muss als das Bratgut, das man auf den Grill legt. Da sich durch die Tropfschale die Hitze auf dem Grill verringert, sollte man beim Anwenden dieser Methode Grillgut mit kurzer Garzeit, z. B. Fisch, bevorzugen.

BESSERE AUSSENBELEUCHTUNG BEIM GRILLFEST • Sie haben zum Grillfest eingeladen und wünschen sich für diesen Abend eine hellere Außenbeleuchtung in Ihrem Garten? Bringen Sie einfach einen Folienreflektor hinter den vorhandenen Lichtquellen an. Sie können den Reflektor mit ein paar Streifen Isolier- oder Gewebeband montieren, sollten dabei aber aus Sicherheitsgründen darauf achten, dass Sie das Band nur an den kühl bleibenden Teilen der Lampe befestigen.

PROVISORISCHE SERVIERPLATTE • Wenn Sie für ein Picknick, eine Feier im Büro oder ein Schulfest eine leicht wieder zu entsorgende Servierplatte brauchen, überziehen Sie einfach ein Stück Pappe mit starker Aluminiumfolie.

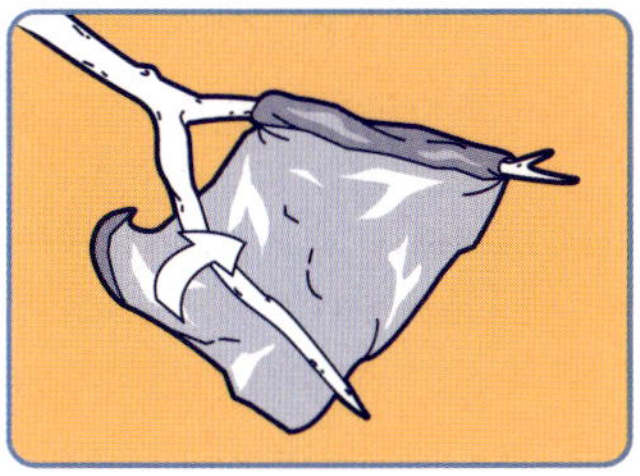

PROVISORISCHE GRILLPFANNE • Sie haben Ihren Kindern versprochen, am Lagerfeuer zu grillen? Wenn Sie keine Lust haben, eine Grillpfanne mitzuschleppen, fertigen Sie eine Grillschale, indem Sie eine Astgabel auf zwei Lagen starke Alufolie legen. Die Folienränder wickeln Sie so um die Gabelenden, dass die Folie dazwischen ein wenig durchhängt. Dann drehen Sie den Ast um, drücken die Folie in der Mitte etwas ein – und schon ist die Grillschale fertig.

SO KOCHT DAS WASSER SCHNELLER • Sie wollen sich beim Zelten morgens einen heißen Tee aufbrühen und das Wasser im Topf will und will nicht kochen, weil Sie den Topfdeckel vergessen haben? Falten Sie einfach ein Stück Alufolie und legen Sie es über den Kochtopf!

WIE DER SCHLAFSACK TROCKEN BLEIBT • Wenn Sie beim Camping vergessen haben, die Isomatte einzupacken, legen Sie als Isolierschicht gegen die Feuchtigkeit eine Lage dicke Alufolie unter den Schlafsack; so wird er nicht klamm.

HÄTTEN SIE'S GEWUSST?

„Gib mir doch bitte das Stanniolpapier." Noch heute verwenden manche älteren Menschen diesen Begriff, der eigentlich „Zinnpapier" bedeutet, wenn Sie eine Folie brauchen, um Speisereste einzuwickeln. Und Sie haben nicht Unrecht: Bis Ende der 1940er-Jahre wurde die entsprechende Folie, in die man damals beispielsweise Schokolade oder Seife einschlug, aus Zinn oder einer Zinnlegierung hergestellt. Erst danach kam die Aluminiumfolie auf den Markt und verdrängte das Stanniolpapier aus der Küchenschublade.

STREICHHÖLZER GEBRAUCHSFÄHIG HALTEN • Damit Streichhölzer beim Zelten nicht nass werden, wickelt man sie in Alufolie ein. So steht dem Lagerfeuer am Abend nichts im Weg.

FISCHE KÖDERN • Wenn beim Angelausflug selbst der leckerste Wurm von den Fischen verschmäht wird, kann man sich blitzschnell einen Köder bauen, der vielleicht zum Erfolg führt. Hierzu wickelt man etwas Alufolie um einen Angelhaken und franst sie mit dem Messer aus, sodass sie den Haken bedeckt und beim Einholen der Schnur einladend flattert.

Für den Heimwerker

EIN TRICHTER FÜR JEDEN ZWECK • Hat man keinen Trichter zur Hand, nimmt man ein Stück starke Alufolie doppelt und rollt es kegelförmig auf. Ein solcher provisorischer Trichter hat einem handelsüblichen Trichter gegenüber den Vorteil, dass sich die Alufolie biegen lässt, sodass man auch schwer zugängliche Öffnungen erreicht, etwa den Einfüllstutzen des Wasserbehälters der Scheibenwaschanlage im Auto.

FARBE SAUBER AUFBEWAHREN • Möchte man eine noch halb volle Farbdose so verschließen, dass der Inhalt einwandfrei bleibt, empfiehlt sich folgende Methode: Als Erstes legt man ein Stück Alufolie unter die Dose und zeichnet den Umriss des Dosenbodens nach. Nun schneidet man den Kreis aus und legt das runde Folienstück vorsichtig auf die in der Dose stehende Farbe. Dann holt man tief Luft, bläst in die Dose und verschließt sie anschließend rasch mit ihrem Deckel. Das in der Atemluft enthaltene Kohlendioxid ersetzt einen Teil des Sauerstoffs in der Dose und verhindert, dass die Farbe austrocknet. Wenn man so vorgeht, bildet die Farbe an der Oberfläche keine Haut, die kaum zu entfernen ist, ohne dass dabei Krümel zurückfallen. Diese Rückstände lassen sich auch durch kräftiges Rühren nicht auflösen und würden das Streichergebnis beeinträchtigen.

Fortsetzung →

MALERPALETTE • Ihre große Leidenschaft ist die Malerei? Anstatt Geld für eine Malerpalette auszugeben, die Sie immer wieder säubern müssen, können Sie auch zu starker Alufolie greifen: einfach ein Stück abreißen, die Ränder nach oben biegen, und fertig ist die Palette zum Mischen von Farben. Soll das Ergebnis ein wenig professioneller ausfallen, schneidet man ein Stück kräftige Pappe in Form einer Palette zurecht und überzieht es mit Folie. Das Loch für den Daumen nicht vergessen. Man kann aber auch eine vorhandene Holzpalette vor jedem Gebrauch mit Folie überdecken und diese einfach abziehen und entsorgen, anstatt die Palette mühsam zu säubern.

FELSEN AUF DER MODELLEISENBAHNANLAGE • Felsen sind ein wunderschöner Anblick auf der Modellbahnanlage. Im Handel gibt es zahlreiche Angebote, doch die Felsbilder wiederholen sich. Modelleisenbahner, die ihre Felsen aus diesem Grund selbst anfertigen, schnitzen sie in der Regel aus Gips. Wem das zu heikel ist, hat mit der folgenden Methode Erfolg. Man nimmt ein Stück Alufolie, knüllt es zusammen und zieht es dann in der gewünschten Form wieder auseinander. Anschließend faltet man die Ränder etwas nach oben, legt die Folie in einen alten Schuhkarton und gießt flüssigen Gips darüber. Aushärten lassen. Nun hat man einen ganz besonderen Felsen. Achtung: Probieren Sie zunächst aus, wie flüssig der Gips sein muss. Zum Einfärben eignen sich Abtönfarben oder auch Acryl- oder gar Ölfarben.

FARBWANNEN SÄUBERN • Das Reinigen von Wannen für Farbroller ist mühsam. Sparen Sie sich den Aufwand und möglicherweise den Einsatz aggressiver Reinigungsmittel und legen Sie die Wanne mit einem Stück Alufolie aus, das Sie nach getaner Malerarbeit entsorgen.

LOCKERE PVC-BODENFLIESEN BEFESTIGEN • Bodenfliesen aus PVC, die sich gelöst haben, sind kein Grund zur Aufregung. Man legt die Platte wieder sauber auf den Boden, bedeckt sie mit einem entsprechend großen Stück Alufolie und fährt ein paar Mal mit dem heißen Bügeleisen darüber. Dadurch schmilzt der Kleber auf der Unterseite. Nun wird die Fliese beschwert, beispielsweise mit einem Stapel schwerer Bücher, bis der Klebstoff abgebunden hat. Diese Technik ist auch geeignet, um bei Bahnenware aus PVC Wölbungen auszugleichen oder aufgebogene Nahtstellen zu glätten.

LICHT UND GLANZ

BESSER FOTOGRAFIEREN MIT REFLEKTOREN • Berufsfotografen arbeiten mit Reflektoren, mit deren Hilfe sie die Beleuchtung gleichmäßiger gestalten und dunkle Stellen an ihrem Objekt aufhellen. Zum Anfertigen eines Reflektors bestreicht man ein Stück dicke Pappe leicht mit Klebstoff und überzieht es anschließend mit Alufolie; die glänzende Seite zeigt nach außen. Man kann sich einen einzelnen Reflektor in der gewünschten Größe bauen, besser ist es aber, drei Reflektorplatten anzufertigen und sie mit Gewebeband zu verbinden, sodass sie allein stehen bleiben und sich zum Transportieren und Lagern leicht zusammenfalten lassen.

BLITZENDE CHROMTEILE • Zum Polieren von unansehnlich gewordenen Chromteilen beispielsweise an Kindersportwagen, Golfschlägern und älteren Autos zerknüllt man einfach ein Stück Alufolie, wobei man darauf achten sollte, dass die glänzende Seite nach außen zeigt. Wenn man damit kräftig genug reibt, lassen sich sogar kleinere Rostflecken entfernen. Bevor Sie sich an die Arbeit machen, sollten Sie sich jedoch vergewissern, dass es sich tatsächlich um Chrom handelt: An neuen Autos besteht der „Chrom" nämlich in Wirklichkeit aus Kunststoff – und den darf man keinesfalls mit Alufolie bearbeiten!

FARBDOSEN SAUBER VERSCHLIESSEN – UND WIEDER ÖFFNEN • Oft benutzt man beim Streichen den Rand der Dose, um den Pinsel daran abzustreifen – und selten wird eine ganze Dose Farbe auf einmal verbraucht. Meist wandert ein Rest in der wieder verschlossenen Dose ins Regal – mit dem Ergebnis, dass der Deckel nun mit Farbe verklebt ist und sich die Dose nur noch schwer wieder öffnen lässt. Das lässt sich vermeiden: Wickeln Sie nach dem ersten Öffnen der Dose einen schmalen Streifen Alufolie um ihren Rand und schlagen Sie ihn ringsum nach innen ein. An der Folie lässt sich der Pinsel gut abstreifen. Ist man mit dem Streichen fertig, einfach die Alufolie entfernen und den Deckel klebefrei verschließen.

PINSEL FEUCHT HALTEN • Will man Malerarbeiten am anderen Morgen fortsetzen, lohnt sich das Reinigen der Pinsel nicht. Deshalb drückt man einfach die überschüssige Farbe aus und wickelt den Pinsel fest in Alufolie (oder Klarsichtfolie). Die Folie gegebenenfalls mit einem Gummiband befestigen. Soll der feuchte Pinsel länger als nur über Nacht aufbewahrt werden, legt man ihn eingepackt in das Tiefkühlgerät. Etwa 1 Stunde vor Arbeitsbeginn wieder aus dem Gefrierer nehmen.

ALUSCHALEN

ERSATZ FÜR DAS ABTROPFSIEB • Die Spaghetti sind fast fertig und kurz vor dem Abgießen stellen Sie fest, dass das Abtropfsieb kaputt ist! Hilfe in der Not bietet eine saubere Aluschale, deren Boden Sie mit einem Nagel mehrfach durchlöchern. Anschließend biegen Sie die Schale so zurecht, dass sie gut auf eine tiefe Schüssel passt. Nun spülen Sie das provisorische Abtropfsieb ab, legen es über die Schüssel und gießen die Spaghetti vorsichtig ab.

SPRITZSCHUTZ BEIM BRATEN • Warum Fettspritzer aus einer heißen Bratpfanne wegputzen oder riskieren, sich selbst und andere durch die Spritzer zu verletzen? Der Bratvorgang wird sicherer, wenn man den Boden einer Aluschale mit ein paar Löchern versieht und sie umgedreht über das Bratgut in der Pfanne legt. Um die Aluschale anzuheben, z. B. wenn man das Fleisch wenden muss, verwendet man eine Bratenzange oder Gabel und trägt möglichst einen Grillhandschuh; so ist die Hand geschützt.

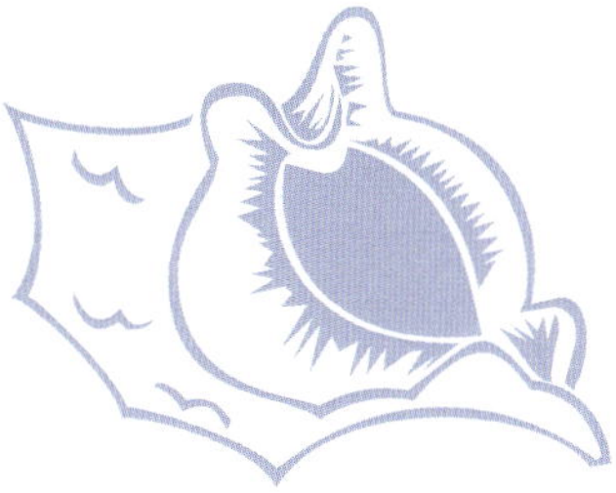

DEKORATION FÜR DEN ESSTISCH • Sie haben Freunde eingeladen und vergessen, Tischschmuck zu kaufen? Nehmen Sie einfach eine Tafelkerze oder ein paar Teelichter (mit oder ohne Alunapf) und kleben Sie die Kerzen mit etwas geschmolzenem Wachs in eine Aluschale. Füllen Sie ein wenig Wasser oder eine dünne Schicht Sand hinein und dekorieren Sie die Schale mit ein paar Rosenblättern oder Muscheln.

KEHRSCHAUFEL IN MINIATURFORMAT • Falls Sie für die Garage oder Werkstatt ein zusätzliches Kehrblech brauchen, leisten Aluschalen sehr gute Dienste. Wenn man eine große Aluschale in der Mitte durchschneidet, sind gleich zwei provisorische Kehrschaufeln fertig.

Fortsetzung →

Spaß für Kinder

Sie zerbrechen sich den Kopf, wie Sie Ihre Kinder an einem kalten Wintertag im Haus beschäftigen können? Wie wäre es mit der Herstellung eines Eisornaments, das man als winterliche Dekoration vor dem Haus an einen Baum hängt oder anderweitig platziert, wo es gut zu sehen ist? Dazu braucht man lediglich eine Aluschale, Wasser, ein Stück kräftige Schnur oder einen alten Schnürsenkel sowie verschiedene Dekoartikel, vorzugsweise biologisch abbaubare wie Trockenblumen, getrocknete Blätter, Tannenzapfen, Samenkörner, Muscheln und Zweige.

Lassen Sie die Kinder die Dekomaterialien nach Belieben in der Aluschale anordnen. Dann nehmen Sie die Schnur oder den Schnürsenkel doppelt und legen sie so in die Schale, dass die Schlaufe, an der das Ornament später aufgehängt werden soll, über den Schalenrand hängt und die beiden Enden in der Mitte der Schale aufeinander treffen. Die Schale vorsichtig bis knapp unter den Rand mit Wasser füllen. Die Schnur eventuell mit einem Gegenstand beschweren, damit sie nicht aufschwimmt.

Bei Temperaturen unter dem Gefrierpunkt stellen Sie die Schale zum Gefrieren einfach vor die Tür, ansonsten in das Tiefkühlgerät. Sobald das Wasser zu Eis gefroren ist, wird die Schale abgenommen. Nun lassen Sie die Kinder draußen den besten Platz für ihr Kunstwerk aus Eis aussuchen.

ERSATZ FÜR DEN GRILLKORB • Gegrilltes Gemüse erfreut sich zunehmender Beliebtheit. Bei der Zubereitung ist zu beachten, dass Gemüse keinen zu hohen Temperaturen ausgesetzt werden darf – da es viel Wasser enthält, verbrennt es leichter als Fleisch. Damit Gemüse, wenn es in mundgerechte Stücke geschnitten ist, nicht in die Glut fällt, bietet es sich an, Grillkörbe zu verwenden. Hat man diese nicht zur Hand, benutzt man einfach Aluschalen.

ORDNUNG IST TRUMPF • Bringen Sie Ordnung in das Spielzeug Ihrer Kinder – oder in Ihr eigenes Material – und sortieren Sie Buntstifte, Knetgummi, Murmeln, Knöpfe und ähnliche Dinge in Aluschalen ein. Damit das Material sicher untergebracht ist, schiebt man jede Schale in eine große wiederverschließbare Plastiktüte.

SO BLEIBT DER KÜHLSCHRANK SAUBER • Sie haben auf dem Markt leckere Oliven gekauft, doch beim Einfüllen ist ein wenig Öl außen auf den Plastikbehälter getropft? Damit der Kühlschrank sauber bleibt, können Sie die Oliven natürlich zu Hause in ein anderes Gefäß umfüllen. Einfacher ist es jedoch, den Plastikbehälter mit den Oliven auf eine Aluschale zu stellen – so gelangt kein Öl auf die Ablageflächen im Kühlschrank.

INSEKTENFREIE FRESSNÄPFE • Wenn Sie Ihr Haustier im Freien füttern, stellen Sie den Fressnapf in eine 2 cm hoch mit Wasser gefüllte Aluschale. Die Schale wirkt als natürliches Hindernis und hält hungrige Ameisen und andere ungebetene „Mitesser" fern.

VÖGEL VON OBSTBÄUMEN FERN HALTEN • Wenn gefiederte Diebe das Obst von Ihren Bäumen stehlen, schrecken Sie die Eindringlinge am besten mit ein paar Aluschalen ab, die Sie paarweise aufhängen, sodass sie im Wind klappern. Dank dieser Maßnahme brauchen Sie sich keine Sorgen mehr zu machen, dass Sie zur Erntezeit angefressene Äpfel oder Pfirsiche vorfinden.

TROPFENFÄNGER FÜR FARBDOSEN • Bei den nächsten Anstricharbeiten stellen Sie die Farbdose in eine Aluschale, die Ihnen als gebrauchsfertiger Tropfenfänger dient. So sparen Sie eine Menge Zeit beim Saubermachen, denn Sie können die Schale nach Beendigung der Arbeit einfach entsorgen. Umweltschonender ist es natürlich, die Schale bei späteren Anstricharbeiten erneut zu verwenden.

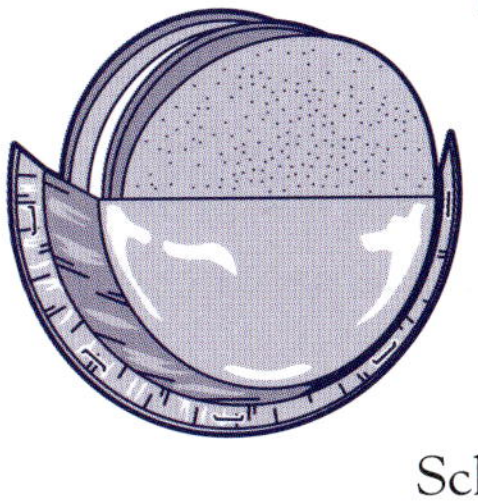

EISENWAREN AUFBEWAHREN • Da Aluschalen extrem korrosionsbeständig sind, eignen sie sich besonders gut zum Aufbewahren von Schleifscheiben, Sägeblättern und anderen Eisenwaren in der Werkstatt. Schneiden Sie eine runde Schale in zwei Teile und befestigen Sie die beiden Hälften mit der offenen Seite nach oben mithilfe von Nägeln oder Heftklammern an einem Brett, das Sie an die Wand schrauben. Nun können Sie Ordnung halten.

PROVISORISCHER ASCHENBECHER • Sie bekommen Besuch von einem passionierten Raucher und haben keinen Aschenbecher zur Hand? Kein Problem – hier leistet eine Aluschale oder ein viereckig gefaltetes Stück starke Alufolie mit aufgebogenen Rändern guten Ersatz.

UNGETRÜBTE GRILLFREUDEN AM LAGERFEUER • Kindern macht kaum etwas so viel Spaß wie ein Lagerfeuer in der freien Natur. Wenn Sie als besondere Überraschung für die Kleinen am offenen Feuer grillen wollen, nehmen Sie ein paar Aluschalen mit. Man durchbohrt den Boden der Schalen in der Mitte und steckt sie z. B. beim Grillen von Würstchen auf die Stöcke bzw. Grillspieße. Die Schalen schützen Ihre Hände und die Ihrer Kinder.

ANTI-RUTSCH-AUFKLEBER

FESTER STAND FÜR DAS NOTEBOOK • Sie haben sich für ein Notebook statt für ein PC-Standgerät entschieden? Dann ärgern Sie sich vielleicht darüber, dass das Notebook bei der Arbeit verrutscht – sei es, weil es einen glatten Boden hat oder weil seine Standfüßchen sich abgelöst haben. Kleben Sie doch einfach kleine Vierecke aus Anti-Rutsch-Aufklebern an die vier Ecken des Notebook-Bodens, und schon ist das Problem behoben.

BODENHAFTUNG FÜR NEUE SCHUHE UND BABYSCHLAFANZÜGE • Neue Schuhe mit glatter Ledersohle können gefährlich sein. Um zu verhindern, dass man mit dem noch nicht rutschfesten Schuhwerk hinfällt, schneidet man von Anti-Rutsch-Aufklebern kleine Stücke ab und klebt sie auf die Sohlen der Schuhe. Auch auf die Sohlen einteiliger Schlafanzüge von Kleinkindern kann man solche Aufkleberstückchen nähen (das Kind sollte aber mindestens 3 Jahre alt sein, damit es den Aufkleber nicht in den Mund nimmt und verschluckt, falls er sich einmal ablöst.)

KEINE GEFAHR IM PLANSCHBECKEN • Auf dem Boden eines Kinderplanschbeckens leisten Anti-Rutsch-Aufkleber gute Dienste, indem sie gefährlichen Stürzen vorbeugen – vor allem, wenn die Spiele im Wasser zu wilden Tobereien ausarten. Ein paar Aufkleber an den Beckenrändern geben den Kleinen zusätzlich festen Halt.

TRINK-LERN-TASSEN UND HOCHSTÜHLCHEN • Wenn Kinder lernen, aus der Tasse zu trinken, fällt die Trink-Lern-Tasse schon einmal um. Das geschieht wesentlich seltener, wenn man kleine Stücke Anti-Rutsch-Aufkleber an ihrem Boden anbringt. Auf den Sitzflächen von Hochstühlchen verhindern die Aufkleber, dass Kleinkinder hin und her rutschen.

ÄPFEL

HARTER ZUCKER – KEIN PROBLEM • Brauner Zucker wird oft hart, wenn er Feuchtigkeit aus der Luft aufnimmt. Zum Glück lässt sich hier problemlos Abhilfe schaffen. Geben Sie den verklumpten Zucker einfach mit einem Apfelstück in einen wiederverschließbaren Plastikbeutel. Verschließen Sie den Beutel fest und legen Sie ihn für 1 oder 2 Tage an einen trockenen Ort – danach ist der Zucker wieder streufähig.

SO REIFEN GRÜNE TOMATEN NACH • Wenn einer Ihrer Sprösslinge Ihnen bei der Tomatenernte geholfen und im Eifer des Gefechts auch ein paar noch grüne Exemplare erwischt hat, so ist das kein Problem. Die Früchte reifen schnell nach, wenn man sie für ein paar Tage mit einem schon reifen Apfel in eine Papiertüte gibt. Die besten Ergebnisse erzielt man mit einem Apfel auf fünf oder sechs Tomaten.

KUCHEN FRISCH HALTEN • Sie suchen eine wirksame Methode, mit der sich selbst gebackener oder gekaufter Kuchen länger hält? Bewahren Sie ihn zusammen mit einem halben Apfel auf. So bleibt die Feuchtigkeit im Kuchen länger erhalten.

SCHLUSS MIT TROCKENEM BRATHÄHNCHEN • Damit das Hähnchen auch garantiert zart und saftig aus dem Backofen kommt, füllen Sie es mit einem Apfel, bevor Sie es im Bratentopf in den Ofen schieben. Nach dem Garen entfernen Sie den Apfel.

HILFE BEI VERSALZENER SUPPE • Ihnen ist der Salzstreuer ausgerutscht? Keine Angst: Sie können versalzene Gerichte mit ein paar Apfel- oder Kartoffelstücken retten, die Sie mitkochen. Nach 10 Minuten Kochzeit die Stücke, die den Salzüberschuss aufgenommen haben, aus dem Topf nehmen.

HÄTTEN SIE'S GEWUSST?

Die alte Weisheit, dass ein fauler Apfel alle anderen verdirbt, kommt nicht von ungefähr. Äpfel gehören neben Aprikosen, Avocados, Bananen, Heidelbeeren und Pfirsichen zu den Obstarten, die Ethylengas, ein natürliches Reifemittel, abgeben. Bei faulenden Früchten ist der Ethylengehalt erhöht, deshalb kann ein einziger fauler Apfel den Reifungsprozess der anderen Äpfel in seiner Umgebung deutlich beschleunigen.

Obst, das Ethylen abgibt, kann aber auch das Nachreifen anderer Lebensmittel bewirken, z. B. von grünen Tomaten (siehe oben). Allerdings kommt es mitunter zu unerwünschten Effekten. Stellt man beispielsweise eine Schale mit reifen Äpfeln oder Bananen zu nah an frisch geschnittene Blumen, können diese welken. Und kühl gelagerte Kartoffeln, die zu schnell keimen, sind eventuell zu nahe bei Äpfeln aufbewahrt worden. Zwischen Kartoffel- und Apfelkisten sollte daher ein Abstand in Länge eines Regalbretts eingehalten werden.

DEKORATIVE KERZENHALTER

Verleihen Sie Ihrer Tischdekoration mit einem natürlichen Kerzenhalter ländlich-rustikalen Charme. In große Äpfel, die stabil auf dem Tisch liegen müssen, mit einem Gehäuseausstecher Löcher bohren, die zu drei Vierteln ins Fruchtinnere reichen. Wenn man nun in jede Öffnung eine hohe, dekorative Kerze steckt und ein paar Blätter, Zweige oder Blumen um die Äpfel legt, hat man im Handumdrehen einen schönen Tafelschmuck gezaubert.

ASCHE

KAMINOFENSCHEIBEN REINIGEN • Würden Sie auf die Idee kommen, mit schmutziger Holzasche die Scheiben von Kaminofentüren zu reinigen? Sie werden sehen – es funktioniert. Vermischen Sie ein wenig Asche mit etwas Wasser und geben Sie die Mischung auf Küchenpapier oder einen feuchten Lappen. Wahlweise können Sie die Asche mit einem feuchten Schwamm auch direkt aufnehmen. Nun die Scheiben mit der Mischung abreiben, mit einem feuchten Küchenpapier oder Schwamm abwischen und mit einem sauberen Lappen abtrocknen. Das Ergebnis wird Sie überzeugen.

ASCHE ALS PFLANZENDÜNGER • Holzasche hat einen hohen Alkaligehalt und weist Spuren von Kalzium und Kalium auf, Elementen, die die Blütenbildung fördern. Auf schwach sauren Böden streut man im Frühjahr Asche um Pflanzen wie Clematis, Hortensien, Flieder und Rosen, um den pH-Wert leicht zu erhöhen. (Achtung: Keine Asche um Säure liebende Pflanzen wie Azaleen, Rhododendren oder Heidekraut streuen.) Asche aus Feueranzündern und anderen Brennstoffen als Holz sollte man nicht verwenden, weil diese unter Umständen pflanzenschädliche chemische Substanzen enthalten. Dem Komposthaufen darf man nur sparsam Asche zusetzen, da anderenfalls die positive Wirkung des im Kompost meist vorhandenen Stickstoffs verloren gehen kann. Grundsätzlich sollte man wissen, dass auch Asche aus reinem Holz einen gewissen Gehalt an Schwermetallen aufweist, die sich im Boden anreichern können – deshalb Asche nicht allzu häufig im Garten verwenden!

BEI EISGLÄTTE ZU ASCHE GREIFEN • Statt Sand oder Splitt können Sie im Winter auch Asche streuen, um vereiste Gehwege für Fußgänger wieder gefahrlos begehbar zu machen.

ZINN REINIGEN • Zinn erhält frischen Glanz, wenn man es mit Zigarettenasche abreibt. Hierzu ein wenig Asche auf einen feuchten Baumwolllappen geben, das Zinn abreiben und anschließend gründlich abspülen. Das Zinn wird beim Abreiben zunächst dunkler, doch nachdem man es abgespült hat, glänzt es wie neu.

TIPP

Das richtige Holz für den Kamin

Was gibt es an Winterabenden schöneres als ein prasselndes Feuer im Kamin? Wer geeignete Holzscheite verfeuert, schont auch die Umwelt – doch welches Holz ist das richtige?

Grundsätzlich darf man nur unbehandeltes Holz verfeuern, das mindestens 2 Jahre lang vor Regen geschützt im Freien gelagert worden ist. Die beste Energieausbeute liefern Harthölzer wie Eiche und Buche. Überdies brennen sie sehr ruhig. Nadelholz sollte man nicht verfeuern, hier kommt es oft zu Funkenflug und der Heizwert ist gering. Niemals verbrennen darf man Abfälle von behandeltem Holz, denn es enthält chemische Substanzen, die schädlich sein können. Tabu sind auch Sperrholz, Spanplatten und Verpackungsholz. Lassen Sie beim Ausfegen der Asche aus dem Kamin eine 2,5–5 cm hohe Ascheschicht unter dem Rost liegen. Sie strahlt Hitze in das Brennholz zurück und schützt den Kaminboden vor heißer Glut.

FLECKEN VON HOLZFLÄCHEN ENTFERNEN • Mit Zigarren- oder Zigarettenasche lassen sich die weißen Ringe beseitigen, die nasse Gläser oder heiße Becher auf Holzflächen hinterlassen haben. Die Asche mit etwas Wasser zu einer Paste vermischen und leicht auf den Flecken verreiben. Anschließend mit Möbelpolitur nachpolieren.

ASPIRIN®

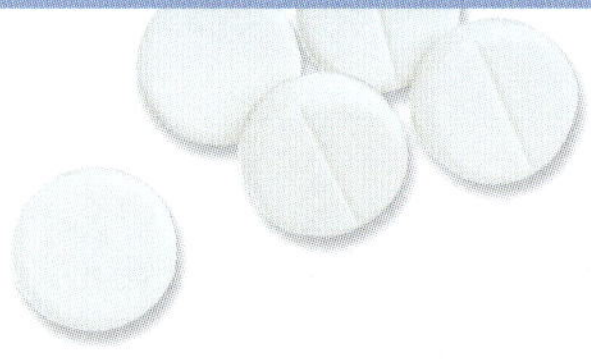

ERSTE HILFE FÜR LEERE AUTOBATTERIEN • Sie haben einen dringenden Termin und stellen fest, dass die Autobatterie über Nacht ihren Geist aufgegeben hat? Wenn Sie niemanden finden, der Ihnen Starthilfe geben kann, lässt sich das Auto möglicherweise starten, indem Sie zwei Tabletten Aspirin® in die Batterie geben (beim Aufschrauben und Einfüllen der Tabletten ist Vorsicht geboten, damit es nicht spritzt). Die im Aspirin® enthaltene Acetylsalicylsäure verbindet sich mit der Schwefelsäure der Batterie und ermöglicht einen letzten Ladevorgang. Vergessen Sie anschließend auf keinen Fall, in die nächste Werkstatt zu fahren und die Batterie gegebenenfalls auswechseln zu lassen.

SCHWEISSFLECKEN ADE

Bevor Sie die Hoffnung endgültig aufgeben, die Schweißflecken aus Ihrem guten Oberhemd entfernen zu können, machen Sie folgenden Versuch: zwei Aspirin® zerdrücken und das Pulver mit etwa 100 ml warmem Wasser vermischen. Den verfleckten Teil des Kleidungsstücks 2-3 Stunden in der Lösung einweichen.

HAARFARBE AUFFRISCHEN • Wer helle Haare hat und häufig in gechlortem Wasser schwimmt, stellt möglicherweise fest, dass seine Haare ausbleichen und einen Gelbstich annehmen. Die Haare bekommen in der Regel ihre frühere Farbe zurück, wenn man sechs bis acht Tabletten Aspirin® in einem Glas warmem Wasser auflöst, die Lösung gründlich in das Haar einmassiert und 10–15 Minuten einwirken lässt. Anschließend ausspülen.

HORNHAUT ENTFERNEN • Mithilfe von Aspirin® lässt sich sogar die lästige Hornhaut an den Füßen aufweichen. Dazu fünf oder sechs Tabletten Aspirin® zu Pulver mahlen, pro Tablette 1/2 TL Zitronensaft zufügen und die Mischung mit etwas Wasser zu einer Paste verarbeiten. Das Mittel auf die verhärteten Stellen auftragen (Achtung: zunächst an einer kleinen Stelle ausprobieren), den Fuß in ein warmes Handtuch einwickeln und mit einem Plastikbeutel umhüllen. Mindestens 10 Minuten nicht bewegen, dann Beutel und Handtuch abnehmen und die aufgeweichte Hornhaut mit Bimsstein abrubbeln.

HÄTTEN SIE'S GEWUSST?

Weidenrinde hat einen hohen Gehalt an Salicyl, einem natürlichen schmerzstillenden und Fieber senkenden Mittel, das bereits der um 460 v. Chr. geborene Hippokrates zur Linderung von Kopf- und anderen Schmerzen einsetzte. Viele traditionelle Heiler nutzten salicylhaltige Kräuter zur Behandlung von Erkältungen und Grippesymptomen; auch die Indianer bedienten sich dieser Methode. Erst 1897 entwickelte Felix Hoffmann, Chemiker bei der Firma Bayer, einen Abkömmling, die Acetylsalicylsäure, die 1899 unter dem Namen Aspirin® in den Handel kam.

BEHANDLUNG VON INSEKTENSTICHEN

Durch Mücken- oder Bienenstiche hervorgerufene Entzündungen lassen sich lindern, indem man die Haut an der betroffenen Stelle befeuchtet und mit einem Aspirin® abreibt. Wer allerdings gegen Bienengift allergisch ist und nach dem Stich Atemprobleme, Unterleibsschmerzen oder ein Übelkeitsgefühl verspürt, sollte sich sofort zum Arzt begeben.

ASPIRIN® GEGEN SCHUPPEN • Wenn Sie unter Schuppen leiden, zerdrücken Sie vor der nächsten Haarwäsche zwei Tabletten Aspirin® zu feinem Pulver, das Sie der üblichen Menge Shampoo zusetzen. Shamponieren, die Mischung 1–2 Minuten einwirken lassen, dann gut ausspülen und die Haare noch einmal mit Shampoo ohne Zusatz waschen.

PICKEL AUSTROCKNEN • Auch wer die Pubertät lange hinter sich hat, bekommt gelegentlich einen Pickel. Rücken Sie ihm zu Leibe, indem Sie eine Tablette Aspirin® zerdrücken, dem Pulver ein wenig Wasser zugeben und die Paste auf den Pickel auftragen. Ein paar Minuten einwirken lassen, dann mit Wasser und Seife abwaschen. Die Paste verringert die Rötung und lindert das Brennen. Die Anwendung wiederholen, bis der Pickel abgeheilt ist.

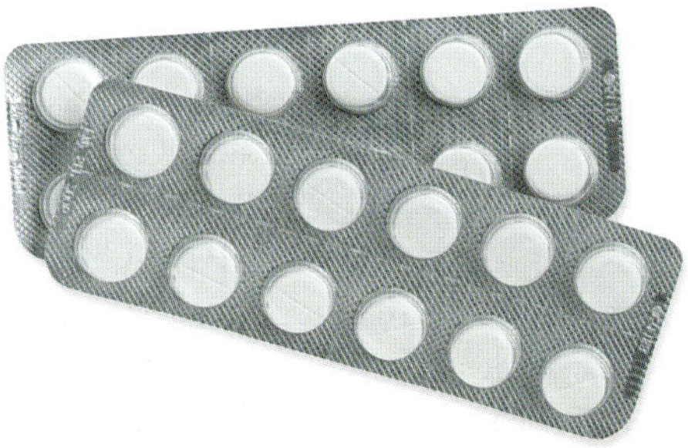

TIPPS FÜR PFLANZENFREUNDE

SO BLEIBEN TOPFPFLANZEN GESUND • Viele Hobbygärtner sind überzeugt, dass die in Aspirin® enthaltene Salicylsäure das Immunsystem der Pflanzen stärkt und Krankheiten vorbeugt. Lösen Sie eine Tablette Aspirin® in 1 l Wasser auf und gießen Sie Ihre Topfpflanzen ab und zu damit.

VIELFÄLTIGER EINSATZ IM GARTEN • Aspirin® hilft nicht nur dem Menschen, es ist in pulverisierter Form auch im Garten nützlich. Einige Gärtner benutzen es, um damit die Bewurzelung von Stecklingen zu fördern, andere vermischen es mit Wasser, um mit der Lösung Pilze im Boden zu bekämpfen. Beim Gebrauch von Aspirin® in der Nähe von Pflanzen ist jedoch Vorsicht geboten, weil eine zu große Menge schädlich wirken kann. Bei der Behandlung von Erde beträgt die ideale Dosierung eine halbe oder ganze Tablette Aspirin® auf 1 l Wasser.

VORSICHT: Etwa 10 % aller Menschen mit schwerem Asthma reagieren allergisch auf Aspirin® – genauer gesagt auf alles, was Acetylsalicylsäure, den Hauptbestandteil von Aspirin®, enthält. Dazu zählen auch einige Mittel gegen Erkältungen sowie verschiedene Obstsorten, Gewürze und Lebensmittelzusatzstoffe. Bei älteren Asthmatikern, die zusätzlich an Nasenpolypen oder Nasennebenhöhlenentzündung leiden, erhöht sich dieser Prozentsatz auf 30–40 %. Auch ein kleiner Teil der nicht von Asthma betroffenen Bevölkerung reagiert empfindlich auf Aspirin®, insbesondere Menschen mit Magengeschwüren und anderen Leiden, die mit der Gefahr von Blutungen einhergehen.

Grundsätzlich sollte man vor der Verwendung von Arzneimitteln stets den Arzt befragen und Aspirin® in keinem Fall äußerlich gebrauchen, wenn man auf die innere Anwendung allergisch reagiert.

EIFLECKEN AUS KLEIDUNGSSTÜCKEN ENTFERNEN

Wenn man sich beim Kochen mit rohem Ei bekleckert hat, kratzt man zunächst möglichst viel davon ab und versucht, den Rest mit lauwarmem Wasser und einem Schwamm zu beseitigen. Kein heißes Wasser verwenden, sonst gerinnt das Ei. Lässt sich der Fleck auf diese Weise nicht vollständig entfernen, mischt man Wasser und Weinstein zu einer Paste und fügt eine zerdrückte Tablette Aspirin® zu. Die Paste auf den Fleck auftragen und 30 Minuten einwirken lassen. Gründlich mit warmem Wasser abspülen – mit etwas Glück ist der Eifleck nun verschwunden.

AUTOWACHS

KRATZER AUF DER CD BESEITIGEN • Werfen Sie zerkratzte CDs nicht weg, sondern versuchen Sie, den Datenträger mit etwas Autowachs wieder instand zu setzen. Dazu die Scheibe mit der beschädigten Seite nach oben auf ein flach ausgebreitetes Tuch legen, mit einer Hand festhalten und mit der anderen das Wachs mit einem weichen Lappen über der zerkratzten Stelle verreiben. Trocknen lassen, dann mit kurzen, kräftigen Bewegungen in Längsrichtung der Kratzer polieren. Dazu eignet sich ein Brillenputztuch oder ein Tuch zum Putzen von Kameraobjektiven. Wenn die Kratzer nicht mehr sichtbar sind, die CD mit Wasser abwaschen und vor dem Abspielen trocknen lassen.
Falls dies nicht hilft, können Sie noch einen Versuch mit Autopolitur machen: wie beim Wachs vorgehen, allerdings vorsichtiger in der Anwendung sein, da die Politur ein feines Schleifmittel enthält und zu starkes Reiben und Polieren den Schaden verschlimmern würde.

FLECKEN VON HOLZFLÄCHEN ENTFERNEN • Wenn man Gläser oder Tassen ohne Untersetzer bzw. Untertasse auf den Esstisch stellt, kann es schnell passieren, dass unansehnliche weiße Ringe auf dem Holz zurückbleiben. Und nicht immer kann die im Handel erhältliche Möbelpolitur die Flecken dauerhaft beseitigen. Als Retter in der Not entpuppt sich hier oft ein wenig Autowachs, das man mit dem Finger auf den Ring aufträgt und trocknen lässt. Anschließend mit einem weichen Lappen nachpolieren.

KRAFT SPAREN BEIM SCHNEESCHAUFELN

Das winterliche Schneeschippen wird oft dadurch erschwert, dass der Schnee an der Schaufel haften bleibt. Dies lässt sich vermeiden, indem man zwei dicke Schichten Autowachs auf die Schaufelfläche aufträgt. Am nächsten Tag wird der Schnee locker von der Schaufel gleiten.

PERFEKTES BADEZIMMER

KLARER BADEZIMMERSPIEGEL • Der Badezimmerspiegel beschlägt nach der nächsten heißen Dusche nicht mehr, wenn man ihn mit ein wenig Autowachs abreibt, es trocknen lässt und mit einem weichen Lappen nachpoliert. Das nächste Mal können Sie sich nach dem Duschen sofort im Spiegel betrachten.

SAUBERE DUSCHE • Wasserflecken und Seifenrückstände auf Fliesen und Duschwänden sind unansehnlich und müssen immer wieder von neuem beseitigt werden. Doch das Problem lässt sich dauerhaft beseitigen. Dazu geht man in zwei Schritten vor. Zunächst werden Flecken und Seife gründlich entfernt. Dann trägt man eine Schicht Autowachs auf und poliert mit einem sauberen, trockenen Lappen nach. Nun kann sich nichts mehr festsetzen. Es ist ausreichend, das Wachs etwa einmal im Jahr anzuwenden. Auch Wasserflecken auf den Armaturen lassen sich mit Autowachs vermeiden. Die Duschwanne selbst oder die Badewanne sollte man aber nicht mit Wachs behandeln, da der Wannenboden sonst sehr glatt wird und man leicht ausrutscht.

BABYÖL

HEFTPFLASTER VON ZARTER KINDERHAUT ENTFERNEN • Sie können das herzzerreißende „Aua!" und die nachfolgenden Tränen vermeiden oder zumindest beträchtlich verringern, wenn Sie das Heftpflaster vor dem Abziehen auf der Oberfläche und an den Rändern mit etwas Babyöl einreiben. Sobald Sie sehen, dass sich das Pflaster zu lösen beginnt, lassen Sie das Kind den Rest tun – so kann es den Vorgang selbst steuern und überwindet seine Angst. Auch Erwachsene mit empfindlicher Haut werden gern zu Babyöl greifen, um ein Pflaster schmerzfrei zu entfernen.

GOLFSCHLÄGER POLIEREN • Verschwenden Sie kein Geld für teure Reinigungssets, mit denen die verchromten Schlägerköpfe von Golfschlägern gepflegt werden sollen. Nehmen Sie einfach ein Fläschchen Babyöl und ein Fensterleder oder Gästehandtuch in Ihrer Golftasche mit. Nach jeder Golfrunde ein paar Tropfen Öl auf das Tuch träufeln und den Schlägerkopf damit polieren.

WENN DER FINGERRING NICHT MEHR ABGEHT • Sitzt ein Ring zu fest am Finger, reibt man die betreffende Stelle zunächst mit reichlich Babyöl ein. Dann wird der Ring hin- und hergedreht, bis sich das Öl darunter verteilt hat. Anschließend lässt sich der Ring mühelos abziehen.

NEUER GLANZ FÜR LEDERTASCHEN UND LACKLEDERSCHUHE • Ein paar Tropfen Babyöl, die mit einem weichen Lappen aufgetragen werden, verleihen einer alten Ledertasche oder Lacklederschuhen neuen Glanz. Vergessen Sie nach der Behandlung jedoch nicht, etwaige Ölrückstände sorgfältig vom Leder abzuwischen.

IM BADEZIMMER

EIGENES BADEÖL HERSTELLEN • Wenn Sie ein Lieblingsparfüm oder -duftwasser haben, warum stellen Sie daraus nicht Ihr eigenes Badeöl her? Füllen Sie dazu 50 ml Babyöl in ein Plastikfläschchen und geben Sie ein paar Tropfen Ihres Lieblingsdufts hinzu. Schütteln Sie das Gemisch gut durch und gießen Sie es ins Badewasser.

BADE- ODER DUSCHWANNE SÄUBERN • Hartnäckige Rückstände von Schmutz oder Seife lassen sich mühelos aus der Bade- oder Duschwanne entfernen, indem man die Oberflächen mit einem feuchten Lappen abwischt, auf den man 1 TL Babyöl gegeben hat. Mit einem zweiten Lappen wird anschließend das überschüssige Öl entfernt – gehen Sie hierbei sorgfältig zu Werke, damit die Rutschgefahr gebannt wird. Diese Methode eignet sich auch hervorragend zum Entfernen von Seifen- und Wasserflecken von Duschtür und Duschwand.

SPÜLBECKEN UND ARMATUREN PFLEGEN • Reiben Sie stumpf gewordene Spülbecken aus rostfreiem Stahl mit ein paar Tropfen Babyöl und einem weichen sauberen Lappen ab. Mit einem Handtuch trockenreiben und die Prozedur gegebenenfalls wiederholen. Auf diese Weise lassen sich auch Flecken von verchromten Armaturen sowie verchromtem Küchenzubehör mühelos beseitigen.

SO WIRKT DAS ARMATURENBRETT WIEDER WIE NEU • Unschöne Kratzer auf der Kunststoffabdeckung des Kilometerzählers und anderer Anzeigeinstrumente am Armaturenbrett des Autos lassen sich kaschieren, indem man etwas Babyöl darauf verreibt.

Fortsetzung →

ACRYLFARBE VON DER HAUT ENTFERNEN • Falls Gesicht und Hände beim Streichen mit Acrylfarbe Spritzer abbekommen haben, können Sie die Farbe rasch entfernen, indem Sie die Haut zunächst mit etwas Babyöl einreiben und anschließend gründlich mit Seife und warmem Wasser säubern.

MILCHSCHORF BEI SÄUGLINGEN BEHANDELN • Viele Säuglinge leiden vorübergehend unter unansehnlichem, in der Regel jedoch harmlosem Milchschorf. Um Abhilfe zu schaffen, wird der Kopf mit ein wenig Babyöl eingerieben, das man gegebenenfalls mit dem Kamm vorsichtig im Haar verteilt. Wird das Baby bei der Anwendung unruhig, behandelt man immer nur kleine Stellen. Das Öl einwirken lassen, jedoch nicht länger als 24 Stunden, dann die Haare gründlich waschen, bis das Öl vollständig entfernt ist. In hartnäckigen Fällen wiederholt man die Prozedur. Sind allerdings viele gelblich verkrustete Stellen vorhanden oder hat sich der Milchschorf bis hinter die Ohren oder auf den Hals ausgedehnt, sollte man baldmöglichst den Kinderarzt zu Rate ziehen.

BABYPUDER

SAND VON DEN FÜSSEN ENTFERNEN • Sie sind im Urlaub barfuß am Strand gelaufen, wollen nun Ihre Strümpfe und Schuhe wieder anziehen und der Sand klebt an den noch feuchten Füßen? Hier ein kleiner Trick, wie Sie das Problem lösen: Nehmen Sie, vielleicht in einer leeren Filmdose, ein wenig Babypuder auf Ihre nächste Strandwanderung mit und bestreuen Sie damit Ihre Füße, bevor Sie sie abtrocknen. Der Puder nimmt die Feuchtigkeit auf und bewirkt, dass der Sand sich leicht löst, wenn Sie mit Ihrem Handtuch darüber fahren.

FETTFLECKEN AUF DER KLEIDUNG – NEIN DANKE • Sie braten gerade die Steaks für die Gäste an, und ihre Bluse hat einen Fettspritzer abbekommen? Hier sorgt Babypuder für rasche Abhilfe: Geben Sie ein wenig Puder auf eine Quaste und betupfen Sie den Fleck damit. Anschließend reiben Sie den Puder fest ein, dann bürsten Sie die Rückstände ab. Wiederholen Sie die Behandlung, bis der Fleck ganz verschwunden ist.

VERJÜNGUNGSKUR FÜR SPIELKARTEN

Mithilfe einer einfachen Methode vermeidet man, dass Spielkarten schmutzig werden und zusammenkleben. Man steckt die Karten locker in einen Plastikbeutel und gibt ein wenig Babypuder hinzu. Dann wird der Beutel fest verschlossen und geschüttelt. Beim Herausnehmen fühlen sich die Karten frisch und glatt an.

HÄTTEN SIE'S GEWUSST?

Bei Puder kann man zwischen solchem auf Basis von Talkum oder Stärkemehl sowie medizinischem Puder wählen. Bei Talkum wird in jüngster Zeit darüber diskutiert, inwieweit es für Babys beim Einatmen gesundheitsschädlich sein könnte. Puder auf Stärkemehlbasis kann wiederum in Hautfalten Pilzinfektionen begünstigen. Medizinischem Puder wird in der Regel Zinkoxid beigefügt, das Wundsein vorbeugt. Wenn Sie im Zweifel sind, ob Sie Puder für Ihr Kind verwenden sollen bzw. welcher am besten geeignet ist, sollten Sie mit Ihrem Kinderarzt sprechen.

BLUMENZWIEBELN VOR FÄULNIS SCHÜTZEN • Mancher Gärtner schwört auf medizinischen Puder, um seine Blumenzwiebeln vor Fäulnis zu bewahren. Dazu vor dem Setzen jeweils fünf bis sechs Zwiebeln in einen verschließbaren Plastikbeutel geben, 3 EL Puder zufügen und den Beutel gut verschließen. Mehrmals vorsichtig schütteln. Die Puderschicht verhindert Fäulnis und hält außerdem Schädlinge fern.

GUMMIHANDSCHUHE ÜBERSTREIFEN • Wenn sich die Puderschicht in Ihren Gummihandschuhen verbraucht hat, sollten Sie gar nicht erst versuchen, Ihre Finger mit Gewalt hineinzuzwängen. Sie brauchen aber auch nicht sofort neue Gummihandschuhe zu kaufen. Bestäuben Sie Ihre Hände stattdessen mit etwas Babypuder, dann gleiten Ihre Finger so leicht hinein, als wären die Gummihandschuhe neu.

SCHIMMEL AUS BÜCHERN ENTFERNEN • Welch ein Schreck, wenn man eine Kiste Bücher vorübergehend im Keller lagern musste und nun feststellt, dass sich Schimmel gebildet hat! Doch noch ist nicht alles verloren: Zunächst lässt man die Bücher aufgeklappt gründlich an der Luft trocknen. Dann streut man jeweils etwas Babypuder zwischen die Seiten und stellt die Bücher ein paar Stunden aufrecht hin. Anschließend werden die Puderrückstände vorsichtig aus jedem Buch abgebürstet. So lassen sich die Bücher retten, wenn auch nicht in den Originalzustand zurückversetzen.

BABYREINIGUNGSTÜCHER

IDEALE BEGLEITER IM AUTO • Babyreinigungstücher sind zu mehr zu gebrauchen als zum Abwischen von Kleinkinderpopos. Wenn beispielsweise Ihre Hände nach dem Tanken oder der Luftdruckkontrolle schmutzig sind, erspart Ihnen so ein Tuch den Gang zum Waschbecken. Hervorragend geeignet sind die Tücher auch, um verschüttete Flüssigkeit im Auto aufzuwischen, etwa wenn den lieben Kleinen ihr Getränk aus der Hand gefallen ist. Bevor Sie sich also das nächste Mal ins Auto setzen, packen Sie einen kleinen Stapel dieser Feuchttücher in einen gut verschließbaren Frühstücksbeutel und legen Sie ihn in das Handschuhfach.

SCHUHE PUTZEN IM SCHNELLVERFAHREN • Die meisten Mütter wissen, dass man weiße Kinderschuhe aus Leder hervorragend mit Babyreinigungstüchern putzen kann. Doch auch die eigenen Lederpumps lassen sich damit polieren – vor allem, wenn man es sehr eilig hat.

WIEDERVERWENDUNG ALS STAUBTUCH • Wer hätte das gedacht – es gibt Babyreinigungstücher, die waschbar sind und als Staubtuch oder Wischlappen für den Hausputz weiterverwendet werden können. Unnötig zu betonen, dass nur leicht verschmutzte Reinigungstücher zum Waschen und erneuten Gebrauch in Betracht kommen.

Fortsetzung →

GUT FÜR DIE HAUT

SO LINDERN SIE DEN SONNENBRAND • Haben Sie am Strand ein bisschen zu viel Sonne abbekommen? Kühlen Sie den Sonnenbrand, indem Sie die betroffenen Stellen vorsichtig mit einem Babyreinigungstuch abtupfen. Auch Kratzer und Schnitte lassen sich gut mit den Feuchttüchern behandeln. Die meisten Reinigungstücher haben zwar keine antiseptische Wirkung, es schadet jedoch nicht, sie für die Grundreinigung zu verwenden, bevor man mit der eigentlichen Behandlung beginnt.

MAKE-UP ENTFERNEN • Viele Models schwören auf Babyreinigungstücher zum Entfernen hartnäckiger Make-up-Reste - hierzu zählt insbesondere schwarzer Eyeliner. Versuchen Sie es selbst einmal und profitieren Sie von einem der Geheimtipps der schönsten Frauen der Welt!

IM HANDUMDREHEN EIN SAUBERES BAD • Sie erwarten Besuch von Freunden, haben aber keine Zeit mehr, das Bad oder die Toilette gründlich zu putzen? Kein Grund zur Aufregung. Nehmen Sie in die eine Hand ein Babyreinigungstuch, mit dem Sie alle Oberflächen im Badezimmer oder der Toilette reinigen, und in die andere einen trockenen Waschlappen, mit dem Sie rasch nachpolieren.

BITTE KEINE TROPFFLECKEN • Mit einem Babyreinigungstuch kann man im Handumdrehen Flüssigkeiten, die auf den Teppich getropft sind – beispielsweise Kaffee oder Tee – aufnehmen. Und das Beste daran: Nicht nur die Flüssigkeit wird aufgesogen, auch der Fleck verschwindet wie von Zauberhand. Dieselbe Wirkung erzielt man bei Tropfflecken auf Kleidung und Polstermöbeln.

COMPUTERTASTATUR REINIGEN • Wer seine Computertastatur regelmäßig abstaubt, entfernt die losen Partikel, die sich zwischen den Tasten sammeln - aber das ist erst die halbe Arbeit. Mit einem Babyreinigungstuch können Sie angetrocknete Flüssigkeiten und anderen hartnäckig haftenden Schmutz von den Tasten abwischen. Vor dem Reinigen der Tasten sollte man aber unbedingt darauf achten, dass der Computer ausgeschaltet oder zumindest die Tastatur ausgestöpselt ist.

BACKFETT

SO VERSCHWINDEN TINTENFLECKEN VON DEN HÄNDEN • Die Korrespondenz ist erledigt, aber nun haben Sie Tintenflecken an den Händen? Kein Problem: Tinte lässt sich leicht mit Backfett von der Haut entfernen. Reiben Sie etwas Fett auf die Flecken und wischen Sie die Tinte anschließend mit einem Lappen oder Papiertuch einfach ab.

AUFKLEBER ABLÖSEN • Wie oft haben Sie sich schon darüber geärgert, dass sich Klebeetiketten oder Preisaufkleber nur mit viel Mühe oder überhaupt nicht abkratzen lassen! Versuchen Sie es einmal mit Backfett: Es löst im Handumdrehen den Kleber von Glas, Metallen und vielen Kunststoffen. Bestreichen Sie den Aufkleber mit Backfett, lassen Sie es 10 Minuten einwirken und reiben Sie die Überreste mit einem weichen Topfschwamm ab.

GUMMISCHUHE POLIEREN • Gummischuhe glänzen wieder wie neu, wenn Sie sie mit festem Backfett einreiben und anschließend mit einem sauberen Lappen oder Tuch nachpolieren.

HILFE FÜR WUNDE BABYPOPOS • Backfett hilft schnell, wenn zarte Babyhaut in der Windel wund geworden ist. Das Fett beruhigt die empfindliche Haut und versorgt sie mit Feuchtigkeit.

TEERFLECKEN AUS TEXTILIEN ENTFERNEN • Teerflecken lassen sich mit etwas Backfett leicht aus Textilien entfernen. Kratzen Sie zunächst so viel Teer wie möglich ab und geben Sie ein Stück Backfett auf den restlichen Fleck. Lassen Sie das Fett 3 Stunden lang einwirken und waschen Sie den Stoff wie gewohnt.

HAUTPFLEGE EINMAL ANDERS

HILFE BEI TROCKENER HAUT • Wozu teure Cremes und Lotionen kaufen, wenn ein Stück pflanzliches Backfett die gleiche Wirkung hat und deutlich weniger kostet? Sogar in manchen Krankenhäusern wird die trockene Haut von Patienten damit gepflegt. Verreiben Sie Backfett auch auf trockenen, rissigen Händen, es wirkt auf natürliche Weise und enthält keine Duftstoffe.

PREISWERTER MAKE-UP-ENTFERNER • Ihr Make-up-Entferner ist Ihnen gerade ausgegangen? Keine Sorge, Sie können zum Abschminken auch ganz normales Backfett nehmen. Ihre Gesichtshaut wird Ihnen dies nicht verübeln.

TIPP

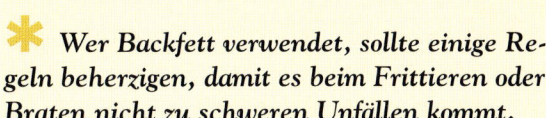

Richtig mit Backfett umgehen

Wer Backfett verwendet, sollte einige Regeln beherzigen, damit es beim Frittieren oder Braten nicht zu schweren Unfällen kommt.

- Wenn man mit Backfett frittiert, sollte man die Fritteuse niemals aus den Augen lassen; man darf sie auch in keinem Fall unter die eingeschaltete Dunstabzugshaube stellen. Füllen Sie den Frittiertopf nur zu ungefähr einem Drittel mit Fett (Gebrauchsanweisung beachten) und frittieren Sie nur kleine Mengen auf einmal. Achten Sie darauf, ausschließlich trockenes Frittiergut zu verwenden. Die beste Frittiertemperatur liegt zwischen 165 und 180 °C. Überhitzen Sie das Backfett nicht, damit es nicht zu brennen anfängt. Beginnt das Fett dennoch zu qualmen, schalten Sie die Fritteuse ab und lassen das Fett abkühlen.

- Sollte das Backfett trotz aller Vorsichtsmaßnahmen Feuer fangen, schließen Sie den Topf mit dem Deckel, schalten die Fritteuse aus und lassen das Fett abkühlen. Gießen Sie niemals Wasser auf heißes oder brennendes Backfett, da es sonst explosionsartig aus dem Topf geschleudert werden und zu schweren Brandverletzungen führen kann. Nützlich ist eine Feuerlöschdecke in der Küche.

SCHNEESCHIPPEN LEICHT GEMACHT • Bevor Sie nach dem nächsten Schneeschauer Ihre Auffahrt oder den Gehweg freischaufeln, reiben Sie das Blatt Ihrer Schneeschaufel mit Backfett oder flüssigem Pflanzenöl ein. Dann bleibt kein Schnee mehr an der Schaufel hängen, und die Arbeit lässt sich sehr viel kräftesparender erledigen.

SO SCHÜTZT MAN DIE VÖGEL IM HÄUSCHEN • Damit die Katze im Winter nicht in das Vogelhaus klettern und sich an den Vögeln vergreifen kann, reiben Sie den Pfahl, auf dem das Häuschen steht, mit reichlich Backfett ein. So findet die Katze keinen festen Halt und verliert die Lust am Klettern.

BACKPULVER

POLITUR FÜR HOCHGLANZ • Eine gute Politur für Kerzenleuchter, altes Silberbesteck oder Schmuck erhält man, indem man 1 Päckchen Backpulver mit einer geringen Menge Wasser zu einer Paste verrührt. Die Mischung sollte mit einer weichen Bürste, z. B. einer alten Zahnbürste, aufgetragen werden und danach etwa 5 Minuten einwirken. Dann wird der Gegenstand mit klarem Wasser abgespült und anschließend abgetrocknet. Vorsicht ist bei Schmuck- und Edelsteinen geboten: Es kann zu unerwünschten chemischen Reaktionen kommen, die unter Umständen den Steinen schaden. Beim Bürsten sollte man deshalb darauf achten, diese auszusparen.

FUGEN SÄUBERN • Angegraute Fugen in Küche und Bad bekommen Sie wieder blütenweiß, indem Sie aus Wasser und – je nach Größe der gekachelten Fläche – 1–4 Päckchen Backpulver eine dicke Paste anrühren. Tragen Sie die Mischung mit einer ausgemusterten Zahnbürste auf die Fugen auf. Anschließend wird die Backpulvermischung mit einem Schwamm oder Lappen und klarem Wasser abgewaschen. Ihre Fugen sehen nun wieder aus wie neu.

IN DER KÜCHE

WENN MAL ETWAS ANGEBRANNT IST • Angebranntes lässt sich leicht mit Backpulver lösen. 1 Päckchen auf dem Pfannen- oder Topfboden verteilen und fingerhoch Wasser darauf gießen. 1–2 Stunden einwirken lassen. Anschließend die Flüssigkeit abschütten und die Rückstände mit einem Küchentuch entfernen. Das Kochgeschirr nun wie gewohnt spülen und trocknen.

FETTFILM AUF KÜCHENSCHRÄNKEN • Wer beim Putzen der Schränke nicht Unmengen Spülmittel verschwenden will, gibt einfach etwas Backpulver auf einen mit Wasser befeuchteten Schwamm (pro Schrank etwa 1/2 Päckchen). Beim Wischen nimmt das Backpulver das Fett auf. Die Krümel, die dabei entstehen, können mit einem frischen Lappen und klarem Wasser ganz leicht abgewischt werden.

STRAHLENDE GARDINEN • Wenn die Gardinen wieder richtig weiß werden sollen, einfach zur üblichen Menge Waschpulver 1 Päckchen Backpulver geben.

BADEÖL

GESTAPELTE GLASSCHÜSSELN VONEINANDER LÖSEN • Dringt Feuchtigkeit zwischen gestapelte Glasschüsseln, lassen sie sich kaum noch trennen – außerdem riskiert, wer hier Gewalt anwendet, sich zu verletzen. Das Problem lässt sich mit ein paar Tropfen Badeöl, die man zwischen die Schüsseln träufelt, elegant beheben. Man wartet lediglich ein paar Minuten, bis das Öl nach unten gelaufen ist, und kann die Schüsseln dann leicht trennen.

KAUGUMMI IM HAAR ODER AUF DEM TEPPICH? • Wenn Ihr Kind mit Kaugummi im Haar nach Hause kommt, greifen Sie nicht gleich zur Schere. Verreiben Sie stattdessen reichlich Badeöl auf dem Kaugummi. Er wird dann so weich, dass Sie ihn auskämmen können. Sind Kaugummireste auf dem Teppich festgetreten, sollte man zunächst an einer unauffälligen Stelle ausprobieren, wie der Teppich auf das Öl reagiert, bevor man es großflächig anwendet.

KLEBERRESTE ENTFERNEN

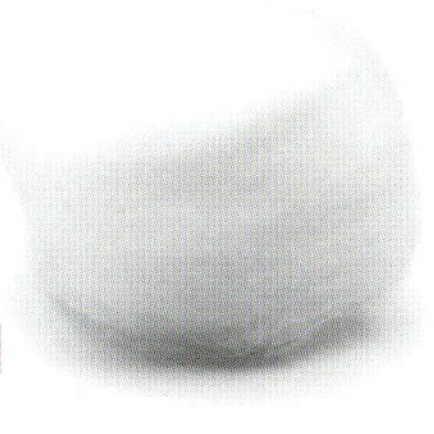

Reiben Sie hartnäckige Kleberrückstände von Heftpflastern und Aufklebern mit etwas Badeöl und einem Wattebausch ab. Das funktioniert bei Glas, Metall und den meisten Kunststoffen.

LACKSCHUHE UND HANDTASCHEN AUFFRISCHEN • Abgewetzte Stellen an Lackschuhen oder Ihrer Lieblingshandtasche lassen sich mit ein wenig Badeöl und einem sauberen, weichen Lappen oder Handtuch beseitigen. Das Öl vorsichtig einreiben, dann mit einem trockenen Tuch nachpolieren.

HORN- ODER NAGELHAUT BEHANDELN • Wer Horn- oder Nagelhaut behandeln möchte, erwärmt eine Mischung aus 100 ml Badeöl und 100 ml Wasser 30 Sekunden im Mikrowellengerät auf hoher Stufe. Die Mixtur anschließend in eine tiefe Schale gießen und, sobald die Temperatur es erlaubt, Finger oder Zehen 10–15 Minuten hineintauchen, damit die Nagel- bzw. Hornhaut aufweicht. Abtrocknen, dann die Hornhaut mit Bimsstein abrubbeln und die Nagelhaut mit einer Feile zurückschieben. Zum Schluss Hand- bzw. Fußcreme gründlich einmassieren, damit die Haut geschmeidig bleibt.

BASEBALLHANDSCHUHE WEICH MACHEN • Die neuen Baseballhandschuhe Ihres Sprösslings sind zwar schön, aber lange nicht so geschmeidig wie die alten? Kein Problem – träufeln Sie einfach ein paar Tropfen Badeöl auf die Außenfläche des Handschuhs und die Finger. Nun verreiben Sie das Öl vorsichtig mit einem weichen Lappen, legen einen Baseball in die Grifffläche, biegen den Handschuh um den Ball und fixieren ihn, beispielsweise mit einer elastischen Binde. Ein paar Tage liegen lassen, dann die Binde lösen und überschüssiges Öl mit einem sauberen Lappen abwischen. Jetzt sollte der Handschuh merklich elastischer sein und dem nächsten Spiel Ihres Sprösslings steht nichts mehr im Weg.

FETT ODER ÖL VON DER HAUT ENTFERNEN • Wer sich an Auto-, Motorrad- oder Rasenmähermotoren zu schaffen macht, hat rasch fett- oder ölverschmierte Hände. Bevor man zu hochwirksamen Fettentfernern greift, verreibt man ein paar Spritzer Badeöl auf den Händen und wäscht sie anschließend mit Seife und warmem Wasser. Das funktioniert zuverlässig und ist viel hautfreundlicher als aggressive Chemikalien.

VERJÜNGUNGSKUR FÜRS AUTO • Verschönern Sie unansehnliche Kunststoffteile im Auto, indem Sie etwas Badeöl auf einen weichen Lappen geben und Armaturenbrett, Türverkleidungen und andere Flächen damit abreiben. Danach werden die Ölrückstände mit einem sauberen Tuch abpoliert. Ein zusätzlicher Vorteil dieser Methode besteht in dem angenehmen Duft, der sich nun im Innenraum ausbreitet.

ROHRE ZUSAMMENFÜGEN • Falls man beim Zusammenstecken von Rohren kein Universalschmiermittel zur Hand hat, kann man sich mit ein paar Tropfen Badeöl behelfen – so geschmiert lassen sich Rohre mühelos zusammenfügen.

HÄTTEN SIE'S GEWUSST?

Offenbar besaß der Mensch schon in frühester Zeit eine Vorliebe für duftende Körperöle. Derartige Substanzen fanden anscheinend bereits in der Jungsteinzeit Verwendung, als die Menschen Oliven- und Sesamöl mit Duftpflanzen versetzten. Die alten Ägypter verwendeten ebenfalls parfümierte Öle, vorwiegend bei religiösen Ritualen. Und auch in der Bibel ist der Gebrauch von Körperölen mit Myrrhe und Weihrauch für religiöse und weltliche Zwecke dokumentiert. Die Verwendung von Duftölen war in der Tat ein Bestandteil der meisten Zivilisationen - nicht zuletzt gehörte er zur Badekultur der Römer.

BANANEN

GESUNDE GESICHTSMASKE • Wozu braucht man das Nervengift Botox zur Bekämpfung der ersten Falten, wenn es Bananen gibt? Richtig, man kann Bananen als natürliche Gesichtsmaske verwenden, die der Haut Feuchtigkeit zuführt, ihr ein zarteres Aussehen verleiht und sie samtweich macht. Zerdrücken Sie hierfür eine mittelgroße, reife Banane zu einem weichen Brei, den Sie vorsichtig auf Gesicht und Hals auftragen. 10–20 Minuten einwirken lassen, dann mit kaltem Wasser abspülen. Eine andere beliebte Mischung für eine gesunde Gesichtsmaske enthält 50 ml Naturjoghurt, 2 EL Honig und eine mittelgroße Banane.

TIPPS FÜR PFLANZENFREUNDE

GLANZKUR FÜR DEN GUMMIBAUM • Sehen die Blätter Ihres Gummibaums verstaubt und angeschmutzt aus? Verzichten Sie darauf, sie mit Wasser zu besprühen - so wird der Staub nur verteilt. Reiben Sie stattdessen die Blätter mit der Innenseite einer Bananenschale ab. So werden Ablagerungen entfernt und die Blätter erstrahlen in neuem Glanz. Grundsätzlich eignet sich diese Methode für alle Grünpflanzen, praktikabel ist sie jedoch nur für Exemplare mit einer begrenzten Anzahl großer Blätter.

KAMPF DEN BLATTLÄUSEN • Wenn Rosen, aber auch andere Pflanzen von Blattläusen befallen sind, trocknet und zerschneidet man Bananenschalen und vergräbt sie ein paar Zentimeter tief rings um die Pflanzen in der Erde. Schon bald werden Sie feststellen, dass die Blattläuse deutlich weniger geworden bzw. verschwunden sind. Verwenden Sie jedoch keine ganzen Schalen oder die Bananen selbst, denn diese sind ein Leckerbissen für Mäuse, Kaninchen und andere Tiere und werden einfach ausgegraben.

MULCH ODER DÜNGEMITTEL • Ebenso wie das Fruchtfleisch enthält auch die Schale von Bananen viel Kalium, das ein wichtiger Nährstoff für Mensch und Pflanze ist. Um sich diese Eigenschaft zunutze zu machen, lassen Sie Bananenschalen in den Wintermonaten auf Gittern trocknen. Im zeitigen Frühjahr werden sie dann mit der Küchenmaschine oder im Mixer zerkleinert und als Mulch bei Sämlingen und jungen Pflanzen eingesetzt, um deren Wachstum zu fördern. Viele Rosenzüchter nutzen die in Bananenschalen enthaltenen Nährstoffe, indem sie einfach ein paar Schalen zerschneiden und als Dünger um die Pflanzen verteilen.

KOMPOSTAUFGUSS • Mit ihrem hohen Nährstoffgehalt sind Bananen und ihre Schalen ein geschätzter Zusatz für den Komposthaufen. Die Frucht selbst zersetzt sich besonders bei Hitze sehr schnell. Bevor man alte Bananen, die man nicht mehr essen mag, zum Kompost gibt, sollte man nicht vergessen, die Aufkleber von den Schalen abzuziehen. Auch empfiehlt es sich, die Bananen tief im Komposthaufen zu vergraben, da sie sonst vierbeinigen Besuchern als leckere Mahlzeit dienen. Ein mit Bananen angereicherter Kompost eignet sich besonders gut für einen Kompostaufguss - eine nährstoffreiche Flüssigkeit, die entsteht, wenn man einige Schaufeln Kompost ein paar Tage in Wasser ziehen lässt.

GEFRORENE BANANENHAPPEN • Verwöhnen Sie Familie und Freunde an heißen Sommertagen mit einer ausgefallenen Köstlichkeit: Dazu schälen Sie reife Bananen und zerschneiden sie quer in mundgerechte Stücke. Nun stecken Sie in jedes Bananenstück ein Holzstäbchen und stellen die Happen auf Pergamentpapier ins Tiefkühlgerät. Nur wenige Stunden später kann man sie als delikaten Eisgenuss servieren. Besonders schmackhaft werden die gefrorenen Bananenstücke, wenn man sie rasch in geschmolzene weiße Schokolade oder Milchschokolade taucht, nach Belieben noch gehackte Nüsse oder Kokosflocken zufügt und die Happen abermals einfriert.

SO WIRD DER BRATEN ZART • In vielen asiatischen Ländern wickelt man Fleisch beim Garen in Bananenblätter, damit es zarter wird. Etliche Gourmets beschwören, dass sich mit der Frucht der Banane dieselbe Wirkung erzielen lässt. Wenn Sie also wieder einmal einen Braten zubereiten, legen Sie einfach eine reife geschälte Banane mit in den Bratentopf.

SILBER UND LEDER PUTZEN • Wer hätte das gedacht – Bananenschalen eignen sich hervorragend, um Silbergegenstände und Lederschuhe blank zu putzen. Entfernen Sie das Fasermaterial aus der Innenseite der Schale, bevor Sie damit Schuhe oder Silber abreiben. Anschließend wird mit einem Papiertuch oder einem weichen Lappen nachpoliert. Möglicherweise möchten Sie diese Methode auch bei Ihrem Ledersessel anwenden. Machen Sie vorsichtshalber zunächst an einer unauffälligen Stelle eine Probe, bevor Sie den ganzen Sessel in Angriff nehmen.

SCHMETTERLINGE UND VÖGEL ANLOCKEN • Ihr Kind nimmt in der Schule heimische Schmetterlinge oder Vögel durch, und Sie möchten die Tiere zu Anschauungszwecken in Ihren Garten locken? Dieses Problem ist schnell gelöst: Legen Sie überreife Bananen oder anderes Obst wie Orangen, Mangos oder Papayas an einem erhöhten Standort in den Garten. Bohren Sie ein paar Löcher in die Früchte, damit die Tiere an das Fruchtfleisch kommen. Einige Schmetterlings- und Vogelfreunde schwören darauf, das Obst mit ein paar Tropfen des Fitnessgetränks Gatorade zu tränken, damit es schneller weich wird. Leider werden durch den Geruch des Obstes auch Bienen und Wespen angezogen – deshalb sollte man den Obstköder in einem möglichst weit von der Terrasse entfernten Gartenwinkel auslegen.

BETTLAKEN

NEUE EHREN FÜR ALTE BETTLAKEN • Werfen Sie ausgediente Bettlaken nicht gleich weg – sie leisten in Haus und Garten immer noch gute Dienste und retten die Hausfrau oder den Hausmann sogar aus Notlagen.

EINE IMPROVISIERTE TISCHDECKE • Falls sich die ganze Verwandtschaft zum Weihnachtsessen angekündigt hat, müssen Sie vermutlich alle Tische in Ihrem Haus zusammenstellen. Sollten die Tischdecken dann nicht ausreichen, behelfen Sie sich mit einem alten Bettlaken. Darauf legen Sie kleine Weihnachtsdecken aus Papier – so lassen sich auch Flecken oder Löcher hervorragend kaschieren.

UNTERLAGE BEIM PICKNICK • Ein sommerliches Picknick macht Klein und Groß Spaß, doch möchte man dabei vielleicht nicht direkt im Gras, sondern lieber auf einer Unterlage sitzen – besonders wenn sich der Tau noch nicht ganz verflüchtigt hat. Hier-

Fortsetzung →

für ist ein altes Bettlaken ideal – und man muss sich auch nicht darum kümmern, ob es Grasflecken bekommt oder nicht.

ABKÜHLUNG IN HEISSEN SOMMERNÄCHTEN • Wenn es im Sommer in Ihrem Schlafzimmer so heiß ist, dass Sie nicht schlafen können, feuchten Sie ein ausgedientes Bettlaken an und hängen es im Zimmer auf. Durch die Verdunstungskälte wird die Zimmertemperatur merklich gesenkt.

HERBSTLAUB AUFSAMMELN • Gartenbesitzer wissen, dass im Herbst Arbeit auf sie zukommt: Das Laub muss zusammengerecht, in die Schubkarre geladen und zum Komposthaufen gebracht werden. Machen Sie sich das Leben leichter, indem Sie einfach ein Bettlaken im Garten ausbreiten und das gesamte Laub darauf harken. Nun nehmen Sie das Laken an allen vier Ecken zusammen und tragen das Laub darin bequem zum Komposthaufen.

DEN WEIHNACHTSBAUM AUS DEM HAUS TRAGEN • Wenn Weihnachten vorüber ist, beginnt auch der Baum allmählich auszutrocknen und sollte alsbald aus dem Wohnzimmer entfernt werden – möglichst ohne dabei überall Tannennadeln zu hinterlassen. Hier leistet ein altes Bettlaken gute Dienste: Nachdem Sie den Baumschmuck entfernt haben, wickeln Sie den Baum in das Laken und tragen ihn darin aus dem Haus.

BIENENWACHS

WEICHHOLZMÖBEL PFLEGEN • So schön Möbel aus unbehandelter Kiefer oder Fichte auch sind, es bleibt immer die Angst vor Wasser- oder Fettflecken, die das gute Stück ruinieren könnten. Schützen Sie deshalb Ihre Weichholzmöbel mit einer wirksamen Bienenwachsversiegelung, die zugleich sehr umweltfreundlich ist. Das Wachs ist üblicherweise im Reformhaus erhältlich. Es sollte mit einem fusselfreien Tuch sorgfältig in das Holz gerieben werden. Falls dabei einmal ein dunklerer Wachsfleck entsteht, verflüssigen Sie das Wachs einfach mit einem Föhn; die Oberfläche bekommt sofort einen gleichmäßigen Farbton. Das Holz erhält durch die Bienenwachsbehandlung einen wunderbar seidenmatten Glanz und ist gut geschützt.

EINZIGARTIGES PLÄTZCHENAROMA • Wenn Sie in der Weihnachtszeit Plätzchen backen, versuchen Sie doch einmal Folgendes: Reiben Sie mithilfe eines Küchentuchs eine hauchdünne Schicht Bienenwachs auf das Blech oder das Backpapier, bevor Sie die Plätzchen darauf legen und in den Ofen schieben. Schon

beim Backen wird sich ein himmlischer Duft im ganzen Haus verbreiten und später macht das wunderbare Honigaroma das Weihnachtsgebäck zum Renner jeder Adventsfeier.

LEDERSCHUHE PERFEKT GEPFLEGT • Leder ist ein natürliches und sehr strapazierfähiges Material. Damit es seine guten Eigenschaften behält, muss es gepflegt werden. Leider sind im Handel erhältliche Pflegeprodukte nicht immer unbedenklich. Probieren Sie doch einmal folgende selbst gemachte Creme aus ganz natürlichen Inhaltsstoffen, die besonders gut für helle Schuhe geeignet ist. In einem Wasserbad erhitzen Sie 5 g Bienenwachs, 5 gehäufte TL Lanolin und 30 ml Sojaöl. Warten, bis das Wachs geschmolzen ist, dann die Mischung mit einem Handrührgerät auf kleiner Stufe verrühren, bis sie cremig ist. In ein verschließbares Gefäß füllen. Die Creme hält sich etwa 8 Monate.

KLEIDERPFLEGE

KNÖPFEN FESTEN HALT GEBEN • Knöpfe, die abgehen, waren nicht unbedingt schlecht angenäht. Vielmehr nutzt sich der Faden im Lauf der Zeit ab und reißt irgendwann. Um dies zu verhindern, reibt man den neuen Faden, bevor man den Knopf wieder annäht, mit Bienenwachs ein. Es verhindert, dass sich der Faden aufraut.

BÜGELEISEN GLEITET LEICHTER • Die Lauffläche von Bügeleisen wird mit der Zeit stumpf. Abhilfe schafft Bienenwachs, z. B. in Form einer Kerze. Das Bügeleisen schwach erhitzen und mit der Kerze über die Fläche streichen. Abkühlen lassen, mit einem weichen Lappen polieren.

BIER

HAARFESTIGER UND SCHÖNHEITSKUR • Helles Bier eignet sich als Haarfestiger: Sprühen Sie es unverdünnt mit einem Zerstäuber auf das Haar. Der leichte Geruch verschwindet nach dem Trocknen. Und mit abgestandenem Bier kann man stumpf gewordenes Haar beleben. Vor der nächsten Haarwäsche 3 EL Bier in 100 ml warmes Wasser geben und gut vermischen. Die Mixtur in die shampoonierten Haare einmassieren, ein paar Minuten einwirken lassen und ausspülen.

SO WIRD FLEISCH ZART UND SAFTIG • Wer hätte gedacht, dass Bier einen Braten butterzart macht? Gießen Sie den Inhalt einer Flasche Bier über das Fleisch und lassen Sie es vor dem Garen 1 Stunde darin ziehen. Noch besser fällt das Ergebnis aus, wenn Sie das Fleisch über Nacht in Bier marinieren oder das Bier mit dem Fleisch in den Schmortopf geben.

GOLDSCHMUCK POLIEREN • Massive Goldringe und andere Schmuckstücke ohne Edelsteine erhalten frischen Glanz, wenn man sie vorsichtig mit ein wenig hellem Bier und einem weichen Lappen abreibt. Mit einem trockenen Lappen oder Geschirrtuch gründlich abtrocknen.

HOLZMÖBEL REINIGEN • Falls Sie vom Vortag noch ein wenig abgestandenes Bier übrig haben, schütten Sie es nicht weg, sondern verwenden Sie es, um damit Holz-

Fortsetzung →

HÄTTEN SIE'S GEWUSST?

Die Kunst des Bierbrauens ist eine sehr frühe Errungenschaft der Menschheit. Schon die Chinesen produzierten vor etwa 5000 Jahren nachweislich Bier. Vervollkommnet wurde diese Kunst von den alten Babyloniern, die offenbar bereits verschiedene Biersorten zu brauen vermochten – was sie auf Tontäfelchen festhielten. Seit dem 9. Jh. stellten in Europa besonders die Klöster Bier her. Berühmt ist der Plan des Klosters St. Gallen/Schweiz aus dem Jahr 820, der gleich drei Brauereien aufzeigt.

möbel zu reinigen. Mit einem weichen Lappen auf das Holz auftragen und mit einem trockenen Tuch nachreiben.

BIERFALLE FÜR SCHNECKEN • Einige Gartenbewohner, vor allem Schnecken, können dem Bier nicht widerstehen. Haben Sie Probleme mit diesen lästigen Schädlingen, graben Sie ein Behältnis halb in die Erde ein; der erhöhte Rand sorgt dafür, dass keine Nützlinge hineinfallen. Dann halb hoch Bier hineingießen und über Nacht stehen lassen. Die Schnecken klettern hinein und ertrinken. Da Schnecken einen feinen Geruchssinn besitzen, lockt man damit möglicherweise zusätzlich Exemplare an. Deshalb die Bierfalle nur innerhalb einer kleineren Fläche aufstellen, die mit einem Schneckenzaun umgeben ist.

BITTERSALZ

HANDTÜCHER SAUGFÄHIGER MACHEN • Ihr Badetuch könnte saugfähiger sein? Kein Problem – weichen Sie es über Nacht in einem Eimer mit warmem Wasser und 100 g Bittersalz ein. Wenn Sie das Tuch am nächsten Tag auswringen bzw. schleudern und anschließend im Wäschetrockner trocknen, wird es die Feuchtigkeit deutlich besser aufnehmen.

BADEZIMMERFLIESEN REINIGEN • Verschmutzte Badezimmerfliesen lassen sich hervorragend mit Bittersalz reinigen. Mischen Sie hierzu Bittersalz zu gleichen Teilen mit Geschirrspülmittel und tragen Sie die Lösung auf die verschmutzten Stellen auf. Zusammen mit dem Geschirrspülmittel löst und beseitigt das Bittersalz den Schmutz. Anschließend gründlich mit klarem Wasser nachputzen.

ERKÄLTUNG? NEIN DANKE! • Es kratzt schon bedenklich im Hals, und in der S-Bahn sind Sie täglich mit hustenden und schniefenden Mitmenschen konfrontiert? Höchste Zeit, etwas zu unternehmen – nehmen Sie ein Bad, in das Sie 2 Hand voll Bittersalz geben, und entspannen Sie sich so lange im warmen Wasser, wie es für Sie angenehm ist.

SCHLUSS MIT UNANSEHNLICHEN MITESSERN! • Ob jung oder alt, immer wieder einmal werden wir von unschönen Mitessern geplagt. Wer sie ausdrücken möchte, erleichtert sich die Prozedur mit folgendem Hausmittel: 1 TL Bittersalz und 3 Tropfen Jod in 100 ml kochendem Wasser lösen. Sobald die Mischung so weit abgekühlt ist, dass man einen Finger hineinstecken kann, trägt man sie mit einem Wattebausch auf die Mitesser auf. Dieser Vorgang wird drei- bis viermal wiederholt (die Lösung bei Bedarf nochmals erwärmen). Danach sollten sich die Mitesser gut ausdrücken lassen. Die behandelten Stellen werden abschließend mit einem adstringierenden Mittel auf Alkoholbasis abgetupft, um sie zu desinfizieren.

TIPPS FÜR PFLANZENFREUNDE

NACKTSCHNECKEN ABWEHREN • Nachts tummeln sich oft unzählige schleimige Nacktschnecken im Garten. Etwas Bittersalz auf die betroffenen Stellen sprenkeln und das Problem ist gelöst.

ES GRÜNT SO GRÜN • Ihr Rasen könnte grüner sein? Versuchen Sie es einmal mit Bittersalz - es reichert den Boden mit Magnesium und Eisen an. 2 EL Bittersalz in 4 l Wasser mischen und die Lösung auf dem Rasen verteilen. Anschließend gründlich wässern, damit die Stoffe in den Boden eindringen.

SO ERNTEN SIE DIE GRÖSSTEN TOMATEN! • Wer große Tomaten ernten möchte, sollte Bittersalz als Düngemittel benutzen - die Nachbarschaft wird Sie um Ihren grünen Daumen beneiden und Sie haben den Genuss. Düngen Sie die Pflanzen einmal pro Woche und versorgen Sie dabei 30 cm hohe Tomatenpflanzen mit 1 EL Bittersalz, 60 cm hohe mit 2 EL. Bittersalz ist auch ein gutes Düngemittel für Zimmerpflanzen, Rosen, Gardenien und Bäume.

WINTERBILD MIT „ECHTEM" SCHNEE • Lassen Sie Ihr Kind mit Malstiften ein winterliches Bild auf Bastelpapier malen. Inzwischen mischen Sie Bittersalz und kochendes Wasser zu gleichen Teilen. Sobald die Lösung abgekühlt ist, kann das Kind mithilfe eines breiten Malpinsels Teile seines Bildes damit bestreichen. Wenn das Kunstwerk trocknet, erscheinen fast echt wirkende „Schneekristalle".

DER TRAUM VON WEISSER WEIHNACHT • Die meisten Menschen verbinden mit Weihnachten Schnee und klirrende Kälte, aber oft macht ihnen das Wetter einen Strich durch die Rechnung. Doch Eisblumen kann jeder an seine Fenster zaubern … Hierzu gibt man so viel Bittersalz in abgestandenes Bier, bis sich das Salz nicht mehr löst und auszufallen beginnt. Nun trägt man die Mischung mit einem Schwamm auf die Fenster auf. Eine sehr realistische Wirkung erzielt man, wenn man mit dem Schwamm bogenförmig über die unteren Ecken wischt. Sobald die Mischung trocken ist, sehen die Fenster aus, als seien sie mit Eisblumen überzogen.

HAUSMITTEL GEGEGN DORNWARZEN • Dornwarzen können unangenehm sein, besonders wenn sie unter den Füßen wachsen. Mischen Sie Bittersalz und Apfelessig im Verhältnis 1 zu 4 und betupfen Sie die Warzen mehrmals täglich mit der Lösung.

Fortsetzung →

Spaß für Kinder

Es sind Weihnachtsferien und draußen ist es zu kalt zum Spielen? Lassen Sie Ihre Kinder dekorative Schneeflocken fürs Fenster basteln.

1 Dazu wird ein quadratisches Stück blaues Papier mehrmals gefalzt und dann mehrfach so ein- bzw. abgeschnitten, dass sich beim Auseinanderfalten ein Muster zeigt.

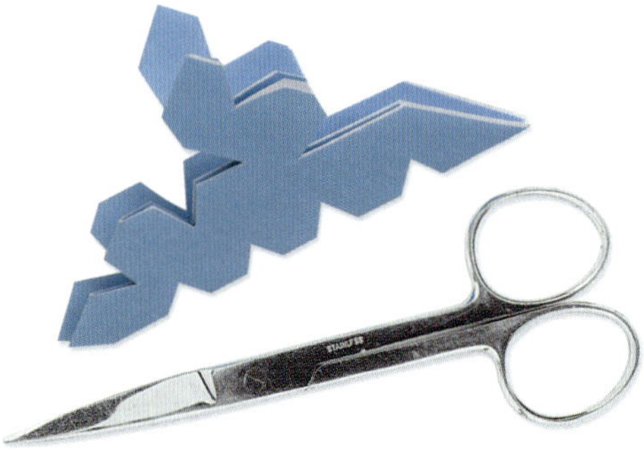

2 Nun bestreicht man zunächst eine Seite mit einer dickflüssigen Mischung aus Wasser und Bittersalz. Trocknen lassen, dann umdrehen und die andere Seite bepinseln. So entsteht eine wie von Raureif überzogene Schneeflocke, die man ins Fenster hängen kann.

BLEICHMITTEL

VORSICHT: Sie dürfen Bleichmittel unter gar keinen Umständen mit Ätznatron, Essig, Herd- bzw. Toilettenreiniger, Rostentferner oder Salmiakgeist mischen bzw. gemeinsam mit diesen Mitteln verwenden. Jede dieser Kombinationen kann giftige Dämpfe hervorbringen, die unter Umständen tödlich sind. Manche Menschen reagieren auch auf die Dämpfe von Bleichmitteln selbst empfindlich. Achten Sie aus diesem Grund stets auf ausreichende Lüftung, bevor Sie mit Bleichmitteln arbeiten, und öffnen Sie die Fenster.

SCHIMMEL ENTFERNEN • Sowohl Bleichmittel als auch Salmiakgeist (wässrige Ammoniaklösung) sind zum Entfernen von Schimmel im Haus und außerhalb geeignet. Beide Mittel dürfen jedoch keinesfalls zusammen verwendet werden (siehe Warnhinweis „Vorsicht"). Bleichmittel eignen sich am besten für die Beseitigung folgender Verunreinigungen:

- Schimmel auf Textilien: Die vom Schimmel befallene Stelle anfeuchten und mit etwas Waschpulver einreiben. Dann das Kleidungsstück auf der höchsten zulässigen Temperaturstufe waschen und 100 ml Chlorbleiche zusetzen. Verträgt das Kleidungsstück keine hohen Waschtemperaturen, weicht man es vor dem Waschen 30 Minuten in einer Lösung aus 50 ml Sauerstoffbleiche (Percarbonat) und 4 l Wasser ein.

- Schimmel auf Fugenkitt: Chlorbleiche und Wasser zu gleichen Teilen in einer Sprühflasche mischen und den Fugenkitt damit besprühen. 15 Minuten einwirken lassen, dann mit einer kräftigen Bürste abscheuern und abspülen.

- Schimmel auf Duschvorhängen: Die Vorhänge in warmem Wasser waschen, dem 50 ml Waschmittel und 100 ml Chlorbleiche zugesetzt wurden. Bei Duschvorhängen aus Plastik gegebenenfalls ein paar Badetücher mitwaschen; sie verhindern, dass das Material zerknittert. Nach dem Waschen Duschvorhang und Badetücher 10 Minuten auf niedrigster Stufe im Trockner vortrocknen, danach gleich zum Trocknen aufhängen.

- Schimmel auf Duschmatten aus Gummi: Die Matte 3–4 Stunden in einer Lösung aus 50 ml Chlorbleiche und 6,5 l Wasser einweichen. Anschließend gut mit Wasser abspülen.

- Schimmel und andere Flecken auf nicht angestrichenem Beton, Terrassensteinen oder Stuck: Eine Lösung aus 250 ml Chlorbleiche und 8 l Wasser ansetzen. Die betroffenen Flächen mit einer harten Borsten- oder Drahtbürste kräftig bearbeiten und anschließend abspülen. Noch verbliebene Flecken mit einer Lösung aus 100 ml Waschsoda (Achtung: dies ist kein Natron, sondern Natriumkarbonat) und 7 l warmem Wasser abscheuern.

- Schimmel auf angestrichenen Flächen und Verkleidungen: Eine Lösung aus 50 ml Chlorbleiche und 400 ml Wasser mit einer Bürste auf die Schimmelstellen auftragen. 15 Minuten einwirken lassen, dann abspülen. Bei Bedarf wiederholen.

ROTWEINFLECK BESEITIGEN • Ein Rotweinfleck verunziert Ihr weißes Hemd? Einfach vor dem Waschen mit Bleichmittel betupfen!

HÄTTEN SIE'S GEWUSST?

Zu den im Haushalt häufig verwendeten Bleichmitteln zählen u. a. Chlorbleiche und Sauerstoffbleiche. Diese Chemikalien zerstören unerwünschte Farbstoffe durch Oxidationsprozesse. Chlorbleiche ist in zahlreichen Haushalts- und Sanitärreinigern enthalten und besitzt neben der entfärbenden auch eine desinfizierende Wirkung. Da Aktivchlorverbindungen zu einer Belastung des Abwassers führen können, sollten sie, um die Umwelt zu schonen, sehr überlegt eingesetzt werden. In jüngerer Zeit wird Chlorbleiche zunehmend durch Aktivsauerstoffverbindungen (Sauerstoffbleiche) verdrängt. Hierzu zählt auch Percarbonat, das in der Regel in Fleckensalzen und Baukastenwaschmitteln enthalten ist.

Fortsetzung →

GEBRAUCHTE GEGENSTÄNDE DESINFIZIEREN

Sicher erinnern Sie sich, dass Ihnen als Kind mehr als einmal gesagt wurde: „Leg' das hin. Du weißt nicht, wer das schon alles angefasst hat." Ein berechtigter Warnhinweis, vor allem, wenn es sich um Spielzeug oder Küchengerät handelt, das man aus zweiter Hand, beispielsweise bei Haushaltsauflösungen, bekommen hat. Um ganz sicherzugehen, weicht man wasserfeste, gebrauchte Gegenstände 5–10 Minuten in einer Lösung aus 150 ml Bleichmittel, ein paar Tropfen antibakteriellem Geschirrspülmittel und 4 l warmem Wasser ein. Gut abspülen, dann an der Luft, vorzugsweise in der Sonne, trocknen lassen.

SO WERDEN HACKBLOCK, SCHNEIDBRETTER UND ARBEITSFLÄCHEN HYGIENISCH SAUBER • Scheuern Sie die verschmutzten Oberflächen mit einer Bürste und einer Lösung aus 1 TL Bleichmittel und 2 l Wasser ab. Arbeiten Sie in kleinen Kreisbewegungen und achten Sie darauf, dass sich das Holz nicht voll saugt. Nach der Reinigung die Flächen mit einem leicht angefeuchteten Küchenpapier abwischen und sofort mit einem sauberen Tuch trockenreiben. In keinem Fall sollten Sie versuchen, Hackblock, Schneidbrett und Arbeitsflächen mit Möbelpolitur oder einem anderen Haushaltsreiniger zu säubern!

BLINKENDE GLÄSER UND GLASGESCHIRR • Trinkgläser und Glasgeschirr erhalten frischen Glanz, wenn man dem Spülwasser ab und zu 1 TL Bleichmittel zusetzt. Achten Sie darauf, die Gegenstände gut mit klarem Wasser nachzuspülen, bevor Sie sie mit einem weichen Tuch abtrocknen.

TIPPS FÜR PFLANZENFREUNDE

LÄNGER FREUDE AN SCHNITTBLUMEN • Frisch geschnittene Blumen halten sich länger, wenn man dem Blumenwasser ein wenig Bleichmittel zusetzt ($^1/_4$ TL Bleichmittel auf 1 l Blumenwasser). Ein anderes beliebtes Hausmittel besteht aus 3 Tropfen Bleichmittel und 1 TL Zucker auf 1 l Wasser. Diese Mischung verhindert, dass das Blumenwasser trüb wird, und beugt Bakterienwachstum vor.

GARTENMÖBEL AUS KUNSTSTOFF REINIGEN • Wenn Ihre Gartenmöbel aus Kunststoff unansehnlich geworden sind, bedeutet das nicht, dass Sie sich sofort von ihnen trennen müssen. Versuchen Sie stattdessen, sie mit einem milden Reinigungsmittel abzuwaschen, das Sie selbst herstellen, indem Sie 100 ml Bleichmittel mit 4 l Wasser mischen. Spülen Sie nach der Behandlung mit klarem Wasser nach und lassen Sie die Möbel an der Luft trocknen.

GARTENGERÄTE KEIMFREI MACHEN • Hat man mit der Gartenschere einen kranken Pflanzenteil abgeschnitten, muss man die Klingen reinigen, damit die Krankheit beim nächsten Gebrauch der Schere nicht auf andere Gewächse übertragen wird. Gartengeräte werden keimfrei gemacht, indem man sie in einer Lösung aus 100 ml Bleichmittel auf 1 l Wasser abwäscht. In der Sonne bzw. an der Luft trocknen lassen, dann zum Schutz gegen Rost mit ein paar Tropfen Öl einreiben.

DESINFEKTIONSSPRAY FÜR DEN HAUSHALT HERSTELLEN • Wenn Sie ein gutes Universaldesinfektionsmittel für den Haushalt suchen, mischen Sie $^1/_2$ EL Bleichmittel mit 2 l heißem Wasser. Eine saubere leere Sprühflasche füllen, Küchenpapier mit der Lösung befeuchten und damit Tische, Gartenmöbel und andere Gegenstände reinigen. Achten Sie jedoch darauf, den Universalreiniger in keinem Fall zusammen mit Salmiakgeist oder anderen Haushaltsreinigern zu benutzen!

MÜLLEIMER DESINFIZIEREN • Wer seinen Abfall direkt im Mülleimer sammelt und keine Plastikbeutel verwendet, steht ab und zu vor dem Problem der Reinigung – besonders wenn viele Küchenabfälle im Eimer landen. Steht wieder einmal eine Putzaktion an, trägt man den Mülleimer ins Freie und spritzt lose Abfälle mit dem Gartenschlauch aus. Dann eine Lösung aus 100–200 ml Bleichmittel, ein paar Tropfen antibakteriellem Geschirrspülmittel und 4 l warmem Wasser ansetzen. Die Lösung mit einer sauberen (unbenutzten) Toilettenbürste, die nur für diesen Zweck reserviert ist, auf Boden und Seitenwänden des Mülleimers verteilen und kräftig scheuern. Danach wird der Mülleimer ausgegossen, mit dem Schlauch ausgespritzt, nochmals geleert und an der Luft getrocknet.

VORSICHT: Vor allem in Haushalten mit Kleinkindern lässt manche Hausfrau bei der gründlichen Reinigung der Toilette Bleichmittel weg, weil sie befürchtet, dass sich durch Ammoniakrückstände aus dem Urin giftige Dämpfe entwickeln könnten. Wer dieses Problem von vornherein ausschließen möchte, beschränkt sich bei der Reinigung der Toilette besser auf Salmiakgeist.

BLEI- UND BUNTSTIFTE

NEUER SCHLÜSSEL PASST NICHT • Sie haben sich für Ihre Haustür oder Ihren Briefkasten einen neuen Schlüssel anfertigen lassen, aber er scheint nicht ins Schloss zu passen? Hier ist guter Rat nicht teuer – fahren Sie einfach mit einem Bleistift über den Schlüsselbart. Der Graphitstaub schmiert den Schlüssel und er lässt sich nun wahrscheinlich problemlos ins Schloss schieben.

KAMPF DEN KLEIDERMOTTEN • Motten können im Kleiderschrank große Schäden anrichten, wobei sie sich mit Vorliebe auf teure Wollpullover stürzen. Wenn Sie mit diesem Problem zu kämpfen haben, kann Ihnen folgender Tipp helfen: Füllen Sie die Holzspäne, die beim Anspitzen von Bleistiften entstehen, in kleine Stoffsäcke, und legen Sie die Säckchen als Duftkissen in Ihren Kleiderschrank. Die Motten mögen den Geruch der Holzspäne nicht und verschwinden aus der Wohnung.

HAARSCHMUCK FÜR DIE FASCHINGSFEIER • Sie machen sich gerade für eine Faschingsparty zurecht und finden, dass Ihre Frisur ein bisschen langweilig aussieht? Wie wäre es mit Bleistiften als witzige Accessoires zu einem Haarknoten? Zwei zu einem X gekreuzte Exemplare geben dem Knoten Halt und bilden einen ausgefallenen Blickfang.

KLEINE PFLANZEN ABSTÜTZEN • Sie stellen fest, dass eine Ihrer kleinen Zimmerpflanzen dringend abgestützt werden muss, haben aber keinen passenden Blumenstab zur Hand? Nehmen Sie doch einfach einen überzähligen Bleistift – oft liegen in der Schreibtischschublade mehr

Fortsetzung →

davon, als einem lieb ist! Von der Größe her eignet er sich perfekt als Stützpfahl für kleine Pflanzen, die mit einem Blumendraht oder dem Band vom Gelben Sack (ein kleines Stück abschneiden) daran festgebunden werden.

ALTES KLASSENFOTO MIT SCHULFLAIR • Sie haben ein altes Klassenfoto, das Sie anlässlich eines Klassentreffens einer Klassenkameradin oder einem Klassenkamerad schenken möchten, und wollen es dazu etwas aufwerten? Geben Sie es in einen einfachen Holzrahmen und verschönern Sie den Rahmen mit Bleistiften! Spitzen Sie Bleistifte sauber und passend an und kleben Sie sie auf die Seiten des Rahmens – schon haben Sie dem Foto zusätzliches „Schulflair“ verliehen.

VERKLEMMTEN REISSVERSCHLUSS GÄNGIG MACHEN • Wenn ein Reißverschluss klemmt oder sich die Zähne ständig im Stoff verfangen, nehmen Sie einen Bleistift und fahren Sie mit der Spitze an den Reißverschlusszähnen entlang. Sie werden sehen – der Graphitstaub wirkt wie ein Zaubermittel und der Reißverschluss funktioniert wieder reibungslos.

Lebendige Wissenschaft

So lassen sich die Augen täuschen!

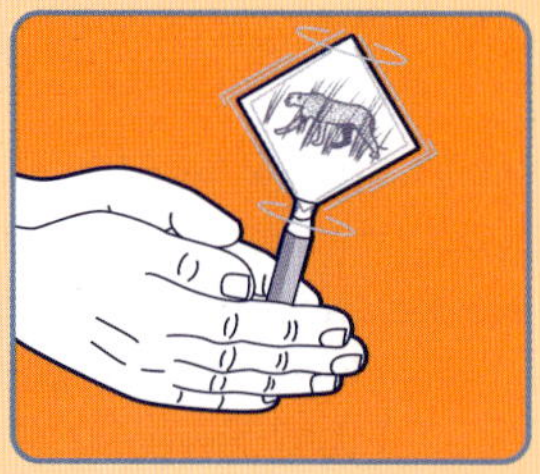

Schneiden Sie ein kleines Papierquadrat von 5 cm Seitenlänge aus und drehen Sie es so, dass eine der vier Spitzen nach unten zeigt. Auf die eine Seite zeichnen Sie nun ein Tier oder einen Menschen.

Jetzt drehen Sie das Papier um (die Spitze zeigt immer noch nach unten) und malen auf die Rückseite einen passenden Hintergrund. Zeigt die Vorderseite beispielsweise ein Zebra, würde sich für die Rückseite eine Graslandschaft anbieten.

Als Nächstes wird das Papier mit der Spitze nach unten an eine Bleistiftspitze geklebt. Halten Sie nun den Bleistift so, dass das Bild aufrecht steht, und drehen Sie den Stift so schnell wie möglich zwischen Ihren beiden Händen. Sie werden ihren Augen nicht trauen: Die beiden Bilder verschmelzen zu einem und zeigen ein Zebra in der Savanne.

BLUMENTÖPFE

BROTBACKEN IM TONTOPF • Der Tontopf, in dem Sie normalerweise Brot backen, ist kaputt gegangen und Sie haben keine Lust, für viel Geld einen neuen anzuschaffen? Kein Problem – besorgen Sie sich einfach einen neuen mittelgroßen Blumentopf aus Ton, spülen ihn sauber ab und stellen ihn 20 Minuten in Wasser. Anschließend fetten Sie ihn innen dünn mit Butter ein, füllen Ihren wie üblich zubereiteten Brotteig hinein und backen das Brot wie gewohnt. Durch den Tontopf erhält das Brot eine schöne Kruste und das Innere bleibt feucht.

SCHLUSS MIT KNOTEN IM STRICKGARN • Wer gern strickt, weiß genau, wie ärgerlich es ist, wenn sich dauernd Knoten in der Wolle bilden – ein Problem, das besonders dann auftritt, wenn man mit mehreren Farben arbeitet. Hier helfen umgekehrt aufgestellte Blumentöpfe, unter die man die Wollknäuel legt. Nun muss nur noch der Faden durch das Abflussloch geführt werden – und schon kann es losgehen!

HÖHLE IM AQUARIUM • Einige Fischarten ziehen sich gern in dunkle Ecken des Aquariums zurück, weil sie es gewohnt sind, sich vor Feinden zu verstecken. Mit einem kleinen Blumentopf, der auf dem Boden des Aquariums auf die Seite gelegt wird, schafft man eine Höhle als Unterschlupf für die Fische.

BEHÄLTNIS FÜR KAMINHOLZ • Um Brennholz am Kamin aufzubewahren, ist es keineswegs notwendig, ein teures Metall- oder Messinggestell anzuschaffen. Die Ausgabe kann man sich sparen, indem man einen extragroßen Blumentopf aus schöner Keramik oder Terrakotta neben den Kamin stellt. Das ist ein geeigneter und preiswerter Lagerplatz für kleine Scheite, die dort für gemütliche Abende liegen.

ORIGINELLE EIERBECHER • Sie haben Freunde zum sommerlichen Gartenfrühstück eingeladen, und mit Ihren vier Eierbechern kommen Sie nicht weit? Schauen Sie doch einmal im Schuppen oder Keller nach, ob sich dort noch kleine Blumentöpfe aus Ton stapeln – vielleicht haben Sie ja vor Jahren mehrere kleine Kakteen gekauft und später in größere Pflanzgefäße umgetopft. Wenn Sie die kleinen Tontöpfe säubern und von Ihren Kindern lustig bemalen lassen, haben Sie im Handumdrehen neue Eierbecher. Und wenn die Becher ein wenig zu groß sein sollten, legen Sie einfach eine gefaltete Serviette hinein!

BLUMENERDE SPAREN • Sie möchten ein flach wurzelndes Gewächs in einen Kübel pflanzen, haben aber nur ein sehr tiefes Behältnis? Anstatt den großen Kübel komplett mit Blumenerde zu füllen, gibt es eine einfache Lösung: Man stellt einen zweiten kleineren Blumentopf umgedreht in den tiefen Kübel, sodass schon viel Platz ausgefüllt ist. Anschließend mit Blumenerde auffüllen und die Pflanze einsetzen.

DRÄNAGE FÜR BLUMENTÖPFE • Ein Tontopf ist zerbrochen? Werfen Sie die Scherben nicht weg, denn sie leisten noch gute Dienste: Wenn man vor dem Bepflanzen eines Blumentopfes ein paar Tonscherben über die Abflussöffnung legt, kann zwar beim späteren Gießen Wasser austreten, aber keine Erde mehr.

HÄTTEN SIE'S GEWUSST?

Von Expeditionen wurden oft exotische Pflanzen in Töpfen mit nach Hause gebracht oder aus ihrer Heimat in ein anderes Land transportiert. Im Jahr 1495 v. Chr. schickte die ägyptische Königin Hatschepsut Arbeiter nach Somalia, von wo sie Weihrauchbäume mitbringen sollten. Und 1787 soll die berühmte *Bounty* über 1000 Brotbaumpflanzen in Tontöpfen an Bord gehabt haben. Die Pflanzen waren für die Westindischen Inseln bestimmt, wo man sie als Nahrung für die Sklaven anpflanzen wollte.

BOHNEN

MUSKELSCHMERZEN ZU LEIBE RÜCKEN • Wenn Sie wieder einmal unter Rückenschmerzen oder Muskelkater leiden, ist ein Säckchen mit heißen Bohnen eventuell das richtige Heilmittel. Füllen Sie ein paar Hand voll getrockneter Bohnen in einen Schuhbeutel aus Stoff oder ein zusammengefaltetes Geschirrtuch (die Enden fest zusammenbinden) und legen Sie die Packung für 1/2–1 Minute in das Mikrowellengerät, das Sie auf eine hohe Stufe einstellen. Anschließend

Fortsetzung →

lassen Sie das Säckchen 1–2 Minuten auf eine verträgliche Temperatur abkühlen und legen es dann auf die schmerzenden Muskeln.

VERJÜNGUNGSKUR FÜRS PLÜSCHTIER • Fristet das ehemalige Lieblingsplüschtier Ihrer Tochter ein trauriges Dasein in der Ecke, weil das Füllmaterial im Lauf der Zeit zusammengesackt ist? Öffnen Sie die Naht an einer versteckten Stelle und holen Sie die alte Füllung vorsichtig aus dem Tier heraus. Ersetzen Sie nun das verbrauchte Füllmaterial durch getrocknete Bohnen und nähen Sie das Tier wieder zu. Vielleicht kommt das alte Spielzeug auf diese Weise ja zu neuen Ehren!

EINE RASSEL BAUEN • Rasseln kann man immer gebrauchen – beispielsweise für Sportveranstaltungen oder den Karneval. Doch warum dafür Geld ausgeben? Füllen Sie einfach rund 100 g getrocknete Bohnen in einen kleinen Plastikbecher oder eine Getränkedose und verschließen Sie die Öffnung mit Isolier- oder Gewebeband.

FRÜH ÜBT SICH, WER JONGLIEREN WILL • Ihre Kinder jonglieren gern mit Bällen, aber die Nachbarn fangen schon an, sich über den Lärm zu beschweren? Hier können Bohnensäckchen helfen, mit denen man hervorragend üben kann. Füllen Sie getrocknete Bohnen in die Spitze eines alten Strumpfes und binden Sie knapp über der Füllung einen Knoten, den Sie fest zusammenziehen. Nun den Strumpf 2–3 cm oberhalb des Knotens abschneiden – und fertig ist das neue Jongliersäckchen.

BOHNEN ALS SPIELFIGUREN • Ihre ganze Familie hat sich auf Mensch-ärgere-dich-nicht gefreut, und nun fehlt eine Spielfigur? Suchen Sie nicht lange, sondern nehmen Sie einfach eine getrocknete Bohne – Bohnen eignen sich hervorragend als Ersatzspielfiguren für alle möglichen Brettspiele.

KÜRBISLATERNE MIT BISS

Verschönern Sie den zu Halloween angefertigten, Furcht erregenden Kürbiskopf mit aufgeklebten getrockneten Bohnen, die als Augen und Zähne dienen.

BONBONDOSEN

NÄHZEUG FÜR DEN NOTFALL • Eine kleine Bonbondose passt in jede Hand- oder Aktentasche. Und sie hat genau die richtige Größe für ein paar Nähnadeln, Sicherheitsnadeln, Nähgarn und Knöpfe, mit denen sich kleine Schäden an Anzug oder Kostüm im Büro schnell beheben lassen. Auch auf Reisen ist solch eine Dose nützlich.

ORDNUNG IM NÄHKÄSTCHEN • Statten Sie Ihren Nähkasten mit kleinen Bonbondosen aus, in die Sie Knöpfe, Druckknöpfe, Pailletten und Perlen einsortieren. Den Inhalt durch Beschriften des Deckels oder mit einem aufgeklebten Muster kenntlich machen.

DIE WERKSTATT AUFRÄUMEN • In Bonbondosen lassen sich Nägel, Schrauben, Muttern, Dübel, Unterlegscheiben und andere Kleinteile unterbringen, die

sonst oft ungeordnet in der Werkstatt herumliegen. Sparen Sie so das Geld für einen Kleinteilekasten aus dem Handel.

AUTOSICHERUNGEN AUFBEWAHREN • Ersatzsicherungen für das Auto sind rasch zur Hand, wenn man sie griffbereit in einer Bonbondose im Handschuhfach aufbewahrt.

EIN SICHERER ORT FÜR DIE MILCHZÄHNE • Wenn der erste Milchzahn wackelt, ist das ganz schön aufregend, und viele Kinder oder Eltern wollen die „Ersten“ nicht wegwerfen, sondern als Erinnerung aufbewahren. Hierfür eignet sich eine kleine Bonbondose, die von außen verziert und von innen mit Filz oder Seide ausgekleidet wird.

SCHMUCKKÄSTCHEN

SCHADHAFTE SCHMUCKSTÜCKE BIS ZUR REPARATUR AUFBEWAHREN • Ihre Perlenkette ist gerissen und muss neu aufgezogen werden? Bewahren Sie die Perlen und das Verschlussstück bis zur Reparatur in einer kleinen Bonbondose auf – so kann nichts verloren gehen.

KETTEN UND ARMBÄNDER OHNE KNOTEN • Wenn man mehrere zarte Halsketten und Armbänder zusammen in einer Schmuckschublade aufbewahrt, verheddern sie sich leicht und müssen mühsam entwirrt werden. Wenn man sie dagegen einzeln in kleinen Bonbondosen aufhebt, spart man sich diese Mühe.

WO IST DER ZWEITE OHRRING? • Welche Frau kennt das nicht: Man ist vor einer Einladung oder dem Theater spät dran und findet partout nur einen Ohrring von dem Paar, das so gut zum neuen Kleid passt. Wenn Sie diese Situation vermeiden wollen, bewahren Sie Ihre Ohrringe paarweise in kleinen Bonbondosen auf. Dann müssen Sie nie wieder suchen.

BORAX

DER ABFLUSS IST VERSTOPFT? • Bevor man beim Reinigen von Küchen- oder Badezimmerabflüssen zu einem ätzenden Abflussreiniger greift, sollte man eine sanftere Methode ausprobieren. Mit einem Trichter 100 g Borax in den Ausguss füllen und anschließend langsam 500 ml heißes Wasser nachgießen. Die Mischung 15 Minuten einwirken lassen, dann mit heißem Wasser nachspülen. Bei hartnäckigen Verstopfungen wiederholen.

STREIFENFREIER GLANZ • Fenster und Spiegel glänzen fleckenlos und streifenfrei, wenn man sie mit einer Lösung aus 1½ EL Borax auf 500 ml Wasser und einem sauberen Schwamm putzt.

STOCKFLECKEN – NEIN DANKE • Schimmel lässt sich aus Möbelpolstern und anderen Geweben entfernen, indem man einen

Fortsetzung →

Schwamm mit einer Lösung aus 100 g Borax und 500 ml heißem Wasser tränkt und die betroffenen Stellen abreibt. Wenn der Fleck nach ein paar Stunden verschwunden ist, gründlich mit klarem Wasser nachspülen. Schimmel an Kleidungsstücken wird durch Einweichen in einer Lösung aus 2,5–3 l Wasser und 500 g Borax beseitigt.

FLECKEN IM SPÜLBECKEN • Hartnäckige Flecken im Edelstahl- oder Porzellanspülbecken entfernt man mit einer Paste aus 200 g Borax und 50 ml Zitronensaft. Geben Sie etwas Paste auf einen Lappen oder Schwamm und bearbeiten Sie damit die Flecken. Wenn Sie danach mit fließend warmem Wasser nachspülen, sind die Verunreinigungen in der Regel verschwunden.

BRANDFLECKEN BESEITIGEN • Wenn Sie am Ärmel Ihrer Lieblingsbluse einen Brandfleck entdecken, probieren Sie einmal Folgendes: etwas Borax in 100 ml Wasser auflösen, ein sauberes Tuch mit dieser Lösung tränken und den Fleck damit abtupfen. Mit klarem Wasser nachspülen.

FLECKENFREIE LÄUFER UND TEPPICHE • Hartnäckige Flecken in Läufern und Teppichen entfernt man, indem man die Stellen gut anfeuchtet und anschließend mit etwas Borax einreibt. Trocknen lassen, dann mit dem Staubsauger absaugen. Bei Bedarf wird der Vorgang wiederholt. Um Verfärbungen zu vermeiden, sollten Sie die Methode zunächst an einer unauffälligen Stelle des Läufers oder Teppichs ausprobieren, bevor Sie die Beseitigung des Flecks in Angriff nehmen.

SAUBERE TOILETTE • Die Toilette kann eine Reinigung vertragen? Schrubben Sie die Schüssel mit einer Lösung aus 100 g Borax und 4 l Wasser aus – Sie werden von dem Erfolg überrascht sein.

SO RIECHT DIE MATRATZE WIEDER FRISCH • Bevor ein Kleinkind sauber ist, kommt es nachts zu dem einen oder anderen Malheur. Wenn Sie morgens feststellen, dass die Matratze im Kinderbett feucht ist, bekämpfen Sie den Geruch, indem Sie die betroffene Stelle nochmals mit Wasser befeuchten und an-

VORSICHT: Weil es gut Eiweiß und Fett löst sowie wegen seiner Wasser enthärtenden und desinfizierenden Eigenschaften gilt Borax (Natriumtetraborat) als Universalmittel für den Haushalt. Es wird als weitgehend ungefährlich angesehen, ist aber ebenso wie die chemisch verwandte Borsäure schwach giftig. Gesundheitsschädlich und sogar gefährlich kann das Pulver für Kleinkinder oder Haustiere sein, wenn es versehentlich in größeren Mengen aufgenommen wird. Bewahren Sie Borax daher außerhalb der Reichweite Ihres Nachwuchses und der Tiere auf. Borax kann auch allergische Reaktionen auslösen.

Extrem schädlich ist Borax für Pflanzen, deshalb ist bei seiner Verwendung im Erdreich oder in Erdnähe große Vorsicht geboten.

Borax dringt leicht in den Boden ein, lässt die Pflanzen absterben und verhindert künftiges Wachstum.

UNKRAUT IN SPALTEN UND RITZEN BEKÄMPFEN

Zwischen den Bodenplatten rings um Ihr Haus siedelt sich immer wieder Unkraut an? Sie können es bekämpfen, indem Sie nach dem Unkrautjäten Borax in die betreffenden Ritzen streuen. Dann stirbt das Unkraut zukünftig ab, bevor es erneut Wurzeln schlagen kann. Bei der Verwendung von Borax ist jedoch höchste Vorsicht geboten, da es auch erwünschten Pflanzen großen Schaden zufügen kann *(siehe „Vorsicht“)*.

schließend mit Borax einreiben. Trocknen lassen und das Pulver mit dem Staubsauger entfernen.

BLUMEN TROCKNEN • Damit selbst gemachte Trockenblumen professionell aussehen, mischt man zunächst 200 g Borax mit knapp 400 g Maismehl und schüttet eine 2 cm dicke Schicht dieser Mischung auf den Boden eines luftdicht verschließbaren Behältnisses, etwa einer großen flachen Kunststoffdose. Nun schneidet man die Blumenstängel ab und bettet die Blütenköpfe vorsichtig auf die Pulverschicht, wobei man darauf achten sollte, die Blütenblätter oder andere Blütenteile nicht zu knicken oder zu quetschen. Anschließend bestreut man die Blütenköpfe mit etwas Borax-Maismehl-Pulver, verschließt die Dose und lässt sie 7–10 Tage stehen. Danach nimmt man die Blumen heraus und bürstet das überschüssige Pulver mit einer weichen Quaste ab.

BRATENSPRITZE

TORTEN VERZIEREN WIE EIN PROFI • Ihr Mann hat Geburtstag und Sie wollen die Torte diesmal besonders kunstvoll verzieren? Probieren Sie es einmal mit der Bratenspritze und staunen Sie über die Wirkungen, die sich hiermit mühelos erzielen lassen.

SCHWER ERREICHBARE PFLANZEN GIESSEN • Bekommen Sie selbst, der Fußboden oder die Möbel Wasserspritzer ab, wenn Sie Hänge- oder andere Zimmerpflanzen an schwer erreichbaren Stellen gießen? Probieren Sie es einmal mit der Bratenspritze, die Sie mit Wasser füllen und direkt in den Blumentopf ausdrücken. Übrigens kann man mit einer solchen Spritze auch Weihnachtsbäume gießen.

EIN PRAKTISCHES UTENSIL

Die Bratenspritze wird verwendet, um damit den Braten zu begießen: Wie mit einer Pipette wird der aus dem Fleisch ausgetretene Saft aufgenommen und über den Braten gegossen. Wenn Sie noch eine alte, ausgediente Bratenspritze haben, werden Sie staunen, für wie viele Tätigkeiten außerhalb der Küche sie sich eignet.

ZU VIEL WASSER IN DER KAFFEEMASCHINE? • Der perfekte Kaffeegenuss hängt von dem richtigen Verhältnis zwischen Wasser und Kaffeepulver in der Kaffeemaschine ab. Füllt man aus Versehen zu viel Wasser ein, muss man entweder mehr Kaffeepulver zufügen oder sich mit Blümchenkaffee begnügen. Die einfachste Lösung besteht jedoch darin, das Zuviel an Wasser mit einer Bratenspritze abzuziehen!

BLUMENWASSER AUFFRISCHEN • Es ist bekannt, dass Schnittblumen länger halten, wenn man das Vasenwasser von Zeit zu Zeit austauscht. Dazu muss man allerdings die Blumen aus der Vase nehmen, was man gerade bei kunstvollen Arrangements lieber vermeidet. Hier leistet eine alte Bratenspritze, mit der Sie etwas von dem alten Wasser absaugen und anschließend frisches einspritzen, gute Dienste.

SÄMLINGE OPTIMAL MIT WASSER VERSORGEN • Sie sind stolz auf Ihre selbst gezogenen Pflanzen, wissen allerdings, wie schwierig es ist, Sämlinge oder keimende Samen in Pflanzgefäßen mit genau der richtigen Wassermenge zu versorgen. Greifen Sie zu Ihrer ausgedienten Bratenspritze – mit diesem Hilfsmittel können Sie die benötigte Wassermenge fast tropfengenau dosieren!

Fortsetzung →

ABLAUF DES KÜHLSCHRANKS FREI MACHEN • Wasser im Kühlschrank, das nicht abläuft, wird oft von Algensporen verursacht, die das Ablaufrohr verstopfen. Dieses Rohr führt auf der Rückseite des Kühlschranks in eine Wanne unter dem Gerät, in der das Wasser verdunstet. Um das Rohr frei zu machen, spritzen Sie mit einer Bratenspritze heißes Wasser durch die Abflussöffnung. Ist diese Öffnung schwer erreichbar, können Sie versuchen, das Rohr an der Rückseite des Kühlschranks abzumontieren und mit Wasser durchzuspülen. Nachdem das Rohr frei ist, 1 TL Salmiakgeist oder Bleichmittel in die Abflussöffnung gießen, damit beugt man dem erneuten Auftreten von Algensporen vor.

VORSICHT: Für Arbeiten im Haus sollten Sie eine ausgediente Bratenspritze und nicht die aus der Küche nehmen. Das alte Exemplar sollten Sie jedoch ebenfalls nach jedem Gebrauch gründlich reinigen. Am besten markieren Sie es mit einem Stück Klebestreifen, damit eine Verwechslung von vornherein ausgeschlossen ist.

HAUSTIERE

DEN TRINKNAPF AUFFÜLLEN • Um das Trinkwasser von Hamstern und anderen Käfigbewohnern auszuwechseln, muss man in der Regel den Käfig öffnen – eine Gelegenheit, die die Tiere gern für einen Ausflug in die Wohnung nutzen. Wenn Sie die anschließende Verfolgungsjagd leid sind, füllen Sie die Wasserschale einfach mit der Bratenspritze. Meistens passt sie durch die Stäbe.

AQUARIUM REINIGEN • Mit der Bratenspritze kann man ganz bequem das Wasser im Aquarium ein wenig auffrischen. Die grünlichen Ablagerungen, die sich in den Ecken und im Kies auf dem Boden des Aquariums sammeln, werden einfach mit der Spritze abgesaugt.

BRIEFUMSCHLÄGE

PAPIERTRICHTER BASTELN • Gewürze in größeren Gebinden zu kaufen, schont den Geldbeutel. Indes sind für den Gebrauch in der Küche kleine Gefäße praktischer. Hat man für das Umfüllen keinen geeigneten Trichter zur Hand, kann man sich mit einem Briefumschlag behelfen: Dazu einen Umschlag (kein Langformat) zukleben und diagonal durchschneiden. Wenn man nun von jeder Hälfte die geschlossene Ecke abschneidet, erhält man zwei kleine Trichter.

BELEGE VERNICHTEN – SCHNELL UND WIRKSAM • Alte Belege, die eine Kontonummer, eine Kreditkartennummer oder andere sensible Informationen enthalten, werden am besten im Aktenvernichter entsorgt. Das mühsame Einführen kleiner Belege entfällt, wenn man diese vorher in einen oder mehrere alte Briefumschläge steckt.

SCHLEIFPAPIER AUFHEBEN • Schleifpapierbogen rollen sich mit der Zeit zusammen und lassen sich dann nicht mehr so gut verwenden. Dies kann man verhindern, indem man die Bogen in Umschläge mit verstärktem Papprücken steckt. Wer dann noch die Körnung auf dem Umschlag notiert, hat immer das richtige Schleifpapier zur Hand.

LESEZEICHEN • Jetzt haben Sie schon eine Viertelstunde mit der Suche nach einem Lesezeichen verbracht? Bevor Sie weitersuchen, greifen Sie zu einem einfachen Kniff: Trennen Sie von einem gebrauchten Briefumschlag die gummierte dreieckige Verschlussklappe ab und schneiden Sie den Umschlag quer in zwei Hälften. So kommen Sie zu praktischen Lesezeichen, die Sie schnell über die Ecke der Seite stülpen können, die Sie markieren wollen.

SCHLUSS MIT DEM WÄHRUNGSCHAOS • Sie bereiten eine Urlaubsreise vor, die Sie durch mehrere Länder führen wird, die eine andere Währung als die Ihres Heimatlandes haben? Kein Problem – wenn Sie den Überblick behalten wollen, richten Sie pro Währung einen Umschlag ein, in dem Scheine und Kleingeld Platz finden. Auf die Umschläge schreiben Sie, um welches Geld es sich handelt. So haben Sie stets die Währung griffbereit, die gerade gefragt ist!

BROT

ANGEBRANNTEN REIS RETTEN • Der Reis ist leicht angebrannt, und die Gäste sitzen schon erwartungsvoll im Esszimmer? Sie können die Situation retten, indem Sie eine Scheibe Weißbrot auf den noch heißen Reis legen, den Topfdeckel aufsetzen und ein paar Minuten verstreichen lassen. Wenn Sie danach das Weißbrot entfernen, sollte der Brandgeschmack verschwunden sein.

MÄUSESPECK WEICH MACHEN • Hart gewordene Schaumzuckerware wie beispielsweise „Mäusespeck" oder Marshmallows wird wieder weich, wenn man die Süßigkeiten zusammen mit ein paar Scheiben frischem Brot in einen Plastikbeutel (z. B. Gefrierbeutel) steckt und die Tüte fest verschließt. Nach ein paar Tagen schmeckt die Schaumzuckerware wieder frisch.

KOCHGERUCH VERHINDERN • Brokkoli und Blumenkohl sind gesund, doch wenn man das Gemüse kocht, entsteht ein intensiver Geruch, den selbst die Dunstabzugshaube nicht völlig beseitigen kann. Um die Geruchsbelästigung abzumildern, legen Sie eine Scheibe Weißbrot zuoberst in den Topf.

SCHMUTZFLECKEN AN WÄNDEN UND TAPETEN • Kleine Kinder können noch nicht begreifen, dass schmutzige oder fettige Hände leicht unansehnliche Spuren an der Wand hinterlassen – und schon ist das Malheur passiert. Die meisten Fingerabdrücke lassen sich jedoch relativ einfach von angestrichenen Wänden entfernen, wenn man die Stellen mit einer Scheibe Weißbrot abrubbelt. Auch nicht abwaschbare Tapete kann man gut mit Brot reinigen. Vorher harte Krusten abschneiden, damit das Papier nicht zerkratzt wird.

GLASSPLITTER AUFSAMMELN • Große Scherben von zerbrochenen Gläsern oder Geschirr kann man verhältnismäßig einfach aufsammeln, kleinste Splitter aber bereiten Mühe. Am besten entfernt man sie mit einer frischen Scheibe Brot, die man auf die Splitter presst. Wenn man das Brot anschließend in den Abfall wirft, sollte man jedoch darauf achten, sich nicht an den Glassplittern zu verletzen.

ÖLGEMÄLDE VON STAUB BEFREIEN • Ein wertvolles Ölgemälde wird man mit dieser Methode nicht behandeln, doch von gewöhnlichen Ölbildern lassen sich Staub und Schmutz entfernen, wenn man die Leinwand vorsichtig mit einem Stück entrindetem Weißbrot abtupft.

BÜROKLAMMERN

AUFHÄNGER FÜR KERAMIK • Büroklammern lassen sich wunderbar zu improvisierten Aufhängern umfunktionieren. Sind Sie gerade dabei, selbst etwas zum Aufhängen aus Keramik herzustellen? Drücken Sie auf der Rückseite in den noch weichen Ton eine große, stabile Büroklammer ein und lassen Sie das obere, spitze Ende der Klammer ein wenig über den Rand stehen. Nach dem Aushärten des Tons können Sie den Gegenstand daran aufhängen.

SICHERES LESEZEICHEN • Büroklammern geben ausgezeichnete Lesezeichen ab, weil sie nicht aus der Lektüre fallen können. Noch leichter zu finden ist die Stelle, an der man aufgehört hat zu lesen, wenn man ein Stück Band oder eine bunte Kordel an der Klammer befestigt.

EINSCHWEISSFOLIE VON CD-HÜLLEN ÖFFNEN • Die Folie einer CD-Hülle zu öffnen ist meist mühselig. Bevor Sie dabei die Hülle mit einem für diesen Zweck ungeeigneten Werkzeug beschädigen, biegen Sie einfach das Ende einer Büroklammer auf, schieben es unter den doppelt gefalteten Teil der Verpackung am Rand der Hülle und öffnen die Folie, indem Sie die Klammer hochziehen. Das Plastik lässt sich so mühelos aufschlitzen.

RETTUNG FÜR DEN REISSVERSCHLUSS • Werfen Sie Ihre Jacke oder Ihren Terminplaner nicht weg, nur weil der Reißverschlusszieher abgebrochen ist! Biegen Sie eine kleine Büroklammer so weit auf, dass der Draht sich durch die Öffnung, in der zuvor der Zieher hing, schieben lässt. Drücken Sie die Klammer wieder zu – fertig! Wenn Sie die Büroklammer nun noch mit einer aufgeklebten Ziermünze bzw. einem Stückchen Filz oder Leder verschönern, haben Sie eine Lösung, die auch das Auge anspricht.

WO IST DER ANFANG DER KLEBEBANDROLLE? • Sie haben gerade wieder einmal 5 Minuten damit verbracht, den Anfang Ihrer Klebebandrolle zu suchen und abzulösen, weil Sie einen Brief mit defekter Gummierung sicher verschließen wollten? Mit einem Abroller wäre dies ja kein Problem,

Lebendige Wissenschaft

Wollen Sie eine Wette gewinnen? Lassen Sie eine Büroklammer schwimmen!

Geben Sie Ihren Freunden einen Becher Wasser und eine Büroklammer, die sie auf dem Wasser schwimmen lassen sollen. Wahrscheinlich wird das Experiment nicht gelingen – und nun ist die Reihe an Ihnen. Reißen Sie von einem Papiertuch (z. B. einer Küchenrolle) ein Stückchen ab, das größer ist als die Büroklammer, und legen Sie es auf die Wasseroberfläche. Platzieren Sie die Büroklammer auf dem Papierstückchen und warten Sie ein paar Sekunden. Das Papier beginnt nun zu sinken und lässt die Klammer schwimmend an der Oberfläche zurück. Dies ist natürlich keine Hexerei, sondern angewandte Physik! Tatsächlich bewirkt die Oberflächenspannung des Wassers, dass die Büroklammer schwimmt. Während das Papier untergeht, senkt es die Büroklammer aufs Wasser herab, ohne dass die Oberflächenspannung bricht.

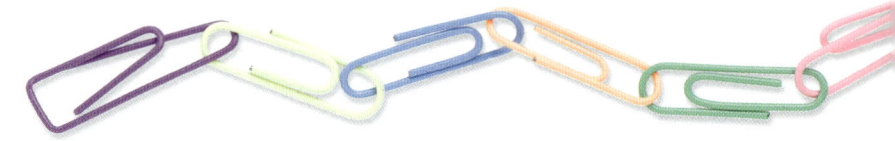

doch der ist schon vor Wochen kaputt gegangen … Seien Sie beruhigt, dieser nervenaufreibenden Arbeit haben Sie sich das letzte Mal unterzogen. Wenn Sie den Anfang des Klebebands gefunden haben und der Brief zugeklebt ist, befestigen Sie einfach eine Büroklammer unter dem Anfang der Rolle – dann ist sie jederzeit im Handumdrehen benutzbar.

PRAKTISCHER TÜTENVERSCHLUSS • Sie wissen nicht, wie Sie die angebrochene Chips-Tüte so verschließen können, dass der Inhalt auch morgen oder übermorgen noch frisch ist? Ganz einfach – mithilfe einer oder mehrerer Büroklammern. Diese Methode funktioniert auch bei anderen Tütenverpackungen, z. B. Parmesan-Tütchen.

Die besondere Büroklammer

EIN PRAKTISCHES UTENSIL

Der Foldback-Clip (Foldback-Klammer, Binder Clip) ist in England und den USA weit verbreitet, man verwendet ihn jedoch auch bei uns. Anders als mit der Büroklammer lassen sich mit dem Clip größere Papiermengen sicher zusammenheften. Wie die Büroklammer kennt auch der Clip viele Verwendungsmöglichkeiten.

GRIFFBEREITE FLUGDOKUMENTE • Wer mit dem Flugzeug reist, muss bei den Kontrollen Pass und Bordkarte mitunter mehrmals vorlegen. Anstatt immer wieder in der Tasche zu kramen und die Papiere umständlich aus einem Wust von anderen Dokumenten herauszusuchen, heftet man sie mit einem Foldback-Clip zusammen und findet sie auf Anhieb.

BILDER AUFZIEHEN UND AUFHÄNGEN • Wer hätte das gedacht: Mit Foldback-Clips lassen sich sogar Bilder aufziehen und aufhängen! Legen Sie das Bild zwischen eine Glas- oder Kunststoffplatte und eine Hartfaserplatte oder dicke Pappe. Nun werden alle Teile an den Rändern mit Foldback-Clips in einer sehr kleinen Größe zusammengeklemmt (2–3 pro Seite). Dann nimmt man alle Griffe ab (etwas zusammendrücken und aus der Führung ziehen) – nur an der Oberkante des Bildes bleiben sie stehen. Daran wird nun Bilderdraht zum Aufhängen befestigt.

FIRMENAUSWEIS BEFESTIGEN • Mit einem kleinen Foldback-Clip lassen sich Firmenausweise an der Brusttasche oder am Gürtel befestigen. Allerdings sollte der Clip neu und nicht durch langjährigen Gebrauch ausgeleiert sein, damit der Ausweis auch wirklich sicher befestigt ist.

GELDSCHEINE IN DER HANDTASCHE • Haben Sie auch die Angewohnheit, Geldscheine lose in Ihrer Handtasche zu verstauen, weil Ihre Geldbörse nur umständlich zu öffnen ist? Wenn Sie die Banknoten mit einem kleinen Foldback-Clip zusammenhalten, sind sie stets griffbereit und Sie ersparen sich die umständliche Suche.

GYMNASTIK FÜR DIE FINGER • Wenn Sie wenig Kraft in den Fingern haben, können Sie Ihre Hände mithilfe großer Foldback-Clips stärken. Drücken Sie die Griffe der Clips kräftig zusammen und zählen Sie bis fünf, bevor Sie wieder loslassen. Wenn diese Übung etwa ein Dutzend Mal am Tag durchgeführt wird, kräftigt sich der Griff.

BUTTER

WOHLTAT FÜR MÜDE FÜSSE • Schmerzende Füße erholen sich, wenn man sie mit Butter massiert, in ein feuchtes, heißes Tuch einwickelt und sich 10 Minuten im Sitzen oder Liegen entspannt. So sind die Füße schnell wieder fit.

HARZ AN KINDERHÄNDEN • Unternehmungslustige Kinder kommen von Ausflügen in den Wald oft mit harzverklebten Händen nach Hause. Wenn man die Hände der Kleinen mit Butter einreibt, lässt sich das klebrige Harz anschließend mit Wasser und Seife mühelos abwaschen.

SCHLUSS MIT VERSCHIMMELTEM KÄSE! • Warum Käse verschwenden, indem man die Schnittflächen hart oder schimmelig werden lässt? Halbfester Käse wird nach dem Einkauf mit einer dünnen Schicht Butter bestrichen, so bleibt er frisch und frei von Schimmel. Auch nach jeder Mahlzeit die Schnittfläche des Käses mit Butter bestreichen, dann den Käse einwickeln und in den Kühlschrank legen.

HÄTTEN SIE'S GEWUSST?

Butter ist eine halbfeste Masse, die beim Stampfen von Rahm entsteht – ein Vorgang, der schon auf einem sumerischen Tontäfelchen von etwa 2500 v. Chr. dargestellt ist. Und in einem rund 2000 Jahre alten ägyptischen Grab fand man ein mit Butter gefülltes Fass. Zur Zeit Tut-anch-Amuns gab es in Ägypten Butter in Hülle und Fülle; hergestellt wurde sie aus der Milch von Wasserbüffeln und Kamelen. Dass Butter auch aus Kuhmilch entsteht, verrät uns die Bibel mit zahlreichen Hinweisen. Und die kriegerischen Wikinger sollen die Butter im Zug ihrer Beutefahrten in der Normandie eingeführt haben, einer Region, die heute für ihre Butter weltberühmt ist.

Reine Butter enthält mindestens 80 % Milchfett. Die übrigen 20 % bestehen aus Wasser und festen Bestandteilen der Milch. Butter ist im Handel gesalzen und ungesalzen erhältlich. Das Salz macht sie aromatischer und dient als Konservierungsmittel. Zur Herstellung von 500 g Butter werden 10 l frische Kuhmilch benötigt.

BUTTER BEI KLEINEN WUNDEN • Kleine Wunden heilen besser, wenn man sie mit Ringelblumenbutter bestreicht. Die Salbe wird hergestellt, indem man 70 g möglichst frische Ringelblumenblüten fein zerdrückt und mit 100 g geschmolzener Butter übergießt. Diese Mischung nun im Wasserbad auf etwa 70 °C erhitzen und 20 Minuten ziehen lassen, dabei von Zeit zu Zeit umrühren. Nun muss man die Mischung noch durch ein Tuch abseihen und abkühlen lassen.

RASIERCREME FÜR DEN NOTFALL • Wenn die Rasiercreme aufgebraucht und eine Rasur dringend nötig ist, versuchen Sie es einmal mit Butter. Tragen Sie etwas Butter auf die nasse Haut auf – und Sie werden sehen, es gelingt eine sanfte, gründliche Rasur.

ANGESCHNITTENE ZWIEBELN FRISCH HALTEN • Wenn man für ein Rezept eine halbe Zwiebel braucht und die andere Hälfte möglichst lange frisch bleiben soll, bestreicht man die Schnittfläche mit Butter, wickelt die Zwiebel in Alufolie und legt sie in den Kühlschrank. Die Butter hält die Zwiebel frisch.

SAUBER SCHNEIDEN MIT GEFETTETER KLINGE • Bevor man klebrige Lebensmittel wie Datteln und Feigen oder Zuckerschaumware wie Mäusespeck und Marshmallows schneidet, reibt man die Messerklinge mit Butter ein. Die Butter dient als Schmiermittel und verhindert, dass Lebensmittelreste an der Klinge haften bleiben.

TABLETTEN LEICHTER SCHLUCKEN • Wem die Tabletteneinnahme Probleme bereitet, sollte die Pillen zunächst in ein wenig Butter oder Margarine wenden, dann gleiten sie leichter hinab.

SO WIRD MAN LÄSTIGEN FISCHGERUCH LOS

Sie kommen mit fetter Beute vom Angeln zurück und möchten Ihre Hände vom Fischgeruch befreien? Keine Angst, Sie brauchen sie nicht stundenlang zu schrubben – reiben Sie die Handflächen einfach mit etwas Butter ein. Wenn Sie die Hände nun mit warmem Wasser und Seife waschen, riechen sie wieder frisch.

Spaß für Kinder

Butter selber machen ist lustig und ein Spaß für Groß und Klein. Man braucht dazu nicht mehr als ein fest verschließbares schlagfestes Behältnis, eine Murmel und 200–400 ml dickflüssige, möglichst frische Schlagsahne (Schlagrahm), vorzugsweise ohne Zusätze und Stabilisatoren. Man bewahrt die Sahne außerhalb des Kühlschranks auf, bis sie eine Temperatur von etwa 15 °C erreicht hat. Dann in das Behältnis gießen, die Murmel zufügen, den Deckel fest schließen und die Kinder abwechselnd im Sekundentakt schütteln (buttern) lassen. Der ganze Vorgang kann zwischen 5 und 30 Minuten dauern. Dabei können die Kinder beobachten, wie die flüssige Sahne zunächst dick und dann fest wird. Bald darauf fällt sie zusammen und trennt sich in kleine Butterflöckchen und flüssige Buttermilch. Schließlich bildet sich ein gelblicher Klumpen Butter. Nun wird die Buttermilch abgegossen und die wohlschmeckende frische Butter gekostet!

BUTTERMILCH

FARBIGE BADEWANNEN SCHONEND REINIGEN • Besonders alte und farbige Badewannen sind nur mit Mühe sauber zu halten, da man ihnen nicht mit Scheuermittel zu Leibe rücken kann. Buttermilch ist hier ein probater Ersatz, denn die milde Säure löst Kalk und Schmutz, greift aber nicht die Beschichtung an. Tragen Sie die Buttermilch am besten mit einem Schwamm unverdünnt auf die betroffenen Stellen auf. Auch ein bisschen rubbeln wird der Oberfläche nicht schaden. Anschließend mit klarem Wasser nachspülen.

HILFE BEI LEICHTEM SONNENBRAND • Die Sonne brennt vom Himmel, aber leider macht sich die Gartenarbeit nicht von alleine. Da kann es schon mal passieren, dass man einen leichten Sonnenbrand davonträgt. Linderung verschafft jetzt ein Bad in Buttermilch. Hierzu einen 500-ml-Becher Buttermilch in warmes, nicht zu heißes Wasser geben und darin 15–20 Minuten baden. Die gereizte Haut wird mit Feuchtigkeit versorgt und die antiseptischen Eigenschaften der Milch beruhigen die Entzündung ein wenig.

ROTWEINFLECKEN ENTFERNEN • Rotweinflecken verschwinden, wenn man sie vor der Wäsche mit reichlich Buttermilch betupft. Nicht für empfindliche Stoffe wie Seide geeignet.

COMPACT DISCS

ORIGINELLER UND ÄUSSERST PREISWERTER WEIHNACHTSSCHMUCK • Wollen Sie den Weihnachtsbaum beispielsweise anlässlich einer Party einmal anders dekorieren, hängen Sie CDs mit der glänzenden Seite nach außen auf – Sie werden staunen, wie intensiv die Scheiben im Licht glitzern. Die Seite mit dem Label kann man bemalen oder mit Glanzpapier bekleben. Alternativ lassen sich die CDs auch mit einer sehr scharfen Schere zu Sternen oder anderen Formen zurechtschneiden. Zum Schluss ein Loch von 6 mm Durchmesser in das Schmuckobjekt bohren und ein Band zum Aufhängen hindurchziehen.

ZIMMERSCHMUCK FÜR TEENAGER • Aus alten CDs lässt sich ein preiswertes und ausgefallenes Wanddekor für das Zimmer eines Teenagers gestalten. Hierfür werden die ausgedienten CDs mit Heftzwecken als Bordüre an der Decke oder auf halber Höhe an der Wand befestigt. Auch das Lieblingsposter kann mithilfe der spiegelnden CDs wunderbar mit einem ausgefallenen Rahmen versehen werden.

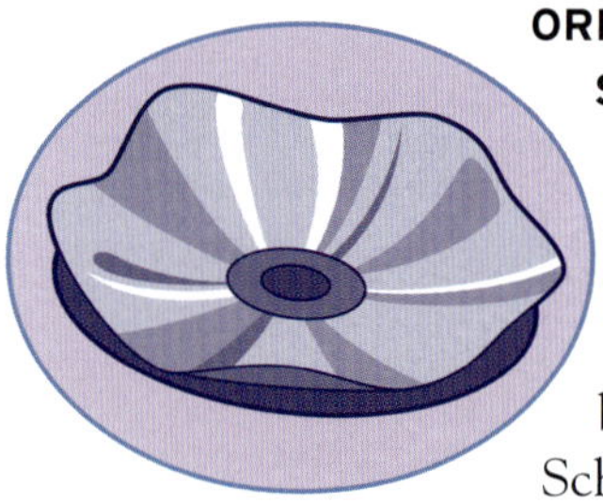

ORIGINELLES GEBURTSTAGSGESCHENK • Eine extravagante Schale entsteht aus einer CD, die man auf eine Metallschale legt und auf niedriger Stufe im Backofen erhitzt, bis sie weich ist. Die CD mit Schutzhandschuhen anfassen und vorsichtig in die gewünschte Form biegen. Die Öffnung verschließt man, indem man die Unterseite mit Epoxidharz oder PVC-Klebstoff auf eine andere Fläche, etwa ein kreisrundes Alutablett, klebt. Die Schale darf nicht für Nahrungsmittel verwendet werden!

UNTERLAGE FÜR KERZEN • Wenn Sie gerade keinen passenden Kerzenhalter zur Hand haben, behelfen Sie sich einfach mit einer CD, die Sie als provisorische Unterlage unter die Kerze legen. Geeignet sind hierfür jedoch nur kurze Kerzen mit flacher Unterseite, die von selbst stehen bleiben. Außerdem sollten sie etwas dicker sein als der Durchmesser der Öffnung in der Mitte der CD. Die Kerzenunterlage auf eine stabile, wärmebeständige Fläche stellen und die brennende Kerze nicht aus den Augen lassen.

TIPP

Zerkratzte CDs reparieren

Bevor man eine zerkratzte oder beschädigte CD wegwirft oder anderweitig verwendet, sollte man versuchen, sie zu reparieren.

Zunächst wird die CD mit einem fusselfreien Tuch oder milder Seife und ein bisschen Wasser gründlich gereinigt. Hierbei sollte man sie an den Rändern festhalten, um Fingerabdrücke zu vermeiden. Poliert wird niemals mit kreisenden Bewegungen, sondern immer von der Mitte nach außen.
Weist die CD auch nach dieser Behandlung kleine Aussetzer auf, versuchen Sie es mit ein wenig Zahnpasta (ohne Gel), die auf eine Fingerspitze getupft und vorsichtig auf der CD verrieben wird. Das in der Zahnpasta enthaltene feine Schleifmittel sollte den Kratzer glätten. Wischen Sie die Zahnpasta anschließend gründlich mit einem feuchten Papiertuch ab und trocknen Sie mit frischem Küchenpapier nach. Beseitigen lässt sich ein Kratzer allerdings auch mit Autowachs bzw. Autopolitur (*siehe Seite 20*).

EINEN DREHKREISEL BASTELN • Aus einer alten CD kann man einen lustigen Drehkreisel für Kinder (und Erwachsene) herstellen. An den gegenüberliegenden Seiten der Öffnung in der Mitte der CD bringt man mit einem scharfen Messer vorsichtig zwei kleine Einschnitte an. Anschließend muss man nur noch eine Münze zur Hälfte durch den entstandenen Schlitz stecken, und schon lässt sich der Kreisel auf dem Rand der Münze wunderbar drehen.

SO WIRD DIE CD ZUM ZIFFERBLATT • Wer hätte das gedacht: Aus einer alten CD wird im Handumdrehen das originelle Zifferblatt einer Uhr. Die glänzende Seite wird hierzu mithilfe von Stiften, Aufklebern oder Farben mit Ziffern versehen. Der Kreativität sind keine Grenzen gesetzt! Ganz nach dem eigenen Geschmack kann die CD dann anschließend bemalt werden. Nun muss man nur noch ein Uhrwerk, das man im Fachhandel bekommt, an die CD montieren.

SCHÖNER FENSTERSCHMUCK • Fensterschmuck, der die Sonnenstrahlen einfängt, stellt einen attraktiven Blickfang dar. Man benötigt für die Herstellung nur ein paar CDs. Und so wird's gemacht: Jeweils zwei CDs werden mit der glänzenden Seite nach außen zusammengeklebt. Nun braucht man lediglich noch einen Wollfaden oder eine bunte Kordel durch das Loch zu ziehen und sie ins Fenster zu hängen. Sehr schön macht sich auch ein durchsichtiger Nylonfaden als Aufhängung.

PRAKTISCHER UNTERSETZER MIT FILZBEZUG • Aus CDs lassen sich originelle Untersetzer für Tassen und Gläser basteln, die den Tisch vor unansehnlichen Flecken schützen. Schneiden Sie einfach ein rundes Stück Filz oder eine dünne Korkplatte in der Größe der CD aus und kleben Sie das Material auf die Etikettenseite der CD. Die glänzende Seite des Untersetzers zeigt später nach oben.

Spaß für Kinder

Überraschen Sie Ihre Kinder mit der Idee, aus einer alten CD einen lustigen Bilderrahmen zu basteln, den sie dem Papa zum Geburtstag schenken können. Dazu brauchen Sie eine alte CD, ein Foto vom letzten Familienausflug und eine große Kunststoffperle mit Loch, die als Aufhänger dienen soll. Ein Band zum Aufhängen, Markerstifte, kleine Aufkleber sowie Klebstoff haben Sie sicherlich auch noch in der Bastelschublade! Nun wird das Foto auf der glänzenden Seite über das Loch in der CD geklebt und die CD anschließend nach Belieben mit Markern bemalt oder mit Aufklebern verziert. Danach kleben Sie die Kunststoffperle mit einer Heißklebepistole oben auf die CD, lassen das Kunstwerk trocknen und ziehen ein Band zum Aufhängen durch die Perle.

EINSATZ ALS KREISSCHABLONE

Ein exakter Kreis lässt sich auch ohne die Hilfe eines Zirkels zeichnen. Mit jeder CD kann man zwei verschieden große Kreise auf das Papier bringen, indem man mit einem Stift um den Außenrand bzw. um die Öffnung in der Mitte fährt.

DRAHTKLEIDERBÜGEL

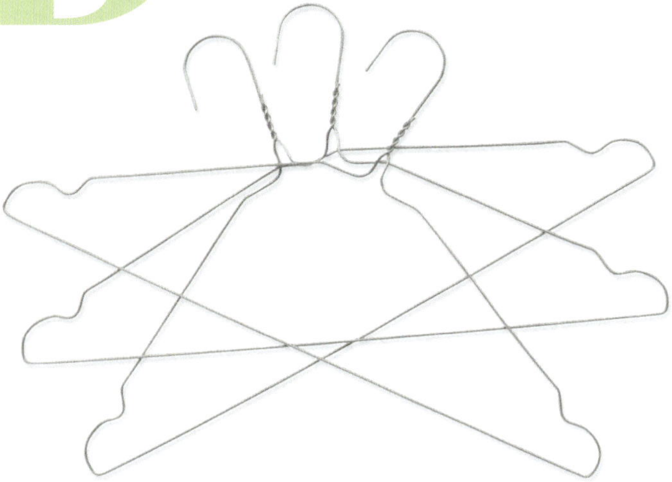

GEBINDE ABDICHTEN

Oft bleibt nach dem Abdichten einer Fuge noch viel Dichtungsmasse übrig, aber das Gebinde ist nicht wiederverschließbar. Um zu verhindern, dass die restliche Dichtungsmasse aus der Tube quillt oder aushärtet, wird ein 7,5 cm langes Stück Drahtkleiderbügel an einem Ende hakenförmig gebogen und das gerade Ende in die Tube gesteckt. Um den Draht herum bildet sich nun ein harter Stopfen, der sich bei Bedarf gut herausziehen lässt.

KREATIVE IDEEN FÜR VIELE GELEGENHEITEN • Aus Drahtkleiderbügeln kann man lustige Mobiles für das Kinderzimmer anfertigen und bunt bemalen. Auch das Stützgerüst für Flügel und andere Zubehörteile ausgefallener Kostüme lassen sich hervorragend aus Drahtbügeln herstellen.

TOILETTEN UND STAUBSAUGER VON VERSTOPFUNGEN BEFREIEN • Ist die Toilette durch einen Fremdkörper verstopft, kann man diesen mithilfe eines aufgebogenen Drahtkleiderbügels herausholen. Mit einem gerade gebogenen Drahtbügel lässt sich beispielsweise auch die Verstopfung in einem Staubsaugerschlauch beseitigen.

TIPPS FÜR PFLANZENFREUNDE

GEWÄCHSHAUS IM MINIFORMAT • Aus einem mit Erde gefüllten, beispielsweise mit Stecklingen bestückten Blumenkasten entsteht im Handumdrehen ein Miniatur-Gewächshaus, wenn man 3 bis 4 Drahtkleiderbügel zunächst aufbiegt, dann zu jeweils einem U-förmigen Bogen formt und die Enden in den Boden steckt. Nun versieht man eine Folienhülle aus der chemischen Reinigung mit kleinen Löchern, legt diese um den von Drahtbögen gekrönten Blumenkasten und stellt ihn ans Fenster.

PFLANZTÖPFE AUFHÄNGEN • Wenn Sie eine Pflanze aufhängen möchten, aber gerade keinen geeigneten Hängetopf zur Hand haben, biegen Sie einfach einen Drahtkleiderbügel gerade und legen Sie den Draht unmittelbar unter den etwas vorspringenden Rand des betreffenden Blumentopfs, der etwa 15–20 cm Durchmesser haben sollte. Drehen Sie die Enden fest zusammen und hängen Sie den Topf an einer geeigneten Stelle auf.

PFLANZENETIKETTEN BASTELN • Falls Sie wasserfeste Etiketten für Ihre Pflanzen brauchen, schneiden Sie kleine Rechtecke aus leeren, durchsichtigen Plastikverpackungen aus und beschriften diese mit einem wasserfesten Stift. Nun schneiden Sie aus Drahtbügeln kurze Stäbchen zurecht, bringen zwei kleine Schlitze an jedem Etikett an und fädeln jeweils ein Stäbchen hindurch, das sie an der entsprechenden Stelle in die Erde stecken. Diese Etiketten sind auch nach einem kräftigen Regenschauer noch lesbar.

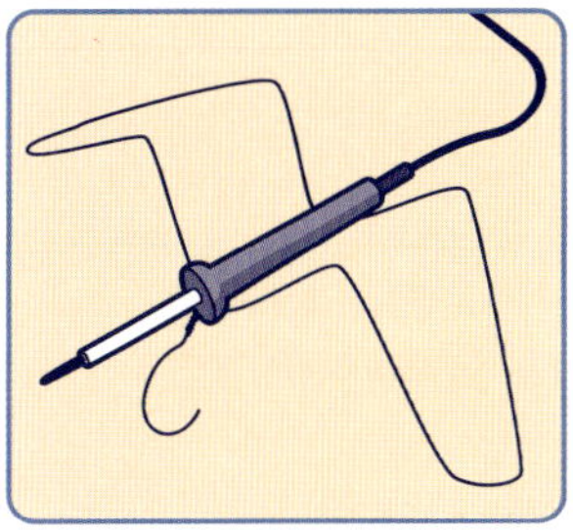

SICHERE ABLAGE FÜR DEN LÖTKOLBEN • Manchmal lässt es sich kaum verhindern, dass der heiße Lötkolben wegrollt und etwas auf dem Arbeitstisch versengt. Dies kann man mit einem Drahtkleiderbügel vermeiden, den man zu einer Ablage zurechtbiegt. Dazu wird ein gewöhnlicher Drahtbügel wie hier gezeigt W-förmig gebogen. Wenn man das „W" nun verkehrt herum auf die Arbeitsfläche stellt und den Aufhänger so biegt, dass er der Ablage zusätzlich Standfestigkeit verleiht, kann man den heißen Lötkolben sicher ablegen.

ZÜNDFLAMME GEFAHRLOS ANZÜNDEN • Wenn die Zündflamme in Ihrem alten Ofen oder Wasserboiler erloschen ist und Sie nicht riskieren möchten, sich beim Anzünden mit einem Streichholz die Finger zu verbrennen, biegen Sie einen Drahtkleiderbügel auf. Dann kleben Sie das Streichholz an ein Ende, zünden es an und stecken den Draht so weit hinein, dass sich die Flamme wieder entfachen lässt.

HÄTTEN SIE'S GEWUSST?

Als Albert J. Parkhouse an einem Morgen des Jahres 1903 an seinem Arbeitsplatz ankam – er war bei der amerikanischen Timberlake Wire and Novelty Company beschäftigt –, wollte er schnell seinen Mantel aufhängen und sich an die Arbeit machen. Doch zu seinem Unmut waren bereits alle Kleiderhaken belegt. Frustriert nahm Albert ein Stück Draht, bog es in Bügelform und drehte die Enden in der Mitte zu einem Haken zusammen. Dann hängte er seinen Mantel auf und machte sich an die Arbeit: Ihm war nicht bewusst, dass er soeben den Drahtkleiderbügel erfunden hatte. Seine Firma erkannte dies jedoch sehr schnell, ließ sich die Idee patentieren und verdiente ein Vermögen. Leider bekam Albert nicht einen Pfennig für seine bahnbrechende Idee.

Lebendige Wissenschaft

So beweisen Sie das erste Newton'sche Bewegungsgesetz

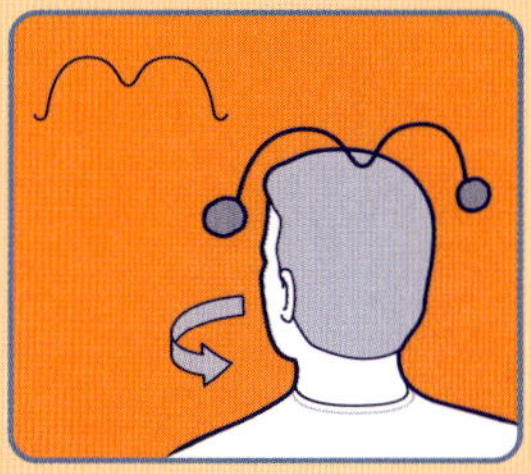

Biegen Sie aus einem Drahtkleiderbügel ein Gebilde in der Form des Buchstaben „M" zurecht (siehe Abbildung). Nun halten Sie den Draht in der Mitte fest und bringen aus Knetmasse geformte Kugeln an den beiden hakenförmig aufgebogenen Enden an. Anschließend setzen Sie sich das Drahtgebilde, wie in der Abbildung gezeigt, auf den Kopf (am besten geht es bei kurzen Haaren). Wenn Sie nun Ihren Kopf ruckartig nach rechts oder links drehen, bewirkt die Trägheit, dass sich das Gebilde der Bewegung widersetzt. Das ist ein Beweis für Newtons erstes Gesetz, das besagt, dass ein Körper seinen Bewegungs- oder Ruhezustand behält, bis er von einer äußeren Kraft zur Änderung gezwungen wird. Mit etwas Übung werden Sie feststellen, dass Sie sich sogar um die eigene Achse drehen können – und die Kugeln bleiben trotzdem an Ort und Stelle.

HALTERUNG FÜR DIE FARBDOSE • Wenn man zum Anstreichen der Hauswand auf der Leiter steht, braucht man eine Hand, um sich festzuhalten, und die andere für die Anstreicharbeiten. Wie soll man dann aber noch die Farbdose halten? Ganz einfach – schneiden Sie mit einer Drahtschere den Haken und etwa 2,5 cm Draht von einem Kleiderbügel ab. Wenn Sie mithilfe einer Zange das gerade Drahtstück fest um den Henkel der Farbdose wickeln, ist der Farbdosenhalter fertig, und die Dose muss nur noch aufgehängt werden.

Fortsetzung →

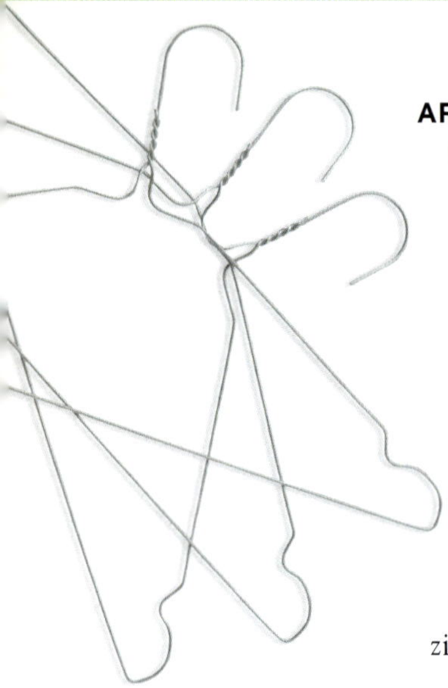

ARM UND REICHWEITE VERLÄNGERN • Wer kennt das nicht: Ein Gegenstand ist hinter den Kühlschrank oder den Herd gefallen und bleibt unerreichbar, so sehr man sich auch bemüht, ihn zu greifen. In diesem Fall biegt man einen Drahtkleiderbügel auseinander, lässt den Haken bestehen und versucht, den Gegenstand damit hervorzuziehen.

RIESIGE SEIFENBLASEN • Kinder lieben große Seifenblasen, die sie mithilfe von einem selbst gemachten Pustefix in die Luft blasen können. Und dieser lässt sich ganz einfach herstellen: Aus einem aufgebogenen Drahtkleiderbügel wird ein mit einem Griff versehener Ring in der gewünschten Größe geformt. Nun braucht man nur noch einen Eimer, den man mit einer Mischung aus 1 Teil Geschirrspülmittel und 2 Teilen Wasser füllt. Wenn man ein paar Tropfen Lebensmittelfarbe hinzugibt, werden die Seifenblasen besser sichtbar, und ein paar Teelöffel Glyzerin machen die Blasen glänzend und stabil. Nach diesen Vorbereitungen kann der Spaß dann sogleich beginnen!

DUSCHVORHÄNGE

EINE PRAKTISCHE HAUSHALTSSCHÜRZE • Bei Arbeiten rund um Haus und Garten, bei denen besonders viel Schmutz anfällt, leistet ein alter Duschvorhang aus Plastik hervorragende Dienste. Schneiden Sie sich aus dem Vorhang eine Schürze mit Latz zurecht; eine Zickzackschere ist hierfür am besten geeignet. Stechen Sie zwei Löcher oben in den Latz, um die Schürze mit einer Kordel oder einem Band um den Hals zu binden. Nun müssen Sie nur noch zwei weitere Löcher in Taillenhöhe anbringen, damit Sie die Schürze hier ebenfalls mit einem Band befestigen können.

BODENSCHUTZ • Bewahren Sie alte Plastikduschvorhänge auf und legen Sie den Boden damit aus, wenn Sie das nächste Mal Anstreicharbeiten durchführen. Das Material ist schwerer und deutlich haltbarer als die dünnen Plastikfolien, die in Baumärkten verkauft werden. Auch saugen Duschvorhänge die Farbe weniger auf als Bettlaken, die ebenfalls gern als Bodenschutz verwendet werden.

SCHRANKFÄCHER AUSLEGEN • Alte Duschvorhänge oder Tischdecken aus Plastikfolie sollten Sie nicht wegwerfen, sondern als abwischbare Einlagen für Schrankfächer verwenden. Schneiden Sie mehrere Stücke in der richtigen Größe zurecht und kleben Sie diese bei Bedarf mit Gummiklebstoff auf die Schrankbretter. Zum Reinigen können Sie die Folie dann einfach mit einem feuchten Schwamm abwischen.

KIESFLÄCHEN IM GARTEN GEKONNT ANLEGEN • Sie wollen eine dekorative kleine Kiesfläche in Ihrem Garten anlegen und fürchten sich vor dem Unkraut, das sich unweigerlich durch die Kiesschicht schieben wird? Keine Angst – legen Sie einfach vorher einen alten Duschvorhang aus Plastik unter den Kies! Damit sich nach Regenfällen aber kein Stauwasser bildet, müssen Sie ihn unbedingt zuvor mit kleinen Löchern versehen.

PICKNICKTISCHE UND -BÄNKE ABDECKEN

Lassen Sie sich das nächste Picknick nicht von einem schmutzigen Tisch oder einer klebrigen Sitzbank verderben. Verwenden Sie einen alten Duschvorhang als Tischdecke (oder als Unterlage für eine Stofftischdecke). Nehmen Sie einen weiteren Duschvorhang mit, den Sie über eine fleckige oder schmutzige Bank legen, bevor Sie sich zum Essen hinsetzen.

SCHÜTZEN SIE IHREN TISCH VOR KRATZERN • Wenn Sie ein Kleid nähen und den Stoff vorher nach einem Schnittmuster auf Ihrem empfindlichen Holztisch zurechtschneiden möchten, breiten Sie einen alten Duschvorhang oder ein Tischtuch aus Plastik über die Tischplatte, bevor Sie mit der Arbeit beginnen. Die Schere gleitet dann wesentlich leichter über die Oberfläche, und die Tischplatte wird vor versehentlichen Kratzern oder Kerben geschützt.

SO BLEIBT DER BODEN UNTER DEM HOCHSTUHL SAUBER • Auch die niedlichsten Babys bekleckern beim Essen immer wieder den Boden rund um ihr Hochstühlchen. Schützen Sie Ihren Boden oder Teppich und erleichtern Sie sich das Putzen, indem Sie ein etwa 1 m^2 großes Stück aus einem alten Plastikduschvorhang herausschneiden und unter das Hochstühlchen legen. Aus dem restlichen Duschvorhang können Sie anschließend noch praktische Lätzchen schneiden.

HÄTTEN SIE'S GEWUSST?

Anfang der 20er-Jahre war der amerikanische Forscher Waldo Semon zunächst überhaupt nicht begeistert, als er Polyvinylchlorid entdeckte, das wir heute als Vinyl bezeichnen. Er hatte eigentlich versucht, einen neuen Klebstoff zu entwickeln, aber dieses Vinyl klebte einfach auf gar nichts. Doch Semon erkannte schnell, welche Möglichkeiten das Material bot, und begann damit zu experimentieren; er stellte sogar Golfbälle und Schuhabsätze daraus her. Bald kamen die ersten Vinyl-Produkte wie Regenmäntel und Duschvorhänge auf den Markt. Heute ist Vinyl der am zweithäufigsten verkaufte Kunststoff der Welt, und in der Vinyl-Industrie arbeiten hunderttausende von Menschen.

EIER

WIRKUNGSVOLLE GESICHTSMASKE • Wenn Sie gerade weder Zeit noch Geld für einen Wellnessurlaub haben, verwöhnen Sie sich einfach zu Hause – mit einem Ei, das Sie aus dem Kühlschrank holen. Wer trockene Haut hat, trennt das Ei und schlägt nur das Eigelb. Bei fettiger Haut wird ausschließlich das geschlagene Eiweiß, eventuell mit etwas Zitronensaft oder Honig angereichert, verwendet. Nur wer normale Haut hat, schlägt das ganze Ei. Nun wird die Eimasse auf das Gesicht aufgetragen und nach 30 Minuten wieder abgewaschen. Das Ergebnis ist sofort sicht- und fühlbar.

EIERSCHALEN ALS ANZUCHTTÖPFCHEN • Eierschalen eignen sich besonders gut für die Anzucht von Sämlingen. Wenn Sie beispielsweise für einen Kuchen Eier aufgeschlagen haben, werfen Sie die Schalenhälften nicht weg, sondern setzen Sie diese in leere Eierkartons. Nun füllen Sie Erde hinein und drücken die Samenkörner in die Erde. Durch die Eierschalen werden die Samen zusätzlich mit Nährstoffen versorgt. Sobald die Sämlinge etwa 8 cm hoch sind, kann man sie in den Garten auspflanzen. Hierbei zerkleinert man die Eierschalen und arbeitet sie in die Gartenerde ein.

ERSATZ FÜR KLEBSTOFF • Wenn Ihnen beim Basteln mit Kindern der Klebstoff ausgegangen ist, liefert Eiweiß zum Verkleben von Papier und dünner Pappe einen guten Ersatz.

NÄHRSTOFFE FÜR DEN KOMPOST • Eierschalen sind wegen ihres hohen Gehalts an Kalzium – ein Nährstoff, der Pflanzen zu besserem Wachstum verhilft –, ein äußerst geeigneter Zusatz für den Komposthaufen. Am besten zerkleinert man die Eierschalen, bevor man sie auf den Kompost gibt, denn dann verrotten sie besser.

PFLANZEN MIT EIERWASSER GIESSEN • Wenn Sie am Sonntagmorgen Eier zum Frühstück gekocht haben, gießen Sie das Kochwasser nicht weg. Lassen Sie es abkühlen und verwenden Sie das mit Kalzium angereicherte Wasser zum Gießen der Pflanzen.

VORSICHT: Da Eier hin und wieder von Salmonellen befallen sein können, sollten Sie sich nach dem Hantieren mit rohen Eiern stets gründlich die Hände waschen. Das gilt auch ganz besonders für Kinder, die bekanntlich sehr häufig ihre Finger in Gesicht und Mund bringen. Bei Gesichtsmasken sollten Sie generell nur ganz frische Eier verwenden!

EIERKARTONS

AUFBEWAHREN UND SORTIEREN• Mit den praktischen einzelnen Fächern sind Eierkartons ganz hervorragend zum Aufbewahren, Ordnen und Sortieren von Kleinteilen geeignet. Hier finden Sie ein paar äußerst nützliche Anregungen, aber sicher fehlt es Ihnen auch nicht an eigenen Ideen. Der Phantasie sind keine Grenzen gesetzt!

■ Viele Männer haben ihr Kleingeld lieber in der Hosentasche als in der Geldbörse, und in schönster Regelmäßigkeit liegt es dann zu Hause herum. Damit ist Schluss, wenn Sie ein Stück Eierkarton mit vier Fächern abschneiden und z. B. auf die Kommode im Flur stellen. Sortieren Sie kleine Münzen gleich ein und stecken Sie die großen am besten in eine Spardose.

■ Schneiden Sie Eierkartons so zurecht, dass sie in Ihr Nähtischchen passen, und sortieren Sie Knöpfe, Sicherheitsnadeln, Nähgarn, Nähmaschinenspulen und Druckknöpfe ein.

■ In der Werkstatt leisten Eierkartons gute Dienste, um Unterlegscheiben, Heftzwecken, kleine Muttern, Bolzen und Schrauben zu sortieren. Oder verwenden Sie die Kartons dazu, abmontierte Teile in der richtigen Reihenfolge aufzubewahren.

■ Christbaumschmuck in Minigröße bleibt in den stapelbaren Eierkartons unbeschädigt, wenn jedes Teil in ein eigenes Fach gelegt wird.

AUFZUCHT VON SÄMLINGEN • Eierkartons aus Pappe eignen sich gut zur Aufzucht von Sämlingen. Füllen Sie jede Vertiefung in dem Karton mit Anzuchtsubstrat und legen Sie jeweils ein paar Samenkörner hinein. Nach dem Austreiben den Eierkarton in einzelne Waben zerteilen und die Sämlinge mitsamt der Pappwabe einpflanzen.

EISWÜRFEL HERSTELLEN • Braucht man größere Mengen an Eiswürfeln, verwendet man die untere Hälfte von Eierkartons aus Styropor als provisorische Eisschale. Wegen der Gefahr einer Salmonellenübertragung sollten nur absolut saubere Eierkartons verwendet werden

EINSATZ FÜR DEN MÜLLBEUTEL • Wenn man den Plastikbeutel aus dem Mülleimer hebt und eine übel riechende Flüssigkeit heraustropft, ist keine Hausfrau besonders erfreut. Doch damit ist nun Schluss: Legen Sie einfach eine große leere Eierpappe aufgeklappt auf den Boden des neuen Müllbeutels. So gibt man dem Beutel eine feste, saugfähige Standfläche und verhindert, dass sich Risse und Löcher am Boden bilden.

GOLFBÄLLE – STETS GRIFFBEREIT • Ein Eierkarton in der Golftasche eignet sich zum Aufbewahren gesäuberter und spielbereiter Golfbälle.

FEUER IM GRILL ODER KAMIN ANZÜNDEN • Mithilfe von Eierpappen lässt sich das Feuer im Grill entfachen: Füllen Sie eine Eierpappe mit Holzkohle und, falls vorhanden, mit Kerzenwachsresten. Dann wird sie in den Grill gelegt und angezündet. Man kann Eierkartons auch mit Anzündmaterial, etwa Holzstückchen und Papier, füllen und damit ein Feuer im Kamin oder Holzofen entzünden.

SELBST GEMACHTE LECKEREIEN VERSCHICKEN

Bedenken Sie einen fern lebenden Freund oder Liebsten mit einer kleinen Aufmerksamkeit, die ihm den Tag versüßt. Beziehen Sie einen Eierkarton mit buntem Einwickelpapier und legen Sie die einzelnen Waben mit Papierwolle aus. Nun werden die Fächer mit selbst gemachten Süßigkeiten gefüllt und der Eierkarton postfertig verpackt. So verwahrt, kommen die Leckereien unbeschädigt an.

EIMER

ARBEITEN IN LUFTIGER HÖHE • Wenn man beim Anstreichen der Hauswand auf dem Gerüst oder einer Leiter steht, vermeidet man das lästige Verschütten von Farbe, indem man Farbdose und Pinsel in einen großen Eimer stellt und diesen mithilfe eines Fleischerhakens aufhängt. Ist der Eimer groß genug, lassen sich darin auch Spachtel, Kittmesser, Lappen und andere Anstrichwerkzeuge unterbringen. Ideal sind Eimer aus Plastik mit ca. 20 l Fassungsvermögen.

FARBDOSEN ABSTELLEN • Will man bei Renovierungsarbeiten im Haus Farbdosen auf dem Fußboden abstellen, empfehlen sich die Deckel von Plastikeimern als geeignete Unterlage. Deckel von 20-l-Eimern sind so groß, dass man darauf bequem eine 4-l-Farbdose samt Pinsel unterbringen kann.

SÄGEBLÄTTER REINIGEN • Sägeblätter lassen sich am besten reinigen, wenn man sie in einer flachen Schale in Azeton oder Terpentin einweicht. Ein Deckel über der Schale verhindert, dass der Geruch durch die ganze Werkstatt zieht. Man kann selbst eine solche Schale anfertigen, indem man einen Plastikeimer mit einem scharfen Messer abschneidet und lediglich einen etwa 5 cm hohen Rand stehen lässt. Der Eimerdeckel wird als Abdeckung verwendet. In jedem Fall sollte man sowohl beim Abschneiden des Eimers als auch beim Hantieren mit den Sägeblättern Handschuhe tragen. Auch empfiehlt es sich, die scharfen Sägeblätter mit einem Stock aus der Reinigungslösung zu heben.

IN FREIER NATUR

VORRATSBEHÄLTER FÜR LEBENSMITTEL • Ein Eimer mit schließendem Deckel und rund 20 l Fassungsvermögen ist ein idealer wasserdichter Vorratsbehälter für Ausflüge, bei denen Rafting- oder Kanutouren geplant sind. Auch wenn man Hunde dabei hat, haben diese keine Chance, sich unbemerkt an den Vorräten gütlich zu tun.

WASCHMASCHINE IM ABENTEUERURLAUB • Wer mit dem Auto längere Zeit in unwegsamen Gegenden unterwegs ist, kommt um das Wäschewaschen nicht herum. Hier leistet ein großer Eimer mit Deckel gute Dienste. Stellen Sie eine neue, ungebrauchte Toiletten-Saugglocke, die eigens für diesen Zweck mitgenommen wurde, in den Eimer. Dann füllen Sie Wäsche, Waschpulver und Wasser hinein. Nun schneiden Sie in den Deckel des Eimers ein Loch, das ein bisschen größer als der Stiel der Saugglocke ist. Den Deckel aufsetzen und die Saugglocke wie einen Stampfer auf und ab bewegen.

CAMPINGDUSCHE • Ein Eimer mit durchlöchertem Boden gibt eine hervorragende Campingdusche ab. Man hängt ihn an einen kräftigen Ast, füllt ihn mit Wasser – und schon kann geduscht werden. Wer warmes Wasser bevorzugt, streicht einen zweiten Eimer mit schwarzem Mattlack an, füllt ihn mit Wasser und stellt ihn in die Sonne, damit er sich erwärmt.

TOPF FÜR DEN HUMMER

Sie wollen wenigstens einmal im Leben einen Hummer zubereiten, besitzen aber keinen Suppentopf, der hierfür groß genug wäre? Behelfen Sie sich mit einem Metalleimer, der vielleicht noch im Keller steht. Achten Sie darauf, beim Herausholen des Hummers Topflappen und Zange zu benutzen.

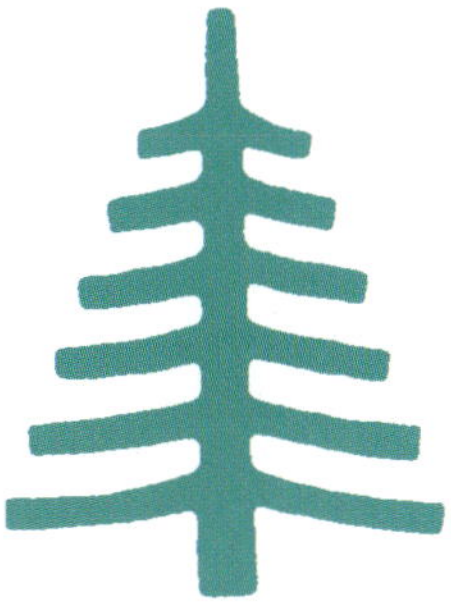

STÄNDER FÜR DEN WEIHNACHTSBAUM • Wenn man an Heiligabend feststellt, dass der Christbaumständer spurlos verschwunden oder kaputt ist, kann man die Situation mit einem großen Eimer retten. Man füllt ihn teilweise mit Sand oder Kies und stellt dann den Baum hinein. Anschließend füllt man mit Sand oder Kies auf und überzeugt sich davon, dass der Baum auch fest im Eimer steht. Nicht vergessen, das Substrat zu wässern, damit der Baum nicht austrocknet.

Spaß für Kinder

Mit dem Klang von Trommeln lässt sich beim Lagerfeuer am Strand eine exotische Atmosphäre schaffen. Entsprechende Klänge erzeugt man mit Plastikeimern, die auf verschiedener Höhe abgeschnitten werden; man kann auch mit Plastikeimern und einem verzinkten Eimer gleichzeitig arbeiten. Zusätzliche musikalische Begleitung bietet ein Bindfadenbass aus einem Besenstiel mit einem Eimer als Resonanzkörper.

TIPP

Wo bekommt man große Eimer her?

✱ Große Eimer mit Deckel sind vielseitig verwendbar, fast unzerstörbar und überaus praktisch. Und das Beste daran: Man bekommt sie manchmal sogar kostenlos.

Auf eine freundliche Anfrage hin ist das Restaurant oder der Supermarkt in Ihrer Nachbarschaft wahrscheinlich gern bereit, Ihnen Eimer zu überlassen, in denen verschiedene Feinkostartikel angeliefert wurden. Achten Sie außerdem auf Nachbarn, die gerade dabei sind, Haus oder Wohnung zu renovieren. Wenn Sie die Eimer dann abholen, vergessen Sie die Deckel nicht. Waschen Sie die Eimer gründlich aus, bevor Sie sie 1–2 Tage am besten in der Sonne trocknen lassen. Noch verbliebene Gerüche kann man mit geruchsaktiver Katzenstreu, Holzkohle oder ein paar Tropfen Vanillearoma entfernen.

EIMER ALS MINIGÄRTCHEN • Einen großen Plastikeimer kann man als Minigarten oder Pflanzgefäß verwenden. Für kleine Balkons haben bepflanzte Eimer gerade die richtige Größe, nur darf man nicht vergessen, vor dem Bepflanzen Abflusslöcher hineinzubohren. Ein zweiter Eimer dient zum Kompostieren von Abfällen und abgeschnittenem Pflanzenmaterial.

EINMACHGLÄSER

BUNTE ZUCKERTÜTCHEN AUFBEWAHREN • Sie trinken Ihren Tee oder Kaffee ungesüßt, nehmen aber die bunten Zuckertütchen, die im Restaurant oder Café serviert werden, gern mit nach Hause? Wenn sich bereits ein kleiner Vorrat angesammelt hat, stecken Sie die Tütchen einfach in ein kleines Einmachglas – das sieht hübsch aus und Sie haben stets Zucker griffbereit, wenn Gäste zum Kaffee kommen.

ORDNUNG IN DER WERKSTATT • Ihre Werkstatt ist nicht so aufgeräumt, wie sie sein könnte, und Sie verbringen immer wieder viel

Fortsetzung →

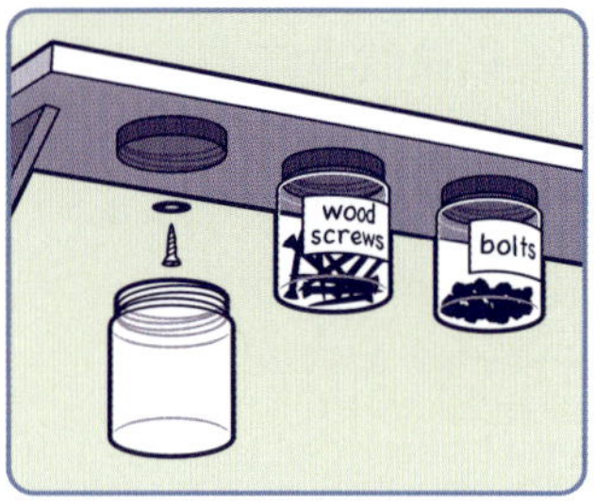

Zeit damit, durcheinander geratene Eisenartikel zu sortieren? Damit ist Schluss, wenn Sie Nägel, Schrauben, Muttern und Bolzen in Gläsern mit Schraubdeckeln unterbringen. Die Deckel werden unter ein Regalbrett aus Holz oder Kunststoff geschraubt. Achten Sie darauf, dass die Schrauben das Brett nicht durchbohren und oben hinausragen. Dann werden die Eisenteile in die Gläser einsortiert und diese an den Deckeln angeschraubt. So ist die Werkbank aufgeräumt und in den durchsichtigen Gläsern findet man das Gesuchte sofort. Dieses System hat sich auch für die Aufbewahrung von Pflanzensamen im Schuppen bewährt.

SPARDOSE MIT DURCHBLICK • Kinder kann man zur Sparsamkeit ermuntern, indem man ihnen aus einem Glas mit Metalldeckel eine Spardose herstellt – dann können sie jederzeit sehen, wie der „Kontostand" ist. Den Deckel vom Glas abnehmen, auf eine flache Arbeitsfläche, etwa ein Schneidbrett, legen und mit Hammer und Schraubenzieher vorsichtig einen Schlitz in der Mitte anbringen. Dann die rauen Ränder auf der Unterseite mit Hammer oder Feile glätten, damit man sich nicht die Finger zerkratzt. Das Bemalen oder Bekleben der Spardose ist übrigens ein wunderbarer Bastelspaß für einen Regentag.

INSEKTEN SAMMELN • Unterstützen Sie Ihre Kinder bei Naturbeobachtungen, indem Sie vorsichtig Käfer und andere Insekten in durchsichtigen Gläsern sammeln. Bohren Sie in jedem Fall ein paar Luftlöcher in den Deckel. Die Löcher dürfen nicht zu groß sein, sonst entkommen die Krabbeltiere. Nicht vergessen, die Insekten wieder freizulassen, nachdem man sie in Ruhe angeschaut und gefüttert hat.

KEKSE AUSSTECHEN • Sie haben jede Menge Ausstecher in allen möglichen Formen, aber ganz einfache runde fehlen Ihnen? Behelfen Sie sich mit einem Einmachglas – fast jedes saubere, weithalsige Glas hat die richtige Größe zum Ausstechen von Plätzchen aus ausgerolltem Teig.

MÜSLI RICHTIG AUFBEWAHREN • Sie lieben es, selbst gemischtes Müsli zum Frühstück zu essen? Bewahren Sie die Zutaten wie Rosinen, Haferflocken oder Nüsse in fest verschließbaren Einmachgläsern auf. So bleibt alles frisch und ist obendrein vor Schädlingen geschützt, die sehr viel

Lebendige Wissenschaft

Mini-Gewächshaus im Einmachglas

Verteilen Sie eine Hand voll Kieselsteine und Holzkohlenstückchen auf dem Boden eines großen sauberen Einmachglases mit möglichst weitem Hals. Nun feuchte, sterilisierte Anzuchterde hinzufügen und einige Pflänzchen einsetzen, die ähnliche Ansprüche an ihre Umwelt stellen – beispielsweise Farne und Moose, die viel Feuchtigkeit, aber nur mäßig viel Licht brauchen. Bunte Steine, Muscheln oder ein Stückchen Holz dazulegen. Nun befeuchten Sie die Pflanzen mit Wasser, schrauben den Deckel fest zu und lassen das Glas 2 Tage im Halbdunkeln stehen. Dann stellen Sie das Gewächshaus an einen hellen Standort, aber nicht in direktes Sonnenlicht, und schon können Sie sich am Gedeihen der Pflanzen erfreuen. Man braucht kein Wasser nachzugießen, da in dem fest verschlossenen Glas ja keins verloren gehen kann.

Wichtig ist die Verwendung von sterilisierter Blumenerde, um keine unerwünschten Organismen einzuschleppen. Nicht vergessen sollte man die Holzkohlenstückchen, da sie das Wasser filtrieren, das sich in einem unaufhörlichen Kreislauf unsichtbar durch das Mini-Gewächshaus bewegt.

leichter in Pappschachteln und provisorisch verschlossene Tüten als in abgedichtete Gläser eindringen können.

BABYNAHRUNG ABFÜLLEN • Wenn man für das Baby lieber selbst kocht als Fertignahrung zu kaufen, möchte man kleine Mahlzeiten wie pürierte Karotten oder Vanillepudding natürlich ab und zu auf einen Ausflug mitnehmen. Füllen Sie die Nahrung einfach in leere, gründlich ausgewaschene Babygläschen, die ja schon die richtige Größe für Babyportionen aufweisen – einige davon haben Sie bestimmt im Haus. Wenn Sie nun noch mit einem Gummiband einen Löffel daran befestigen, haben Sie alles, was sie brauchen, um unterwegs hungrige kleine Mäuler zu stopfen.

SCHNEEHANDSCHUHE TROCKNEN • In schneereichen Gegenden ist das winterliche Schneeschaufeln eine alltägliche Arbeit, bei der man meistens alte, schon fast ausgediente Finger- oder Fausthandschuhe trägt. Damit die Handschuhe nach dem Schneeräumen schnell wieder trocken werden, stülpt man sie über die Unterseite eines leeren Konservenglases und stellt das Glas mit der Öffnung nach unten auf den Heizkörper. Die warme Luft steigt in das Glas, strahlt aus und trocknet die feuchten Handschuhe blitzschnell. Diese Methode sollte man aber nicht für neue Leder- oder Wollhandschuhe anwenden, da diese leiden, wenn sie zu dicht an der Heizung getrocknet werden.

EINMACHGUMMIS

LUSTIGES WURFRINGSPIEL FÜR REGENTAGE • Wie können Sie Ihre Kinder an einem Tag bei Laune halten, an dem das Wetter zu schlecht ist, um draußen zu spielen? Hier ist guter Rat nicht teuer – drehen Sie einfach einen Stuhl oder einen kleinen Tisch um und lassen Sie die Kinder versuchen, Einmachgummis über die Beine zu werfen.

TISCHPLATTEN SCHÜTZEN • Einmachgummis, die man unter Vasen und Lampen legt, stellen einen wirksamen Schutz gegen Kratzer und Glasränder auf empfindlichen Tischplatten dar.

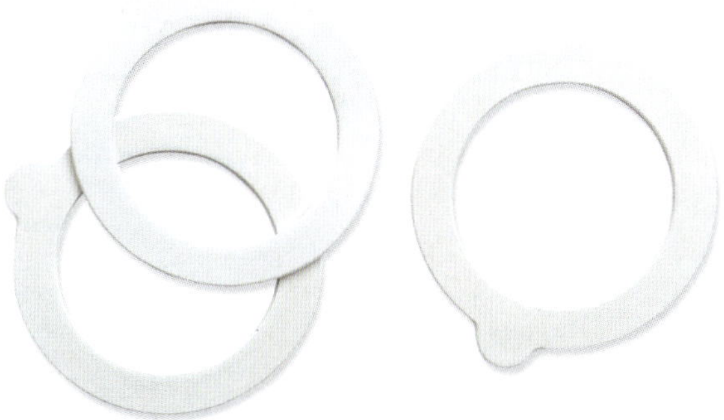

BESSERER HALT FÜR IHREN TEPPICHVORLEGER • Wenn Sie einen Teppichvorleger haben, der auf Ihrem Holzfußboden ständig verrutscht, halten Sie ihn am richtigen Platz, indem Sie ein oder zwei Einmachgummis an der Unterseite jeder Ecke befestigen.

EISKRATZER

FARBSPRITZER ENTFERNEN • Farbspritzer, die beim Anstreichen des Badezimmers auf Ihre Acryl-Badewanne gelangt sind, können Sie mit einem Eiskratzer vorsichtig abschaben, ohne die Oberfläche zu beschädigen. Auch von anderen nichtmetallischen Oberflächen lassen sich Farbflecken mit Eiskratzern schonend beseitigen.

Fortsetzung →

ERSATZ FÜR DEN SPACHTEL • Bei kleinen Kerben im Holzfußboden, die man mit Holzfüllmittel beseitigen will, leistet ein Eiskratzer gute Dienste. Nach dem Verfüllen der Schadstelle lässt sich die Füllmasse hervorragend mithilfe eines Eiskratzers glätten.

ALTES SKIWACHS BESEITIGEN • Jeder erfahrene Skiläufer weiß, dass altes Wachs auf Skiern eine Bremswirkung hat, die nicht zu unterschätzen ist. Mit einem Eiskratzer lassen sich alte Wachsschichten rasch und gründlich entfernen, sodass man die Skier danach mit frischem Wachs behandeln kann.

TIEFKÜHLGERÄT AUSKRATZEN • Das Tiefkühlgerät ist dick vereist, aber Sie möchten das Abtauen noch aufschieben, da sie gerade absolut keine Zeit dafür haben? Kein Problem – greifen Sie zum Eiskratzer und verringern Sie damit die Dicke der Eisschicht. Gehen Sie aber vorsichtig zu Werk, um keinen Schaden am Gerät zu verursachen.

BROTTEIGRESTE ENTFERNEN • Ganz gleich, wie viel Mehl man auf die Arbeitsfläche streut, klebriger Brotteig wird immer daran hängen bleiben. Ein sauberer Eiskratzer eignet sich gut zum Entfernen der klebrigen Masse von der Arbeitsplatte. Im Notfall kann man einen Eiskratzer aus Plastik auch als Spatel für antihaftbeschichtete Pfannen benutzen.

EISPORTIONIERER

VORSICHT: Einen Eisportionierer, der mit Lebensmitteln in Kontakt kommt, sollten Sie nicht für andere Zwecke einsetzen. Nehmen Sie hierfür ein zweites Gerät, das Sie mit einem Streifen Gewebeband markieren – so sind Sie vor Verwechslungen sicher.

HACKFLEISCH- UND PLÄTZCHENTEIG PORTIONIEREN • Bewundernswert gleichmäßige Hackfleischbällchen lassen sich mit einem Eisportionierer (Glacéportionierer) formen. Diese Methode eignet sich auch für kugelrunde Kekse und Plätzchen. Der Portionierer wird einfach in den Fleisch- oder Plätzchenteig getaucht und das Teigbällchen in die Bratpfanne oder auf das Backblech gelegt. Auf diese Weise haben alle Hackfleischbällchen oder Plätzchen dieselbe Größe und auch unter Kindern entbrennt kein Streit um das beliebte Thema, wer nun das meiste bekommen hat ...

PFLANZLÖCHER GRABEN • Wenn Sie im Frühjahr Samen in einem Beet ausbringen möchten, nehmen Sie ein Hilfsmittel aus der Küchenschublade mit in den Garten: einen Eisportionierer. Damit können Sie im Handumdrehen gleichmäßig große Pflanzlöcher für das Saatgut anlegen.

SANDSCHLÖSSER BAUEN

Nehmen Sie beim nächsten Strandausflug einen alten Eisportionierer mit. Das Gerät wird den Kindern beim Bauen von Sandburgen Spaß machen und sie können allerlei interessante runde Gebilde damit formen – beispielsweise Kanonenkugeln.

EISKUGELN AUF VORRAT FORMEN • Wem es zu anstrengend ist, den Kindern immer wieder eine Eiskugel abzustechen, der legt ein paar Kugeln Eiscreme auf ein mit Backpapier ausgelegtes Gefriertablett. Nachdem die Kugeln im Tiefkühlgerät hart geworden sind, gibt man sie in einen wiederverschließbaren Plastikbeutel. Wenn die Kinder das nächste Mal eine Kugel Eis naschen möchten, können sie sich selbst bedienen.

BUTTERBÄLLCHEN ABSTECHEN • Überraschen Sie Ihre Lieben beim nächsten Familienfrühstück mit Butter- oder Margarinebällchen, die Sie auf Eis anrichten. Sie lassen sich mit einem Eisportionierer im Handumdrehen formen und geben dem Frühstück sofort eine besonders festliche Note.

HÄTTEN SIE'S GEWUSST?

Die Vielfalt an Produkten und Formen, die für unsere Gesellschaft so kennzeichnend ist, hat auch vor dem Eisportionierer nicht Halt gemacht. Der Käufer hat die Qual der Wahl - es gibt fast ebenso viele Eisportionierer wie Eissorten auf dem Markt. Eingeführt wurde das Gerät während der Weltwirtschaftskrise in den USA. Nun waren die Betreiber von Eisdielen in der glücklichen Lage, immer die gleiche Menge Eis an ihre Kunden verkaufen zu können - angesichts der Kundenzufriedenheit ein nicht zu unterschätzender Vorteil. Doch wie sollte man das Eisbällchen elegant aus dem Portionierer befördern? Es überrascht kaum, dass auch hier unterschiedlichste Methoden entwickelt wurden. Einige Portionierer öffnen sich und die Kugel fällt heraus, andere haben einen Kratzer aus Draht, der das Eis hinausschiebt. Und wieder andere haben eine Vorrichtung am Griff, mit deren Hilfe die Eiskugel aus dem Kopf des Portionierers befördert wird. Im Kommen sind auch Eisportionierer, die Symbole oder Logos in die Eiskugeln eindrücken.

NEUE PFLANZEN EINSETZEN • Die Pflanzen in Ihrem Balkonkasten sind nicht so sehr in die Breite gewachsen, wie Sie vermutet haben, und nun stören Sie sich an den Lücken und möchten 1–2 neue Pflänzchen einsetzen. Ohne verstreute Erde geht die Arbeit vonstatten, wenn Sie die Pflanzlöcher mit einem Eisportionierer ausheben. Man setzt die neuen Pflanzen ein und füllt nach Bedarf Erde auf – wiederum mithilfe des Eisportionierers.

EISSTIELE

NOTFALLSCHIENE FÜR DEN FINGER • Wenn Sie vermuten, dass Ihr Kind sich den Finger gebrochen hat, schienen Sie ihn zur provisorischen Stabilisierung mit einem Eisstiel (Glacéstiel), den Sie mit Klebeband am Finger befestigen. Dann sollten Sie unverzüglich einen Arzt aufsuchen!

SO ÜBT MAN DAS ABC • Eisstiele eignen sich hervorragend, um Kinder spielerisch an das Schreiben heranzuführen. Lassen Sie die Kleinen mithilfe von Eisstielen Buchstaben in Joghurt, Schokopudding oder die Sandkiste malen – das macht Spaß und führt ganz nebenbei zum Erlernen einiger Buchstaben und Ziffern.

Fortsetzung →

MEHR SPASS BEIM ESSEN • Wie viele Eltern aus leidvoller Erfahrung wissen, macht kleinen Kindern das Essen viel mehr Spaß, wenn sie zuvor ein wenig damit spielen dürfen. Deshalb ist es gut, wenn man zur Essenszeit ein paar Eisstiele aus der Trickkiste zaubern kann. Spießen Sie damit kleine Häppchen Weichkäse oder ein Stückchen Banane, Ananas oder Melone auf oder geben Sie den Kindern selbst einen Stiel in die Hand, damit sie sich ihre Butter oder Nutella eigenhändig aufs Brot schmieren können.

EINSAAT BESCHRIFTEN • Ist das nun Petersilie, Salbei, Rosmarin oder Thymian, was da in Ihrem Kräutergarten aufgeht? Kaum jemand kann sich genau erinnern, wo er was gesät hat – es sei denn, er war so klug, entsprechende Pflanzenschildchen aufzustellen. Fertigen Sie diese an, indem Sie mit einem wasserunlöslichen Stift auf den Eisstiel schreiben, welches Saatgut Sie verwendet haben, und stecken Sie den Stiel an der betreffenden Stelle in die Erde.

FARBDOSEN KENNZEICHNEN • Sie stehen in der Garage ratlos vor den sauber verschlossenen Dosen, die Farbreste der letzten Renovierungsaktion enthalten. Im Wohnzimmer ist eine Wand nachzustreichen, doch Sie können sich nicht erinnern, ob Sie damals nun Zitronen- oder Sonnengelb verwendet haben. Lassen Sie sich von solchen Fragen in Zukunft nicht mehr durcheinander bringen! Wenn Sie einen Raum gestrichen haben, tauchen Sie einen Eisstiel in die Farbe und lassen ihn trocknen. Vermerken Sie darauf den Namen der Farbe und das Zimmer, in dem sie verwendet wurde. Dann wissen Sie, welche Farbe Sie nehmen müssen, wenn es an der Zeit ist, Ausbesserungen vorzunehmen.

Spaß für Kinder

Sie wollen junge Leseratten mit einem netten Mitbringsel überraschen, das nicht viel kosten soll? Alles, was Sie dazu brauchen, ist ein Eisstiel, Farbe, Moosgummi, Klebstoff und ein Filzstift. Malen Sie den Eisstiel in einer leuchtenden Farbe, z. B. in Rot, an. Warten Sie, bis er getrocknet ist, und schreiben Sie dann auf eine Seite einen Lese-Slogan, wie etwa „Lesen macht Spaß" oder „Lesen ist cool". Schneiden Sie anschließend aus dem Moosgummi eine Form aus, z. B. ein Herz, eine Blume oder ein Kleeblatt. Kleben Sie die Verzierung oben an den Eisstiel und fertig ist das selbst gebastelte Lesezeichen!

EISWÜRFEL

FUGEN GLÄTTEN • Wenn man eine Fuge mit Dichtungsmasse verfüllt und mit dem Finger glättet, bleibt die klebrige Masse meistens am Finger hängen. Wenn man hier nicht schnell etwas unternimmt, härtet das Material aus und man sieht, dass die Fuge nicht gerade von einem Fachmann abgedichtet wurde. Lösen lässt sich das Problem mit einem Eiswürfel, mit dem man an der verfüllten Fuge entlangfährt. So erhält das aufgetragene Material eine schöne, gleichmäßige Oberfläche und die Masse bleibt nicht am Eiswürfel hängen.

AMPELPFLANZEN GIESSEN • Statt zum Gießen schwer erreichbarer Ampelpflanzen immer auf die Trittleiter zu steigen, kann man sich mit Eiswürfeln behelfen. Legen Sie einfach ein paar Würfel in die Töpfe: Das Eis schmilzt allmählich und bewässert die Pflanzen, ohne dass ein plötzlicher Wasserschwall aus der Abflussöffnung quillt. Auf diese Weise kann man auch den Weihnachtsbaum gießen, dessen Fuß mit einer Gießkanne oft schwer zu erreichen ist.

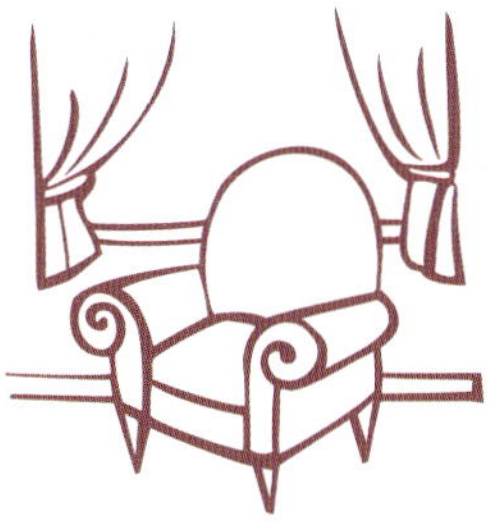

DRUCKSTELLEN IM TEPPICH BEHANDELN

Wer Möbelstücke im Wohnzimmer umstellt, weiß, dass schwere Möbel oft Druckstellen im Teppich hinterlassen. Diese kann man mit Eiswürfeln abschwächen bzw. beseitigen, indem man einen Würfel auf die Stelle legt, wo vorher beispielsweise ein Stuhlbein stand. Den Eiswürfel schmelzen lassen, dann die Druckstelle aufbürsten.

ERSTE HILFE BEI VERBRENNUNGEN • Bei kleinen Verbrennungen, werden ein paar Eiswürfel in ein Tuch gewickelt und auf die verletzte Stelle gelegt, damit sich keine Blasen bilden. Niemals Eiswürfel direkt auf die Haut aufbringen.

FALTEN WEGBÜGELN • Wenn das Geschäftshemd voller Knitterfalten ist und man keine Zeit mehr hat, es zu waschen, muss man die Falten wegbügeln. Dies geht sehr viel leichter, wenn man kurz vor dem Bügeln mit einem Eiswürfel, der in ein weiches Tuch gewickelt wurde, über die Knitterfalten streicht.

SO SCHLUCKEN SICH MEDIKAMENTE LEICHTER • Gleichgültig, mit welchem Geschmack Medikamente für Kinder angeboten werden, die Kleinen sind davon in der Regel nicht begeistert. Lassen Sie die kleinen Patienten vor der Einnahme des Medikaments an einem Eiswürfel lutschen. So werden die Geschmacksknospen empfindungslos und die Medizin rutscht besser, auch ohne den sprichwörtlichen Löffel Zucker.

SPLITTER ENTFERNEN • Einem schreienden, zappelnden Kleinkind einen Splitter aus der Hand zu ziehen, ist alles andere als einfach. Bevor man sich dem

TIPPS FÜR KOCHKÜNSTLER

CREMIGES SALATDRESSING • Salatdressings aus eigener Herstellung schmecken besser als gekaufte, aber sie sehen oft nicht so glatt und gleichmäßig aus wie die Fertigprodukte. Um hier ein professionell wirkendes Ergebnis zu erzielen, füllen Sie alle Zutaten für das Dressing in ein Glas mit Schraubverschluss und fügen einen Eiswürfel hinzu. Nun wird der Deckel zugeschraubt und das Glas kräftig geschüttelt. Wenn Sie anschließend den Eiswürfel herausnehmen und das Dressing servieren, werden Ihre Gäste von dem cremigen Salatdressing beeindruckt sein.

SO RETTET MAN GERONNENE SOSSEN • Sie haben zum Spargelessen eingeladen und sind gerade dabei, die Sauce Hollandaise herzustellen. Doch in der Aufregung geht etwas schief und beim Zusammenrühren von Butter, Eigelb und Zitronensaft gerinnt die Sauce. Rettung in der Not bietet hier ein Eiswürfel, den Sie in den Saucentopf legen. Rühren Sie einige Male um und verfolgen Sie mit Staunen, wie die Sauce wieder eine seidenglatte Konsistenz erhält.

SUPPEN UND EINTÖPFE ENTFETTEN • Wenn man von der selbst gekochten Suppe oder dem Eintopf möglichst viel Fett abschöpfen will, füllt man eine Suppenkelle aus Metall mit Eiswürfeln und fährt mit der Unterseite über die Oberfläche der Flüssigkeit im Suppentopf. Das Fett sammelt sich an der Kelle und kann so mühelos entfernt werden.

REIS AUFWÄRMEN • Auf Reisreste, die beim Aufwärmen in der Mikrowelle zum Austrocknen neigen, legt man zuvor einen Eiswürfel. Der Eiswürfel schmilzt, wenn sich der Reis erwärmt, und führt ihm die nötige Feuchtigkeit zu, damit er locker und körnig bleibt.

Fortsetzung →

Splitter mit einer Nadel nähert, macht man die betroffene Stelle mit einem Eiswürfel gefühllos. Dann lässt sich der Splitter schmerzloser und wesentlich schneller herausziehen.

KAUGUMMI VON KLEIDUNG ENTFERNEN • Gerade wollen Sie das Haus verlassen, da zeigt Ihr Kind auf ein an seiner Hose festgeklebtes Kaugummi. Reiben Sie den Stein des Anstoßes schnell mit einem Eiswürfel ab, damit er hart wird, dann lässt sich das Kaugummi mit einem Löffel abkratzen.

HÄTTEN SIE'S GEWUSST?

Harte Fakten über kühle Eiswürfel. Lesen Sie mehr über die kühlenden Ingredienzen in Ihrem Glas:

- Die im Wasser enthaltene Luft bewirkt, dass Eiswürfel undurchsichtig werden. Klare Eiswürfel erhält man, wenn man zur Herstellung destilliertes Wasser verwendet, das man zunächst aufkocht.
- Ein amerikanisches Unternehmen verkauft künstliche Eiswürfel, die im Drink glühen und blinken - was meinen Sie, wie lange es dauert, bis dieses Produkt auch bei uns erhältlich ist?
- Wenn in Werbeanzeigen verlockende Drinks abgebildet werden, sind die darin enthaltenen Eiswürfel keineswegs echt, denn diese würden unter der heißen Beleuchtung im Studio schmelzen. Die abgebildeten Eiswürfel sind in der Regel aus Kunststoff oder Glas.

EISWÜRFELSCHALEN

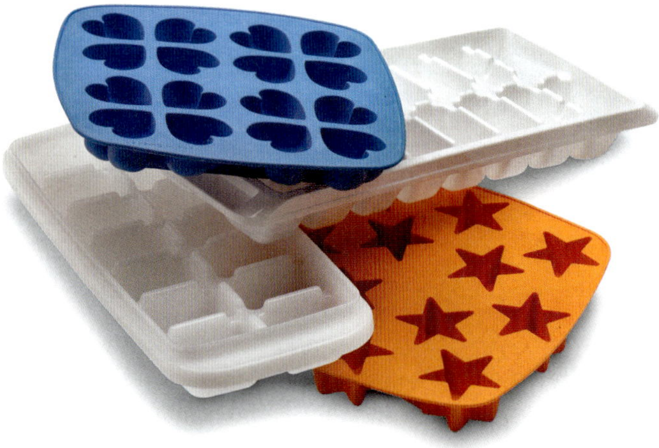

ORDNUNG IN DER SCHUBLADE • Wenn in der Schreibtisch-Schublade ein heilloses Durcheinander herrscht, lässt sich mit einer Eiswürfelschale aus Kunststoff schnell und billig Ordnung schaffen. So kann man Büroklammern, Gummibändchen, Briefmarken und anderen Kleinkram in die einzelnen Fächer sortieren und damit etwas mehr Ordnung ins Leben bringen.

WERKBANK AUFRÄUMEN • Wenn man im Werkzeugkasten wieder einmal minutenlang nach einem Bildernagel gestöbert hat, der irgendwo untergetaucht ist, sollte man das Problem endlich ein für allemal lösen. Sortieren Sie Kleinteile wie Schrauben, Nägel, Bolzen und andere kleine Eisenteile, die hin und wieder gebraucht werden, einfach in eine alte Eiswürfelschale ein – so sind sie gut aufgehoben und jederzeit griffbereit.

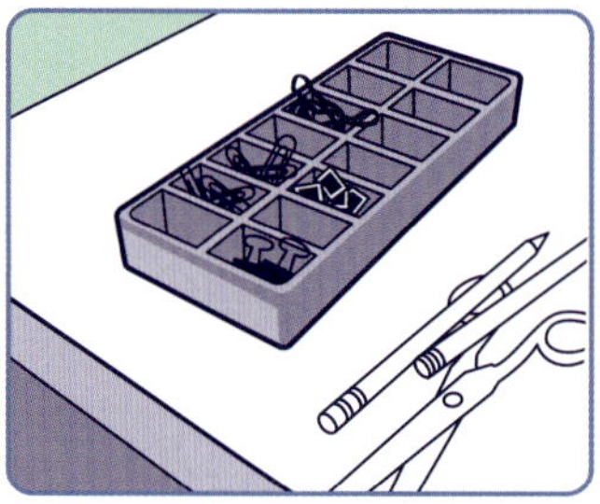

AUSBAUTEILE GEORDNET AUFBEWAHREN • Beim Auseinandernehmen eines Gerätes, das aus vielen Einzelteilen besteht, ist zu befürchten, dass man die Teile nie wieder in der richtigen Reihenfolge zusammenbauen kann. In diesen Fällen hat sich eine alte Eiswürfelschale bewährt, in deren Fächern man die Kleinteile bis zum Wiedereinbau aufhebt. Wer auf Nummer sicher gehen will, kennzeichnet die Reihenfolge, in der die Teile ausgebaut wurden, mit nummerierten Klebestreifen, die an jedem Fach angebracht werden. Zum Sortieren der Teile eignet sich auch das Unterteil eines Eierkartons.

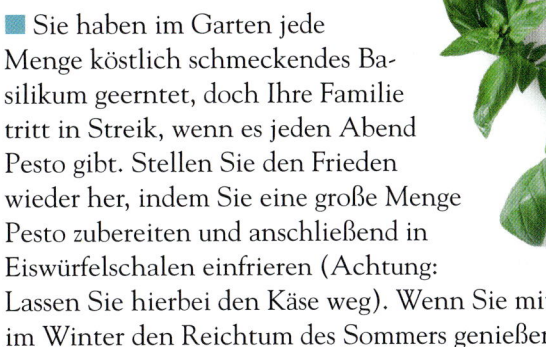

Spaß für Kinder

An heißen Sommertagen bringt eine Halskette aus Eis, die auf der Haut schmilzt, Spaß in den Kinderalltag. Lassen Sie die Kinder Knöpfe, kleine Gummitiere oder ähnliches in die Fächer einer Eiswürfelschale legen (1–2 Gegenstände pro Fach). Nun wird die Schale mit Wasser gefüllt und ein Stück Wollfaden in der Länge einer Halskette oder eines Armbandes abgeschnitten. Diesen Faden legt man in die Eiswürfelschale, wobei man darauf achten sollte, dass er tatsächlich durch alle Fächer verläuft und richtig eingetaucht ist. Die Schale in das Tiefkühlgerät stellen. Nach dem Einfrieren holt man die Würfel heraus und legt das Schmuckstück an, das allmählich schmilzt. Man sollte allerdings darauf achten, dass das Eis nicht zu dick ist (d. h. die Schale sollte viele Gegenstände und wenig Wasser enthalten), damit es nicht zu lange auf der Haut verbleibt.

MALPALETTE • Ihr Kind malt gern und braucht eine Palette zum Farbenmischen. Hierfür eignet sich eine alte Eiswürfelschale aus Plastik ganz hervorragend.

NAHRUNGSMITTEL IN HANDLICHEN WÜRFELN • In den Fächern einer Eiswürfelschale lassen sich kleine Mengen vieler verschiedener Nahrungsmittel zur späteren Verwendung einfrieren. Die tiefgefrorenen Würfel werden entnommen und zum späteren Gebrauch in einen etikettierten, wiederverschließbaren Gefrierbeutel gefüllt. Hier ein paar Anregungen:

- Einen zu großen Vorrat an preiswert erstandenen Eiern kann man für künftige Back- und Kochvorhaben einfrieren. Aufgeschlagene mittelgroße Eier haben die richtige Größe für die meisten Eiswürfelschalen und passen in die einzelnen Fächer, ohne überzulaufen. Nach dem Einfrieren werden sie in einen wiederverschließbaren Gefrierbeutel umgefüllt. Zum Backen oder Kochen kann man die benötigte Menge dann entnehmen und auftauen.

- Sie haben im Garten jede Menge köstlich schmeckendes Basilikum geerntet, doch Ihre Familie tritt in Streik, wenn es jeden Abend Pesto gibt. Stellen Sie den Frieden wieder her, indem Sie eine große Menge Pesto zubereiten und anschließend in Eiswürfelschalen einfrieren (Achtung: Lassen Sie hierbei den Käse weg). Wenn Sie mitten im Winter den Reichtum des Sommers genießen wollen, brauchen Sie die Pestowürfel nur aufzutauen, Käse hinzuzufügen und mit Pasta zu mischen.

- Werfen Sie Petersilienreste immer weg, weil Sie nicht wissen, was Sie damit tun sollen? Sparsamer ist es, die Petersilie zu hacken, mit ein bisschen Wasser in eine Eiswürfelschale zu füllen und zur späteren Verwendung einzufrieren. Diese Methode ist auch für andere frische Kräuter geeignet.

- Sie haben mehr Gemüsebrei zubereitet, als Ihr Baby bei einer einzigen Mahlzeit essen kann? Kein Problem – frieren Sie den Rest für künftige Mahlzeiten in Eiswürfelschalen ein.

- Wenn man bei einem Rezept 100 g gehackten Sellerie braucht, das Gemüse aber nur in ganzen Knollen kaufen kann, ist man gezwungen, den Rest zu konservieren. Hacken Sie hierfür einfach die gesamte Sellerieknolle und füllen Sie die nicht benötigte Menge in eine Eiswürfelschale. Nun fügen Sie etwas Wasser hinzu und frieren das Gemüse ein. Auf diese Weise haben Sie den gehackten Sellerie beim nächsten Mal

Fortsetzung →

ohne lange Vorbereitung parat. So lassen sich auch Zwiebeln, Karotten und andere Gemüsearten für Eintöpfe und Suppen aufheben.

■ Von der Hühnersuppe ist ein Rest übrig geblieben, der für eine weitere Mahlzeit nicht ausreicht, aber zum Wegwerfen zu schade ist. Frieren Sie die restliche Suppe einfach in einer Eiswürfelschale ein, und wenn Sie das nächste Mal Suppe oder ein anderes Gericht kochen, für das man etwas Würze braucht, entnehmen Sie einen oder zwei Würfel.

■ Es lohnt sich, Fleischbrühe selbst herzustellen, wenn man eine besonders große Portion zubereitet und die nicht benötigte Menge in Eiswürfelschalen einfriert. Eingefrorene Fleischbrühe eignet sich bei Bedarf zum Würzen von Suppen, Eintöpfen, Reisgerichten oder Aufläufen. Auch Reste von fertig gekaufter Fleischbrühe kann man auf diese Weise aufheben.

■ Nach demselben Prinzip lassen sich auch Rot- oder Weißweinreste einfrieren. Verwendet werden sie für Nudelsaucen, Aufläufe oder Eintöpfe.

ERDNUSSBUTTER

KAUGUMMI IM HAAR • Vor nicht einmal 10 Minuten haben Sie Ihrem Kind ein Kaugummi gegeben, und jetzt entdecken Sie es als klebriges Nest in seinen Haaren. Ganz ruhig bleiben! Verteilen Sie ein wenig Erdnussbutter auf dem Kaugummi und reiben Sie es so lange, bis es sich herauslösen lässt. Das Haar Ihres Kindes mag bis zur nächsten Wäsche vielleicht etwas nach Erdnussbutter riechen, aber das ist immerhin besser, als wenn Sie das Kaugummi herausgeschnitten hätten.

PREISSCHILDER ENTFERNEN • Wenn Sie von einer gerade gekauften Ware das Preisschild abziehen, bleibt oft ein hässlicher Klebstoffrest zurück, der sich schwer entfernen lässt. Rücken Sie ihm zu Leibe, indem Sie ihn mit Erdnussbutter abreiben.

ÜBERRASCHUNG IN DER EISTÜTE • Sie lieben es, zu Hause ab und zu ein Eis in der Tüte zu schlecken? Das kann allerdings eine recht klebrige Angelegenheit sein – vor allem dann, wenn das Eis unten aus der Tüte herausläuft. Dies lässt sich zuverlässig verhindern, indem Sie ein wenig Erdnussbutter in die Spitze der Eistüte (Cornet) geben und erst dann die Eiskugeln einfüllen. Obendrein bietet der letzte Bissen auf diese Weise noch einen kulinarischen Höhepunkt!

KÖDER FÜR MAUSEFALLE

In Ihrem romantischen Ferienhaus auf dem Land huschen ab und zu Mäuse auf dem Dachboden umher? Keine Sorge, dies ist ganz normal – doch wenn es Sie stört, sollten Sie etwas dagegen unternehmen. Stellen Sie Fallen auf mit Erdnussbutter als Köder. Diesem Geruch können die Mäuse nicht widerstehen, und es ist für die Nager fast unmöglich, den Köder zu stehlen, ohne dass die Falle zuschnappt.

FISCHGERUCH BESEITIGEN • Sie sind aus gesundheitlichen Gründen dazu übergegangen, mehr Fisch zu essen, ärgern sich aber jedes Mal über den Geruch, der nach dem Kochen in der Küche hängt? Dann probieren Sie einmal folgenden Trick aus: Wenn Sie das nächste Mal Fisch braten, geben Sie ein Klümpchen Erdnussbutter in die Pfanne. Die Erdnussbutter absorbiert den Geruch, und Ihre Wohnung riecht so frisch wie immer.

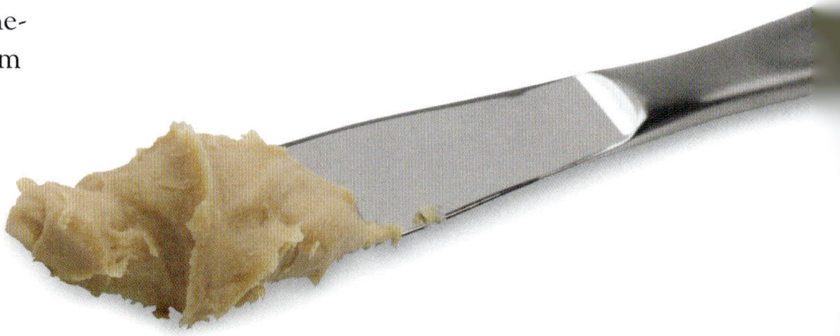

ERFRISCHUNGSGETRÄNKE

HÄTTEN SIE'S GEWUSST?

Seit Jahrhunderten ist Ingwer als Mittel gegen Übelkeit bekannt. Aktuelle wissenschaftliche Studien haben nun auch gezeigt, dass Ginger-Ale tatsächlich besser wirkt als ein Placebo. Das ingwerhaltige Ginger-Ale kam vor über 100 Jahren auf den Markt; erfunden wurde es von dem Apotheker John McLaughlin aus Toronto, USA. McLaughlin experimentierte mit vielen verschiedenen Rezepturen, bis er sich dieses eine Rezept patentieren ließ, das heute auf der ganzen Welt als „Canada Dry Ginger Ale" bekannt ist. Erfrischungsgetränke mit Kohlensäure konnten die Kunden zunächst nur in öffentlichen Bars bekommen. Doch auch das sollte McLaughlin ändern. Er leistete Pionierarbeit im Bereich der Flaschenabfüllung von Getränken in größeren Mengen, damit die Kunden die Getränke auch mit nach Hause nehmen konnten.

KONTAKTSTELLEN DER AUTOBATTERIE IN SCHUSS HALTEN • Es klingt fast unglaublich, doch die Säureeigenschaften von Erfrischungsgetränken können die Korrosion an den Kontakten Ihrer Autobatterie beseitigen. Praktisch alle Erfrischungsgetränke enthalten Kohlensäure, die hilft, Rückstände und Rost zu entfernen. Man gießt einfach ein wenig von einem Erfrischungsgetränk über die Kontaktstellen der Batterie, lässt es kurz einwirken und entfernt dann die klebrigen Reste mit einem Schwamm – weg ist der Korrosionsfleck.

FESTGEROSTETE MUTTERN UND SCHRAUBEN EINFACH LÖSEN • Erfrischungsgetränke können helfen, festgerostete Schrauben und Muttern zu lösen. Tauchen Sie einen Lappen in das Getränk und wickeln Sie ihn für einige Minuten um das widerspenstige Gewinde. Danach sitzt die Schraube locker.

ROSTFREIE CHROMLEISTEN • Bei älteren Autos treten auf den Zierleisten aus echtem Chrom manchmal kleine Roststellen auf. Drücken Sie ein Stück Alufolie zu einem Bällchen zusammen, tauchen Sie es in Cola und reiben Sie damit die Roststellen weg. Es funktioniert!

SO HALTEN SCHNITTBLUMEN LÄNGER • Der abgestandene Rest eines Erfrischungsgetränks eignet sich prima als Wasserzusatz für Schnittblumen. Geben Sie etwa 50 ml in eine große Vase voller Schnittblumen, dann werden diese aufgrund des hohen Zuckergehalts des Getränks länger blühen. Wenn Sie eine Glasvase verwenden, nehmen Sie am besten ein farbloses Getränk wie Zitronenlimonade, damit das Wasser klar bleibt.

ÖLFLECKEN VON BETON BESEITIGEN • Um Ölflecken zu beseitigen, brauchen Sie ein paar Utensilien, doch dann geht's ganz leicht. Suchen Sie sich Folgendes zusammen: einen kleinen Beutel Katzenstreu aus Ton, einige Flaschen Cola, einen harten, festen Besen, einen Eimer, Waschmittel, Bleichmittel, Augenschutz und Gummihandschuhe. Wenn sie alles parat haben, bedecken Sie den Fleck mit einer dünnen Schicht Katzenstreu, die Sie kräftig einbürsten.

Fortsetzung →

Wischen Sie die Katzenstreu dann wieder fort und gießen Sie Cola über den Fleck. Auch die Cola sollten Sie kräftig mit dem Besen einbürsten und etwa 20 Minuten einweichen lassen. Lösen Sie anschließend etwa 50 ml Waschmittel und die gleiche Menge Bleichmittel in 4 l warmem Wasser und wischen Sie damit die Fläche sauber. Der Betonboden wird wieder wie neu aussehen.

GEBRATENER SCHINKEN NOCH VIEL SAFTIGER • Gebratener Schinken wird deutlich saftiger, wenn man zum Rezept aus dem Kochbuch 250 ml Cola hinzufügt. Einfach die Cola über den Schinken gießen und dann wie gewohnt zubereiten. Die Familie und Gäste werden Augen machen!

HAARE FREI VON KAUGUMMI

Jedes Kind kommt irgendwann mit Kaugummi in den Haaren nach Hause. Das ist kein Grund, zur Schere zu greifen. Stattdessen lieber die verklebten Strähnen ein paar Minuten lang in Cola einweichen und den Kaugummi danach einfach herausspülen.

BLITZBLANKE MÜNZSAMMLUNG • Schmutzige Münzen passen einfach nicht in die Münzsammlung. Legen Sie unansehnliche Exemplare in eine flache Schale mit Cola und lassen Sie sie kurz einweichen, bis sie einen schönen Glanz bekommen. Sehr seltene und wertvolle Münzen sollten Sie jedoch nicht auf diese Weise behandeln, sie könnten unter Umständen zu Schaden kommen.

SAUBERES STILLES ÖRTCHEN • Verschmutzungen und Gerüche in der Toilettenschüssel lassen sich mit einer kleinen Flasche eines Erfrischungsgetränks einfach beseitigen. Man gießt das Getränk in die Schüssel und lässt es 1 Stunde lang einwirken. Dann schrubbt man einmal gründlich durch und betätigt anschließend die Toilettenspülung. Schon ist alles wieder rein und frei von Gerüchen.

WENN DER ABFLUSS MAL VERSTOPFT IST … • Wenn das Wasser nicht richtig abläuft und Sie keinen Abflussreiniger im Haus haben, gießen Sie zwei Literflaschen Cola in den Abfluss. Das kann die Verstopfung beseitigen.

ERKÄLTUNGSSALBE

BEHANDLUNG VON NAGELPILZ • Zur Bekämpfung von Nagelpilz tragen Sie in Absprache mit Ihrem Arzt mehrmals täglich eine dicke Schicht Erkältungssalbe auf den kranken Nagel auf. Vielen Betroffenen ist auf diese Weise schon geholfen worden. Sollte sich bei Ihnen der Erfolg nicht einstellen, suchen Sie mit Ihrem Arzt nach einer anderen Behandlungsmethode.

HORNHAUT BEHANDELN • Wer unter Hornhaut leidet, trägt Erkältungssalbe auf die betroffenen Stellen auf, klebt ein Heftpflaster passender Größe darüber und lässt die Salbe über Nacht einwirken. Die Behandlung bei Bedarf wiederholen. Meistens ist die Hornhaut nach ein paar Tagen verschwunden.

SCHMERZEN ADE • Tun die Füße nach einem langen Waldspaziergang weh, trägt man vor dem Schlafengehen eine dicke Schicht Erkältungssalbe auf und zieht Socken darüber. Beim Aufwachen fühlen sich die Füße geschmeidig und erfrischt an.

ZECKEN UND MÜCKEN – NEIN DANKE • Wenn Sie einen Wald- und Wiesenspaziergang planen, sollten Sie Fuß- und Handgelenke zuvor mit ein wenig Erkältungssalbe einreiben. Das hilft, Zecken abzuwehren, und erspart Ihnen womöglich eine Infektion mit Borreliose. Auch lästige Insekten wie Schnaken und Mücken suchen sich andere Opfer, wenn Sie die Haut vor dem Aufenthalt im Freien mit diesem Mittel einreiben, da die kleinen Plagegeister den Geruch von Erkältungssalbe ganz und gar nicht mögen.

SCHNELLE HILFE BEI INSEKTENSTICHEN • Sofortige Linderung bei juckenden Insektenstichen verschafft Erkältungssalbe mit Eukalyptus und/oder Menthol, die Sie großzügig auftragen.

180 TIPPS

ESSIG

Im Haushalt

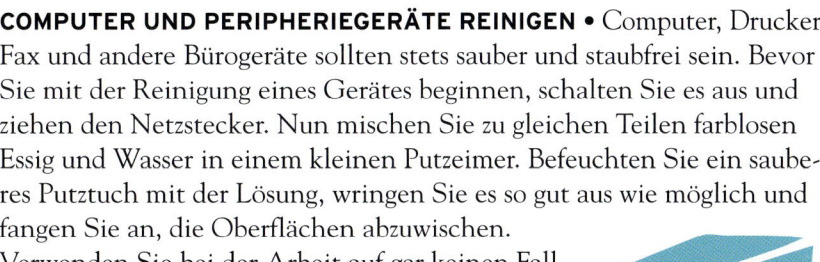

COMPUTER UND PERIPHERIEGERÄTE REINIGEN • Computer, Drucker, Fax und andere Bürogeräte sollten stets sauber und staubfrei sein. Bevor Sie mit der Reinigung eines Gerätes beginnen, schalten Sie es aus und ziehen den Netzstecker. Nun mischen Sie zu gleichen Teilen farblosen Essig und Wasser in einem kleinen Putzeimer. Befeuchten Sie ein sauberes Putztuch mit der Lösung, wringen Sie es so gut aus wie möglich und fangen Sie an, die Oberflächen abzuwischen. Verwenden Sie bei der Arbeit auf gar keinen Fall einen Zerstäuber, denn in die Elektronik darf keine Flüssigkeit gelangen. Bewährt haben sich ein paar Wattestäbchen, mit denen sich enge Zwischenräume, beispielsweise zwischen den einzelnen Tasten Ihrer Tastatur, gut reinigen lassen.

ZUGJALOUSIEN SÄUBERN • Kleine und große Zugjalousien lassen sich leicht und bequem reinigen, indem Sie einen weißen Baumwollhandschuh (in Drogerien und Apotheken erhältlich) anziehen. Nun tauchen Sie die behandschuhten Finger in eine Lösung, die zu gleichen Teilen aus farblosem Essig und warmem Leitungswasser besteht. Jetzt fahren Sie mit den Fingern an der Ober- und Unterfläche jeder einzelnen Lamelle entlang. Den Handschuh bei der Reinigungsaktion ab und zu mit sauberem Wasser abwaschen und dann wieder in die Putzlösung tauchen.

PFLEGE FÜR DIE COMPUTERMAUS • Wenn Sie eine Maus mit einer herausnehmbaren Kugel haben, mischen Sie farblosen Essig und Wasser zu gleichen Teilen. Zuerst entfernen Sie die Kugel, indem Sie die Maus aufschrauben und die Kugelhalterung herausnehmen. Mit einem Tuch, das Sie in die Lösung getaucht und gut ausgewrungen haben, können Sie nun die Kugel und das Mausgehäuse gründlich abwischen. Anschließend befeuchten Sie ein Wattestäbchen mit der Lösung – es darf nicht zu nass sein – und reinigen damit die Laufrolle. Warten Sie 1–2 Stunden, damit die Laufrolle gut ausgetrocknet ist, bevor Sie die Kugel wieder einsetzen.

Fortsetzung →

RAUCHGERUCH VERTREIBEN • Wenn Ihnen einmal ein Steak oder etwas anderes anbrennt und es in Küche und Flur unangenehm nach Rauch riecht, können Sie den Geruch mit farblosem Essig vertreiben. Stellen Sie dazu eine flache Schale, die zu etwa drei Vierteln mit farblosem Essig oder Apfelessig gefüllt ist, in den Raum, in dem der Geruch am stärksten ist. Greifen Sie zu mehreren Schalen, wenn die ganze Wohnung betroffen ist. Nach weniger als einem Tag sollte der Geruch verschwunden sein. Und wenn Sie einen Gast hatten, der in Ihrem Wohnzimmer geraucht hat, befeuchten Sie ein Tuch mit farblosem Essig und schwenken es ein wenig im Raum herum – nachdem der Besuch gegangen ist, versteht sich.

ABFLUSSROHRE FREI HALTEN • Zum Säubern und Desodorieren von Abflussrohren hat sich eine Kombination aus farblosem Essig und Natron hervorragend bewährt. Diese Mischung ist darüber hinaus bei weitem nicht so aggressiv wie kommerzielle Abflussreiniger.

- Zum Säubern von verstopften Waschbecken und Badewannen geben Sie zuerst 150 g Natron und anschließend 230 ml farblosen Essig durch einen Trichter in den Abfluss. Wenn das Schäumen nachlässt, spülen Sie mit heißem Leitungswasser gründlich nach. Warten Sie 5 Minuten und spülen Sie dann noch einmal, diesmal jedoch mit kaltem Leitungswasser. Dieses Verfahren befreit den Abfluss nicht nur von Verstopfungen, sondern auch von übel riechendem Bakterienbefall.

- Einen Abfluss, in dem das Wasser nur noch im Zeitlupentempo abfließt, machen Sie wieder flott, indem Sie 150 g Salz gefolgt von 450 ml kochendem farblosem Essig hineingeben. Anschließend sofort mit heißem und kaltem Leitungswasser spülen.

TIPP

Essig im Angebot

Es gibt eine überraschend große Vielzahl von Essigsorten, darunter aromatischer Kräuteressig, Champagneressig, Reisessig und Weinessig. Auch den Abfüllmengen, Jahrgängen und Preisen sind keine Grenzen gesetzt.

Für den Hausputz ist klarer destillierter farbloser Essig (Branntweinessig) jedoch am besten geeignet. Er ist preislich am günstigsten und in großen Flaschen erhältlich, was zusätzlich Geld spart. Im Handel bekommt man ihn unter Bezeichnungen wie farbloser, destillierter oder unverdünnter Essig, aber auch alle möglichen Kombinationen dieser Bezeichnungen sind üblich. Apfelessig ist im Haushalt nahezu genauso praktisch und wird darüber hinaus zum Kochen und als natürliches Heilmittel verwendet. Alle anderen Essigsorten sind ausschließlich zum Verzehr geeignet und können sich im Preis stark voneinander unterscheiden.

KUGELSCHREIBERFLECKEN AN DER WAND

Hat Ihre kleine Tochter gerade eine gestrichene Wand im Wohnzimmer mit einem Kugelschreiber verschönert? Verlieren Sie nicht die Nerven, sondern geben Sie etwas unverdünnten farblosen Essig auf ein Tuch oder einen Schwamm und tupfen Sie das „Meisterwerk“ damit ab. Wiederholen Sie den Vorgang, bis alle Spuren beseitigt sind. Anschließend kaufen Sie Ihrem Kind am besten einen schönen großen Malblock!

SCHIMMEL – NEIN DANKE • Bei Schimmelflecken ist Essig erste Wahl, denn er eignet sich für viele Oberflächen, beispielsweise für die Armaturen in Küche und Bad, für Fliesen, Kleidung, Möbel, lackierte Oberflächen, Duschvorhänge aus Plastik und vieles mehr. Außerdem entstehen bei einer Behandlung mit Essig keinerlei Gefahren für die Gesundheit. Bei leichtem Schimmelbefall verdünnen Sie den Essig zur Hälfte mit Wasser, bei starkem Befall verwenden Sie ihn unverdünnt. Bei Läufern und Teppichen lässt sich Schimmelbefall vorbeugen, indem Sie unverdünnten Essig in einen Zerstäuber füllen und die Unterseite Ihrer Läufer und Teppiche leicht damit befeuchten.

AUFKLEBER ENTFERNEN • Um einen Aufkleber oder ein Abziehbild von einem gestrichenen Möbelstück oder einer gestrichenen Wand zu entfernen, tränken Sie einfach die Ecken und Kanten des Aufklebers mit unverdünntem farblosem Essig. Dann nehmen Sie eine abgelaufene Kreditkarte oder eine leere Telefonkarte und kratzen den Stein des Anstoßes ab. Hartnäckige Klebstoffrückstände tränken Sie erneut mit Essig. Nachdem Sie alles entfernt haben, warten Sie 1–2 Minuten und wischen dann mit einem sauberen Tuch über die Stelle. Mit dieser Methode lassen sich auch Preisschilder und andere Aufkleber von Glas, Plastik und anderen glänzenden Oberflächen entfernen.

KLAVIERTASTEN REINIGEN • Mit Essig lassen sich unschöne Fingerabdrücke und Flecken schnell und gründlich von Klaviertasten entfernen. Tauchen Sie dazu ein weiches Tuch in eine Lösung aus 100 ml farblosem Essig und 400 ml Wasser. Nun wringen Sie das Tuch aus, bis es nicht mehr tropft, und wischen damit über jede einzelne Taste. Mit einem zweiten Tuch trocknen Sie jede Taste ab, sobald sie gereinigt ist. Die Tastatur sollte im Anschluss an die Reinigung 24 Stunden nicht abgedeckt werden.

ZIEGELBODEN WISCHEN • Mit Essig können Sie ganz mühelos Ihren Ziegelboden reinigen, ohne dabei die Oberflächenschicht zu zerstören. Geben Sie 200 ml farblosen Essig in 4 l warmes Wasser, tauchen Sie Ihr Bodenputztuch in die Lösung und wischen Sie feucht. Nach dieser Behandlung wird Ihr Boden so schön glänzen, dass Sie garantiert bei dieser Reinigungsmethode bleiben werden.

REINIGEN UND POLIEREN

STRAHLENDE EDELSTAHLFLÄCHEN • Armaturen aus Chrom oder Edelstahl lassen sich mit unverdünntem farblosem Essig reinigen. Füllen Sie den Essig in eine alte, bereits benutzte Sprühflasche und befeuchten Sie die Armaturen leicht. Anschließend polieren Sie mit einem weichen Tuch nach, bis sich der Glanz entfaltet.

SPIEGELBLANKES SILBER • Silberbesteck und Schmuckstücke aus reinem Silber strahlen um die Wette, wenn Sie die Gegenstände für 2–3 Stunden in eine Mischung aus 120 ml farblosem Essig und 2 EL Natron legen. Nach dieser Behandlung waschen Sie die Stücke unter fließend kaltem Wasser ab und trocknen sie anschließend sorgfältig mit einem weichen Tuch nach.

GLANZ FÜR MESSING, BRONZE UND KUPFER • Angelaufene Objekte aus Messing, Bronze und Kupfer bringen Sie wieder zum Glänzen, indem Sie eine Paste zubereiten, die zu gleichen Teilen aus farblosem Essig und Salz oder Essig und Natron besteht. Sobald die Mischung aufgehört hat zu sprudeln, geben Sie die Paste auf ein sauberes weiches Stofftuch und reiben den Gegenstand so lange ab, bis ein etwaiger Überzug verschwunden ist. Anschließend waschen Sie den Gegenstand unter fließend kaltem Wasser ab und polieren ihn mit einem weichen Tuch, bis er trocken ist.

VORSICHT: Schmuckstücke, die mit echten Perlen oder Edelsteinen besetzt sind, dürfen niemals mit Essig gereinigt werden, da dieser den Schliff von Perlen und Edelsteinen beschädigen kann. Im schlimmsten Fall lösen sich Perlen sogar auf, wenn sie mit Essig in Kontakt kommen. Auch sollten Sie niemals versuchen, angelaufene Antiquitäten mit Essig zu behandeln. Denn fehlt der Überzug, ist das antike Stück unter Umständen nicht mehr viel wert.

Fortsetzung →

SCHERE SÄUBERN • Klebrige oder schmutzige Scherenblätter sollten Sie nicht mit Wasser reinigen, denn hierbei besteht die Gefahr, dass sich Rost bildet. Befeuchten Sie stattdessen ein Tuch mit unverdünntem farblosem Essig und reiben Sie die Blätter damit ab. Anschließend trocknen Sie die Schere mit einem Lappen oder Geschirrtuch.

WINTERSCHUHE VON STREUSALZ BEFREIEN •

Eis und Schnee tun Ihren Schuhen nicht gut, aber Streusalz stellt eine richtige Gefahr dar. Hierbei sind die unansehnlichen weißen Ränder, die sich an den Schuhen bilden, nicht einmal das Unangenehmste – viel schlimmer ist es, wenn das Material darunter rissig wird oder beginnt, sich aufzulösen. Lassen Sie es nicht so weit kommen: Befeuchten Sie ein Tuch mit unverdünntem farblosem Essig und reiben Sie die Streusalzränder damit ab. So werden Sie lange Freude an Ihren Winterschuhen haben.

SCHNELLE VERJÜNGUNGSKUR FÜR DEN LÄUFER • Teppiche und Läufer, denen man ansieht, dass viele Füße über sie gelaufen sind und Dutzende von Spielzeugautos auf ihnen getestet wurden, lassen sich leicht wieder auffrischen. Nehmen Sie einen sauberen Besen und tauchen Sie die Borsten in eine Lösung aus 200 ml farblosem Essig und 4 l Wasser. Wenn Sie anschließend mit dem Besen über den Teppich fahren, richten sich die Fasern wieder auf. Und das Beste daran: Die aufgetragene Lösung muss nicht wieder entfernt werden.

UNANGENEHME GERÜCHE BEKÄMPFEN • Trotz aller Sauberkeit gibt es in Haus oder Wohnung immer wieder Bereiche, die besser riechen könnten – doch dieses Problem lässt sich in der Regel schnell lösen. Tränken Sie einfach eine Scheibe Weißbrot in einer flachen Schale mit farblosem Essig und stellen Sie die Schale über Nacht an den zu beanstandenden Ort. Am nächsten Morgen sollte der Geruch verschwunden sein.

TIPP

Essig und Bodenreinigung

Für Holzböden und wachsfreie Vinyl- oder Laminatböden empfiehlt sich im Allgemeinen die Reinigung mit einer milden Essiglösung, die mit einem feuchten Bodenwischtuch aufgetragen wird.

Falls möglich, sollten Sie aber den Hersteller des Bodenbelags nach der richtigen Pflege fragen. Denn selbst in verdünnter Form zerstört Essigsäure bestimmte Oberflächen, und ein Zuviel an Wasser schädigt Holzfußböden. Wenn Sie Ihren Boden mit Essig reinigen wollen, dann nehmen Sie am besten eine Lösung, die aus 100 ml farblosem Essig und 4 l warmem Wasser besteht. Testen Sie die Verträglichkeit erst an einer kleinen, unauffälligen Stelle. Denken Sie daran, das Bodenwischtuch immer gut auszuwringen. Alternativ können Sie das Wischtuch auch mit einer Sprühflasche befeuchten.

HOLZTÄFELUNG AUFFRISCHEN • Die Holztäfelung in Ihrem Arbeitszimmer sieht matt und wenig ansprechend aus? Mit diesem einfachen Trick lässt sie sich auffrischen: Mischen Sie 500 ml warmes Wasser, 4 EL farblosen Essig oder Apfelessig und 2 EL Olivenöl in einem verschließbaren Behälter, z. B. in einer Flasche oder in einem Kanister mit Schraubverschluss. Schließen Sie den Behälter und schütteln Sie ihn mehrfach. Nun tragen Sie die Mischung mit einem sauberen Tuch auf die Vertäfelung auf und lassen sie einige Minuten einziehen. Abschließend polieren Sie die Holztäfelung mit einem trockenen Tuch.

FRISCHER DUFT FÜR ALTE SCHRÄNKE • Im Keller oder auf dem Dachboden steht ein leerer alter Schrank, den Sie lange nicht benutzt haben und dem Sie nun die Sommergarderobe anvertrauen wollen? Erschrecken Sie nicht, wenn Ihnen beim Öffnen der Schranktür ein muffiger Geruch entgegenschlägt. Rühren Sie 220 ml farblosen Essig, 220 ml Salmiakgeist und 70 g Natron in 4 l Wasser ein. Befeuchten Sie ein Tuch mit dieser Lösung und waschen Sie

Wände, Schrankbretter, Decke und Boden ab. Lassen Sie nach der Reinigung die Schranktüren offen stehen und räumen Sie den Schrank erst dann wieder ein, wenn er ganz trocken ist. Hält der Geruch dennoch an, dann stellen Sie ein kleines Tablett mit Katzenstreu in den Schrank. Füllen Sie alle paar Tage frische Streu auf, bis der Geruch völlig verschwunden ist.

FLECKIGE TEPPICHE REINIGEN • Die meisten Flecken lassen sich mit Essig entfernen:

■ Leichtere Verschmutzungen kann man mit einer Lösung aus 2 EL Salz und 100 ml farblosem Essig entfernen. Den Fleck einfach einreiben, trocknen lassen und den Schmutz absaugen.

■ Bei stärkeren oder dunkleren Verschmutzungen geben Sie in die gleiche Lösung zusätzlich noch 2 EL Borax und reinigen wie oben beschrieben.

■ Bei sehr starken Verschmutzungen, die sich tief in die Fasern eingefressen haben, stellen Sie aus 1 EL farblosem Essig und 1 EL Maismehl eine Paste her, die Sie mit einem trockenen Tuch auf den Fleck aufbringen und dann gründlich einreiben. Zwei Tage einwirken lassen und anschließend absaugen.

■ Hartnäckige Teppichflecken lassen sich entfernen, indem man sie mit zwei verschiedenen Lösungen besprüht. Dazu füllen Sie eine Sprühflasche mit 5 Teilen Wasser und 1 Teil Essig. In eine zweite Sprühflasche geben Sie 5 Teile Wasser und 1 Teil Salmiakgeist. Zuerst wird der Fleck mit der Essiglösung getränkt. Lassen Sie die Lösung einige Minuten einwirken und tupfen Sie den Fleck dann mit einem sauberen, trockenen Tuch gründlich ab. Anschließend besprühen Sie ihn mit der Salmiaklösung, warten einige Minuten und tupfen die Stelle ab. Die beiden Sprühvorgänge wiederholen Sie so lange, bis der Fleck verschwunden ist.

Rund ums Auto

ALTE AUTOAUFKLEBER ENTFERNEN • Wenn Sie beim Anblick Ihrer alten, unansehnlich gewordenen Autoaufkleber schon lange keine nostalgischen Gefühle mehr bekommen, dann ist es Zeit für den Griff zur Essigflasche. Tränken Sie die Ecken und Kanten des Aufklebers mit unverdünntem Essig und warten Sie, bis er sich nach 10–15 Minuten unter dem gesamten Aufkleber verteilt hat. Nun nehmen Sie eine alte Kreditkarte und kratzen den Aufkleber ab. An hartnäckig klebenden Stellen wiederholen Sie den Vorgang so oft wie nötig. Mit dieser Technik lassen sich auch die von Ihren Kindern so heiß geliebten Abziehbildchen entfernen.

SAUBERE SCHEIBENWISCHER SORGEN FÜR BESSEREN DURCHBLICK • Wenn Sie bei Regen die Scheibenwischer Ihres Wagens einschalten und die Sicht nicht deutlich besser ist als vorher, dann müssen Sie die Scheibenwischer reinigen. Fahren Sie mit einem in unverdünntem farblosem Essig getränkten Tuch ein- bis zweimal an jedem Wischblatt entlang.

ESSIG FÜR DEN AUTOTEPPICH • Sand und lockerer Schmutz lassen sich von Ihrem Autoteppich problemlos absaugen. Bei stärkeren Verschmutzungen, die richtig in den Teppich eingetrocknet sind, greifen Sie am besten zu Essig. Mischen Sie eine Lösung, die zu gleichen Teilen aus Wasser und farblosem Essig besteht, und reiben Sie diese nach dem Absaugen mit einem Schwamm in den Teppich ein. Lassen Sie die Lösung einige Minuten einwirken und tupfen Sie sie

Fortsetzung →

anschließend mit einem Stoff- oder Papiertuch ab. Mit dieser Technik lässt sich auch Streusalz, das während der Wintermonate auf den Autoteppich gelangt ist, entfernen.

KLARE AUTOSCHEIBEN IM WINTER • Wenn Sie während des Winters im Freien parken müssen, können Sie Ihre Autoscheiben mit einem einfachen Trick frei von Frost halten. Waschen oder besprühen Sie die Scheiben von außen mit einer Lösung aus 3 Teilen farblosem Essig und 1 Teil Wasser. Diese Schicht schützt die Scheiben mehrere Wochen vor Frost. Gegen Schnee hilft dagegen selbst Essig nicht!

Rund um die Möbelpflege

KERZENWACHS VON HOLZOBERFLÄCHEN LÖSEN • Kerzen schaffen eine romantische Atmosphäre, aber die Stimmung wird sehr schnell getrübt, wenn Wachs auf Ihre Holzmöbel tropft. Um das Wachs zu entfernen, müssen Sie es zuerst aufweichen. Das machen Sie mit einem Föhn, den Sie auf die höchste Stufe stellen. Wenn das Wachs weich ist, tupfen Sie so viel wie möglich davon mit Papiertüchern ab. Dem Rest rücken Sie mit Essig zu Leibe. Tauchen Sie ein Tuch in eine Lösung, die zu gleichen Teilen aus farblosem Essig und Wasser besteht, und reiben Sie damit über die Wachsflecken. Zum Schluss mit einem weichen, saugfähigen Tuch nachpolieren.

VORSICHT: Tischplatten, Arbeitsplatten und Böden aus Marmor dürfen weder mit Essig noch mit Alkohol oder Zitronensäure gereinigt werden. Essigsäure greift die Schutzschicht des Marmors an. Sie wird stumpf oder beginnt sogar, sich aufzulösen. Im schlimmsten Fall wird der Stein selbst beschädigt. Travertin und Kalkstein dürfen ebenfalls niemals mit Essig behandelt werden, denn die Säure frisst sich durch das im Material enthaltene Kalzium.

FETTFLECKEN ENTFERNEN • Hartnäckige Fettflecken auf dem Küchentisch oder der Arbeitsplatte entfernen Sie, indem Sie ein Tuch in eine Lösung tauchen, die zu gleichen Teilen aus farblosem Essig und Wasser besteht, und damit über die Flecken reiben. Zusätzlich neutralisiert der Essig etwaige unangenehme Gerüche auf der Oberfläche, aber natürlich erst, wenn sein eigenes Aroma verflogen ist.

SO VERSCHWINDEN HÄSSLICHE KRATZER VON HOLZMÖBELN

Auf Ihrer Holztischplatte ist ein Kratzer, der jedem sofort ins Auge springt und eine ständige Quelle des Ärgers ist. Abhilfe schafft hier ein Trick, der den Kratzer beinahe unsichtbar werden lässt: Mischen Sie etwas Essig bzw. Apfelessig und ein wenig Jod in einem kleinen Schälchen. Nun tauchen Sie einen dünnen Zeichenpinsel in die Lösung und fahren damit vorsichtig über den Kratzer. Um den richtigen Farbton zu treffen, verwenden Sie für dunkles Holz etwas mehr Jod und für helles Holz etwas mehr Essig.

LEDERMÖBEL AUFFRISCHEN • Ist Ihr Ledersofa oder Ihr Ledersessel mit der Zeit stumpf und matt geworden? Um das gute Stück wieder zum Glänzen zu bringen, füllen Sie eine alte Sprühflasche zu gleichen Teilen mit farblosem Essig und aufgekochtem und danach abgekühltem Leinsamenöl. Schütteln Sie die Mischung durch und sprühen Sie das Leder damit ein. Nun verteilen Sie die Flüssigkeit mit einem weichen Tuch auf dem Leder, lassen sie einige Minuten einwirken und reiben sie anschließend mit einem sauberen Tuch sorgfältig ab. Testen Sie diese Methode sicherheitshalber vor der Behandlung an einer verdeckten Stelle des Sofas oder Sessels.

HÄTTEN SIE'S GEWUSST?

In den Augen vieler Menschen ist Essig nichts anderes als saurer Wein. Das französische Wort für Essig lautet deshalb auch „vinaigre" und setzt sich aus den Begriffen „vin" (Wein) und „aigre" (sauer) zusammen. Essig lässt sich aber nicht nur aus Trauben herstellen - hierfür eignet sich auch alles andere, das man zu Alkohol vergären kann, beispielsweise Zuckerrüben, Getreide, Kartoffeln, Äpfel, Honig, Melasse, Reis, Zuckerrohr, ja sogar Kokosnüsse. Bereits in der Antike kannte man die lösenden Eigenschaften der Essigsäure. Der Legende nach soll Cleopatra einst gewettet haben, sie könne ein ganzes Vermögen binnen einer Mahlzeit verprassen. Sie gewann die Wette, indem sie eine Hand voll Perlen in einem Becher Essig auflöste - und ihn leer trank.

ÜBERSCHÜSSIGE MÖBELPOLITUR ENTFERNEN • Wenn Sie es mit der Möbelpolitur mal wieder zu gut gemeint haben, bietet verdünnter farbloser Essig Rettung in der Not. Für Holzmöbel stellen Sie eine Lösung aus Essig und Wasser zu gleichen Teilen her. Nun tränken Sie ein Tuch darin, wringen es gründlich aus und wischen damit die Politur sorgfältig ab, wobei Sie immer in Richtung der Maserung arbeiten. Anschließend reiben Sie die Oberflächen mit einem weichen Handtuch oder Lappen trocken.

SCHLUSS MIT WASSERRINGEN AUF HOLZMÖBELN • Die weißen Ringe, die entstehen, wenn man nasse Gläser auf Holzmöbeln abstellt, lassen sich mit einer Lösung aus Essig und Olivenöl entfernen. Stellen Sie die Lösung im Verhältnis 1:1 her und tragen Sie sie mit einem weichen Tuch auf, wobei Sie immer entlang der Maserung streichen. Wasserringe auf Ledermöbeln lassen sich hingegen mit einem in farblosen Essig getauchten Schwamm entfernen (vorher an einer kleinen, verdeckten Stelle ausprobieren).

In der Küche

BLITZSAUBERER KÜHLSCHRANK • Wussten Sie, dass Sie Ihren Kühlschrank mit Essig eventuell noch besser reinigen können als mit Natron? Setzen Sie eine Lösung an, die zu gleichen Teilen aus farblosem Essig und Wasser besteht. Damit können Sie Ihren Kühlschrank von innen und außen abwischen, einschließlich der Türdichtung und der Vorderseite der Obst- und Gemüseschale. Um Schimmelbildung zu vermeiden, ist es ratsam, die Innenwände des Kühlschranks mit unverdünntem Essig abzuwaschen, ebenso wie das Innere der Obst- und Gemüseschale. Nach der Reinigung stellen Sie ein kleines Schälchen mit Natron in Ihren Kühlschrank. So riecht es beim Öffnen lange Zeit schön frisch.

SCHNEIDEBRETTER AUS HOLZ REINIGEN UND DESINFIZIEREN • Schneidebretter und Arbeitsplatten aus Holz sollten möglichst nach jedem Gebrauch mit unverdünntem farblosem Essig abgewischt werden, denn Essigsäure gilt als wirksames Mittel gegen

Fortsetzung →

Krankheitserreger wie Kolibakterien, Salmonellen und Staphylokokken. Schneidebretter und Arbeitsplatten aus Holz gehören weder ins Spülbecken noch in die Geschirrspülmaschine, denn ein Zuviel an Wasser zerstört ihre Oberfläche. Wenn Sie ihnen zusätzlich einen frischen Duft verleihen wollen, streuen Sie etwas Natron auf ihre Oberfläche und besprühen Sie sie mit unverdünntem farblosem Essig. Erschrecken Sie nicht, wenn es daraufhin zu schäumen und zu sprudeln beginnt. Warten Sie 5–10 Minuten, befeuchten Sie dann ein Tuch mit sauberem, kaltem Wasser und wischen Sie Schneidebretter und Arbeitsplatten gründlich sauber.

REINIGUNG DES MIKROWELLENGERÄTES • Füllen Sie eine Glasschale mit einer Lösung aus 50 ml Essig und 200 ml Wasser. Stellen Sie die Schale in das Mikrowellengerät und lassen Sie es 5 Minuten auf höchster Stufe laufen. Nachdem das Gerät und die Essiglösung abgekühlt sind, taucht man ein sauberes Tuch oder einen Schwamm in die Lösung und entfernt damit hartnäckige Flecken und Spritzer an den Innenwänden.

GESCHIRRSPÜLMASCHINE PFLEGEN • Um die Geschirrspülmaschine von Belägen zu befreien, geben Sie 200 ml unverdünnten farblosen Essig in eine Schale, die Sie in den oberen Geschirrkorb stellen. Nun lassen Sie die Maschine einmal vollständig durchlaufen; hierbei sollte weder Geschirr eingeräumt noch Reinigungsmittel eingefüllt sein. Dieser Essigspülgang empfiehlt sich einmal monatlich, insbesondere dann, wenn Sie in einem Gebiet mit hartem bis sehr hartem Wasser wohnen. Sollte in der Bedienungsanleitung Ihres Gerätes allerdings Essig zur Wartung und Pflege nicht empfohlen sein, müssen Sie erst beim Hersteller der Maschine abklären, ob die Reinigung mit Essig unbedenklich ist.

FRISCHER DUFT AUS DEM SPÜLBECKEN

Mit folgendem Trick können Sie das Abflussrohr Ihrer Spüle sauber halten und einer Geruchsbildung vorbeugen: Mischen Sie Wasser und Essig zu gleichen Teilen, geben Sie die Lösung in eine Eiswürfelschale und stellen Sie diese in den Gefrierschrank. Jetzt brauchen Sie nur noch einmal pro Woche ein paar „Essigwürfel" in die Spüle zu werfen. Wenn die Würfel geschmolzen und abgeflossen sind, wird mit kaltem Wasser nachgespült.

PORZELLAN, KRISTALL UND GLAS REINIGEN • Empfindliche Gegenstände aus Porzellan, Kristall oder Glas werden von Hand abgewaschen. Wenn Sie ihnen neuen Glanz verleihen wollen, fügen Sie dem Klarspülwasser einfach etwas Essig zu.

- Wenn Sie dem Klarspülgang Ihrer Geschirrspülmaschine 50 ml Essig beifügen, bleiben Ihre Glaswaren des täglichen Bedarfs immer glänzend.

- Wenn Sie in einem Gebiet mit hartem Wasser wohnen und Ihre Trinkgläser deshalb oft milchig aussehen oder Flecken haben, ist Essig die Lösung. Erhitzen Sie farblosen Essig und Wasser zu gleichen Teilen (bei sehr milchigen Gläsern nehmen Sie unverdünnten farblosen Essig) und legen Sie die

Gläser für 15–20 Minuten hinein. Anschließend mit einer Flaschenbürste gut reinigen und mit klarem Wasser nachspülen.

■ Wenn Sie Ihr gutes Kristallglas spülen, geben Sie 2 EL Essig ins Spülwasser. Zum Klarspülen bereiten Sie dann eine Lösung aus warmem Wasser und Essig im Verhältnis 3:1 zu. Das Glas an der Luft trocknen lassen. Bei hauchdünnem Kristall und zartem Porzellan geben Sie 200 ml Essig in eine Schüssel mit warmem Wasser. Die wertvollen Stücke vorsichtig in die Lösung tauchen und an der Luft trocknen lassen.

■ Kaffee- und Teeflecken sowie andere farbige Rückstände, die sich oft auf Porzellantassen und -tellern bilden, behandeln Sie am besten mit einer Lösung, die zu gleichen Teilen aus Essig und Salz besteht. Das Porzellan anschließend mit warmem Wasser abspülen.

KAFFEEMASCHINE ENTKALKEN • Wenn Ihr Kaffee nicht so schmeckt, wie Sie sich das vorstellen, kann es gut möglich sein, dass Sie Ihre Kaffeemaschine entkalken müssen. Füllen Sie die Kanne mit 400 ml farblosem Essig und 200 ml Wasser. Gießen Sie die Lösung in den Wasserbehälter und setzen Sie eine neue Filtertüte in die Maschine ein. Schalten Sie die Kaffeemaschine an und lassen Sie die Essiglösung einmal durchlaufen. Anschließend wird die Lösung weggeschüttet, die Filtertüte entsorgt und eine neue eingesetzt. Nun lassen Sie die Maschine zweimal mit klarem Wasser durchlaufen, wobei Sie zwischen dem ersten und zweiten Durchlauf erneut die Filtertüte wechseln. Wenn Sie in einem Gebiet mit weichem Wasser wohnen, genügt es, wenn Sie Ihre Kaffeemaschine nach etwa 80 Durchläufen entkalken. In Regionen mit hartem Wasser sollte die Maschine bereits nach etwa 40 Durchläufen vom Kalk befreit werden.

TIPP

Weinessig selbst herstellen

Entgegen der allgemeinen Auffassung wird Wein nicht ohne weiteres zu Essig – lässt man eine geöffnete, halb leere Weinflasche längere Zeit stehen, verdirbt der Inhalt aufgrund des Oxidationsprozesses und wird schlichtweg ungenießbar.

Um Essig zu erzeugen, benötigt man einen ganz speziellen Bakterientyp. Sie können aber dennoch Ihren eigenen Weinessig herstellen, und zwar indem Sie Wein und Apfelessig im Verhältnis 1:2 mischen – geeignet sind hier Weiß-, Rot- und Roséweine. Geben Sie die Mischung in eine gut gereinigte, leere Weinflasche und lagern Sie diese in einem dunklen Schrank. Wenn Sie den Essig dann servieren, werden Sie staunen, dass er mindestens genauso gut schmeckt wie die teuren Weinessige aus dem Feinkostgeschäft.

WASSERKESSEL VON KALK BEFREIEN • Mit Essig können Sie wunderbar Kalk und andere mineralische Rückstände aus Ihrem Wasserkessel entfernen. Lassen Sie ca. 600 ml unverdünnten farblosen Essig 5 Minuten im Wasserkessel kochen. Dann den Kessel von der Kochstelle nehmen, über Nacht stehen lassen und am nächsten Tag mit kaltem Wasser ausspülen.

ESSIG ALS FETTLÖSER NUMMER EINS • Jeder Profikoch weiß, dass sich Fett am besten mit Essig entfernen lässt. Sogar stark durch Fett verunreinigten Oberflächen kann man mit diesem Wundermittel zu Leibe rücken. In der Küche sind dem Einsatz von Essig kaum Grenzen geboten:

■ Mit einem Schwamm, den Sie mit unverdünntem farblosem Essig tränken, können Sie nach dem Braten Fettspritzer von der Kochstelle, den Wänden, der Dunstabzugshaube und der Arbeitsplatte abwaschen. Mit einem zweiten Schwamm, den Sie in kaltes

Fortsetzung →

Wasser tauchen, wischen Sie noch einmal nach. Zum Schluss trocknen Sie die Flächen mit einem weichen Tuch ab.

■ Geben Sie 3–4 EL farblosen Essig in die Flasche, die Ihr bevorzugtes Geschirrspülmittel enthält, und schütteln Sie den Inhalt gut durch. Der zugesetzte Essig erhöht die Fettlösekraft des Geschirr-Reinigers, so dass Sie davon weniger als bisher ins Spülwasser geben müssen. Auf diese Weise ist eine Flasche Geschirrspülmittel deutlich ergiebiger als zuvor und Sie sparen bares Geld.

■ Ist eine Ihrer Kochplatten von Fett überzogen? Waschen Sie die Platte einfach mit einem in farblosem Essig getränkten Schwamm ab, und schon sieht sie wieder wie neu aus.

■ Ärgern Sie sich immer wieder darüber, dass sich das Bratgut nicht optimal vom Boden Ihrer Bratpfanne löst? Versuchen Sie es einmal mit folgendem Trick: Lassen Sie 500 ml Essig 10 Minuten lang in der Pfanne kochen – dann dürfte das Problem für viele Wochen behoben sein.

■ Bei Töpfen und Pfannen aus Edelstahl lassen sich angebrannte Fett- und Essensrückstände mit Essig entfernen. Geben Sie 200 ml Essig in den betroffenen Topf oder die Pfanne und füllen Sie so lange mit Wasser auf, bis die angebrannten Stellen bedeckt sind (liegen diese sehr weit oben am Rand und ist der Topf sehr groß, müssen Sie gegebenenfalls mehr Essig verwenden). Kochen Sie die Lösung 5 Minuten lang und lassen Sie Topf oder Pfanne anschließend abkühlen. Die Rückstände sollten nun ohne weiteres zu entfernen sein.

■ Wenn die Stäbe Ihres Grillrosts mit schwarzem, angebranntem Fett überzogen sind, behandeln Sie den Rost mit einer Mischung aus 200 ml Apfelessig und 2 EL Zucker. Tragen Sie die Lösung auf, solange der Rost noch heiß ist. Lassen Sie dabei Vorsicht walten, damit Sie sich nicht die Finger verbrennen. Nach etwa 1 Stunde können Sie das Fett dann ganz leicht abschrubben.

■ Zur Reinigung Ihres Ofens empfiehlt es sich, einmal wöchentlich den Innenraum mit einem in farblosem Essig getränkten Lappen oder Schwamm gründlich auszuwischen. So entfernen Sie schnell alle Fettrückstände. Die Gitter von Gasherden lassen sich auf dieselbe Weise reinigen.

SO BLEIBT DER DOSENÖFFNER SAUBER • Sieht das Druckzahnrädchen ihres elektrischen Dosenöffners aus, als hätte es schon zu viele Dosen geöffnet? Mit etwas Essig und einer alten Zahnbürste können Sie es sauber und keimfrei machen. Tauchen Sie die Zahnbürste in farblosen Essig und halten Sie die Borsten an die Seite des Druckzahnrädchens. Nun brauchen Sie den Dosenöffner nur noch einzuschalten und das Rädchen reinigt sich von selbst.

FLECKEN VON TÖPFEN, PFANNEN UND BACKFORMEN ENTFERNEN • Hartnäckige Flecken auf Koch- und Backgeschirr lassen sich am besten mit Essig beseitigen. Je nachdem, ob man es mit Aluminium, Edelstahl, Glas oder Antihaftbeschichtungen zu tun hat, geht man unterschiedlich vor:

■ Kein Kochgerät bleibt von Flecken verschont – selbst auf Töpfen und Pfannen mit einer Antihaftbeschichtung entstehen mitunter störende mineralische Flecken. Rücken Sie diesen zu Leibe, indem Sie ein Tuch mit unverdünntem Essig tränken und das antihaftbeschichtete Kochgerät damit abwischen. Um besonders hartnäckige Flecken zu entfernen, mischen Sie 2 EL Natron, 110 ml Essig und 220 ml Wasser und lassen die Lösung 10 Minuten kochen.

■ Dunkle Flecken auf Kochgeräten aus Aluminium entstehen beim Zubereiten von säurehaltigen Nahrungsmitteln. Setzen Sie eine Lösung aus 1 l Wasser und 4–5 TL farblosem Essig an und geben Sie davon so viel in den Topf bzw. in die Pfanne, dass die Flecken vollständig bedeckt sind. Die Lösung für 1–2 Minuten zum Kochen bringen, anschließend ausschütten und mit kaltem Wasser nachspülen.

■ Flecken von Töpfen und Pfannen aus Edelstahl entfernen Sie, indem Sie etwa 500 ml farblosen Essig in das Kochgeschirr einfüllen und 30 Minuten einwirken lassen. Danach spülen Sie die Töpfe und Pfannen zuerst mit heißem Seifenwasser und anschließend mit kaltem Wasser ab.

■ Hartnäckige Essensreste an Backformen aus Glas beseitigt man folgendermaßen: Füllen Sie die Form mit Essig und Wasser im Verhältnis 1:4. Die Lösung zum Kochen bringen und dann auf niedriger Stufe 5 Minuten lang köcheln lassen. Sobald die Lösung abgekühlt ist, kann man die Flecken durch leichtes Schrubben entfernen.

SO WIRD DIE EISWÜRFELSCHALE SCHÖN SAUBER • Wenn Ihre Eiswürfelschale aus Plastik Flecken bekommen hat, weil das Leitungswasser in Ihrer Gegend relativ hart ist, legen Sie die Schale für 4–5 Stunden in unverdünnten Essig und waschen Sie sie anschließend gründlich unter kaltem Wasser ab. Danach sind die Flecken verschwunden und die Eiswürfelschale ist wieder absolut sauber.

ESSENSGERÜCHE BEKÄMPFEN • Wenn der Geruch von Kohlgemüse oder Fischeintopf am nächsten Tag noch in der Küche hängt, geben Sie 100 ml farblosen Essig und 200 ml Wasser in eine Stielkasserolle. Lassen Sie die Lösung so lange kochen, bis die Flüssigkeit fast vollständig verdampft ist. Danach sollten die Essensgerüche vom Vortag verschwunden sein.

SCHEUERMILCH FÜR TÖPFE UND PFANNEN

Wie wäre es mit einer hochwirksamen Scheuermilch, die wenig kostet und mit der man alle Kochgeräte aus Metall, ja sogar teure Töpfe und Pfannen aus Kupfer reinigen kann? Die einzelnen Zutaten haben Sie schon im Haus. Sie müssen sie nur noch mischen: Nehmen Sie Salz und Mehl zu gleichen Teilen und fügen Sie so viel Essig hinzu, bis eine zähe Paste entsteht. Nun scheuern Sie Ihre Töpfe und Pfannen von innen und außen damit ab. Anschließend spülen Sie die Paste mit warmem Wasser ab und reiben das Kochgeschirr mit einem Küchentuch nach. Sie werden staunen, welch schöner Glanz sich entfaltet.

SELBST HERGESTELLTE ALLZWECKREINIGER • In der Küche hat der Schmutz keine Chance, wenn Sie diese beiden in Sprühflaschen abgefüllten Essiglösungen stets griffbereit haben:

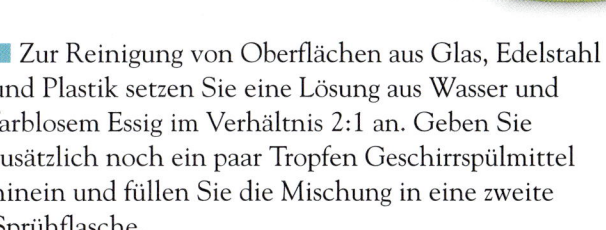

■ Zur Reinigung von Wänden und anderen gestrichenen Oberflächen mischen Sie 50 ml farblosen Essig, 100 ml Salmiakgeist und 10 g Natron mit knapp 2 l Wasser. Füllen Sie eine leere Sprühflasche mit dieser Lösung. Besprühen Sie Spritzer und Flecken und wischen Sie anschließend mit einem sauberen Handtuch nach.

■ Zur Reinigung von Oberflächen aus Glas, Edelstahl und Plastik setzen Sie eine Lösung aus Wasser und farblosem Essig im Verhältnis 2:1 an. Geben Sie zusätzlich noch ein paar Tropfen Geschirrspülmittel hinein und füllen Sie die Mischung in eine zweite Sprühflasche.

Fortsetzung →

STARK VERSCHMUTZTE GEFÄSSE SÄUBERN • Jede Hausfrau weiß, wie mühsam es ist, ein leeres Mayonnaise-, Erdnussbutter- oder Senfglas auszuwaschen. Noch unangenehmer ist es, eine Vase zu reinigen, in der die Blumen längere Zeit gestanden haben, ohne dass das Wasser ausgetauscht worden ist. Doch für diese Fälle gibt es eine einfache Lösung: Füllen Sie das betroffene Gefäß zu gleichen Teilen mit Essig und warmem, seifehaltigem Wasser und lassen Sie die Lösung 10–15 Minuten einwirken. Nun schließen Sie den Deckel – falls vorhanden – und schütteln Sie das Gefäß mehrmals kräftig hin und her. Einen Gegenstand ohne Deckel putzen Sie mit einer Flaschenbürste durch, bevor Sie ihn gut ausspülen.

THERMOSKANNE REINIGEN • Um eine Thermoskanne zu reinigen, füllt man sie mit warmem Wasser und 50 ml farblosem Essig. Falls sichtbare Rückstände in der Kanne sind, gibt man zusätzlich eine Hand voll Reiskörner hinein. Nun wird der Deckel geschlossen und die Kanne geschüttelt, wobei die Reiskörner wie ein Scheuermittel wirken. Anschließend spülen Sie die Kanne mit Wasser aus und lassen sie gut trocknen.

MOTTEN VERTREIBEN • Lebensmittelmotten im Vorratsschrank sind ein unerfreuliches Thema, mit dem fast jeder schon seine Erfahrungen gesammelt hat. Wenn Sie die erste Motte im Schrank entdecken, kontrollieren Sie sofort alle Ihre Vorräte, waschen Dosen und Gläser von außen ab und werfen befallene Lebensmittel weg. Vergessen Sie nicht, den Müll unverzüglich zu entsorgen. Noch einwandfreie Ware bringen Sie am besten in sauberen, fest verschließbaren Gläsern unter. Dann räumen Sie den Schrank leer und stellen eine kleine Schüssel hinein, die Sie mit 300 ml Apfelessig und ein paar Tropfen Spülmittel füllen. Die Motten werden von der Lösung angezogen, fallen hinein und ertrinken. Nach einer Woche sollte der Befall deutlich zurückgegangen sein. Nun räumen Sie alle Regalböden leer und waschen sie entweder mit einer Spülmittellösung oder mit Essigwasser gründlich ab. Anschließend können Sie die Lebensmittel wieder einräumen.

FALLE FÜR FRUCHTFLIEGEN • Fruchtfliegen lieben Obst und Gemüse und sind leider auch ungebetene Gäste in so mancher Wohnung. Wenn Sie die Insekten in Ihrer Küche entdecken, füllen Sie ein altes Konservenglas mit Schraubverschluss etwa zur Hälfte mit Apfelessig. Stechen Sie ein paar Löcher in den Deckel und verschließen Sie das Glas. Die Fruchtfliegen werden von dem Apfelessig angezogen und krabbeln in die tödliche Falle.

Rund um das Kochen

SO WERDEN FLEISCH UND FISCH SCHÖN ZART • Wenn Sie ein mageres Stück rotes Fleisch über Nacht in unverdünnten Essig einlegen, wird das Fleisch zum einen schön zart, zum anderen werden dadurch eventuell vorhandene Keime beseitigt. Auch Fischfilets können Sie mit dieser Methode behandeln. Es lohnt sich, hierbei mit verschiedenen Essigsorten zu experimentieren und so jedem Gericht eine andere Geschmacksnote zu verleihen. Wenn die Essigmarinade jedoch geschmacksneutral sein soll, verwenden Sie farblosen Essig oder Apfelessig und waschen Sie das Fleisch bzw. den Fisch vor der weiteren Zubereitung gut ab.

GUT FÜR GEKOCHTE UND POCHIERTE EIER • Essig kann bei Eiern wahre Wunder bewirken. Hier sind zwei hervorragende Tipps:

- Wenn Sie Eier hart kochen, dann geben Sie 2 EL Essig pro Liter Kochwasser bei. Auf diese Weise platzen die Eier nicht so schnell und lassen sich nach dem Kochen besser pellen.

■ Wollen Sie Eier pochieren, geben Sie einige Esslöffel Essig ins Kochwasser. So wird das Eiweiß am Auslaufen gehindert und jeder Gast wird das Aussehen der pochierten Eier bewundern.

OBST UND GEMÜSE WASCHEN

Obst und Gemüse, das nicht aus dem eigenen Garten stammt, sollte vor dem Verzehr in jedem Fall mit kaltem Wasser abgewaschen werden. Wer hier auf Nummer sicher gehen will, fügt dem Wasser ein wenig Apfelessig hinzu (1 EL pro Liter).

FRUCHTFLECKEN VON DER HAUT ENTFERNEN • Mit unverdünntem farblosem Essig lassen sich Flecken von reifen Beeren und anderen Früchten problemlos von den Händen entfernen.

HÄTTEN SIE'S GEWUSST?

Der echte Balsamessig kommt aus Modena in Italien. Er wird aus dem Most der Trebbiano-Trauben hergestellt, einer besonders süßen weißen Rebsorte, die an den Hängen rund um Modena wächst. Nach italienischem Gesetz darf der Balsamessig ausschließlich in Fässern reifen, die aus dem Holz von Kastanien, Wacholderbüschen, Maulbeerbäumen oder Eichen gefertigt wurden. Der echte Balsamessig, der für normale Haushalte fast unerschwinglich ist, kennt nur zwei Klassifizierungen: Unter tradizionale vecchio versteht man Essig, der mindestens 12 Jahre gereift ist, und tradizionale extra vecchio bezeichnet einen Essig, der 25 Jahre und länger gelagert wurde. Es gibt sogar Balsamessig, der über 100 Jahre alt ist.

WOHL RIECHENDE HÄNDE TROTZ KÜCHENARBEIT • Wenn man Zwiebeln hackt, Knoblauch schält oder Fisch zubereitet, riechen die Hände anschließend unweigerlich nach dem jeweiligen Lebensmittel. Doch dies muss nicht sein – reiben Sie einfach Ihre Hände vor und nach der Zubereitung dieser oder ähnlicher Nahrungsmittel mit Essig ein.

Rund um Schönheit und Gesundheit

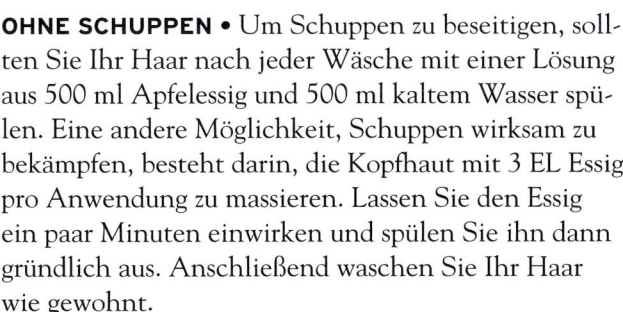

OHNE SCHUPPEN • Um Schuppen zu beseitigen, sollten Sie Ihr Haar nach jeder Wäsche mit einer Lösung aus 500 ml Apfelessig und 500 ml kaltem Wasser spülen. Eine andere Möglichkeit, Schuppen wirksam zu bekämpfen, besteht darin, die Kopfhaut mit 3 EL Essig pro Anwendung zu massieren. Lassen Sie den Essig ein paar Minuten einwirken und spülen Sie ihn dann gründlich aus. Anschließend waschen Sie Ihr Haar wie gewohnt.

KUR FÜR DIE HAARE • Sprödes, trockenes Haar bekommt neue Spannkraft, wenn Sie es mit einer Kurpackung aus 1 TL Apfelessig, 2 EL Olivenöl und 3 Eiweiß behandeln. Massieren Sie die Mischung ins Haar ein und bedecken Sie den Kopf anschließend 30 Minuten mit einer Plastikfolie oder einer Duschhaube, damit sich die Wirkung voll entfalten kann. Danach waschen Sie die Haare wie gewohnt.

BLONDIERTE HAARE VOR CHLOR SCHÜTZEN • Wenn Sie nicht riskieren wollen, dass sich Ihr blondiertes Haar durch zu viel Chlor im Schwimmbecken leicht grünlich färbt, dann sollten Sie 50 ml Apfelessig in Ihr Haar reiben. Den Essig 15 Minuten einwirken lassen. Anschließend können Sie bedenkenlos ins kühle Nass springen.

Fortsetzung →

ESSIG ALS DEODORANT • Wussten Sie, dass Essig auch eine deodorierende Wirkung hat? Wenn das Deo, das Sie normalerweise benutzen, gerade ausgegangen ist, ersetzen Sie es durch ein wenig farblosen Essig, mit dem Sie die Achselhöhlen betupfen. Lassen Sie den Essig kurz trocknen, bevor Sie ein T-Shirt oder eine Bluse anziehen. Nun sind Sie nicht nur vor unangenehmem Schweißgeruch geschützt, sondern Sie werden mit Sicherheit auch keine Deo-Rückstände auf Ihrer Kleidung finden.

ENTSPANNENDES BAD BEI MUSKELSCHMERZEN • Sie haben Rückenschmerzen, Muskelkater oder eine Zerrung in der Schulter oder der Wade? Dann bringt ein heißes Bad Linderung und entspannt nach einem anstrengenden Tag. Eine zusätzlich wohltuende Wirkung erzielen Sie, wenn Sie 500 ml Apfelessig ins Badewasser geben. Auch ein paar Tropfen Pfefferminzöl können hier Wunder wirken.

HALSSCHMERZEN BEKÄMPFEN • Drei Möglichkeiten, um mit Essig Halsschmerzen zu lindern:

- Ihr Hals fühlt sich rau an, weil Sie übermäßig viel sprechen oder singen mussten oder längere Zeit Husten hatten? Lösen Sie 1 EL Apfelessig und 1 TL Salz in einem Glas warmem Wasser auf und gurgeln Sie mit dieser Lösung kräftig. Schon bald wird es Ihrem Hals erheblich besser gehen. Die Anwendung können Sie bei Bedarf mehrmals täglich wiederholen.

- Bei Halsschmerzen, die durch eine Erkältung oder einen grippalen Infekt verursacht wurden, mischen Sie 50 ml Apfelessig mit 50 ml Honig und nehmen davon alle 4 Stunden 1 EL ein.

- Bei Husten, der mit Halsschmerzen einhergeht, mischen Sie 100 ml Essig, 100 ml Wasser, 4 TL Honig und 1 TL Tabascosauce. Nehmen Sie von dieser Mischung vier- bis fünfmal täglich 1 EL ein, den letzten EL unmittelbar vor dem Zubettgehen.

VORSICHT: Säuglingen und Kleinkindern unter 1 Jahr darf kein Honig verabreicht werden!

GESUNDE UND GEPFLEGTE FÜSSE

HÜHNERAUGEN UND SCHWIELEN BEKÄMPFEN • Essig ist ein altbewährtes Hausmittel gegen Hühneraugen und Schwielen. Bevor Sie zu Bett gehen, tränken Sie eine Scheibe Weißbrot (gerne auch altbackenes) etwa 30 Minuten lang in 50 ml farblosem Essig. Dann nehmen Sie von der Brotscheibe ein Stück ab, das groß genug ist, um das komplette Hühnerauge zu bedecken. Mithilfe einer Mullbinde oder eines Heftpflasters befestigen Sie das mit Essig getränkte Brotstück auf dem Hühnerauge und lassen es die ganze Nacht über einwirken. Am nächsten Morgen sollte sich die harte, schwielige Haut ausreichend aufgelöst haben, so dass Sie das Hühnerauge leicht entfernen können. Dicke Schwielen müssen ggf. mehrmals mit dieser Methode behandelt werden.

SO WIRD MAN DEN FUSSPILZ WIEDER LOS • Der mit einer Fußpilzerkrankung meist verbundene Juckreiz kann unangenehm und quälend sein. Mithilfe von Essig lässt sich die Infektion in der Regel wirksam bekämpfen.
Baden Sie Ihre Füße einige Tage lang drei- bis viermal täglich in unverdünntem Apfelessig. Zusätzlich ist es ratsam, die frisch gewaschenen Socken und Strümpfe vor dem Trocknen 30 Minuten lang in einer Lösung aus 1 Teil Essig und 4 Teilen Wasser einzuweichen.
Stellt sich keine Besserung ein, sollte unbedingt der Arzt zu Rate gezogen werden.

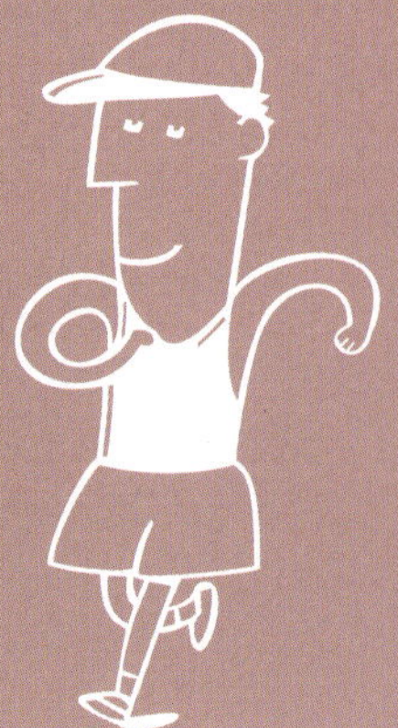

FRISCHER ATEM • Sie haben Knoblauch oder Zwiebeln gegessen und dabei ganz vergessen, dass ein wichtiger Termin oder ein Zahnarztbesuch ansteht? Kein Problem: Geben Sie 2 EL Apfelessig und 1 TL Salz in ein Glas warmes Wasser und spülen Sie Ihren Mund damit kräftig aus. Danach riecht keiner mehr, was Sie zu Mittag gegessen haben!

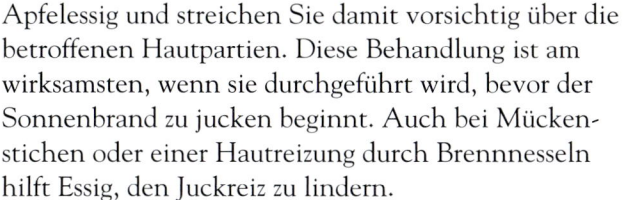

SONNENBRAND UND JUCKREIZ LINDERN • Ein schmerzhafter Sonnenbrand lässt sich gut mit Essig kühlen. Tränken Sie einen Wattebausch oder ein weiches Tuch mit farblosem Essig oder Apfelessig und streichen Sie damit vorsichtig über die betroffenen Hautpartien. Diese Behandlung ist am wirksamsten, wenn sie durchgeführt wird, bevor der Sonnenbrand zu jucken beginnt. Auch bei Mückenstichen oder einer Hautreizung durch Brennnesseln hilft Essig, den Juckreiz zu lindern.

BLAUEN FLECKEN VORBEUGEN

Wenn Sie leicht blaue Flecken bekommen und Ihre Arme und Beine nach einem sportlich verbrachten Wochenende entsprechend aussehen, versuchen Sie es einmal mit folgendem Tipp: Tränken Sie ein Stück Mullbinde mit farblosem Essig oder Apfelessig und legen Sie es für 1 Stunde auf die angeschlagene Stelle. Essig fördert den Heilungsprozess und hilft, die Bildung blauer Flecken zu verhindern.

LÄNGER FREUDE AN LACKIERTEN NÄGELN • Wenn Sie Ihre Nägel vor dem Lackieren mit Essig befeuchten, hält der Nagellack wesentlich länger. Geben Sie hierzu etwas Essig auf einen Wattebausch und reiben Sie damit über Ihre Nägel. Lassen Sie den Essig trocknen, bevor Sie den Lack auftragen.

SO WERDEN IHRE ATEMWEGE WIEDER FREI • Entzündungen der Bronchien sowie der Stirn- und Nebenhöhlen gehen oft mit einer schmerzhaften Verengung der Atemwege einher. Wenn Sie dem Wasserbehälter Ihres Inhalationsgeräts nach Rücksprache mit dem Arzt 50 ml farblosen Essig beifügen, werden Ihre Atemwege schneller wieder frei. Auch das Gerät selbst profitiert davon, denn der Essig löst mineralische Rückstände, die sich durch zu hartes Wasser gebildet haben. Einem Inhalator für Aerosoltherapie sollten Sie jedoch nur Essig beifügen, wenn Sie sich zuvor beim Hersteller diesbezüglich erkundigt haben.

SCHÖNE HAUT DURCH ESSIG • Schon Helena von Troja soll Essig als Gesichtswasser benutzt haben. Und dieses Schönheitsmittel hat noch heute seine Berechtigung: Nach dem Abschminken lösen Sie 1 EL Apfelessig in 500 ml Wasser und reinigen die Haut damit noch einmal nach. Durch dieses Hausmittel wird die Haut zusätzlich gefestigt.

ALTERS- UND SONNENFLECKEN BLEICHEN • Fast jeder Mensch bekommt irgendwann bräunliche Flecken auf der Haut, die auf ein Zuviel an Sonne oder hormonelle Veränderungen zurückgehen. Bevor man drastische Maßnahmen ergreift, um die Flecken zu bekämpfen, sollte man es nach Rücksprache mit dem Hautarzt zunächst mit Essig versuchen. Geben Sie mindestens zweimal täglich etwas unverdünnten Apfelessig auf einen Wattebausch und reiben Sie die Flecken damit 10 Minuten lang ein. Schon nach einigen Wochen sind sie vermutlich deutlich schwächer geworden oder auch ganz und gar verschwunden.

HÄTTEN SIE'S GEWUSST?

Eines der wenigen Essigmuseen, die es auf der Welt gibt, finden Sie im österreichischen Gumpoldskirchen in den Räumen der Essigfabrik Gisela Nagel. In dem nachweislich ältesten Essigproduktionsbetrieb Österreichs hat der Kunde die Qual der Wahl unter immerhin 17 Essigsorten, die dort zum Verkauf angeboten werden. Der Betrieb, in dem zunächst ausschließlich Weinessig hergestellt wurde, besteht seit nunmehr über 130 Jahren. Im Museum kann sich der Besucher darüber informieren, wie sich die Kunst der Essigherstellung während des letzten Jahrhunderts verändert hat. Führungen werden nach Vereinbarung durchgeführt, und der Eintritt ist bislang frei (http://www.essig-nagel.at/).

Fortsetzung →

SO WIRD DIE NAGELHAUT WEICH • Mit Essig können Sie Ihre Hände und Füße für die Nagelpflege vorbereiten. Um die Nagelhaut geschmeidig zu machen, baden Sie Ihre Finger bzw. Zehen 5 Minuten lang in einem Schälchen mit unverdünntem farblosem Essig.

AKUTEN HERPESAUSSCHLAG BEHANDELN • Schlimmer noch als eine schwere Erkältung ist ein Herpesausschlag. Zum Glück lässt er sich recht wirksam mit Essig behandeln. Benetzen Sie dreimal täglich einen Wattebausch (ggf. vorher befeuchten) mit farblosem Essig und tupfen Sie die Bläschen damit ab. Schon nach kurzer Zeit werden die Schmerzen nachlassen und die Schwellungen zurückgehen.

DURCHBLICK DANK ESSIG • Wenn Sie Ihre Brille aufsetzen, sehen Sie auch nicht viel besser als zuvor? Dann wird es Zeit, entweder den Optiker aufzusuchen oder die Brille gründlich zu putzen. Geben Sie hierzu ein paar Tropfen farblosen Essig auf die Gläser und polieren Sie mit einem weichen Tuch nach. Sie werden staunen, wie gut sich Flecken und Fingerabdrücke mit dieser Methode entfernen lassen. Beherzigen Sie jedoch, dass Brillen mit Kunststoffgläsern auf keinen Fall mit Essig gereinigt werden dürfen!

LINDERUNG BEI BIENENSTICHEN • Bienenstiche verursachen oft starke Schwellungen, die mit Schmerzen und Juckreiz einhergehen. Linderung verschafft ein kalter Umschlag mit Essigwasser (100 ml Essig auf 200 ml Wasser), allerdings sollte der Stachel zuvor entfernt und der betroffene Körperteil ruhig gestellt und hoch gelagert werden. Sofortige ärztliche Hilfe erfordern Stiche in Zunge, Schlund, Augennähe oder an der Schläfe. Scheuen Sie sich hier nicht, den Notarzt zu rufen! Dies gilt natürlich auch bei Personen, die an einer gefährlichen Bienengiftallergie leiden.

Im Badezimmer

DUSCHVORHANG WIRKSAM VON SCHIMMEL BEFREIEN • Wenn Sie auf Ihrem Duschvorhang aus Plastik Schimmelflecken entdecken, stecken Sie ihn zusammen mit gebrauchten Handtüchern in die Waschmaschine. Bevor Sie die Maschine anschalten, geben Sie 1–2 Hand voll Waschpulver und 150 g Natron hinein. Unmittelbar vor dem ersten Spülgang fügen Sie 200 ml Essig hinzu. Bevor die Maschine anfängt zu schleudern, nehmen Sie den Duschvorhang heraus und hängen ihn zum Trocknen auf.

KALK VOM DUSCHKOPF ENTFERNEN • Um Verstopfungen und Kalkrückstände von einem abnehmbaren Duschkopf zu entfernen, geben Sie 125 ml farblosen Essig in 1 l kochendes Wasser und legen den Brausekopf hinein. Bei einem Exemplar aus Kunststoff dürfen Sie nur heißes (niemals kochendes) Wasser verwenden. Wenn Sie den Brausekopf nach etwa 10 Minuten aus der Lösung herausnehmen, sollte das Wasser wieder ungehindert durch die Düsen fließen. Falls Sie einen nicht abnehmbaren Duschkopf besitzen, füllen Sie einen kleinen Plastikbeutel bis zur Hälfte mit Essig und binden ihn fest um den Duschkopf. Lassen Sie den Essig etwa 1 Stunde einwirken. Nachdem Sie den Plastikbeutel abgenommen haben, befreien Sie den Duschkopf mit einem Schwamm oder einer alten Zahnbürste von den noch vorhandenen Kalkrückständen.

FUGEN REINIGEN • Sind die Fugen zwischen den Fliesen Ihrer Duschkabine oder über der Badewanne fleckig oder ganz dunkel geworden? Tauchen Sie eine alte Zahnbürste in unverdünnten farblosen Essig und schrubben Sie damit an den Fugen entlang. Schon bald werden sie wieder in ihrem ursprünglichen Farbton erstrahlen.

HÄTTEN SIE'S GEWUSST?

Einige Forscher gehen heute davon aus, dass sich in Zukunft zur Diagnose des oft tödlich verlaufenden Gebärmutterhalskrebses Essig einsetzen lässt. Besonders in den Ländern der Dritten Welt wäre dies eine einfache und kostengünstige Alternative zu den herkömmlichen, sehr teuren Testverfahren. In Simbabwe hat man im Rahmen einer zweijährigen Versuchsreihe an 10 000 Frauen mithilfe einer Essiglösung mehr als 75 % aller potenziellen Krebsgeschwüre entdeckt. Die Lösung färbt Gewebe, das Krebszellen im Vorstadium enthält, weiß. Obwohl dieser Test nicht so treffsicher wie der traditionelle Abstrich ist, könnte er sich in den armen Ländern bald als Segen erweisen, denn dort können sich heute nur 5 % aller Frauen eine regelmäßige Krebsvorsorge-Untersuchung leisten.

NEUER GLANZ FÜR WASCHBECKEN UND WANNE • Sie wollen das Waschbecken und die Badewanne aus Porzellan wieder zum Strahlen bringen? Schrubben Sie das Material einfach mit unverdünntem farblosem Essig ab und spülen Sie anschließend mit sauberem, kaltem Wasser nach. Wenn Sie Flecken aus Ihrer Badewanne entfernen wollen, die durch hartes Wasser entstanden sind, lassen Sie heißes Leitungswasser einlaufen und geben Sie gleichzeitig etwa 650 ml farblosen Essig hinzu. Lassen Sie so viel Wasser einlaufen, bis alle Flecken bedeckt sind. Nach etwa 4 Stunden lässt man das Essigwasser ablaufen. Danach sollten sich die Flecken mühelos abwischen lassen.

ARMATUREN AUF HOCHGLANZ BRINGEN • Mit dem Universalmittel Essig können Sie viel mehr als nur Ihre Dusche putzen – auch verchromte Wasserhähne, Handtuchhalter, Spiegel oder Türknäufe lassen sich damit polieren. Geben Sie einfach ein wenig unverdünnten Essig auf ein weiches Tuch – und schon kann die Reinigung des Badezimmers beginnen.

KERAMIKFLIESEN VON FLECKEN BEFREIEN • Die Keramikfliesen, die sich in der Nähe Ihres Waschbeckens oder Ihrer Badewanne befinden, bekommen schnell Seifen- oder Wasserflecken. Mit einer Lösung aus 100 ml farblosem Essig, 100 ml Salmiakgeist, 20 g Borax und 4 l Wasser lassen sie sich im Handumdrehen auf Hochglanz bringen. Nachdem Sie die Fliesen abgeschrubbt haben, spülen Sie gut mit kaltem Wasser nach und lassen die Oberflächen anschließend an der Luft trocknen.

HALTERUNGEN VON DUSCHTÜREN SÄUBERN • Mit Essig lässt sich Schmutz, der sich in den Führungsschienen Ihrer Duschtüren eingenistet hat, äußerst gut entfernen. Füllen Sie etwa 500 ml unverdünnten farblosen Essig in die Schienen und lassen Sie ihn 3–5 Stunden einwirken. Anschließend spülen Sie den Schmutz mit heißem Wasser aus den Schienen heraus. Bei hartnäckigen Verschmutzungen schrubben Sie die Schienen mit einer kleinen Bürste oder einer alten Zahnbürste sauber.

SCHIMMELPILZE – NEIN DANKE • Um Schimmelpilze in Ihrem Badezimmer zu bekämpfen und einen zukünftigen Befall zu verzögern bzw. zu verhindern, geben Sie einfach 3 EL farblosen Essig, 1 TL Borax und 450 ml heißes Wasser in eine alte, gründlich gereinigte Sprühflasche. Schütteln Sie die Lösung ordentlich durch und sprühen Sie anschließend gestrichene Oberflächen, Fliesen, Fenster oder andere Stellen, an denen sich hartnäckige Schimmelpilze gebildet haben, damit ein. Arbeiten Sie die Lösung mit einer weichen Bürste ein oder lassen Sie sie einfach einwirken.

VORSICHT: Mischen Sie Essig unter gar keinen Umständen mit Substanzen, die Chlor enthalten – hierzu zählen beispielsweise Bleichmittel, zu denen auch die im Handel erhältliche Chlorbleiche (Javelwasser) gehört –, denn hierbei entsteht gefährliches Chlorgas. In niedriger Konzentration löst dieses giftige, stechend riechende Gas Reizungen der Augen, der Haut und der Atemwege aus. In hoher Konzentration kann es sogar zum Tod führen.

Fortsetzung →

SO BLEIBT DIE TOILETTENSCHÜSSEL SAUBER • Jeder wünscht sich eine Toilettenschüssel, die sauber aussieht und auch so riecht. Versuchen Sie es einmal mit folgendem Tipp: Geben Sie 500 ml farblosen Essig in die Schüssel und lassen Sie die Lösung über Nacht einwirken, bevor Sie die Spülung betätigen. Wenn Sie Ihre Toilettenschüssel regelmäßig einmal pro Woche auf diese Weise reinigen, bildet sich dort, wo das Wasser in der Schüssel steht, auch kein unansehnlicher Kalkring.

STRAHLEND SAUBERE DUSCHTÜREN • Mit einer Mischung aus 110 ml farblosem Essig, 220 ml Salmiakgeist, 25 g Natron und 4 l Wasser verhelfen Sie den Glastüren Ihrer Dusche zu neuem Glanz. Tauchen Sie einfach ein Tuch in die Lösung und reiben Sie die Türen damit ab. Sie werden sehen: Wasserflecken verschwinden sofort und die Türen sind im Handumdrehen blitzblank.

HYGIENISCHE ZAHNBÜRSTENHALTER • Mit der Zeit sammeln sich an den Öffnungen von Zahnbürstenhaltern Schmutz, Bakterien und Zahnpastarückstände. Tauchen Sie ein paar Wattestäbchen in farblosen Essig und säubern Sie damit die Öffnungen.

ZAHNPUTZBECHER REINIGEN • Zahnputzbecher werden täglich benutzt, aber in der Regel nur selten gründlich gereinigt. Damit ist jetzt Schluss: Füllen Sie den Becher, wenn immer er es nötig hat, zu gleichen Teilen mit Wasser und farblosem Essig oder nur mit Essig. Lassen Sie die Lösung über Nacht einwirken. Bevor Sie den Becher am nächsten Morgen wieder benutzen, spülen Sie ihn gut mit kaltem Wasser aus.

Rund um die Wäsche

VORSICHT: Zur Vorbehandlung der Kleidung und beim Wasch- oder Spülvorgang darf ausschließlich destillierter farbloser Essig zum Einsatz kommen. Die Wäsche sollte in keinem Fall mit Apfelessig in Berührung gebracht werden, da sich ansonsten zusätzliche Flecken bilden können.

ESSIG TUT DER WÄSCHE GUT • Kaum jemand weiß, wie gut es der Wäsche tut, wenn man beim Spülen 200 ml farblosen Essig in die Waschmaschine gibt. Umso erstaunlicher ist es, dass die Waschmaschinenhersteller in ihren Handbüchern nur allzu selten auf dieses Wundermittel hinweisen. Hier finden Sie die besten Tipps:

- Schon 200 ml Essig beseitigen alle Bakterien, die sich in der gefüllten Wäschetrommel befinden können. Dies ist insbesondere dann wichtig, wenn man Stoffwindeln, Geschirrhandtücher oder andere Textilien wäscht, die mit Keimen in Kontakt gekommen sind.
- 200 ml Essig im Spülgang machen Ihre Wäsche weich und frisch. Den Weichspüler können Sie beim nächsten Einkauf also getrost im Regal stehen lassen.
- Durch die Zugabe von 200 ml Essig werden kleine Mengen Weißwäsche (Kleidung, Bettwäsche, Handtücher) strahlend weiß.
- Ihre Wäsche bleibt frei von Fusseln und statischer Aufladung, wenn Sie dem Spülgang 200 ml Essig zusetzen.
- 200 ml Essig im Spülgang fixieren die Farbe neu gefärbter Wäsche.

WASCHMASCHINE REINIGEN • Es empfiehlt sich, die Waschmaschine ab und zu von alten Waschpulverresten und Belägen zu befreien. Wenn Sie hierfür Essig einsetzen, wird die Maschine auch gleich desinfiziert. Geben Sie einfach ca. 500 ml farblosen Essig in die Maschine und lassen Sie sie einmal komplett durchlaufen – natürlich ohne Ladung und ohne Waschmittel.

RUND UMS BÜGELN

KALKRÜCKSTÄNDE ENTFERNEN • Um leidige Kalkrückstände zu entfernen, füllen Sie die Wasserkammer Ihres Dampfbügeleisens mit farblosem Essig und stellen Sie das Bügeleisen senkrecht hin (die Bügelsohle zeigt dabei zur Seite!). Nun schalten Sie das Bügeleisen ein und lassen den Essig etwa 5-10 Minuten durch die Bügelsohle dampfen. Dann füllen Sie sauberes Wasser in die Kammer und wiederholen den Vorgang. Zum Schluss spülen Sie die Wasserkammer mit kaltem, sauberem Wasser gründlich durch.

BÜGELSOHLE REINIGEN • Um Brandflecken von der Sohle Ihres Bügeleisens zu entfernen, mischen Sie Essig und Salz zu gleichen Teilen in einem Kochtopf, erhitzen die Lösung und lassen sie anschließend abkühlen. Auf diese Weise entsteht eine Paste, mit der Sie die Bügelsohle abreiben können. Danach tauchen Sie ein Tuch in sauberes Wasser und wischen die Bügelsohle damit ab.

MESSERSCHARFE BÜGELFALTEN • Bügelfalten kommen besser heraus, wenn Sie die Kleidungsstücke vor dem Bügeln mit einer Lösung einsprühen, die zu gleichen Teilen aus Wasser und Essig besteht. Wenn Sie Ihre Hosen und Frackhemden mit wirklich messerscharfen Bügelfalten versehen wollen, sollten Sie das Kleidungsstück vor dem Bügeln mit einem Tuch befeuchten, das Sie zuvor in eine Lösung aus 1 Teil Essig und 2 Teilen Wasser getaucht haben. Nach dem Befeuchten legen Sie braunes Packpapier über die alte Bügelfalte und machen sich mit dem Bügeleisen ans Werk.

BRANDFLECKEN ENTFERNEN • Wenn die Brandflecken, die Ihr Bügeleisen auf Ihrer Kleidung hinterlassen hat, nicht zu ausgeprägt sind, tauchen Sie ein Tuch in farblosen Essig und rubbeln Sie damit über den Fleck. Anschließend tupfen Sie die Stelle mit einem sauberen Handtuch ab.

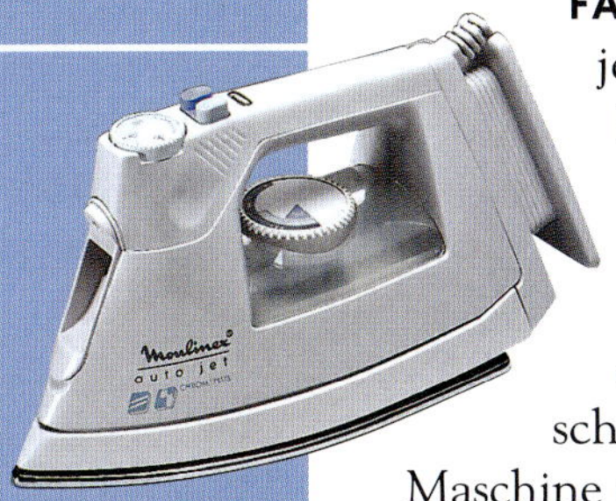

FARBEN AUFFRISCHEN • Sie ärgern sich jedes Mal über den Preis des in der Werbung hoch gelobten Colorwaschmittels mit Farbschutz? Wenn Sie Essig im Haus haben, können Sie ab sofort auf Spezialwaschmittel verzichten, denn Essig ist ebenso wirksam. Geben Sie beim Waschen einfach 100 ml farblosen Essig in die Maschine und freuen Sie sich darüber, dass Ihre Kleidung auf diese Weise noch nach Monaten so neu aussieht wie am ersten Tag.

SCHLUSS MIT VERFÄRBTER WÄSCHE

Sie holen eine Ladung Wäsche aus der Waschmaschine und stellen mit Entsetzen fest, dass die weißen und beigefarbenen Handtücher einen deutlich sichtbaren Rosastich haben? Damit Ihnen das nicht noch einmal passiert, greifen Sie zu einem Trick, der verhindert, dass rote und andere kräftige Farbtöne beim Waschen auslaufen und die gesamte Wäscheladung ruinieren. Weichen Sie neue Kleidungsstücke vor der ersten Wäsche 10–15 Minuten in farblosem Essig ein. Wenn Sie dies beherzigen, werden Sie nie mehr verfärbte Wäschestücke aus der Trommel ziehen.

ERST WASCHEN, DANN ANZIEHEN • Neue Kleidungsstücke sind oft mit Chemikalien belastet. Vielleicht hingen Sie auch an einem Ständer vor dem Laden oder waren im Lager Staub ausgesetzt. Wie auch immer, Sie werden sich in ihrem neuen Stück wohler fühlen, wenn Sie es vor dem ersten Tragen zusammen mit 200 ml farblosem Essig in die Waschmaschine geben. Dasselbe gilt auch für Kleidungsstücke aus dem Secondhandshop.

Fortsetzung →

GELBLICHE VERFÄRBUNGEN ADE • Wenn sich Ihre Kleidung gelblich verfärbt hat, legen Sie sie über Nacht in eine Lösung, die zu 12 Teilen aus warmem Wasser und zu 1 Teil aus Essig besteht. Danach waschen Sie die Kleidung wie gewohnt.

STRAHLEND WEISSE TENNISSOCKEN • Sind Ihre Tennissocken schon lange nicht mehr so weiß wie am ersten Tag? Dann versuchen Sie es einmal mit diesem Trick: Geben Sie 200 ml Essig zusammen mit 2 l Wasser in einen Kochtopf und bringen Sie das Essigwasser zum Kochen. Nun gießen Sie die Lösung in einen Eimer und weichen Ihre Socken über Nacht darin ein. Am nächsten Tag nehmen Sie die Socken heraus und waschen sie wie gewohnt – mit dem Unterschied, dass sie danach strahlend weiß sind.

KNITTERFALTEN EINFACH WEGSPRÜHEN • Wie schön wäre es, wenn unsere Wäsche frisch gebügelt aus dem Trockner käme! Auch wenn dies noch eine Utopie ist, kann man sich die Arbeit mit Essig deutlich erleichtern. Besprühen Sie Ihre Kleidung, nachdem Sie sie aus dem Trockner genommen haben, mit einer Lösung, die zu 1 Teil aus Essig und zu 3 Teilen aus Wasser besteht. Hängen Sie die Kleidung auf und lassen sie an der Luft trocknen. Einige Kleidungsstücke werden auf diese Weise glatter als beim Bügeln. Das Besprühen mit einer Essiglösung ist in jedem Fall schonender für das Material.

DECKEN WEICH SPÜLEN • Um vor dem Trocknen etwaige Seifenrückstände aus Baumwoll- und Wolldecken zu entfernen, geben Sie 500 ml farblosen Essig in den Spülgang Ihrer Waschmaschine (oder in die Waschwanne, wenn Sie die Decken von Hand waschen). So werden die Decken nicht nur sauber, sondern auch spürbar frischer und weicher.

GLÄNZENDE STELLEN AUF DEM HOSENBODEN • Beim Bügeln dunkler Kleidungsstücke entstehen oftmals glänzende Stellen, vorzugsweise auf dem Hosenboden. Tränken Sie eine alte Zahnbürste mit einer Lösung, die zu gleichen Teilen aus farblosem Essig und Wasser besteht. Damit bürsten Sie sanft über die Flecken. Wenn Sie diese anschließend mit einem weichen Handtuch trockentupfen, sollten die Glanzstellen verschwunden sein.

ZIGARETTENGERUCH VERTREIBEN • Sie kommen von einer Feier oder nach einem Kneipenbummel nach Hause und stellen fest, dass Ihre Kleidung stark nach Zigarettenrauch riecht. Wenn Sie sich den Weg in die Reinigung ersparen wollen, versuchen Sie es einmal mit diesem preiswerten Hausrezept: Lassen Sie Ihre Badewanne voll laufen (das Wasser sollte so heiß wie möglich sein) und geben Sie 200 ml Essig hinein. Hängen Sie Ihre Kleidung über die Wanne in den sich ausbreitenden Dampf. Dann verlassen Sie das Bad und schließen die Tür. Nach ein paar Stunden sollte der Zigarettengeruch verschwunden sein.

RETTUNG FÜR EINGELAUFENE WOLLSACHEN • Bevor Sie eingelaufene Wollpullover oder andere Kleidungsstücke aus Wolle, die Sie versehentlich geschrumpft haben, in die Altkleidersammlung geben, starten Sie einen letzten Rettungsversuch: Kochen Sie das Kleidungsstück 25 Minuten lang in einer Lösung, die zu 1 Teil aus Essig und zu 2 Teilen aus Wasser besteht. Ziehen Sie es nach dem Abkühlen in Form und lassen Sie es an der Luft trocken. Wenn Sie Glück haben, hat der Pullover oder das Wollkleid nach dieser Behandlung wieder die richtige Größe.

Rund um die Fleckentfernung

WASSERLÖSLICHE FLECKEN BEHANDELN • Flecken von Bier, Fruchtsäften, Kaffee oder Tee sind wasserlöslich und lassen sich von Kleidungsstücken aus Baumwollgemischen am besten durch eine Vorbehandlung mit Essig entfernen. Befeuchten Sie einen Lappen oder ein Handtuch mit unverdünntem farblosem Essig und tupfen Sie den Fleck damit ab. Stecken Sie das Kleidungsstück anschließend sofort in die Waschmaschine. Bei großflächigen Flecken empfiehlt es sich, das Kleidungsstück über Nacht in einer Lösung aus 3 Teilen Essig und 1 Teil Wasser einzuweichen, bevor Sie es am nächsten Morgen in der Maschine waschen.

FLECKEN VON WILDLEDER ENTFERNEN • Um einen frischen Fettfleck von einer Jacke oder einem Rock aus Wildleder zu entfernen, brauchen Sie nur eine weiche Zahnbürste und etwas farblosen Essig. Tauchen Sie die Zahnbürste in den Essig und bürsten Sie damit sanft über den Fleck. Lassen Sie die Stelle an der Luft trocknen und behandeln Sie das Leder anschließend mit einer Wildlederbürste. Falls nötig, wiederholen Sie den Vorgang. Wenn Sie Wildleder insgesamt auffrischen möchten, tauchen Sie am besten einen Schwamm in Essig und wischen die Oberfläche vorsichtig ab.

GUTER RAT BEI ALTEN FLECKEN • Um Flecken zu entfernen, die sich schon tief in die Kleidung eingefressen haben, muss man etwas mehr Aufwand betreiben. Hier empfiehlt sich eine Vorbehandlung mit einer Lösung, die aus 3 EL farblosem Essig, 2 EL Flüssigwaschmittel und 1 l warmem Wasser besteht. Reiben Sie die Lösung zunächst gut in den Fleck ein. Dann tupfen Sie die Stelle trocken. Wenn der Fleck danach noch deutlich sichtbar ist, wiederholen Sie die Behandlung. Erst danach wird das Kleidungsstück in der Maschine gewaschen.

HIER KOMMT ES AUF DIE GESCHWINDIGKEIT AN • Wenn Sie Cola®, Haarfärbemittel, Tomatensauce oder Rotwein auf waschbaren Stoffen mit Baumwollanteilen verschütten, sollten Sie diese Flecken so schnell wie möglich entfernen – auf jeden Fall innerhalb von 24 Stunden. Geben Sie unverdünnten Essig auf einen Schwamm und reiben Sie den Fleck damit sorgfältig ein. Anschließend müssen Sie den Stoff sofort waschen. In besonders schweren Fällen geben Sie zusätzlich noch 200 – 400 ml Essig in die Waschmaschine bzw. ins Waschwasser.

ROSTFLECKEN AUS BAUMWOLLBEKLEIDUNG ENTFERNEN • Um Rostflecken aus Ihrer Arbeitskleidung oder aus anderen Baumwollstoffen zu entfernen, befeuchten Sie den Fleck zunächst mit unverdünntem Essig und reiben dann noch ein wenig Salz hinein. Im Sommer legen Sie das Stück zum Trocknen in die Sonne, im Winter an ein sonniges Fenster. Anschließend waschen Sie das Kleidungsstück wie gewohnt in der Waschmaschine.

WACHSMALSTIFT-FLECKEN BESEITIGEN • Irgendwie schaffen es Kinder immer wieder, Spuren von Wachsmalstiften auf ihrer Kleidung zu hinterlassen. Aber keine Sorge, mithilfe von Essig lassen sich diese Flecken leicht beseitigen. Tauchen Sie eine alte Zahnbürste in unverdünnten Essig und bürsten Sie die Flecken damit ab. Anschließend stecken Sie das Kleidungsstück in die Waschmaschine.

HEMDKRAGEN UND MANSCHETTEN REINIGEN • Bei älteren Hemden ist der Kragen in der Regel nicht mehr blütenweiß und die Kanten der Manschetten werden auch nicht mehr so sauber, wie man sich dies

Fortsetzung →

wünschen würde. Auch hier kann Essig kleine Wunder vollbringen: Rühren Sie eine Paste an, die zu 2 Teilen aus farblosem Essig und zu 3 Teilen aus Natron besteht. Reiben Sie die Schmutzränder damit gründlich ein. Nach einer halben Stunde können Sie die Paste auswaschen – und das Hemd wieder zu jeder Gelegenheit tragen.

SCHWEISSFLECKEN EFFEKTIV VORBEHANDELN • Um Schweißflecken aus Hemden und anderen Kleidungsstücken zu entfernen, verteilen Sie ein wenig Essig direkt auf den Fleck und reiben ihn vorsichtig in den Stoff. Danach geben Sie das vorbehandelte Kleidungsstück in die Wäsche. Deorückstände auf Hemden und Blusen lassen sich auf dieselbe Weise entfernen.

SCHLUSS MIT KUGELSCHREIBERFLECKEN • Die Flecken von einem Kugelschreiber lassen sich am besten mit Essig aus der Kleidung entfernen. Befeuchten Sie den Fleck mit etwas farblosem Essig. Dann mischen Sie eine Paste, die aus 2 Teilen Essig und 3 Teilen Maismehl besteht und reiben den Fleck damit ein. Waschen Sie das Kleidungsstück erst, wenn die Paste gut eingetrocknet ist.

BLUTFLECKEN AUSWASCHEN • Ob Sie sich beim Rasieren am Kinn oder mit dem Küchenmesser in den Finger geschnitten haben – Blutflecken auf der Kleidung müssen so schnell wie möglich entfernt werden, denn bereits nach 24 Stunden kann es unmöglich sein, sie zu beseitigen. Geben Sie daher so schnell wie möglich unverdünnten farblosen Essig auf den Blutfleck. Lassen Sie den Essig 5–10 Minuten einziehen und tupfen Sie die Stelle dann gründlich mit einem Lappen oder Tuch ab. Falls nötig, wiederholen Sie diese Behandlung. Anschließend waschen Sie die betroffene Stelle sofort unter fließendem Wasser aus.

In Garten und Natur

INSEKTEN VERTREIBEN • Sie freuen sich auf den nächsten Campingurlaub, fürchten sich aber jetzt schon vor den unvermeidlichen Mückenstichen? Wenn Sie Mut zu einem harmlosen Selbstversuch haben, beginnen Sie ungefähr drei Tage vor Ihrer Reise, dreimal täglich 1 EL Apfelessig einzunehmen. Wenn Sie dies während des gesamten Urlaubs fortsetzen, kommen Sie möglicherweise ohne einen einzigen Mückenstich davon! Wenn Sie sich dagegen absolut nicht mit dem Geschmack des Apfelessigs anfreunden können, befeuchten Sie in mückenreichen Gegenden mehrmals täglich einen Wattebausch mit farblosem Essig und reiben Sie damit die nicht durch Kleidung geschützten Hautstellen ein.

FRISCHES WASSER AUS DER FELDFLASCHE • Beim Wandern bleibt das Wasser in Ihrer Feld- oder Wasserflasche frisch und sauber, wenn Sie ein paar Tropfen Apfelessig hinzugeben. Eine Lösung aus Essig und Wasser zu gleichen Teilen eignet sich übrigens nach dem Zelturlaub hervorragend, um die mitgeführten Wasserbehälter auszuwaschen und auf diese Weise Bakterien und Rückstände zu beseitigen.

TIPP

Mythos und Realität

Viele Hobbygärtner glauben, ein hoher pH-Wert des Bodens ließe sich dauerhaft senken, indem man einfach eine Lösung aus Essig und Wasser im Garten vergießt – doch die Wirklichkeit ist leider komplizierter.

Ein von Natur aus stark alkalischer Boden wird durch eine Essiglösung nur für kurze Zeit seinen pH-Wert ändern. Kommt es kurz nach der Behandlung zu einem Regenguss, verliert die Essiglösung fast ihre gesamte Wirkung. Wer dann gleich wieder zur Essigflasche greift, führt einen Kampf mit der Natur, den er verlieren wird. Dennoch können Sie mithilfe einer Essiglösung bestimmten Pflanzen zu besserem Wachstum und besserer Blüte verhelfen (*siehe die auf Seite 95 stehenden Tipps „Blütenzauber für Azaleen und Gardenien“ und „Behandlung von Rost und anderen Krankheiten“*). Aber auch dazu braucht man viel Fleiß und einen langen Atem.

INSEKTENFALLE • Wer möchte anlässlich einer Grillparty im Garten schon von Stechmücken, Fliegen und anderen Plagegeistern gequält werden? Halten Sie die ungebetenen Gäste fern, indem Sie die Insekten in einen abgelegenen Bereich des Gartens locken. Stellen Sie dort einfach eine mit Apfelessig gefüllte Schüssel auf. Am Ende des Abends werden mit Sicherheit viele der Quälgeister in der Schüssel schwimmen.

AMEISEN IM HAUS BEKÄMPFEN • Wer im Erdgeschoss wohnt, wird immer wieder einmal mit Ameisen zu tun haben, die vom Garten oder Hof den Weg in die Küche finden. Machen Sie sich bei der Bekämpfung die Tatsache zunutze, dass Ameisen den Geruch von Essig hassen, denn dann brauchen Sie nicht zur chemischen Keule zu greifen. Füllen Sie einfach eine Sprühflasche mit Wasser und farblosem Essig zu gleichen Teilen und bringen Sie die Lösung überall dort auf, wo Sie Ameisen sehen. Es wird nicht lange dauern, bis die Tiere aus Ihrem Haus verschwunden sind und an einem besser riechenden Ort Quartier bezogen haben. Nehmen Sie die Sprühflasche auch auf Ausflüge in die Natur mit, um die Ameisen vom Picknickkorb oder dem Spielzeug Ihrer Kinder fern zu halten.

VOGELKOT ENTFERNEN • Dass auch Vögel ihren Kot loswerden müssen, liegt auf der Hand – aber warum tun Sie dies ausgerechnet auf Ihren Gartenmöbeln oder der Hollywoodschaukel? Lassen Sie sich davon nicht den Tag verderben. Sprühen Sie einfach unverdünnten Apfelessig auf die Häufchen und wischen Sie diese mit einem mehrfach gefalteten Papiertuch weg. Alternativ geben Sie den Essig auf das Papiertuch und entfernen den Kot damit.

GARTENMÖBEL REINIGEN • In schwül-warmen Sommern bildet sich mitunter Schimmel auf den Gartenmöbeln aus Holz. Bevor Sie zu einem Bleichmittel greifen, versuchen Sie, den Schimmel und die damit verbundenen Flecken mit Essig zu bekämpfen:

- Füllen Sie unverdünnten farblosen Essig in eine alte Sprühflasche und sprühen Sie befallene Stellen gründlich ein. Danach sollten sich Schimmelflecken ohne Probleme wegwischen lassen. Nun haben Sie für eine Weile Ruhe, denn der Essig verhindert eine schnelle Neubildung von Schimmel.

- In hartnäckigeren Fällen greifen Sie zu einer Lösung aus 220 ml Salmiakgeist, 110 ml farblosem Essig, 75 g Natron und 4 l Wasser. Benutzen Sie eine Zahnbürste, um die Lösung im Bereich der Ecken und anderer problematischer Stellen einzuarbeiten.

- Um einem Sonnenschirm, der von Schimmel befallen ist, den unangenehmen Geruch zu nehmen, geben Sie etwa 400 ml farblosen Essig und 2 EL

Fortsetzung →

Geschirrspülmittel in einen mit heißem Wasser gefüllten Eimer. Nehmen Sie eine weiche Bürste, um den Stoff gründlich zu säubern. Anschließend wird gut mit kaltem Wasser nachgespült und der Sonnenschirm zum Trocknen in die Sonne gestellt.

PH-WERT BESTIMMEN • Um festzustellen, ob der pH-Wert Ihres Bodens für bestimmte Gartenpflanzen zu hoch ist, geben Sie eine Hand voll Gartenerde in einen Behälter und gießen 100 ml farblosen Essig darüber. Wenn die Erde sprudelt und sich Bläschen bilden, ist sie stark alkalisch. Um hingegen festzustellen, ob der pH-Wert Ihres Bodens zu niedrig ist, mischen Sie eine Hand voll Gartenerde mit etwa 120 ml Wasser und 450 g Natron. Wenn die Erde nun zu sprudeln beginnt, ist sie stark sauer. In der Regel reicht diese Art der pH-Wert-Bestimmung aus, um zu entscheiden, welche Pflanzen im Garten gut gedeihen werden. Wer jedoch ganz genau wissen möchte, wie hoch der pH-Wert seines Bodens ist, kauft ein Testset im Gartenfachgeschäft.

WIRKSAME INSEKTENFALLE • Wenn sich Insekten an dem Obst und Gemüse in Ihrem Garten gütlich tun und die Ernte bedrohen, schafft diese giftfreie Insektenfalle möglicherweise Abhilfe: Füllen Sie eine leere 1,5-l-Getränkeflasche mit 220 ml Apfelessig und 200 g Zucker. Dann schneiden Sie eine Bananenschale in kleine Stücke und stecken sie in die Flasche. Nun füllen Sie noch 220 ml kaltes Wasser hinein, verschließen die Flasche und schütteln den Inhalt gut durch. Anschließend binden Sie eine Schnur um den Flaschenhals und hängen die wieder aufgeschraubte Flasche an einem niedrigen Ast auf (bei Bedarf kann man die Flasche auch auf den Boden stellen). Die Insekten werden nun vom Geruch des Flascheninhalts angezogen, krabbeln in die Flasche und kommen nicht mehr heraus.

SCHNITTBLUMEN FRISCH HALTEN • Damit Sie lange Freude an Ihren Schnittblumen haben, geben Sie 2 EL Apfelessig und 2 EL Zucker ins Wasser, bevor Sie die Blumen in die Vase stellen. Wenn nach ein paar Tagen das Wasser ausgewechselt wird, vergessen Sie nicht, wieder die gleiche Menge Apfelessig und Zucker hinzuzufügen.

Lebendige Wissenschaft

Mit diesem kleinen Experiment werden Sie Familie und Freunde in Erstaunen setzen!

Mischen Sie 100 ml farblosen Essig und 1/4 TL Salz in einem Glasbehälter. Legen Sie 25 alte, abgegriffene Kupfermünzen in die Lösung und warten Sie 5 Minuten. Geben Sie inzwischen etwas Natron auf einen feuchten Schwamm und säubern Sie damit einen großen Eisennagel. Anschließend wird der Nagel mit Wasser abgespült und in die Lösung zu den Münzen gelegt. Nach nur 15 Minuten ist der Nagel mit Kupfer überzogen und die Münzen glänzen wie neu. Wie das möglich ist? Ganz einfach: Die Essigsäure reagiert mit dem Kupfer auf den Münzen. Auf diese Weise entsteht Kupferacetat, das sich an der Oberfläche des Eisennagels anlagert.

SCHNELLERES KEIMEN VON BLUMENSAMEN • Holzige Samen – beispielsweise von Winde, Kürbis oder Flaschenkürbis – keimen besser und schneller, wenn Sie folgende Methode anwenden: Reiben Sie die Samen zunächst vorsichtig zwischen zwei Lagen Schmirgelpapier. Dann legen Sie sie über Nacht in eine Lösung aus 100 ml Apfelessig und 500 ml warmem Wasser. Am nächsten Tag nehmen Sie die Samen aus der Lösung, spülen sie mit Wasser ab und säen sie aus. Ein Bad in einer Essiglösung beschleunigt auch das Keimen von Kräuter- und Gemüsesamen; allerdings dürfen diese Samen nicht mit Schmirgelpapier bearbeitet werden.

SCHILDLÄUSE BEKÄMPFEN • Schild-, Woll- und Schmierläuse gehören zu den an Zimmer- und Gartenpflanzen weit verbreiteten Schädlingen. Sie können die Plagegeister wirksam bekämpfen, indem Sie die Insekten mit in unverdünnten farblosen Essig getauchten Wattebäuschen abtupfen. Diese Methode eignet sich am besten für Pflanzen, bei denen sich der Befall noch in Grenzen hält – sonst werden Ihre Geduld und Zeit überstrapaziert. Doch wenn nur eine Pflanze befallen ist, kann sich der Aufwand lohnen: Durch den Essig werden die Läuse getötet und ihre Eier entfernt. Arbeiten Sie sorgsam, damit Sie auch keinen der Schädlinge übersehen. Wenn Sie in den darauf folgenden Tagen noch Läuse auf der Pflanze entdecken, wiederholen Sie die Behandlung.

BEHANDLUNG VON ROST UND ANDEREN PFLANZENKRANKHEITEN • Mit Essig lässt sich eine ganze Reihe von Pflanzenkrankheiten behandeln, darunter Rost, Braunfäule und Mehltau. Lösen Sie 2 EL Apfelessig in 2 l Wasser und geben Sie etwas davon in eine alte Sprühflasche. Bringen Sie die Lösung auf die befallenen Pflanzen auf, am besten frühmorgens oder spätabends, wenn die Temperaturen nicht so hoch sind und kein direktes Sonnenlicht auf die Pflanzen fällt. Wiederholen Sie die Behandlung so lange, bis die Symptome vollständig verschwunden sind.

HÄTTEN SIE'S GEWUSST?

Suchen Sie eine giftfreie Alternative zu den handelsüblichen Unkrautvernichtern? Essig ist die Lösung. In Studien, die sowohl im Freiland als auch im Gewächshaus durchgeführt wurden, haben Forscher herausgefunden, dass Essig einige weit verbreitete Unkräuter innerhalb von 1-2 Wochen nach Beginn ihrer oberirdischen Wachstumsphase vernichten kann. Für erfahrene Hobbygärtner ist das nichts Neues. Sie setzen schon seit langem unverdünnten Apfelessig ein, um alle möglichen Unkräuter - vom Ackerschachtelhalm bis hin zur Quecke - zu vernichten. Allerdings sollte man darauf achten, dass hierbei nicht auch in der Nähe stehende Zierpflanzen geschädigt werden.

BLÜTENZAUBER FÜR AZALEEN UND GARDENIEN • Besonders bei hartem Gießwasser verhilft die Zugabe von etwas Säure Ihren Azaleen und Gardenien zu einer reichen Blüte. Beide Pflanzen bevorzugen einen sauren Boden, am besten mit einem pH-Wert zwischen 4,0 und 5,5. Gießen Sie die Pflanzen vor der Blüte einmal wöchentlich mit einer Lösung aus 3 EL farblosem Essig und 4 l Wasser. Während der Blüte sollten Sie den Essig allerdings weglassen, sonst laufen Sie Gefahr, die Blütezeit zu verkürzen oder die Pflanzen sogar zu schädigen.

WENN DIE BLÄTTER GELB WERDEN • Wenn Gartenpflanzen, die einen sauren Boden bevorzugen, beispielsweise Azaleen, Hortensien und Gardenien, plötzlich gelbe Blätter bekommen, so kann das bedeuten, dass die Pflanzen entweder zu wenig Eisen aufnehmen oder der pH-Wert des Bodens über 5,0 angestiegen ist. Beide Probleme lassen sich wie folgt beheben: Gießen Sie die Erde um die betroffenen Pflanzen herum 3 Wochen lang einmal wöchentlich mit einer Lösung aus 2 EL Apfelessig und 1 l Wasser. Die Gießmenge pro Pflanze sollte in etwa 200 ml betragen.

MESSER DES RASENMÄHERS REINIGEN • Gras, vor allem feuchtes, setzt sich beim Rasenmähen gern an den Messern des Rasenmähers fest. Nicht selten ist dieses Gras voller Insektenlarven. Die Schädlinge und Grasreste lassen sich ganz leicht von den Messern entfernen, wenn Sie diese mit einem Tuch abwischen, das zuvor in unverdünnten farblosen Essig getaucht wurde.

TIERE AUS DEM GARTEN FERN HALTEN • Einige Vierbeiner – darunter Hunde, Katzen und Kaninchen – hassen den Geruch von Essig, den sie sogar dann noch wahrnehmen, wenn er schon lange getrocknet ist. Machen Sie sich diese Tatsache zunutze, indem Sie zu einem einfachen Trick greifen: Stellen Sie in Ihren

Fortsetzung →

Gemüsebeeten einige Stangen auf, an denen Sie mit farblosem Essig getränkte Tücher befestigen. Falls es nicht regnet, ist es völlig ausreichend, wenn Sie die Tücher alle 7–10 Tage erneut in Essig tränken.

UNLIEBSAME PFLANZEN VERNICHTEN • Hat sich Löwenzahn auf Ihrer Auffahrt oder in den Fugen Ihrer Terrassenfliesen breit gemacht? Wenn er ein für allemal verschwinden soll, füllen Sie im Frühjahr eine alte Sprühflasche mit unverdünntem farblosem Essig oder unverdünntem Apfelessig. Geben Sie einen Sprühstoß auf die Mitte der Pflanze bzw. auf die Mitte der Blüte. Führen Sie diese Behandlung durch, bevor die Pflanzen einen Samenstand bilden können. Mit einem zweiten Sprühstoß zielen Sie auf den Stängel, und zwar in Bodenhöhe. So kann der Essig bis zu den Wurzeln durchsickern. Am besten führen Sie diese Behandlung während einer stabilen Schönwetterperiode durch, denn wenn es schon am kommenden Tag regnet, müssen Sie die ganze Prozedur wiederholen, weil der Essig weggespült wurde.

Rund um das Haustier

NIE MEHR KATZEN IN DER SANDKISTE • Wenn Sie Katzen von der Sandkiste Ihrer Kinder fern halten wollen, sprühen Sie unverdünnten farblosen Essig um die Sandkiste herum. Katzen mögen den Geruch nicht und werden fern bleiben.

DUFTMARKEN VERSCHWINDEN LASSEN • Falls der Welpe oder das Kätzchen noch nicht stubenrein ist, wird das Jungtier oftmals dort Pfützen machen, wo es vorher schon einmal einen nassen Fleck hinterlassen hat. Nach dem Reinigen ist es wichtig, den Uringeruch von Boden, Teppich oder Couch zu entfernen. Nichts funktioniert hier besser als Essig:

- Nehmen Sie mit einem alten Lappen oder Papiertuch so viel wie möglich von der Pfütze auf. Dann wischen Sie mit einer Lösung nach, die zu gleichen Teilen aus farblosem Essig und warmem Wasser besteht. Auf Holz- oder Vinyloberflächen sollte man jedoch zuvor an einer unauffälligen Stelle einen Test machen, um sicherzugehen, dass der Essig die Bodenoberfläche nicht angreift. Danach trocknen Sie die Stelle mit einem Tuch oder Papiertuch nach.

- Haben Hund oder Katze ein kleines Geschäft auf Teppichen oder Polstern verrichtet, nehmen Sie die Flüssigkeit sorgfältig mit einem Handtuch oder ein paar alten Lappen auf. Dann tragen Sie mit einem Tuch etwas unverdünnten farblosen Essig auf den Fleck auf und reiben den Essig in die Fasern ein. Wenn der Fleck getrocknet ist, sollte er absolut geruchlos sein.

ESSIG INS TRINKWASSER • Geben Sie 1 TL Apfelessig ins Trinkwasser Ihrer Katze oder Ihres Hundes. Der Essig enthält Nährstoffe, die Ihr Haustier für ein glänzendes, gesund aussehendes Fell braucht. Außerdem wirkt der Essig als natürliches Mittel gegen Flöhe und Zecken.

JUCKREIZ LINDERN • Wenn Sie feststellen, dass sich Ihr Hund mehr als sonst hinter den Ohren kratzt, wird er vielleicht von Mückenstichen gequält. Lindern Sie den Juckreiz, indem Sie 2 Teile Essig mit 1 Teil Wasser mischen, einen Wattebausch oder ein weiches Tuch in die Lösung tauchen und die Ohren des Hundes damit vorsichtig abtupfen. Auf diese Weise werden die Ohren gleichzeitig vor Milben und Bakterien geschützt.

VORSICHT: Geben Sie niemals unverdünnten Essig auf offene Wunden. Sehen Sie eine Verletzung im Ohr Ihres Tieres, holen Sie tierärztlichen Rat ein.

UNANGENEHME GERÜCHE ENTFERNEN • Falls sich Ihr Hund wieder einmal in irgendetwas Unaussprechlichem gewälzt hat, greifen Sie zur Essigflasche, um dem Tier wieder zu einem manierlichen Geruch zu verhelfen – auch wenn der Hund hiervon nicht gerade begeistert sein wird:

- Baden Sie Ihren Hund in einer Lösung, die je zur Hälfte aus unverdünntem Essig und warmem Wasser besteht. Wiederholen Sie das Bad mit 1 Teil unverdünntem Essig und 2 Teilen Wasser. Wenn Sie danach das Fell gründlich mit Wasser ausspülen, sollte der Hund wieder gesellschaftsfähig sein.

- Wenn Sie nach dem Baden des Hundes ebenso nass sind wie das Tier und es nun Ihre Kleidung ist, die unangenehm riecht, dann greifen auch Sie zur Essigflasche. Weichen Sie die betroffenen Wäschestücke über Nacht in unverdünntem Essig ein. Nachdem Sie sie am nächsten Morgen gewaschen haben, duftet die Kleidung wieder frisch.

FUTTERNÄPFE REINIGEN • Waschen Sie die Näpfe Ihres Hundes oder Ihrer Katze regelmäßig mit einer Lösung aus, die zu gleichen Teilen aus Apfelessig und heißem Wasser besteht. Spülen Sie die Futternäpfe danach mit kaltem Wasser und lassen Sie sie trocknen.

Für den Heimwerker

ZEMENT VON DER HAUT ENTFERNEN • Obwohl Sie bei den Zementierarbeiten Schutzhandschuhe getragen haben, ist etwas Zement oder Mörtel auf Ihre Haut gespritzt. Sie sollten die angetrockneten Spritzer so rasch wie möglich entfernen, und zwar mithilfe von unverdünntem Essig. Danach waschen Sie die betroffenen Stellen nochmals mit warmem Seifenwasser.

HEIZUNGSGITTER, STANDVENTILATOREN UND KLIMAANLAGEN REINIGEN • Auch in gepflegten Haushalten sind die Lüftungsschlitze von Klimaanlagen und Heizungen sowie die Blätter von Ventilatoren irgendwann von einem Schmutzfilm überzogen. Benutzen Sie für die Säuberung unverdünnten Essig, den Sie mit einer alten Zahnbürste auch an schwer zugänglichen Stellen aufbringen können.

GERUCH VON FRISCHER FARBE NEUTRALISIEREN • Viele Menschen bekommen in frisch gestrichenen Räumen Kopfschmerzen. Hier schaffen Sie Abhilfe, indem Sie ein paar flache, mit unverdünntem Essig gefüllte Schüsseln in den frisch gestrichenen Raum stellen. Schon bald wird der Geruch verflogen sein.

HÄTTEN SIE'S GEWUSST?

Haben Sie sich auch schon gefragt, wie lange Essig eigentlich haltbar ist? Die Antwort lautet: Unbegrenzt. Sein Säuregehalt wirkt selbstkonservierend und macht auch eine Kühlung überflüssig - die zahlreichen Menschen, die glauben, sie müssten ihre angebrochenen Essigflaschen im Kühlschrank aufbewahren, befinden sich im Irrtum. Sie werden an farblosem Essig auch nach langer Zeit keine Veränderungen feststellen. Einige Sorten ändern allerdings mit den Monaten oder Jahren ihre Färbung, werden trüb oder entwickeln einen Bodensatz. Dies sind aber lediglich optische Phänomene; der Essig an sich bleibt praktisch unverändert.

FILTER VON KLIMAANLAGEN DESINFIZIEREN • Der Filter einer Klimaanlage oder eines Luftbefeuchters verschmutzt mitunter relativ schnell und kann gefährliche Bakterien beherbergen. Wer hier auf Nummer sicher gehen möchte, reinigt die Filter alle 10 Tage mit einer Lösung, die je zur Hälfte aus Wasser und Essig besteht. Lassen Sie die Filter 1 Stunde (bei starken Verschmutzungen über Nacht) darin einweichen und wringen Sie sie vor der Benutzung gut aus.

Fortsetzung →

SO BINDET DER PUTZ LANGSAMER AB • Sie wollen den Putz länger weich halten, um ihn in Ruhe verarbeiten zu können? Geben Sie einfach einige Esslöffel farblosen Essig in den Eimer mit angerührtem Putz. Hierdurch wird das Abbinden verzögert und Sie gewinnen kostbare Zeit.

PINSEL VON FARBRESTEN BEFREIEN • Um eingetrocknete Farbe von einem Pinsel mit synthetischen Borsten zu entfernen, weichen Sie ihn in farblosem Essig ein, bis sich die Farbe abgelöst hat und die Borsten wieder weich sind. Waschen Sie ihn anschließend in warmem Seifenwasser. Auch in scheinbar hoffnungslosen Fällen kann Essig helfen: Bevor Sie einen Pinsel mit synthetischen Borsten wegwerfen, kochen Sie ihn in 200–400 ml unverdünntem Essig 10 Minuten lang aus. Nach dem Abkühlen wird er in Seifenwasser gewaschen.

ROST ENTFERNEN

Wenn Sie verrostete Werkzeuge reinigen möchten, legen Sie diese für einige Tage in unverdünnten Essig. Diese Methode lässt sich auch zum Entrosten von Schrauben und Muttern anwenden. Man kann Essig zudem auf Schrauben geben, um diese zu lockern.

SO LÄSST SICH DIE TAPETE LEICHT ENTFERNEN • Sprühen Sie die Tapete bis zur Sättigung mit einer Lösung aus farblosem Essig und Wasser zu gleichen Teilen ein. Warten Sie ein paar Minuten und ziehen Sie dann die Tapete mit einem Tapetenschaber von der Wand. In besonders hartnäckigen Fällen kratzen Sie mit dem Schaber Risse in die Tapete, bevor Sie sie einsprühen.

ETIKETTEN

NAMENSETIKETTEN FÜR TEURE TECHNIK • Nur wenige machen sich die Mühe, ihre gesamte Elektronikausrüstung richtig zu versichern. Das Ersetzen von PDAs, Kameras, Camcordern oder MP3-Playern kann jedoch richtig ins Geld gehen. Ein mit Folie überdecktes Namensetikett, das deutlich sichtbar auf das Gerät geklebt wird, kann die sichere Rückgabe erleichtern, wenn das Gerät irgendwo liegen gelassen wurde. Die Voraussetzung hierfür ist natürlich ein ehrlicher Finder!

TASCHEN UND GEPÄCK KENNZEICHNEN • Adressenaufkleber lassen sich nicht nur für Briefumschläge verwenden – sie erhöhen auch die Chance, dass verloren gegangene Gegenstände wieder in Ihre Hände gelangen. Kleben Sie einfach Namensetiketten in die Laptop-Tragetasche, ins Etui der Designerbrille, in die Sporttasche

GUT GEKENNZEICHNET IN DIE REPARATUR

Haben Sie ein ungutes Gefühl, wenn Sie Ihre Stereoanlage oder andere hochwertige Gegenstände wie Digitalkameras oder einen Laptop zur Reparatur bringen? Kleben Sie ein Adressenetikett auf die Bodenplatte oder an eine andere unauffällige, unbeschädigte Stelle. So können Sie sicher sein, dass das Gerät nicht verloren geht.

und in alle Gepäckstücke, ganz gleich, ob sie Adressenanhänger haben oder nicht. Damit sich die Namensetiketten nicht abnutzen und lesbar bleiben, werden sie mit Tesafilm oder durchsichtigem Paketband überklebt.

REGENSCHIRME ZURÜCKBEKOMMEN • Ein guter Regenschirm kann jahrelang halten, doch wenn Sie ihn verloren haben, nutzt Ihnen auch die beste Qualität nichts! Die Chance, ihn zurückzubekommen, ist größer, wenn Sie ein Adressenetikett auf den Schirmgriff kleben. Schützen Sie das Etikett anschließend mit durchsichtigem Paketband vor Regen.

EUKALYPTUSÖL

FLECKEN BEHANDELN • Mit Eukalyptusöl lassen sich Grasflecken, verschmutzte Kragenränder sowie Spuren von Schweiß, Lippenstift und Speiseöl gut behandeln. Zur Vorbereitung wird ein saugfähiges Tuch unter den fleckigen Bereich des betroffenen Kleidungsstücks gelegt. Nun reibt man den Fleck vom Rand zur Mitte hin mit Eukalyptusöl ein und wäscht das Kleidungsstück dann wie üblich.

HAARWUCHS ANREGEN • Viele Männer schwören auf ein Haaröl, das angenehm riecht und gleichzeitig den Haarwuchs fördern soll: Erwärmen Sie im Wasserbad 200 ml Olivenöl und 10 ml Menthol auf niedriger Stufe so lange, bis sich die Bestandteile verbinden. Nun fügen Sie einige Tropfen Eukalyptusöl hinzu und lassen das Haaröl abkühlen. Aufheben kann man es in einer kleinen Flasche, möglichst aus dunklem Glas.

FRISCH UND SAUBER WIE EIN FRÜHLINGSTAG • Träufeln Sie ein paar Tropfen Eukalyptusöl auf den Wegwerffilter des Staubsaugers oder stecken Sie ein mit etwas Eukalyptusöl behandeltes Papiertuch in den Staubbeutel. Beide Methoden haben zur Folge, dass sich beim Staubsaugen ein frischer Geruch nach Sauberkeit im Zimmer ausbreitet.

WOHLTAT FÜR DIE FÜSSE • Sie tragen uns durchs Leben, werden aber oft sträflich vernachlässigt – unsere Füße. Verwöhnen Sie sich mit einem sanften Fußpeeling, indem Sie 1 EL Olivenöl, ein paar Tropfen Eukalyptusöl und 1 TL Salz mischen und die Füße damit einige Minuten lang massieren. Dann spülen und trocknen Sie sie gründlich ab.

SO BLEIBEN FLIEGEN UND STECHMÜCKEN FERN • Ein wenig Eukalyptusöl, das man auf die Hand- und Fußgelenke tupft, schlägt lästige beißende und stechende Insekten in die Flucht.

DUFT IN BAD UND KÜCHE • Beim Putzen von Wänden und Boden in Küche und Bad gibt man ein paar Tropfen Eukalyptusöl ins Wasser. Damit bekämpft man Bakterien und sorgt für frischen Duft.

HUNDEFLÖHE – NEIN DANKE

Wer Flohbefall vorbeugen möchte, wäscht Hundedecken und Ähnliches regelmäßig und setzt dem Wasser beim letzten Spülvorgang 1 TL Eukalyptusöl zu. Hundekörbchen und Hundehütten besprüht man mit einem Spray aus Wasser und Eukalyptusöl und lässt sie dann in der Sonne trocknen.

FEUCHTTUCHBEHÄLTER

KLEINKRAM ORDNEN • Werfen Sie die leeren Behälter von Feucht- oder Babyreinigungstüchern nicht fort. Die robusten Kunststoffkästchen sind äußerst nützlich zum Aufbewahren sehr vieler Dinge und oft kann man sie auch gut stapeln. Zuerst werden die Behälter gut ausgewaschen und gründlich getrocknet, dann kann man Dinge wie Nähsachen, Rezeptkarten, Bastel- und Bürobedarf, alte Disketten, Nägel und Schrauben, Fotos, Belege und Rechnungen darin sammeln. Auf ein Stück Kreppband wird der Inhalt notiert, dann das Band aufkleben – fertig!

NIE MEHR KNOTEN IM WOLL- ODER BINDFADENKNÄUEL • Sind Sie es Leid, immer wieder Ihre Woll- oder Bindfadenknäuel zu entwirren? Abhilfe schafft hier ein sauberer, zylindrischer Behälter für Feucht- oder Babyreinigungstücher. Nehmen Sie einfach den Deckel des Behältnisses ab, stecken das Knäuel hinein und ziehen den Faden durch den Schlitz im Deckel, den Sie anschließend wieder aufsetzen. Nun können Sie die Box nach Belieben bemalen oder mit Papier bekleben, damit sie auch noch dekorativ aussieht.

ERSTE-HILFE-KASTEN • Jeder Haushalt braucht einen Erste-Hilfe-Kasten, doch man muss keineswegs ein teures Fertigprodukt kaufen. Stellen Sie selbst die wichtigen einzelnen Bestandteile zusammen, beispielsweise Verbände, elastische Binden, sterile Mullbinden und -kompressen, Wundpflaster, eine Schere und ein Desinfektionsmittel. Packen Sie dann alles in eine rechteckige Box für Babyreinigungstücher. Die Box zuvor gut auswaschen und das Innere nach dem Trocknen mit einem Wattebausch und Alkohol ausreiben.

AUFBEWAHREN VON PLASTIKTÜTEN • Bewahren Sie auch Einkaufstüten aus Plastik auf, beispielsweise damit Sie nicht jedesmal neue kaufen müssen? Dann bringen Sie Ordnung in den Stapel und bewahren Sie die Beutel in rechteckigen Feuchttuchbehältern auf.

TIPP

Etiketten entfernen – kein Problem

Um die Etiketten von den Behältern zu entfernen, greift man zum Haartrockner und erhitzt die unschönen Aufkleber auf höchster Stufe – dann lassen sie sich leichter abziehen. Klebstoffreste entfernt man mit ein wenig Babyöl oder einem Orangen-/Zitrusreiniger.

PAPIERHANDTÜCHER ODER LAPPEN FÜR DIE WERKSTATT • Ein ausgedienter Behälter von Feuchttüchern ist in der Werkstatt sehr nützlich, um Lappen und Papierhandtücher aufzubewahren. Denn so hat man sie im Bedarfsfall gleich zur Hand – und muss nicht erst mit ölverschmierten oder farbverkleckssten Händen die Rolle abreißen oder Lappen suchen. In jedem Behälter bringt man eine Rolle abgerissener Papiertücher oder sechs bis sieben Lappen unter.

GEWÜRZE AUFBEWAHREN • Haben Sie sich nicht schon oft darüber geärgert, dass Ihre vielen Gewürzdöschen in der Küchenschublade oder im Küchenregal stehen und Sie beim Putzen jedes einzelne in die Hand nehmen müssen? Hier leistet ein rechteckiger Behälter für Babyreinigungstücher hervorragende Dienste: Stellen Sie die Gewürzdöschen einfach hinein, und schon sind Regal oder Schublade bestens aufgeräumt und noch dazu leicht zu reinigen.

FEUERZEUGBENZIN

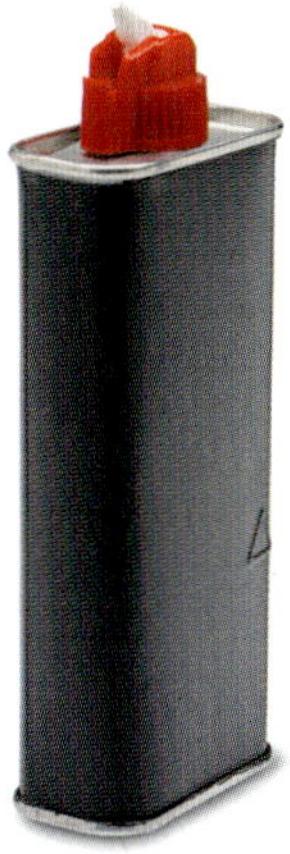

VORSICHT: Feuerzeugbenzin ist billig und erstaunlich vielseitig verwendbar. Allerdings ist es auch leicht entzündlich und bei falscher Handhabung gesundheitsschädlich (nicht auf die Haut bringen, Dämpfe nicht einatmen). Daher sollte man damit nur an gut belüfteten Orten hantieren und dabei in keinem Fall rauchen oder in die Nähe einer offenen Flamme kommen.

STREIFENFREI SAUBER • Auf Ihrem Küchenfußboden haben Sie hässliche Spuren von schwarzen Absätzen entdeckt? Keine Sorge, Sie müssen sie nicht mühsam abschrubben: Träufeln Sie ein wenig Feuerzeugbenzin auf Küchenpapier und wischen Sie die Flecken einfach weg.

ROST ENTFERNEN • Rostflecken auf Edelstahl lassen sich im Handumdrehen entfernen: Ein wenig Feuerzeugbenzin auf einen sauberen Lappen träufeln und den Rostfleck abreiben; überschüssiges Feuerzeugbenzin mit einem zweiten Lappen abwischen.

KAUGUMMI IN DEN HAAREN • Ihre Tochter ist mit Kaugummi in den schönen langen Locken aus dem Kindergarten zurückgekommen? Verzweifeln Sie nicht: Tragen Sie ein paar Tropfen Feuerzeugbenzin direkt auf die klebrigen Stellen auf, warten Sie ein paar Sekunden und kämmen Sie das Kaugummi aus oder wischen Sie es weg. Die im Feuerzeugbenzin enthaltenen Lösungsmittel zersetzen das Kaugummi und bewirken, dass man es leicht entfernen kann (übrigens nicht nur aus Haaren, sondern auch von anderen Flächen). Anschließend sollten die Haare unbedingt gewaschen und gut ausgespült werden.

ETIKETTEN ABLÖSEN • Mit Feuerzeugbenzin lassen sich Etiketten und Klebstoffe von fast allen Oberflächen entfernen, selbst Aufkleber auf Bucheinbänden werden schnell und mühelos abgelöst.

SPEISEÖLFLECKEN AUF DER KLEIDUNG • Wenn solche Flecken bei der Wäsche nicht verschwinden, träufeln Sie vor der nächsten Wäsche ein wenig Feuerzeugbenzin unmittelbar auf den Fleck (nicht bei empfindlichen Stoffen!) – dann kommt das gute Stück sehr wahrscheinlich sauber aus der Wäsche.

MALSTIFTSPUREN

Wenn der Maleifer der Kinder auch vor den Wänden nicht Halt gemacht hat, tupfen Sie etwas Feuerzeugbenzin auf einen sauberen Lappen und bearbeiten die Flecken vorsichtig damit (nicht bei empfindlichen Tapeten).

FILMDOSEN

EINE RASSEL FÜR VERSPIELTE KATZEN • Katzen spielen gern mit kleinen Gegenständen, die Geräusche machen und sich leicht mit den Pfoten bewegen lassen. Als Spielzeug eignet sich daher auch eine Filmdose, in die man ein paar getrocknete Bohnen, einen Löffel ungekochten Reis oder ähnliche, für das Tier unschädliche Dinge einfüllt – dann Deckel darauf und schon kann der Spaß beginnen!

Fortsetzung →

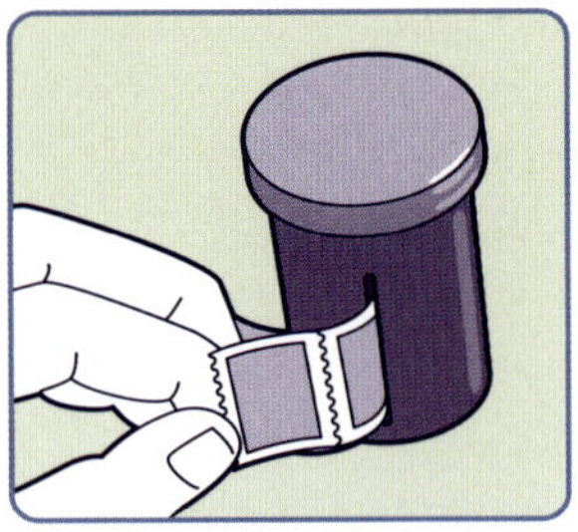

PRAKTISCHER BRIEFMARKENSPENDER • Eine Reihe von Briefmarken oder eine Rolle kleiner Aufkleber, z. B. Namensetiketten, bleiben unbeschädigt, wenn man aus einer leeren Filmdose einen Spender bastelt: Hierzu in die Dose mit einem scharfen Messer von oben nach unten einen Schlitz schneiden (Achtung: möglichst Handschuhe tragen und die Dose mit Klebeband auf der Werkband fixieren); die Briefmarken oder Aufkleber in die Dose einlegen, den Anfang durch den Schlitz nach außen führen und den Deckel aufsetzen. Nun ist der Spender fertig.

IMPROVISIERTE LOCKENWICKLER • Sie können Ihre Lockenwickler nicht finden, müssen aber ganz schnell Ihre Haare richten? Wenn Sie die leeren Plastikfilmdosen vom letzten Urlaub aufbewahrt haben, können Sie hieraus ganz einfach Lockenwickler machen: Den Deckel abziehen, das feuchte Haar um die Dose rollen und mit einer Haarklemme fixieren, die über das offene Ende der Filmdose und die Haare gesteckt wird.

NÄHZEUG FÜR DEN NOTFALL • Ein abgerissener Knopf oder eine aufgegangene Saumnaht hat schon manche Menschen in gewisse Verlegenheit gebracht, und was hätte man in diesen Situationen nicht darum gegeben, Nähzeug zur Hand zu haben! Sorgen Sie vor, indem Sie ein paar Knöpfe, Stecknadeln und eine eingefädelte Nadel in einer leeren Filmdose unterbringen und diese in die Handtasche stecken.

TABLETTENDÖSCHEN FÜR UNTERWEGS • Leere Filmdosen passen in jede Hand- oder Reisetasche und haben genau die richtige Größe, um unterwegs als Pillendose zu dienen. Braucht man mehrere Medikamente, sortiert man sie in getrennte Döschen ein. Die Bezeichnung und Dosierung notiert man auf abziehbaren Etiketten, die auf jede Dose aufgeklebt werden. Wenn man die Etiketten mit Filzmarkern in verschiedenen Farben kennzeichnet, lässt sich mit einem Blick erfassen, um welches Medikament es sich handelt.

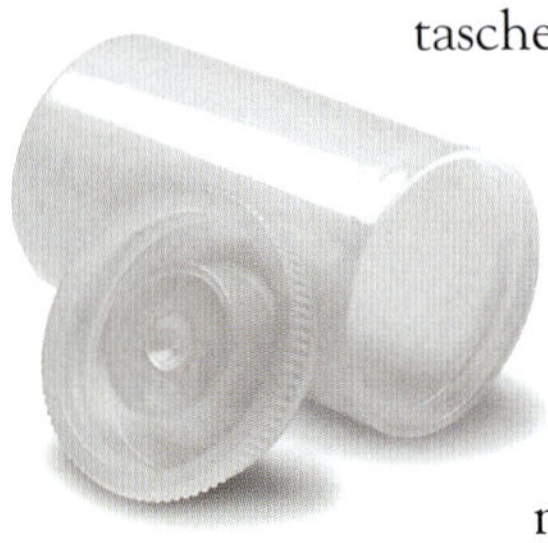

GEWÜRZE FÜR DIE URLAUBSREISE • Sie haben eine Ferienwohnung oder ein Ferienhäuschen gemietet und freuen sich darauf, mit den landestypischen Zutaten zu kochen? Damit im Supermarkt vor Ort nicht schnell die Ernüchterung einsetzt, weil die benötigten Gewürze nur in großen Mengen erhältlich sind, bauen Sie vor: Füllen Sie aus dem häuslichen Vorrat die benötigten Gewürze in Filmdosen und packen Sie diese in die Küchenkiste. Da die Dosen klein sind, findet sich dafür bestimmt noch Platz!

KLEINGELD IM AUTO • Filmdosen haben die richtige Größe für das Kleingeld. Stecken Sie eine Dose mit Wechselgeld in den Wäschebeutel oder das Handschuhfach vom Auto, wenn Sie in den Urlaub fahren, dann müssen Sie an der Mautstelle nicht danach suchen. Aber auch für

TIPP

Woher bekommt man Filmdosen?

*** *Filmdosen aus Plastik kann man für viele Dinge nutzen – vom Kleingeldspender bis zur provisorischen Zuckerdose.***

Die praktischen Döschen waren früher in jedem Haushalt präsent, in dem ab und zu fotografiert wurde. Doch mit der zunehmenden Verbreitung von Digitalkameras verschwinden die kleinen Alleskönner immer mehr vom Markt. Eine gute Bezugsquelle für Filmdosen ist immer noch der Fotoschnelldienst um die Ecke, doch selbst dort sind sie mitunter schon rar. Ganz gewitzte Zeitgenossen schauen sich in den Gelben Seiten nach einem Fotofachgeschäft mit Filmentwicklungsservice um, denn die meisten professionellen Fotografen arbeiten nach wie vor mit herkömmlichen Filmen – und dabei fallen Filmdosen an.

den Parkautomat, den Einkaufswagen oder das Münztelefon kann man immer Kleingeld brauchen.

SÜSSSTOFF – IMMER GRIFFBEREIT • Sie sind es leid, im Café oder Restaurant immer wieder nach Süßstoff zu fragen, und der Spender, den Sie zu Hause stehen haben, ist einfach zu groß für die Handtasche? Füllen Sie die benötigte Menge an Süßstoff in ein Filmdöschen, so haben Sie ihn jederzeit diskret zur Hand.

SCHMUCK SICHER VERWAHREN • Leere Filmdosen nehmen in der Sporttasche nicht viel Platz weg und eignen sich beispielsweise beim Fitnesstraining gut zum Aufbewahren von Ringen und Ohrringen.

EINFACHE REINIGUNG FÜR DEN RASIERER • Bei herkömmlichen Trockenrasierern gibt es meist ein Problem: Wie bekommt man Klingenblock und Scherfolie am besten gereinigt? Entsprechende Sprays sind teuer, bei flüssigen Reinigungsmitteln ist das Hantieren mit dem Pinsel umständlich. Hier hilft ein Trick: den Klingenblock in eine Filmdose geben, etwas Reinigungsmittel einfüllen, verschließen und eine Minute schütteln – schon ist die Klinge wieder sauber. Auch die meisten Schergitter passen in die Dose.

PRAKTISCH BEIM ANGELN

Wo soll man die künstlichen Fliegen zum Angeln oder die Angelhaken aufbewahren? Am besten in Filmdosen! Sie nehmen in der Angelweste nicht viel Platz weg, und wenn eines der luftdicht verschlossenen Döschen ins Wasser fällt, schwimmt es an der Oberfläche und lässt sich so leicht wieder herausfischen.

FLASCHEN

BUNTE BUCHSTÜTZEN • Wenn die Bücher im Regal ständig zur Seite kippen, eignen sich Glasflaschen hervorragend, um aus ihnen hübsche Buchstützen zu basteln. Mit buntem Sand befüllt, geben sie den Büchern Halt und sind gleichzeitig ein dekoratives Element im Regal (die Bücher dürfen allerdings nicht zu schwer sein). Die leeren Flaschen werden hierzu in ein Bad aus Wasser und ein paar Tropfen Spülmittel gelegt und ca. 5 Minuten eingeweicht. Die Etiketten lassen sich nun problemlos entfernen. Um den künftigen Buchstützen das nötige Gewicht zu verleihen, ist Sand die erste Wahl. Dieser ist in verschiedenen Farben und Körnungen erhältlich. Am besten kauft man zum Verschließen der Flaschen auch gleich ein paar Korken; sie lassen sich mit einem Küchenmesser ganz einfach auf die richtige Größe zuschneiden. Mit einem Trichter wird der Sand nun in die Flaschen abgefüllt – ob in Schichten, gemischt oder auch einfarbig, bleibt ganz der Phantasie überlassen.

Fortsetzung →

IMPROVISIERTE BLUMENVASE • Haben Sie diese Situation auch schon einmal erlebt: Liebe Gäste sind gekommen und haben einen kleinen Strauß Blumen mitgebracht, der partout in keine Vase passen will? Oder Sie haben ein Urlaubsdomizil bezogen, dem ein wenig Farbe gut getan hätte? Die Lösung ist ganz einfach: Entfernen Sie die Etiketten von einer schön geformten Flasche (Wein- oder Essigflaschen eignen sich besonders gut) und schon besitzen Sie eine wunderbare Vase, in der die Blumen ihren Platz finden.

NUDELHOLZERSATZ • Ist ein Nudelholz gerade nicht zur Hand, eignet sich auch eine Weinflasche, um Teig dünn ausrollen zu können: zunächst die Etiketten entfernen, anschließend gründlich mit Wasser abwaschen und trocknen. Bei verschließbaren Flaschen kann man noch Wasser hineinfüllen, denn je schwerer die Flasche ist, desto leichter ist das Ausrollen.

EINE BESONDERE GESCHENKVERPACKUNG • Wenn Sie das nächste Mal einen Gutschein verschenken und ihn nicht einfach in einen Umschlag stecken wollen, denken Sie an Ihr Altglas, dort befindet sich eine originelle Verpackung: mit Wasser die Etiketten von einer Weinflasche entfernen, dann gut trocknen lassen (auch innen, z. B. über dem Heizkörper); die Flasche evtl. außen verzieren, Gutschein hineingeben und mit dem Korken die „Flaschenpost" verschließen.

DER SICHERE TRANSPORT

SALATSOSSE • Zu einem richtigen Picknick gehört auch ein leckerer, grüner Salat. Wie ungünstig, dass der Salat, ist er erst einmal angemacht, während des Transports meist in sich zusammenfällt und bitter wird. Das lässt sich leicht verhindern, indem man das Dressing mithilfe eines Trichters in eine verschließbare, leere Wasserflasche füllt und den Salat dann erst an Ort und Stelle würzt.

VERPFLEGUNG FÜR VIERBEINER • Manchmal muss der beste Freund des Menschen Hunger und Durst leiden, wenn im Sommer ein Ausflug ins Grüne unternommen wird und weit und breit kein Bach oder See in Sicht ist. Glücklicherweise kann man leicht Abhilfe schaffen, indem man zwei leere, saubere Flaschen mit Schraubverschluss zur Hand nimmt: die eine mit Leitungswasser und die andere mit Trockenfutter füllen (am besten unter Zuhilfenahme eines Trichters), dann beide fest verschließen. Zwei Pappteller können als Einweg-Futter- und Wasserschalen dienen. Jetzt ist auch der Vierbeiner für den Ausflug bestens gerüstet.

FLASCHENÖFFNER

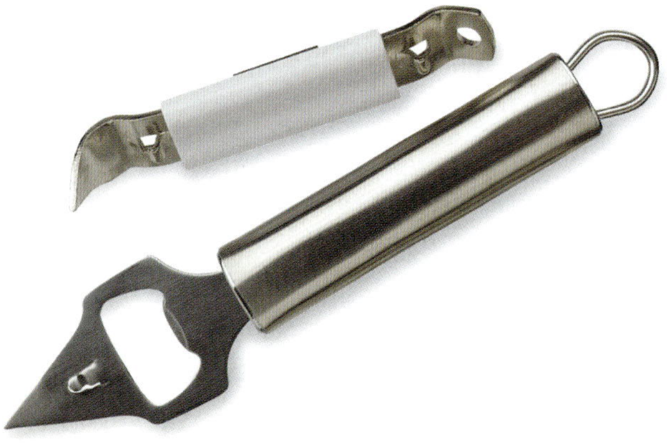

ESSKASTANIEN VORBEREITEN • Sie haben meist Schwierigkeiten, die Schalen abzuziehen? Versuchen Sie einmal, die Kastanienschalen mit dem spitzen Ende eines Flaschenöffners oben und unten anzubohren. Wenn Sie die Kastanien dann 10 Minuten gekocht haben, sollten sich die Schalen leicht lösen.

SO KOMMT MAN AN DEN INHALT DES PAKETS • Wenn man es kaum erwarten kann, das gelieferte Paket zu öffnen, aber kein Taschenmesser zur Hand hat, kann man das Paketband mit dem spitzen Ende des Flaschenöffners aufschlitzen.

GARNELEN PUTZEN

Wer Garnelen (Shrimps) vorbereitet und zum Entfernen des Darmtrakts gerade kein kleines Schälmesser zur Hand hat, kann diese unangenehme Arbeit mit dem Dorn eines Flaschenöffners erledigen.

RISSE VORBEREITEN ODER FUGENMÖRTEL AUSKRATZEN • Die scharfe Spitze eines ausgedienten Flaschenöffners ist nicht gerade ein gebräuchliches Werkzeug, leistet aber gute Dienste, wenn man Risse im Putz für die Ausbesserung vorbereiten möchte: Man fährt in den Rissen entlang, um sie etwas zu verbreitern und zu vertiefen, damit die Füllmasse einen besseren Halt findet. Auch vor dem Neuverfugen kann man mit dem spitzen Ende des Flaschenöffners alten Fugenmörtel zwischen den Fliesen entfernen.

HÄTTEN SIE'S GEWUSST?

Der gute alte Flaschenöffner mit einem flachen und einem spitzen Ende wird in den angelsächsischen Ländern auch als „Kirchenschlüssel" bezeichnet, vermutlich wegen der Ähnlichkeit der ersten Exemplare mit den schweren, kunstvoll verzierten Schlüsseln, mit denen Kirchentüren aufgeschlossen wurden.
Als Handwerkszeug notwendig wurde er, nachdem der Kronkorken von William Painter 1892 in den USA erfunden worden war, um Flaschen fest, zuverlässig und gleichzeitig kostengünstig zu verschließen. Zunächst hatte der Kronkorken noch 24 Zacken, doch schon im Jahr seiner Erfindung wurde er optimiert und hatte fortan nur noch 21. Der Kronkorken schrieb eine Erfolgsgeschichte, die ihresgleichen sucht. In Deutschland wurde noch vor dem Ersten Weltkrieg die erste Kronkorkenfabrik in Hamburg gegründet.

FLIEGENGITTER

VERKLUMPTE WANDFARBE DURCHSIEBEN • Sie möchten die Wand im Wohnzimmer ausbessern und haben noch eine angebrochene, gut verschlossene Farbdose im Keller? Erschrecken Sie nicht, wenn sich trotz aller Sorgfalt Klumpen in der Farbe gebildet haben: Entweder gießen Sie die Farbe durch ein Sieb in ein anderes Gefäß, oder Sie wählen die einfachere Methode, die deutlich weniger Schmutz macht – schneiden Sie aus einem Stück Fliegengitter einen Kreis aus, wobei der Deckel der Farbdose als Vorlage dient. Legen Sie das runde Fliegengitterstück oben auf die Farbe und drücken Sie es mit dem Rührstab vorsichtig und gleichmäßig nach unten, sodass alle Klumpen in der Farbe mit nach unten gedrückt werden. Nun die Farbe über dem Fliegengitter behutsam durchrühren – und schon kann's losgehen.

BEETE SCHÜTZEN • Wenn Sie am Stadtrand oder auf dem Land wohnen, streifen nachts alle möglichen Tiere durch Ihren Garten – Nachbars Katze vermutlich eingeschlossen. Sie schützen Ihre frisch eingesäten Beete vor ungebetenen Besuchern am besten mit einem Stück Fliegengitter, das flach auf die Erde gelegt wird. Dann verwechseln

Fortsetzung →

auch Katzen die schöne, lockere Erde nicht mehr mit einer Katzentoilette. Sobald die Samen austreiben, können Sie aus dem Fliegengitter kleine Schutzgitter für die empfindlichen Keimlinge basteln.

OHRRINGE – STETS GRIFFBEREIT • Ohrringe lassen sich übersichtlich aufbewahren, indem Sie ein Stück Fliegengitter ausschneiden und die Kanten mit Klebe- oder Isolierband in Ihrer Lieblingsfarbe einfassen. Wenn man ein Band oder einen Blumendraht an den oberen Ecken befestigt, lässt sich das dekorative Gitter gut aufhängen, beispielsweise im Badezimmer neben dem großen Spiegel. Fädeln Sie dann alle Ihre Ohrringe durch die Löcher im Gewebe – und schon sind die Schmuckstücke jederzeit griffbereit und überdies noch nach Farben, Größe oder Stil sortiert!

FRISCHHALTE- UND GEFRIERBEUTEL

Für Haus und Hof

STETS BEREIT: EIN KALTER UMSCHLAG • Keiner kann voraussagen, wann ein Familienmitglied das nächste Mal unter Zahnschmerzen leiden, sich am Backofen verbrennen oder sich eine Beule am Kopf zuziehen wird – aber in jedem Fall ist es gut, vorbereitet zu sein. Frieren Sie einen feuchten Waschlappen in einem Gefrierbeutel ein, den Sie mit einem geeigneten Clip verschließen. Wenn jemand einen kalten Umschlag benötigt, ziehen Sie den Beutel einfach aus dem Gefrierfach hervor.

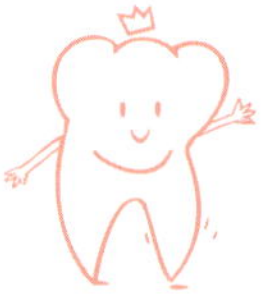

SICHERHEITSVERWAHRUNG FÜR DEN MILCHZAHN

Kinder, die ihren ersten Milchzahn verlieren, wollen ihn selbstverständlich voller Stolz jedem zeigen. Damit das kostbare Erinnerungsstück nicht gleich verloren geht, stecken Sie den Zahn in einen kleinen Plastikbeutel mit integriertem Reißverschluss. Auf diese Weise können die Kleinen ihn mühelos herzeigen und Sie müssen sich wegen eines möglichen Verlusts keine Sorgen machen.

SEIFENRESTE VERWERTEN • Vielen Menschen ist es ein Gräuel, Seifenreste wegzuwerfen. Es ist aber unmöglich, ein Seifenstück zu benutzen, wenn es zu klein wird. Doch hier gibt es eine Lösung: Sammeln Sie die Reststücke in einem Frischhaltebeutel mit integriertem Reißverschluss. Sobald Sie mehrere Reststücke beisammen haben, legen Sie die wasserdicht verschlossene Tüte in einen Topf mit warmem, aber nicht kochendem Wasser, und schon beginnen die Seifenstücke zu schmelzen. Nachdem die Mischung abgekühlt ist, haben Sie ein neues Stück Seife.

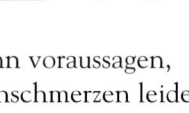

BABY-FEUCHTTÜCHER SELBST HERGESTELLT • Möchten Sie es vermeiden, dauernd teure Baby-Feuchttücher im Supermarkt kaufen zu müssen? Auch der Erwerb einer preisgünstigeren Vorratspackung ist keine optimale Lösung, da die Tücher bei langer Lagerung austrocknen können. Also was tun? Stellen Sie Ihre eigenen Feuchttücher her! Dazu geben Sie weiche Papiertücher in einen großen verschließbaren Frischhaltebeutel und setzen eine Mischung aus 1 EL hautverträglicher antibakterieller Flüssigseife, 1 TL Babyöl und 100 ml Wasser an. Geben Sie so viel von der Mischung in den Beutel, dass die Tücher feucht, aber nicht nass werden.

PROBLEME MIT DEM WEICHSPÜLER? • Wer eine sehr alte Waschmaschine besitzt oder das Gefühl hat, dass die Zugabe von Weichspüler bei seiner Waschmaschine nicht funktioniert, kann folgenden Tipp versuchen: Stechen Sie mit einer Nadel ein paar Löcher in einen verschließbaren Gefrierbeutel, halten Sie ihn über das Waschmittelfach Ihrer Maschine und füllen Sie ihn mit Weichspüler. Nachdem Sie den Beutel verschlossen haben, geben Sie ihn mit der Wäsche in die Trommel. Der Weichspüler tritt während des Waschvorgangs langsam aus den Nadellöchern aus, und Sie müssen nicht mehr daran denken, ob und wie der Weichspüler korrekt zur Wäsche gelangt.

HÄTTEN SIE'S GEWUSST?

Die Älteren unter uns erinnern sich noch ganz genau daran, dass sie ihr Pausenbrot nicht zu allen Zeiten in Frühstücksbeuteln mit zur Arbeit genommen haben. Bevor die Plastikbeutel erfunden wurden, wickelte man das Frühstücksbrot in Butterbrot- oder Wachspapier ein, eine Methode, die übrigens heute noch in manchen Feinkostläden praktiziert wird. Plastiktüten in der Größe eines Butterbrotes wurden erstmals im Jahr 1957 in den USA eingeführt. Sieben Jahre später brachte die Firma Mobil Corp. Brotbeutel mit Druckverschluss, die so genannten Baggies, auf den Markt. Eine weitere Neuerung, die es mittlerweile gibt und die zunehmend Verbreitung findet, sind Plastiktüten mit integriertem Reißverschluss (auch Ziploc-Verschluss genannt). Dank dieses Verschlusspatentes lassen sich die Tüten beliebig oft öffnen und verschließen. Und das Beste daran: Der Reißverschluss ist sogar wasserdicht!

SCHUTZ FÜR VORHÄNGESCHLÖSSER • Denken Sie daran, dass die Vorhängeschlösser an Schuppen oder Garage bei kaltem Wetter einfrieren können. Ein Gefrierbeutel, den Sie über das Schloss stülpen und zubinden, kann hier Abhilfe schaffen und den Zylinder vor Frost schützen.

SELBST GEMACHTES VOGELFUTTER • Helfen Sie in den harten Wintermonaten den gefiederten Gästen in Ihrem Garten. Dazu mischt man in einem Frischhaltebeutel Vogelfutter mit Erdnussbutter. Nach dem Verschließen werden die Zutaten gut vermengt, indem man den Beutel gründlich durchknetet. So entsteht ein Klumpen, den man anschließend in einem kleinen Netz oder auf einen Kiefernzapfen gesteckt an einem Baum aufhängt. Dann braucht man nur noch zu warten, bis sich die dankbare Vogelschar einfindet.

LETZTER SCHLIFF FÜR DEN NIKOLAUSSTRUMPF • Sie haben gerade den Nikolausstrumpf für Ihren Enkel fertig gestrickt und möchten ihn jetzt noch mit einigen weihnachtlichen Stoffverzierungen versehen. Doch die müssen noch gestärkt werden ... Erleichtern Sie sich die Arbeit, indem Sie die Stoffapplikationen zusammen mit ein wenig Stärke in einen Frischhaltebeutel mit integriertem Reißverschluss geben. Schütteln Sie den Beutel so lange, bis alle Teile mit Stärke getränkt sind. Danach nehmen Sie die Stoffstücke heraus und lassen sie gründlich trocknen. Bewahren Sie die Stärke für Ihre nächste Handarbeit im Frischhaltebeutel auf.

Fortsetzung →

In der Küche

GERIEBENEN KÄSE AUFBEWAHREN • Pasta oder Pizza schmecken mit ein wenig frisch geriebenem Parmesan-Käse einfach besser. Aber wer will schon jedes Mal, wenn Spaghetti auf den Tisch kommen, die Käsereibe hervorholen? Nehmen Sie stattdessen einen Keil Parmesankäse, reiben Sie das ganze Stück auf einmal und verpacken Sie die Käseraspeln, damit sie frisch bleiben, in einem Frischhaltebeutel mit integriertem Reißverschluss. Sicherheitshalber umhüllt man den ersten Beutel noch mit einem zweiten.

PRAKTISCHE SPRITZBEUTEL • Spritzbeutel sind oft unhandlich, teuer und schwer zu reinigen. Hören Sie auf, in der Küchenschublade nach Aufsätzen für die Spritzbeutel zu kramen und füllen Sie die Masse, die gespritzt werden soll, in einen Frischhaltebeutel mit integriertem Reißverschluss. Drücken Sie die Luft aus dem Beutel und verschließen Sie ihn. Nun schneiden Sie eine Ecke des Beutels ab, sodass eine Öffnung in der von Ihnen gewünschten Größe entsteht, und schon können Sie beginnen, die Masse herauszupressen. Wenn Sie mit nur einem Spritzbeutel auskommen wollen, arbeiten Sie die feinen Verzierungen zuerst aus. Dann schneiden Sie das Loch in der Tüte ein wenig größer und wenden sich gespritzten Rosetten oder dergleichen zu.

FETT ENTSORGEN • Es ist weder umweltgerecht noch gut für die Leitungen, Fett über den Abfluss der Spüle oder der Toilette zu entsorgen. Gebrauchtes Fett aus der Fritteuse oder dem Fonduetopf sollte man abkühlen lassen und dann in einen Frischhaltebeutel mit integriertem Reißverschluss (oder auch in ein gut schließendes Plastikgefäß) gießen. Zur Sicherheit kann man auch noch einen zweiten Beutel verwenden. Dann gibt man es in den Hausmüll oder bei größeren Mengen in eine geeignete Sammelstelle.

BUNTE KEKSE, ABER SAUBERE HÄNDE • Mit etwas Lebensmittelfarbe gefärbte Kekse sind der Hit beim Kindergeburtstag, doch so manche geplagte Mutter weiß, wie ihre Hände danach aussehen ... Doch dies muss nicht sein: Geben Sie den vorbereiteten Teig in einen entsprechend großen Gefrierbeutel, fügen Sie ein paar Tropfen Lebensmittelfarbe hinzu und verschließen Sie den Beutel. Nun kneten Sie den Teig so lange durch, bis er einheitlich gefärbt ist. Man kann den Teig sofort verwenden oder auch für eine spätere Verwendung einfrieren.

EISKRISTALLE AUF GEFRIERGUT VERMEIDEN • Im Gefrierschrank liegt eine größere Packung schmackhafter kleiner Köstlichkeiten, aus der sich die Kinder bei Bedarf bedienen? Es ist wirklich ärgerlich, nach einiger Zeit störende Eiskristalle auf der gefrorenen Leckerei vorzufinden. Wenn Sie angebrochene Verpackungen von nun an in einen Gefrierbeutel mit integriertem Reißverschluss stecken, werden sich keine Kristalle mehr bilden!

ZUCKERSCHAUMWAREN WEICH MACHEN • Sie ziehen aus dem Küchenschrank eine Tüte Mäusespeck oder Marshmallows hervor und stellen fest, dass der Inhalt steinhart geworden ist. Was nun? Erwärmen Sie Wasser in einem Topf (nicht zum Kochen bringen), stecken Sie die Zuckerschaumware in einen Frischhaltebeutel mit integriertem Reißverschluss und legen Sie ihn in den Topf. Sie werden sehen, dass die gut dosierte Wärme die Süßigkeiten im Handumdrehen weich machen wird.

EISWÜRFELVORRAT ANLEGEN • Sie brauchen für Ihre Sommerparty Eiswürfel in großen Mengen, haben aber nur zwei oder drei Eiswürfelschalen? Kein Problem – sofern Sie rechtzeitig mit der Herstellung der Eiswürfel beginnen. Wenn die Würfel gefroren sind, geben Sie sie in Gefrierbeutel mittlerer Größe, die Sie im Gefrierschrank aufbewahren. Nun werden die Schalen wieder mit Wasser gefüllt, und weiter geht die Produktion!

SCHOKOLADE SCHMELZEN WIE EIN PROFI • In der Regel schmilzt man Schokolade im Wasserbad, doch dann muss man hinterher aufwändig das Kochgeschirr spülen. Gerade wenn man die geschmolzene Schokolade fürs Verzieren braucht, geht es einfacher, wenn Sie Wasser in einem Topf erhitzen (nicht kochen) und die Schokolade in einem dicht verschlossenen Gefrierbeutel hineinlegen. Bald ist die Schokolade flüssig und gebrauchsfertig zum Backen und Dekorieren. Sie können den Beutel sogar verschlossen lassen und eine der unteren Ecken abschneiden, um die Schokolade beispielsweise auf einen Kuchen zu spritzen.

KUCHENFORMEN EINFETTEN • Sie möchten eine Kuchenform oder ein Backblech mit Butter oder Margarine einfetten, haben aber weder Küchenpapier noch einen geeigneten Küchenpinsel zur Hand? Probieren Sie einmal Folgendes: Schlüpfen Sie mit der Hand in einen Frischhaltebeutel, nehmen Sie dann eine kleine Menge Butter oder Margarine in die Finger und schon kann das Einfetten beginnen – das geht gut und Ihre Hände bleiben sauber.

PRAKTISCHE EINMALTRICHTER • Wer keinen Trichter zur Hand hat, kann sich mit einem kleinen Gefrierbeutel behelfen: Man gibt den Inhalt, der umgefüllt werden soll, in den Beutel, schneidet eine der unteren Ecken ab und füllt die Substanz in den gewünschten Behälter um. Wenn man fertig ist, wird der Einmaltrichter einfach weggeworfen.

Spaß für Kinder

Nudeln sind klasse: Man kann daraus z. B. Halsketten basteln und Bilderrahmen oder kleine Kästchen verzieren – natürlich nur, wenn die Nudeln ungekocht sind. Besonderen Spaß macht es, wenn die Nudeln bunt gefärbt sind. Keine Sorge, das Färben von Nudeln ist nicht aufwändig und lässt sich in kurzer Zeit bewerkstelligen: Hierzu gibt man eine Hand voll Nudeln in einen Frischhaltebeutel mit integriertem Reißverschluss und fügt mehrere Tropfen Lebensmittelfarbe hinzu. Nun gibt man noch einige Tropfen Spiritus in die Tüte dazu und verschließt sie sorgfältig. Abschließend wird die Tüte tüchtig geschüttelt, bis die Nudeln vollständig eingefärbt sind. Danach breitet man die Nudeln zum Trocknen auf Folie aus.

SO WIRD DAS ERFRISCHUNGSGETRÄNK NICHT SCHAL • Sie haben gerade eine Dose Erfrischungsgetränk geöffnet, da erhalten Sie einen Anruf, dass Sie schnell weg müssen – was tun mit dem sprudelnden Nass, sodass es nicht schal wird? Stellen Sie die Dose einfach in einen Frischhaltebeutel mit integriertem Reißverschluss, den Sie sorgfältig verschließen. Auf diese Weise sollte die Kohlensäure in Ihrem Erfrischungsgetränk bleiben – zumindest so lange, bis Sie zurückkommen.

KINDER IN DER KÜCHE • Ihre kleine Tochter will endlich auch einmal den Hackfleischteig durchkneten, ganz nach dem Vorbild der Mama? Früh übt sich, was ein Meister werden will – aber wenn Sie daran denken, welche Mühe es kosten wird, die kleinen Hände wieder sauber zu bekommen, würden Sie lieber Abstand nehmen. Doch es gibt eine Lösung: Stülpen Sie dem Kind einfach kleine Frühstücksbeutel, die anschließend entsorgt werden, über die Hände, und schon kann die Arbeit losgehen.

Fortsetzung →

Für Lagerung und Transport

ZERBRECHLICHE KOSTBARKEITEN SCHÜTZEN • Eine kleine Statue, eine Vase oder ein Schmuckkästchen müssen für einen Transport speziell verpackt werden – gehen Sie folgendermaßen vor: den Gegenstand vorsichtig in einen Frischhaltebeutel mit integriertem Reißverschluss legen, den Beutel bis auf einen kleinen Spalt schließen, Luft in den Beutel einblasen, den Reißverschluss komplett zuziehen und mit Klebeband luftdicht verschließen. Die Luft bildet nun um das Erinnerungsstück herum ein Schutzkissen.

PULLOVER MOTTENSICHER EINLAGERN • Wenn Sie im Frühjahr einen Stapel Winterpullis wegräumen, legen Sie die guten Stücke nicht einfach ungeschützt in eine Kiste. Stecken Sie jeden Pulli in einen großen Frischhaltebeutel, den Sie dicht verschließen. Wenn es dann im Spätherbst Zeit wird, sich wärmer anzuziehen, finden Sie die Pullis sauber und mottenfrei wieder. Bewahren Sie die Beutel für die nächste „Einlagerung“ im kommenden Frühjahr auf.

ZEDERNHOLZ FÜR DEN KLEIDERSCHRANK • Kleiderschränke aus Zedernholz riechen nicht nur sehr gut, sondern halten obendrein Motten ab. Wer keinen Zedernholzschrank besitzt, macht Folgendes: Man füllt einen Frischhaltebeutel mit Zedernspänen – die gibt es als Kleintierstreu in manchen Zoogeschäften. Nachdem man den Beutel verschlossen hat, bohrt man mehrere kleine Löcher hinein. Der Beutel wird im Kleiderschrank aufgehängt, sodass der Zederduft seine Wirkung entfalten kann.

HÄTTEN SIE'S GEWUSST?

Der wiederverschließbare Plastikbeutel kam 1969 auf, als die Firma Dow Chemical in den USA den so genannten Ziploc-Beutel einführte. Dank des integrierten Reißverschlusses erfreut er sich im Haushalt großer Beliebtheit, wird aber auch von Outdoor-Sportlern hoch geschätzt, die darin beispielsweise. wichtige Papiere vor Feuchtigkeit geschützt aufbewahren. Die wiederverschließbaren Beutel gibt es in verschiedenen Größen und Ausführungen, sodass sie (fast) jedem Zweck gerecht werden. In vielen Haushalten sind die Ziploc-Gefrier- bzw. Frischhaltebeutel zur Selbstverständlichkeit geworden.

DUFTSÄCKCHEN HERSTELLEN

Für Schubladen, die leicht muffig riechen, kann man mithilfe eines wiederverschließbaren Frühstücksbeutels ein Duftsäckchen herstellen. Füllen Sie den Beutel beispielsweise mit zart duftenden Blüten oder geben Sie zerkleinerte wohl riechende Blätter und ein paar Tropfen Duftöl hinzu. Bohren Sie mehrere kleine Löcher in den Beutel und legen Sie ihn in die Schublade, aus der es bald schon wieder frisch duften wird.

Im Badezimmer

RASANTE AUFRÄUMAKTION IM BAD • Freunde kommen überraschend zu Besuch, und im Badezimmer herrscht ein wildes Durcheinander aus Luffaschwämmen, Rasierklingen, Rasiercreme und dergleichen mehr? Damit schnell wieder Ordnung einkehrt, sammeln Sie alle Utensilien in einem durchsichtigen Beutel mit integriertem Reißverschluss, den Sie in den Badezimmerschrank stopfen. Und wenn später wieder Ruhe eingekehrt ist, können Sie den Beutel ganz ohne Stress ausräumen und jeden Gegenstand dorthin räumen, wohin er eigentlich gehört.

BADEKISSEN HERSTELLEN • Verspüren Sie Lust auf ein angenehmes, warmes Bad, vielleicht sogar mit einem Glas Sekt und Opernklängen? Dann beherzigen Sie diesen Tipp als perfekte und preiswerte Ergänzung zu Ihrem Badevergnügen: Blasen Sie Luft in einen großen Frischhaltebeutel mit integriertem Reißverschluss und verschließen Sie ihn danach. Nun haben Sie ein bequemes Kopfkissen, während Sie sich in der Wanne entspannen.

GEBISS REINIGEN – AUF DISKRETE ART • Ist es Ihnen unangenehm, Ihr Gebiss in einem Glas zur Schau stellen zu müssen, wenn es gereinigt wird? Damit ist nun Schluss: Geben Sie es zusammen mit dem Gebissreiniger in einen Frischhaltebeutel mit integriertem Reißverschluss und legen Sie den Beutel in ein Schränkchen im Badezimmer. Am nächsten Morgen ist das Gebiss strahlend sauber und einsatzbereit.

MAKE-UP-UTENSILIEN ORDNEN • Viele Frauen besitzen jede Menge Make-up-Utensilien, die überall herumliegen: Da tummeln sich Lidschattenkästchen in den Farben der letzten Saison neben Lippenstift- oder Rougeproben der unterschiedlichsten Hersteller. Und dazwischen verstreut sind die Kosmetik-Artikel, die man täglich braucht ... Damit nicht jeden Morgen die Sucherei beginnt, bewahren Sie die wichtigen Dinge in einem verschließbaren Beutel auf. In einem zweiten Beutel findet das restliche Make-up Platz und erwartet seinen Einsatz – vielleicht anlässlich einer Verkleidungsparty?

Für unterwegs

WASCHPULVER MITNEHMEN • Sie haben ein Ferienhäuschen gemietet, das sogar über eine Waschmaschine verfügt? Wunderbar, dann brauchen Sie schon nicht so viel Kleidung mitzunehmen, denn die Waschmaschine ist ja im Handumdrehen in Betrieb genommen. Damit Sie keinen großen Waschmittelkarton im Gepäck mitzuschleppen brauchen, messen Sie einfach eine entsprechende Menge Waschpulver ab und lagern es in einem verschließbaren Frischhaltebeutel, aus dem Sie es bei Bedarf entnehmen können.

ERSATZKLEIDUNG FÜR DIE KLEINSTEN • Wer mit Kleinkindern unterwegs ist, sollte immer auf gewisse Missgeschicke beim Essen oder Spielen gefasst sein. Sie sind gegen (fast) alle Eventualitäten gewappnet, wenn Sie stets Ersatzkleidung mitführen, am besten in einem gut verschließbaren Frischhaltebeutel, der griffbereit im Kofferraum liegt. Dann müssen Sie nicht erst lange überlegen, wo Sie ein neues Hemdchen finden, wenn der Fall der Fälle eintritt.

EIN ANGENEHMES ERFRISCHUNGSTUCH • Wollen Sie an einem heißen, schwülen Tag eine lange Autofahrt machen? Und handelsübliche Erfrischungstücher sind Ihnen ein Gräuel? Dann nehmen Sie in einem Frischhaltebeutel mit integriertem Reißverschluss einen feuchten Waschlappen mit, der in Wasser und Zitronensaft getränkt worden ist. Damit können Sie sich jederzeit zur Kühlung über Stirn und Gesicht wischen. Auch bei anderen Gelegenheiten ist man gut beraten, einen feuchten Waschlappen für die schnelle Hand- und Gesichtswäsche mitzuführen – beispielsweise vor einem wichtigen Besprechungstermin.

Fortsetzung →

HANDWÄSCHE AM STRAND • Sie liegen am Strand und es ist Zeit für einen Imbiss. Bevor Sie aber in die Kühltasche greifen, wollen Sie erst den Sand an Ihren Händen loswerden. Hier stellt Babypuder, der in einen wieder verschließbaren Frühstücksbeutel gefüllt wurde, ein gutes Hilfsmittel dar. Greifen Sie in den Puder hinein, ziehen Sie die Hände aus dem Beutel und reiben Sie die Handflächen kräftig aneinander. Sie werden sehen – der Sand fällt sofort ab.

WASSERNAPF FÜR UNTERWEGS

Wenn Sie mit Ihrem vierbeinigen Freund einen Ausflug in Wald und Flur unternehmen, vergessen Sie nicht, dass Ihr Hund auch immer wieder trinken muss. Nehmen Sie daher einen großen wiederverschließbaren Frischhaltebeutel voll Wasser mit, aus dem das Tier dann unterwegs trinken kann.

RETTUNG FÜR DAS NEUE T-SHIRT • Beim Pfingstausflug tropft Eis auf das neue T-Shirt Ihres Kindes – ausgerechnet Schokoladeneis, das hartnäckige Flecken hinterlässt. Wussten Sie, dass sich der Fleck viel leichter entfernen lässt, wenn er gar nicht erst trocknen kann? Geben Sie Ihrem Kind ein Ersatzoberteil und tränken Sie das schmutzige Shirt einfach mit Wasser. Nun steckt man es in einen fest verschließbaren Frischhaltebeutel. Auf diese Weise bleibt das T-Shirt feucht, bis Sie es zu Hause in die Wäsche geben können.

INSEKTENSPRAY AUFS GESICHT AUFTRAGEN • Es ist gar nicht so einfach, sich Insektenabwehrmittel ins Gesicht zu sprühen, ohne dabei in die Augen zu treffen. Leichter hat man es, wenn man ein paar Wattebällchen in einen Plastikbeutel gibt und das Insektenmittel darauf sprüht. Das Mittel kann jetzt mit den Wattebällchen aufgetragen werden.

Spaß für Kinder

Es gibt viele Möglichkeiten, Pudding herzustellen – diese hier spielt sich bei schönem Wetter draußen ab und wird Ihre Kinder begeistern! Füllen Sie ein kleines Päckchen Fertigpuddingpulver in einen Frischhaltebeutel mit integriertem Reißverschluss und fügen Sie die auf dem Päckchen angegebene Menge Milch hinzu. Verschließen Sie den Beutel, sichern Sie den Verschluss mit Klebeband und stecken Sie ihn zusätzlich in einen zweiten wiederverschließbaren Beutel. Jetzt stellen sich die Kinder (möglichst nur in Badekleidung) im Kreis auf und werfen sich den Beutel zu, bis alles gut durchgemischt ist und der Pudding fest wird. Öffnen Sie dann die Beutel, geben Sie jedem einen Löffel und dann heißt es: Guten Appetit! (Und falls doch ein Missgeschick passiert und die Beutel platzen – eine kleine Dusche ist ja kein Problem …)

WERTSACHEN SICHER UND TROCKEN VERWAHRT • Autoschlüssel, Geld und Handy mit ins Schlauchboot zu nehmen, anstatt sie unbeaufsichtigt am Ufer liegen zu lassen, ist eine gute Idee. Aber das Handy sollte auf keinen Fall nass werden und wenn das Boot kippen sollte, liegt alles auf dem Grund des Sees! Das lässt sich vermeiden, wenn man seine Wertsachen in einen luftdicht verschließbaren Frischhaltebeutel steckt und vor dem Verschließen Luft hineinbläst, damit er schwimmt. Auch am Strand oder in einem Erlebnisbad eignet sich ein wiederverschließbarer Beutel hervorragend, um Wertsachen trocken zu halten.

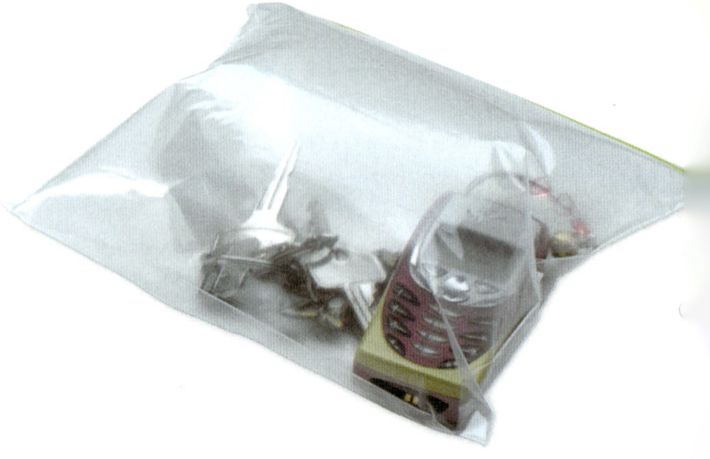

FRISCHHALTEFOLIE

FLIEG, DRACHEN, FLIEG • Was gibt es Schöneres, als mit den Kindern am Strand oder auf einer Wiese einen Drachen steigen zu lassen! Doch wenn er sich in einem Ast oder Zaun verfängt und zerreißt, fließen bei den Kleinen oft die Tränen. Damit der Spaß nicht so traurig endet und der Drachen zumindest vorübergehend flugfähig bleibt, spannen Sie Frischhaltefolie über den Riss und befestigen Sie den Flicken mit ein paar Streifen Klebeband vorsichtig am Drachen.

SO BLEIBT SPEISEEIS WEICH UND APPETITLICH • Haben Sie schon einmal darauf geachtet, wie schnell sich im Gefrierfach Eiskristalle auf Speiseeis bilden, sobald der Behälter angebrochen wurde? Schlägt man den Behälter dagegen komplett mit Frischhaltefolie ein, bevor man ihn ins Gefrierfach zurückstellt, bleibt das Eis weich und frei von den störenden, unappetitlichen Kristallen.

HÄTTEN SIE'S GEWUSST?

Polyvinylidenchlorid (PVDC oder Saran), das auch bei der Herstellung von Frischhaltefolien Verwendung findet, wurde 1933 rein zufällig von Ralph Wiley, einem Laboranten bei der US-Firma Dow Chemical, entdeckt. Eines Tages stieß Wiley auf ein Reagenzglas, das mit einem übel riechenden, durchsichtig-grünlichen Film überzogen war, der sich nicht abkratzen ließ. Er nannte die Substanz Eonit.

Forscher bei Dow Chemical analysierten die Substanz weiter und tauften den öligen Film Saran. Bald wurde es von den US-Streitkräften benutzt, um Kampfflieger zu lackieren, und Autohersteller verwendeten es zum Schutz der Sitzpolster. Später gelang es Dow Chemical, das Produkt von der grünen Farbe und dem unangenehmen Geruch zu befreien. Es wurde in ein festes Material umgewandelt, das nach dem Zweiten Weltkrieg als Verpackungsmaterial für Lebensmittel zugelassen wurde und 1956 die Anerkennung als Lebensmittelkontaktfolie erhielt.

VORSICHT: **Wenn Sie im Mikrowellengerät Essen warm machen, das mit einer Folie abgedeckt ist, die sich für die Mikrowelle und für das Frischhalten eignet, schlagen Sie eine Ecke der Folie zurück oder schneiden Sie einen Schlitz hinein, damit der Dampf entweichen kann. Verwenden Sie keine Frischhaltefolie, wenn Sie Speisen mit hohem Zuckergehalt erhitzen – sie können so heiß werden, dass die Folie schmilzt.**

SAUBERE OBERFLÄCHEN GANZ OHNE ARBEIT • Auf der Oberseite von Küchenhängeschränken bildet sich immer wieder ein schmieriger Film, der sich schlecht entfernen lässt. Und wer steigt schon alle paar Wochen gern auf die Küchenleiter, um sich dieser mühsamen Arbeit zu unterziehen? Nun, dann lassen Sie das nächste Mal das letzte Mal sein. Wenn alles sauber und glänzend geputzt ist, überziehen Sie die Oberflächen mit sich überlappenden Bahnen von Frischhaltefolie. Geht es das nächste Mal ans Saubermachen, müssen Sie nur die alte Folie abziehen und durch neue ersetzen.

COMPUTER-TASTATUR SCHÜTZEN • Wenn Sie in Urlaub gehen oder einige Wochen verreisen, wickeln Sie Ihre Computer-Tastatur in Frischhaltefolie ein. Werden die Tasten nämlich längere Zeit nicht betätigt, setzen sich Staub und Schmutz verstärkt in den Zwischenräumen ab.

GELAGERTE FARBE FRISCH HALTEN • Farbreste in einer angebrochenen Dose halten sich länger, wenn Sie die Öffnung mit Frischhaltefolie überziehen, bevor Sie den Deckel wieder aufsetzen.

GARTENSCHLAUCH

JUNGE BÄUME ANBINDEN • Mit einem kurzen Stück eines alten Gartenschlauchs kann man junge Bäume gut an Stützstäben anbinden. Der Schlauch ist flexibel genug, um sich bei Windstößen zu dehnen, gleichzeitig aber auch kräftig genug, um dem Baum an der Stütze Halt zu geben. Außerdem beschädigt er die Rinde des Jungbaums beim Wachsen nicht.

FALLE FÜR OHRENKNEIFER UND ASSELN • Gegen lästige Ohrenkneifer und Asseln kann man mit einem alten Gartenschlauch vorgehen. Achten Sie darauf, dass der Schlauch innen gut trocken ist, und schneiden Sie ihn in 30 cm lange Stücke. Nun legen Sie die Schlauchabschnitte dort im Garten aus, wo sich die Tiere bevorzugt aufhalten, und lassen sie über Nacht liegen. Morgens sind die Schlauchstücke in der Regel voller Ohrenkneifer und Asseln und können entsorgt werden. Will man die Schlauchabschnitte nicht wegwerfen, taucht man sie in einen Eimer mit Seifenwasser und entledigt sich des Ungeziefers auf diese Weise.

SO LÄUFT DAS REGENWASSER WIEDER AB • Regenrinnen und Ablaufrohre, die beispielsweise durch Laub verstopft sind, kann man mithilfe des Gartenschlauchs wieder durchgängig machen. Wenn man den Gartenschlauch von unten in das Ablaufrohr einführt, lässt sich die verstopfte Stelle in der Regel leicht durchbohren. Oft muss man nicht einmal das Wasser anstellen, weil das in der Dachrinne gesammelte Wasser die Blockade hinausspült.

SICHERE KINDERSCHAUKEL • Um Verletzungen vorzubeugen, zieht man Stücke eines alten Gartenschlauchs über die Ketten und schützt so die Kinderhände. Wenn ein Ende der Kette frei zugänglich ist, braucht man sie nur durch den Schlauch zu ziehen. Sonst schlitzt man den Schlauch längs auf und steckt ihn über die Kette. Den aufgeschlitzten Schlauch umwickelt man ein paarmal mit Isolierband.

TIPP

Gartenschläuche kaufen

Ein Gartenschlauch ist ein Gartengerät wie jedes andere – dennoch gilt es, beim Kauf einige Grundregeln zu beachten, damit man den Schlauch bestmöglich einsetzen kann.

- Um die benötigte Schlauchlänge zu ermitteln, misst man die Entfernung vom Wasserhahn bis zu der am weitesten entfernten Stelle im Garten, an der man den Schlauch braucht. Sicherheitshalber gibt man noch ein paar Meter zu, damit man den Schlauch beim Verlegen um Ecken herum nicht zu stark knicken muss. So vermeidet man, dass der Wasserdruck abfällt.

- PVC- und Gummischläuche sind in der Regel formstabiler, robuster und wetterfester als Schläuche aus preiswerterem Kunststoffmaterial. Wenn Sie beim Bewässern des Rasens zufällig einmal auf den Schlauch treten, werden sie immer noch die volle Leistung bringen und sich nicht gleich stark verformen, wie es bei billigerem Material der Fall sein kann.

- Achten Sie beim Kauf auf eine möglichst mehrjährige Garantie. Die Garantiezeit für hochwertige Gartenschläuche kann bis zu 25 Jahre betragen.

GEBÜHRENFREIES KINDERTELEFON • Verwandeln Sie Ihren alten Gartenschlauch in ein lustiges Kindertelefon. Schneiden Sie dazu den Schlauch auf die richtige Länge zu, stecken Sie einen alten Trichter an jedes Ende und befestigen Sie diesen mit Kleber oder Klebeband. Nun können die Kleinen beliebig lange telefonieren – und dies auch noch gebührenfrei.

FARBKÜBEL MIT BEQUEMEM GRIFF • Die dünnen Drahthenkel schwerer Farbkübel schneiden Ihnen nicht mehr in die Hände und Sie verschütten nicht mehr vor Schmerz die Farbe, wenn Sie ein kurzes Stück von einem alten Schlauch abschneiden, längs aufschlitzen und den Henkel damit umhüllen. Das gibt beim Tragen einen bequemen Halt.

FLEXIBLER SCHLEIFBLOCK • Für Schleifarbeiten an gebogenen oder engen Stellen wird ein 5 cm langes Stück Gartenschlauch längs aufgeschlitzt und ein Blatt Schleifpapier in den Schlitz geklemmt. Nun wickelt man das Blatt um den Schlauch, schneidet es leicht überstehend ab und führt den Überstand ebenfalls in den Schlitz ein. Wenn man den Schlitz nun noch mit Gewebeband fest zuklebt, hat man einen flexiblen Schleifblock, der sich jedem Winkel anpasst.

SCHUTZ FÜR HANDSÄGEN • Mit einer Hülle aus altem Gartenschlauch sind Handsägeblätter bei Nichtgebrauch vor Beschädigung geschützt und es besteht keine Verletzungsgefahr. Ein Stück Gartenschlauch in der benötigten Länge abschneiden, der Länge nach aufschlitzen und vorsichtig über die Sägezähne schieben. So kann man auch Küchenmesser, die für das Picknick eingepackt werden, und Schlittschuhkufen umhüllen.

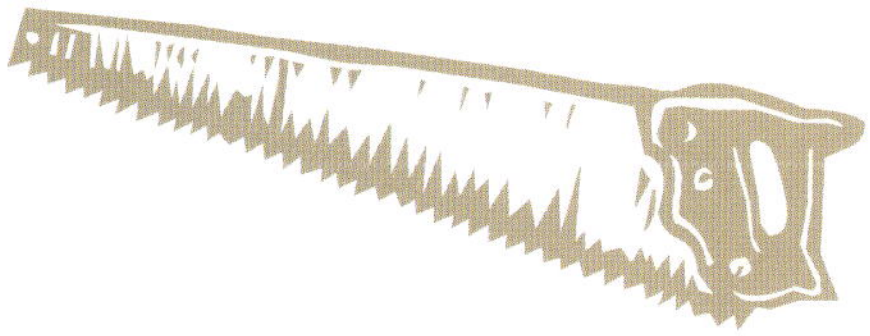

GEWEBE-KLEBEBAND

Im Haus

IMMER FRISCHE KARTOFFELCHIPS • Nichts schmeckt so fade wie alte Kartoffelchips! Chips in einem angebrochenen Beutel bleiben frisch, wenn man den oberen Rand umfaltet und mit einem Stück Gewebe-Klebeband fest zuklebt.

NOTREPARATUR FÜR DIE BRIEFTASCHE • Ihre alte Brieftasche fällt auseinander, aber bis Weihnachten sind es noch einige Wochen? Überbrücken Sie die Zeit, indem Sie die Brieftasche mit farblich passendem Gewebe-Klebeband verstärken. Wenn Sie das Band auf der Innenseite anbringen, fällt die Reparatur kaum auf.

FUSSELN VON DER KLEIDUNG ENTFERNEN • Sie machen sich ausgehfertig, um ins Theater oder auf einen Ball zu gehen, und bemerken plötzlich Hunde- oder Katzenhaare auf Ihrem dunklen Anzug oder dem Kleid? Wenn Sie die Fusselbürste nicht finden können, greifen Sie einfach zu einem Stück Gewebe-Klebeband, mit dem Sie Ihre Hand so umwickeln, dass die klebrige Seite nach außen zeigt. Nun fahren Sie mit wiegenden Bewegungen über die Kleidung, bis das letzte Haar verschwunden ist. Verzichten Sie darauf, über die Kleidung zu wischen, das könnte den Flor des Stoffes schädigen.

Fortsetzung →

JEANS PROVISORISCH KÜRZEN • Sie haben sich eine tolle Jeans gekauft, die Sie gleich auf einer Party tragen wollen? Wenn die Länge nicht passt, halten Sie sich nicht lange mit dem fachgerechten Kürzen auf, vor allem, wenn die Hose beim Waschen voraussichtlich noch ein wenig einlaufen wird. Greifen Sie einfach zu einem Trick und kürzen Sie die Hose mithilfe von sorgfältig aufgeklebtem Gewebe-Klebeband. Der neue Saum hält auf jeden Fall bis zur Wäsche!

LÄSTIGE FLIEGEN FANGEN • Gerade haben Sie Ihr Ferienhaus am See bezogen und wollen endlich Urlaub machen. Es wäre auch alles perfekt, wenn nur die lästigen Fliegen nicht wären. Doch lassen Sie sich nicht die Laune verderben – schneiden Sie einfach ein paar 30 cm lange Streifen von einer Rolle Gewebe-Klebeband ab und hängen Sie diese als Fliegenfänger auf. Bald sind Sie die Fliegen los und Sie können das Band aufrollen und in den Müll werfen.

PROVISORISCHER VERBAND • Wenn Sie sich einen Kratzer zugezogen, aber gerade kein Verbandszeug zur Hand haben, können Sie sich mit einem Provisorium behelfen. Falten Sie Papiertaschentücher oder Küchenpapier und decken Sie die Wunde damit ab. Nun fixieren Sie diesen Notverband mit Gewebe-Klebeband. Das sieht nicht besonders schön aus, hilft aber für den Augenblick. Natürlich darf diese Methode nur bei kleineren Verletzungen angewandt werden. In jedem Fall sollten Sie die Wunde so schnell wie möglich fachgerecht versorgen.

DUSCHVORHANG REPARIEREN • Sie haben den Duschvorhang schwungvoll zur Seite gezogen und dabei eine Öse ausgerissen? Mithilfe von Gewebe-Klebeband ist der Schaden schnell behoben. Sobald der Vorhang trocken ist, ein Stück Band abschneiden, auf der Vorderseite über die ausgerissene Öse kleben, über den Rand falten und an der Rückseite festkleben. Das Gewebe-Klebeband mit einem scharfen Messer, einer Rasierklinge oder Schere einschlitzen und den Duschvorhangring wieder befestigen.

GEHEIMVERSTECK FÜR DEN AUTOSCHLÜSSEL

Welcher Autofahrer kennt sie nicht, die ewige Angst, sich aus dem Auto auszusperren? Machen Sie Schluss damit, indem Sie den Reserveschlüssel einfach mit Gewebeband so an das Fahrgestell kleben, dass er jederzeit zugänglich, aber für andere nicht sichtbar ist.

EIN LOCH IM STAUBSAUGERSCHLAUCH? • Ist der Staubsaugerschlauch gerissen und tritt Luft aus, hat der Staubsauger noch lange nicht ausgedient. Überkleben Sie den Riss im Schlauch einfach mit Gewebe-Klebeband – wahrscheinlich hält die Reparatur während der restlichen Lebensdauer des Gerätes.

WEIHNACHTSBELEUCHTUNG AUFHÄNGEN • Eine festliche Beleuchtung im Außenbereich des Hauses macht in der Weihnachtszeit viel Freude, doch ist das An- und Abmontieren oft eine Last. Wer die Lichterkette mithilfe von Gewebe-Klebeband befestigt, hat es beim Abhängen einfacher. Kleben Sie die Kette einfach in regelmäßigen Abständen mit dem Band an der Dachrinne fest (oder dort, wo die Beleuchtung befestigt werden soll).

BILDERRAHMEN REPARIEREN • Viele Menschen stellen ihre liebevoll gerahmten Familienfotos gern auf Regalen und Beistelltischen in der ganzen Wohnung bzw. im Haus auf. Manchmal aber löst sich die Stütze, die den Rahmen aufrecht hält, von der Rückseite ab, und das Bild fällt um. Mit Gewebe-Klebeband kann man die Stütze wieder an der Rahmenrückseite anbringen.

Für Kinder

SPIELZEUGSCHWERTER BASTELN • Haben Sie ein paar kleine Ritter oder Musketiere im Haus? Basteln Sie den jugendlichen Helden Spielzeugschwerter, indem Sie die Waffen in kindgerechter Größe zunächst auf ein Stück schwere Pappe zeichnen (ist die Pappe nicht dick genug, nimmt man sie einfach doppelt). Nach dem Ausschneiden wird die Schwertklinge in ganzer Länge mit silbernem, der Griff mit schwarzem Gewebe-Klebeband beklebt. Achten Sie beim Zuschneiden der Pappe darauf, dass die Kinderhand den Griff des Schwertes auch dann noch bequem umfassen kann, wenn er durch mehrere Schichten Gewebe-Klebeband dicker geworden ist.

HANDPUPPEN ANFERTIGEN • Gewebe-Klebeband ist gut geeignet, um Handpuppen anzufertigen. Für den Körper verwendet man am besten einen kleinen Papierbeutel, beispielsweise vom Bäcker. Der Beutel wird komplett mit einander überlappenden Streifen von Gewebe-Klebeband beklebt, wobei die Öffnung erhalten bleiben muss. Nun schneidet man Löcher für den Kopf und die Arme in die Tüte. Die Arme der Puppe werden aus Stoff oder Filz gefertigt, der Kopf aus einer Kugel zusammengeknüllten Papiers, die man mit Gewebe-Klebeband überklebt. Jetzt werden noch Knöpfe oder Perlen als Augen und Mund aufgeklebt – Vorhang auf, die Vorstellung kann beginnen!

ALS ROBOTER ZUM KARNEVAL • Wie wäre es zum Karneval mit einem Roboterkostüm? Als Grundlage dient ein Wams aus Packpapier, das mit silberfarbenem Gewebe-Klebeband beklebt wird. Am besten lässt man es am Rücken offen, damit es das Kind leicht an- und ausziehen kann. Für die Beine wird eine alte Hose beklebt; auch hier sollte man darauf achten, dass das Kind das Kostüm ohne Mühe an- und ausziehen kann, z. B. wenn es zur Toilette muss. Gewebe-Klebeband gibt es inzwischen in vielen Farben, so sind der Phantasie keine Grenzen gesetzt.

SPIELZEUGRINGE UND -ARMBÄNDER • Lustige Ringe für Kinder entstehen, wenn man etwa 1 cm breite und knapp 10 cm lange Streifen Gewebe-Klebeband längs faltet und mit den Klebeseiten nach innen zusammenklebt. Nach demselben Prinzip werden weitere Streifen auf den ersten geklebt, bis der Streifen dick und starr genug ist. Nun schneidet man vom Streifen ein Stück in der benötigten Ringgröße mit einer Schere ab, formt es zu einem Ring und verklebt die Enden – fertig ist das Schmuckstück! Wer will, kann noch einen kleinen Stein darauf setzen. Ein Armband wird aus einem Stück festem Papier angefertigt, das man mit Gewebe-Klebeband umwickelt.

Für den Heimwerker

EIN LOCH IN DER FASSADENVERKLEIDUNG • Ist die Fassaden- oder Balkonverkleidung aus Kunststoff bei stürmischem Wetter beschädigt worden? Abgebrochene Äste, die vom Sturm umhergewirbelt werden, oder auch große Hagelkörner können hier erheblichen Schaden anrichten. Unansehnliche Risse lassen sich mit Gewebe-Klebeband in der entsprechenden Farbe gut überkleben, wobei man darauf achten sollte, dass die Oberfläche der Verkleidung trocken ist. Den Streifen mit der Hand oder einer Rolle glätten und eventuell noch mit passender Farbe überstreichen. Ein so aufgesetzter Flicken hält mindestens eine Saison.

PROVISORISCHE DACHREPARATUR • Ist beispielsweise auf dem Gartenhaus eine Dachschindel aus Holz verloren gegangen, fertigt man einen provisorischen Ersatz aus einem 6 mm starken, auf die richtige Größe zugeschnittenen Stück Sperrholz, das in Querrichtung mit Gewebe-Klebeband überklebt wird. Nun die behelfsmäßige Schindel montieren und festkeilen. So lässt sich bis zur endgültigen Reparatur das Loch schließen und verhindern, dass Wasser eindringt.

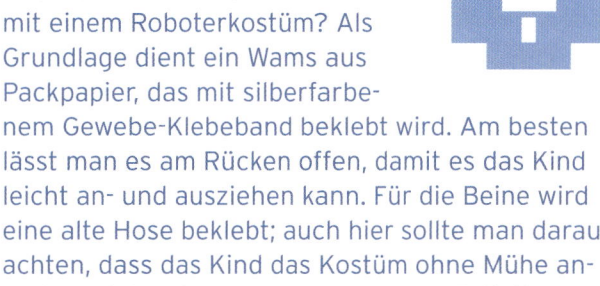

Fortsetzung →

SO KOMMEN SIE BIS ZUR NÄCHSTEN WERKSTATT

Ein Wasserschlauch am Auto ist defekt und die nächste Werkstatt kilometerweit entfernt? Für eine provisorische Reparatur bietet sich Gewebe-Klebeband an – hiermit lässt sich der Schlauch zuverlässig und schnell flicken. Mit der eigentlichen Reparatur sollte man jedoch nicht zu lange warten, denn das Band hält nur Temperaturen bis etwa 93 °C aus. Vor allem darf man es nicht für Reparaturen undichter Stellen an den Kraftstoffleitungen verwenden, denn der Treibstoff löst den Kleber.

BESCHÄDIGTER MÜLLEIMER • Wenn die Seitenwände Ihres Mülleimers aus Kunststoff einen Sprung oder Riss aufweisen, brauchen Sie den Behälter nicht gleich auszurangieren. Überkleben Sie die Stelle einfach mit farblich passendem Gewebe-Klebeband – am besten von innen und von außen. Das Material ist robust und lässt sich problemlos auch auf runde oder gerippte Oberflächen von Mülleimern kleben. Ebenfalls bei Katzentoiletten anwendbar.

GESPRUNGENE FENSTERSCHEIBE SICHER ENTFERNEN • Bevor man die gesprungene Scheibe aus dem Rahmen schlägt, überklebt man sie kreuz und quer mit Gewebe-Klebeband. So wird das beschädigte Glas fixiert und es können sich keine Scherben lösen und Verletzungen verursachen.

NOTREPARATUR DER TOILETTENBRILLE • Wenn kurz vor der Party der Sitz der Toilette bricht, müssen Sie nicht sofort zum nächsten Baumarkt hasten. Umkleben Sie die Bruchstelle bis zum Austausch der Brille sorgfältig mit Gewebe-Klebeband – Ihre Gäste werden es Ihnen danken.

FLIEGEN IM HAUS – NEIN DANKE • Insekten finden durch auch noch so winzige Risse in den Fliegengittern an Fenstern und Türen den Weg ins Haus. Bis zur dauerhaften Reparatur versperren Sie den Zugang mit Gewebe-Klebeband, das Sie über das Loch kleben.

Beim Sport und in der Freizeit

SCHIENBEINSCHÜTZER SICHER FIXIEREN • Beim Hockey geht es oft hart her – da können die Schienbeinschützer gar nicht fest genug sitzen. Hier leisten Streifen aus Gewebe-Klebeband, die man um die Schützer wickelt, hervorragende Dienste. Bevor die Schützer jedoch auf diese Weise fixiert werden, sollte der Spieler die komplette Ausrüstung (einschließlich der Socken) angelegt haben.

SO HALTEN HOCKEYSCHLÄGER LÄNGER • Hockeyschläger halten viel aus, ihre Lebensdauer ist aber nicht unbegrenzt. Wenn Ihr Schläger allmählich abgenutzt aussieht, können Sie seine Haltbarkeit mit Gewebe-Klebeband verlängern, das sie um das untere Ende wickeln. Das Band kann bei Bedarf beliebig oft erneuert werden.

GERISSENE SKIHOSE UNAUFFÄLLIG AUSBESSERN • Weist die äußere Gewebeschicht Ihrer Skihose aus Nylon einen Riss auf, ist dies noch lange kein Grund für einen teuren Neukauf – vorausgesetzt, sie greifen zu einer Rolle Gewebe-Klebeband. Schieben Sie ein entsprechend langes Stück Band mit der Klebefläche nach außen unter die beschädigte Stelle und drücken Sie die Risskanten vorsichtig auf dem Band zusammen. Wenn Sie Glück haben, ist die geflickte Stelle hinterher kaum mehr erkennbar.

SKATEBOARDSCHUHE VERSTÄRKEN • Bei jugendlichen Skateboardern, die akrobatische Sprünge mit ihrem Sportgerät vollführen, nutzen sich die Schuhe an der Spitze bzw. den Seiten schnell ab und bekommen Löcher. Stark beanspruchte Stellen sollte man vorbeugend mit einer oder zwei Lagen Gewebe-Klebeband überkleben – dies schützt die Schuhe und verlängert ihre Haltbarkeit.

SKIHANDSCHUHE REPARIEREN • Aufgeplatzte Nähte an Skihandschuhen lassen sich gut mit Gewebe-Klebeband reparieren, weil es nicht nur robust und wasserfest ist, sondern auch zuverlässig klebt und sich mühelos in Streifen beliebiger Länge reißen lässt. Die Skihandschuhe sind in Minutenschnelle ausgebessert – und schon geht es wieder auf die Piste.

SCHNELLE ZELTREPARATUR • Sie packen das Zelt, das seit dem letzten Sommer im Keller gelegen hat, erst auf dem Zeltplatz aus und stellen fest, dass kleine Risse in der Plane sind? Keine Sorge – wenn Sie Gewebe-Klebeband eingesteckt haben, können Sie diesen Schaden im Handumdrehen beheben. Überkleben Sie die Risse einfach von der Innen- wie der Außenseite mit je einem Streifen Gewebe-Klebeband und Sie können sicher sein, dass weder Regentropfen noch Insekten eindringen können.

ERSTE HILFE FÜR DAS SCHLAUCHBOOT • Wer auf der sonntäglichen Paddelfahrt ein kleines Loch im Schlauchboot entdeckt, kann größeres Übel verhindern, wenn er daran gedacht hat, Gewebe-Klebeband einzupacken. Das Boot aus dem Wasser ziehen, die Stelle um das Loch trocknen lassen und mit einem Streifen Band überkleben. Dann kann man den Ausflug fortsetzen bzw. zur Ausgangsstelle zurückkehren, um die Reparatur fachgerecht durchzuführen.

HÄTTEN SIE'S GEWUSST?

Gewebe-Klebeband, auch unter der Bezeichnung „Gaffer Tape" bekannt, kam zunächst als „duck tape" auf den Markt, was wörtlich übersetzt „Entenband" bedeutet. Seine Entwicklung wurde durch das amerikanische Militär angestoßen, das im Zweiten Weltkrieg ein flexibles, haltbares und wasserfestes Klebeband benötigte. Entwickeln sollte es die Firma Johnson & Johnson. Das Unternehmen kam dem Auftrag nach, indem es ein aus eigener Herstellung stammendes Wundpflaster mit Kunststoff und Gewebe verstärkte. So entstand ein strapazierfähiges, flexibles Band in Olivgrün, das längs stabil, quer aber leicht in Streifen zu reißen war. Das Militär benutzte das Band für alle möglichen Zwecke. Man dichtete damit Munitionskisten ab und reparierte die Windschutzscheiben von Jeeps. Die Soldaten nannten es scherzhaft „duck tape", weil es so wasserdicht wie Entengefieder war.

Nach dem Krieg benutzten Hausmeister und Heimwerker das Band, um leckendes Rohrwerk zu reparieren. Damit es auf den verzinkten Rohren nicht auffiel, wurde es von der Industrie nun silberfarben angeboten, und seine Bezeichnung änderte sich in „duct tape" (Leitungsband). Heute ist es unter der Bezeichnung „Gaffer Tape" (Beleuchterband) bekannt, weil es – in einer schwarzen Version – vor allem von den Beleuchtern bei Film und Fernsehen verwendet wird, die damit Kabel fixieren. Aber auch für Heimwerker ist Gewebe-Klebeband nach wie vor ein wichtiges Hilfsmittel.

WARME FÜSSE BEI WINTERWANDERUNGEN • In Ihren Stiefeln haben Sie stets warme Füße, wenn Sie die Innensohle mit silberfarbenem Gewebe-Klebeband bekleben. Das glänzende Band reflektiert die von den Füßen ausgehende Wärme und hält sie im Schuh.

CAMPINGSTÜHLE REPARIEREN • Verlieren Sie nicht gleich den Mut, wenn Sie vor dem Campingurlaub die Campingstühle aus dem Keller holen und sehen, dass Sitz und Rückenlehne Ihres Lieblingsstuhls verschlis-

Fortsetzung →

sen sind. Sie müssen ihn nicht entsorgen, denn die Gewebeteile lassen sich durch Gewebe-Klebeband ersetzen. Streifen in doppelter Länge der Sitzfläche abschneiden, mit der klebrigen Seite nach innen auf die Hälfte falten, sodass die Gewebeseite beider Streifenteile nach außen zeigt, und mit Schrauben am Stuhl befestigen.

WASSERFESTES SCHUHWERK • Wer wasserdichtes Schuhwerk zum Angeln braucht oder um das Boot ins Wasser zu schieben, kann ein Paar alte Turnschuhe mit Gewebe-Klebeband in überlappenden Reihen bekleben. An runden Stellen den Rand des Bands ein- oder mehrmals einschneiden, dann lässt es sich glatt um die Rundungen verkleben.

PLANSCHBECKEN REPARIEREN

Wenn das Planschbecken ein Loch hat, aber nächstes Jahr ohnehin zu klein für die Kinder sein wird, retten Sie es für die laufende Saison, indem Sie es mit Gewebe-Klebeband flicken. Achten Sie bei der Reparatur darauf, dass die schadhafte Stelle mit einem Flicken überklebt wird, der groß genug ist.

ZECKENSCHUTZ • Bei Wanderungen, auf dem Weg zum Angelplatz oder beim Unkrautjäten im Garten kann man Fußgelenke und Waden vor Zecken schützen, indem man Gewebe-Klebeband um den unteren Rand der Hosenbeine wickelt; so können die Tiere nicht eindringen. Mit dieser Methode verhindert man auch, dass sich die Hose in der Fahrradkette verfängt.

FEHLENDE WÄSCHELEINE • Sie brauchen auf dem Balkon der Ferienwohnung eine Wäscheleine, haben jedoch keine Schnur zur Hand? Sie können sich mit Gewebe-Klebeband behelfen. Drehen Sie einfach ein langes Stück Band zu einer Kordel zusammen und hängen Sie es zwischen zwei Balkonstühlen auf. Auch robuste Seile, mit denen sich etwas zusammenbinden lässt, kann man auf diese Weise herstellen. Mit einem Seil aus Gewebe-Klebeband lassen sich sogar Handwagen ziehen.

HÄTTEN SIE'S GEWUSST?

Viele Hersteller von Gewebe-Klebeband unterhalten eine Serviceabteilung, die u. a. die Fragen der Kunden zum Produkt beantwortet. Drei der am häufigsten gestellten Fragen lauten:
1. Kann man Gewebe-Klebeband zum Entfernen von Warzen benutzen?
2. Kann man mit dem Band den ins Freie geführten Abluftschlauch des Wäschetrockners befestigen?
3. Ist das Band wasserfest?

Die offiziellen Antworten:
1. Gewebe-Klebeband wird zum Entfernen von Warzen nicht empfohlen, weil diese Methode wissenschaftlich nicht erprobt ist.
2. Die Verwendung von Gewebe-Klebeband zum Befestigen von Abluftschläuchen für Trockner wird nicht empfohlen, weil die für das Band zulässige Höchsttemperatur von 93 °C hierbei überschritten werden kann.
3. Die Gewebeschicht des Bandes ist wasserfest, der Kleber dagegen nicht. Aus diesem Grund bleibt Gewebe-Klebeband nur so lange wasserdicht, bis sich der Kleber zu lösen beginnt.

SCHUTZ FÜR GUMMISCHLÄUCHE • Mäuse und Marder haben ein besonderes Faible für Gummi und nagen gern Schläuche an, beispielsweise den, der die Gasflasche mit dem Gartengrill verbindet. Wer sich hiervor schützen will, umwickelt den Schlauch sorgfältig mit Gewebe-Klebeband.

PROVISORISCHER SCHNÜRSENKEL • Wenn Ihnen beim Fußballspiel ein Schuhband reißt, ist das kein Problem. Bitten Sie um eine kurze Auszeit und gehen zum Kofferraum Ihres Autos, in dem vermutlich eine Rolle Gewebe-Klebeband liegt. Schneiden Sie ein Stück in der benötigten Länge ab und rollen Sie es der Länge nach mit der Klebeseite nach innen auf. Jetzt brauchen Sie den neuen Schnürsenkel nur noch einzufädeln und den Schuh zuzubinden – und in der nächsten Minute kann das Spiel weitergehen.

GEWÜRZE UND KRÄUTER

FARBAUFFRISCHUNG FÜR DIE HAARE • Gönnen Sie Ihren Haaren eine Pflegespülung mit Zutaten aus der Natur, um die Haarfarbe zu beleben und den Haaren mehr Glanz zu verleihen. Um dunkle Haare aufzufrischen, braucht man 1 EL getrockneten, zerstoßenen Salbei oder 1 Zweig frischen Rosmarin, der klein gehackt wird. Man kann auch eine Mischung aus 1 TL Piment, 1 TL gemahlenem Zimt und 1/2 TL gemahlenen Nelken verwenden. Um blonde Haare zum Strahlen zu bringen, benötigt man 1 EL getrocknete Kamille. Geben Sie jeweils 1 Tasse kochendes Wasser über die Kräuter bzw. Gewürze, lassen Sie den Sud 1/2 Stunde lang ziehen, gießen Sie ihn durch einen Kaffeefilter ab und lassen Sie ihn abkühlen. Spülen Sie Ihre Haare nach dem Haarewaschen mit dem Sud und fangen Sie ihn dabei in einer Schüssel auf. Den Sud noch einige Male über die Haare gießen.

SALBEI FÜR FRISCHE FÜSSE • Salbei ist ein würziges Kraut, dass auch eine desinfizierende Wirkung hat. Deshalb hilft es z. B. bei der Bekämpfung von Fußgeruch, indem es die Bakterien abtötet, die sich im warmen, feuchten Klima der Schuhe ansiedeln und den unangenehmen Geruch erzeugen. Streuen Sie einfach etwas gemahlenen Salbei in die Schuhe, bevor Sie sie anziehen. Abends entfernt man das Kraut wieder aus den Schuhen.

GURKENGLÄSER GERUCHSFREI MACHEN • Die Gläser, in denen der Handel beispielsweise Gewürzgurken verkauft, sind so praktisch, dass man sie unter Umständen wiederverwenden möchte, z. B. als Einmachglas. Leider lässt sich der Geruch der eingelegten Gurken oder anderer stark riechender Lebensmittel mit Wasser und Spülmittel kaum auswaschen. Mit folgender Methode ist es möglich, den Geruch zu vertreiben: Man gibt 1 TL Senfkörner in 1 l Wasser, füllt das Wasser mit den Senfkörnern in das Glas und lässt es über Nacht stehen. Am nächsten Morgen sollte der Geruch verschwunden sein.

THERMOSKANNEN FRISCH HALTEN • Thermoskannen, die längere Zeit verschlossen im Schrank stehen, beginnen muffig zu riechen. Dem lässt sich vorbeugen, indem man eine Gewürznelke in die Kanne gibt, bevor man sie im Schrank verstaut. 1 TL Salz hat die gleiche Wirkung. Denken Sie aber daran, das Gewürz wieder zu entfernen und die Kanne gut auszuspülen, bevor Sie für Ihren nächsten Ausflug Kaffee oder Tee hineingießen.

HERRLICHER DUFT IM HAUS • Wie schön ist es, in ein Haus zu kommen, in dem es wunderbar würzig duftet! Zu solch köstlichen Düften kommt man nicht mit einem Raumspray aus dem Drogeriemarkt. Dagegen reichen einige wenige Gewürze, um Ihr Haus riechen zu lassen, als hätten Sie gerade Plätzchen gebacken. Geben Sie eine Hand voll ganzer Nelken oder eine Zimtstange in einen Topf mit Wasser und lassen Sie die Mischung 1/2 Stunde lang auf dem Herd köcheln. Oder streuen Sie 1–2 TL gemahlene Gewürze auf ein Backblech und stellen Sie das Blech 1/2 Stunde lang in den auf 100 °C erhitzten Backofen. Die Klappe halb geöffnet lassen. Bald strömt ein herrlich würziger Duft durch das Haus. Um Strom zu sparen, können Sie den Topf mit dem Wasser und den Gewürzen auch auf ein Stövchen stellen.

Fortsetzung →

MOTTEN IN SCHACH HALTEN • Kleidungsstücke aus Wolle halten sehr lange, wenn sie nicht von Motten befallen werden. Ihre Strickwaren sind im Kleiderschrank und an der Garderobe vor den gefräßigen Tieren geschützt, wenn Sie sie mit Nelken schützen. Dazu kauft man im Bastelgeschäft einige kleine Beutel aus Musselin oder Organza und gibt in jeden Beutel eine Hand voll Gewürznelken. Damit das Nelkenöl keine Flecken auf den Kleidungsstücken verursacht, steckt man die Stoffbeutel in kleine Plastiktüten, die oben offen bleiben. Einige Tüten hängt man dann an Kleiderbügel im Schrank oder an der Garderobe, andere legt man zwischen die Stricksachen in den Schrankfächern. So werden die Motten in Schach gehalten und die Kleidung bleibt unversehrt.

KEINE CHANCE FÜR AMEISEN • Mehl, Zucker und Paprikapulver sind die Leibspeise von Ameisen. Man kann die kleinen Krabbler von den Lebensmitteln fern halten, indem man jeweils ein Lorbeerblatt in das Vorratsgefäß gibt. Am besten klebt man es auf die Innenseite des Gefäßdeckels, denn dann nehmen Mehl oder Zucker nicht so schnell das Lorbeeraroma an. Wahlweise können Sie Beutel mit Lorbeerblättern, Salbei, Zimtstangen oder ganzen Gewürznelken in Ihre Küchenschränke legen. Die Gewürze verströmen einen angenehmen Geruch und halten gleichzeitig Ameisen fern.

SILBERFISCHCHEN VERTREIBEN • Silberfischchen tummeln sich am liebsten an feuchten Orten, z. B. in Küchen, Bädern oder Waschküchen. Die Tierchen sind lästig, aber harmlos, da sie keinen Schaden anrichten und auch keine Krankheiten übertragen. Wenn Sie sie vertreiben wollen, füllen Sie Stoffsäckchen mit einer Gewürzmischung aus Zimt, Muskatnuss und Piment und befestigen Sie die würzig duftenden kleinen Beutel überall dort, wo die Silberfischchen auftreten. Man kann die Säckchen auch mit Salbei oder mit Lorbeerblättern füllen.

PFLANZENSCHUTZ IM GEMÜSEGARTEN • Schon seit Jahrhunderten setzen Gärtner bestimmte Pflanzen neben ihr Gemüse, um es vor Ungeziefer zu schützen. Als perfekte Nachbarn von Gemüse eignen sich duftende Pflanzen wie Basilikum, Rainfarn, Tagetes oder Salbei, die mit ihrem intensiven Geruch die Schadinsekten vertreiben. Minze, Thymian, Rosmarin und Salbei sind bekannt dafür, Kohlpflanzen – beispielsweise Weiß- oder Rotkohl – vor Schädlingen wie Kohlfliegen zu schützen. So sind die Kräuter in zweierlei Hinsicht nützlich, als Pflanzenschutzmittel und als wohlschmeckende Zutat in der Küche!

TIPP

Nelkenöl gegen Zahnschmerzen

Wenn Sie Zahnschmerzen haben, sollten Sie so bald wie möglich zum Zahnarzt gehen. Bis dahin hilft Nelkenöl.

Zahnschmerzen treten häufig ausgerechnet am Wochenende auf. Zum Glück lassen sich die Schmerzen bis zum Zahnarztbesuch mit Nelkenöl lindern. Einer der Inhaltsstoffe des Öls ist Eugenol, ein natürliches Schmerzmittel. Tränken Sie ein Wattestäbchen mit Nelkenöl und betupfen Sie damit den schmerzenden Zahn. Lassen Sie das Öl aber nicht direkt auf das Zahnfleisch geraten.

NAGER IM GARTEN ABSCHRECKEN • Scharfe Chilischoten brennen im Mund, und diese Wirkung können Sie sich zunutze machen, um Nagetiere – z. B. Kaninchen – davon abzuhalten, Ihre Pflanzen zu fressen. Schrecken Sie die Nager einfach mit einem selbst hergestellten Pflanzenschutzmittel auf Chilibasis ab. Dazu zerkleinert man sehr scharfe Chilischoten (am besten Habañero) und gibt sie zusammen mit 1 EL Cayennepfeffer in einen Topf mit 2 l Wasser. Die Mischung 15–20 Minuten lang kochen und dann abkühlen lassen. Das Wasser durch ein Baumwolltuch abgießen, 1 EL Geschirrspülmittel hineinrühren und die Flüssigkeit in eine Sprühflasche füllen. Besprühen Sie gefährdete Pflanzen etwa alle 5 Tage mit diesem Mittel, um die Nagetiere fern zu halten.

LÄSTIGE INSEKTEN IM GARTEN • Giftige Insektizide sind nicht nötig, um lästige Insekten aus dem Garten zu vertreiben. Wenn beispielsweise Ameisen auf Ihrem Gartenweg unterwegs sind, helfen Gewürze, sie wieder loszuwerden. Man mischt 1 EL frisch gemahlenen schwarzen Pfeffer (oder ein anderes stark riechendes, gemahlenes Gewürz wie Gewürznelken oder Salbei) unter 1 Tasse gesiebtes weißes Mehl und streut diese Mixtur auf und zwischen die Ameisen. Innerhalb 1 Stunde sind sie verschwunden! Fegen Sie die Mischung wieder auf oder in den Rasen. Keinesfalls sollten Sie versuchen, sie mit dem Schlauch wegzuspritzen. Das Mehl würde sich mit dem Wasser zu einem klebrigen Schleim verbinden, der sich nur schwer wieder entfernen lässt.

HÄTTEN SIE'S GEWUSST?

Worin genau besteht eigentlich der Unterschied zwischen Kräutern und Gewürzen? Gewürze sind aromatisch oder scharf riechende Teile von Gewürzpflanzen, die frisch oder getrocknet verwendet werden, um Speisen zu würzen oder deren Bekömmlichkeit zu verbessern. Gewürze wie Pfeffer und Zimt stammen aus den Früchten und Rinden von Bäumen. Kräuter hingegen sind Blühpflanzen, deren oberirdische Zweige nicht verholzen. Häufig in der Küche verwendete Kräuter sind z. B. Petersilie und Basilikum. Rosmarin, das oft zu den Kräutern gezählt wird, ist eigentlich ein Gewürz, da es einen holzigen Stamm hat. Salz, die meistgebrauchte würzende Speisezutat, ist weder ein Gewürz noch ein Kraut!

GLASREINIGER

FESTSITZENDEN FINGERRING ABLÖSEN • Wenn ein Ring am Finger festsitzt, muss man in der Regel ein wenig nachhelfen, damit er wieder abgezogen werden kann. Sprühen Sie einfach etwas Glasreiniger auf den Finger mit dem festsitzenden Ring – und schon lässt er sich ablösen.

HILFE BEI BIENENSTICHEN • Der Stich einer Biene ist meist schmerzhaft und verursacht eine Schwellung an der Einstichstelle. Falls Sie einen ammoniakhaltigen Glasreiniger zu Hause haben, können Sie ihn dazu benutzen, die Schwellung und den Schmerz zu lindern. Zuerst muss der Stachel entfernt werden; das geschieht, indem man ihn mit dem Zeigefinger seitwärts herausschnippt – man sollte keine Pinzette hierfür nehmen. Anschließend sprüht man ein wenig Glasreiniger auf ein Tuch und legt es eine Weile auf die Einstichstelle. Verantwortlich für die lindernde Wirkung dieses Hausmittels ist das im Glasreiniger enthaltene Ammoniak. Wenden Sie die Methode aber nur bei leichten Beschwerden an. Falls stärkere Schwellungen, Schwindel, Atemnot oder andere Reaktionen auftreten, sollte man unbedingt einen Notarzt rufen, denn es könnte sich um einen lebensbedrohlichen allergischen Schock handeln.

Fortsetzung →

GLÄNZENDER SCHMUCK • Damit Schmuck seinen Glanz behält, braucht er von Zeit zu Zeit etwas Pflege. Schmuck, der mit harten Edelsteinen wie Diamanten und Rubinen besetzt ist, lässt sich mit ein wenig ammoniakhaltigem Glasreiniger gründlich reinigen. Man sprüht etwas Reiniger auf ein Tuch, verreibt ihn auf dem Schmuckstück und reinigt es dann mithilfe einer weichen Zahnbürste. Schließlich wird der Schmuck mit lauwarmem Wasser abgespült und gut getrocknet. Wenden Sie diese Methode aber weder bei undurchsichtigen Steinen wie Opalen und Türkisen noch bei Korallen und Perlen an. Der Ammoniak und andere Substanzen im Glasreiniger können nämlich die Oberfläche von weicheren Edelsteinen und empfindlichen Materialien austrocknen und die Farben angreifen.

HÄTTEN SIE'S GEWUSST?

Glasreiniger dienen dazu, Fenster und andere Glasflächen möglichst streifenfrei zu reinigen. Dies wird dadurch erreicht, dass sie bis zu 30 % wasserlösliche Lösungsmittel (Alkohole und Glykolether) und nur einen geringen Anteil an Tensiden enthalten, die für die Streifen verantwortlich sind. Hauptbestandteil von Glasreinigern ist Wasser. In geringen Mengen können auch Alkalien (bis zu 1 % Ammoniak) sowie Duft- und Farbstoffe zugesetzt sein.

HARTNÄCKIGE FLECKEN ENTFERNEN • Wenn Waschpulver nicht ausreicht, um hartnäckige Flecken – z. B. von Blut, Gras oder Tomatensoße – aus Textilien zu entfernen, kann man einen ammoniakhaltigen Glasreiniger zu Hilfe nehmen. (Die Wirkung beruht auf dem Ammoniak im Glasreiniger.) Besprühen Sie den Fleck mit ein wenig Glasreiniger und lassen Sie das Mittel 15 Minuten lang einwirken. Dann tupfen Sie die Stelle mit einem sauberen Tuch ab, spülen mit kaltem Wasser nach und waschen das Kleidungsstück anschließend wie gewohnt. Hier einige Hinweise, die Sie beachten sollten:

- Testen Sie die Textilie an einer unauffälligen Stelle auf Farbechtheit.
- Spülen Sie nur mit kaltem Wasser nach und geben Sie die Textilie nicht in den Trockner, solange der Fleck nicht vollständig entfernt ist.
- Wenden Sie diese Methode nicht bei Kleidungsstücken aus Seide oder Wolle bzw. Seiden- oder Wollgemisch an.
- Sollte sich die Farbe nach der Anwendung von Glasreiniger verändert haben, befeuchten Sie die betreffende Stelle mit weißem Essig und waschen Sie sie mit Wasser aus. Die Essigsäure neutralisiert das alkalische Ammoniak.

GUMMIRINGE

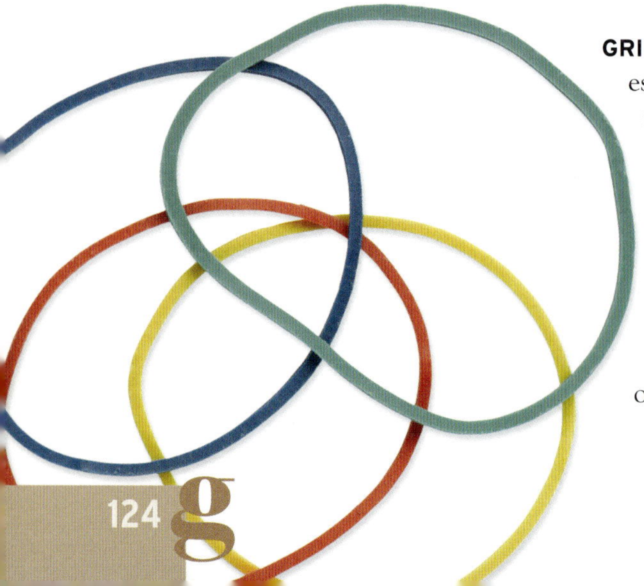

GRIFFIGER TEIGLÖFFEL • Beim Teigrühren kann es passieren, dass der Löffel oder der Schneebesen in die Rührschüssel rutscht und man ihn dann aus dem klebrigen Teig wieder herausfischen muss. In Zukunft können Sie das vermeiden: Wenn Sie einen Gummiring um den Löffelstiel oder den Griff des Schneebesens wickeln, lässt er sich besser greifen und rutscht nicht mehr so leicht aus der Hand.

GLASFORM SICHER TRANSPORTIEREN • Sie haben für die Party, zu der Sie eingeladen sind, einen Salat, einen Auflauf oder eine Nachspeise zubereitet. Damit das kulinarische Mitbringsel auch unbeschadet beim Gastgeber ankommt, spannen Sie einfach einige große Gummiringe um die zugedeckte Form. So kann unterwegs nichts verschüttet werden.

SICHERER HALT FÜRS SCHNEIDEBRETT • Rutscht Ihr Schneidebrett auf der Arbeitsfläche hin und her, während Sie Gemüse zerkleinern? Das lässt sich verhindern, indem Sie um den linken und den rechten Rand des Bretts jeweils einen Gummiring spannen.

FLASCHENVERSCHLÜSSE SICHER ÖFFNEN • Einige Bierflaschen ausländischer Brauereien haben Kronkorken zum Aufdrehen. Wenn man nicht aufpasst, kann man sich beim Öffnen der Flaschen an den scharfkantigen Zacken leicht verletzen. Umwickelt man aber den Kronkorken mit einem Gummiring, bevor man ihn aufdreht, kann nichts mehr passieren. Ein Gummiring ist auch hilfreich, wenn ein glatter Schraubverschluss, wie man ihn meist auf Saftflaschen findet, festsitzt. Versieht man den Verschluss mit einem Gummiring, lässt er sich besser greifen und leichter aufdrehen.

GLÄSER UND FLASCHEN RUTSCHSICHER MACHEN • Kindern fällt es oft schwer, mit ihren kleinen Händen ein Glas oder eine Flasche zu halten, und auch ältere Menschen – z. B. wenn sie an Arthritis leiden – haben manchmal Probleme damit, vor allem, wenn der Inhalt sehr kalt ist und sich an der Außenseite Kondenswasser gebildet hat. In solchen Fällen empfiehlt es sich, einige Gummiringe um das Glas bzw. die Flasche zu wickeln, denn dann können sie nicht mehr so leicht aus der Hand rutschen.

SONNENBLENDE ALS HALTER • Praktisch für Autofahrer: Die Sonnenblende im Wagen kann zusätzlich als Halter dienen, wenn man einige große Gummiringe um sie spannt. So lassen sich hier z. B. Zettel deponieren, die sonst leicht verloren gehen, wie Notizzettel, Parkscheine oder Mautquittungen. Auch eine leichte Brille ist auf diese Weise sicher verstaut.

ORDNUNG IM NÄHKASTEN

Stört es Sie auch, wenn im Nähkasten all die losen, langen Fadenenden der Garnrollen durcheinander liegen? Umwickeln Sie die Garnrollen einfach mit Gummiringen und die Fadenenden sind an den Garnrollen sicher befestigt.

BESEN WIEDER IN FORM BRINGEN • Ihr Besen hat durch langen Gebrauch gelitten, sodass sich die Borsten in alle Richtungen biegen? Sie müssen das gute Stück noch nicht ausrangieren. Wickeln Sie einfach ein paar Gummiringe um den oberen Teil der Borsten und lassen Sie dann den Besen mindestens 1 Tag lang mit den Borsten nach oben stehen. Auf diese Weise können sich die Borsten wieder aufrichten.

KINDERSICHERE KÜCHEN- UND BADEZIMMERSCHRÄNKE • Die Enkel kommen zu Besuch! Jetzt ist es an der Zeit, den Inhalt von Badezimmer- und Küchenschränken vor dem Zugriff der kleinen Racker zu schützen und die Schränke vorübergehend kindersicher zu machen. Wickeln Sie Gummiringe fest um die jeweiligen Griffpaare, und den Kindern wird es nicht gelingen, die Schränke zu öffnen und Bad- und Küchenutensilien zu verstreuen.

UNTERLAGEN MÜHELOS DURCHBLÄTTERN • Ein großer Stapel Papiere wartet darauf, durchgesehen zu werden? Das Sichten von Unterlagen geht schneller und einfacher, wenn man sich dafür einen Gummiring um den Zeigefinger wickelt. Der Gummiring haftet gut am Papier und der Stapel ist rasch durchgeblättert. Achten Sie aber darauf, dass der Gummiring nicht zu fest am Finger sitzt – der Blutfluss sollte nicht unterbrochen werden.

Fortsetzung →

KLEINE MOGELEI FÜR KRAWATTENTRÄGER • Sie haben den obersten Knopf Ihres Hemds geschlossen, weil Sie eine Krawatte anlegen möchten, doch nun fühlen Sie sich beengt. Hierfür gibt es eine einfache Lösung: Ziehen Sie einen sehr kleinen, farblich passenden Gummiring durch das Knopfloch und schlingen Sie beide Enden um den Knopf. Nun können Sie Ihre Krawatte anlegen. Hemd und Krawatte sitzen korrekt, aber Sie können frei atmen.

LESEZEICHEN • Die üblichen Lesezeichen haben einen Nachteil: Sie können aus dem Buch herausfallen. Wenn Sie einen großen Gummiring um den Teil des Buchs spannen, den Sie schon gelesen haben, werden Sie die Stelle, an der Sie aufgehört haben zu lesen, immer wiederfinden.

SICHERHEITSGURT FÜR DIE FERNBEDIENUNG

Möbel bekommen leicht Kratzer, wenn die Fernbedienung darauf umhergeschoben wird. Um das zu verhindern, wickelt man Gummiringe um beide Enden der Fernbedienung. Dadurch werden nicht nur die Möbel geschützt, sondern auch die Fernbedienung selbst, da sie nicht mehr so leicht herunterrutschen und auf den Boden fallen kann.

GUT GEBETTET • Wenn man einen Lattenrost mit lose aufgelegten Latten hat, können die Latten verrutschen. Wickeln Sie einfach Gummiringe um die Lattenenden und sie liegen fest auf dem Rost auf.

STABILE MÖBELROLLEN • Rollen von Möbelstücken können durch ständige Beanspruchung mit der Zeit wackelig werden. Damit sie wieder fest sitzen, nimmt man die betreffende Rolle heraus, wickelt einen Gummiring um den Schaft und setzt sie wieder ein.

SCHLUSS MIT KLECKERN • Beim Malen streift man in der Regel die überschüssige Farbe am Dosenrand ab. Ehe man sich versieht, rinnt die Farbe an der Außenseite der Dose herunter, und in der Rinne am Rand sammelt sich jede Menge Farbe an. Dabei geht es auch ganz anders: Spannen Sie einfach einen Gummiring so von oben nach unten um die Dose, dass der Ring über der Öffnung liegt. Wenn Sie jetzt mit dem Pinsel Farbe aufnehmen, können Sie ihn am Gummiring abstreifen, und die überschüssige Farbe tropft in die Dose zurück.

FÜLLSTAND MARKIEREN • Sparen Sie sich die Mühe, schwer erreichbare Behälter aus dem obersten Regal zu holen, um zu kontrollieren, wie viel Inhalt noch in ihnen ist. Spannen Sie einfach einen Gummiring in Höhe des Füllstands um die Gefäße. So erkennen Sie auf einen Blick, wie viel Inhalt sich noch in ihnen befindet.

HÄTTEN SIE'S GEWUSST?

Gummiringe gibt es bereits seit mehr als 150 Jahren. Das Patent für das erste Gummiband wurde im Jahr 1845 dem Briten Stephen Perry erteilt.

Grundbestandteil der Gummiringe - und anderer Gummiprodukte - ist Kautschuk, der schon im 4. Jh. in Mittel- und Südamerika für die Herstellung von Bällen verwendet wurde. Der nur wenig elastische und weiche Kautschuk wird durch die Zugabe von Schwefel unter Druck und Hitze in ein elastisches Material - in Gummi - verwandelt. Diesen Vorgang nennt man Vulkanisierung. Er wurde 1839 von Charles Goodyear entdeckt.

Die Besonderheit des Gummis besteht darin, dass er äußerst dehnungsfähig ist. Er behält seine Spannkraft auch bei niedrigen Temperaturen. Außerdem ist Gummi sehr haltbar und hitzebeständig und er haftet, ohne zu kleben. Heute werden in der Industrie neben dem Naturkautschuk auch verschiedene Arten von synthetischem Kautschuk verwendet.

HAARSPRAY

HILFE BEI LIPPENSTIFTFLECKEN • Lippenstiftflecken lassen sich mit Haarspray auf vielen Stoffen meist leicht wieder entfernen. Man sprüht Spray auf den Fleck, lässt es einige Minuten einwirken und reibt es dann zusammen mit den Lippenstiftspuren ab. Danach wäscht man die Textilie wie gewohnt (Vorsicht bei empfindlichen Textilien wie z. B. Seide, im Zweifel an einer unauffälligen Stelle testen).

KAMPF GEGEN LAUFMASCHEN • Mit einem kleinen Trick können Sie dafür sorgen, dass Sie sich in Zukunft nicht mehr so oft über Laufmaschen in Strumpfhosen oder Strümpfen ärgern müssen. Sprühen Sie einfach etwas Haarspray auf die Fußspitze von neuen Strumpfhosen oder Strümpfen. Laufmaschen gehen nämlich häufig von der Strumpfspitze aus, und das Spray festigt das Garn und sorgt für bessere Haltbarkeit.

FIXIERSPRAY FÜR KINDERZEICHNUNGEN • Ihr Kind präsentiert Ihnen voller Stolz ein selbst gemaltes buntes Bild und möchte es in der Wohnung aufhängen. Damit sich das kleine Kunstwerk besser hält, sprüht man es vor dem Aufhängen am besten mit Haarspray ein – vor allem, wenn das Kind zum Malen Kreide benutzt hat. Das Haarspray fixiert das Bild und die Farben können nicht mehr so leicht verwischen.

SCHLUSS MIT DEM ABFÄRBEN • Nach einem langen Tag auf den Beinen zieht man abends die Schuhe aus und stellt fest, dass die Schuhe leider auf Strümpfe oder Socken abgefärbt haben. Besprühen Sie das Innere solcher Schuhe mit Haarspray, denn dann färben sie nicht mehr ab. Bevor man sie wieder anzieht, lässt man das Haarspray gründlich trocknen.

EINFÄDELN LEICHT GEMACHT • Einen Faden durch ein Nadelöhr zu bekommen, kann zeitraubend und mühselig sein. So geht es einfacher: Legen Sie das Ende des Baumwollfadens auf eine Zeitung und besprühen Sie es mit Haarspray. Der Faden wird dadurch steifer und lässt sich besser einfädeln.

HÄTTEN SIE'S GEWUSST?

Wie manche andere Erfindungen hat auch das Haarspray schon eine richtige „Geschichte“:

- Ohne Sprühdose gäbe es selbstverständlich auch kein Haarspray. Erfunden wurde die Spraydose, die Flüssigkeit zerstäuben kann, im Jahr 1953 vom Amerikaner Robert Abplanalp.
- Im Jahr 1955 wurde das erste Haarspray auf den Markt gebracht, das noch das Sekret der Schellacklaus als Rohstoff verwendete (Ältere unter uns kennen Schellack noch aus der Zeit der ersten Schallplatten).
- Die Firma L'Oréal führte 1960 das erste Haarspray ein, dass sich leicht ausbürsten ließ. Die bis dahin existierenden Haarsprays enthielten Gummilacke, die sich nur schwer entfernen ließen.
- 1964 löste Haarspray den Lippenstift als beliebtester Kosmetikartikel für Frauen ab. Zu jener Zeit waren hochtoupierte Frisuren sehr modern.
- 1984 machte Michael Jackson Schlagzeilen, als sein mit Haarspray fixiertes Haar bei den Proben für einen Werbespot plötzlich in Flammen stand. Das Haarspray hatte sich an einer offenen Flamme entzündet, der er zu nahe gekommen war.

Fortsetzung →

FRISCHHALTEMITTEL FÜR SCHNITTBLUMEN • An einem schönen Blumenstrauß möchte man möglichst lange seine Freude haben. Um die Haltbarkeit von Schnittblumen zu verlängern, besprüht man sie einfach mit ein wenig Haarspray. Dabei richtet man den Strahl aus etwa 30 cm Entfernung auf die Unterseite der Blätter und Blüten.

KUGELSCHREIBERFLECKEN ENTFERNEN • Ihre weiße Bluse oder Ihr helles Hemd hat Kugelschreiberflecken abbekommen? Diese hartnäckigen Flecken wird man meist wieder los, wenn man sie so schnell wie möglich mit Haarspray besprüht. Man lässt das Spray gut antrocknen, bürstet es dann aus und wäscht anschließend das Kleidungsstück wie gewohnt (Vorsicht bei Seide!).

HAARSPÜLUNG

HILFE BEIM ABZIEHEN VON RINGEN • Im Sommer bekommt man Ringe, die im Winter fast vom Finger fallen, nur mit großer Mühe von der Hand, weil die Finger bei Wärme anschwellen. Man kann sich das Abziehen erleichtern, indem man etwas Haarspülung auf den Finger aufträgt. Nun lässt sich das gute Stück problemlos abziehen.

FUNKELNDER EDELSTAHL • Teure Edelstahlpolitur ist mit diesem Tipp überflüssig geworden. Wer Wasserhähne, Golfschläger, verchromte Armaturen und andere Gegenstände zum Funkeln bringen will, ist mit einer Pflegespülung fürs Haar bestens beraten. Einfach ein bisschen Spülung auf einen weichen Lappen geben und den Edelstahl blank putzen.

WENN DER REISSVERSCHLUSS KLEMMT • Wenn man es eilig hat und schnell die Jacke überstreifen möchte, kann man durch einen klemmenden Reißverschluss ziemlich aus der Fassung geraten. Das Problem löst sich auf, wenn man die Zähne des Reißverschlusses mit etwas Haarpflegespülung einreibt.

LEICHT GLEITENDER DUSCHVORHANG • Kennen Sie dieses typische Ziehen und Zerren, wenn man versucht, den Duschvorhang ein wenig weiter zu schließen, dies aber nicht gelingt? Nicht selten passiert es, dass dabei sogar der Vorhang einreißt. Für perfektes Gleiten ist gesorgt, wenn Sie die Vorhangstange mit einer dünnen Schicht Pflegespülung versehen.

PFLEGE FÜR DAS WERKZEUG

Reiben Sie Ihr Werkzeug regelmäßig mit einer preiswerten Haarspülung ab. Dies ist eine gute Methode, das Werkzeug sauber zu halten und Rostbildung zu vermeiden. Allerdings sollten die Griffe von dieser Behandlung ausgenommen werden.

HÄTTEN SIE'S GEWUSST?

Gleichgültig, wie gut man die Haare pflegt, jeder Mensch verliert durchschnittlich 50 - 100 Haare am Tag, doch bei den meisten von uns bleiben trotzdem noch genügend übrig: Blonde Menschen haben im Durchschnitt etwa 140 000 Haare, Brünette etwa 100 000 und Rothaarige 90 000. Übrigens stimmt die alte Weisheit „Täglich 100 Bürstenstriche bringen das Haar zum Glänzen" heute so nicht mehr: Früher wurden die Haare viel seltener und mit grober Kernseife gewaschen, deren Rückstände das Haar glanzlos erscheinen ließ. Durch Bürsten wurden die Kalk- und Seifenreste entfernt, heute entstehen aber viel weniger Reste und die werden durch die Spülung entfernt.

ROLLSCHUHE UND SKATEBOARDS SCHMIEREN • Wenn die Rollen am Skateboard quietschen oder sich die Kinder über blockierende Rollschuhe beklagen, kann man etwas Haarspülung auf die Achsen auftragen, und schon laufen sie „wie geschmiert".

SCHLECHTWETTERSCHUTZ • Um Schuhe oder Stiefel wind- und wetterfest zu machen, reibt man mit einem Tuch etwas Haarspülung ein. Auch Ledertaschen können auf diese Weise gepflegt werden. Wildleder sollte nicht mit der Spülung behandelt werden.

SAUBERKEIT UND GLANZ FÜR ZIMMERPFLANZEN • Müssten die Zimmerpflanzen wieder einmal gründlich abgestaubt werden? Ein bisschen Haarpflegespülung auf einen weichen Lappen geben, die Blätter vorsichtig damit abwischen (die Blüten aussparen) und schon ist der Staub verschwunden und die Blätter glänzen schön.

GÜNSTIGE REINIGUNG FÜR SEIDE • Das Problem bei teuren Seidenblusen ist, dass man sie nach dem Tragen in die chemische Reinigung bringen muss. So wird der finanzielle Aufwand für das Kleidungsstück größer und größer. Kaufen Sie die Bluse trotzdem und probieren Sie einmal folgenden Pflegehinweis: Eine Pflegespülung fürs Haar ist eine preiswerte Reinigungsalternative. Lassen Sie Wasser ins Waschbecken einlaufen (warmes für Weißes, kaltes für Buntes), geben Sie 1 EL Pflegespülung ins Waschwasser und weichen Sie die Bluse in dieser Lösung ein paar Minuten ein. Dann waschen Sie sie gründlich aus. Wenn die Seidenbluse getrocknet ist, wird sie sich wunderbar weich anfühlen.

HAARTROCKNER

AUFKLEBER VON STOSSSTANGEN ENTFERNEN • Ihre Kinder wollten Ihnen eine Überraschung bereiten und haben die Stoßstangen Ihres Autos mit einem „süßen" Aufkleber verziert. Ärgern Sie sich nicht, sondern beseitigen Sie das Problem, indem Sie den Klebstoff mithilfe eines auf die höchste Stufe gestellten Haartrockners aufweichen: den Haartrockner ein paar Minuten lang über dem Aufkleber hin und her schwenken, dann mit den Fingernägeln eine Ecke anheben und den Aufkleber langsam abziehen. Klebstoffreste lassen sich mit Feuerzeugbenzin entfernen.

Fortsetzung →

SEIDEN- UND KUNSTBLUMEN ABSTAUBEN

Seidenblumen und künstliche Topfpflanzen brauchen zwar weniger Pflege als ihre echten Gegenstücke, ziehen dafür aber Staub und Schmutz an. Mit dem auf die höchste Gebläse- und schwächste Heizstufe eingestellten Haartrockner kann man sie schnell abstauben. Da der Staub auf Möbelflächen und den Boden in der Nähe geblasen wird, sollte man erst hinterher staubsaugen.

HOLZMÖBEL VON WACHSRESTEN BEFREIEN • Vielleicht haben Sie einen romantischen Abend im Kerzenschein verbracht, doch die unschönen Wachsreste auf dem Holztisch oder der Kommode sind „Erinnerungen“, auf die man eher verzichten möchte. Was tun? Schmelzen Sie das Wachs mit einem Haatrockner, den Sie auf die schwächste Gebläse- und höchste Heizstufe einstellen. Das aufgeweichte Wachs wird mit Küchenpapier abgerieben und die betroffene Stelle anschließend mit einem weichen Lappen und einer Mischung aus Essig und Wasser zu gleichen Teilen abgewischt. Von silbernen Kerzenleuchtern entfernt man Wachs, indem man es mit dem Haartrockner aufweicht und dann einfach ablöst.

HEIZKÖRPER REINIGEN • Gusseiserne Heizkörper im Haus werden oft zu unansehnlichen Staubfängern. Zum Reinigen hängt man ein großes, feuchtes Tuch hinter den Heizkörper und bläst mit dem auf die höchste Gebläse- und schwächste Heizstufe gestellten Haartrockner Staub und lockeren Schmutz auf das Tuch.

HAFERFLOCKEN

JUCKREIZ LINDERN • Juckreiz bei Windpocken oder Nesselsucht kann fast unerträglich sein. Linderung verschafft in solchen Fällen ein entspannendes, warmes Hafermehlbad. Dafür wird eine Tasse voll Haferflocken in der Küchenmaschine zu feinem Pulver vermahlen, das dann auf ein Stück Mull und in den Fußteil eines sauberen Nylonstrumpfs gegeben wird. Man knotet den Strumpf zu und befestigt das Säckchen am Hahn der Badewanne, sodass es unter dem einlaufenden Wasser hängt. Füllen Sie die Wanne mit lauwarmem Wasser und bleiben Sie dann eine halbe Stunde darin liegen.

PERFEKTE GESICHTSMASKE • Mischen Sie 4–5 EL Haferflocken oder Hafermehl mit etwa 100 ml heißem – nicht kochendem – Wasser. Die Mischung zwei oder drei Minuten lang ruhen lassen, dann 2 EL Naturjoghurt, 2 EL Honig und 1 kleines Eiweiß hinzufügen und alles verrühren. Tragen Sie die Maske in einer dünnen Schicht auf Ihr Gesicht auf und lassen Sie sie 10–15 Minuten einwirken. Danach mit warmem Wasser abwaschen. (Legen Sie ein Haarsieb auf den Ausguss des Waschbeckens, damit der Abfluss nicht verstopft wird.)

TROCKENSHAMPOO FÜR EILIGE • Ein- oder zweimal im Jahr hat man keine Zeit, sich die Haare zu waschen, weil man absolut im Zeitdruck ist – dann ist es gut, einen kleinen Vorrat an Trockenshampoo vorbereitet zu haben. Dazu mahlt man 100 g Haferflocken in der Küchenmaschine zu einem feinen Pulver. Dann gibt man 100 g Natron hinzu und mischt beides gut durch. Bewahren Sie das Trockenshampoo in einem luftdichten Behälter auf. Und so wendet man das Shampoo an: Man reibt eine kleine Menge der Mischung in Haar und Kopfhaut ein. Nach ein bis zwei Minuten bürstet oder schüttelt man das Shampoo aus dem Haar heraus – am besten über einem Handtuch. Das Trockenshampoo eignet sich auch sehr gut zur Haarwäsche bei Menschen, die sich aus medizinischen Gründen die Haare nicht mit Wasser waschen dürfen; ein weiterer Einsatzbereich: unangenehm riechendes Hundefell.

ENTSPANNENDES BAD • Gönnen Sie sich von Zeit zu Zeit ein Hafermehlbad, denn es hilft nicht nur bei Juckreiz, sondern ist auch sonst sehr wohltuend. Um den Badezusatz selbst herzustellen, braucht man nur eine Tasse Haferflocken und ein Duftöl nach Wahl, z. B. Rosen- oder Lavendelöl. Die Haferflocken werden in einer Küchenmaschine gemahlen, dann füllt man das Pulver in ein Mullsäckchen, gibt einige Tropfen Duftöl dazu und verschließt das Säckchen. Hängen Sie den Beutel an den Hahn der Badewanne unter das einlaufende Wasser. Das Hafermehlsäckchen kann man während des Bads zusätzlich als Waschlappen für ein Hautpeeling benutzen. Nach dem Bad ist Ihre Haut samtweich und Sie sind wunderbar entspannt.

HÄTTEN SIE'S GEWUSST?

Ehe Haferflocken im Frühstücksmüsli landen, haben sie schon einen langen Weg hinter sich: Nachdem das Rohgetreide gereinigt wurde, werden die Haferkörner zunächst mit Dampf und dann mit trockener Hitze behandelt. Danach werden sie der Größe nach sortiert und von den ungenießbaren Spelzen befreit. Aus diesen entspelzten Kernen werden Haferflocken, indem sie gedämpft und dann flach gewalzt werden.
Im Handel sind unterschiedliche Haferflocken erhältlich: Es gibt Haferflocken, die aus ganzen Haferkörnern gewalzt werden, sowie Flocken, die aus grob zerteilten Haferkörnern, der so genannten Hafergrütze, hergestellt werden. Daneben kann man Instantflocken aus Hafermehl bekommen, die sich schnell in heißen und kalten Flüssigkeiten auflösen.

HANDSCHUHE

EXPRESS-EISKOMPRESSE • Braucht man schnell eine Eiskompresse, kann ein Gummihandschuh gute Dienste leisten. Man füllt den Handschuh mit Eiswürfeln und verschließt ihn am offenen Ende fest mit einem Gummiband, damit kein Wasser austreten kann. Dann legt man die Kompresse auf den betreffenden Körperteil. Nach Gebrauch lässt man den Handschuh mit der Innenseite nach außen trocknen.

Fortsetzung →

FESTSITZENDE SCHRAUBDECKEL • Deckel von Marmeladen- und anderen Einmachgläsern sitzen manchmal so fest, dass sie sich nicht ohne weiteres öffnen lassen. In einem solchen Fall streift man am besten Gummihandschuhe über – dann hat man den Deckel beim Abschrauben fester im Griff und kann seine ganze Kraft einsetzen.

PAPIERE DURCHBLÄTTERN • Sie können sich in Zukunft das Durchblättern eines Papierstapels wesentlich erleichtern. Schneiden Sie einfach von einem alten Gummihandschuh den Zeigefingerteil ab und streifen Sie den Handschuhfinger zum Blättern über. Das Gummi haftet am Papier und die Seiten lassen sich so besser fassen.

STARKE GUMMIBÄNDER • Werfen Sie alte Gummihandschuhe nicht einfach weg, denn man kann sie noch gut gebrauchen, um extrastarke Gummibänder aus ihnen zu machen. Aus den Fingerteilen lassen sich kleine und aus den übrigen Teilen der Handschuhe große Gummibänder ausschneiden.

STAUBFREIER NIPPES • All die kleinen Ziergegenstände in einer Wohnung sehen zwar hübsch aus, sind aber auch immer schnell verstaubt. Zum Abstauben zieht man am besten weiche Stoffhandschuhe an. So lassen sich die kleinen und oft auch empfindlichen Gegenstände gut in die Hand nehmen und gründlich sowie schonend säubern.

KATZENHAARE ENTFERNEN • Ihre Katze macht es sich gern auf Ihrem Sofa gemütlich, und deshalb ist das Sofa häufig voller Katzenhaare. Sie müssen die Katze aber nicht von ihrem Lieblingsplatz vertreiben, denn Katzenhaare lassen sich schnell und mühelos von Polstermöbeln entfernen. Man zieht dafür einen Gummihandschuh über, feuchtet ihn an und reibt damit über den Polsterstoff, sodass die Katzenhaare am Handschuh kleben bleiben. Falls Sie befürchten, dass der Polsterstoff zu empfindlich für diese Methode ist, machen Sie zunächst an einer unauffälligen Stelle eine Probe.

KRONLEUCHTER IN NEUEM GLANZ • Einen verstaubten Kronleuchter zu reinigen ist nicht ganz einfach. Um das gute Stück problemlos sauber zu bekommen, empfiehlt sich folgende Vorgehensweise: Man befeuchtet ein Paar alte weiche Stoffhandschuhe mit Glasreiniger, zieht die Handschuhe über und wischt damit die Lampe vorsichtig ab – das Ergebnis kann sich buchstäblich sehen lassen!

HEFTPFLASTER

MALSTIFTE MIT SCHUTZVERBAND • Wenn Kinder mit Wachsmalstiften phantasievolle Bilder malen, kann es im Eifer des Gefechts schon mal vorkommen, dass ein Stift auseinander bricht. Um das zu vermeiden, klebt man etwas Heftpflaster um die Wachsmalstifte und die Kinder haben länger etwas von ihnen. Außerdem lassen sich die Stifte so besser halten.

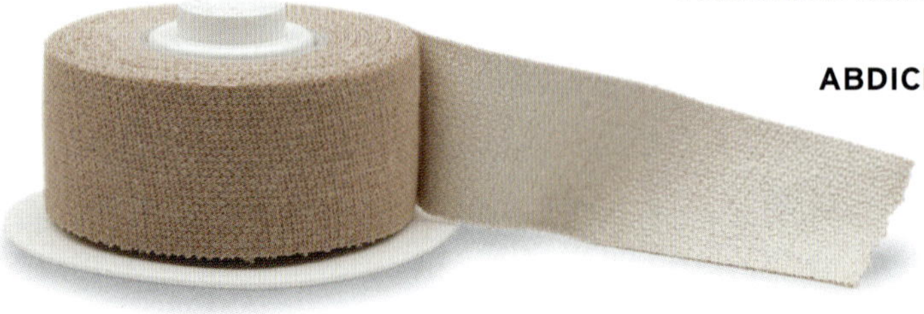

ABDICHTEN IM NOTFALL • Ob Gartenschlauch oder Kühlwasserschlauch im Auto – für eine kurze, provisorische Reparatur eigenet sich das stabile Heftpflaster in vielen Fällen.

WERKZEUG FEST IM GRIFF • Heftpflaster besteht aus einem Material, das sich sehr gut zum Umwickeln von Werkzeugstielen eignet. Durch die aufgeraute Oberfläche lässt sich der Stiel besser greifen. Außerdem kann das Pflaster Feuchtigkeit aufnehmen, sodass das Werkzeug auch von schwitzenden Händen gut festgehalten werden kann. Das Pflaster wird so angebracht, dass sich die einzelnen Lagen um eine halbe Pflasterbreite überlappen. Hier einige Anwendungsbeispiele:

- Die Griffe von Schraubendrehern sind häufig so glatt, dass man sie beim Einschrauben oder Herausdrehen schwergängiger Schrauben nicht fest greifen kann. Umwickeln Sie den Griff mit Heftpflaster, bis er gut in der Hand liegt. Das ist besonders hilfreich, wenn man unter Arthritis in den Fingern leidet.

- Von Zimmerleuten stammt folgender Tipp: Weil die Holzstiele von Hämmern meist sehr glatt sind, empfiehlt es sich, den Stiel über die gesamte Grifflänge mit Heftpflaster zu umwickeln. Einige Lagen Heftpflaster unmittelbar unter dem Hammerkopf schützen den Stiel vor Beschädigungen durch verfehlte Schläge. Man kann auch den Griff der Axt, mit der man Holz für den Kamin zerkleinert, mit Heftpflaster umwickeln.

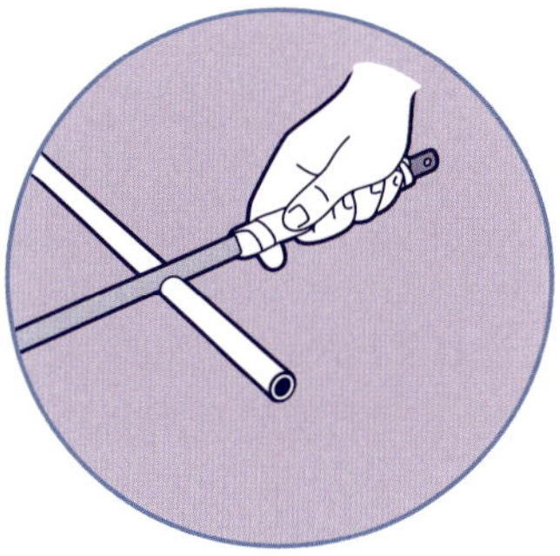

- Auch Klempner haben Heftpflaster in ihren Werkzeugkästen. Müssen sie Rohre an Stellen durchsägen, die für die Bügelsäge zu eng sind, nehmen sie das Sägeblatt ab und umwickeln ein Ende der Säge mit so viel Heftpflaster, dass es als Griff benutzt werden kann. Falls man ebenfalls solch eine kleine Metallsäge braucht, um Blech zu schneiden, sollte man beim Sägen zum Schutz Lederhandschuhe tragen.

UNTER DEN HUT GEBRACHT

Sie tragen selten einen Hut (oder vielleicht nur zum Fasching) und der einzige, den Sie haben, ist etwas zu groß? Mithilfe von Heftpflaster lässt sich der Hut ganz individuell anpassen – bekleben Sie einfach das Schweißband mit entsprechend vielen Lagen. Zusätzlicher Vorteil: das Pflaster nimmt an heißen Tagen den Schweiß von der Stirn auf.

HÄTTEN SIE'S GEWUSST?

Der Hamburger Apotheker Paul C. Beiersdorf meldete im Jahr 1882 ein Patent für ein neuartiges medizinisches Pflaster an, das eine Klebstoffschicht auf Guttapercha-Basis hatte (eingetrockneter Milchsaft der im malaiischen Raum heimischen Palaquium-Bäume, chemisch dem Kautschuk ähnlich). Mit diesem Produkt schuf er die Grundlage für das heute weltweit agierende Unternehmen Beiersdorf. Das Heftpflaster war jedoch noch kein ausgereiftes Produkt. Erst 1901 brachte der Nachfolger Beiersdorfs das erste selbstklebende Pflaster auf den Markt, das hautverträglich war und gleichzeitig gut auf der Haut haftete – Leukoplast. Diese Marke wurde zum Synonym für Heftpflaster überhaupt. Heute sind verschiedene Sorten von medizinischen Klebebändern erhältlich.

HOLZKOHLEBRIKETTS

WIRKSAME ENTFEUCHTER • Beginnende Feuchtigkeit in Kleiderschränken, auf dem Dachboden oder in Kellerräumen sollte rasch bekämpft werden, denn sonst kann sich ein muffiger Geruch oder sogar Schimmel bilden. Mit selbst angefertigten „Entfeuchtern“ lässt sich hier Abhilfe schaffen: Dazu bohrt man einige größere Löcher in die Deckel von großvolumigen Dosen, legt jeweils einige Holzkohlebriketts in die Dosen und verschließt sie. Dann stellt man die Dosen dorthin, wo es feucht ist. Die Holzkohlebriketts binden Feuchtigkeit und sollten daher alle paar Monate erneuert werden.

HÄTTEN SIE'S GEWUSST?

Wer hätte gedacht, dass der amerikanische Automobilkönig Henry Ford der Erste war, der Holzkohlebriketts in großem Stil produzierte? Letztlich war diese Geschäftsidee ein Nebenprodukt der Autofabrikation. Henry Ford brauchte nämlich Holz für die teilweise mit Holz verkleidete Karosserie des Automodells „Woody“. Zu diesem Zweck ließ er ein Sägewerk errichten, das sein Autounternehmen mit Holz belieferte. Aus dem Abfallholz wurde Holzkohle hergestellt, und aus der Holzkohle wiederum wurden Briketts gepresst, die als Ford-Holzkohlebriketts in den Handel kamen. Erst 1951, vier Jahre nach dem Tod von Henry Ford, gab dessen Enkel und Nachfolger Henry Ford II. diesen Geschäftszweig auf und verkaufte das Sägewerk.

FRISCHHALTEMITTEL FÜR STECKLINGE • Wenn man Pflanzenstecklinge zum Bewurzeln in ein Gefäß mit Wasser hängt, gibt man am besten ein kleines Stück Holzkohle mit ins Wasser. Die Holzkohle verhindert nicht nur Fäulnis, sondern fördert auch das Wachstum der Wurzeln.

GUTE LUFT IN BAD UND TOILETTE • Auch wenn man das Badezimmer immer gut belüftet, bleibt eine gewisse Feuchtigkeit im Raum zurück. Hier können Holzkohlebriketts gute Dienste leisten. Man stellt einfach ein Schälchen mit zerkleinerter Holzkohle an eine unauffällige Stelle des Badezimmers.

BÜCHER OHNE STOCKFLECKEN • Bücher sind in einem Bücherschrank mit Glas- oder anderen Türen staubfrei untergebracht. Aber im verschlossenen Schrank kann unter Umständen auch ein feuchtes Milieu entstehen, das Stockflecken an den Büchern und Schimmel verursacht. Damit es nicht so weit kommt, legt man ein oder zwei Holzkohlebriketts hinter die Bücher. Die Holzkohle saugt die Feuchtigkeit auf, die Bücher bleiben trocken und schimmelfrei. Selbst muffiger Geruch wird vertrieben.

HONIG

WOHLTUENDE GESICHTSMASKE • Eine wirksame Gesichtsmaske aus besten Ingredienzien muss nicht unbedingt viel Geld kosten. Man kann sie auch ganz leicht selbst herstellen, indem man 1 EL Honig mit 250 g Magerquark und 2 EL warmem Wasser verrührt. Die Masse wird auf Gesicht, Hals und Dekolletee aufgetragen und sollte 20 Minuten einwirken. Anschließend kann die Maske mithilfe von Kosmetiktüchern wieder abgenommen werden, die Rückstände wäscht man mit reichlich warmem Wasser ab. Der Lohn für die Mühe: Die Haut wird nach der Anwendung viel straffer und schön rosig sein.

BADEN WIE KLEOPATRA • Legendär ist die Schönheit der ägyptischen Königin, die auch auf ihre Angewohnheit, in Milch zu baden, zurückgeführt wird. Und tatsächlich beruhigt und glättet Milchfett die Haut, während Honig antiseptisch wirkt und Feuchtigkeit bindet. Zusammen ergeben sie einen wunderbaren Badezusatz: 1 l Vollmilch und 2 EL Honig in warmes (nicht zu heißes) Badewasser geben und darin für 15 bis 20 Minuten entspannen. Ihre Haut wird sich anschließend wunderbar geschmeidig anfühlen.

KUSSMUND-GARANTIE • Gegen raue oder rissige Lippen gibt es ein gutes Mittel: immer wieder etwas Honig darauf streichen und schon bald haben Sie wieder einen glatten und weichen Kussmund.

GEGEN ERKÄLTUNG • Wenn mal wieder untrügliche Zeichen einer herannahenden Erkältung auftreten, hilft vielleicht folgende Mischung: 1 TL Honig, 1 EL Apfelessig und 250 ml heißes Wasser in eine Tasse geben, umrühren und trinken, solange das Mittel heiß ist, mehrmals am Tag anwenden.

HONIG AUF KLEINEN WUNDEN • Da Honig einen antiseptischen Wirkstoff besitzt, kann man ihn zur Heilungsbeschleunigung kleinerer Wunden, wie Schnitte oder Kratzer, einsetzen. Unschöne Herpes-Blasen verschwinden auch schnell, wenn man über Nacht etwas Honig darauf tupft. Um die Bettwäsche nicht zu verschmutzen, sollte man ein Pflaster über die behandelte Wunde kleben.

KRÄUTER-HONIGSAFT FÜR DEN KOMPOST • Ein altbewährtes Rezept für die Kompostverbesserung verwendet auch Honig: Blätter und Blüten von Kräutern (Baldrian, Brennnessel, Kamille, Schafgarbe) sowie etwas Eichenrinde trocknen und fein zermahlen. Dann 1 EL Honig mit 6 TL Milchzucker vermischen und von jedem Kraut bzw. von der Eichenrinde jeweils 1 TL dazugeben. Die so erhaltene Menge reicht für etwa ein Jahr aus: Für den Anfang gibt man 2 TL der Mischung in 0,5 l Regenwasser und lässt dieses Gemisch 24 Stunden ruhen. Mit einer Stange bohrt man dann 5 Löcher in den Komposthaufen und gießt jeweils etwa 6 EL der Kräuterflüssigkeit hinein. Die Löcher mit feiner Erde wieder verschließen, die Behandlung je nach Bedarf übers Jahr wiederholen.

HÄTTEN SIE'S GEWUSST?

Die alten Ägypter verehrten den Honig als Speise der Götter, Sinnbild und Symbol für das königliche Geschlecht. Aber auch als Zahlungsmittel fand das süße Gold damals Verwendung. In der griechischen Antike galten Bienen als Götterboten, standen für Weisheit, Beredsamkeit und Dichtkunst, der Honig wurde gegen Fieber, Wunden oder als Stärkung verordnet. Auch die Germanen glaubten im Honig die Speise der Götter zu erkennen. Odin soll ihm seine Unsterblichkeit, Kraft und Weisheit verdanken. Die Germanen waren es auch, die den süßen Honigwein Met erfanden, der zu jedem Fest gereicht wurde und als Grabbeigabe diente. Solange der Honig das einzige Süßungsmittel war, blieb er fortdauernd populär. Als es dann im 19. Jh. möglich wurde, aus Zuckerrüben feinen Zucker herzustellen, verlor der goldene Nektar etwas an Bedeutung.

INSTANT-GETRÄNKEPULVER

SÜSSER LIPGLOSS FÜR KLEINE PRINZESSINNEN • Sei es nur für Karnevalsprinzessinnen oder für kleine Mädchen, die sich auch sonst gern verkleiden – über ein bisschen Make-up freuen sie sich bestimmt. Damit Mamas Vorrat unangetastet bleibt, kann man folgendes Rezept für Lipgloss mit Fruchtgeschmack probieren: Man vermischt ein Päckchen Instant-Getränkepulver (Geschmacksrichtung nach Wahl) und 3 EL festes Pflanzenfett (z. B. Palmin) und erwärmt die Masse 1 Minute in der Mikrowelle; dann umrühren, in eine Filmdose oder andere kleine Behälter, z. B. Lidschattendöschen, füllen und über Nacht in den Kühlschrank stellen.

ISOLIERBAND

FUSSELN ENTFERNEN • Man braucht keine spezielle Fusselrolle, um Fusseln und Tierhaare von Kleidungsstücken und Polstermöbeln zu beseitigen – wickeln Sie Isolierband mit der Klebeseite nach außen um eine Hand und nehmen Sie Fusseln und Haare mit dem Klebeband auf.

SCHUTZ FÜR FUSSBÖDEN • Stühle und andere Möbel mit Rollen hinterlassen schnell unschöne Spuren auf Holz- und PVC-Fußböden. Der Belag wird geschont, wenn man die Möbelrollen fest mit Isolierband umwickelt.

BLITZSAUBERER KAMM • An Kämmen sammeln sich leicht Schmutzpartikel auf den Kammzähnen an. Um den Kamm gründlich zu reinigen, drückt man einen Streifen Isolierband fest auf die Zähne und zieht ihn sofort wieder ab. Anschließend legt man den Kamm eine Weile in warmes Wasser, dem ein wenig Salmiakgeist zugesetzt wurde, und lässt ihn dann trocknen.

PRAKTISCHER AUFHÄNGER FÜR TUBEN • Auf der Werkbank stapeln sich allerlei Tuben mit Klebstoff und Dichtmasse, und es ist immer zeitraubend, die richtige Tube hervorzukramen. Sie können Ordnung in das „Chaos" bringen, indem Sie für jede Tube ein mehrere Zentimeter langes Stück Isolierband abschneiden und so am Tubenende anbringen, dass eine Lasche entsteht. Mit einem Locher jeweils ein Loch in die Laschen stanzen und die Tuben an Haken aufhängen. Das schafft Platz auf der Werkband und die richtige Tube ist sofort griffbereit.

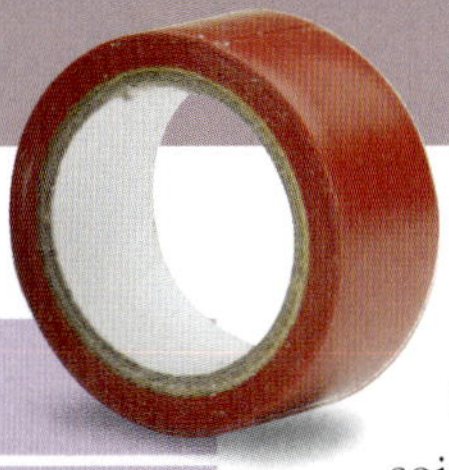

FÜR BÜCHERWÜRMER

BUCHEINBÄNDE VERSTÄRKEN • Ihrem Lieblingsbuch ist es anzusehen, dass es schon oft in die Hand genommen wurde. Falls der Einband schadhaft sein sollte, kann man ihn gut mit Isolierband ausbessern. Dazu wird farblich passendes Isolierband am Buchrücken entlang aufgeklebt. Mehrere quer dazu aufgeklebte kürzere Stücke in der gleichen oder einer kontrastierenden Farbe sorgen für zusätzliche Verstärkung. Und wer ganz sicher gehen will, kann die „Querstücke" wieder durch einen langen Streifen sichern.

FARBENFROHE BUCHHÜLLE • Schulbücher oder auch Bücher, die man an den Strand mitnimmt, müssen einiges aushalten. Aus farbigem Isolierband lässt sich eine strapazierfähige Buchhülle anfertigen, die Strandschmöker und Grammatikbücher gleichermaßen schützt. Dazu zeichnet man auf einem Blatt Zeitungspapier die Umrisse des aufgeklappten Buches auf und gibt an den Seiten jeweils einige Zentimeter zu. Auf dieses Schnittmuster klebt man dann streifenweise Isolierband in einer beliebigen Farbe auf, die Streifen sollten sich dabei überlappen. Dann wird die Hülle ausgeschnitten, an den Seiten umklappt und so festgeklebt, dass zwei seitliche Laschen entstehen. Nun haben Sie eine abnehmbare Buchhülle, die wasserfest und robust ist.

RÜCKLICHT ABSICHERN • Beim Halten an der Ampel ist das Auto hinter Ihnen auf Ihren Wagen aufgefahren. Dabei ist ein Rücklicht beschädigt worden. Bis Sie nach Hause fahren bzw. den Wagen in die Reparatur bringen, können Sie das Rücklicht absichern, indem Sie die beschädigten Teile mit gelbem oder rotem Isolierband überkleben. Für solche Fälle hat man am besten immer Isolierband im Auto dabei.

FLATTERNDE BÄNDER FÜR DAS FAHRRAD • Kindern gefallen bunte Bänder am Fahrradlenker. Solche Bänder lassen sich aus Isolierband in verschiedenen Farben anfertigen. Man schneidet einige Streifen ab und faltet sie dann längs der Klebeseite zusammen. An beiden Enden des Lenkers werden die Streifen mit Isolierband festgeklebt und gesichert. Das Kind muss den Lenker noch gut umfassen können und die flatternden Streifen dürfen beim Fahren nicht stören und sich auf keinen Fall in das Vorderrad oder die Pedale verwickeln können.

SCHUTZ VOR GLASSCHERBEN • Falls eine Fensterscheibe beschädigt wurde und Sie das zerbrochene Glas selbst herausnehmen möchten, sollten Sie vorsichtig vorgehen. Damit man sich nicht an den Scherben schneidet, überzieht man am besten beide Seiten der zerbrochenen Scheibe kreuz und quer mit Isolierband, bevor man den Fensterrrahmen aushängt. Beim Entfernen der Glasscherben aus dem Rahmen sollte man unbedingt dicke Lederhandschuhe tragen und auch die Augen schützen.

ORIGINELLE GESCHENKVERPACKUNGEN • Es muss nicht immer das übliche Geschenkpapier sein, mit dem man Überraschungen für liebe Menschen einpackt. Wenn Sie z. B. ein Geschenk für Kinder in einem Karton verpacken wollen, können Sie auch Isolierband nehmen und damit den Karton farbenfroh und dekorativ bekleben. Der Phantasie sind dabei keine Grenzen gesetzt: Man kann Streifen oder andere Muster in verschiedenen Farben aufkleben und Buchstaben oder Motive aus Isolierband ausschneiden und den Karton damit verzieren.

SCHNELLE REPARATUR FÜR POLSTERKISSEN • Ein kleiner Riss in Polstern von Gartenmöbeln ist halb so schlimm. Man überklebt den Riss einfach mit farblich passendem Isolierband und schon kann man das Kissen noch eine Weile benutzen.

JOGHURT

FÜR HUNDE UND KATZEN • Verbreitet Ihr Hund oder Ihre Katze von Zeit zu Zeit unangenehme Gerüche? Das kann an Blähungen liegen, die durch einen Mangel an notwendigen Verdauungsbakterien verursacht werden. Diese Mikroorganismen im Joghurt können helfen, die Darmflora Ihrer Lieblinge wieder in Ordnung zu bringen. Am besten mischt man Katzen und kleinen Hunden (bis 6 kg) 2 TL Naturjoghurt unter das Futter, mittelgroße Hunde (7–15 kg) erhalten 1 EL, große Hunde (16–38 kg) 2 EL und noch größere Hunde 3 EL Joghurt pro Mahlzeit.

WIRKUNGSVOLLE GESICHTSMASKEN • Sie benötigen keine teueren Gesichtsmasken, um Ihre Haut gründlich zu reinigen, zu beleben und zu regenerieren. Mit einfachen Zutaten aus der Küche können Sie frische Masken ganz schnell selbst zubereiten. Hier sind einige Rezepte:

- Um die Haut zu reinigen und sie mit Feuchtigkeit zu versorgen, trägt man eine dicke Schicht Naturjoghurt auf das vorher gereinigte Gesicht auf und lässt den Joghurt 20 Minuten einwirken. Danach mit warmem Wasser abwaschen.

- Für eine revitalisierende Gesichtsmaske mischt man 1 EL Naturjoghurt und 1 EL Aloe vera mit dem Saft einer Orangenscheibe und etwas Orangen-Fruchtfleisch. Die Mixtur auf Gesicht und Hals auftragen, mindestens 5 Minuten einwirken lassen und anschließend das Gesicht gründlich mit warmem Wasser abspülen.

- Gegen große Poren wirkt diese Gesichtsmaske: Man verrührt 3 EL Naturjoghurt mit 3 EL Weizenmehl und trägt die Mischung auf das Gesicht auf. Nach 25 Minuten – wenn die Maske getrocknet ist – wird sie mit warmem Wasser abgespült.

SONNENBRAND LINDERN • Haben Sie die erste Frühlingssonne doch etwas zu intensiv genossen oder die Radtour etwas zu lang werden lassen? Um schnell einen leichten Sonnenbrand zu lindern, greift man am besten zu gekühltem Naturjoghurt mit niedrigem Fettgehalt. Der Joghurt gibt der Haut die fehlende Feuchtigkeit und die Kühle beruhigt die gereizten Hautpartien. Man lässt den Joghurt so lang wie möglich einwirken und spült ihn dann mit kaltem Wasser ab.

NATÜRLICHES ANTI-SCHUPPENMITTEL • Falls Sie unter Schuppen leiden, hilft dieses altbewährte Hausmittel: Man massiert reichlich Naturjoghurt in Haar und Kopfhaut ein und lässt ihn etwa 1 Stunde einwirken. Anschließend spült man den Joghurt aus und wäscht die Haare wie üblich mit Shampoo.

RIESENSPASS MIT FINGERFARBEN • Sie wünschen sich eine Idee, wie man Kinder an Regentagen gut beschäftigen kann? Ihre Kinder werden begeistert sein, wenn Sie mit ihnen zusammen selbst Fingerfarben herstellen und die Kleinen dann nach Herzenslust damit experimentieren können. Zunächst werden kleinere Portionen Joghurt mit verschiedenen Lebensmittelfarben in kleinen Bechern vermischt. Dabei lassen sich viele zusätzliche Farben herstellen: Wenn man beispielsweise ein paar Tropfen gelbe und rote Farbe in den Joghurt rührt, erhält man orangefarbene Fingerfarbe. Zum Malen geben Sie den Kindern am besten Tapetenreste, damit sie genug Platz zum Ausprobieren der Fingerfarben haben.

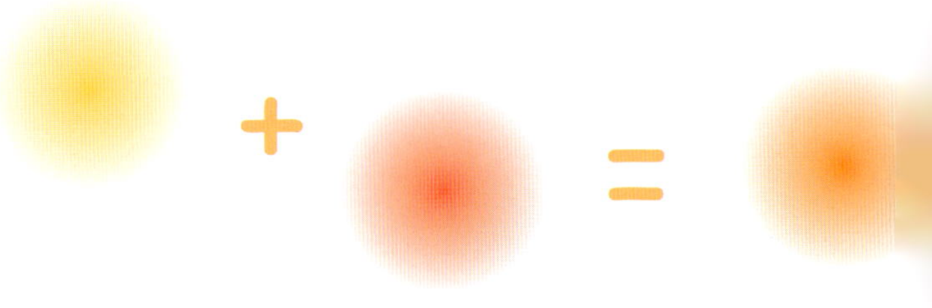

KAFFEEBOHNEN

FRISCHER ATEM • Nicht nur Pfefferminzdrops und andere Pastillen können für frischen Atem sorgen, auch Kaffeebohnen eignen sich sehr gut dazu. Eine einzige Kaffeebohne reicht aus – und Ihr Atem wird wieder frisch. Lutschen Sie einfach eine Weile an einer Bohne oder zerkauen Sie sie langsam.

GERÜCHE VON HÄNDEN ENTFERNEN • Sie haben ein leckeres Essen zubereitet, doch nun riechen die Hände nach Knoblauch, Fisch oder anderen Lebensmitteln. Um den Geruch wieder loszuwerden, reicht es häufig aus, einige Kaffeebohnen kräftig zwischen den Händen zu reiben. Das im Kaffee enthaltene Fett nimmt den unangenehmen Geruch auf. Anschließend werden die Hände gründlich mit warmem Wasser und Seife gewaschen.

FÜLLUNG FÜR BOHNENSÄCKCHEN • Kaffeebohnen sind ein ideales Füllmaterial für Bohnensäckchen, die man für Gymnastikübungen verwendet. Nehmen Sie dafür aber keine frischen Bohnen – bereiten Sie damit wie gewohnt eine gute Tasse Kaffee zu –, sondern verbrauchen Sie lieber ältere Kaffeebohnen, die ihr Aroma bereits verloren haben und die Sie nicht mehr zum Kaffeekochen nehmen können.

KAFFEEDOSEN

FRIKADELLEN EINFRIEREN • Mit einem kleinen Vorrat an Frikadellen im Gefriergerät ist man gut gerüstet, um bei Bedarf ein schnelles Essen auf den Tisch zu bringen. Praktisch ist es, die frisch zubereiteten und abgekühlten Frikadellen portionsweise in einen Gefrierbeutel zu geben. Dazu legt man die Plastikdeckel von Kaffeedosen zwischen die einzelnen Portionen, stapelt sie, bis der Beutel gefüllt ist, und verschließt ihn dann. Die tiefgefrorenen Frikadellen lassen sich später leicht einzeln oder portionsweise herausnehmen.

BROT BACKEN EINMAL ANDERS • Backen Sie gern selbst Brot? Dann überraschen Sie Ihre Familie doch einmal mit köstlichem Brot in einer ungewöhnlichen Form. Mithilfe von Kaffeedosen kann man zylindrisch geformtes Brot backen. Den Brotteig nach dem Lieblingsrezept zubereiten und statt in eine gewöhnliche Brotform in eine gereinigte und gut eingefettete Kaffeedose aus Metall füllen. Wird Hefebrot gebacken, füllt man die Kaffeedose nur halb und verwendet bei Bedarf zwei Kaffeedosen. Die Dosen zum Backen senkrecht auf ein Backblech in den Backofen stellen.

KLEINER BEHÄLTER FÜR KÜCHENABFALL • Teebeutel, Kaffeesatz, Obstschalen und andere Abfälle, die auf den Komposthaufen oder in die Bio-Mülltonne gehören, kann man zunächst in einen gesonderten kleinen Abfallbehälter geben. Dazu legt man eine leere Kaffeedose mit einem kleinen Plastikbeutel aus und stellt die Dose neben das Spülbecken. Das geht schnell und man muss keine Unterschranktüren öffnen oder Tropfen auf dem Boden fürchten.

Fortsetzung →

BUNTE SPARDOSE FÜR KINDER • Aus einer kleinen Kaffeedose lässt sich schnell eine Spardose für Kinder herstellen, wenn man mit einem scharfen Messer einen 3 mm breiten Schlitz in den Plastikdeckel der Kaffeedose schneidet. Zur Dekoration beklebt man die Dose mit buntem Papier, Stoff oder Filz.

FÜR DEN HEIMWERKER

ORDNUNG IN DER WERKSTATT • Schrauben, Muttern und Nägel hat man gern schnell zur Hand, trotzdem soll keine Unordnung auf der Arbeitsfläche herrschen. Diese kleinen Gegenstände kann man in leeren Kaffeedosen unterbringen. Man bohrt unter den oberen Rand der Kaffeedosen jeweils ein Loch und befestigt sie an der Werkstattwand. Am besten etikettiert man die Dosen, damit man gleich weiß, was sich darin befindet.

PRAKTISCHER PINSELBEHÄLTER • Bei Malerarbeiten ist eine leere Kaffeedose ein idealer Behälter, um einen Farbpinsel kurzfristig, z. B. über Nacht, in Verdünner einzuweichen. Den Deckel schneidet man kreuzweise ein und steckt dann den Pinselgriff so hinein, dass die Borsten etwa 1 cm über dem Dosenboden bleiben. Hat die Dose keinen Deckel, befestigt man mit Gummiband einen Stab am Pinselgriff, sodass der Pinsel daran frei in der Dose hängen kann.

TROPFENFÄNGER • Beim Lackieren von Tischen oder Stühlen können Plastikdeckel von alten Kaffeedosen als Tropfenfänger dienen, wenn man sie unter die Möbelbeine legt. Auch als Untersetzer für Farbdosen leisten sie gute Dienste.

WEG MIT DER FEUCHTIGKEIT • Damit feuchte Ecken im Keller oder Untergeschoss trocken werden, kann man es mit folgendem Entfeuchter versuchen: Man füllt eine leere Kaffeedose mit Salz und platziert sie für längere Zeit an der betroffenen Stelle. Das Salz sollte man jeden Monat oder bei Bedarf erneuern.

KLEINES SPIELZEUG HÜBSCH VERSTAUT • Kaffeedosen eignen sich sehr gut als Behälter für kleines Kinderspielzeug, und mit etwas buntem Stoff werden sie zu dekorativen Schmuckstücken. Und so geht es: Eine Kaffeedose auswaschen und abtrocknen. Alle scharfen Kanten vorsichtig abfeilen. Eine Schicht weiße Acrylfarbe auftragen, trocknen lassen und eine zweite Schicht auftragen. Einen bunten Stoffrest so zuschneiden, dass er genau um die Dose passt. Die Dose mit Klebstoff bestreichen und den Stoff sorgfältig an die Dose drücken. Den Stoff am unteren Dosenrand abschneiden und am oberen Rand mit Klebstoff versehen, umschlagen und an der Innenseite der Dose festdrücken.

UNTERSETZER FÜR ÜBERTÖPFE • Wenn man Untersetzer für Topfpflanzen braucht, kann man Plastikdeckel von runden Kaffeedosen dazu verwenden. Die Deckel von großen Kaffeedosen eignen sich auch als Untersetzer für Übertöpfe, die direkt auf dem Fußboden stehen. Die Plastikdeckel sorgen dafür, dass die Töpfe auf Holzfußböden keine Kratzer verursachen und auf Teppichen keine Schmutzstellen hinterlassen.

AUFGEROLLT UND GUT VERSTAUT • Wenn man Gürtel in einer Schublade oder einem Schrankfach aufbewahrt, bekommen sie schnell unschöne Knickstellen. Das lässt sich vermeiden, wenn man sie aufrollt und in saubere, leere Kaffeedosen legt. Die Dosen haben für diesen Zweck genau die richtige Größe und bieten sicheren Schutz vor Staub und Beschädigungen.

GUT GEPFLEGTER RASEN • Hat Ihr Rasen einzelne kahle Stellen? Um die Stellen auszubessern, ist es notwendig, Grassamen auf ihnen auszustreuen. Eine exakte Aussaat erzielt man mit einem „Saatgutverteiler“, den man aus einer leeren Kaffeedose und zwei Plastikdeckeln selbst herstellen kann. Zuerst bohrt man kleine Löcher in den Boden der Dose. Sie sollten gerade so groß sein, dass Grassamen hindurchpassen. Einen Kaffeedosendeckel auf den Dosenboden auflegen, Grassamen in die Dose füllen und die Dose mit dem anderen Deckel verschließen. Zum Aussäen den Deckel vom Boden abnehmen. Nach dem Säen den Deckel wieder aufsetzen. So ist das nicht verwendete Saatgut sicher aufbewahrt.

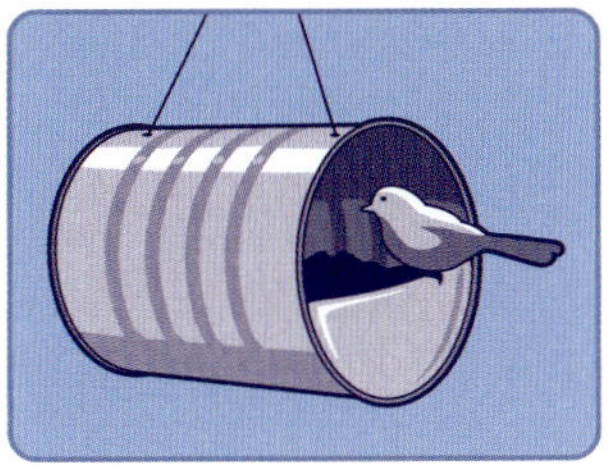

FUTTERHÄUSCHEN FÜR VÖGEL • Aus einer großen runden Kaffeedose kann man ein Futterhäuschen für Vögel anfertigen. Wenn man keine leere Dose hat, füllt man den Kaffee in ein luftdichtes Behältnis um. Dann schneidet man den Deckel in zwei Hälften. Anschließend wird der Boden der Dose in der Mitte durchtrennt und eine Hälfte ganz herausgeschnitten. Tragen Sie am besten Handschuhe und nehmen Sie sich vor scharfen Kanten in Acht. Damit sich die Vögel später nicht verletzen, werden die scharfen Ränder sorgfältig nach innen geknickt und alle rauen Kanten glatt gefeilt. An beiden Enden der Dose wird je ein Loch gebohrt (in der Mitte der Oberseite des Futterhäuschens). Zum Aufhängen zieht man ein Stück Draht durch die Löcher, am Schluss setzt man den halbierten Deckel auf das noch offene Ende der Dose.

HÄTTEN SIE'S GEWUSST?

Der größte Kaffeeproduzent der Welt ist Brasilien, dort werden 25 % der Welternte erzielt. Auch andere Länder in Mittel- und Südamerika sind bedeutende Kaffeeproduzenten, z. B. Kolumbien, Costa Rica, Honduras und Mexiko. Auf der Abnehmerseite finden sich ganz andere Länder. Die USA haben weltweit den größten Gesamtverbrauch an Kaffee, er liegt bei über 1,1 Mio. kg pro Jahr. Andere wichtige Abnehmerländer sind Deutschland, Frankreich, Japan und Italien. Den höchsten Verbrauch bezogen auf den einzelnen Bewohner haben die Finnen: Jeder Finne trinkt im Durchschnitt täglich 5 Tassen Kaffee.

NIEDERSCHLAG MESSEN • Wenn Sie wissen wollen, wie hoch die Niederschlagsmenge in Ihrem Garten ist, stellen Sie am besten an mehreren Stellen im Garten leere Kaffeedosen als Niederschlagsmesser auf. Nach jedem Regen können Sie dann den Wasserstand in den Dosen messen. So lässt sich auch ermitteln, welche Teile des Gartens im Regenschatten liegen.

ORDNUNG BEIM WÄSCHE WASCHEN • Wenn Sie vor dem Beladen der Waschmaschine die Taschen der Kinderkleidung kontrollieren, finden sich immer allerhand „Kleinigkeiten“. Am besten stellen Sie zwei leere Kaffeedosen neben die Waschmaschine: In die eine Dose kann man Abfälle geben und in die zweite Münzen und andere Fundstücke.

KAFFEEFILTER

TROPFENFÄNGER • Haben Sie im Sommer immer einen Vorrat an Eis am Stiel (Glacé) für Ihre Kinder im Gefrierschrank? Mit einem kleinen Trick können Sie vermeiden, dass immer wieder Eiscreme auf der Kleidung oder dem Fußboden landet. Nehmen Sie einfach eine Kaffeefiltertüte, knicken Sie den oberen Rand ein wenig um, stechen Sie ein kleines Loch in den Boden der Tüte und stecken Sie den Eisstiel hindurch. So kann beim Eisessen kaum mehr etwas danebengehen.

Fortsetzung →

ABDECKUNG IM MIKROWELLENGERÄT • Bestimmte Speisen, wie Gemüse, Reis und Nudeln, sollten zugedeckt im Mikrowellenherd erhitzt werden, damit sie nicht austrocknen. Zum Abdecken – vor allem von kleineren Schüsseln – eignen sich u. a. auch Kaffeefiltertüten.

TEESIEB-ERSATZ • Bei der Teezubereitung ist ein Teebeutel aufgerissen und die Blättchen schwimmen nun in der Kanne. Falls Sie kein Teesieb zur Hand haben, gießen Sie den Tee einfach durch einen Kaffeefilter in eine andere Kanne. So werden die Teeblätter aufgefangen.

FRITTIERÖL REINIGEN • Wenn man nach dem Frittieren das Öl noch einmal verwenden möchte, lässt man es zunächst abkühlen. Anschließend legt man ein Sieb mit einer Filtertüte aus und gießt das Öl durch den Filter in ein Gefäß. So werden auch kleinere Speisereste und Verunreinigungen aufgefangen.

UMTOPFHILFE • Beim Umtopfen einer Pflanze empfiehlt es sich, eine Filtertüte auf den Boden des neuen Blumentopfs zu legen. So wird verhindert, dass Erde aus dem Abzugsloch des Topfes rieselt.

HÄTTEN SIE'S GEWUSST?

Der Kaffeefilter wurde im Jahr 1908 von der Dresdner Hausfrau Melitta Bentz erfunden. Sie war auf der Suche nach einer Methode, einen guten Kaffee aufzubrühen, der keinen Kaffeesatz in der Tasse zurücklässt. Sie kam auf die Idee, den Kaffee zu filtern, und experimentierte mit verschiedenen Materialien, bis sie feststellte, dass sich Löschpapier aus Schulheften ihres Sohnes am besten eignete. Sie schnitt ein rundes Stück Löschpapier aus, legte es in einen Messingtopf, dessen Boden sie durchlöchert hatte, gab Kaffeemehl hinein und goß kochendes Wasser darüber. So entstand der erste Melitta-Kaffeefilter. Kurz darauf gründete Melitta Bentz zusammen mit ihrem Mann das Unternehmen M. Bentz, das noch heute ihren Namen trägt (heute Melitta Unternehmensgruppe Bentz KG).

WEIN DEKANTIEREN • Lassen Sie sich den Genuss eines guten Tropfens nicht von Korkenkrümeln verderben. Sind beim Öffnen der Flasche ein paar Korkenstückchen in den Wein gefallen, gießen Sie den Wein durch einen ungebleichten Kaffeefilter vorsichtig in eine Glaskaraffe. Dekantieren Sie auch in der Flasche gereiften Wein oder Portwein vor dem Servieren auf diese Weise, um Ablagerungen herauszufiltern.

ROSTFREIES GUSSEISEN • Töpfe und Pfannen aus Gusseisen bleiben lange schön, wenn man eine Filtertüte hineinlegt, bevor man sie in den Küchenschrank stellt. Das Filterpapier nimmt Feuchtigkeit auf und schützt das Gusseisengeschirr vor Rost.

PROVISORISCHER TRICHTER • Kaffeefiltertüten kann man als provisorische Trichter benutzen, indem man in das untere schmale Ende ein entsprechendes Loch schneidet. Einen solchen Trichter können Sie z. B. dazu verwenden, Öl im Auto nachzufüllen, ohne dass etwas verschüttet wird. Für den Notfall bewahren Sie am besten einige Filtertüten im Auto auf.

PRAKTISCHE SNACKTÜTE • Naschen Ihre Kinder gern einmal Kartoffelchips, Popcorn oder Gummibärchen? Damit nicht gleich eine ganze Packung im Kinderzimmer verschwindet, können Sie eine begrenzte Menge der Naschereien in Kaffeefiltertüten füllen und Ihren Kindern in die Hand geben.

GERÜCHE VERTREIBEN

Füllen Sie etwas Natron in Kaffeefiltertüten, verschließen Sie sie mit Klebeband und legen Sie die Tüten überall dorthin, wo Gerüche vertrieben werden sollen, z. B. in Schuh- oder Kleiderschränke. Aber auch im Kühlschrank sollte dieser Tipp funktionieren.

KAFFEESATZ

TIEFKÜHLGERÄT OHNE GERÜCHE • Falls Ihr Tiefkühlgerät einmal ausfällt, kann es sein, dass Gerüche von verdorbenen Lebensmitteln zurückbleiben. Diese Gerüche lassen sich leicht vertreiben, wenn man einige Schalen mit Kaffeesatz oder Kaffeemehl füllt und über Nacht in das Gerät stellt. Sie können den Kaffeesatz oder das Kaffeemehl zusätzlich mit ein paar Tropfen Vanilleessenz aromatisieren – dies verstärkt die Wirkung.

FRISCHE ANGELWÜRMER • Auch Würmer mögen Kaffee – auf jeden Fall bleiben Regenwürmer, die beim Angeln als Köder dienen sollen, länger lebendig, wenn man die Erde in der Köderbox mit Kaffeesatz vermischt, bevor man die Tiere hineingibt. Das Geheimnis? Die im Kaffeesatz enthaltenen Nährstoffe halten Regenwürmer länger am Leben.

NATÜRLICHER PFLANZENDÜNGER • Werfen Sie Kaffeesatz nicht weg, denn er eignet sich hervorragend als Dünger für Pflanzen, die saure Erde mögen. Kaffeesatz macht die Erde nämlich etwas saurer und führt ihr Stickstoff und Phosphat zu. Sie können z. B. Rosenstöcke, Azaleen, Rhododendren, immergrüne Pflanzen und Kamelien auf diese Weise mit zusätzlichen Nährstoffen versorgen.

KATZEN VON PFLANZEN FERN HALTEN • Katzen machen um Ihren Garten einen großen Bogen, wenn Sie eine Mischung aus Orangenschalen und Kaffeesatz um die Pflanzen verteilen. Die Vierbeiner mögen diese starken Gerüche nämlich überhaupt nicht. Die Kaffeesatzmischung ist außerdem ein hervorragendes Düngemittel. Achten Sie aber darauf, dass die Orangenschalen von ungespritzten Früchten stammen.

HÄTTEN SIE'S GEWUSST?

Kaffee wächst auf Sträuchern und Bäumen, die mehr als 6 m hoch werden können. Die Kaffeepflanzer schneiden sie auf eine Höhe von etwa 2 m zurück, um die Ernte zu erleichtern und eine reichliche Bildung der kirschenähnlichen Früchte zu fördern. Die Blüten der Kaffeepflanze sind klein und weiß und erfüllen die Luft mit einem schweren, an Jasmin und Orange erinnernden Duft. Der reife Baum trägt kirschgroße, ovale Früchte mit jeweils zwei mit der flachen Seite aneinander liegenden Kaffeebohnen. Die reifen Kaffeekirschen werden hauptsächlich von Hand gepflückt. Aus der Ernte einer Kaffeepflanze werden pro Jahr etwa 500 bis 750 g gerösteter Kaffee produziert.

REICHE MÖHRENERNTE • Hier ein guter Tipp für Hobbygärtner: Man erzielt eine bessere Möhrenernte, wenn man den Samen vor der Aussaat mit frisch gemahlenem Kaffee vermischt. Durch den Zusatz lassen sich die winzigen Samenkörnchen besser aussäen und das Kaffeearoma hält Raupen und andere Schädlinge fern. Es lohnt sich auch, der Mischung vor dem Aussäen ein paar Radieschensamen zuzusetzen. Die Radieschen keimen innerhalb weniger Tage und machen die Saatreihen sichtbar. Beim Herausziehen der Radieschen kann man die möglicherweise zu eng stehenden Möhrensämlinge ausdünnen und gleichzeitig den Boden lockern.

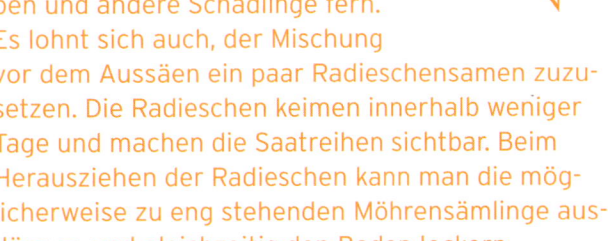

KANINCHENDRAHT

KANINCHEN UND MARDER ABWEHREN • Wildkaninchen sind weit verbreitet, längst haben sie sogar Großstädte als Lebensraum erobert. Viele Gartenbesitzer stehen immer wieder vor dem Problem, wie sie die ungebetenen Gäste von jungen Bäumen und Pflanzen fern halten können. Schützen Sie junge Bäume, indem Sie die Stämme mit Kaninchendraht (auch Hühner- oder Kükendraht genannt) umwickeln, und zäunen Sie gefährdete Beete ein. Lassen Sie den Draht mindestens 15 cm ins Erdreich ragen, damit der Zaun nicht unterwühlt wird.
Auch Steinmarder können lästig werden. Die nachtaktiven Tiere machen sich u. a. durch nächtliches Rumoren auf dem Dachboden bemerkbar. Haben Sie Marder als Mitbewohner in Ihrem Haus, versuchen Sie, die Einschlupflöcher herauszufinden, und verschließen Sie sie mit Kaninchendraht.

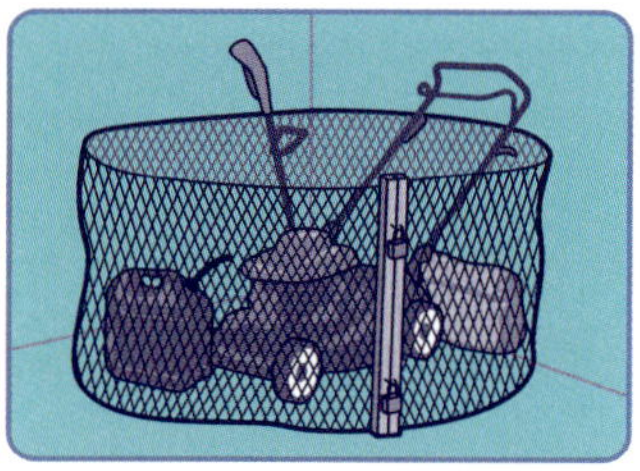

KINDERSICHERE UMZÄUNUNG • In vielen Garagen und Schuppen sind Werkzeuge und Behälter mit Problemstoffen untergebracht, die für Kinder gefährlich werden können. Schützen Sie Ihre Kinder, indem Sie die Gefahrenquellen mit einem improvisierten Zaun umgeben. Dazu bringt man zunächst Kaninchendraht mit Standard-Maschenweite in einer Ecke der Garage oder des Schuppens an den Wänden an. Der Draht wird dann von beiden Seiten in den Raum gezogen, sodass eine Art Karree oder Kreisform entsteht. Man schneidet den Draht auf Länge ab und befestigt Holzlatten an den beiden Drahträndern. Abschließend schraubt man Ösen für zwei Vorhängeschlösser in die Latten.

TIPPS FÜR PFLANZENFREUNDE

ALLES FÜR DIE KATZE • Katzen lieben Katzenminze. Wenn Sie dieses Kraut ziehen wollen, ist es empfehlenswert, die Pflanze nahe am Boden mit Kaninchendraht abzudecken. So kann die Katze die Minze, die aus dem Draht herausragt, fressen, während die Wurzeln unbeschädigt bleiben. Achten Sie darauf, dass die Drahtränder fest im Boden verankert sind. Katzenminze ist eine mehrjährige Staude, die auch sehr niedrige Temperaturen verträgt. Wenn die Wurzeln im Boden bleiben, schlägt die Pflanze jedes Jahr neu aus.

BLUMENZWIEBELN SCHÜTZEN • Frisch gesetzte Blumenzwiebeln sind für allerlei Nagetiere ein gefundenes Fressen. Sie können Ihre Blumenzwiebeln vor den lästigen Nagern schützen, indem Sie das Beet zunächst mit Kaninchendraht auslegen, dann die Zwiebeln einpflanzen und das Beet zum Schluss mit Erde auffüllen.

HÜBSCH ARRANGIERTER BLUMENSTRAUSS • Ein Strauß Schnittblumen lässt sich ohne Mühe hübsch in einer Vase arrangieren. Man formt etwas Kaninchendraht zu einer Kugel, legt diese in die Vase und steckt die Blumen in die Maschen des Drahts. Am besten nimmt man eine blickdichte Vase, z. B. aus Porzellan oder Keramik, damit der Kaninchendraht nicht zu sehen ist.

GUT ISOLIERTER DACHBODEN • Isoliermaterial, das zwischen den Sparren bzw. den Deckenbalken angebracht wird, hat einen besseren Halt und hängt nicht durch, wenn es mit Kaninchendraht fixiert wird.

STABILE ZAUNPFOSTEN • Bevor man einen Zaunpfosten aus Holz in Beton einsetzt, wird er unten mit Kaninchendraht umwickelt. Das macht die Verankerung stabiler und den Pfosten standsicherer.

KARTOFFELN

FLECKIGE HÄNDE SÄUBERN • Die Kürbissuppe, die Ihre Familie so gern mag, köchelt auf dem Herd, und Ihre Hände sind nun voller orangefarbener Flecken vom Kürbisschneiden. Auch wenn Sie Karotten schälen, werden Ihre Hände leicht fleckig. Solche hartnäckigen Flecken lassen sich meist entfernen, wenn man sie mit einer rohen Kartoffelscheibe abreibt.

VERSALZENE SUPPE RETTEN • Halb so schlimm, wenn Sie es beim Salzen der Suppe etwas zu gut gemeint haben. Schneiden Sie einige rohe Kartoffeln in Stücke, geben Sie sie in den Suppentopf und lassen Sie sie etwa 10 Minuten mitkochen. Wenn die Kartoffeln weich werden, entfernt man sie wieder. Das überschüssige Salz ist nun aus der Suppe verschwunden: die Kartoffeln haben es aufgesogen. Man kann sie später noch für einen anderen Zweck, z. B. für Kartoffelsalat, verwerten.

VERLETZUNGSGEFAHR GEBANNT • Sie wollen die Glühbirne Ihrer Nachttischlampe auswechseln, doch der Glaskörper bricht aus der Fassung – somit steckt der Sockel noch in der Fassung. Nehmen Sie die Lampe vom Stromnetz, schneiden Sie eine große rohe Kartoffel in der Mitte durch und drücken Sie vorsichtig eine Kartoffelhälfte auf die Glühbirnenreste in der Fassung. Nun können Sie den Glühbirnensockel ohne Kraftaufwand herausdrehen. Gehen Sie dabei behutsam vor und ziehen Sie am besten Handschuhe an.

PHANTASIEVOLL DRUCKEN MIT KARTOFFELN

Ob Grußkarten, Briefbögen oder Geschenkpapier – erstellen Sie mit Kartoffelstempeln kreative Muster. Halbieren Sie dazu mehrere große rohe Kartoffeln, lassen Sie sie etwas antrocknen und arbeiten Sie dann mit einem scharfen Messer reliefartige Formen aus den Schnittflächen heraus (siehe Foto rechts den Stern). Tragen Sie mit einem Pinsel Farben (z. B. Wasserfarben) auf und schon können Sie mit dem Stempeln beginnen. Auch größere Kinder werden Gefallen daran finden, mit Kartoffelstempeln kleine Kunstwerke herzustellen.

Fortsetzung →

GLÄNZENDES SILBERGESCHIRR • Sie erwarten Gäste zum Tee, doch dann stellen Sie fest, dass Ihre silberne Teekanne samt Zubehör angelaufen und keine Silberpolitur mehr im Haus ist. Aber keine Sorge: Lassen Sie eine Hand voll Kartoffeln in einem großen Topf mit Wasser kochen, bis sie weich sind. Nehmen Sie dann die Kartoffeln heraus (sie können später anderweitig verwendet werden). Legen Sie nun das Silbergeschirr in das Kartoffelwasser und lassen Sie es etwa eine Stunde darin ruhen. Schließlich wird das Geschirr abgespült, getrocknet und mit einem weichen Tuch poliert – und das Silber erstrahlt wieder in vollem Glanz!

WIDER GESCHWOLLENE AUGEN • Folgendes Problem hat wohl jeder einmal von Zeit zu Zeit: Wenn man morgens nach dem Aufstehen in den Spiegel schaut, blicken einem geschwollene Augen entgegen. Zum Glück klingen die Schwellungen aber rasch wieder ab, wenn man Scheiben von rohen, kalten Kartoffeln auf die Augen legt.

TIPPS FÜR PFLANZENFREUNDE

KÖDER FÜR TAUSENDFÜSSER • Im Blumentopf einer Zimmerpflanze haben Sie Tausendfüßer entdeckt und Sie möchten nun vermeiden, dass die Krabbeltiere die Wurzeln der Pflanze anfressen. Was tun? Legen Sie einige rohe Kartoffelscheiben rund um die Pflanzenbasis und schon bald werden die Tausendfüßer auf den Köder reagieren. Sammeln Sie sie ab und bringen Sie sie nach draußen.

GUTER DÜNGER • Gießen Sie das Wasser, in dem Sie Kartoffeln gekocht haben, nicht einfach weg. Ihre Topfpflanzen danken es Ihnen mit prächtigem Wuchs, wenn sie von Zeit zu Zeit mit Kartoffelwasser gedüngt werden. Kartoffeln enthalten viele Nährstoffe, die beim Kochen teilweise im Wasser zurückbleiben. Das Wasser sollte ungesalzen und abgekühlt sein.

Lebendige Wissenschaft

Ein verblüffender Beweis für die Kraft des Luftdrucks:

Fassen Sie einen Trinkhalm in der Mitte und versuchen Sie, ihn in eine rohe Kartoffel zu bohren. Der Halm knickt um und es gelingt nicht, ihn in die Kartoffel zu stecken. Nehmen Sie jetzt einen anderen Trinkhalm ebenfalls in der Mitte, doch halten Sie diesmal mit einem Finger die obere Öffnung zu. Der Halm lässt sich nun in die Knolle stoßen! Ist die Luft nämlich im Trinkhalm eingeschlossen, drückt sie gegen die Seiten des Röhrchens und macht es so steif, dass es sich in die Kartoffel bohren kann. Das Röhrchen darf aber nicht zu lang sein, und man muss ganz gleichmäßig drücken – auch hier gilt: Übung macht den Meister.

WICKEL UND KOMPRESSEN

Schon unsere Großmütter wussten, dass warme Kartoffelwickel und -kompressen bei vielen Beschwerden und Krankheiten helfen können, beispielsweise bei Husten, Hals-, Nacken- oder Rückenschmerzen. Für einen Kartoffelwickel bzw. eine Kompresse kocht man mehrere Kartoffeln mit Schale, bis sie weich sind, legt sie dann zwischen zwei Stücke Küchenpapier und verpackt sie noch in ein Leinen- oder Baumwolltuch. Schließlich zerdrückt man die Kartoffeln mit der Hand und legt den Wickel bzw. die Kompresse so heiß wie möglich auf den jeweils betroffenen Bereich.

GRUNDLAGE FÜR EIN BLUMENGESTECK • Sie wollen einem kleinen Blumenarrangement den nötigen Halt geben, haben aber keines der grünen Schaumkissen im Haus, in die man normalerweise die Stiele steckt? Dann versuchen Sie es doch mit einer großen Kartoffel, die Sie längs halbieren und mit der Schnittfläche nach unten hinlegen. Bohren Sie nun an den gewünschten Stellen Löcher in die Kartoffel und stecken Sie die Blumenstiele hinein.

ABGETRAGENE SCHUHE AUFPOLIEREN • Haben Sie Schuhe, die einerseits stark abgenutzt aussehen, aber andererseits so bequem sind, dass es Ihnen schwerfällt, sie auszumustern? Sie müssen sich nicht von Ihren alten Lieblingsschuhen trennen! Schneiden Sie eine rohe Kartoffel in der Mitte durch und reiben Sie die Schuhe mit den Schnittflächen der Knolle ein. Tragen Sie dann wie gewohnt Schuhcreme auf und polieren Sie die Schuhe abschließend noch gründlich. Nun sind sie bestimmt wieder vorzeigbar.

KATZENSTREU

GERUCHSFREIES ZELT • Auf dem Dachboden oder im Keller gelagerte Zelte und Schlafsäcke bewahrt man vor muffigem Geruch, wenn man Katzenstreu in eine alte Socke füllt, diese zuknotet und in den Schlafsack oder das Zelt legt.

SCHUTZ VOR BRENNENDEM FETT • Beim Grillen im Freien kann es passieren, dass herabtropfendes Fett zu brennen beginnt. Um das zu vermeiden, verteilen Sie am besten eine Schicht Katzenstreu aus Tonerde auf dem Abtropfblech, die das Fett aufsaugt.

SPORTSCHUHE DESODORIEREN • Wenn Jogging- und Turnschuhe unangenehm riechen, füllen Sie einfach einige alte Socken mit wohlriechender Katzenstreu auf Tonbasis, knoten Sie die Socken zu und stecken Sie sie über Nacht in die Schuhe. Bei Bedarf wiederholt man die Prozedur, bis die Turnschuhe geruchsfrei sind.

ANFAHRHILFE BEI SCHNEE UND EIS • Wenn Sie im Winter mit dem Auto unterwegs sind, empfiehlt es sich, einen Beutel Katzenstreu auf Tonbasis im Kofferraum zu haben. Damit können Sie die Bodenhaftung der Reifen verbessern, falls Sie auf Glatteis geraten.

Fortsetzung →

REINIGENDE GESICHTSMASKE • Es mag ungewöhnlich erscheinen, aber aus Katzenstreu lässt sich tatsächlich eine Gesichtsmaske zur Tiefenreinigung der Haut herstellen. Man nimmt dazu zwei Hand voll frische Katzenstreu aus reiner Tonerde (ohne chemische Zusätze) und verrührt sie mit warmem Wasser zu einer dicken Paste. Die Paste auf das Gesicht auftragen, 20 Minuten einwirken lassen und anschließend mit warmem Wasser abspülen. Die Tonerde nimmt Schmutzpartikel und Fett aus den Poren auf und entschlackt die Haut.

SCHNITTBLUMEN TROCKNEN • Duft und Schönheit frisch geschnittener Blumen sind vergänglich. Doch man kann schöne Blumen trocknen und sich so noch lange an ihnen erfreuen. Zum Trocknen legt man sie 7–10 Tage in einem luftdicht verschlossenen Behälter auf eine Schicht saubere Katzenstreu.

HÄTTEN SIE'S GEWUSST?

Erfinder des Katzenstreus ist der US-Amerikaner Edward Lowe. Er hätte wohl nicht die Idee zur Herstellung von Katzenstreu gehabt, wenn eine Nachbarin ihn nicht eines Tages im Jahr 1947 um ein wenig Sand für ihre Katzentoilette gebeten hätte. Edward Lowe schlug vor, statt Sand etwas von dem saugfähigen Tongranulat zu verwenden, dass er für die väterliche Firma als Absorptionsmittel verkaufte. Als die Nachbarin ihn erneut um Tongranulat bat, wusste er, dass eine Geschäftsidee geboren war. Bald schon fuhr er kreuz und quer durch die USA und verkaufte sein Katzenstreu beutelweise aus dem Kofferraum seines Autos. Die Geschäfte entwickelten sich hervorragend: 1990 war die Firma Edward Lowe Industries Amerikas größter Produzent von Haustierstreu.

MÜLLEIMER OHNE LÄSTIGE GERÜCHE • Auch wenn der Mülleimer ein Behälter für Abfälle ist, muss er nicht unangenehm riechen. Streuen Sie eine Lage Katzenstreu auf den Boden des Mülleimers und die Streu nimmt die Gerüche auf. Tauschen Sie die Streu nach etwa einer Woche aus bzw. bereits früher, wenn sie feucht ist. Ist ein Baby im Haus, kann man auch den Windeleimer mit Katzenstreu geruchsfrei halten. Gerade im Sommer bei hohen Temperaturen ist dies zudem aus hygienischen Gründen zu empfehlen.

EIN WOHLRIECHENDER SCHRANK • Hat sich in Ihrem Kleiderschrank ein muffiger Geruch festgesetzt? Kein Problem, denn er lässt sich mit Katzenstreu auf Tonbasis wahrscheinlich beseitigen. Stellen Sie dazu flache Schalen mit Katzenstreu in den Schrank, sie wirkt desodorierend und absorbiert Gerüche.

ÖLFLECKEN BESEITIGEN • Hässliche Ölflecken in der Garageneinfahrt oder auf dem Garagenboden lassen sich entfernen, wenn man Katzenstreu darauf verteilt. Bei frischen Flecken nimmt die Streu den größten Teil des Öls sofort auf. Alte Flecken behandelt man, indem man etwas Lackverdünner auf den Flecken gibt und ihn dann mit Katzenstreu bedeckt. Nach einer Einwirkzeit von zwölf Stunden kann man die Streu dann abfegen. Bitte beachten Sie bei der Entsorgung des Streus die örtlichen Vorschriften.

ÄLTERE BÜCHER WIEDER AUFFRISCHEN

Etwas muffig riechende Bücher legt man über Nacht in einen fest verschlossenen Behälter mit sauberer Katzenstreu. Am nächsten Tag ist der Geruch in den meisten Fällen verschwunden.

KAUGUMMI

NACH WERTGEGENSTÄNDEN ANGELN • Keine Panik, wenn Ihnen ein Ohrring oder ein anderes Schmuckstück in einen Straßengully, ein Rohr oder einen engen Spalt gefallen ist. Mit einem frisch gekauten Kaugummi können Sie versuchen, das gute Stück wiederzubekommen. Befestigen Sie den Kaugummi an der Spitze eines Senkbleis und lassen Sie es an die betreffende Stelle hinab, bis der verlorene Gegenstand an dem Kaugummi haften bleibt. Ziehen Sie dann das Blei vorsichtig wieder hoch.

BRILLENREPARATUR

Was tun, wenn sich an der Brille plötzlich ein Glas lockert, Sie aber ohne Brille nicht Auto fahren dürfen und gerade einen wichtigen Termin haben? Befestigen Sie ein kleines Stückchen gekauten Kaugummi am Rand, sodass Glas und Fassung gut zusammengehalten werden. So bleibt die Brille stabil, bis Sie zum Optiker gehen können.

GEGEN BLÄHUNGEN UND SODBRENNEN • Es mag erstaunlich klingen, aber Kaugummi kann sogar bei gesundheitlichen Beschwerden helfen. So lassen sich Blähungen und Sodbrennen durch Kauen von Kaugummi mit Minzanteil lindern. Die ätherischen Öle der Grünen Minze, die im Kaugummi enthalten sind, wirken gegen die Blähungen, und das Kauen regt die Speichelbildung an. Das Gute daran: Speichel neutralisiert Magensäure und verbessert den Fluss der Verdauungssäfte. Man sollte aber nur zuckerfreien Kaugummi nehmen.

HÄTTEN SIE'S GEWUSST?

Kaugummi ist keine neue Erfindung. Bereits die alten Griechen kauten Mastix, ein Kaugummi aus dem Harz des Mastixbaums. Die mittelamerikanischen Maya kauten Chiclegummi aus dem eingedickten Milchsaft des Sapotillbaumes. Nordamerikanische Indianer verwendeten den Saft von Fichten als Kaugummi, und die ersten weißen Siedler in Amerika taten es ihnen nach. Andere kamen auf die Idee, Kaugummi aus Fichtensaft und Bienenwachs herzustellen. Der Erste, der Kaugummi in größerem Stil vermarktete, war der Amerikaner John B. Curtis. Er gründete seine Firma 1848. Heute handelsüblicher Kaugummi besteht meist aus einer Kunststoff-Gummi-Masse, der synthetische Stoffe, etwa Weichmacher und Aromastoffe, zugesetzt werden.

RISSE AUSFÜLLEN • Ein Blumentopf oder ein Hundefressnapf, der einen Riss bekommen hat, muss nicht gleich aussortiert werden. Füllen Sie den Riss mit einem Stück gut gekautem Kaugummi ebenflächig aus und lassen Sie ihn gut aushärten, dann hält das Stück noch eine Weile.

PROVISORISCHER FENSTERKITT • Wenn sich eine Fensterscheibe gelockert hat und Sie befürchten, dass die Scheibe herausfällt und zerbricht, bevor der Handwerker bei Ihnen angekommen ist, können Sie die Scheibe vorübergehend mit einem oder zwei Stücken frisch gekautem Kaugummi befestigen.

KEHRICHTSCHAUFEL

HERBSTSCHMUCK FÜR DIE HAUSTÜR • Warum die Haustür immer mit einem Kranz schmücken? Probieren Sie doch einmal Folgendes aus: Sammeln Sie dekoratives trockenes Herbstlaub und Zweige mit roten und orangefarbenen Beeren. Binden Sie alles mit Gummiband oder Klebestreifen zu einem Strauß zusammen, ziehen Sie ihn fächerförmig auseinander und kaschieren Sie die Bindestelle mit einer Schleife aus Stoff. Legen Sie den Strauß dann auf eine Kehrichtschaufel, die Sie zuvor mit kupferfarbener Metallicfarbe gestrichen oder besprüht haben, und befestigen Sie ihn mit Klebstoff oder doppelseitigem Klebeband daran. Nun können Sie die herbstliche Dekoration an die Haustür hängen.

SCHNEESCHAUFELN FÜR DIE KLEINSTEN • Vielen Kindern macht es Spaß, im Winter beim Schneeschippen zu helfen. Man kann auch kleine Kinder schon einbeziehen, wenn man ihnen eine Kehrichtschaufel als Schneeschaufel in die Hand gibt.

SANDSPIELZEUG • Wenn Sie im Urlaub mit Ihren Kindern an den Strand gehen, packen Sie gleich auch eine Kehrichtschaufel ein (am besten eine aus Metall). Sie ist gut als Sandschaufel geeignet.

SCHNELLE HILFE BEIM AUFRÄUMEN • Chaos im Kinderzimmer lässt sich im Nu beseitigen, wenn man kleine Spielsachen mit einer Kehrichtschaufel aufsammelt und in die Spielzeugkiste schaufelt. Damit spart man Zeit und schont den Rücken.

KERZEN

WETTERFESTE AUFKLEBER • Wenn Sie mit einem Filzstift die Adresse auf ein Päckchen geschrieben haben, können Sie die Beschriftung wetterfest machen, indem Sie mit einer Kerze darüberreiben. Weder Regen noch Schnee können nun der Beschriftung etwas anhaben.

SCHLUSS MIT DEM QUIETSCHEN • Eine quietschende Tür bringen Sie schnell zum Verstummen, wenn Sie sie aus den Angeln heben und die Scharniere mit einer Kerze abreiben. Dann hängen Sie die Tür wieder ein – fertig!

FEUERANZÜNDEN LEICHT GEMACHT • Beim Anzünden des Kamins oder eines Grillfeuers passiert es leicht, dass die Flamme von Zugluft wieder ausgeblasen wird. Hier hilft ein kleiner Trick: Zünden Sie das Feuer mit einer nicht ausblasbaren Geburtstagskerze an. (Dabei handelt es sich um einen Scherzartikel, der Geburtstagskindern das Ausblasen der Kerzen auf dem Geburtstagskuchen unmöglich macht.) Sobald das Feuer in Kamin oder Grill kräftig flackert, erstickt man die Kerzenflamme und bewahrt die Kerze für späteren Gebrauch auf.

GEHEIME BOTSCHAFTEN

Lassen Sie Ihre Kinder Folgendes versuchen: Mit einer weißen Kerze sollen sie eine „unsichtbare" Zeichnung auf Papier anfertigen. Wenn sie das Blatt anschließend mit Wasserfarben übermalen, kommt das Bild zum Vorschein, denn an den mit Kerzenwachs bestrichenen Stellen nimmt das Papier keine Farbe auf. Wenn es mehrere Kinder sind, können sie auch Geheimbotschaften anfertigen und dann austauschen.

BESSER GLEITENDE SCHUBLADEN • Klemmende Schubladen an Schreibtischen oder Kommoden lassen sich leicht wieder in Schwung bringen. Ziehen Sie die Schublade heraus und reiben Sie die Laufschienen mit einem Kerzenstummel ab. Wenn Sie die Schublade wieder einschieben, werden Sie feststellen, dass sie nun besser gleitet.

HALT FÜR DIE NADELN • Eine dicke Kerze ist ein ideales Nadelkissen. Das Wachs sorgt auch noch dafür, dass Steck- und Nähnadeln leichter durch den Stoff gleiten. Achten Sie darauf, dass das Wachs der Kerze möglichst weich ist (am besten etwas erwärmen), damit man die Nadeln leicht hineinstecken kann.

HÄTTEN SIE'S GEWUSST?

Bienenwachs, eine Substanz, die Honigbienen zum Bau von Waben ausscheiden, wird seit dem Mittelalter zur Herstellung von Kerzen verwendet. Bis dahin gab es nur Kerzen aus ausgelassenem tierischem Fett, dem so genannten Talg, der eine rauchige Flamme und beißende Gerüche erzeugte. Bienenwachskerzen dagegen brennen sauber und verströmen einen angenehmen Duft. Allerdings waren sie zunächst nur den Kirchen und reichen Fürstenhäusern vorbehalten, da sie sehr teuer waren.

Neuerungen bei der Kerzenherstellung gab es dann im späten 18. Jh. durch die Ausdehnung des Walfangs, als eine aus dem Tran des Pottwals gewonnene, wachsähnliche Substanz, das so genannte Walratöl, in größeren Mengen zur Verfügung stand. Erst im 19. Jh. begann die Massenproduktion von Kerzen, nachdem das Paraffin entdeckt worden war. Paraffin fällt bei der Erdölverarbeitung an. Es ist ein preiswertes Kerzenwachs, das sauber und ohne unangenehmen Geruch brennt.

SCHNÜRSENKEL AUSBESSERN • Wenn die Kappen von Schnürsenkeln abfallen, sollte man sie gleich ausbessern, denn die Enden fransen schnell aus. Tauchen Sie einfach die Enden in geschmolzenes Kerzenwachs und die Schnürsenkel sind noch eine ganze Weile funktionstüchtig.

KETCHUP

GLÄNZENDES KUPFERGESCHIRR • Die schönen Kupfertöpfe und -pfannen sind Ihr ganzer Stolz, doch mit der Zeit sind sie stumpf geworden und haben angelaufene Stellen. Falls Sie keine Metallpolitur im Haus haben, können Sie auch Ketchup nehmen, um Ihr Kupfergeschirr wieder auf Hochglanz zu bringen. Streichen Sie mithilfe eines Pinsels eine dünne

Schicht Ketchup auf die Kupferoberfläche und lassen Sie es mindestens 5 Minuten (aber höchstens 30 Minuten) einwirken. Die Säuren im Ketchup reagieren mit dem Belag und lösen ihn ab. Nach der Behandlung wird das Kupfergeschirr gründlich abgespült und abgetrocknet. Nun erstrahlt es in altem Glanz.

Fortsetzung →

NEUER GLANZ FÜR SILBERSCHMUCK • Um matt gewordenen Silberschmuck wieder zum Strahlen zu bringen, muss man nicht unbedingt immer Silberpolitur verwenden. Als Ersatz hierfür kann man auch einmal Ketchup nehmen. Wenn der Schmuck eine glatte Oberfläche hat, taucht man ihn für wenige Minuten in eine kleine Schüssel mit Ketchup. Bei geprägten Oberflächen trägt man das Ketchup mit einer weichen Zahnbürste auf. Damit das Silber nicht angegriffen wird, lässt man den Ketchup immer nur kurz einwirken. Danach wird der Schmuck gründlich abgespült und getrocknet – Sie werden von der Wirkung überrascht sein.

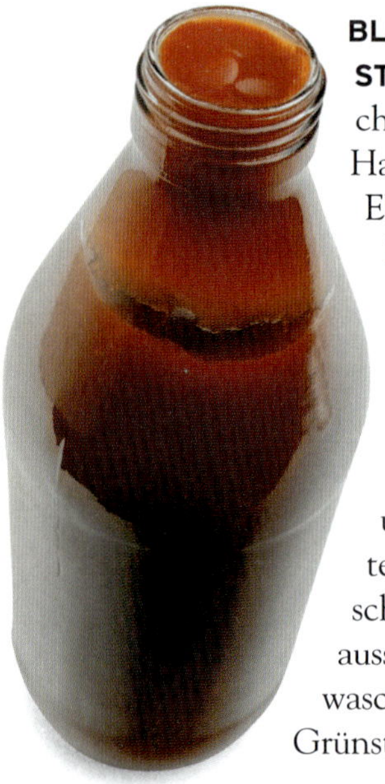

BLONDE HAARE OHNE GRÜNSTICH • Beim Schwimmen in gechlortem Wasser kann blondes Haar einen Grünstich bekommen. Ebenso wie Tomatensaft kann Ketchup diesen Grünton wieder entfernen. Man gibt reichlich Ketchup aufs Haar und massiert es ein, am besten über der Badewanne. Das Haar mit einer Duschhaube bedecken und den Ketchup etwa 15 Minuten lang einwirken lassen. Anschließend die Haare gründlich ausspülen und mit Babyshampoo waschen. Nun sind Chlorgeruch und Grünstich verschwunden.

HÄTTEN SIE'S GEWUSST?

Ketchup stammt eigentlich aus dem Fernen Osten und war ursprünglich eine salzige Fischsauce. Das Wort Ketchup leitet sich vermutlich vom indonesischen „ketjab" ab, der Lake, in der man Fisch einlegt. Nachdem der ursprüngliche Ketchup im späten 17. Jh. in die westliche Welt gelangt war, entwickelte man eine große Vielfalt an Varianten, die u. a. mit Gemüse oder auch Fleisch zubereitet wurden. Bis heute sind Bananenketchup, Pilzketchup und andere Sorten in vielen Ländern erhältlich. Der Siegeszug von Tomatenketchup ist noch relativ jung: Erst 1875 trat die Marke Heinz auf den Plan. Heutzutage ist Tomatenketchup kaum mehr wegzudenken – sei es bei Pommes frites, Currywurst ...

KISSENBEZÜGE

STAUBSCHLUCKER • Haben Sie einen Deckenventilator in Ihrer Wohnung? Dann wissen Sie, dass beim Abstauben des Ventilators normalerweise viele Staubflocken aufgewirbelt werden. Es geht aber auch anders: Nehmen Sie einen alten Kopfkissenbezug und stülpen Sie ihn über eines der Ventilatorblätter. Ziehen Sie den Kissenbezug dann langsam zurück. Die Ventilatorblätter werden dabei abgestaubt, der gesammelte Staub bleibt im Kissenbezug und landet nicht auf dem Fußboden.

SPINNWEBEN ENTFERNEN • Ganz oben in einer Ecke Ihres Schlafzimmers haben Sie eine Spinnwebe entdeckt. Bevor Sie ihr mit einem Besen zu Leibe rücken, spannen Sie einen alten Kissenbezug über die Besenborsten. Jetzt können Sie die Spinnwebe entfernen, ohne Schmutzspuren an der Wand zu hinterlassen. Außerdem ist es einfacher, die Spinnwebe vom Kissenbezug abzunehmen als sie aus den Besenborsten herauszuziehen.

PREISWERTE WICKELTISCHAUFLAGE

Bezüge für Wickeltischauflagen haben ihren Preis. Hier ein Spartipp: Verwenden Sie schlichte weiße Kopfkissenbezüge! Am besten haben Sie gleich mehrere davon im Haus. Wird ein Bezug schmutzig, ziehen Sie ihn einfach ab und ersetzen ihn durch einen sauberen. Praktisch ist auch, dass man die Bezüge in die Kochwäsche geben kann.

KISSEN FÜR DIE REISE • Die Autofahrt zum Urlaubsort ist lang und Ihre Kinder möchten vielleicht ihre Lieblingskissen mitnehmen, um es sich im Auto bequem machen zu können. Flecken von Lutschern, Filzstiften und Ähnlichem sind dann unvermeidlich. Beziehen Sie darum am besten jedes Kissen mit mehreren Bezügen übereinander. Wird der oberste Bezug allzu schmutzig, ziehen Sie ihn einfach ab und ein frischer kommt zum Vorschein.

WÄSCHEBEUTEL FÜR DIE REISE • Wenn Sie etwas länger auf Reisen sind, brauchen Sie einen Wäschebeutel für Ihre Schmutzwäsche. Denken Sie also beim Kofferpacken daran, auch einen alten Kopfkissenbezug (oder mehrere) mitzunehmen. Unterwegs können Sie dann die schmutzige Wäsche in ihm verstauen. Wenn Sie wieder nach Hause kommen, geben Sie den Kissenbezug einfach mit den anderen Wäschestücken in die Waschmaschine.

FROSTSCHUTZ FÜR PFLANZEN • Wenn im Winter Minustemperaturen zu erwarten sind, können Sie empfindliche Pflanzen vor Frost schützen, indem Sie einen alten Kopfkissenbezug aus leichter Baumwolle darüberstülpen.

DER UMFASSENDE SCHUTZ

PULLOVER AUFBEWAHREN • Winterpullover, die im Sommerhalbjahr in Plastiktüten oder Kunststoffbehältern aufbewahrt werden, können einen muffigen Geruch annehmen. Liegen sie aber die ganze Zeit offen im Kleiderschrank, können sie den Motten zum Opfer fallen. Die Lösung ist einfach: Stecken Sie Pullover für die sommerliche Einlagerung in Kopfkissenbezüge. So bleiben sie staubfrei, werden aber auch ausreichend belüftet, weil der Stoff des Kissenbezugs im Gegensatz zu Plastik luftdurchlässig ist.

SCHUTZHÜLLE FÜR EDLE KLEIDUNG • Sie haben gerade ein elegantes Seidenhemd oder eine festliche Bluse gewaschen und gebügelt und Sie wissen, dass dieses Kleidungsstück eine Weile nicht mehr getragen wird – wie soll es also am besten aufbewahrt werden? Bei solchen edlen Stücken lohnt es sich, sie in eine Art Schutzhülle zu geben. Schneiden Sie dafür in die obere Naht eines alten Kopfkissenbezugs ein Loch in die Mitte und stülpen Sie dann den Bezug über den Kleiderbügel (der Haken ragt aus dem Loch) und das Kleidungsstück.

STAUBFREIE TASCHEN • Zu dem neuen Mantel, den Sie heute tragen wollen, passt am besten eine Ledertasche, die Sie eine Weile nicht benutzt haben. Beim Hervorholen stellen Sie fest, dass die Tasche völlig verstaubt ist und erst einmal gesäubert werden muss – nicht wirklich gut, wenn man es auch noch eilig hat. In Zukunft können Sie sich Zeit und Mühe sparen, wenn Sie Taschen und andere Gegenstände, die nicht dauernd gebraucht werden, in einem alten Kopfkissenbezug lagern. So bleiben sie staubfrei und können bei Bedarf sofort wieder benutzt werden.

Fortsetzung →

ORIGINELLE GESCHENKVERPACKUNG • Sie wollen einen Gegenstand verschenken, der sich nur schwer in gewöhnliches Geschenkpapier verpacken lässt, z. B. einen Fuß- oder einen Basketball oder eine Tischlampe? Dann versuchen Sie es doch einmal mit folgender Lösung: Stecken Sie das Geschenk einfach in einen bunten Kissenbezug und binden Sie ihn oben mit einem hübschen Band zu.

ORDNUNG IM WÄSCHESCHRANK • Sie haben Überraschungsgäste, die über Nacht bleiben werden. Das Bett ist aber noch nicht bezogen und Sie durchstöbern nun den Wäscheschrank nach geeigneter Bettwäsche. Sie wollen den Gästen schließlich keine Bettbezüge geben, die nicht zusammenpassen oder die schon abgenutzt aussehen. Mit einer einfachen Methode können Sie dafür sorgen, dass Sie in Zukunft eine bessere Übersicht im Wäscheschrank haben: Wenn Bettbezüge und Laken frisch gewaschen und getrocknet sind, stecken Sie sie zusammengefaltet in einen der dazugehörigen Kissenbezüge und legen das Päckchen dann in den Wäscheschrank.

SCHONWÄSCHE • Pullover, Strumpfhosen und feine Unterwäsche werden beim Waschen in der Waschmaschine geschont, wenn man sie zuvor in einen Kopfkissenbezug steckt. Nehmen Sie dazu einen Kissenbezug mit Reißverschluss oder binden Sie den Bezug mit einer Schnur zu. Waschen Sie dann die Kleidungsstücke im passenden Schonprogramm. So wird Ihre Feinwäsche noch lange schön bleiben.

KUSCHELTIERE WASCHEN • Stoff- und Plüschtiere werden von Kindern heiß geliebt, aber sie sind auch enorme Staubfänger und werden durch das liebevolle „Knuddeln" schnell unansehnlich. Wenn die Kuscheltiere mal wieder eine Wäsche nötig haben, stecken

Sie sie in einen alten Kopfkissenbezug und geben sie in die Waschmaschine. Der Kissenbezug sorgt dafür, dass sie schonend gewaschen werden. Sollte sich beim Waschen ein Teil von einem Stofftier ablösen, so findet es sich auf jeden Fall im Kissenbezug wieder, und man kann es nach der Wäsche wieder annähen.

BABY-BETTLAKEN • Sie brauchen ein Laken für Ihre Babytragetasche? Nehmen Sie einfach einen Kopfkissenbezug und legen Sie die Tragetasche damit aus. Ein weißer Kissenbezug hat den Vorteil, dass Sie ihn bei Bedarf in die Kochwäsche geben können.

SAUBERES PLASTIKSPIELZEUG • Kleineres Spielzeug und Bausteine aus Plastik bekommen Sie ohne Mühe wieder sauber, wenn Sie sie in der Waschmaschine waschen. Sie müssen die Teile dafür nur in einen alten Kopfkissenbezug stecken und den Bezug mit einer Schnur zubinden. Achten Sie darauf, dass die Temperatur nicht zu hoch ist und das Spielzeug am Schluss des Waschgangs nur leicht geschleudert wird.

Spaß für Kinder

Kinder lieben es, ihr Zimmer mit persönlichen Dingen auszustatten. Wenn Sie ein Kind im Vorschulalter haben, macht es ihm bestimmt Spaß, zusammen mit Ihnen einen bunten Wandbehang zu gestalten. Nehmen Sie dazu einen einfarbigen Kissenbezug und machen Sie dann an der oberen Seite des Bezugs links und rechts einen etwa 2 cm langen Schlitz in die Seitennaht. Nun kann Ihr Kind den Bezug nach Herzenslust mit Stofffarben bemalen. Wenn das Bild fertig ist, stecken Sie einen Holzstab durch die Nahtöffnungen und binden Sie einen etwa 95 cm langen, dicken Wollfaden an beiden Enden des Stabes fest. Jetzt müssen Sie nur noch den Wandbehang im Zimmer des kleinen Künstlers aufhängen.

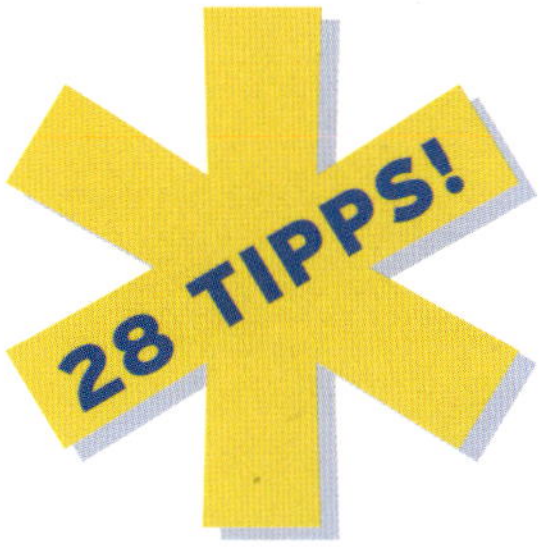

KLEBEBAND

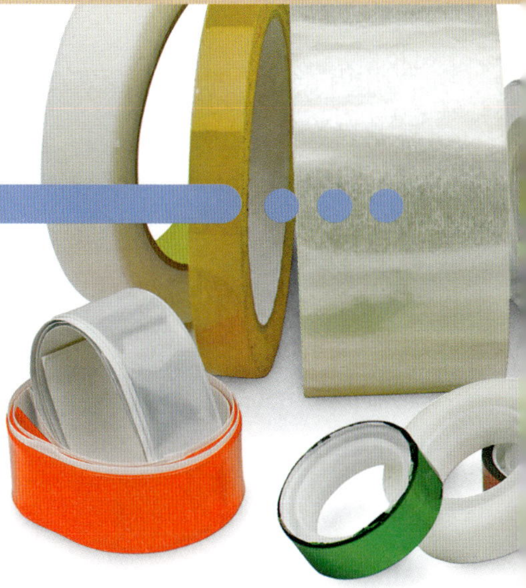

In Küche und Esszimmer

GLASSCHERBEN SICHER BESEITIGEN • Schnell ist in der Küche ein Glas heruntergefallen und scharfkantige Scherben liegen dann über den ganzen Boden verstreut. Nehmen Sie in einem solchen Fall ein Stück breites Klebeband, halten Sie es an beiden Enden fest und sammeln Sie damit vorsichtig die kleineren Scherben und Glassplitter auf. Bei Bedarf nehmen Sie noch ein weiteres Stück Klebeband.

FRISCHHALTEFOLIE LEICHTER ABZIEHEN • Bei Frischhaltefolie ist es oft schwierig, den Anfang der Rolle zu finden. Hier hilft ein kleiner Trick: Wickeln Sie ein Stück Klebeband mit der Klebeseite nach außen um einen Finger und tupfen Sie damit auf die Rolle, bis Sie den Anfang gefunden haben. Heben Sie dann die Folie an und ziehen Sie sie behutsam ab.

SALZ- UND PFEFFERSTREUER VERSCHLIESSEN • Viele Salz- und Pfefferstreuer, vor allem Streuer aus Porzellan, werden durch ein Loch im Boden befüllt. Wenn Sie die Streuer beim Nachfüllen umdrehen, können leicht Salz- und Pfefferkörner aus den Streuöffnungen herausfallen. Um das zu verhindern, kleben Sie einfach ein Stück Klebeband über die Öffnungen. Das ist auch praktisch, wenn Sie die Streuer transportieren müssen, beispielsweise bei einem Umzug oder wenn Sie zu einem Picknick fahren.

FREIE HÄNDE IM SUPERMARKT

Wenn Sie mit einem Stück Klebeband Ihre Einkaufsliste am Griff des Einkaufswagens befestigen, haben Sie beide Hände frei und können Ihre Einkaufsliste nicht mehr verlieren oder verlegen.

KERZENLICHT OHNE BRANDGEFAHR • Zu einem romantischen Abendessen gehört Kerzenschein dazu. Achten Sie aber darauf, dass die Kerzen fest in ihrem Halter stecken, damit sie nicht umkippen. Damit sie perfekt in den Halter passen, wickeln Sie so viel Klebeband wie nötig um das untere Ende der Kerzen.

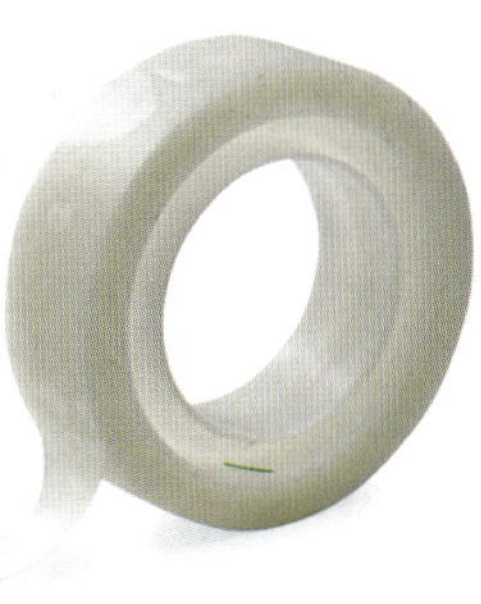

Praktisch im Haushalt

SCHLÜSSEL KENNZEICHNEN • Haben Sie manchmal Probleme, den richtigen Schlüssel zu finden, wenn Sie im Dunkeln nach Hause kommen? Wenn Sie etwas Klebeband um den Haustürschlüssel wickeln, können Sie ihn problemlos im Dunkeln ertasten. Oder haben Sie mehrere Schlüssel, die sehr ähnlich aussehen? Dann kennzeichnen Sie diese Schlüssel einfach mit Klebeband in unterschiedlichen Farben.

Fortsetzung →

HÄTTEN SIE'S GEWUSST?

Wer in Deutschland Klebeband meint, sagt meist einfach Tesafilm®. In den USA und anderen Ländern heißt Klebeband oft „Scotch Tape". Erfinder des Klebebands mit dem schottischen Namen ist der Ingenieur Richard Drew. Er arbeitete 1925 im Unternehmen 3M an der Entwicklung von Abdeck-Klebebändern, mit denen man bereits fertig lackierte Flächen an Autos abdecken konnte. Als er das Ergebnis seiner Arbeit in der Praxis testen ließ, hörte er von einem Arbeiter der Autowerkstatt: „Bringen Sie dieses Band zurück zu Ihren geizigen schottischen Chefs und sagen Sie ihnen, sie sollen mehr Klebstoff draufmachen!" Drew verbesserte das Produkt und nannte es „Scotch Tape". Im Jahr 1930 schließlich erfand er das erste transparente Klebeband der Welt.

GRIFFBEREITE ERSATZBATTERIEN • Es ist immer lästig, nach passenden Batterien zu suchen, z. B. wenn der Wecker stehen geblieben ist und die Batterien ausgetauscht werden müssen. Machen Sie es sich doch in Zukunft leichter: Befestigen Sie mit Klebeband Ersatzbatterien an der Rückseite der entsprechenden Geräte, denn dann haben Sie sofort die richtigen Batterien zur Hand, wenn neue eingelegt werden müssen.

MIT SCHMUCK AUF REISEN • Damit sich feine Halsketten im Reisegepäck nicht verheddern, bekleben Sie am besten jede Kette beidseitig mit Klebeband. Auf die gleiche Weise können Sie auch Ihre Ohrringe bekleben, damit sie sich nicht ineinander verhaken.

FETTFLECKEN • Fettflecken in Büchern oder auf wichtigen Dokumenten lassen sich leider kaum noch entfernen. Sie können jedoch verhindern, dass der Fleck noch weitere Buchseiten oder Papiere in Mitleidenschaft zieht, indem Sie den Fleck auf beiden Seiten des Papiers mit transparentem Klebeband überkleben.

REDEMANUSKRIPT FIXIEREN • Falls es einmal vorkommen sollte, dass Sie im Freien eine Rede halten müssen, nehmen Sie eine Rolle Klebeband mit. Wenn

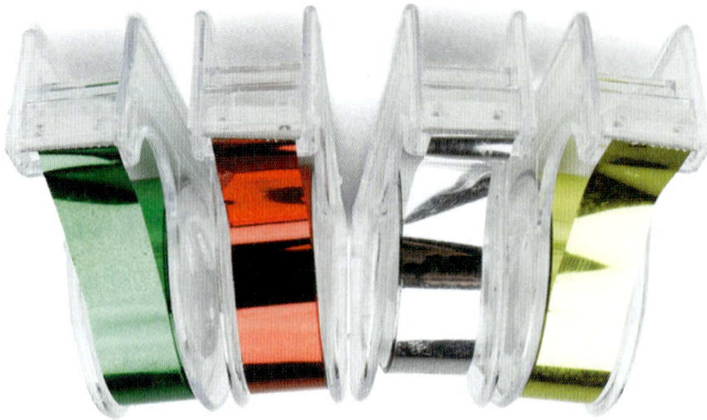

Sie dann am Rednerpult stehen, befestigen Sie Ihr Manuskript mit einem kleinen Klebestreifen daran. So kann es nicht weggeweht werden.

NEGATIVE VON FOTOS CLEVER AUFBEWAHREN • Bevor Sie Ihr Lieblingsfoto einrahmen, kleben Sie das entsprechende Negativ mit Klebeband auf die Rückseite des Fotos (Achtung: nicht das eigentliche Negativ überkleben, sondern nur leicht den Rand). So ist es gut geschützt, und wenn Sie irgendwann einmal

HILFE BEI NÄHARBEITEN

AUS OMAS TRICKKISTE • Transparentes Klebeband ist eine große Hilfe bei verschiedenen Näharbeiten. Wenn Sie einen Reißverschluss einnähen möchten, können Sie ihn zunächst mit Klebeband fixieren, und das Band wieder entfernen, wenn Sie fertig sind. Aufnäher, Flicken und Namensschilder können Sie ebenfalls mit Klebeband z. B. auf Pullover oder Mützen fixieren, bevor Sie sie aufnähen. Ein Klebeband ist außerdem hilfreich, um ein Schnittmuster auf Stoff zu befestigen, und Sie haben beim Ausschneiden dann gleich eine verstärkte Kante.

GARNFÄDEN FIXIEREN • Das Fadenende auf einer Garnspule zu finden, ist manchmal gar nicht so einfach. Sie erleichtern sich Näharbeiten, wenn Sie das Fadenende mit einem Stück Klebeband auf einer Seite der Spule festkleben.

weitere Abzüge von diesem Foto machen lassen möchten, haben Sie das Negativ sofort zur Hand und müssen nicht mühsam danach suchen.

TIERHAARE ENTFERNEN • Katzen- und Hundebesitzer kennen das Problem: Immer wieder bleiben Tierhaare auf Sesseln und Sofas hängen. Man kann sie leicht beseitigen, indem man Klebeband mit der Klebeseite nach außen um eine Hand wickelt und die Tierhaare damit von den Polstern aufnimmt.

BLUMEN IN SCHÖNER ORDNUNG • Schnittblumen lassen sich besser in einer Vase arrangieren, wenn man mehrere Stücke transparentes Klebeband kreuz und quer über die Öffnung der Vase klebt, sodass ein Gittermuster entsteht. Durch die kleinen Öffnungen steckt man dann die Blumenstängel in die Vase. So bleibt der Blumenstrauß länger ansehnlich.

LIPPENSTIFT AUF SEIDE ENTFERNEN • Ihre neue Seidenbluse hat einen Lippenstiftfleck abbekommen – was tun? Solche Flecken lassen sich entfernen, indem Sie ein Stück Klebeband (oder Kreppband) auf den Fleck kleben und das Band mit einem Ruck wieder abziehen. Wiederholen Sie den Vorgang einige Male. Wenn danach immer noch Lippenstiftfarbe vorhanden ist, betupfen Sie den Fleck mit reinem Alkohol, bis nichts mehr zu sehen ist.

BLITZBLANKE NAGELFEILE • Eine Nagelfeile wird wieder schön sauber, wenn man auf jede Seite der Feile ein Stück Klebeband legt, es vorsichtig festdrückt und sofort wieder abzieht. Staub und Schmutz bleiben an dem Klebeband hängen. Das funktioniert natürlich auch bei feinen Feilen aus der Werkzeugkiste.

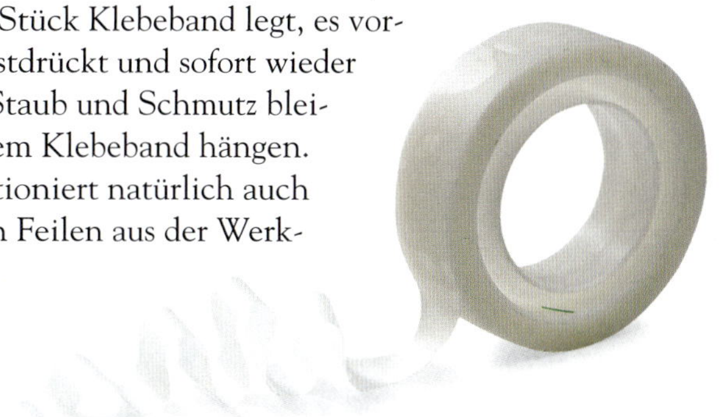

HÄTTEN SIE'S GEWUSST?

Transparentes Klebeband gibt es seit mehr als 70 Jahren, die Zusammensetzung wurde jedoch im Lauf der Jahrzehnte verändert. Der in Deutschland sehr viel verwendete Tesafilm® bestand zunächst aus Zellophan, das auf einer Seite mit Kautschukkleber bedeckt war. Das Klebeband vergilbte jedoch recht schnell. Schließlich wurde Tesafilm® aus PVC-Folie und einem haltbareren Acrylatkleber hergestellt. Der Kleber kommt heute noch zum Einsatz, das PVC wurde inzwischen durch umweltfreundlicheres Polypropylen ersetzt. Mittlerweile gibt es sogar schon Forschungen, um Tesafilm® als Datenträger nutzbar zu machen.

Für den Heimwerker

NÄGEL SAUBER EINSCHLAGEN • Bevor Sie einen Nagel in eine Wand einschlagen, überkleben Sie die Stelle mit einem Stück durchsichtigem Klebeband. So kann keine Wandfarbe abblättern, auch dann nicht, wenn Sie den Nagel wieder herausziehen müssen.

SCHRAUBEN IN SICHERHEIT BRINGEN • Wenn Sie Geräte reparieren, bei denen es sehr kleine Schrauben gibt, kleben Sie ein doppelseitiges Klebeband auf Ihren Arbeitstisch. Legen Sie dann alle entnommenen Schrauben, Muttern und Stifte auf das Klebeband, am besten in der Reihenfolge, wie sie wieder eingebaut werden. So können die kleinen Teile nicht umherrollen und durcheinander geraten.

FROSTSCHUTZ FÜR AUTOSCHLÖSSER • Wenn im Winter frostige Zeiten herrschen, vergeuden Sie keine Zeit damit, zugefrorene Autoschlösser wieder funktionstüchtig zu machen. Dichten Sie die Autoschlösser einfach mit Klebeband ab, sobald mit Frost zu rechnen ist, dann werden die Schlösser nicht mehr so leicht zufrieren.

Fortsetzung →

Sicherheitstipps

BESSERER SCHUTZ BEI AUTOPANNEN • Wenn Sie bei Dunkelheit eine Autopanne haben, kann es gefährlich werden. Damit Sie und andere Verkehrsteilnehmer besser geschützt sind, stellen Sie am besten zusätzlich zum Warndreieck selbst gebastelte Reflektoren auf. Solche Reflektoren sind schnell hergestellt, indem Sie leere Konservendosen mit reflektierendem Klebeband in kräftigen Leuchtfarben bekleben. Legen Sie diese Reflektoren dann in den Kofferraum, zusammen mit etwas abgefülltem Sand oder Kies. Damit können Sie die Dosen beim Aufstellen befüllen, sodass sie sicherer stehen.

HAUSTIERE IM DUNKELN SCHÜTZEN • Damit Auto- und Radfahrer Ihren Hund oder Ihre Katze in der Dunkelheit besser erkennen können, kleben Sie reflektierendes Klebeband auf das Halsband des Tieres.

KEINE STOLPERFALLEN MEHR • Teppiche, die nicht rutschsicher auf dem Boden liegen, bergen ein permanentes Unfallrisiko. Wenn Sie mehrere Stücke doppelseitiges Klebeband auf der Unterseite des Teppichs befestigen, kann er nicht mehr verrutschen.

SICHER FAHRRAD FAHREN • Sind Sie manchmal in der Dunkelheit mit dem Fahrrad unterwegs? Damit Sie für andere gut zu erkennen sind, kleben Sie am besten reflektierendes Klebeband auf Ihren Rucksack oder Ihre Kleidung.

TREPPENSTUFEN MARKIEREN • Sind Ihre Keller- und Außentreppen abends und nachts gut beleuchtet? Falls nicht, können Sie reflektierendes Klebeband auf den Stufenkanten befestigen, damit die Treppen im Dunkeln nicht zu Stolperfallen werden.

Für Kinder

Spaß für Kinder

Alle Kinder werden begeistert sein, wenn Sie sie mit diesem einfachen Zauberkunststück überraschen: Kleben Sie – ohne dass es jemand sieht – ein Stück transparentes Klebeband auf einen aufgeblasenen Luftballon. Rufen Sie alle Kinder zusammen und nehmen Sie den Ballon in die eine Hand und eine Stecknadel in die andere. Damit es richtig spannend wird, fordern Sie die Kinder auf, sich die Ohren zuzuhalten. Stechen Sie dann mit der Nadel durch das Klebeband in den Ballon und ziehen Sie sie wieder heraus – nichts passiert! Stechen Sie nun an einer anderen Stelle in den Ballon – nun platzt er! Jetzt können Sie den verblüfften Kindern Ihr Geheimnis verraten.

PROVISORISCHE KINDERSICHERUNG • Wenn Sie mit kleinen Kindern Freunde besuchen oder in Urlaub fahren, nehmen Sie eine Rolle Klebeband mit. Damit können Sie in den Räumen, in denen Sie sich aufhalten, leicht zugängliche Steckdosen abkleben. Das ist zwar keine perfekte Sicherung, aber Sie haben etwas Zeit gewonnen, um bei Bedarf handeln zu können.

KUNTERBUNTE BILDER MALEN • Ein toller Spaß für Kinder an einem verregneten Nachmittag: Kleben Sie ein paar verschiedenfarbige Filz- oder Buntstifte mit Klebeband zusammen und lassen Sie die Kinder damit kunterbunte Bilder malen. Nehmen Sie aber nicht zu viele Stifte auf einmal, sonst können die Kinder sie nicht mehr gut in der Hand halten.

KLEMMBRETTER

PROVISORISCHER HOSENBÜGEL • Die Hose, die Sie getragen haben, wirft Knitterfalten, und Sie möchten sie über Nacht aushängen lassen. Wenn Sie gerade keinen freien Hosenbügel in Ihrem Kleiderschrank finden, können Sie stattdessen ein Klemmbrett verwenden (am besten eines mit Aufhängöse). Hängen Sie das Brett z. B. an eine Hakenleiste an der Schlafzimmertür und klemmen Sie die Hosensäume glatt am Brett fest.

KOCHREZEPTE AUF AUGENHÖHE • Wenn Sie ein Rezept ausprobieren wollen, das Sie irgendwo ausgeschnitten haben, ist es unpraktisch, wenn der Ausschnitt auf der Arbeitsplatte liegt. Das Rezept lässt sich dann nur schwer ablesen und das Blatt verschmutzt leicht. Das Problem lässt sich lösen, indem man an der Küchenwand oder einem Wandschrank ein Klemmbrett in Augenhöhe anbringt. Das gewünschte Rezept klemmt man dann einfach an das Brett.

GESICHERTE NOTENBLÄTTER

Meist genügt schon ein leichter Luftzug und die Notenblätter werden vom Notenständer geweht. Das lässt sich vermeiden, wenn man die Notenblätter an einem Klemmbrett befestigt, bevor man sie auf den Ständer stellt.

PLATZ FÜR PLATZSETS • Um Platzsets griffbereit unterzubringen, hängt man ein Klemmbrett innen an eine Küchenschranktür und klemmt die Sets an das Brett.

ORIENTIERUNGSHILFE • Falten Sie vor einer längeren Autofahrt die Straßenkarte so, dass sie das Gebiet zeigt, durch das Sie fahren. Befestigen Sie die Karte an einem Klemmbrett und halten Sie es in der Nähe des Fahrersitzes bereit.

SCHLEIFPAPIER AUFBEWAHREN • Meistens ist Schleifpapier nach ein- oder zweimaligem Gebrauch noch gut verwendbar. Man weiß nur oft nicht, wo man es verstauen soll – hängen Sie ein Klemmbrett an einen Haken im Hobbyraum und befestigen Sie das Schleifpapier nach jedem Gebrauch daran.

KNÖPFE

KNÖPFE ALS SPIELSTEINE • Von Ihrem Lieblingsspiel existiert nur noch das Spielbrett oder im Urlaub sind Spielsteine verloren gegangen? Kein Problem: Backgammon, Mühle, Dame oder Mensch-ärgere-dich-nicht kann man auch dann spielen, wenn die Spielsteine nicht mehr komplett sind. Ersetzen Sie sie durch Knöpfe der passenden Größe und Farbe.

DEKORATION FÜR DIE PUPPENSTUBE • Mit bunten, glänzenden, großen und kleinen Knöpfen lässt sich eine Puppenstube schön ausschmücken. Man kann die Knöpfe z. B. als Wandschmuck, Teller oder Minitischplatten verwenden. Lassen Sie Ihrer Phantasie freien Lauf und überraschen Sie den Betrachter.

FÜLLUNG FÜR BOHNENSÄCKCHEN • Wenn Sie Bohnensäckchen für Ihre Gymnastikübungen selbst anfertigen wollen, können Sie für die Füllung statt getrockneter Bohnen auch Knöpfe verwenden. Nehmen Sie dafür alle kleinen Knöpfe, die sich im Lauf der Zeit angesammelt haben.

WEIHNACHTSBAUMSCHMUCK • Wie wäre es mit einer Dekoration für den Weihnachtsbaum, die nicht alltäglich ist? Ziehen Sie rote, weiße, silber- oder goldfarbene Knöpfe auf farblich passenden Faden auf und drapieren Sie die Girlande am Baum.

KLEBESTREIFEN LÖSEN • Jedes Mal, wenn man ein Päckchen packen will, hat man Mühe damit, das Ende des Packbandes von der Rolle zu lösen. Kleben Sie einen Knopf unter das Ende des Packbandes und Sie können den Klebestreifen leicht abziehen. Nach jedem Gebrauch wird der Knopf neu angeklebt.

EIGENER SCHMUCK

Gestalten Sie doch Ihren Modeschmuck einmal selbst! Fädeln Sie z. B. hübsche Knöpfe auf Lederschnüre, die in Bastelgeschäften erhältlich sind – und schon besitzen Sie ganz individuelle Armbänder. Oder nähen Sie Knöpfe auf ein breites Gummiband. Sie können beispielsweise unterschiedlich große Knöpfe in verschiedenen Farbtönen kombinieren.

KONSERVENDOSEN

VORSICHT: Wenn man Deckel und Böden von Konservendosen abtrennt, sollte man umsichtig zu Werke gehen und die Dosen an der Werkbank fixieren. Bei der Arbeit empfiehlt es sich, Arbeitshandschuhe zu tragen. Die scharfen Ränder sollte man immer glätten bzw. stumpf schleifen.

KEIN ZUTRITT FÜR UNGEBETENE GÄSTE • Zum Abdichten von Astlöchern oder Spalten im Holz nagelt man abgetrennte Dosendeckel auf den Holzfußboden der Gartenhütte, so werden Nagetiere erst einmal fern gehalten. Wenn man dann etwas mehr Zeit hat, kann man die betroffenen Stellen professionell abdichten (z. B. mit Holzkitt oder Bauschaum).

POCHIERTE EIER

Eine leere Tunfischdose ist beim Pochieren von Eiern hilfreich. Entfernen Sie Deckel, Boden und Etikett der Dose. Bestreichen Sie den verbliebenen Dosenring innen mit Öl, legen Sie ihn in eine hohe Pfanne oder einen flachen Topf mit siedendem Wasser und lassen Sie ein aufgeschlagenes Ei hineingleiten. Der Dosenring verhindert, dass das Eiweiß zerfließt.

MINIGOLF IM GARTEN • Für Kinder ist es eine nette Abwechslung, einmal Minigolf im eigenen Garten spielen zu können. Mithilfe von leeren Konservendosen können Sie einen kleinen Parcours aufbauen. Schneiden Sie Deckel und Böden aus den Dosen und kleben Sie über die Ränder stärkeres Klebeband. Stellen Sie die so präparierten Dosen auf dem Rasen auf, z. B. als Hindernisse oder so, dass der Ball hindurchgespielt oder über ein Brett als Rampe in eine Dose hineinmanövriert werden muss.

STANDFESTE TISCHE

Sie bereiten eine große Gartenparty vor und möchten für das Buffet mehrere Tische zusammenstellen. Damit die Tische auch zusammenbleiben, können Sie sie miteinander verbinden, indem Sie die Tischbeine von nebeneinander stehenden Tischen in jeweils eine leere Konservendose stellen.

VÖGEL FÜTTERN • Sie brauchen kein aufwändiges Futterhäuschen, wenn Sie im Winter Vögel füttern möchten. Nehmen Sie kleinere und eher flache Konservendosen, überkleben Sie die Kanten mit Klebeband, damit sich die Vögel nicht verletzen, und befüllen Sie die Dose mit Vogelfutter. Klemmen Sie sie dann zwischen die Äste eines Baumes in Ihrem Garten. Achten Sie darauf, dass der Futterplatz für Katzen nicht erreichbar ist.

Fortsetzung →

TIPP

Klebstoff für Konservendosen

Zum Zusammenkleben von Konservendosen und anderen Gegenständen oder Teilen aus Metall verwendet man am besten einen Klebstoff, der auf Metall gut haftet, z. B. Epoxidharzkleber.

An Verbindungsstellen, die nicht stark beansprucht werden, kann man mit einer Heißklebepistole arbeiten. Vor dem Verkleben sollte man die Dosen auswaschen, trocknen lassen und die Etiketten entfernen. Werden Dosen bemalt, muss man die Farbe gründlich trocknen lassen, bevor man sie weiterverwendet oder zusammenklebt.

SOCKEL FÜR KLEINERE TISCHE • Für einen Beistelltisch oder einen Blumenständer muss man nicht viel Geld ausgeben, denn man kann sie ohne großen Aufwand selber bauen. Dazu werden mehrere gleich große Konservendosen mit Steinen oder Sand gefüllt, aufeinander gesetzt und verklebt. Anschließend wird eine weitere Dose mit dem Boden an eine Holzplatte geschraubt und mit der Oberseite an der obersten Dose des Sockels befestigt (*geeignete Klebstoffe siehe oben*). Zum Schluss malt man den Sockel mit Lackfarbe an.

AUFGERÄUMTER SCHREIBTISCH • Wenn auf Ihrem Schreibtisch ein bisschen Durcheinander herrscht, helfen ein paar Konservendosen, wieder Ordnung herzustellen. Man nimmt mehrere leere Dosen unterschiedlicher Größe, wäscht sie gründlich aus, lässt sie trocknen und entfernt die Etiketten. Alle rauen oder scharfen Kanten müssen glatt gefeilt werden, damit man sich nicht verletzt. Dann malt man die Dosen mit Lackfarbe an oder überzieht sie mit buntem Filz. Sobald die Farbe trocken ist, klebt man die Dosen aneinander – so kann man Kugelschreiber, Bleistifte, Büroklammern, Scheren und vieles mehr aufbewahren.

BEHÄLTER FÜR KLEINTEILE • Heimwerken macht mehr Spaß, wenn man nicht lange nach den benötigten Utensilien suchen muss. Und so schaffen Sie Ordnung in Ihrem Hobbykeller: Lackieren Sie mindestens ein halbes Dutzend leere, saubere Konservendosen in bunten Farben, kleben Sie sie zusammen, sobald die Farbe getrocknet ist, und stellen Sie die Dosen auf ein Bord. Sie können sie zum Aufbewahren von Nägeln, Schrauben und anderen Kleinteilen verwenden.

SICHERER PLATZ FÜR SCHEREN • Für Heimwerker ist es unerlässlich, ihre verschiedenen Scheren sicher aufzubewahren. Man kann dazu leere Konservendosen verwenden. Bohren Sie in gleichmäßigen Abständen Löcher in den Boden einer großen Konservendose. Befestigen Sie auf der Werkbank oder Arbeitsfläche doppelseitiges Klebeband und stellen Sie die Dose mit dem Boden nach oben darauf, dann stecken Sie die Scheren mit der Spitze nach unten in die Löcher. Auch Schraubenzieher lassen sich auf diese Weise sicher unterbringen.

STABILER PFLANZENSCHUTZ • Frisch gesetzte Sämlinge können Sie ganz einfach vor gefräßigen Larven schützen: Entfernen Sie Deckel und Boden von leeren Konservendosen und stülpen Sie sie über die empfindlichen Pflänzchen.

HÄTTEN SIE'S GEWUSST?

Konservendosen sind aus unserem heutigen Alltagsleben kaum noch wegzudenken. Etwa 300 Milliarden Dosen werden jährlich weltweit hergestellt. Vor rund 200 Jahren hatte der Pariser Zuckerbäcker François Nicolas Appert die Idee, Lebensmittel haltbar zu machen, indem er sie stark erhitzte und luftdicht in Gläser verschloss. Der britische Kaufmann Peter Durand entwickelte dann eine Methode, Lebensmittel in verlöteten Weißblechdosen zu konservieren, und meldete die Konservendose 1810 zum Patent an. In den ersten Jahrzehnten waren die Dosen so dickwandig, dass man sie mit Hammer und Meißel öffnen musste. Erst 1858 wurde der erste Dosenöffner erfunden.

STELZEN FÜR KINDER • Suchen Sie noch ein witziges Spiel für den nächsten Kindergeburtstag? Auf Stelzen zu laufen, ist schon seit Generationen immer wieder ein Spaß für Kinder. Hier eine Variante: Man bohrt in den Boden von zwei robusten Konservendosen gleicher Größe jeweils zwei gegenüberliegende Löcher (nah am Rand). Dann wird bei jeder Dose ein dünnes Seil oder eine Nylonschnur durch die Löcher gezogen und verknotet. Die Länge des Seils richtet sich grob nach der Größe der Kinder, die Schnur muss auf jeden Fall bis zu den Händen reichen. Die Kinder können dann auf die Dosen steigen, das Seil stramm ziehen und auf den „Stelzen" in einem Wettbewerb gegeneinander antreten.

DEKORATIVE WINDLICHTER • Aus leeren Konservendosen lassen sich originelle Windlichter herstellen, die sich als stimmungsvolle Beleuchtung auf Terrasse oder Balkon und als Dekoration für eine Gartenparty eignen. Lösen Sie dafür die Etiketten von den Dosen ab und stechen Sie mit Nagel und Hammer Löcher in die Seitenwände der Dosen (oder bohren Sie sie mit Metallbohrern) – am besten in einem hübschen Muster. Sie können die Dosen auch von außen bunt bemalen. Stellen Sie dann Teelichter oder Stumpenkerzen hinein. Befestigen Sie die Kerzen mit einigen Tropfen Wachs am Boden der Dosen.

RASENPFLEGE • Ärgern Sie sich über kahle Stellen in Ihrem Rasen? Sorgen Sie für frisches Grün, indem Sie in den Boden einer leeren Konservendose entsprechend große Löcher stechen, etwas Grassamen hineingeben und die betroffenen Rasenstellen damit bestreuen. So wird der Samen gleichmäßig verteilt und Ihr Rasen wird schon bald wieder perfekt aussehen.

KORKEN

SCHWIMMER FÜR DIE ANGELSCHNUR • Falls Sie Hobbyangler sind, können Sie einen alten Korken noch gut weiterverwenden, indem Sie ihn als Ersatz für einen Schwimmer benutzen. Befestigen Sie dazu eine Heftklammer mit einem Tacker am Korken, ziehen Sie die Klammer wieder ein wenig heraus und fädeln Sie die Angelschnur hindurch.

PRAKTISCHES NADELKISSEN • Wer hin und wieder mit Nadel und Faden hantiert, weiß, dass man beim Nähen ein Nadelkissen braucht – für den Reisenähbeutel sind Weinkorken gut geeignet.

KEINE KRATZER DURCH KERAMIKGEFÄSSE • Krüge und Vasen aus Keramik sind sehr dekorativ, sie können jedoch unschöne Kratzer auf Möbelstücken hinterlassen. Um Kratzer zu vermeiden, empfiehlt es sich, dünne Scheiben von Korken abzuschneiden und unter die Keramikgefäße zu kleben.

ERSATZ FÜR EINEN FLASCHENVERSCHLUSS • Wenn der Metallverschluss einer Getränkeflasche verloren gegangen ist, kann man einen Korken als Verschluss verwenden. Korkstopfen von Weinflaschen passen meistens auch auf Mineralwasser-, Limonaden- und Saftflaschen.

KRATZERFREIES PARKETT • Stühlerücken auf Holzfußboden kann unschöne Kratzer hinterlassen. Schützen Sie Ihr schönes Parkett, indem Sie dünne Scheiben von Korken abschneiden und mit einem Tropfen Holzkleber unter den Stuhlbeinen befestigen.

Fortsetzung →

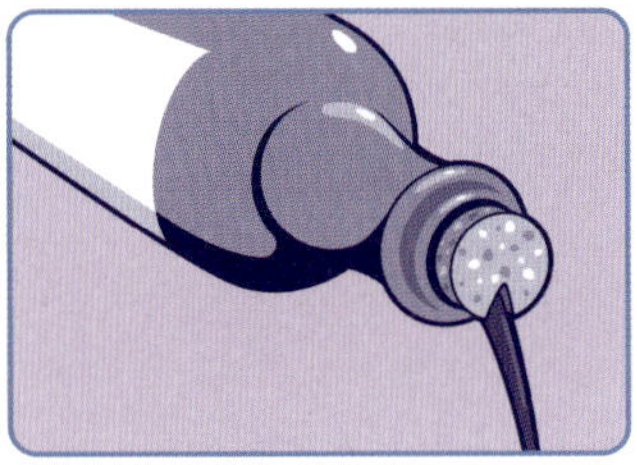

KORK-GIESSTÜLLE • Wenn man keine Gießtülle aus Metall für die Öl- oder Essigflasche besitzt, kann man sich mit einem Weinkorken behelfen. Man schneidet mit einem scharfen Messer einen Keil längs in den Korken und steckt ihn in die Flasche. So werden beim Gießen Tropfen aufgefangen und Öl oder Essig lassen sich besser dosieren. Zum Lagern verschließt man die Flasche mit dem richtigen Verschluss.

SCHMINKE FÜRS KOSTÜMFEST • Kindern macht es großen Spaß, sich für Kostümfeste zu verkleiden und das Gesicht entsprechend zu bemalen. Schwarze Schminke lässt sich leicht selbst fabrizieren: Man hält das Ende eines Korkens über eine brennende Kerze und lässt es ankohlen. Sobald der Korken etwas abgekühlt ist, kann man damit über das Gesicht streichen, um sich einen Bart anzumalen.

UNTERSETZER FÜR HEISS UND KALT • Aus mehreren Flaschenkorken gleicher Größe lässt sich leicht ein Untersetzer herstellen. Legen Sie die Korken flach nebeneinander zu einem Viereck zurecht. Dann kleben Sie die Stücke mit Universalklebstoff zusammen – fertig ist der Untersetzer, auf dem Sie nun z. B. in der Küche einen heißen Topf abstellen können.

HÄTTEN SIE'S GEWUSST?

Schon im antiken Griechenland wurden Weingefäße mit Korkpfropfen verschlossen. Doch erst ab dem Ende des 18. Jh., als man begann, Wein serienmäßig in Flaschen abzufüllen und zu vermarkten, gewann der Korken als Flaschenverschluss immer mehr an Bedeutung. Hergestellt werden Naturkorken aus der Rinde der Korkeiche. Kork besitzt einzigartige Eigenschaften: er hat luftgefüllte Poren, die für eine sehr gute Wärmedämmung sorgen, er ist elastisch, hält also auch Erschütterungen stand, und er ist wasser- und gasdicht. Dennoch werden mittlerweile Flaschenverschlüsse aus vielen anderen Materialien hergestellt, beispielsweise aus Metall oder Kunststoff.

GEBREMSTER SCHWUNG

Wenn man sich etwas schwungvoll in einen Schaukelstuhl setzt, kann es passieren, dass der Stuhl zu weit nach hinten kippt. Mit Stoppern an beiden Kufen lässt sich das aber vermeiden. Nehmen Sie zwei gleich große Korken und kleben Sie sie mit Epoxidharzklebstoff hinten jeweils an die untere Seite der Kufen.

ORIGINELLER PERLENVORHANG • Möchte Ihr Kind etwas Besonderes für sein Zimmer? Basteln Sie doch mit ihm einen Vorhang aus Korken: Man durchbohrt einige Korken und fädelt diese auf eine Schnur, je nach Wunsch abwechselnd mit Perlen und anderen Dekorationsmaterialien. Fertigen Sie so viele Schnüre an, wie Sie brauchen, und binden Sie sie an einer Gardinenstange fest – damit können Sie dann einen kleinen Bereich im Kinderzimmer abgrenzen: eine Kuschelecke, die „Kistenecke" (mit all den Spielsachen) usw.

BILDER IN REIH UND GLIED • Müssen Sie immer wieder Bilderrahmen an der Wand gerade rücken? Dieses kleine Problem haben Sie ein für alle Mal gelöst, wenn Sie ein paar kleine, gleich dünne Korkscheiben zurechtschneiden und sie auf die Rückseite des Rahmens kleben. Der Kork liegt auf der Wand auf und verhindert so, dass sich der Rahmen verschiebt. Auf diese Weise kann der Rahmen auch keine „Spuren" auf der Wand mehr hinterlassen.

SAATLÖCHER IN SERIE • Es gibt eine einfache Methode, wie man Saatgut in geraden Reihen und gleichmäßigen Abständen aussäen kann. Zunächst markiert man die gewünschten Abstände auf einem Brett, dann dreht man entsprechend lange Holzschrauben ein, sodass ihre Spitzen auf der anderen Seite etwa 2 cm herausschauen. Schließlich dreht man Flaschenkorken auf die herausstehenden Schrauben. Nun wird das Brett mit den Korken nach unten in das vorgesehene Gartenbeet gedrückt und schon hat man eine Reihe gleichmäßig voneinander entfernte Saatlöcher.

BESONDERE STEMPEL • Aus Korken lassen sich Stempel mit individueller Note anfertigen. Dazu schneidet man das Relief eines beliebigen Motivs in ein Korkenende. Nun braucht man nur noch ein Stempelkissen und man kann mit dem Stempel z. B. Briefpapier und Glückwunschkarten verzieren. Auch Kinder basteln gern eigene Stempel. Sie können ihre Stempel in Farbe tauchen und damit farbenfrohe kleine Kunstwerke schaffen.

VORSICHT: Öffnen Sie nur Wein- und keine Sekt- oder Champagnerflaschen mit einem Korkenzieher. Wenn man nämlich einen Korkenzieher gegen den Druck der in der Flasche enthaltenen Kohlensäure in die Sektflasche eindreht, kann die Flasche explodieren. Lassen Sie Sekt und Champagner nach dem Transport möglichst einen Tag ruhen, bevor Sie die Flasche öffnen. Zum Öffnen umwickelt man den Korken mit einem Tuch und hält ihn mit der einen Hand fest, während man mit der anderen Hand langsam die Flasche – nicht den Korken – dreht, dann wird nichts überschäumen.

Sekt-, Champagner- und Weinflaschen, die mit Naturkorken verschlossen sind, sollten liegend gelagert werden, möglichst an einem gut belüfteten, kühlen und trockenen Ort.

KORREKTURFLÜSSIGKEIT

KRATZER KASCHIEREN • Beim täglichen Hantieren in der Küche kann es im Eifer des Gefechts schon mal vorkommen, dass Haushaltsgeräte und Küchenmöbel Kratzer abbekommen. Kleine Kratzer auf weißen Möbeln und Geräten lassen sich gut kaschieren, indem man sie mit etwas Korrekturflüssigkeit betupft. Überziehen Sie die ausgebesserte Stelle nach dem Trocknen mit etwas klarem Nagellack. Diese Methode eignet sich auch für schadhafte Stellen an Gegenständen aus weißem Porzellan, beispielsweise Vasen (aber nicht für Geschirr!).

STRAHLEND WEISSE WÄNDE UND DECKEN • Weiß gestrichene Wände und Decken bringen Helligkeit ins Haus, sind aber auch fleckempfindlich. Kleine Flecken sind im Nu wieder verschwunden, wenn man sie sorgfältig mit Korrekturflüssigkeit bepinselt. Heben sich die Stellen nach dem Trocknen von der Umgebung ab, reibt man einfach ein wenig mit Küchenpapier darüber.

GUT GEPFLEGTE SCHUHE • Auf weißen Schuhen fallen abgestoßene Stellen leicht auf, besonders Absätze sehen schnell abgenutzt aus. Pinseln Sie etwas Korrekturflüssigkeit auf die unansehnlichen Flecken und polieren Sie die Stellen nach dem Trocknen vorsichtig. Schon sind die Schuhe wieder schön.

HÄTTEN SIE'S GEWUSST?

Die Korrekturflüssigkeit wurde 1951 von Bette Graham erfunden. Sie arbeitete als Chefsekretärin in Texas, als sie eines Tages auf die Idee kam, Tippfehler mit einer weißen Flüssigkeit auf Wasserbasis zu beseitigen. Bald versorgte sie auch andere Sekretärinnen mit kleinen Fläschchen der Flüssigkeit. 5 Jahre später verbesserte sie die Zusammensetzung der Substanz und nahm die Vermarktung ihres Produktes selbst in die Hand, nachdem kein Großunternehmen interessiert war. Heute macht der Computer alle Korrekturen kinderleicht, deshalb ist Korrekturflüssigkeit in den Büros längst nicht mehr so verbreitet wie früher.

KREIDE

WEG MIT DEM FETTFLECK • Fettflecken auf Kleidung oder Tischtüchern lassen sich entfernen, indem man sie mit Kreide einreibt. Man wartet, bis das Fett von der Kreide aufgesaugt ist, und bürstet anschließend die Kreide wieder ab. Falls dann noch Flecken zu sehen sind, werden sie vor dem Waschen noch einmal mit Kreide behandelt.

IMMER GLÄNZENDES SILBER • Wenn Sie ein oder zwei Kreidestücke in die Schublade mit dem Silberbesteck legen, wird die Kreide vorhandene Luftfeuchtigkeit aufnehmen und das Anlaufen des Silbers so verzögern. Auch in Ihrem Schmuckkästchen entfaltet Kreide diese Wirkung.

ROSTFREIES WERKZEUG • Legt man ein paar Kreidestücke in den Werkzeugkasten, bleiben Werkzeug und Kasten rostfrei. Die Kreide nimmt auch hier Feuchtigkeit auf und beugt so der Rostbildung vor.

SCHRAUBEN ZIEHEN OHNE MÜHE

Wenn der Schraubendreher beim Anziehen von Schrauben immer wieder verrutscht, reibt man die Spitze einfach mit Kreide ab. Nun greift der Schraubendreher wieder besser.

HÄTTEN SIE'S GEWUSST?

Die ersten Straßenmaler, die mit Kreide Bilder auf das Pflaster malten, gab es im 16. Jh. in Italien. Weil die Straßenmaler oft die Jungfrau Maria darstellten, nannte man sie „madonnari" (Madonnenmaler). Diese Madonnari waren fahrende Künstler, die ihre Freiheit und das Reisen liebten. Sie nahmen an den zahlreichen regionalen Festlichkeiten in der italienischen Provinz teil und übten in diesem Rahmen ihre Kunst aus. Noch heute gehören Madonnari und ihre originellen Malereien zum Straßenbild in Italien.

HAUSVERBOT FÜR AMEISEN • Sie können die ungebetenen Gäste vertreiben, indem Sie an den Stellen, wo sie ins Haus hineinkommen, Kreidestriche ziehen. Das in der Kreide enthaltene Kalziumkarbonat wehrt die Ameisen ab. Im Garten kann man Kreidepulver um Kalk liebende Pflanzen streuen, wenn man Ameisen oder auch Schnecken fern halten will.

KREPPBAND

STRASSE FÜR SPIELZEUGAUTOS • Machen Sie Ihren Kindern eine Freude und bauen Sie eine Autobahn für Spielzeugautos. Dazu nimmt man zwei Streifen Kreppband und klebt sie auf Fußboden oder Tischplatte. Stellen Sie ein oder zwei kleine Stoppschilder aus Pappe hinzu und schon kann es losgehen. Für kleine Kinder ist es mehr als nur ein Zeitvertreib, mit dem Spielzeugauto auf der Kreppband-Fahrbahn die Spur zu halten. Sie trainieren und verbessern dabei ihre Feinmotorik, die später für andere Fertigkeiten, wie z. B. das Schreiben, wichtig ist.

FARBDOSE SAUBER HALTEN

Wenn Sie mit Malerarbeiten beschäftigt sind, ist es empfehlenswert, den oberen Rand der geöffneten Farbdosen mit Kreppband zu überkleben. So kann sich keine Farbe in den Rinnen für den Deckel festsetzen.

PREISWERTE ETIKETTEN • Sie müssen kein Geld für Aufkleber ausgeben – bevor Sie z. B. Gefrierbeutel oder -dosen in den Gefrierschrank legen, können Sie sie mit Etiketten aus preiswertem Kreppband versehen. Schneiden Sie dazu ein Stück Kreppband in passender Länge ab, beschriften Sie es und kleben Sie es auf. So kann man auch Marmeladegläser, Schachteln mit Fotos und andere Behälter beschriften.

PARTYDEKORATION AUFHÄNGEN • Bei den Vorbereitungen für Ihre nächste Party befestigen Sie Luftschlangen und Ballons am besten nicht mit transparentem Klebeband, sondern mit Kreppband. Das Kreppband hinterlässt im Gegensatz zum Klebeband keine Spuren auf Wand und Decke. Es sollte aber nach höchstens zwei Tagen wieder entfernt werden. Später könnte sich beim Abziehen des Bandes doch etwas Wandfarbe mit ablösen.

KÜCHENSIEB (DURCHSCHLAG)

SO BLEIBEN BEEREN UND TRAUBEN FRISCH

Empfindliches Obst wie Beeren und Weintrauben bewahrt man besser in einem Küchensieb als in einem geschlossenen Plastikbehälter auf. Im Kühlschrank hält sich so gelagertes Obst mitunter tagelang, da die kühle Luft problemlos durch die Löcher des Siebs zirkulieren kann.

SANDKASTENSPIELE • Wenn das Sieb Ihres Jüngsten wieder einmal unauffindbar ist, kaufen Sie nicht gleich ein neues: Ein ausgedientes Küchensieb aus Plastik eignet sich ganz hervorragend zum Sieben und Buddeln am Strand oder im Sandkasten.

SCHLUSS MIT LÄSTIGEN FETTSPRITZERN • Nach dem Braten von Steaks müssen Sie jedes Mal die Herdplatte mühsam von Fettspritzern reinigen? Diese Arbeit können Sie vermeiden, indem Sie ein großes Küchensieb aus Metall, dessen Durchmesser in etwa dem der Bratpfanne entspricht, umgekehrt über die Bratpfanne stülpen. Die Löcher lassen die Hitze entweichen, die Fettspritzer jedoch werden vom Sieb aufgefangen.

SPAGHETTI SERVIEREN WIE EIN PROFI • Da die Spaghetti nach dem Servieren schnell kalt werden, sollte man sie in einer vorgewärmten Schüssel auf den Tisch stellen. Sie können die Schüssel ganz einfach anwärmen, indem Sie ein Küchensieb in die Schüssel stellen (sie sollte hierfür allerdings ausreichend groß sein), die fertig gegarten Spaghetti mit dem Kochwasser hineingeben und das heiße Wasser kurz in der Schüssel stehen lassen, damit sie warm wird. Dann nimmt man das Sieb mit den Spaghetti heraus, gießt das Wasser ab und füllt die Spaghetti samt der zugehörigen Soße wieder in die Schüssel.

LEITERN

STEHLEITER ALS REGAL • Eine Stehleiter aus Holz eignet sich gut als Grundgerüst für ein selbst gebautes Regal, auf das man z. B. Pflanzen und Sammlerstücke stellen kann. Und so geht es:

1 • Die zusammenklappbare Spreizbremse aus Metall abnehmen, die Vorder- und Rückteil der Leiter verbindet. Mit einer Säge die rückwärtigen Holme der Leiter unten kürzen, die Holme senkrecht an die Wand stellen und den Abstand zwischen den vorderen und rückwärtigen Holmen mit zwei Holzleisten fixieren. Die Leisten so anbringen, dass ihre Oberseite und die Oberseite einer Sprosse auf gleicher Ebene liegen.

2 • Jedes Regalbrett soll vorn auf einer vorhandenen Sprosse aufliegen. Zum Abstützen der Bretter an der Rückseite wird auf gleicher Höhe jeweils eine Leiste zwischen den rückwärtigen Holmen befestigt.

3 • Regalbretter aus Holz zurechtschneiden und einpassen. Die Bretter an den Sprossen und den hinteren Leisten festschrauben. Die mittlere hintere Leiste an die Wand schrauben. Nun ist das Regal fertig.

STABILE RAMPE • Wenn man umzieht oder schwere Möbel oder Hausgeräte angeliefert bekommt, ist es praktisch, eine Rampe am Hauseingang zu haben. Legen Sie dazu eine Leiter auf die Stufen zum Eingang Ihres Hauses und legen Sie ein Brett darauf – fertig ist eine stabile Rampe.

BEGRÜNTE HAUSWÄNDE

Kletterpflanzen sind ein hübscher Blickfang an Mauern und Hauswänden, mit ihnen lassen sich sogar unansehnliche Stellen an Wänden verdecken. Als Rankhilfe für Kletterpflanzen kann man auch eine alte Holzleiter verwenden. Man befestigt einfach Haken an der Wand bzw. Mauer und hängt die Leiter daran auf – das Ende der Holme sollte ein paar Zentimeter über dem Boden sein, damit sie nicht faulen. So haben Sie ein rustikales Spalier, an dem Sie die gewünschten Kletterpflanzen ziehen können.

LANDHAUSKÜCHE WIE ZU GROSSMUTTERS ZEITEN • Sie haben eine große Küche und lieben es rustikal? Dann hängen Sie doch Ihre Töpfe und Pfannen an die Decke, wie man es früher in Bauernküchen machte. Für die Aufhängung nimmt man ein abgesägtes Stück einer alten Holzleiter mit dünnen, runden Sprossen. Zuerst schleift man das Holz sauber und glättet die abgesägten Enden der Leiter. Je nach Geschmack kann man die Leiter unbehandelt lassen oder mit einem Anstrich versehen. Binden Sie dann an beiden Enden der Leiter jeweils zwei kräftige Seile an die Sprossen. Anschließend werden vier große Ösenhaken in die Decke geschraubt und die Seilenden daran festgebunden – testen Sie die Stabilität und Sicherheit der Konstruktion, bevor Sie Töpfe und Pfannen mit ein paar großen Fleischerhaken an die Sprossen hängen.

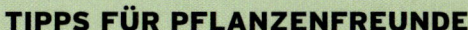

TIPPS FÜR PFLANZENFREUNDE

BLICKFANG IM GARTEN • Mit drei alten oder günstig eingekauften Holzleitern können Sie einen dekorativen und sehr stabilen Spalierbogen über Ihren Gartenweg bauen. Dazu sägt man – falls nötig – zwei Leitern auf die gewünschte Höhe des Spaliers ab und stellt sie einander gegenüber an den Seiten des Gartenwegs auf. Dann werden die Holme der beiden Leitern an zwei tief im Boden versenkte Pfosten angeschraubt. Die dritte Leiter wird mit einer Säge auf die richtige Länge gekürzt – sie sollte das Spalier oben passgenau abschließen. Anschließend wird die obere Leiter mit dicker Schnur an den aufrecht stehenden Leitern festgebunden. Nun können Sie Kletterpflanzen am Spalier hochranken lassen.

GERADE SAATREIHEN • Ziehen Sie in Ihrem Garten Gemüse? Dann legen Sie sicher Wert darauf, dass die Gemüsereihen gerade sind. Damit das gelingt, nehmen Sie eine Leiter mit geraden Holmen zu Hilfe, mit der Sie die Reihen markieren. Bereiten Sie den Boden im Gemüsebeet vor und drücken Sie dort, wo die Saatreihen verlaufen sollen, die Leiter in den Boden. Dann säen Sie den Samen aus. Man kann so viele Saatreihen wie gewünscht auf diese Weise markieren.

BUFFETTISCH FÜR EIN RAUSCHENDES FEST • Sie freuen sich schon auf Ihre sommerliche Gartenparty, wissen aber noch nicht, wohin mit all den Speisen und Getränken? Sie können im Handumdrehen einen provisorischen Buffettisch aufbauen, indem Sie auf zwei Tischböcke zuerst eine einfache Leiter und darüber eine Sperrholzplatte legen. Die Leiter sorgt für die Stabilität des Buffettisches. Legen Sie kurz vor dem Fest noch ein dekoratives Tischtuch darüber. Nun kann die Party beginnen.

LIPPENBALSAM

SCHUTZ VOR WIND UND KÄLTE • Wer gern Ski fährt, setzt seine Gesichtshaut großen Strapazen aus. Um das Gesicht vor Kälte und Wind zu schützen, können Sie es vor dem Skilaufen mit farblosem Lippenbalsam einreiben. So beugen Sie Hautrötungen und trockener Haut vor.

FESTSITZENDER RING • Lässt sich ein Ring nicht mehr vom Finger abziehen, zerren Sie nicht mit Gewalt an ihm. Wenn Sie ein wenig Lippenbalsam auf den Finger auftragen, gleitet der Ring besser und Sie können ihn vom Finger lösen.

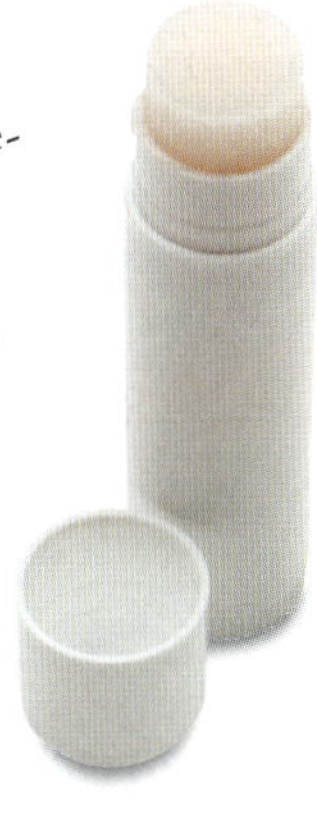

KLEINE WUNDEN VERSORGEN • Welcher Mann kennt das nicht? Man schneidet sich beim Rasieren, muss aber schnell aus dem Haus und hat keine Zeit für eine umständliche Wundversorgung. In so einem Fall tupft man einfach ein wenig Lippenbalsam auf die Wunde. In den meisten Fällen hört es dann auf zu bluten.

GÄNGIGER REISSVERSCHLUSS • Klemmt ein Reißverschluss, sollte man nicht unnötig am Zieher reißen. Stattdesssen trägt man ein wenig Lippenbalsam auf die Zähne auf. Dann zieht man den Reißverschluss einige Male auf und zu und er läuft wieder wie geschmiert.

Fortsetzung →

TIPP

Lippenbalsam und Lippenstift

*** *Die Lippen werden in den Wintermonaten durch Heizungsluft und Kälte schnell spröde. So liegt es nahe, vor dem Lippenstift ein bisschen Lippenbalsam aufzutragen, damit die Lippen nicht austrocknen.***

Lippenbalsam kann allerdings den Lippenstift schlechter haften lassen. Damit die Lippen gut gepflegt sind und der Lippenstift trotzdem hält, machen Sie es so: Lippenbalsam auftragen, einige Minuten einwirken lassen, überschüssiges Fett abtupfen. Dann einen pflegenden Lippenstift benutzen.

GEZÄHMTER HAARWUCHS • Buschige Augenbrauen kann man in Form bringen, indem man die widerspenstigen Härchen mit Lippenbalsam fixiert.

HOLZARBEITEN OHNE MÜHE • Nägel und Schrauben lassen sich leichter in Holz einschlagen bzw. einschrauben, wenn man sie mit Lippenbalsam einreibt.

WIE SCHUBLADEN BESSER GLEITEN • Klemmende Schubladen lassen sich wieder leichter öffnen und schließen, wenn man auf die Gleitschienen etwas Lippenbalsam aufträgt.

GLÜHBIRNEN IM FREIEN AUSWECHSELN

Die Glühbirne Ihrer Haustürbeleuchtung lässt sich nur schwer aus der Fassung herausdrehen? Kein Wunder, denn sie ist ständig Wind und Wetter ausgesetzt. Wenn Sie das Gewinde der neuen Glühbirne vor dem Einschrauben in die Fassung mit ein wenig Lippenbalsam einreiben, wird sie sich später leichter herausnehmen lassen. Behandeln Sie auch andere Glühbirnen im Freien auf diese Weise vor, z. B. auf dem Balkon.

LUFTBALLONS

SCHUTZ FÜR FINGERVERBÄNDE • Mit einem verbundenen Finger Geschirr zu spülen, ist gar nicht so einfach. Es lässt sich kaum verhindern, dass der Verband feucht wird und gleich wieder gewechselt werden muss. Sie müssen feuchte Verbände nicht mehr ständig erneuern, wenn Sie beim Geschirrspülen, Baden oder Händewaschen einfach einen kleinen Luftballon über den Finger ziehen.

KINDER WIEDERFINDEN • Wenn Sie Ihr Kleinkind zum Wochenendeinkauf ins Einkaufszentrum oder in die Innenstadt mitnehmen und an einem Verkaufsstand mit heliumgefüllten

Luftballons vorbeikommen, greifen Sie zu. Ihr Kind freut sich über den bunten Ballon und Sie selbst haben auch etwas davon. Denn trotz aller Aufmerksamkeit kann es passieren, dass Ihr Kind plötzlich einmal in der Menschenmenge verschwindet. Hat man einen mit Helium gefüllten Luftballon an seinem Handgelenk befestigt, findet man das Kind schnell wieder.

WITZIGE EINLADUNGEN • Warum immer Karten verschicken, wenn man zu einem Fest einlädt? Hier eine originelle Idee für Einladungen zu Kinderfesten oder Faschingspartys: Man bläst Luftballons auf und presst die Öffnung fest zusammen, knotet sie aber nicht zu. Mit einem bunten wasserfesten Filzstift schreibt man nun den Einladungstext auf jeden Ballon. Warten, bis die Farbe getrocknet ist, dann die Luft ablassen. Die Ballons in Briefumschläge stecken und an die Gäste verschicken. Wenn die Gäste den Luftballon erhalten, müssen sie ihn erst aufblasen, bevor sie die Einladung lesen können.

EIS-BALLONS

EISBEUTEL FÜR VIELE ZWECKE • Aus Luftballons lassen sich ganz leicht vielseitig einsetzbare Eisbeutel herstellen. Dazu füllt man Wasser in den Ballon und legt ihn in das Gefriergerät. Die Wassermenge richtet sich danach, wie groß der Eisbeutel sein soll. Der Eisbeutel lässt sich dann z. B. als kalte Kompresse für einen schmerzenden Rücken oder zum Kühlhalten von Speisen in der Kühltasche verwenden, falls keine Kühlakkus vorhanden sind. Man kann den Eisbeutel sogar in verschiedenen Formen herstellen. Legt man den Beutel z. B. unter eine Schachtel mit Tiefkühlkost, entsteht eine flache Form.

EISGEKÜHLTE BOWLE • Auf Ihrem großen Gartenfest wollen Sie den Gästen eine Bowle anbieten. Hier ein Tipp, damit die Bowle während der Party kalt bleibt und für Nachschub gesorgt ist: Man füllt mithilfe eines Trichters Bowle in mehrere Luftballons und legt sie in das Gefriergerät. Während der Party immer wieder einen Ballon herausholen, die Hülle vom Eis abziehen und die gefrorene Flüssigkeit in die Bowlenschale geben.

Lebendige Wissenschaft

Wenn man über einen Teppich geht und dann eine Türklinke anfasst, bekommt man manchmal einen kleinen elektrischen Schlag; es handelt sich dabei um eine elektrische Entladung zwischen unterschiedlich aufgeladenen Körpern. Sehen kann man dieses Phänomen freilich nur selten. Eine Ausnahme ist der Blitz, der eine elektrische Entladung in großem Maßstab darstellt. Hier ein Experiment, das die elektrostatische Anziehung, also die Kraftwirkung zwischen zwei elektrisch geladenen Körpern, zeigt.

Schütten Sie den Inhalt eines Päckchens Gelatinepulver auf ein Stück Papier. Blasen Sie dann einen Luftballon auf, reiben Sie ihn an einem Wollpullover und halten Sie ihn etwa 2 cm hoch über das Pulver. Die Pulverteilchen werden in einem Bogen vom Ballon angezogen, weil sich durch das Reiben am Pullover auf dem Ballon negativ geladene Elektronen gebildet haben, die die positiv geladenen Protonen im Gelatinepulver anziehen.

Fortsetzung →

DEN GASTGEBER MIT FRISCHEN SCHNITTBLUMEN ERFREUEN • Schnittblumen, die man auf eine längere Fahrt mitnimmt, müssen unterwegs ausreichend mit Wasser versorgt werden, damit sie bei der Ankunft noch schön sind. Mühen Sie sich aber nicht mit wassergefüllten Plastiktüten ab. Füllen Sie einfach einen Luftballon mit etwas Wasser und stecken Sie die Blumenstängel hinein. Ein fest um den Luftballonrand gebundener Gummiring verhindert, dass Wasser austritt.

KAPPEN UND HÜTE IN FORM BRINGEN • Frisch gewaschene Kappen oder Hüte lassen sich wieder in Form bringen, wenn man sie zum Trocknen über einen aufgeblasenen Luftballon stülpt. Damit der Ballon nicht umfällt, fixiert man ihn mit Klebeband an der Unterlage.

FÜR GROSSE UND KLEINE KÜNSTLER • Aus Papiermaché lassen sich viele hübsche Gegenstände basteln – eine Beschäftigung, die auch Kindern Spaß macht. Oft braucht man für die Bastelarbeit ein Gerüst. Will man z. B. Schalen oder Masken herstellen, eignet sich ein aufgeblasener Luftballon sehr gut als Grundlage – man beklebt den Ballon einfach mit dem Papiermaché. Sobald es getrocknet ist, lässt man den Ballon platzen und entfernt die Reste.

KLEINE VOGELSCHEUCHEN

Haben Sie noch alte, metallisch glänzende Luftballons vom letzten Kindergeburtstag oder der letzten Faschingsparty? Die Hüllen lassen sich gut nutzen, um unerwünschte Besucher im Garten wie Kaninchen oder Vögel zu vertreiben. Man schneidet die Luftballonhüllen in schmale Streifen und hängt sie an Obstbäume oder befestigt sie an Bambusstäben und steckt die Stäbe rund um die Gemüsebeete in die Erde.

LUFTPOLSTERFOLIE

TROCKENER SPÜLKASTEN • Schlägt sich auf Ihrem Toiletten-Spülkasten Kondenswasser nieder? Das Schwitzwasser bildet sich, wenn warme Luft im Badezimmer auf dem mit kaltem Wasser gefüllten Kasten kondensiert. In einem solchen Fall kann Luftpolsterfolie Abhilfe schaffen. Indem man den Spülkasten innen mit der Folie als Isolierung auskleidet, verhindert man, dass die Außenseite des Kastens kalt wird. Dazu wird zuerst das Einlassventil geschlossen und der Kasten durch Drücken der Spülung entleert. Dann die Innenwände trockenwischen und anschließend Folienstücke passender Größe mit Silikondichtmasse aufkleben. Ein weiterer Vorteil: Es passt weniger Wasser in den Kasten, sodass bei jedem Spülen gespart wird.

WINTERMANTEL FÜR KÜBELPFLANZEN • Damit Ihre Kübelpflanzen auf der Terrasse oder dem Balkon gut über den Winter kommen, sollten Sie die Wurzeln in der kalten Jahreszeit mit einer wärmenden Hülle schützen. Frostschäden treten in der Regel nicht auf, wenn man die Kübel mit Luftpolsterfolie umwickelt und die Folie mit einer Schnur oder Gewebe-Klebeband befestigt. Achten Sie darauf, dass die Hülle ein paar Zentimeter über den Kübelrand hinausragt.

KÜHLER GENUSS • Machen Sie im Sommer gern einmal ein Picknick im Grünen? Wickeln Sie gekühlte Speisen und Getränke in Luftpolsterfolie und verstauen Sie die Lebensmittel in einer Kühltasche, bevor Sie aufbrechen, denn dann bleiben sie länger kühl. Auch Eiscremepackungen können Sie in Folie einwickeln, damit das Eis länger fest bleibt.

OBST UND GEMÜSE OHNE DRUCKSTELLEN • Druckstellen an Obst und Gemüse müssen nicht sein. Legen Sie einfach das Gemüsefach des Kühlschranks mit Luftpolsterfolie aus. Das vereinfacht auch die Reinigung. Ist die Luftpolsterfolie verschmutzt, entsorgt man sie und legt das Fach mit frischer Folie aus.

GUT GESCHÜTZTES WERKZEUG • Sie haben länger etwas von Ihrem hochwertigen Werkzeug, wenn Sie es gut geschützt aufbewahren. Legen Sie den Werkzeugkasten mit Luftpolsterfolie aus und kleben Sie die Folie mit Gewebe-Klebeband fest. Beschädigungen sind dann ausgeschlossen.

KELLERFENSTER ISOLIEREN • Oft sind die Kellerfenster nicht so gut isoliert wie die restlichen Fenster des Hauses. Es kann daher bei Frost sehr kalt im Keller werden, was dort gelagerten Lebensmitteln (oder auch Farben usw.) nicht gut bekommt. Als Abhilfe klebt man Luftpolsterfolie in Fenstergröße auf die Innenseite der Fenster, z. B. mit Gewebe-Klebeband. Auch für Gartenhäuser, in denen empfindliche Dinge im Winter eingelagert werden, ist dieses Verfahren geeignet.

WARM GEBETTET BEI HEIZUNGSAUSFALL • Wenn ausgerechnet am kältesten Tag des Jahres die Heizung ausfällt und eine Reparatur nicht gleich möglich ist, müssen Sie die Nacht trotzdem nicht frierend verbringen. Legen Sie ein großes Stück Luftpolsterfolie über die Bettdecke und breiten Sie eine Wolldecke darüber. Auf diese Weise sind Sie vor Kälte geschützt.

HÄTTEN SIE'S GEWUSST?

Die Erfinder der Luftpolsterfolie, Alfred Fielding und Marc Chavannes, hatten eigentlich etwas anderes im Sinn, als sie Ende der 1950er-Jahre in den USA mit der Entwicklung des Produkts begannen. Ihre Idee war es, eine Luftpolstertapete herzustellen. Bald wurde ihnen jedoch klar, dass ihre Erfindung zahlreiche andere Anwendungsmöglichkeiten bot. 1960 gründeten sie mit einem Startkapital von 85 000 US-Dollar die Sealed Air Corporation.

Heute ist Sealed Air ein weltweit führender Hersteller von Verpackungsmaterialien und -systemen unterschiedlichster Art. Das Unternehmen erzielte im Jahr 2004 mit 18 000 Mitarbeitern in 51 Ländern einen Umsatz von 3,8 Mrd. US-Dollar.

ARBEITSFLÄCHE POLSTERN • Wenn man schadhaftes Glas oder Porzellan repariert, empfiehlt es sich, Luftpolsterfolie auf die Arbeitsfläche zu legen. So sind die empfindlichen Stücke vor weiteren Beschädigungen geschützt.

BEQUEMER STADIONSITZ • Die Sitze in Sportstadien sind meist hart und unbequem. Doch wenn man ein quadratisches Stück Luftpolsterfolie als Unterlage dabeihat, ist sogar stundenlanges Sitzen leicht durchzuhalten. Auch bei einem Picknick gut anwendbar.

ABDECKUNG FÜR EINEN FRÜHBEETKASTEN

Viele Hobbygärtner wissen die Vorteile eines Frühbeetkastens zu schätzen: Das erste Gemüse wächst in ihm geschützt und früher als im Freiland heran und frostempfindliche Jungpflanzen können hier vorgezogen und später ausgepflanzt werden. Als Abdeckung für einen Frühbeetkasten kann man Luftpolsterfolie verwenden. Sie schützt ausgezeichnet und ist zudem preiswert.

MAGNETE

VERSCHÜTTETE NÄGEL EINSAMMELN • Heimwerker sollten immer einen starken Magneten griffbereit auf Ihrer Werkbank liegen haben. Wenn eine Schachtel mit Kleinmaterial wie Nägeln, Schrauben oder Reißzwecken zu Boden fällt, sind sie mit dem Magneten schnell wieder aufgelesen.

GEFRIERSCHUTZ FÜR AUTOSCHLÖSSER • Die kleinen Magneten, die Ihnen dazu dienen, Notizen an der Pinnwand zu befestigen, können Sie in der kalten Jahreszeit noch auf andere Weise einsetzen: Decken Sie damit nachts die Türschlösser Ihres Wagens ab. So wird verhindert, dass die Schlösser einfrieren.

AUFGERÄUMTE SCHREIBTISCHSCHUBLADE • Sind Ihre Büroklammern auch überall in der Schreibtischschublade verstreut? Legen Sie einfach einen Magneten hinein; er hält die Klammern zusammen.

REZEPTHALTER • Damit das Rezept, das man aus einer Zeitschrift ausgeschnitten hat, beim Kochen einen sicheren Platz hat, befestigt man es mit einem Magneten an der Abzugshaube des Herdes. So hat man es gleichzeitig immer gut im Blick.

HÄTTEN SIE'S GEWUSST?

Schon im alten China und im antiken Griechenland hatte man entdeckt, dass bestimmte seltene Steine, so genannte Magneteisensteine, kleine Eisenteile anzogen und stets in dieselbe Richtung zeigten, wenn man sie frei pendeln ließ. Heute werden Magnete in vielen Formen und Größen industriell hergestellt. Ob natürlich oder künstlich, eines haben alle Magnete gemeinsam: sie rufen ein magnetisches Feld hervor und werden von diesem durchströmt. Die magnetischen Kräfte treten am so genannten Südpol in den Magneten ein und am Nordpol wieder aus. Bricht man einen Magneten auseinander, so hat jedes noch so kleine Teilstück ebenfalls einen Nordpol und einen Südpol.

MARGARINEBECHER

KRIMSKRAMS GUT VERSTAUT • Finden Sie beim Öffnen von Schubladen immer wieder einzelne Reißzwecken? Bewahren Sie Nägel und Schrauben in einer kaputten Tasse auf? Holen Sie manchmal unter dem Sofa herrenlose Murmeln Ihrer Kinder hervor? Das sind nur einige der Gegenstände, die Sie in Zukunft übersichtlich in leeren, sauberen Margarinebechern unterbringen können. Solche Behälter sind z. B. auch hilfreich, um Steine von Brettspielen aufzubewahren. Und wenn man beim Puzzeln bereits bestimmte Teile, z. B. die Himmelsteile, aussortiert hat, empfiehlt es sich, sie getrennt von den übrigen Teilen in einem separaten Behälter zu verwahren. Es gibt unzählige Möglichkeiten, mithilfe leerer Margarinebecher Ordnung in all den Krimskrams zu bringen, der sich im Lauf der Zeit im ganzen Haus ansammelt.

BRIEFBESCHWERER MIT BABYS FUSSABDRUCK • So einen originellen Briefbeschwerer hat sonst niemand! Fertigen Sie mithilfe lufthärtender Modelliermasse – die es in verschiedenen Farben gibt – einen Abdruck vom Fuß Ihres Babys. Dazu gibt man so viel Modelliermasse in einen leeren, sauberen Margarinebecher, wie für den Abdruck nötig ist. Danach cremt man einen Fuß des Babys leicht mit Vaseline ein und drückt ihn fest in die Masse.

Nachdem die Modelliermasse gut durchgetrocknet ist, biegt man einfach die Ränder des Bechers um und nimmt den fertigen Briefbeschwerer heraus. In späteren Jahren können Sie dann Ihrem großen Sohn oder Ihrer Tochter zeigen, dass seine bzw. ihre Füße einmal kleiner waren als Ihre Handfläche! Noch ein Tipp: Sie können auch von den Pfoten Ihres Haustiers einen Abdruck nehmen.

PRAKTISCHE EISBECHER • Überraschen Sie Ihre Familie gern einmal mit selbst gemachter Eiscreme? Dann frieren Sie doch das Eis in kleinen, leeren Margarinebechern ein. Der Vorteil: Man muss das Eis später nicht umständlich einer großen Dose entnehmen, sondern hat mehrere kleinere Portionen, die je nach Bedarf aus dem Gefriergerät geholt werden können.

HANDLICHER FARBBEHÄLTER • Sie wollen einige Wandflecken in Ihrer Wohnung überstreichen, aber keinen schweren Farbeimer mit sich herumtragen? Wenn Sie ein wenig Farbe in einen leeren, sauberen Margarinebecher geben, können Sie bei einem Rundgang durch die Wohnung bequem alle fleckigen Stellen ausbessern.

SÜSSE ÜBERRASCHUNG FÜR KINDER • Beim nächsten Kinderfest wollen Sie dem Nachwuchs eine süße Überraschung präsentieren, aber nicht unbedingt spezielle Dessertformen dafür kaufen. Das ist auch nicht nötig. Nehmen Sie einfach leere, saubere Margarinebecher als Formen für den Wackelpudding oder die Schokoladencreme. Der Wackelpudding wird den kleinen Gästen doppelt so gut schmecken, wenn Sie beim Füllen der Formen in jede Portion ein Gummibärchen mit der Vorderseite nach unten legen. Wenn die Form dann gestürzt wird, scheint das Bärchen durch den transparenten Pudding hindurch.

VORRAT AN TIEFKÜHLKOST • Leere Margarinebecher und andere Plastikbehälter können gut zum Einfrieren von Speisen, z. B. von Suppe, verwendet werden. Auch Reste von Mahlzeiten lassen sich in Margarinebechern einfrieren. So hat man bei Bedarf eine Essensportion für eine Person vorrätig.

ABWECHSLUNG BEIM FRÜHSTÜCK

Ergänzen Sie das Pausenbrot Ihres Kindes z. B. mit ein wenig Obstsalat oder einigen Tomaten und füllen Sie dazu das Obst oder das Gemüse in einen leeren Margarinebecher. So bringen Sie nicht nur Abwechslung ins Frühstück, sondern sorgen gleichzeitig dafür, dass die Vitamine nicht zu kurz kommen. Achten Sie aber darauf, dass die Becher gut schließen – am besten, Sie sichern sie noch mit Gummiringen.

SCHNELLE MAHLZEIT FÜRS BABY • Wenn Sie es vorziehen, Ihr Baby auch auf Reisen mit selbst zubereiteter Nahrung zu versorgen, bietet es sich an, das Essen in einem Margarinebecher mitzunehmen. Der Becher ist stabil genug für den Transport und dient gleichzeitig als Essschale.

MIT DEM HUND UNTERWEGS • Leere Margarinebecher sind perfekte Behälter für Tiernahrung, wenn Sie mit Ihrem Hund verreisen. Daneben dienen die Becher als Wegwerf-Futternapf. Soll das Tier vorübergehend bei Freunden untergebracht werden, machen Sie es der Pflegefamilie etwas einfacher, wenn Sie das Futter portionsweise in Margarinebecher abfüllen, die anschließend weggeworfen werden können.

PREISWERTE PFLANZSCHALEN • Für die Anzucht von Pflanzen im warmen Zimmer muss man keine teuren Pflanzschalen kaufen. Nehmen Sie einen leeren Margarinebecher, stechen Sie einige Löcher in den Boden und füllen Sie etwas feuchte Pflanzerde hinein. Dann die Samen gemäß Anweisung einsäen. Notieren Sie mit einem wasserfesten Stift auf dem Becher, welche Saat sich darin befindet. Den Deckel des Bechers kann man als Untersetzer verwenden.

MAUSPADS

GLEITER FÜR STUHL- UND TISCHBEINE • Wenn Sie ein neues Mauspad für Ihren Computer gekauft haben, sollten Sie das alte nicht gleich wegwerfen. Es lässt sich noch gut verwenden, um Tisch- und Stuhlbeine mit einem Gleiter zu versehen, der Holzböden und andere harte Bodenbeläge vor Kratzern bewahrt. Dazu schneidet man das Mauspad in kleine Stücke, die man mit Sekundenkleber unter die Möbelbeine klebt, die Kratzer verursachen könnten.

KNIESCHÜTZER FÜR DIE GARTENARBEIT • Machen Sie es sich beim Einsetzen von Pflanzen oder Unkrautjäten doch etwas bequemer! Alte Mauspads eignen sich perfekt als Kniekissen für die Arbeit im Garten. Sie haben die richtige Größe – man nimmt jeweils ein Pad für jedes Knie – und sind leicht zu transportieren. Knien Sie sich einfach darauf oder befestigen Sie die Pads mit Gewebe-Klebeband an Ihrer Hose.

UNTERLAGE FÜR ZIMMERPFLANZEN • Große Zimmerpflanzen, die auf dem Boden stehen, sind dekorativ, doch die Übertöpfe können leicht Kratzer auf Holz oder anderen harten Belägen verursachen. Um das zu vermeiden, stellt man den Topf vorzugsweise auf eine Unterlage. Ein altes Mauspad eignet sich hervorragend für diesen Zweck. Damit das Pad unter kleineren Übertöpfen nicht hervorschaut, schneidet man es so zurecht, dass es unsichtbar bleibt.

TISCHUNTERSETZER • Heiße Tee- oder Kaffeekannen sowie Servierplatten können unschöne Spuren auf Tischen hinterlassen. Man muss aber nicht unbedingt spezielle Untersetzer kaufen, sondern kann stattdessen alte Mauspads verwenden. Die Polsterung ist ausreichend und die Pads haben für diesen Zweck genau die richtige Größe.

MAYONNAISE

STRAHLENDER GLANZ FÜR DIE HAARE • Das Haar wird geschmeidig und glänzend, wenn man sich hin und wieder eine Mayonnaise-Haarkur gönnt. Dazu wird eine großzügig bemessene Portion Mayonnaise ins trockene Haar und die Kopfhaut einmassiert. Anschließend bedeckt man das Haar mit einer Duschhaube und lässt die Haarkur mehrere Minuten einwirken. Danach wird das Haar mit dem gewohnten Shampoo gewaschen.

GESICHTSMASKE FÜR TROCKENE HAUT • Man muss nicht immer viel Geld für Cremes und Gesichtsmasken ausgeben. Auch die Mayonnaise aus Ihrem Kühlschrank spendet z. B. Feuchtigkeit. Verteilen Sie die Mayonnaise sanft auf dem ganzen Gesicht und lassen Sie die Maske etwa 20 Minuten einwirken. Danach die Mayonnaise mit einem Kosmetiktuch abnehmen und das Gesicht zuerst mit lauwarmem, dann mit kaltem Wasser abwaschen. Ihre Gesichtshaut wird sich nun ganz weich anfühlen.

REICHHALTIGE NAGELPFLEGE • Fingernägel bekommen eine Extraportion Pflege, wenn man sie hin und wieder für 5 Minuten in ein Schälchen mit Mayonnaise taucht. Danach wäscht man sie gründlich mit warmem Wasser ab.

RING LÖSEN • Sie versuchen, einen festsitzenden Ring vom Finger abzuziehen, doch je mehr Sie ziehen, desto mehr scheint der Finger anzuschwellen. Probieren Sie es mit dieser Methode: Streichen Sie etwas Mayonnaise auf den Finger und lösen Sie dann den Ring vorsichtig vom Finger ab.

SCHLUSS MIT RAUER HAUT • Raue Haut an Ellenbogen, Knien und Füßen muss nicht sein. Verhornungen lassen sich entfernen, indem man die betroffenen Hautstellen mit Mayonnaise einreibt. 10 Minuten einwirken lassen, dann mit einem feuchten Tuch abrubbeln und so die abgestorbenen Hautzellen entfernen. Zum Schluss mit warmem Wasser nachspülen.

GLANZ FÜR ZIMMERPFLANZEN • Blätter von Zimmerpflanzen werden glänzend, wenn man mit einem Papiertuch ein wenig Mayonnaise auf ihnen verteilt und sanft einreibt. Der Glanz hält wochenlang.

FLECKEN VON WACHSMALSTIFTEN BESEITIGEN • Nach dem Besuch Ihrer Enkel finden Sie Spuren von Wachsmalstiften auf Ihren Holzmöbeln? Solche Flecken lassen sich ganz einfach und ohne Kraftaufwand beseitigen, indem man sie mit ein wenig Mayonnaise einreibt. Einige Minuten einwirken lassen, danach die Mayonnaise mit einem feuchten Tuch abwischen – und die Flecken sind in der Regel verschwunden.

SO VERSCHWINDEN WEISSE RÄNDER AUF HOLZ • Sind auf einem Holztisch weiße Ränder von Gläsern zu sehen, kann Mayonnaise helfen, die Flecken zu beseitigen. Die betroffenen Stellen mit Mayonnaise bestreichen, mindestens 30 Minuten einwirken lassen und danach die Mayonnaise gründlich abwischen.

MAYONNAISE FÜRS AUTO

RUNTER MIT DEN AUFKLEBERN • Haben Sie einen alten Aufkleber an Ihrem Wagen, den Sie unbedingt wieder loswerden wollen? Rücken Sie ihm keinesfalls mit einer Rasierklinge zu Leibe, denn damit könnten Sie den Lack verkratzen. Besser ist es, den Aufkleber mit Mayonnaise zu bestreichen. Nach einigen Minuten Einwirkzeit wird die Mayonnaise wieder abgewischt und der Aufkleber lässt sich nun leicht ablösen.

TEERFLECKEN ENTFERNEN • Verschmutzungen durch Straßenteer oder Insekten lassen sich mühelos vom Auto entfernen, ohne dass dabei der Lack beschädigt wird. Einfach etwas Mayonnaise auf die betroffene Stelle auftragen, einige Minuten einwirken lassen und die Mayonnaise mit einem sauberen, weichen Tuch wieder abwischen.

MEHL

BARRIERE FÜR AMEISEN • Hat sich eine Ameisenkolonie in Ihr Haus vorgewagt? Man kann die kleinen Krabbler fern halten, indem man an den Stellen, an denen sie ins Haus gelangen, einen schmalen Streifen Mehl auf den Boden streut. Ameisen haben eine Abneigung gegen Mehl und werden es unterlassen, den Streifen zu überqueren.

BIO-KNETMASSE AUS DEM KOCHTOPF • Aus zwei einfachen Zutaten lässt sich eine preiswerte Knetmasse für Kinder herstellen, die zudem gesundheitlich völlig unbedenklich ist. Man gießt dafür etwa 600 ml kaltes Wasser in einen Topf und rührt etwa 200 g einfaches Mehl hinein. Unter ständigem Rühren zum Kochen bringen, die Hitze reduzieren und die Mehlmischung unter Rühren köcheln lassen, bis die Masse glatt wird und eindickt. Abkühlen lassen und in einen Plastikbehälter füllen. Nun kann mit der Knetmasse nach Herzenslust gespielt werden; die Kinder können z. B. lustige Figuren daraus formen. Nicht gebrauchte Knetmasse hält sich im Kühlschrank einige Wochen.

Fortsetzung →

HÄTTEN SIE'S GEWUSST?

Das englische Wort für Mehl, „flour", wird genauso ausgesprochen wie das englische Wort für Blüte, nämlich „flower". Diese Ähnlichkeit kommt nicht von ungefähr. „Flour" ist nämlich ursprünglich von „fleur", dem französischen Begriff für Blüte, abgeleitet. „Fleur" bedeutet im Französischen aber nicht nur Blüte bzw. Blume, man bezeichnet damit in Frankreich auch den von der Hülle befreiten Körper des Getreidekorns, aus dem das Mehl gewonnen wird. Dass das englische Wort „flour" aus dem Französischen abgeleitet ist, ist nichts Ungewöhnliches; ein großer Teil des englischen Wortschatzes auf dem Gebiet von Essen und Trinken ist der französischen Sprache entlehnt.

SPIELKARTEN AUFFRISCHEN

Nach einer Reihe von Spielrunden ist es einem Kartenspiel anzusehen, dass es durch viele Hände gegangen ist. Hautfett und andere Verschmutzungen überziehen die Spielkarten. Mit etwas Mehl und einer Papiertüte lassen sich die Rückstände rasch beseitigen. Dazu die Karten in die Tüte stecken und so viel Mehl zugeben, dass sie vollständig bedeckt sind. Die Tüte verschließen und kräftig schütteln. Zum Schluss die Karten herausnehmen und mit einem Tuch abwischen. Die Karten sind wieder sauber. Der Trick dabei: Das Mehl hat das Fett und andere Verschmutzungen aufgenommen.

MILCH

TK-FISCH GANZ FRISCH • Für eine schnelle Mahlzeit, z. B. am Einkaufssamstag, ist gefrorener Fisch aus dem Tiefkühlgerät ideal. Doch leider hat TK-Fisch manchmal einen leichten Beigeschmack, der durch das Einfrieren entstanden sein kann. Wenn Sie möchten, dass der Fisch wie fangfrische Ware schmeckt, sollten Sie ihn vor der Zubereitung in Milch auftauen lassen. Die Milch neutralisiert geschmackliche Veränderungen.

SCHMACKHAFTER MAIS • Wer gern Zuckermais isst, kann mit einem einfachen Kniff dafür sorgen, dass die kleinen gelben Körner ganz besonders aromatisch schmecken: Sie müssen nur reichlich Milch sowie etwas Zucker und Butter in das Kochwasser geben, bevor Sie die Maiskolben darin garen lassen.

HOCHGLANZ FÜR TAFELSILBER • Angelaufenes, fleckiges Tafelsilber wird wieder glänzend, wenn man es in Buttermilch einlegt. Falls gerade keine Buttermilch im Haus ist, nimmt man frische Milch, der man ein paar Tropfen Essig zusetzt. Das Silber sollte etwa $^1/_2$ Stunde lang in der Milch liegen bleiben, damit die Flecken Zeit haben sich zu lösen. Nach dem Milchbad wird das Tafelsilber mit warmem Seifenwasser abgewaschen und zum Schluss mit einem weichen Tuch auf Hochglanz poliert. Nun können die Gäste kommen.

LINDERUNG BEI SONNENBRAND • Wenn Ihre Haut nach einem intensiven Sonnenbad wie Feuer brennt, sorgt eine Milchpaste für wohltuende Linderung. Mischen Sie einen Teil Trockenmilchpulver mit zwei Teilen Wasser und betupfen Sie damit die brennenden Stellen. Milch besitzt kühlende Eigenschaften und sorgt dafür, dass der Sonnenbrand bald nicht mehr so schmerzhaft ist.

PREISWERTER MAKE-UP-ENTFERNER • Milch ist auch für die Hautreinigung gut geeignet. Ein selbst hergestellter Make-up-Entferner auf Milchbasis ist preiswert und hautverträglich. Dazu werden 3 EL Trockenmilchpulver mit so viel warmem

Wasser verrührt, dass die Mischung eine cremige Konsistenz bekommt. Nun kann man den Make-up-Entferner auf das Gesicht auftragen. Anschließend die Reinigungscreme mit einem Kosmetiktuch abnehmen und das Gesicht mit klarem Wasser waschen.

REINIGENDE PFLEGE FÜR DIE HÄNDE • Nach der Arbeit im Garten sind die Hände meist so stark verschmutzt, dass sie mit gewöhnlicher Seife kaum noch sauber zu bekommen sind. Abhilfe schafft eine Paste aus Hafermehl und Milch, die man kräftig zwischen den Händen verreibt. Der hartnäckige Schmutz ist im Nu verschwunden und die Hafermehl-Milch-Mischung macht die Haut weich und geschmeidig. Nun steht dem gemütlichen Abendessen auf der Terrasse nichts mehr im Weg.

REGENERIERENDE GESICHTSMASKE • Eine große Extraportion Pflege bekommt Ihre Haut mit einer Milch-Gesichtsmaske, die Sie mühelos selbst herstellen können. Dazu verrührt man 5 EL Trockenmilchpulver mit so viel Wasser, dass eine dicke Paste entsteht. Tragen Sie die Paste großzügig auf Ihr Gesicht auf. Nachdem die Masse vollständig getrocknet ist, wird sie mit warmem Wasser wieder abgewaschen. Ihre Gesichtshaut sieht nun frisch und erholt aus.

LACKLEDER AUFFRISCHEN • Handtaschen oder Schuhe aus Lackleder sehen wie neu aus, wenn man sie mit ein wenig Milch einreibt und – sobald sie getrocknet sind – mit einem weichen Tuch poliert.

FARNE LIEBEN MILCH • Ein großer Farn ist Ihr ganzer Stolz? Die Pflanze gedeiht noch sehr viel besser, wenn Sie dem Gießwasser einmal pro Woche einen guten Schuss Milch zusetzen.

HAUSMITTEL GEGEN OBSTFLECKEN • Obstflecken aus Textilien zu entfernen, ist häufig ein mühevolles Unterfangen. Versuchen Sie es mit diesem alten Hausmittel: Den Fleck zuerst mit Wasser und Seife auswaschen, dann die Textilie über Nacht in Milch einlegen. Am nächsten Tag mit Wasser nachspülen. Danach kann man das Kleidungsstück wie gewohnt waschen.

PORZELLAN REPARIEREN

Auf einem Teller von Großmutters altem Porzellanservice sind feine Sprünge zu sehen, aber deshalb muss man ihn nicht gleich wegwerfen. Sie können versuchen, die Sprünge mit folgender Methode zu kitten: Legen Sie den Teller in einen großen Topf und gießen Sie Milch darüber, bis der Teller vollständig bedeckt ist. Die Milch erhitzen, bis sie zu kochen beginnt, dann die Hitze reduzieren und die Milch auf kleiner Flamme etwa 45 Minuten köcheln lassen. Das Eiweiß in der Milch kann die feinen Sprünge wieder zusammenfügen.

MINERALWASSER (MIT KOHLENSÄURE)

LUFTIGE PFANNKUCHEN, KNUSPRIGE WAFFELN • Pfannkuchen und Waffeln gelingen besonders gut, wenn man einen kräftigen Schuss Mineralwasser in den Teig gibt. Die im Wasser enthaltene Kohlensäure sorgt dafür, dass die Pfannkuchen herrlich luftig und die Waffeln wunderbar knusprig werden.

ENERGIEKICK FÜR IHRE PFLANZEN • Schütten Sie abgestandenes Mineralwasser nicht einfach weg, sondern gießen Sie damit Ihre Zimmer- und Balkonpflanzen. Das Mineralwasser tut ihnen gut, denn die darin enthaltenen Mineralien, z. B. Kalium und Magnesium, fördern das Wachstum.

SPRUDELNDES FLECKENMITTEL • Ein Fleck im Pullover? Halb so schlimm. Flecken auf Strickwaren lassen sich einfach entfernen, indem man Mineralwasser darauf gießt, das Wasser einige Sekunden einwirken lässt und anschließend mit einem weichen Tuch oder einem Schwamm den Fleck vorsichtig herausreibt. Flecken auf Teppichen lassen sich auf die gleiche Weise entfernen, man sollte jedoch kräftiger rubbeln. Wichtig ist lediglich, dass der Fleck sofort behandelt wird und nicht schon eingetrocknet ist.

SCHMACKHAFTES RÜHREI • Rührei wird schnell trocken, wenn man es z. B. bei einem Brunch eine Weile warm hält. Damit das Rührei länger weich und schmackhaft bleibt, empfiehlt es sich, bei der Zubereitung ein wenig Mineralwasser unter den Teig zu mischen.

MINERALBAD FÜR EDELSTEINE • Der Glanz von Diamanten, Rubinen, Saphiren und Smaragden wird aufgefrischt, wenn man den Edelsteinen ein Bad in Mineralwasser gönnt. Legen Sie den Schmuck einfach über Nacht in ein Glas mit Mineralwasser.

GUTE SICHT BEIM AUTOFAHREN • Kaum ist man ein paar Kilometer mit dem Auto gefahren, ist auch schon die Windschutzscheibe schmutzig. Damit Sie die Scheibe unterwegs jederzeit von Insekten und anderen Verunreinigungen befreien können, haben Sie vorzugsweise immer eine Sprühflasche mit Mineralwasser dabei. Mit dem sprudelnden Wasser lassen sich die Flecken besonders gut beseitigen.

SCHWUNG FÜR MORGENMUFFEL • Wer morgens Anlaufschwierigkeiten hat, sollte den Tag mit einem Glas Mineralwasser beginnen. Die Kohlensäure belebt, regt das Nervensystem und die Magen-Darm-Tätigkeit an und bringt den Kreislauf in Schwung.

SUPERGLANZ FÜRS HAAR • Diesen Trick wenden viele Models an: Um die Haare ganz besonders zum Glänzen zu bringen, wäscht man sie zunächst wie gewohnt und spült sie dann mit kaltem, kohlensäurehaltigem Mineralwasser nach.

WOHLTAT FÜR DEN MAGEN • Nach einem Fest ist häufig der Magen in Mitleidenschaft gezogen. Um die Reizung abzumildern, empfiehlt sich ein Glas Mineralwasser mit einem Schuss Magenbitter.

UMWELTFREUNDLICHER HAUSHALTSREINIGER • Spülen und andere Flächen aus Edelstahl werden glänzend, wenn man Mineralwasser darauf gießt, das Wasser mit einem weichen Tuch verreibt und anschließend die Flächen mit warmem Wasser abspült und dann abtrocknet. Wenn man Armaturen aus Porzellan mit Mineralwasser übergießt und danach mit einem weichen Tuch abreibt, werden sie schön sauber. Mit Mineralwasser kann man auch das Innere des Kühlschranks gründlich reinigen. Dazu mischt man etwas Salz unter das Mineralwasser, bevor man es verwendet.

KLEINES MISSGESCHICK BEI HAUSTIEREN • Falls ein Haustier nicht ganz stubenrein ist, z. B. weil es alt ist, muss man gelegentlich Urinflecken auf Teppichen beseitigen. Entfernen Sie mit einem Küchentuch so viel Urin wie möglich, gießen Sie Mineralwasser über die verunreinigte Stelle und nehmen Sie mit einem Schwamm die Flüssigkeit wieder auf. Das Mineralwasser beseitigt den Fleck und mindert unangenehme Gerüche.

HÄTTEN SIE'S GEWUSST?

Schon im antiken Rom wusste man, dass Mineralwasser gut für die Gesundheit ist. Man trank es nicht nur (es gab bereits ärztlich verordnete Heilwässer), man badete auch darin. Was die Römer schätzen, ist heute nicht weniger beliebt: Mineralwasser ist in Deutschland das am meisten konsumierte nicht alkoholische Getränk. Mineralwässer werden direkt an der Quelle abgefüllt und enthalten natürliche Mineralstoffe und Spurenelemente. Tafelwasser ist dagegen kein Naturprodukt. Es wird aus verschiedenen Wässern hergestellt und mit Mineralien und Kohlensäure versetzt. Tafelwasser, das mindestens 570 mg Natriumhydrogencarbonat enthält, wird Sodawasser genannt.

MOSKITONETZE

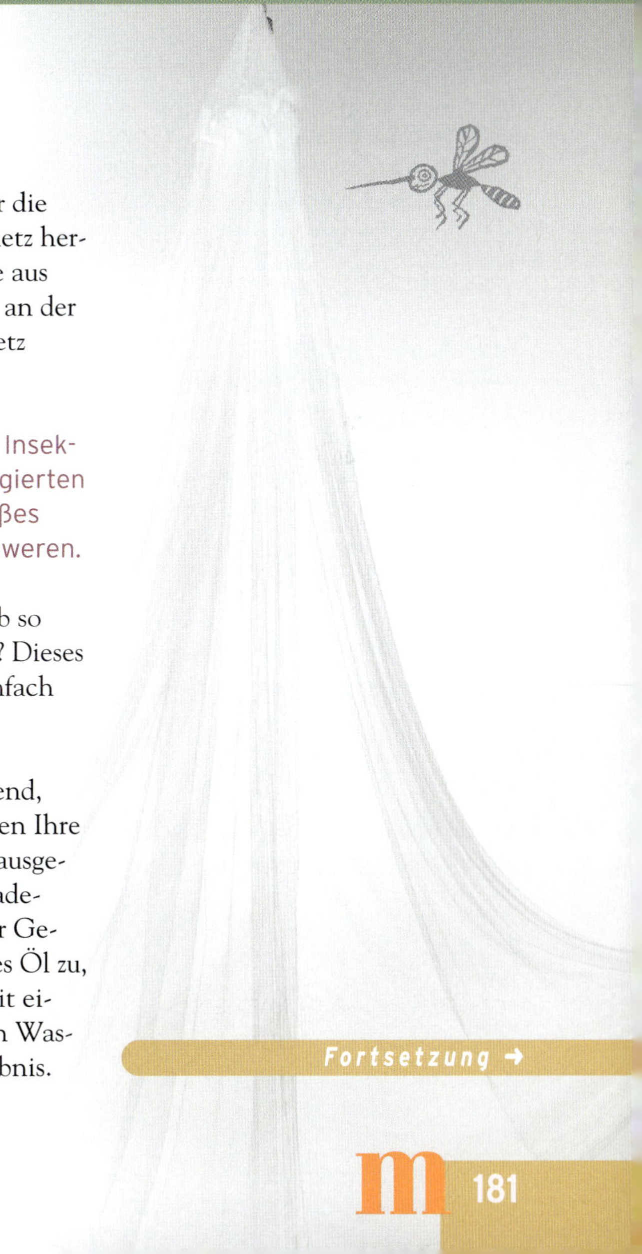

MÜCKENSCHUTZ FÜRS BABY • Ein wirksamer Mückenschutz für die Wiege oder den Kinderwagen lässt sich aus einem alten Moskitonetz herstellen. Man schneidet ein unbeschädigtes Stück passender Größe aus dem Netz, säumt die Ränder um und bringt den Mückenschutz so an der Wiege bzw. dem Kinderwagen an, dass er nicht verrutscht. Das Netz schützt auch vor Wespen und anderen Insekten.

INSEKTEN VOM PICKNICK FERN HALTEN • Fliegen und andere Insekten hält man beim Picknick mit einem Stück aus einem ausrangierten Moskitonetz von den Speisen fern. Dazu von dem Netz ein großes Stück abschneiden und die Ränder mit Kunststoffperlen beschweren.

LÖCHERIGES SIEB AUSKLEIDEN • Sind die Löcher in Ihrem Sieb so groß, dass z. B. Reiskörner oder gar kleine Nudeln hindurchfallen? Dieses Problem ist schnell behoben, wenn Sie das Sieb vor Gebrauch einfach mit einem Stück Moskitonetz auslegen.

WOHLTUENDE BADEFREUDEN • Ein Bad ist besonders entspannend, wenn man duftende Badezusätze ins warme Wasser gibt. Sie können Ihre eigenen Badesäckchen herstellen. Dazu schneiden Sie aus einem ausgedienten Moskitonetz Kreise von 15 cm Durchmesser und legen Badezusätze Ihrer Wahl darauf, z. B. getrocknete Kräuter, Meersalz oder Gewürze, etwa Gewürznelken. Fügen Sie ein paar Tropfen ätherisches Öl zu, ziehen Sie die Ränder hoch und verschnüren Sie die Säckchen mit einem hübschen Band. Die Säckchen werden mit dem einlaufenden Wasser in die Wanne gegeben und sorgen für ein erholsames Badeerlebnis.

Fortsetzung →

JUGEND FORSCHT • Ihre Kinder haben einen Käfer oder einen Wurm in ein altes Marmeladenglas befördert und wollen das Tier nun genau beobachten. Damit es nicht entweichen kann, legen Sie ein Stück Moskitonetz über die Öffnung und befestigen es mit einem Gummiring. Das Netz lässt genug Luft durch, sodass das Tier nicht erstickt, bevor es wieder in der Natur ausgesetzt wird.

MOTTENKUGELN

Zum Schutz vor Motten sind natürliche Mittel wie Lavendel oder Zedernholz besser geeignet als Mottenkugeln, denn die Kugeln enthalten Gifte, die in der Raumluft für einige Zeit erhalten bleiben. Mittlerweile gibt es sie auch kaum noch zu kaufen. Falls Sie noch Mottenkugeln im Haus haben, können Sie sie aber noch für folgende Zwecke verwenden.

ROSTFREIES WERKZEUG • Schützen Sie Ihr wertvolles Werkzeug vor Rost, indem Sie einige Mottenkugeln in den Werkzeugkasten legen. Die Kugeln nehmen Feuchtigkeit auf und verhindern so, dass das Werkzeug Rost ansetzt.

MÄUSE VERTREIBEN • Haben sich Mäuse in Ihrer Garage ein warmes Winterquartier gesucht? Vertreiben Sie die unwillkommenen Gäste, indem Sie rund um die Garage einige Mottenkugeln auslegen. Schon bald werden sich die Mäuse nach einem anderen Plätzchen umsehen. Auch vom Gartenschuppen oder Gewächshaus kann man Mäuse mithilfe von Mottenkugeln fern halten.

SCHUTZ FÜR GARTENBEETE • Alte Mottenkugeln lassen sich noch gut als Pflanzenschutzmittel einsetzen. Verteilt man sie am Rand von Blumen- und Gemüsebeeten, werden Katzen, Hunde und Nager fern gehalten. Die Tiere werden vom Geruch der Mottenkugeln abgeschreckt.

DACHBODEN OHNE UNGEZIEFER • Damit Ihr Dachboden nicht zum Tummelplatz für lästiges Ungeziefer wird, können Sie dort Mottenkugeln auslegen bzw. die Kugeln in die Lüftungsziegel stecken. Falls Sie Kisten auf dem Dachboden stehen haben, z. B. mit Kleidern oder Büchern, empfiehlt es sich, auch einige Mottenkugeln dort hineinzugeben, damit sie frei von Ungeziefer bleiben.

Lebendige Wissenschaft

Tanzende Mottenkugeln – etwas Physik

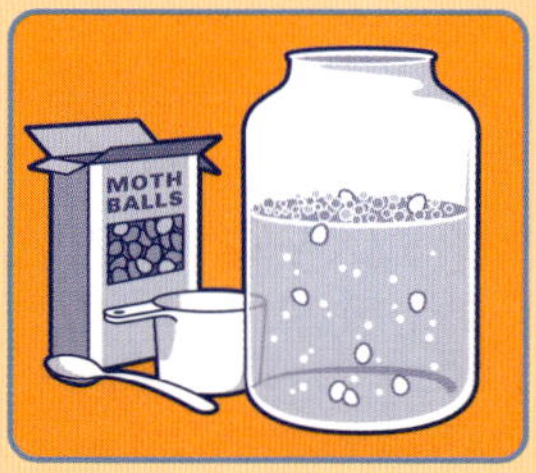

Füllen Sie ein Einmachglas zu zwei Dritteln mit Wasser, fügen Sie 60–80 ml Essig sowie 2 TL Natron hinzu und rühren Sie die Mischung leicht um. Wenn Sie nun einige Mottenkugeln hineinwerfen, können Sie beobachten, wie sie auf und ab hüpfen. Der Essig bildet in Verbindung mit dem Natron (Natriumhydrogencarbonat) Kohlendioxidblasen, die sich an die unregelmäßige Oberfläche der Mottenkugeln heften. Sobald sich so viele Blasen angelagert haben, dass die Kugeln Auftrieb bekommen, steigen sie an die Wasseroberfläche. Dort entweichen einige der Blasen in die Luft, sodass die Mottenkugeln wieder auf den Grund des Glases sinken, wo der Kreislauf von Neuem beginnt. Der Vorgang dauert länger, wenn das Einmachglas verschlossen ist.

MULL

INSEKTEN-FANGNETZE FÜR KINDER • Kinder mögen im Allgemeinen keine Spaziergänge. Interessanter wird es für sie, wenn sie unterwegs Insekten fangen können. Ein Fangnetz kann man selbst herstellen, indem man aus einem Stück Mull einen Beutel näht, anschließend aus einem alten Drahtkleiderbügel einen Ring formt und den Beutel an den Ring klebt oder heftet. Wenn man Kinder zum Angeln mitnimmt, kann ein kleineres Netz aus Mull zum Fangen von Ködern dienen.

PROVISORISCHES FEINES SIEB • Beim Kochen braucht man manchmal ein feines Sieb. Ist kein solches Sieb im Kücheninventar vorhanden, kann man auch ein mit Mull ausgelegtes Salatsieb nehmen.

SOMMERKRÄUTER KONSERVIEREN • Will man frische Sommerkräuter wie Petersilie, Rosmarin oder Thymian trocknen lassen, bindet man sie zu Sträußchen zusammen, wickelt sie in ein Mulltuch und hängt sie an einem trockenen, luftigen Ort auf.

BÜGELN AUF DIE SANFTE ART • Hoffentlich sind auf der exklusiven Seidenbluse nach dem Bügeln keine Abdrücke vom Bügeleisen zu sehen! Um Bügelschäden an empfindlichen Textilien zu vermeiden, legt man ein feuchtes Mulltuch zwischen Stoff und Bügeleisen. Das Gewebe ist fusselfrei und sorgt dafür, dass die Kleidung nicht durch die Hitze angegriffen wird.

SCHUTZHAUBE FÜR DAS PICKNICK • Sie haben Lust auf ein Picknick oder möchten Freunde zu einem Gartenfest einladen – wenn da nur nicht die lästigen Insekten wären, die sich auf den Leckereien niederlassen. Die Speisen bleiben vor Insekten und Staub geschützt, wenn man eine Schutzhaube aus Mull darüberstellt. Dazu wird das Drahtgestell eines alten Schirms mit Mull bezogen und der Schirmgriff mit einer Bügelsäge entfernt. Nun kann man die Speisen damit abdecken.

PREISWERTE FENSTERDEKORATION • Wie wäre es mit neuen Gardinen im Kinder- oder Arbeitszimmer? Greifen Sie zu Mull, der preiswert als Meterware erhältlich ist. Den Stoff kann man nach Belieben bunt einfärben, bevor man ihn zuschneidet und umsäumt. Dann befestigt man Ringklammern an der Gardine und hängt sie an der Vorhangstange auf.

MÜNZEN

TEPPICHFLOR AUFRICHTEN • Füße von Sesseln, Sofas und Betten hinterlassen tiefe Abdrücke im Teppich. Mit einer Münze kann man den Flor wieder aufrichten. Halten Sie die Münze senkrecht und schieben Sie sie gegen den flach gedrückten Flor. Hilft das nicht, befeuchtet man die Stelle mit Dampf aus einem Dampfbügeleisen (5 cm über den Abdruck halten). Sobald die Druckstelle angefeuchtet ist, versucht man noch einmal, den Flor mit der Münze aufzurichten.

Fortsetzung →

IN DER FANKURVE • Ihre Lieblings-Fußballmannschaft lässt den richtigen Einsatz vermissen? Feuern Sie die Spieler im Stadion doch einmal so richtig lautstark an! Nehmen Sie dazu eine leere Getränkedose, stecken Sie einige Münzen hinein und kleben Sie die Dose oben mit Gewebe-Klebeband zu. Nun kann es losgehen mit der Unterstützung.

HÜBSCHE HAARSPANGE • Kleine Mädchen freuen sich über eine Haarspange, die mit glänzenden in- und ausländischen Münzen verziert ist. Dafür nimmt man mehrere kleine Münzen und befestigt sie – am besten mit einer Heißklebepistole – auf einer schlichten Haarspange aus dem Drogeriemarkt. Vor dem Verschenken 24 Stunden trocknen lassen.

ORIGINELLER BRIEFBESCHWERER • Sie haben von Ihren Reisen in fremde Länder immer schon gern ausländische Münzen mitgebracht? Lassen Sie diese Andenken nicht in der Schreibtischschublade liegen, sondern machen Sie daraus einen ausgefallenen Briefbeschwerer. Die Münzen dazu in ein kleines Glas mit Deckel füllen und den Deckel mit Dekorstoff oder -papier überziehen.

HÄTTEN SIE'S GEWUSST?

Die ersten Münzen wurden Mitte des 7. Jh. v. Chr. von den Lydern, einem Volk in Kleinasien, als Zahlungsmittel verwendet. Von dort verbreiteten sie sich ins alte Griechenland und nach Rom. Bis zur weltweiten Nutzung von Münzen (und Papiergeld) dauerte es jedoch noch Jahrhunderte. Ursprünglich wurden für die Herstellung von Münzen fast nur Gold, Silber und Kupfer bzw. Bronze eingesetzt. Im 20. Jh. wurden zunehmend andere Metalle wie Eisen, Nickel und Zink gebraucht. Heutige Münzen enthalten in der Regel Kupfer, das u. a. wegen seiner antibakteriellen Wirkung als Bestandteil von Münzen geschätzt wird.

Lebendige Wissenschaft

Optische Täuschung – wie sich mit zwei Münzen das Gehirn überlisten lässt

Wenn man zwei übereinander gelegte Münzen zwischen Daumen und Zeigefinger schnell hin- und herreibt, sieht man eine dritte Münze.

Wie funktioniert das? Die Wissenschaft sagt, dass alles, was man sieht, eigentlich Licht sei, das von Gegenständen reflektiert wird. Das einfallende Licht wird auf der lichtempfindlichen Netzhaut, der Retina, im Inneren des Auges gesammelt und zu Bildern zusammengesetzt. Weil diese Bilder nicht sofort verschwinden, wenn sich etwas schnell bewegt, kann man einen Gegenstand und dessen Nachbild gleichzeitig sehen. Ein wahrhaftig erstaunliches Phänomen!

NAGELFEILEN AUS SANDPAPIER

SAATGUT VORBEREITEN • Wenn Sie die Außenhülle von harten Samen vor der Aussaat vorsichtig mit einer alten Sandpapier-Nagelfeile anritzen, keimen sie rascher und nehmen Feuchtigkeit besser auf.

FLECKENFREIES WILDLEDER • Was tun, wenn Ihnen jemand auf Ihre Wildlederschuhe getreten ist oder womöglich Wein darüber verschüttet hat? Versuchen Sie, den Fleck vorsichtig mit einer Nagelfeile aus Sandpapier aufzurauen. Halten Sie danach den Schuh in den Dampf über einem Wasserkessel oder einem Topf mit kochendem Wasser. Der Fleck wird in der Regel verschwunden sein. Zum Schluss die Schuhe abbürsten. Diese Methode ist auch für Wildlederbekleidung geeignet. Machen Sie jedoch zuerst einen Probeversuch an einer verdeckten Stelle.

HÄTTEN SIE'S GEWUSST?

Haben Sie sich schon einmal gefragt, woraus Sandpapier-Nagelfeilen bestehen – diese kleinen Feilen, die man oft geschenkt bekommt? Der Schmirgel auf dem Sandpapier ist eine Mischung aus den Mineralien Korund und Magnetit. Das einzige Mineral, das härter ist als Korund, ist der Diamant. Auch Saphire und Rubine sind Korundarten. So ist es verständlich, dass ein Maniküremagazin die Frauen einmal bat, „ihre Fingernägel wie Schmuckstücke und nicht wie Werkzeuge" zu behandeln. Sandpapier-Nagelfeilen gibt es seit knapp 100 Jahren. Heute sind sie in vielen Farbvariationen erhältlich. Von höherer Qualität sind Glasnagelfeilen.

IMMER SAUBERE BLEISTIFT-RADIERGUMMIS

Stört es Sie auch, wenn Radiergummis an Bleistiften verschmutzt sind? Fahren Sie einfach mit einer Sandpapier-Nagelfeile über den Radiergummi und rubbeln Sie den Schmutz ab.

FEINSCHLIFF FÜR HOLZMÖBEL • Kunstvoll gearbeitete Holzteile wie gedrechselte Stuhllehnen oder Tischbeine bekommen ihren letzten Schliff, wenn man schwer erreichbare Vertiefungen vorsichtig mit Sandpapier-Nagelfeilen abschleift, bevor man die Stücke beizt oder lackiert. Die Feilen sind handlich und auch in Ausführungen erhältlich, die zwei verschiedene Körnungen haben.

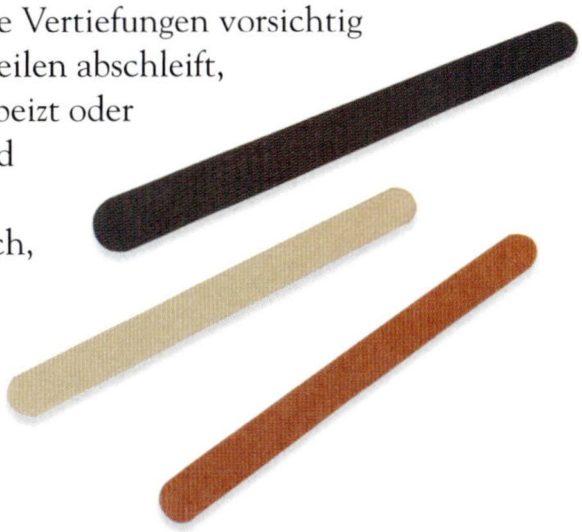

37 TIPPS

NAGELLACK

Im Haushalt

BEHÄLTER BESCHRIFTEN • Behälter aus Metall, wie sie Heimwerker gern benutzen, um Nägel, Schrauben und anderes Kleinmaterial aufzubewahren, kann man mit Nagellack beschriften, um schnell das gesuchte Material zu finden. Der Nagellack lässt sich bei Bedarf einfach wieder mit Nagellackentferner beseitigen.

Fortsetzung →

TIPP

Richtiger Umgang mit Nagellack

Nagellack wird ohne Gebrauchsanweisung verkauft, darum hier einige Tipps:

- Nagellack bleibt länger flüssig und trocknet weniger rasch ein, wenn man ihn im Kühlschrank aufbewahrt. Stellen Sie dazu Ihre Fläschchen in eine viereckige Plastikdose.

- Wenn Nagellack zum Auftragen zu zähflüssig geworden oder eingetrocknet ist, kann man ihn wieder verflüssigen, indem man das Fläschchen kurz in heißes Wasser stellt.

- Wischen Sie das Gewinde am Flaschenhals und an der Innenseite des Schraubverschlusses vor dem Verschließen zuerst mit einem Kosmetiktuch und dann mit einem Wattebausch, der in Nagellackentferner getränkt wurde, ab. Das Fläschchen lässt sich dann später leichter wieder öffnen.

BRIEFUMSCHLAG VERSIEGELN • Ein Briefumschlag bleibt bis zur Ankunft beim Empfänger fest verschlossen, wenn Sie etwas Nagellack auf die Unterseite der Verschlussklappe streichen und dann den Umschlag zukleben. Sie können auch über den verschlossenen Klappenrand mit Nagellack Ihre Initialen oder ein sonstiges Symbol pinseln. Der Auftrag wirkt wie eine moderne Art von Siegelwachs und verleiht Ihrem Brief eine individuelle Note.

WASSERFESTE ADRESSIERUNG • Sie wollen ein Päckchen verschicken und draußen regnet es in Strömen. Um sicherzustellen, dass die Beschriftung auf dem Adressaufkleber unterwegs nicht verschmiert, streichen Sie einfach ein wenig klaren Nagellack darauf.

LEUCHTENDE FERNBEDIENUNG • Es geschieht immer wieder: Sie sitzen bei gedämpftem Licht vor dem Fernseher und greifen nach der Fernbedienung, um den Ton lauter zu stellen. Dabei drücken Sie versehentlich auf die falsche Taste und schalten unbeabsichtigt beispielsweise in das Menü. Damit Ihnen dieses Missgeschick nicht mehr passiert, bestreichen Sie einfach häufig benutzte Tasten der Fernbedienung mit fluoreszierendem Nagellack, der im Dunkeln leuchtet – achten Sie aber darauf, dass kein Lack zwischen die Tasten gerät. Diesen speziellen Nagellack können Sie auch auf Schlüssel, Schlüssellöcher und andere Dinge auftragen, damit sie im Dunkeln besser zu erkennen sind.

DIE IDEALE RAUMTEMPERATUR • Heizkörper, die mit einem Thermostatventil ausgestattet sind, das noch nicht über eine Markierungsmöglichkeit verfügt, können Sie in Zukunft leichter auf die gewünschte Temperatur einstellen – auch dann, wenn Sie z. B. nachts frierend aufwachen, den Heizkörper aufdrehen möchten und Ihre Brille nicht zur Hand haben. Sie müssen nur die richtige Position markieren. Drehen Sie dazu das Thermostatventil in die Stellung, die der von Ihnen bevorzugten Temperatur entspricht, und ziehen Sie auf dem Griff mit farbigem Nagellack einen dünnen Strich.

EIMER MIT MESSSKALA • Sie benötigen einen Eimer, in dem Sie verschiedene Substanzen mischen können, z. B. bei der Gartenarbeit? Kein Problem. Versehen Sie einfach einen Eimer, den Sie für diesen Zweck ausgesucht haben, mit einer Messskala. Gießen Sie mit einem Messbecher zunächst 0,5 l Wasser in den Eimer und markieren Sie dann den Füllstand auf der Innenseite mit einem Nagellackstrich. Sobald der Lack getrocknet ist, markieren Sie genauso auch die Füllstände bei 1 l, 1,5 l usw. Benutzen Sie dabei eine Farbe, die sich gut von der Eimerfarbe abhebt.

MESSSTRICHE EINDEUTIG KENNZEICHNEN • Beim Kochen muss man oft noch schnell eine Zutat abmessen. Um sich das Ablesen zu erleichtern, können Sie die Messstriche auf Ihrem Messbecher mit einer auffallenden Nagellackfarbe nachziehen, denn dann fallen sie besser ins Auge. Auch eine Babyflasche lässt sich auf diese Weise markieren. So können Sie sogar bei schlechtem Licht leicht erkennen, wie viel Ihr Kind getrunken hat. Auch die Messstriche auf den kleinen Plastik-Dosierbechern für Arzneimittel kann man mit rotem Nagellack hervorheben – dann brauchen Sie nicht mehr Ihre Augen anzustrengen, um die richtige Arzneimenge einzufüllen.

VERWECHSLUNGSGEFAHR VORBEUGEN • Sie haben einen Tennispartner, der die gleiche Ballmarke bevorzugt wie Sie? Damit es nicht zu Unklarheiten kommt, versehen Sie Ihre Bälle mittels Nagellack mit einem leuchtend roten Punkt. Auch Golfbälle lassen sich so markieren, ferner alle anderen Gegenstände, auf denen nicht genug Platz für den ganzen Namen ist.

ACHTUNG: BEHÄLTER MIT PROBLEMSTOFFEN • Ist Ihr Putzmittelschrank für jedermann leicht zugänglich? Falls Sie kleine Kinder haben, sollten Sie Reinigungsmittel besser verschlossen aufbewahren. In jedem Fall aber empfiehlt es sich, Flaschen und andere Behälter, die giftige Substanzen enthalten, z. B. im Keller oder im Gartenschuppen, sicherheitshalber mit leuchtend rotem Nagellack zu kennzeichnen. So ist jedem – auch wenn er in Eile ist – sofort klar, dass er vorsichtig mit diesen Mitteln umgehen muss. Malen Sie ein großes X auf das Etikett sowie auf den Deckel oder die Spritzdüse.

SCHMUTZABWEISENDE ARZNEIETIKETTEN • Auf den Medikamentenschachteln und Arzneifläschchen stehen häufig wichtige Informationen für den Patienten. Bei Medikamenten, die man oft zur Hand nimmt, kann man die Beschriftung mit einer Schicht aus klarem Nagellack schützen. So bleibt sie auch dann gut lesbar, wenn man die Verpackung oft in die Hand nimmt.

NIE WIEDER ROSTRINGE • Auf den Einlegeböden Ihres Badezimmerschränkchens setzen sich immer wieder Rostringe ab, die z. B. von Rasierschaum- oder Haarspraydosen stammen. Solche unansehnlichen Flecken können erst gar nicht auftreten, wenn Sie die Unterseite aller Metallbehälter, die in Ihrem Schränkchen stehen, mit klarem Nagellack bestreichen.

GLÄNZENDE BRIEFBESCHWERER SELBST MACHEN

Schön geformte Steine mit glatter Oberfläche kann man leicht in edel wirkende Briefbeschwerer oder Miniaturfelsen verwandeln, wie man sie gern um einen Zimmerkaktus herum arrangiert: Suchen Sie sich, z. B. an einem Flussufer, die entsprechenden Steine und säubern Sie sie gründlich. Sobald die Steine getrocknet sind, überziehen Sie sie auf einer Seite mit klarem Nagellack und lassen sie dann auf Zeitungspapier trocknen. Anschließend verfahren Sie genauso mit der noch unlackierten Seite.

KEIN ROST AN TOILETTENSITZSCHRAUBEN • Falls die Schrauben an Ihrem WC-Sitz nicht rostfrei sind, sollten Sie verhindern, dass sie Rost ansetzen. Bestreichen Sie die Schrauben dazu mit klarem Nagellack. Diese Schutzschicht beugt nicht nur Rost vor, sondern gibt den Schrauben zusätzlichen Halt, sodass der Sitz nicht so schnell wackelt.

Fortsetzung →

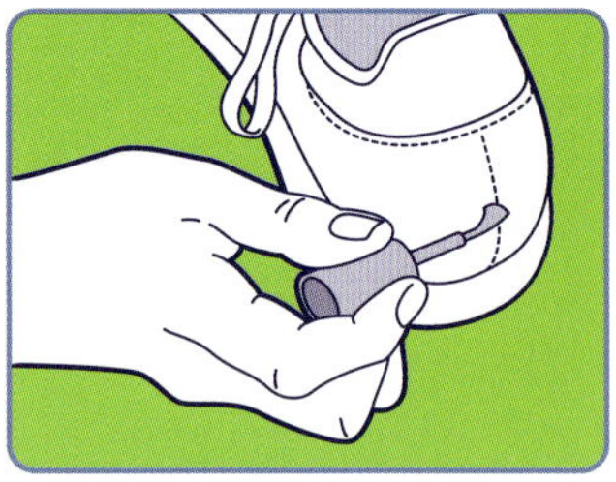

LÄNGER SCHÖNE SCHUHE • Bei Schuhen werden Kappe und Fersenteil am stärksten beansprucht und sehen schnell abgenutzt aus. Auch Absätze bekommen rasch unschöne Schrammen. Damit häufig getragene Schuhe aus Glattleder länger ansehnlich bleiben, sollten Sie die empfindlichen Bereiche schon gleich nach dem Kauf schützen. Streichen Sie ein wenig klaren Nagellack auf die Kappe und die äußere Fersennaht und reiben Sie den Lack mit einem Stück Stoff oder einem Kosmetiktuch vorsichtig ein, sodass der Glanz abgeschwächt wird. Behandeln Sie dann die Absätze auf die gleiche Weise. Bei sehr teuren Schuhen sollten Sie aber besser zu speziellen Pflegeprodukten greifen.

SCHUTZ FÜR MODESCHMUCK • Mit Modeschmuck kann man beinahe jede Art von Kleidung aufwerten. Er ist preiswert und in großer Auswahl überall zu kaufen. Der Schmuck kann jedoch anlaufen, und wenn man ihn dann direkt auf der Haut trägt, hinterlässt er durch die Reibung möglicherweise Spuren. Um das zu vermeiden, bestreicht man am besten alle Schmuckstücke, die mit der Haut in Berührung kommen, mit klarem Nagellack. Gut trocknen lassen, bevor Sie den Schmuck anlegen. Probieren Sie diese Methode aber zunächst an einer unauffälligen Stelle aus.

SCHNÜRSENKEL INSTAND SETZEN • Schnürsenkel, deren Kappen verloren gegangen sind, sehen wieder gepflegt aus und halten noch eine Weile, wenn Sie die ausgefransten Enden in klaren Nagellack tauchen und dann zusammendrehen. Am besten reparieren Sie Ihre Schnürsenkel abends, denn dann kann der Lack über Nacht gut trocknen und Sie können die Schuhe am nächsten Tag wieder tragen.

GLÄNZENDE GÜRTELSCHNALLE • Schützen Sie eine neue oder frisch polierte Gürtelschnalle aus Metall mit einer Schicht aus klarem Nagellack. Sie verhindern so, dass die Schnalle anläuft oder Kratzer bekommt, und verleihen ihr einen schönen Glanz.

Im Nähzimmer

PERLENKNÖPFE SCHÜTZEN • Feine Perlenknöpfe, die man mit einer schützenden Schicht aus klarem Nagellack überzieht, behalten ihren schönen Glanz und blättern nicht mehr so schnell ab. Das Gleiche gilt für Perlen, die als Verzierung auf Kleidungsstücke aufgenäht sind.

KEINE KNÖPFE MEHR VERLIEREN • Sie haben eine neue Bluse gekauft und wollen sich nicht schon bald wieder über locker sitzende Knöpfe ärgern? Dann betupfen Sie den Faden, mit dem die Knöpfe angenäht sind, mit je einem Tropfen klarem Nagellack. So kann der Faden nicht durchscheuern, und Sie ersparen sich in Zukunft das lästige Knopfannähen. Auch frisch angenähte Knöpfe können auf diese Weise behandelt werden.

EINFÄDELN LEICHT GEMACHT • Sie hantieren ungeduldig mit Nadel und Faden, und der Faden ist vom vielen Befeuchten schon ganz aufgeweicht und lässt sich einfach nicht mehr durch das Nadelöhr schieben? Mit einem kleinen Trick lösen Sie das Problem: Ziehen Sie das Fadenende ein- bis zweimal durch die Borsten eines Nagellackpinsels und rollen Sie es dann kurz zwischen Daumen und Zeigefinger.

Der Nagellack trocknet im Handumdrehen, und das Fadenende ist jetzt so steif, dass es sich bequem einfädeln lässt. Bewahren Sie für solche Fälle einen aussortierten Nagellack im Nähkasten auf.

LAUFMASCHEN STOPPEN• Welche Frau ärgert sich nicht über die immer wieder auftretenden Laufmaschen in ihren Feinstrumpfhosen oder -strümpfen? Zum Glück kann man mit ein wenig klarem Nagellack verhindern, dass sich die Laufmasche fortsetzt, und somit die Lebensdauer der Strümpfe verlängern. Tragen Sie einfach auf jedes Ende der Laufmasche etwas Nagellack auf (Sie brauchen die Strumpfhose dazu noch nicht einmal auszuziehen) und lassen Sie den Lack trocknen. Solange Sie von Hand waschen, ist auch die Wäsche kein Problem.

AUSGEFRANSTEN STOFF BEFESTIGEN • Haben Sie einen Rock, der am Saum Fäden zieht, oder ein Jackett, dessen Futter an den Ärmelaufschlägen ausfranst? Der Schaden ist im Nu behoben, wenn man die losen Fäden mit etwas klarem Nagellack überzieht und an unsichtbarer Stelle festdrückt. Nur bei größeren Schäden müssen Sie zu Nadel und Faden greifen.

STOFFBÄNDER VOR DEM AUSFRANSEN SCHÜTZEN • Sie haben ein tolles Geschenk gekauft und möchten, dass die Verpackung ebenso bezaubernd ist. Ein Geschenkband aus Stoff macht immer viel her. Damit die abgeschnittenen Enden des Bandes keine Fäden ziehen, werden sie mit ein wenig klarem Nagellack bestrichen. Auch Haarbänder aus Stoff kann man auf diese Weise vor dem Ausfransen schützen.

Allerlei Reparaturen

SPRUNG IN DER WINDSCHUTZSCHEIBE • Sie sind mit dem Auto unterwegs, als plötzlich ein kleiner Stein auf die Windschutzscheibe prallt. Leider nicht ohne Folgen, denn die Scheibe hat nun einen kleinen Sprung. Gut, wenn Sie jetzt klaren Nagellack dabeihaben, denn damit können Sie verhindern, dass sich der Sprung vergrößert. Parken Sie das Auto – bei Sonnenschein an einer schattigen Stelle – und bepinseln Sie den Sprung auf beiden Seiten der Windschutzscheibe großzügig mit Nagellack. Wenn möglich, stellen Sie das Auto dann in die Sonne, damit der Nagellack schnell trocknet. Durch diese kleine provisorische Maßnahme können Sie die Zeit überbrücken, bis Sie dazu kommen, eine Werkstatt aufzusuchen. Dort kann Ihre Windschutzscheibe dann fachkundig repariert werden.

LOCH IN DER KÜHLTASCHE ABDICHTEN • Ein kleines Loch in Ihrer Kühltasche ist noch kein Grund, sie zu entsorgen. Um das Loch abzudichten, versiegeln Sie die betreffende Stelle mit zwei Schichten Nagellack. So gelangt keine warme Luft in die Kühltasche und es kann keine Flüssigkeit mehr auslaufen.

HÄTTEN SIE'S GEWUSST?

Nagellack ist keine moderne Erfindung. Bereits um 3000 v. Chr. schmückten die Chinesen ihre Nägel mit Glanzmitteln aus Gummiarabikum, Bienenwachs, Gelatine und Pigmenten. Die Adligen wählten für ihre langen Fingernägel zwischen gold- und silberfarbenen, roten und schwarzen Polituren, während niedrigere Schichten mit Pastelltönen vorlieb nehmen mussten. Auch im alten Ägypten erfreuten sich farbige Nägel großer Beliebtheit. Dort färbte man sie sich oft mit Henna oder Beerensaft. Übrigens war der Nagelschmuck nicht nur Frauen vorbehalten. In Ägypten und im antiken Rom malten sich Feldherren ihre Nägel rot an, bevor sie in die Schlacht zogen - vielleicht um das Blut zu symbolisieren, das vergossen werden würde.

Fortsetzung →

PROVISORISCHE BRILLENREPARATUR

Etwas Schweres ist auf Ihre auf dem Tisch liegende Brille gekippt, und nun hat eines der Gläser einen Sprung. Sie haben aber nicht die Möglichkeit, sofort einen Optiker aufzusuchen. Was tun? Versiegeln Sie den Sprung einfach von beiden Seiten mit einem dünnen Überzug aus klarem Nagellack. Dadurch bleibt das Brillenglas stabil, bis Sie die Gelegenheit haben, die Brille vom Optiker reparieren zu lassen.

SCHÄDEN IN HOLZ ODER GLAS AUSBESSERN • Der Kindergeburtstag war ein voller Erfolg, aber Ihr Holzfußboden hat etwas gelitten und einige Schrammen abbekommen. Halb so schlimm! Füllen Sie die kleinen Kerben einfach mit ein paar Tropfen klarem Nagellack. Nachdem der Lack getrocknet ist, schleifen Sie die betroffenen Stellen vorsichtig mit sehr feinem Sandpapier nach, damit der Glanz des Nagellacks verschwindet. Klarer Nagellack leistet auch gute Dienste, wenn ein Spiegel oder eine Glasplatte durch eine Beschädigung eine scharfe Kante bekommen hat. Überziehen Sie die betroffene Stelle mit einer dicken Schicht Nagellack, und die Gefahr, sich an der scharfen Kante zu verletzen, ist gebannt.

LOSE SCHMUCKSTEINE WIEDER EINSETZEN • Ein Schmuckstück, von dem sich ein oder mehrere Steine abgelöst haben, muss nicht gleich aussortiert werden, vorausgesetzt, die Steine sind noch vorhanden. Ein kleiner Tropfen klarer Nagellack als Klebemittel genügt, um die Steine wieder in ihrer Fassung zu befestigen. Der Nagellack trocknet rasch und die Reparatur bleibt unsichtbar.

LACKSCHÄDEN AM AUTO • Wenn Sie kleine Kratzer oder Schrammen an Ihrem Auto entdecken, bepinseln Sie sie vorsichtig mit klarem Nagellack. So verhindern Sie, dass Lack abblättert und die beschädigten Stellen rosten.

LOCKERE SCHRAUBEN FIXIEREN • Eigentlich gehen Sie mit Ihren Schubladen und Schranktüren gar nicht so grob um. Trotzdem müssen Sie einige Schrauben ständig nachziehen. Damit sich die Schrauben künftig nicht mehr lockern, drehen Sie sie zunächst heraus und bestreichen dann das Schraubengewinde mit ein wenig Nagellack. Drehen Sie die Schrauben danach wieder hinein und lassen Sie das Möbelteil ruhen, bis der Lack getrocknet ist. Diese Lösung bietet sich auch für lockere Topfgriffe an, die Sie sonst von Zeit zu Zeit mit einem Schraubenzieher wieder festschrauben müssen. Auch Muttern von Maschinenschrauben lassen sich mithilfe von Nagellack fixieren. Müssen die Muttern wieder gelöst werden, reicht eine Umdrehung mit dem Engländer oder dem Schraubenschlüssel, um die Versiegelung aufzubrechen.

HÄTTEN SIE'S GEWUSST?

Nagellack ist nicht nur im Alltagsleben vielfältig einsetzbar, er findet sogar in Laboren beim Mikroskopieren Anwendung. Neben Spezialmitteln wird auch gewöhnlicher klarer Nagellack dazu benutzt, Deckgläser auf Objektträgern – also den Glasplättchen, auf denen das zu mikroskopierende Objekt liegt – zu fixieren und die Träger dadurch abzudichten.

GLATTE HOLZKLEIDERBÜGEL • Werfen Sie ältere Holzkleiderbügel, von denen Holz abgesplittert ist, nicht weg! Wenn man die rauen Stellen mit etwas Nagellack bestreicht, wird die Oberfläche wieder glatt und die Kleiderbügel können noch lange gute Dienste leisten. Auch ein loser Kleiderbügelhaken lässt sich mit Nagellack wieder befestigen.

DICHTE FLIEGENSCHUTZGITTER • Ein kleines Loch im Fliegenschutzgitter am Fenster kann man leicht reparieren, indem man ein wenig klaren Nagellack auf die schadhafte Stelle tupft. So lässt sich verhindern, dass das Loch noch größer wird, und die Insekten bleiben wieder zuverlässig draußen. Lediglich Löcher, deren Durchmesser größer ist als etwa 5 mm, sollten mit Nadel und Faden repariert werden.

BESCHÄDIGTE JALOUSIE AUSBESSERN • Wenn Sie an der Lamelle einer Jalousie einen kleinen Riss entdecken, müssen Sie sich nicht gleich nach Ersatz umsehen. Bestreichen Sie den Riss mit etwas klarem Nagellack und die beschädigte Stelle fällt kaum auf.

LACKIERTE GEGENSTÄNDE AUSBESSERN • Von einer schönen Porzellanvase oder einem anderen fein glänzenden Gegenstand ist ein Stück Oberfläche abgesprungen. Damit der Schaden weniger auffällt, übermalen Sie die Stelle mit Nagellack in der passenden Farbe. Um den richtigen Farbton zu treffen, können Sie auch verschiedene Nagellackfarben mischen. **ACHTUNG:** Eine Antiquität kann durch diese Reparaturmethode an Wert verlieren. Daher nur anwenden, wenn es kein besonders wertvolles Stück ist.

NAGELLACKENTFERNER

ZÄHFLÜSSIGE KORREKTURFLÜSSIGKEIT VERDÜNNEN • Korrekturflüssigkeit kann mit Nagellackentferner schnell wieder verdünnt werden. Träufeln Sie einige Tropfen Entferner in die Flasche und schütteln Sie kräftig. Je nach Bedarf kann so lange weiterer Nagellackentferner zugesetzt werden, bis die gewünschte Beschaffenheit erreicht ist.

FENSTERSCHEIBEN OHNE FARBSPRITZER • Ihr Wohnzimmer sieht nach dem Streichen der Wände wie neu aus, allerdings haben die Fensterscheiben einige Farbspritzer abbekommen. Mit Nagellackentferner können Sie ihnen zu Leibe rücken. Bevor Sie an die Arbeit gehen, sollten Sie für ausreichende Belüftung sorgen. Betupfen Sie alle Farbspritzer auf den Scheiben mit Nagellackentferner und lassen Sie ihn ein paar Minuten einwirken. Entfernen Sie dann die gelöste Farbe mit einem Lappen und wischen Sie mit einem feuchten Tuch noch einmal nach.

TINTENFLECKEN BESEITIGEN • Lassen sich Tintenflecken auf Ihren Fingern nicht mit Wasser und Seife abwaschen, versuchen Sie es mit Nagellackentferner. Geben Sie etwas Entferner auf einen Wattebausch und wischen Sie die Flecken ab. Anschließend waschen Sie Ihre Hände mit Wasser und Seife.

FLECKENFREIES PORZELLAN • Falls Ihr Geschirr aus Knochenporzellan durch jahrelangen Gebrauch fleckig geworden ist, können Sie versuchen, die betroffenen Stellen mit etwas Nagellackentferner verschwinden zu lassen. (Tee- und Kaffeekannen sollten Sie aber besser nicht von innen auf diese Weise behandeln.) Reiben Sie mit einem Baumwolltuch nach und spülen Sie dann das Geschirr gründlich.

VORSICHT: Häufiger Gebrauch von acetonhaltigem Nagellackentferner (Etikett beachten) kann brüchige Nägel verursachen. Alle Nagellackentferner sind leicht entzündlich und gesundheitsgefährdend, wenn sie über einen längeren Zeitraum eingeatmet werden. Man sollte sie daher nur in gut belüfteten Räumen und in sicherer Entfernung von Flammen verwenden. Außerdem sollten Sie Nagellackentferner von Holzoberflächen, Chemiefasern und Gegenständen aus Kunststoff fern halten.

Fortsetzung →

AUFKLEBER ENTFERNEN • Es kann sehr mühsam sein, Preisetiketten und andere Aufkleber von Glas und Metall oder CD-Hüllen abzukratzen, und oft bleibt danach ein zäher Klebefilm zurück, der unansehnlich ist, sich unangenehm anfühlt und Schmutz anzieht. Diese Reste von Aufklebern können Sie entfernen, indem Sie sie mit acetonhaltigem Nagellackentferner abreiben.

GESCHMOLZENES PLASTIK LÖSEN • Sie haben einen schönen Toaster aus Edelstahl? Dann sollten Sie darauf achten, dass keine Kunststofftüte oder -folie direkt daneben liegt, wenn Sie ihn in Betrieb nehmen – sonst schmilzt das Plastik und klebt am Toaster fest. Passiert dies aber doch einmal, sieht das Unglück schlimmer aus als es ist. Sie können die klebrigen Überreste nämlich problemlos mit Nagellackentferner beseitigen. Schalten Sie dazu zunächst den Toaster aus, ziehen Sie das Kabel aus der Steckdose und warten Sie, bis das Gerät abgekühlt ist. Geben Sie dann Nagellackentferner auf ein weiches Tuch und reiben Sie ohne Kraftaufwand über die betroffenen Bereiche. Sobald das geschmolzene Plastik entfernt ist, wischen Sie mit einem feuchten Lappen nach und trocknen das Gerät mit Küchenpapier ab. Ihr Toaster ist jetzt bereit für die nächste Runde Toast. Diese Methode kann auch bei geschmolzenem Plastik auf einem Lockenstab angewandt werden.

SEKUNDENKLEBER BESEITIGEN

Sekundenkleber bleibt hartnäckig an nahezu allem haften, auch an der Haut. Sollte einmal Sekundenkleber an Ihren Fingern hängen bleiben, versuchen Sie besser nicht, die Kleberreste abzuziehen, denn dann könnten Sie Ihre Haut verletzen. Tränken Sie stattdessen einen Wattebausch mit acetonhaltigem Nagellackentferner und halten Sie ihn so lange auf die Haut, bis der Kleber sich zersetzt hat.

MESSING BEHANDELN • Gegenstände aus Messing mit einer alten oder beschädigten Lackierung lassen sich leicht wieder zum Glänzen bringen. Dazu beseitigt man zunächst die alte Lackierung mit Nagellackentferner. Geben Sie eine kleine Menge Entferner auf ein weiches Tuch und reiben Sie damit den Messinggegenstand so lange ab, bis sich die Lackschicht abgelöst hat. Das Messingteil kann nun poliert oder fachgerecht neu lackiert werden.

Lebendige Wissenschaft

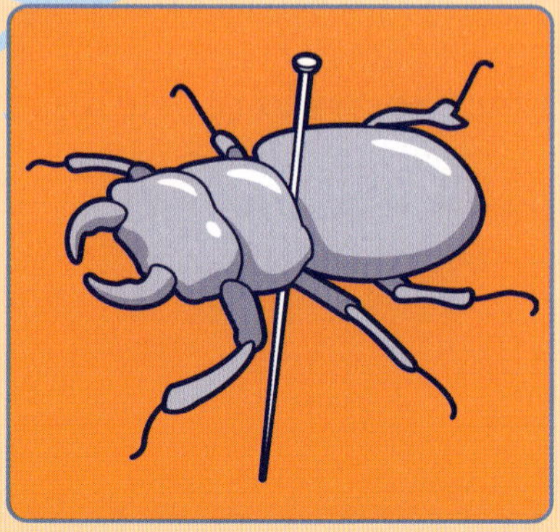

Manchen Kindern macht es großen Spaß, sich mit Insekten zu beschäftigen. Und wie ein richtiger Wissenschaftler können Ihre angehenden „Entomologen" Insekten konservieren – und zwar ganz einfach mithilfe von Nagellackentferner.

Man benutzt dazu Nagellackentferner, der das Lösungsmittel Aceton enthält (auf dem Etikett angegeben). Zunächst nimmt man ein Glas- oder Plastikgefäß mit Schraubdeckel zur Hand. Besonders gut eignet sich ein Marmeladenglas mit weiter Öffnung. Man polstert es mit Papiertaschentüchern aus, auf die man die ausgewählten toten Insekten legt. Die Papiertücher verhindern, dass die Flügel der Insekten beschädigt werden. Zur Konservierung der Insekten tränkt man dann ein paar Wattebäusche mit Nagellackentferner und legt sie in das Glas, das man anschließend luftdicht mit dem Deckel verschließt. Die Insekten trocknen nun durch den Lackentferner rasch vollständig aus. Die getrockneten Insektenkörper kann man dann mit einer Stecknadel auf einer Korkwand oder einem Stück Wellpappe befestigen.

UHRGLAS OHNE KRATZER • Jedes Mal, wenn Sie auf Ihre Armbanduhr schauen, ärgern Sie sich über unansehnliche Kratzer auf dem Uhrglas. Falls das Uhrglas aus Kunststoff besteht, können Sie die unschönen Gebrauchsspuren abschwächen, indem Sie ein wenig acetonfreien Nagellackentferner auf ein Kosmetiktuch geben und damit vorsichtig über die Kratzer reiben.

SAUBERE WEISSE SCHUHE • Auf weißen Lederschuhen sehen dunkle Flecken oder Schmutzstreifen besonders störend aus. Mit Nagellackentferner lassen sich die Spuren jedoch gut entfernen. Geben Sie etwas acetonfreien Nagellackentferner auf einen Wattebausch oder ein Tuch und reiben Sie damit über die betroffenen Stellen.

COMPUTER-TASTATUR REINIGEN • Computer-Tastaturen verschmutzen schnell durch Hautfett und Staub, lassen sich aber mit acetonfreiem Nagellackentferner und einem weichen Tuch bzw. Wattestäbchen mühelos säubern. Geben Sie einfach etwas Nagellackentferner auf das Tuch bzw. die Stäbchen und streichen Sie damit leicht über die Tastatur.

NATRON

In der Küche

SO VERMEIDEN SIE FISCHGERUCH • Wird Fisch nicht sofort verarbeitet, sollte er bis zum Zeitpunkt der Zubereitung unbedingt im Kühlschrank aufbewahrt werden, damit er nicht verdirbt. Um zu verhindern, dass der rohe Fisch anfängt zu riechen und den Geruch an die anderen Lebensmittel im Kühlschrank abgibt, gibt es eine ganz einfache Lösung. Bevor man den Fisch im Kühlschrank verstaut, legt man ihn in eine Schüssel mit 1 l Wasser und 2 EL Natron. Vor der Zubereitung den Fisch sorgfältig abspülen und trockentupfen.

HERRLICH LUFTIGE OMELETTS

Wollen Sie das Geheimnis lockerer Omeletts wissen? Geben Sie zu je 3 Eiern 1/2 TL Natron!

OBST UND GEMÜSE PERFEKT GEREINIGT • Bei der Zubereitung von Nahrungsmitteln kann man nicht vorsichtig genug sein. Damit Obst und Gemüse richtig sauber werden, waschen Sie es in einer Schüssel mit kaltem Wasser, in die Sie 2–3 EL Natron gegeben haben. Das Natron beseitigt Verunreinigungen, die mit Leitungswasser nicht entfernt werden können. Wahlweise können Sie auch Natron auf einen feuchten, sauberen Schwamm oder eine Gemüsebürste geben und das Obst bzw. das Gemüse damit abschrubben. Anschließend alles gründlich abspülen.

HYGIENISCH SAUBERES SCHNEIDBRETT • Ein Schneidbrett aus Holz oder Kunststoff bleibt immer schön sauber, wenn man es ab und zu mit einer Paste aus je 1 EL Natron, Salz und Wasser abreibt. Gründlich mit heißem Wasser abspülen und dann an der Luft trocknen lassen.

Fortsetzung →

ABFLUSSVERSTOPFUNG SCHNELL AUFGELÖST • Die meisten Küchenabflüsse lassen sich reinigen, indem man zunächst 120 g Natron und dann 250 ml heißen Essig hineinschüttet (1 Minute in der Mikrowelle oder 2 Minuten bei mittlerer Hitze auf dem Herd erhitzen). Ein paar Minuten einwirken lassen, dann 1 l kochendes Wasser nachgießen. Bei Bedarf wiederholen. Wenn Sie wissen, dass der Abfluss durch Fett verstopft ist, nehmen Sie jeweils 60 g Natron und Salz und anschließend 250 ml kochendes Wasser. Die Mischung über Nacht einwirken lassen, morgens mit heißem Leitungswasser nachspülen.

KAFFEEGENUSS DANK SAUBERER MASCHINE • Wer kennt nicht schal schmeckenden oder bitteren Kaffee aus der Kaffeemaschine? Zu solch einem unangenehmen Geschmackserlebnis kommt es nicht, wenn der Automat richtig gepflegt wird. Einfach alle 2 Wochen 30 g Natron in 1 l Wasser geben, in den Wassertank der Kaffeemaschine füllen und die Maschine anschalten. Den Vorgang mit 1 l klarem Wasser wiederholen. Bürsten Sie außerdem den Filterbehälter der Kaffeemaschine gelegentlich mit einer Paste aus 2 EL Natron und 1 EL Wasser aus. Gründlich mit kaltem Wasser ausspülen.

TÖPFE UND PFANNEN REINIGEN

ANTIHAFTBESCHICHTETES KOCHGESCHIRR • Auch in beschichteten Töpfen und Pfannen kann es zu hartnäckigen Ablagerungen kommen. Sie lassen sich beseitigen, indem man das Geschirr 10 Minuten lang mit einer Mischung aus 200 ml Wasser, 2 EL Natron und 100 ml Essig auskocht. Danach mit heißer Seifenlauge auswaschen, gut klarspülen, trocknen lassen und mit ein wenig Pflanzenöl ausreiben.

GUSSEISERNES KOCHGESCHIRR • Flecken und Rost und selbst stark eingebrannte Speisereste lassen sich aus gusseisernen Töpfen und Pfannen entfernen, wenn man das Geschirr 5 Minuten lang mit einer Mischung aus 1 l Wasser und 2 EL Natron auskocht. Die Flüssigkeit größtenteils abgießen, dann die Ablagerungen vorsichtig mit einem Pfannenwender aus Silikon bearbeiten. Gut ausspülen, trocknen und mit ein paar Tropfen Pflanzenöl ausreiben.

EDELSTAHL-KOCHGESCHIRR • In der Regel lassen sich angebrannte Speisereste aus Edelstahltöpfen oder -pfannen nur mit kräftigem Scheuern beseitigen. Machen Sie sich das Leben leichter. Füllen Sie das Geschirr zu einem Viertel mit Wasser und bringen Sie das Wasser zum Kochen. Dann 5 EL Natron hinzufügen. Den Herd ausschalten und das Natron ein paar Stunden oder über Nacht einwirken lassen. Abgießen und die Ablagerungen einfach mit einem Spülschwamm beseitigen. Anschließend wie gewohnt spülen und trocknen.

FLEISCH ZARTER MACHEN

Das passiert leider schon einmal: Man hat Gäste eingeladen und möchte einen feinen Braten anbieten, nur leider hat man beim Einkaufen ein etwas zähes Stück erwischt. Erfreulicherweise kann das Fleisch mit Natron zarter gemacht werden, indem man es damit einreibt und es dann für 3–5 Stunden in den Kühlschrank stellt. Vor der Zubereitung gut abspülen und mit Küchenpapier trockentupfen.

HEFE-ERSATZ • Wenn man beim Backen einen Ersatz für Hefe braucht und etwas Vitamin C (oder Zitronensäure) in Pulverform und Natron zur Hand hat, kann man statt Hefe eine Mixtur dieser beiden Substanzen verwenden. Man mischt sie zu gleichen Teilen, bis die Menge der benötigten Hefemenge entspricht, und verarbeitet sie mit den restlichen Zutaten weiter nach Rezept. Der Teig muss vor dem Backen nicht mehr gehen.

SCHMACKHAFTE BOHNEN OHNE NACHWIRKUNG • Mögen Sie gern Bohnen, fürchten aber deren unangenehme Nachwirkungen? Geben Sie beim Kochen 1 Prise Natron ins Kochwasser und die Bohnen sind viel verträglicher.

BLITZSAUBERES BABYFLÄSCHCHEN • Ein Rat für Eltern mit Babys: Halten Sie Fläschchen, Sauger, Verschlusskappen und Bürsten „babyfrisch", indem Sie die Gegenstände über Nacht in ein Behältnis mit heißem Wasser und 1 EL Natron legen. Vor dem Gebrauch sehr gut abspülen und gründlich abtrocknen. Babyfläschchen kann man auch in einem Topf mit Wasser und 3 EL Natron 3 Minuten lang abkochen.

KRAFTVOLLES SPÜLMITTEL • Sie suchen ein leistungsstärkeres Geschirrspülmittel? Versuchen Sie es mit einem Zusatz von 2 EL Natron zu der normalerweise verwendeten Menge Ihres bisherigen Spülmittels. Sie können zusehen, wie das Fett verschwindet.

GESCHIRR-REINIGER SELBST GEMACHT • Ihre Geschirrspülmaschine ist voll beladen und Sie stellen fest, dass Ihnen der Reiniger ausgegangen ist? Stellen Sie Ihren eigenen Reiniger aus 2 EL Natron und 2 EL Borax her.
Achtung: Borax ist leicht giftig, daher sollten Sie unbedingt Augen- und Hautkontakt vermeiden und das Pulver möglichst nicht einatmen.

LEBT WOHL, KAFFEE- UND TEEFLECKEN • Sie haben altes Geschirr geerbt oder auf dem Flohmarkt erstanden, doch unschöne Tee- oder Kaffeeflecken verunzieren den Neuerwerb? Nehmen Sie einen feuchten Lappen und tauchen Sie ihn in Natron. Das Natron verbindet sich mit dem Wasser zu einer Paste, mit der Sie Tassen und Untertassen vorsichtig abreiben. Anschließend abspülen und trocknen. Probieren Sie die Mischung jedoch erst an einer kleinen versteckten Stelle Ihres Geschirrs aus, um sicherzugehen, dass das Dekor nicht leidet!

GERUCHSFREIE SPÜLMASCHINE • In der Geschirrspülmaschine können sich mit der Zeit unangenehme Gerüche entwickeln. Man kann sie beseitigen, indem man zwischen zwei Spülgängen 60 g Natron auf den Boden unter dem unteren Korb streut und anschließend die leere Maschine im Klarspülgang laufen lässt.

MIKROWELLENGERÄT SÄUBERN • Zum Entfernen von Spritzern im Innenraum des Mikrowellengeräts stellt man eine Lösung aus 2 EL Natron und 250 ml Wasser in ein mikrowellenfestes Behältnis und heizt 2–3 Minuten auf höchster Stufe. Das Behältnis aus dem Gerät nehmen und den nun mit der Lösung benetzten Innenraum mit einem angefeuchteten Küchenpapier abwischen.

SO WIRD DER KÜHLSCHRANK ABSOLUT REIN • Gerüche und Eingetrocknetes entfernt man aus dem Kühlschrank, indem man ihn ausräumt, etwas Natron auf einen feuchten Schwamm streut und Seitenwände, Roste und Abstellflächen gründlich damit abreibt. Danach mit einem sauberen, nassen Schwamm abwischen. Nun eine Tasse mit ein wenig Natron in den Kühlschrank stellen und unappetitliche Gerüche können erst gar nicht mehr aufkommen!

Fortsetzung →

EINFACHE SÄUBERUNG FÜR KÜCHENSCHWÄMME UND -LAPPEN • Der Braten oder der Fisch hat wunderbar geschmeckt, doch nach dem Reinigen des Bratentopfs oder der Pfanne, in der der Fisch zubereitet wurde, riechen Küchenschwamm oder -lappen unangenehm. Man weicht sie dann am besten über Nacht in einer Mischung aus 2 EL Natron, ein paar Tropfen antibakteriell wirkendem Geschirrspülmittel und 500 ml Wasser ein. Am nächsten Morgen Schwamm oder Lappen auswringen und mit kaltem Wasser ausspülen. Nun ist der Geruch verflogen.

THERMOSKANNE VON KALK BEFREIEN • Braune Kalkrückstände in Thermoskannen oder -flaschen beseitigt man mit einer Mischung aus 30 g Natron und 1 l Wasser. Das Behältnis mit der Lösung füllen, und – bei sehr alten Flecken – mit einer Flaschenbürste ausbürsten, um die Rückstände zu lockern. Über Nacht stehen lassen, ausgießen, anschließend gründlich mit klarem Wasser ausspülen.

MAKELLOSE ARBEITSFLÄCHE • Eine abgenutzte Küchenarbeitsplatte wird fast wie neu, wenn man Kratzer und Flecken mit einer Paste aus 2 Teilen Natron und 1 Teil Wasser abreibt. Bei sehr unempfindlichen Oberflächen und hartnäckigen Flecken kann der Paste ein Tropfen Chlorbleiche zugefügt werden. Diese Mischung probieren Sie am besten erst an einer kleinen Stelle aus und benutzen dabei Gummihandschuhe, denn Chlorbleiche ist stark ätzend.

EDELSTAHL UND CHROM BLANK PUTZEN • Das Spülbecken aus rostfreiem Stahl erhält seinen Glanz zurück, wenn man es mit Natron bestreut und mit einem feuchten Tuch in Richtung der Körnung abreibt. Matte Chromleisten an Küchengeräten reibt man mit einem feuchten Schwamm und ein bisschen Natron ab. Etwa 1 Stunde trocknen lassen, dann mit warmem Wasser abwischen und mit einem sauberen Handtuch trockenreiben.

ZWIEBELGERUCH AN DEN HÄNDEN • Nachdem man Zwiebeln oder Knoblauch gehackt oder Fisch ausgenommen hat, haftet den Händen oft ein hartnäckiger Geruch an, der sich durch einfaches Händewaschen nicht beseitigen lässt. Sie entfernen den Geruch, indem Sie die Hände anfeuchten und 2 TL Natron kräftig zwischen ihnen verreiben. Danach abspülen und der Geruch ist verschwunden.

SAUBERER HERD • Fettspritzer in der Kochmulde, die nach dem Braten zurückgeblieben sind, können Sie schnell entfernen, indem Sie die Flecken zunächst mit Wasser anfeuchten und dann etwas Natron darauf streuen. Anschließend die Spritzer mit einem feuchten Schwamm abreiben.

Im Haus

SO BESEITIGEN SIE MALSTIFTSPUREN VON WÄNDEN

Hat Ihr Kleinkind Wand oder Tapete mit originellen Kunstwerken verziert? Nehmen Sie einfach einen sauberen, feuchten Lappen, tauchen Sie ihn in etwas Natron und reiben Sie leicht über die Striche. In der Regel verschwinden die Spuren ohne große Mühe und Ihre Wand oder Tapete hat wieder ihr ursprüngliches Aussehen. Testen Sie die Methode bei empfindlichen Tapeten zuerst an einer versteckten Stelle.

Spaß für Kinder

Malen ist ein großer Kinderspaß! Und stellen Sie sich nun noch die Freude vor, wenn die Kleinen gemeinsam mit Ihnen ihre Wasserfarben selbst herstellen dürfen. Das geht ganz einfach, denn es bedarf nur einiger Küchenzutaten und Lebensmittelfarbe. Ungefährlich sind die Farben auch noch, da sie frei von schädlichen chemischen Zusatzstoffen sind.

1 In einer kleinen Schüssel je 3 EL Natron, Stärkemehl und Essig sowie 1 1/2 TL hellen Maissirup gründlich miteinander verrühren. Anschließend warten, bis es nicht mehr schäumt.

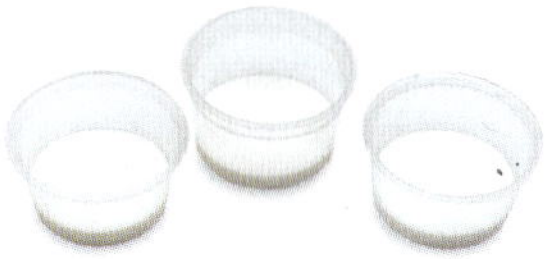

2 Die Mischung auf so viele Schälchen oder Marmeladenglasdeckel mit hohem Rand verteilen, wie Farben hergestellt werden sollen.

3 In jedes Gefäß 8 Tropfen Lebensmittelfarbe geben und gut mit der Mischung verrühren. Lassen Sie Ihrer Kreativität freien Lauf, indem Sie auch verschiedene Farben kombinieren und so neue Farbtöne schaffen.

Die kleinen Künstler können nun direkt mit dem Malen beginnen. Und falls Farbe übrig bleiben sollte, ist das gar kein Problem, denn diese kann noch sehr lange wie herkömmliche Wasserfarbe mit einem nassen Pinsel verwendet werden.

ANGEGRAUTE TAPETEN WIEDER ERSTRAHLEN LASSEN • Mit den Jahren bekommen Tapeten häufig einen leichten Grauschleier. Das Zimmer neu tapezieren oder streichen zu lassen ist teuer und aufwändig. Abwaschbare Tapeten kann man jedoch einfach einer Verjüngungskur unterziehen, indem man einen Schwamm in eine Lösung aus 2 EL Natron und 1 l Wasser taucht, ihn auswringt, bis er feucht, aber nicht mehr nass ist, und damit anschließend über die Tapete wischt. Zur Beseitigung von Fettflecken rührt man eine Paste aus 1 EL Natron und 1 TL Wasser an. Auf dem Fleck verreiben, 5–10 Minuten einwirken lassen, dann feucht nachwischen.

BABYS BÄUERCHEN SCHNELL ENTFERNEN • Nachdem Sie Ihr Baby gefüttert haben und es nun zum Bäuerchen machen auf dem Arm tragen, kann es passieren, dass der kleine Schatz auf seine oder Ihre Kleidung spuckt. Ungünstig ist dies besonders dann, wenn Sie nichts zum Wechseln in der Nähe haben. Gehen Sie deshalb nie ohne ein Fläschchen Natron in der Wickeltasche aus dem Haus. Wenn das Baby nach dem Trinken auf sein Jäckchen (oder Ihren Pullover) spuckt, bürsten Sie die festen Nahrungsteile ab, dann tauchen Sie ein angefeuchtetes Tuch in ein wenig Natron und betupfen den Fleck. Der Geruch (und der mögliche Fleck) sind bald verschwunden.

VERJÜNGUNGSKUR FÜR LÄUFER UND TEPPICHE • Aussehen und Geruch älterer Läufer und Teppiche lassen sich auf einfache Weise wieder auffrischen, indem man sie mit ein wenig Natron besprenkelt. Das Pulver etwa 15 Minuten einwirken lassen und anschließend mit dem Staubsauger aufsaugen.

WEIN ODER FETT IM WEISSEN TEPPICH? • Nehmen Sie Küchenpapier und tupfen Sie möglichst viel von dem Fleck weg. Dann reichlich Natron auf die verunreinigte Stelle streuen und mindestens 1 Stunde einwirken lassen, bis das Pulver den Fleck komplett aufgesaugt hat. Anschließend mit dem Staubsauger absaugen.

Fortsetzung →

FRISCHER DUFT FÜR SCHRÄNKE UND SCHUBLADEN • Länger anhaltenden modrigen Gerüchen in Schubladen, Anrichten oder Schränken rückt man mit Natronbeuteln zu Leibe. Dazu 3–4 EL Natron in einen Stoffbeutel oder die Fußspitze eines sauberen Sockens oder Strumpfes füllen, etwa 2 cm darüber einen Knoten binden und den Beutel an der Kleiderstange aufhängen oder in eine unauffällige Ecke legen. Für große Schränke oder Stauräume auf dem Dachboden sollte man mehrere Beutel verwenden. Falls nötig, alle 2 Monate austauschen. Mit dieser Methode kann man Schränke auch von dem unangenehmen Geruch nach Mottenkugeln befreien.

SO WERDEN VERGILBTE KLAVIERTASTEN WIEDER WEISS

Das alte Klavier mag einen guten Klang haben, doch die vergilbten Tasten stören das Auge. Elfenbeintasten lassen sich mit einer Lösung, die aus 30 g Natron und 1 l warmem Wasser hergestellt wird, von Altersflecken befreien. Ein Tuch immer wieder in der Lösung anfeuchten und damit die Tasten abreiben. Um zu verhindern, dass die Flüssigkeit in die Tastenzwischenräume sickert, steckt man dabei ein dünnes Stück Pappe zwischen die Tasten. Noch einmal mit einem in klarem Wasser angefeuchteten Tuch nachwischen und mit einem weichen Handtuch trockenreiben. Klaviertasten lassen sich übrigens auch mit einer Mischung aus Zitronensaft und Salz säubern.

SAUBERKEIT IM BAD

VERJÜNGUNGSKUR FÜR BECKEN UND WANNE • So gründlich man auch putzt, an Waschbecken und Badewanne geht die Zeit nicht spurlos vorüber und ein leichter Grauschleier legt sich über die Oberfläche, der nur schwer wieder zu entfernen ist. Eine wirksame Reinigungspaste lässt sich aus 2 Teilen Natron und 1 Teil Wasserstoffperoxid herstellen. Die Paste auftragen und 1/2 Stunde einwirken lassen. Dann gründlich scheuern und gut spülen. Beim Spülen reinigt die Paste gleichzeitig den Abfluss. Es sollten unbedingt Gummihandschuhe getragen und das Badezimmerfenster geöffnet werden, denn Wasserstoffperoxid ist giftig und ätzend – daher sind empfindlichere Oberflächen für das Verfahren nicht geeignet.

KALKFREIER DUSCHKOPF • Kalkablagerungen durch hartes Wasser entfernt man vom Duschkopf, indem man ihn in einen Frühstücksbeutel steckt, der mit einer Mischung aus 40 g Natron und 250 ml Essig gefüllt ist. Den Beutel nur locker mit Klebeband oder einer Kordel verschließen, damit ein Teil des Gases, das sich bildet, entweichen kann. Die Lösung etwa 1 Stunde einwirken lassen, dann den Beutel abnehmen und die Dusche anstellen, damit der restliche Kalk ausgespült wird. Es verschwinden nicht nur die Kalkablagerungen, sondern der Duschkopf glänzt wieder wie neu.

TOILETTENREINIGUNG LEICHT GEMACHT • Anstatt die Toilettenschüssel mit Chemikalien zu reinigen, kann man auch einmal im Monat 100 g Natron in den Wasserkasten geben. Über Nacht stehen lassen und morgens mehrmals nachspülen. So reinigt man den Wasserkasten und die Toilettenschüssel gleichzeitig. Oder 2 EL Natron direkt in die Toilettenschüssel streuen und mit der Toilettenbürste über vorhandenen Flecken verteilen. Ein paar Minuten warten, dann lassen sich die Flecken einfach wegspülen.

BÜCHER VON MODERGERUCH BEFREIEN • Bücher, die längere Zeit auf dem Dachboden oder im Keller aufbewahrt wurden, riechen modrig. Stecken Sie sie einzeln in eine Papiertüte mit 2 EL Natron. Die Tüte zubinden und etwa 1 Woche an einem trockenen Ort stehen lassen; nicht schütteln. Nach dem Öffnen der Tüte das Pulver von den Büchern abschütteln, dann sollte der Geruch verschwunden sein.

STRAHLENDER GOLD- UND SILBERSCHMUCK • Angelaufene Stellen an Silber entfernt man mit einer Paste aus 30 g Natron und 2 EL Wasser. Mit einem feuchten Schwamm auftragen und vorsichtig einreiben, dann abspülen und mit einem fusselfreien Tuch trocknen. Gold überzieht man zum Polieren mit einer dünnen Schicht Natron und gießt etwas Essig darüber, den man mit Leitungswasser abspült.
ACHTUNG: Diese Methode ist für Schmuck mit Perlen oder Edelsteinen ungeeignet, sie könnte deren Glanz beeinträchtigen und den Kleber lösen.

DEM KAMINRUSS ZU LEIBE RÜCKEN • Zwar ist etwas Muskelarbeit gefragt, doch lassen sich Rußflecken von den Mauersteinen am offenen Kamin entfernen, wenn man sie mit einer Mischung aus 60 g Natron und 1 l warmem Wasser abwäscht.

GLÄNZENDER MARMOR • Den stumpfen Marmor eines Tischs oder einer Fensterbank kann man aufpolieren, indem man mit einem weichen Lappen eine Lösung aus 3 EL Natron und 1 l warmem Wasser aufträgt. 15–30 Minuten einwirken lassen, dann mit klarem Wasser gut abwaschen und mit einem Tuch trockenreiben.

WENN DAS SOFA NACH RAUCH RIECHT • Unangenehmen Zigaretten-, Zigarren- oder Pfeifengeruch in Polstermöbeln beseitigt man, indem man Sofa oder Sessel mit etwas Natron besprenkelt. Ein paar Stunden einwirken lassen, dann mit dem Staubsauger gründlich absaugen.

In der Hausapotheke

SONNENBRAND UND ANDERE HAUTREIZUNGEN LINDERN • Sonnenbrand wird gelindert, wenn man Mullkompressen oder große Wattebäusche mit einer Lösung aus 4 EL Natron und 250 ml Wasser tränkt und auf die betroffenen Stellen legt. Bei Sonnenbrand am Rumpf oder den Beinen hilft ein lauwarmes Bad. Dem einfließenden Wasser 2 EL Natron zusetzen. Diese Behandlung lindert auch den Juckreiz bei Windpocken. Brennende Stellen nach dem Rasieren behandelt man mit einer Lösung aus 1 EL Natron und 250 ml Wasser, die mit einem Wattebausch aufgetragen wird.
Achtung: Nicht in die Augen kommen lassen!

JUCKENDER BRENNNESSEL-AUSSCHLAG • Der Juckreiz, der sich nach dem Kontakt mit Brennnesseln einstellt, etwa bei der Gartenarbeit oder beim Zelten, lässt sich lindern, indem man eine dicke Paste aus 3 TL Natron und 1 TL Wasser auf die betroffenen Stellen aufträgt.

VORSICHT: Manche Menschen reagieren stark allergisch auf Bienenstiche. Bei Atembeschwerden oder auffälligen Schwellungen sollten Sie sofort einen Arzt konsultieren.

SCHMERZ STILLEN NACH BIENENSTICH • Schmerzen durch einen Bienenstich lassen sich rasch lindern, indem man eine Paste aus 1 TL Natron und ein paar Tropfen kaltem Wasser herstellt und auf die Stichstelle aufträgt.

Fortsetzung →

TIPP

Ist der Natronvorrat noch verwendbar?

*** *Wie stellt man fest, ob der Natronvorrat im Vorratsschrank noch frisch und ohne weiteres verwendbar ist?***

Man setzt einer kleinen Menge Natron, etwas weniger als einem Teelöffel, ein paar Tropfen Essig oder frischen Zitronensaft zu. Schäumt die Mischung, ist das Natron noch verwendbar. Falls nicht, sollte neues gekauft werden. Ein verschlossenes Päckchen Natron hat eine durchschnittliche Haltbarkeit von 18 Monaten, ein angebrochenes Päckchen hält sich etwa 6 Monate.

LÄSTIGE SCHUPPEN BEHANDELN • Schuppen verschwinden mit einer Mischung aus 1 TL Natron, 6 EL Wasser und 1/2 TL Glyzerin, die man mit einem Pinsel auf das Haar gibt. Dabei gut aufpassen, dass nichts in die Augen gelangt! Die Prozedur einige Wochen lang jeweils 3 Tage hintereinander wiederholen. An den 4 Tagen ohne Natronanwendung abends etwas Olivenöl in die Haare einmassieren.

RÜCKSTÄNDE VON HAARGEL, -SPRAY ODER -FESTIGER BESEITIGEN • Gels, Sprays oder Festiger sind für den Halt mancher Frisur unerlässlich, strapazieren das Haar aber auf Dauer. Im Fall, dass man diese Mittel verwendet, sollte man daher sein Haar mindestens einmal in der Woche einer gründlichen Reinigung unterziehen. Dazu bei der Haarwäsche einfach 1 EL Natron ins Haar einmassieren (Vorsicht in der Nähe der Augen!) und kein zusätzliches Shampoo verwenden. Unter Umständen kann das Haar etwas heller werden.

KÄMME UND BÜRSTEN REINIGEN • Auf Kämmen und Bürsten lagern sich Schmutzpartikel ab, die man nicht sieht, weil sie mikroskopisch klein sind. Man sollte sein Frisierzeug deshalb regelmäßig in einer Lösung aus 750 ml warmem Wasser und 2 TL Natron reinigen, z. B. im Waschbecken. Bürsten und Kämme in der Mischung schwenken, damit sich die Ablagerungen von Zinken und Borsten lösen, dann 1/2 Stunde darin liegen lassen. Gut abspülen und vor dem Gebrauch trocknen lassen, am besten an der Luft.

NEUTRALISIERENDES MUNDWASSER • Sie waren abends in Ihrem Lieblingsrestaurant und das Essen war stark mit Zwiebel oder Knoblauch gewürzt? Sie können guten Gewissens an der Besprechung am nächsten Morgen teilnehmen, wenn Sie mit einer Lösung aus 1 TL Natron und 1/2 Glas Wasser gurgeln.

ZAHNPUTZMITTEL UND GEBISSREINIGER • Wenn die Zahnpasta alle ist und alle Geschäfte bereits geschlossen haben, muss man trotzdem nicht auf das Zähneputzen verzichten. Man gibt einfach etwas Natron auf die Zahnbürste und bürstet und spült wie gewohnt. Natron garantiert eine natürliche Reinigung, die auch für Brücken und Gebisse geeignet ist. Dazu verwendet man eine Lösung aus 1 EL Natron und 250 ml warmem Wasser. Den Zahnersatz 1/2 Stunde in die Mischung geben und vor dem Gebrauch gut abspülen.

NATRON FÜRS BABY

WINDELDERMATITIS LINDERN • Schmerzhafte Windeldermatitis bei Babys lässt sich durch Zusatz von ein paar Esslöffeln Natron zum lauwarmen – nicht heißen – Badewasser lindern. Danach gut abtrocknen oder mit einem Haarföhn trocknen. Wenn der Ausschlag nach mehreren Behandlungen noch besteht oder sich verschlimmert, den Kinderarzt hinzuziehen.

MILCHSCHORF KURIEREN • Eine alte Behandlungsmethode bei Milchschorf ist eine Paste aus 3 TL Natron und 1 TL Wasser, die 1 Stunde vor dem Schlafengehen dünn auf die Kopfhaut des Babys aufgetragen wird (nicht in die Augen gelangen lassen). Am nächsten Morgen auswaschen, aber kein Shampoo verwenden. Bei Bedarf mehrere Nächte nacheinander anwenden, bis sich der Milchschorf zurückbildet.

Lebendige Wissenschaft

Mit Natron und Essig Luftballons aufblasen

Mit Natron und Essig lassen sich Luftballons aufblasen. Dazu zunächst 100 ml Essig in eine Wasserflasche aus Glas oder Plastik gießen. Dann einen Trichter in die Öffnung eines durchschnittlich großen Luftballons stecken und 5 EL Natron einfüllen. Dabei nicht die Hülle des Ballons verletzen! Sobald sich das Natron im Luftballon befindet, den Trichter wieder herausziehen. Jetzt den Luftballonrand sorgfältig über die Flaschenöffnung ziehen, sodass das Natron in den Essig in der Flasche fällt. Das nun sichtbare Zischen und Schäumen ist eine chemische Reaktion zwischen den beiden Substanzen. Diese Reaktion führt zur Bildung von Kohlendioxidgas – das schon bald den Luftballon aufbläst!

SO PFLEGEN SIE ZAHNBÜRSTEN • Die Zahnbürsten der Familienmitglieder bleiben makellos sauber, wenn man sie alle 1–2 Wochen über Nacht in einer Lösung aus 20 g Natron und 50 ml Wasser einweicht. Darauf achten, dass die Bürsten vor dem erneuten Gebrauch gut abgespült werden. Dessenungeachtet sollten Sie aus hygienischen Gründen Zahnbürsten alle 2 Monate erneuern.

NATRON ALS ANTITRANSPIRANT • Sie suchen ein wirksames, natürliches Antitranspirant? Dann sollten Sie Natron probieren. Mithilfe einer Puderquaste wird je 1 TL Pulver unter den trockenen Achseln verteilt. Das Natron neutralisiert den Schweißgeruch. Gerade Menschen, die auf die Duftstoffe in herkömmlichen Deos allergisch reagieren, werden sich über diese Alternative freuen.

WENN ES IM GIPSVERBAND UNERTRÄGLICH JUCKT • Ein Gipsverband am Arm oder Bein ist zu jeder Jahreszeit unangenehm, im Sommer jedoch, wenn man unter der Gipsschale schwitzt und es unerträglich juckt, kann er zur Qual werden. Linderung verschafft eine kleine Menge Natron, das man mit einem Föhn unter den Gipsrand bläst. Dazu wählt man die niedrigste Temperaturstufe. Es ist ratsam, sich hierfür einen Helfer zu suchen, damit nichts von dem Pulver in die Augen gelangt.

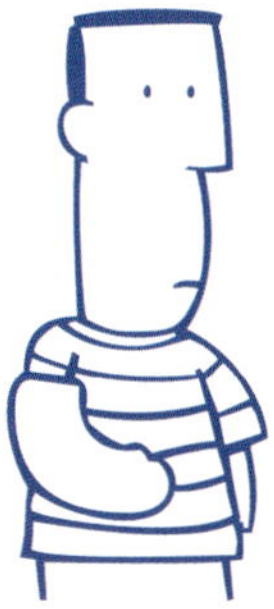

MÜDE FÜSSE NACH EINEM LANGEN TAG • Nach einem ausgedehnten Einkaufsbummel oder einer langen Wanderung schmerzen am Abend die Füße und fühlen sich heiß an. Gönnen Sie ihnen dann ein beruhigendes Bad aus 4 EL Natron, die in 1 l Wasser aufgelöst werden. Die Mischung entspannt die schmerzenden Füße und entfernt den Schweiß. Die Fusseln zwischen den Zehen verschwinden ebenfalls. Regelmäßig angewandt, schaffen solche Fußbäder auch Abhilfe bei Fußgeruch.

FRISCH RIECHENDE TURNSCHUHE

Wer Sport treibt, weiß, dass es sich einfach nicht vermeiden lässt: In Turnschuhen setzt sich irgendwann ein unangenehmer Schweißgeruch fest. Glücklicherweise muss man, wenn es so weit ist, nicht gleich ein neues Paar kaufen. Stattdessen streut man je 1 gehäuften EL Natron in die Schuhe und lässt es über Nacht wirken. Am nächsten Morgen das Pulver aus den Schuhen schütteln. (Vorsicht bei der Verwendung von Natron in Lederschuhen, wiederholte Anwendung kann sie austrocknen.)

Fortsetzung →

In der Waschküche

WASCHKRAFTVERSTÄRKER FÜR FLÜSSIGWASCHMITTEL UND BLEICHMITTEL • Natron beim Wäschewaschen bewirkt wahre Wunder! Probieren Sie es aus: Geben Sie 120 g Natron zur üblichen Menge Ihres Flüssigwaschmittels. Sie werden staunen, denn weiße Wäsche wird weißer und die Farben Ihrer Buntwäsche strahlen viel intensiver. Natron macht auch das Wasser weich, Sie können also die Waschmittelmenge reduzieren. Wenn Bleichmittel eingesetzt wird, verstärken 60 g Natron dessen Wirkung ebenfalls, sodass nur die halbe Menge benötigt wird.

KEIN MOTTENMITTELGERUCH IN EINGELAGERTER KLEIDUNG

Der Winter steht vor der Tür und die dicken Pullis und Strickjacken werden vom Speicher geholt. Wenn vor dem Einlagern Mottenmittel in die Kleiderkiste gegeben wurde, haben die Pullover zwar keine Löcher, riechen dafür aber nicht gut. Der unschöne Geruch verschwindet völlig, wenn man beim Spülgang 120 g Natron in die Waschmaschine gibt.

NEUE BABYKLEIDUNG • Bereiten Sie neu gekaufte Babykleidung auch ohne aggressive Waschmittel auf ihren ersten Einsatz vor, indem Sie die Sachen in einer Lauge aus milder Seife und 120 g Natron waschen. Danach gründlich mit klarem Wasser ausspülen.

LÖSUNG FÜR PROBLEMFLECKEN • Es gibt Flecken, die in der normalen Wäsche nicht herausgehen. Sie verschwinden aber meist, wenn man sie mit einer Paste aus 4 EL Natron und 50 ml warmem Wasser vorbehandelt. So können Schweißflecken aus Hemden entfernt werden, indem man sie vor dem Waschen mit der Mischung einreibt. Flecken am Kragen reibt man mit der Paste ein und setzt ein wenig Essig zu, wenn man das Hemd in die Waschmaschine steckt. Bei wirklich hartnäckigen Flecken lässt man die Paste vor dem Waschen 2 Stunden lang antrocknen. Teerflecken entfernt man durch Auftragen der Paste und anschließendes Waschen mit purem Natron.

ANGESCHIMMELTE DUSCHVORHÄNGE • Duschvorhänge, die in der Feuchte des Badezimmers Schimmel angesetzt haben, muss man nicht sofort wegwerfen. Waschen Sie den Vorhang zusammen mit zwei Badehandtüchern im Feinwaschgang der Waschmaschine und geben Sie 120 g Natron zum Waschmittel. Den Vorhang nicht im Trockner trocknen, sondern abtropfen lassen. Die Flecken werden verschwunden sein.

Für den Heimwerker

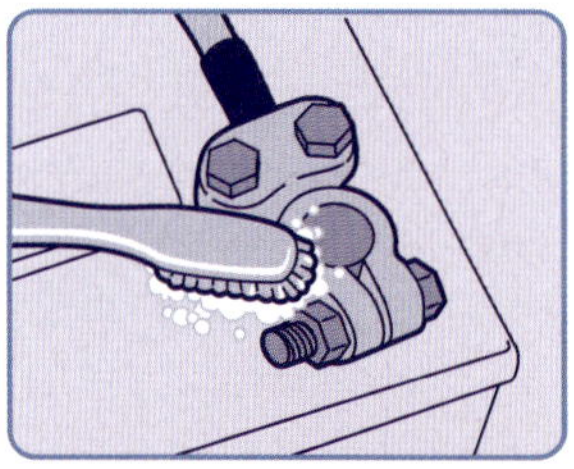

BATTERIEKONTAKTE REINIGEN • Korrodierte Stellen an den Kontakten der Autobatterie bürstet man mit einer alten Zahnbürste und einer Mischung aus 3 EL Natron und 1 EL warmem Wasser ab. Die Kontakte mit einem nassen Lappen abwischen und mit einem fusselfreien Tuch trockenreiben. Nach dem vollständigen Trocknen die Kontakte mit ein wenig Vaseline einschmieren, das beugt Korrosion vor. **Achtung:** Umsichtig vorgehen, sodass kein Kriechstrom entsteht!

DEO FÜR DEN LUFTBEFEUCHTER • Luftbefeuchter sind ein Segen in trockenen Räumen. Muffigem Geruch beugt man vor, indem man dem Wasser bei jedem Wechsel 2 EL Natron zusetzt.
ACHTUNG: Vor der Anwendung dieser Methode die Gebrauchsanweisung durchlesen oder beim Hersteller nachfragen!

MITTEL GEGEN EIS UND SCHNEE

Eis und Schnee mit Salz zu Leibe zu rücken, ist vielerorts nicht nur verboten, sonden birgt auch große Risiken. Beton kann vom Salz fleckig oder sogar zerfressen werden. Dagegen ist Bestreuen mit reichlich Natron eine ebenso wirksame wie unschädliche Methode, in den kalten Wintermonaten Eis auf Stufen und Wegen zu beseitigen. Der Zusatz von etwas Sand schafft eine verbesserte Bodenhaftung.

KEIN DURCHHÄNGER BEI KORBSTÜHLEN • Die Sitzflächen von Korbstühlen hängen mit fortschreitendem Alter durch, man kann sie aber recht problemlos wieder straffen. Dafür zwei Lappen in einer Lösung aus 120 g Natron und 1 l heißem Wasser einweichen. Die Sitzfläche mit einem Tuch tränken, mit dem anderen von unten gegen den Sitz drücken, damit auch die Unterseite durchnässt wird. Die überschüssige Flüssigkeit mit einem sauberen, trockenen Lappen aufnehmen, dann den Stuhl zum Trocknen in die Sonne stellen. Die Sitzfläche bekommt wieder mehr Spannung.

TEERFLECKEN VOM AUTO ENTFERNEN • Wenn es im Sommer länger heiß ist, beginnt auch der Teer auf der Straße zu schmelzen und schon bald verunzieren kleine Flecken den Lack. Doch es ist nicht schwer, Teerreste vom Auto zu entfernen, ohne den Lack zu beschädigen. Dazu eine weiche Paste aus 3 Teilen Natron und 1 Teil Wasser anrühren und mit einem feuchten Tuch auf die Flecken auftragen. 5 Minuten antrocknen lassen, dann abspülen.

Spaß für Kinder

Eine Einladung zu einem geheimen Treffen im Baumhaus soll natürlich nicht von Dritten gelesen werden. Deshalb muss man sie mit Geheimtinte schreiben! Und so funktioniert's: Je 1 EL Natron und Wasser mischen – und schon ist die Zaubertinte fertig. Als Schreibgerät dient ein Zahnstocher oder ein Malpinsel, der in das Gemisch getaucht wird. Die Nachricht auf ein Blatt einfaches weißes Papier schreiben oder ein Bild malen. Papier und „Tinte" gut trocknen lassen. Die Nachricht lesen oder das Bild sichtbar machen kann man, indem man 1 TL Wasser mit 6 Tropfen Lebensmittelfarbe mischt, einen sauberen Pinsel eintaucht und damit leicht über das Papier streicht. Ein toller Farbeffekt lässt sich erzielen, wenn man verschiedene Lebensmittelfarben miteinander kombiniert.

Im Freien

SANFTE REINIGUNG FÜR GARTENMÖBEL AUS PLASTIK • Viele handelsübliche Reinigungsmittel scheuern zu stark, um damit Gartenmöbel aus Plastik zu reinigen. Die Folge sind stumpfe oder gar zerkratzte Oberflächen. Glänzend und sauber werden die Flächen hingegen, wenn man sie mit einem feuchten Schwamm reinigt, den man in Natron getaucht hat. Mit kreisenden Bewegungen abwischen, anschließend gut mit frischem Leitungswasser abspülen.

Fortsetzung →

KEIN UNKRAUTBEWUCHS ZWISCHEN PLATTEN IM GARTEN • Man kann Auffahrten, Gartenwege und Terrassenpflaster von Unkraut und Grasbewuchs frei halten, ohne sich zu bücken und die Pflanzen mühsam von Hand auszurupfen, wenn man ein paar Hände voll Natron aufstreut und einfach in die Fugen einfegt. Das zusätzliche Natrium hemmt das Wachstum von Löwenzahn und anderen unerwünschten Pflanzen.

NATRON ALS PFLANZENDÜNGER • Besprühen Sie Pflanzen wie Clematis, Rittersporn und Nelken, die alkalische Böden lieben, gelegentlich mit einer Lösung aus 1 EL Natron und 2 l Wasser. Sie danken es mit vollerem, gesünderem Blütenflor.

GRILLROST SCHNELL GESÄUBERT • Nach einem Grillabend mit der ganzen Familie sieht der Grillrost in der Regel ziemlich mitgenommen aus. Stundenlanges Einweichen und kräftiges Schrubben kann man vermeiden, wenn man eine weiche Paste aus 100 g Natron und 100 ml Wasser mit einer Drahtbürste auf den abgekühlten Rost aufträgt und 15 Minuten trocknen lässt. Danach einfach mit einem trockenen Lappen sauber reiben. Bevor man erneut Speisen auf den Rost legt, das Gitter mindestens 15 Minuten über den glühenden Kohlen liegen lassen, damit alle Rückstände verbrennen.

Für das Haustier

DER HUND HAT SICH GEWÄLZT • Wenn sich Ihr Hund das nächste Mal im Komposthaufen oder Schlimmerem gewälzt hat, behandeln Sie ihn einfach mit Natron. Reiben Sie je nach Größe des Tieres bis zu einer Hand voll Pulver in das Nacken- und Rückenfell. Bürsten Sie das Natron anschließend gründlich wieder aus. Der Geruch verschwindet und das Fell wird sauber und glänzt.

GERUCHSFREIE KATZENSTREU • Verschwenden Sie kein Geld für teure, deodorierte Katzenstreu. Um den Uringeruch zu neutralisieren, streuen Sie stattdessen eine dünne Schicht Natron unter eine günstige Sorte Streu. Oder mischen Sie beim Wechseln der Streu etwas Natron hinein.

KEIN UNGEZIEFER AN LIEBLINGS FRESSNAPF

Natron rund um den Fressnapf der Katze gestreut, hält sechsbeinige Besucher fern. Es schadet der Katze auch nicht, wenn sie versehentlich ein wenig davon aufnimmt. Die meisten Katzen mögen den bitteren Geschmack von Natron ohnehin nicht besonders.

OBSTKÖRBCHEN AUS PLASTIK

DEN ABFLUSS VOR VERSTOPFUNG SCHÜTZEN • Achten Sie beim nächsten Obstkauf darauf, ein Körbchen Beeren mitzunehmen. Denn nach dem Verzehr der köstlichen Früchte können Sie das Körbchen weiterverwenden. Denken Sie nur an die unangenehme Situation, wenn Kartoffel- oder Möhrenschalen oder auch kleine Salatblätter den Küchenabfluss verstopfen. Mit einem Obstkörbchen als Sieb im Spülbecken lassen sich die Gemüseabfälle auffangen und mühelos in den Mülleimer befördern.

SAUBERE AUFBEWAHRUNG FÜR SPÜLSCHWÄMME UND CO. • Sind Sie es leid, ständig vorzeitig verrostete Stahlwollepads oder muffig riechende Schwämme wegzuwerfen? Nehmen Sie sich ein Obstkörbchen zur Hand, in dem normalerweise Johannisbeeren oder ähnliche Früchte verkauft werden. Stellen Sie es an eine Ecke des Spülbeckens, schneiden Sie eine der unteren Ecken ab und legen Sie den Boden mit einer Schicht starker Alufolie aus. Formen Sie dann die Folie an der abgeschnittenen Ecke des Körbchens zu einer Tülle. Durch die Tülle kann Wasser, das sich am Boden des Körbchens sammelt, ins Spülbecken ablaufen.

MINISIEB FÜR ALLE FÄLLE • Wenn man für den Fernsehabend Trauben oder eine kleine Portion Obst waschen möchte, muss man nicht gleich das große Sieb aus dem Schrank holen. Man nimmt einfach ein kleines Obstkörbchen und fertig ist das Minisieb. Gerade bei Trauben erspart man sich so die Mühe, kleinste Teile der Stiele später umständlich aus dem Sieb zu picken!

KÖRBCHEN FÜR DEN GESCHIRRSPÜLER • Kleinere Gegenstände, etwa Deckel von Konservengläsern oder Zubehör von der Küchenmaschine, bleiben in der Geschirrspülmaschine oft nicht an Ort und Stelle. Sie können selbst Schaden nehmen oder anderem Geschirr Sprünge zufügen. Deshalb legt man sie in ein Obstkörbchen aus Plastik, das man mit einem zweiten Körbchen zudeckt. Beides mit einem dicken Gummiband zusammenhalten und auf den oberen Korb im Geschirrspüler stellen.

PFLANZKORB FÜR BLUMENZWIEBELN • Kaninchen und andere Nagetiere, die sich gerne mal in die Erde wühlen, betrachten frisch gesetzte Blumenzwiebeln als leicht erreichbare, wohlschmeckende Leckerbissen. Doch Sie können den Tieren die Mahlzeit verderben, indem Sie Ihre Blumenzwiebeln in Obstkörbchen in die Erde stecken. Achten Sie darauf, die Körbchen tief genug einzugraben, dann setzen Sie die Zwiebeln hinein und bedecken das Ganze mit Erde.

FADENSPENDER ODER HALTER FÜR SCHRAUBENDREHER

Wenn Sie sich die Mühe sparen wollen, immer wieder Knoten aufzulösen, sobald Sie ein Stück Bindfaden, Band oder Wollgarn brauchen, basteln Sie sich mit zwei Obstkörbchen einen Fadenspender. Das Knäuel wird in ein Körbchen gelegt und die Schnur durch das zweite, umgekehrt aufgelegte Körbchen nach außen gefädelt. Dann bindet man die beiden Körbchen mit Zwirn zusammen. Man kann auch ein umgekehrtes Obstkörbchen am Lochbrett in der Werkstatt anbringen und als Halter für Schraubendreher nutzen.

Fortsetzung →

Spaß für Kinder

Kleine Plastikobstkörbchen, in denen gewöhnlich Beeren verkauft werden, sind ganz hervorragend für alle möglichen Kinderbasteleien geeignet. So kann man beispielsweise Boden und Seiten so auseinander schneiden, dass geometrische Formen als Schablonen entstehen, oder man stopft künstliches Gras hinein, befestigt einen bunten Pfeifenputzer als Henkel und schon hat man ein hübsches Osterkörbchen. Man erhält eine tolle Seifenblasenmaschine, indem man das Körbchen in Wasser mit Spülmittel taucht und durch die Luft schwenkt. So entstehen ganze Seifenblasenschwärme. Schließlich können die Kleinen die Körbchen auch selbst mit Bändchen oder Bastelpapier verzieren und zum Aufbewahren von allerlei Krimskrams verwenden.

ÜBERSICHTLICHE HAUSAPOTHEKE • Eine saubere Obstschale aus dem Supermarkt eignet sich bestens für die ordentliche Aufbewahrung von Vitamindosen und Arzneifläschchen. Wenn man regelmäßig mehrere Medikamente einnehmen muss, kann man sich alle Mittel, die gleichzeitig genommen werden müssen, zusammenstellen. Mit Obstkörbchen kann man aber auch Arzneimittel im Schrank oder in der Hausapotheke nach Verfallsdatum oder Verwendungszweck geordnet aufheben.

MEHR FREUDE AN BLUMEN

BLUMENARRANGEMENTS • Ein gebundener Blumenstrauß fällt in der Vase zu einer Seite. Öffnet man ihn, fallen die Blumen auseinander und der Strauß wirkt nur noch halb so schön. Deshalb verwenden Profis für Blumenarrangements so genannte „Blumenigel" oder Steckschaum, in denen Schnittblumen nach Wunsch fixiert werden. Einen praktischen Blumenhalter kann man aber auch selbst machen, indem man ein Obstkörbchen, das viele Löcher hat, passend zurechtschneidet und umgekehrt in eine Vase legt. Wenn man die Blumen in die Löcher steckt, bleiben sie aufrecht in der Position stehen, in der Sie sie haben wollen.

JUNGE PFLANZEN GUT GESCHÜTZT • Sie können das Gedeihen von Jungpflanzen im Garten fördern, indem Sie umgedrehte Plastikobstkörbchen aus dem Supermarkt darüberstülpen. Die Pflanzen finden dort sicheren Schutz und die Körbchen lassen Wasser, Sonnenlicht und Luft eindringen. Vögel und anderes Getier halten sie aber fern. Sie sollten darauf achten, dass die Körbchen ein wenig in die Erde eingegraben und gut fixiert sind. Dazu eignen sich z. B. ein paar Steine passender Größe.

OFENHANDSCHUHE

BÜSCHE UND HECKEN SCHMERZFREI IN FORM BRINGEN • Jeder Hobbygärtner weiß, dass das Zurechtschneiden von Hecken und Büschen meist sehr schmerzhaft sein kann. Verletzungsfrei verläuft diese Arbeit hingegen, wenn man Ofenhandschuhe trägt, besonders dann, wenn dornige Büsche oder Hecken wie Stechpalmen, Bougainvillea und Rosensträucher in Form gebracht werden.

POLIEREN UND STAUBWISCHEN OHNE LAPPEN • Ausgediente, saubere Ofenhandschuhe mit weicher Oberfläche sind ideal zum Polieren der Möbel geeignet. Auf einen Handschuh wird ein wenig Politur gegeben, der andere ist zum Nachwischen bestimmt. Auch das Staubwischen kann mit Ofenhandschuhen erledigt werden. Nach dem Gebrauch einfach am Fensterrahmen ausklopfen.

PANNENHELFER • Es empfiehlt sich immer, ein paar ausgediente Ofenhandschuhe im Kofferraum oder Handschuhfach des Autos zu haben. Bei einer Autopanne kann es sich in manchen Fällen als klug erweisen, die Ofenhandschuhe anzuziehen, bevor man nach dem Rechten sieht, denn so verbrennt man sich nicht die Finger an heißen Kühlerhauben oder sonstigen sehr warm gelaufenen Motorteilen.

HEISSE GLÜHBIRNE AUSWECHSELN • Die Glühbirne hat Ihnen lange gute Dienste erwiesen, doch dann kommt der Tag, an dem sie einfach durchbrennt. Sie müssen aber nicht im Dunkeln sitzen, bis die Glühbirne so weit abgekühlt ist, um sie anfassen zu können. Wenn Sie zum Herausdrehen der Birne einen Ofenhandschuh anziehen, werden Sie sich bestimmt nicht die Finger verbrennen!

VERWENDUNG ALS GETRÄNKE- ODER EIERWÄRMER • Wenn Sie keinen Getränke- oder Eierwärmer besitzen, den frisch überbrühten Kaffee aber noch so lange warm halten wollen, bis der Besuch eingetroffen ist, kann Ihnen ein Ofenhandschuh einen nützlichen Dienst erweisen. Stülpen Sie ihn einfach über die Kanne. Die Isolierung des Handschuhs hält die Wärme, bis die Gäste kommen. Auch gekochte Eier lassen sich mit dieser Methode bis zu einer halben Stunde lang warm halten. Umgekehrt können aber auch kalte Getränke durch einen Ofenhandschuh länger kühl gehalten werden.

OFENREINIGER

LOCKENSTAB WIE NEU • Festgebackene Haarsprayreste auf dem Lockenstab können Sie entfernen, indem Sie ihn mit Ofenreiniger besprühen. Nach einer Einwirkzeit von 1 Stunde wischen Sie das Mittel mit einem feuchten Lappen ab und reiben den Stab mit einem Tuch trocken. Achten Sie darauf, dass der Lockenstab wirklich vollkommen trocken ist, bevor Sie ihn wieder benutzen. Lockenstäbe mit Plastikbeschichtung sollten nicht mit Ofenreiniger behandelt werden.

MAKELLOSE FLIESENFUGEN • Zunächst sollten Sie für gute Belüftung sorgen – also Fenster öffnen oder bei fensterlosen Bädern die Belüftung einschalten. Ziehen Sie Gummihandschuhe an und sprühen Sie den Ofenreiniger in die Fugen. Innerhalb von 5 Sekunden nach dem Aufsprühen des Schaums diesen mit einem Schwamm wegwischen und gründlich mit klarem Wasser nachspülen. Zurück bleiben blitzsaubere Fugen.

Fortsetzung →

FEUERFESTES GLASGESCHIRR REINIGEN • Mit Ofenreiniger können Sie festgebackenen Flecken z. B. auf Pyrex-Kochgeschirr zu Leibe rücken. Ziehen Sie Gummihandschuhe an und sprühen Sie das Geschirr mit einer dicken Schicht Ofenreiniger ein. Danach stecken Sie es in einen Müllsack, den Sie oben mit einer Kordel fest verschnüren und über Nacht stehen lassen. So kann der Reiniger wirken, ohne vorzeitig auszutrocknen. Gehen Sie zum Öffnen des Sacks nach draußen und halten Sie Ihr Gesicht von den gefährlichen Dämpfen fern. Tragen Sie Gummihandschuhe, wenn Sie das Geschirr zum Spülen herausnehmen.

VORSICHT: Viele Ofenreiniger enthalten ätzende Laugen, die eine Gefahr für Haut und Augen darstellen. Tragen Sie Gummihandschuhe und eine Schutzbrille, wenn Sie mit Ofenreiniger arbeiten. Der feine Nebel von Ofenreinigersprays kann die Nasenschleimhäute reizen. Verschlucken führt zu Verätzungen in Mund, Hals und Magen, die sofortiger ärztlicher Behandlung bedürfen. Deshalb Ofenreiniger immer für Kinder unzugänglich aufbewahren.

HILFE BEI HARTNÄCKIGEN FLECKEN IN DER BADEWANNE • Wenn man beim Wanneputzen schrubbt und schrubbt, um diesen einen hartnäckigen Fleck wegzubekommen und es will einfach nicht gelingen, dann kann man die Stelle mit Ofenreiniger einsprühen. Etwas einwirken lassen, dann gut abspülen. **ACHTUNG:** Ofenreiniger sollte nicht mit farbigen Porzellanbadewannen in Berührung kommen. Die Farbe könnte verblassen. Achten Sie auch darauf, dass der Ofenreiniger nicht an Ihren Duschvorhang gelangt, da er sowohl an Plastik- als auch an Gewebematerialien Schaden anrichten kann.

GARAGE OHNE MOTORÖLFLECKEN • Die Garage wird aufgeräumt, alles sieht wieder tipptopp aus, wäre da nur nicht dieser unansehnliche Motorölfleck. Beseitigen Sie ihn, indem Sie die Stelle mit Backofenreiniger einsprühen. Lassen Sie den Reiniger 5–10 Minuten einwirken und schrubben Sie den Boden anschließend mit einer harten Bürste. Zum Schluss spritzen Sie den gelösten Fettschmutz mit Ihrem auf höchsten Druck eingestellten Gartenschlauch weg. Hartnäckige Flecken können allerdings eine zweite Anwendung erforderlich machen.

ALTERNATIVE ZUM ABBEIZER • Mit einer Dose Ofenreiniger lassen sich Farb- oder Lacküberzüge mühelos von Holz- oder Metallmöbeln entfernen. Ofenreiniger kostet weniger als die im Handel erhältlichen Abbeizer und ist überdies leichter aufzubringen (statt ihn mit dem Pinsel aufzutragen, müssen Sie ihn nur aufsprühen). Nach dem Aufbringen schrubben Sie die alte Farbe mit einer Drahtbürste weg. Neutralisieren Sie den von Farbe befreiten Bereich mit einem Essiganstrich, den Sie kurz danach wieder mit klarem Wasser abwaschen. Lassen Sie das Holz oder Metall vor dem Neuanstrich gründlich trocknen. Verwenden Sie keinen Ofenreiniger zum Abbeizen von Antiquitäten oder teuren Möbelstücken. Er kann das Holz dunkler machen oder das Metall entfärben.

SO WERDEN BRATPFANNEN AUS GUSSEISEN WIEDER RICHTIG SAUBER • Man sprüht das gute Stück zunächst ordentlich mit Ofenreiniger ein und lässt es über Nacht in einem verschlossenen Plastiksack ruhen, damit der Reiniger gut einwirken kann. Am nächsten Morgen die Pfanne mit einer harten Drahtbürste ordentlich scheuern. Anschließend mit Wasser und Spülmittel gründlich waschen, dann mit Wasser nachspülen und sofort mit ein paar sauberen Tüchern trockenreiben. Diese Technik beseitigt eingebrannten Fettschmutz, jedoch nicht Rost. Zur Rostentfernung wird Essig verwendet. Aber nicht zu lange einwirken lassen, denn Gusseisengeschirr kann unter dauerhafter Einwirkung von Essig Schaden nehmen.

OHRRINGE

EDLE HEFTZWECKEN FÜR DIE PINNWAND • Eine ganz normale Pinnwand kann veredelt werden, indem einzelne Ohrstecker mit Perlen oder auch Strasssteinen zum Anheften von Fotos, Notizen, Souvenirs, Zeitungsausschnitten und Zetteln verwendet werden. Auf diese Weise wird die Pinnwand mit einer persönlichen Note versehen und auf geschmackvolle Weise aufgepeppt.

BROSCHE GESTALTEN • Sie haben einige einzelne Ohrringe im Schmuckkästchen? Dann brauchen Sie nur noch Sekundenkleber und eine Brosche ohne Aufsätze aus einem Bastelgeschäft oder einem Laden für Perlen und Strass und schon können Sie Ihrer Kreativität freien Lauf lassen. Schneiden Sie zuerst die Stecker an den Ohrringen mit einer Drahtschere ab. Ordnen Sie die verbliebenen Teile der Ohrringe dann zunächst probeweise auf der Broschenform an, bis Sie mit dem Ergebnis zufrieden sind. Nun kleben Sie sie jeweils mit einem Tropfen Sekundenkleber fest. Soll die Brosche noch aufwändiger gestaltet werden, ergänzen Sie die Ohrringe einfach durch kleine bunte Steinchen oder Perlen, die Sie ebenfalls im Bastelgeschäft erstehen können. Mit der gleichen Methode können übrigens auch alte oder schlichte Bilderrahmen aufgewertet werden.

BESONDERES ACCESSOIRE FÜR DAS HALSTUCH • Einen der beiden Lieblingsohrringe verloren zu haben, bedeutet nicht, dass der andere damit auch „verloren" ist. Nutzen Sie ihn als schicken Anstecker für Ihr Halstuch, der es zugleich auch zusammenhält. Das Tuch zu diesem Zweck wie üblich binden und es in der Mitte mit dem Clip befestigen oder mit einem Ohrstecker durchstechen.

SCHMUCK FÜR DEN WEIHNACHTSBAUM • Ohrclips oder Ohrringe mit einem gebogenen Stecker sind ein wunderschöner Schmuck für den Weihnachtsbaum. Sie eignen sich hervorragend als glitzernder Blickfang.

GLITZERNDER KNOPFERSATZ

Sie wollen ausgehen und stellen fest, dass Ihnen an Ihrer Bluse ein Knopf fehlt? Zum Glück müssen Sie sich nicht komplett umziehen! Schauen Sie doch mal in Ihrem Schmuckkästchen nach einem Ohrclip, der zu Ihren Blusenknöpfen passt. Befestigen Sie den Clip an der Knopfleiste und knöpfen Sie ihn durch das passende Knopfloch. Sie können Ihre Bluse mit der gleichen Methode auch dauerhaft verschönern. Dazu nähen Sie den Kragenknopf an die Stelle des fehlenden Blusenknopfes und bringen den Ohrring am Kragen an.

HÄTTEN SIE'S GEWUSST?

Historikern zufolge, die sich mit der Herkunft des Ohrschmucks beschäftigen, kommt der Ohrring wahrscheinlich um 3000 v. Chr. im westlichen Asien auf. Die bisher ältesten Funde von Ohrringen gehen auf die Zeit um 2500 v. Chr. zurück und stammen aus dem heutigen Irak. Die Beliebtheit der kleinen Schmuckstücke wechselt im Lauf der Jahrhunderte oft mit der Frisuren- und Kleidermode. Der Ohrclip wird um 1930 populär mit der Folge, dass modebewusste Frauen sich in den 1950er-Jahren keine Ohrlöcher mehr stechen lassen. Erst 20 Jahre später werden auch durchstochene Ohrläppchen wieder schick.

OLIVENÖL

EINGETROCKNETE FARBE AUS DEM HAAR ENTFERNEN • Bei manchen großen Anstricharbeiten hat man am Ende fast ebenso viel Farbe im Haar wie an den Wänden. Zum Glück lässt sich diese unerwünschte Färbung einfach entfernen, indem man einen Wattebausch in Olivenöl tränkt und damit leicht über die Farbkleckse im Haar reibt. Dieselbe Methode funktioniert auch zur Beseitigung von Wimperntusche. Vergessen Sie dann aber nicht, die Augen mit einem Pflegetuch gründlich nachzuwischen.

SELBST GEMACHTE MÖBELPOLITUR • Holzmöbel verlieren mit der Zeit ihren edlen Glanz und die Oberfläche wird stumpf und unansehnlich. Geben Sie Ihren Möbeln den einstigen Glanz zurück mit einer hervorragenden hausgemachten Möbelpolitur, die einer gekauften in nichts nachsteht. Vermischen Sie in einer sauberen, wiederverwendbaren Sprühflasche 2 Teile Olivenöl mit 1 Teil Zitronensaft oder klarem Essig (wie z. B. Apfelessig). Schütteln Sie die Mischung kurz durch und sprühen Sie sie auf das Möbelstück. Nachdem die Politur 1 – 2 Minuten eingewirkt hat, wird sie mit einem fusselfreien, sauberen Handtuch oder Papiertuch weggewischt. Wenn Sie in Eile sind, geben Sie das Olivenöl direkt aus der Flasche auf ein Papiertuch und wischen Sie den Überschuss mit einem anderen Papiertuch oder einem saugfähigen Lappen ab. Auf diese Weise verschwinden auch helle kleine Kratzer von der Oberfläche.

ÖLVERSCHMIERTE HÄNDE REINIGEN • Befreien Sie Ihre Hände von Motoröl oder Farbklecksen, indem Sie 1 TL Olivenöl und 1 TL Salz oder Zucker auf Ihre Handfläche geben und die Mischung mehrere Minuten lang kräftig in den Händen und zwischen den Fingern reiben. Danach mit Wasser und Seife abwaschen. Ihre Hände werden sauber und geschmeidig sein.

TIPP

Olivenöl kaufen

***** ***Kostspieliges Natives Olivenöl Extra wird aus Oliven gewonnen, die kurz nach der Ernte gepresst und bei äußerst geringer Wärmezufuhr schonend verarbeitet werden.***

Dieses Öl eignet sich hervorragend für die gehobene Küche oder wenn der Geschmack des Öls im Vordergrund stehen soll. Für das alltägliche Kochen und für die Verwendung von Olivenöl außerhalb der Küche eignet sich ebenso gut eine der qualitativ niedrigeren Kategorien, die die Bezeichnung „Natives Olivenöl" bzw. „Olivenöl" tragen. Auch der Geldbeutel wird beim Kauf dieser Öle nicht übermäßig strapaziert.

HILFE BEI HAUTUNREINHEITEN • Herkömmliche, preiswerte Mittel zur Gesichtsreinigung weisen oft einen hohen Anteil an chemischen Wirkstoffen auf. Für Haut, die zu Unreinheiten neigt, gibt es aber eine günstigere und natürlichere Lösung. Aus 4 EL Salz und 3 EL Olivenöl eine Paste herstellen, die sanft in die Gesichtshaut einmassiert wird. Die Mischung 1–2 Minuten einwirken lassen. Dann wird das Gesicht mit warmem Seifenwasser gründlich abgespült. Dieses Verfahren sollte eine Woche lang täglich angewendet werden. Danach kann man es auf zwei- bis dreimal in der Woche reduzieren. Die Anwendung müsste eine sichtbare Verbesserung des Hautbildes zur Folge haben. Sie basiert auf einem Prinzip, bei dem das Salz wie ein Peeling wirkt und Verhornungen von der Gesichtsoberfläche abträgt, während das Olivenöl für die nötige Rückfettung der Haut sorgt.

ERSATZ FÜR RASIERCREME • Wenn Ihnen die Rasiercreme ausgegangen ist, sollten Sie es vermeiden, stattdessen Seife zu verwenden, denn diese kann die Haut angreifen und austrocknen. Olivenöl ist ein wesentlich besserer Ersatz. Es lässt nicht nur die Klinge leichter über Gesicht oder Beine gleiten, sondern spendet der Haut zusätzlich Feuchtigkeit.

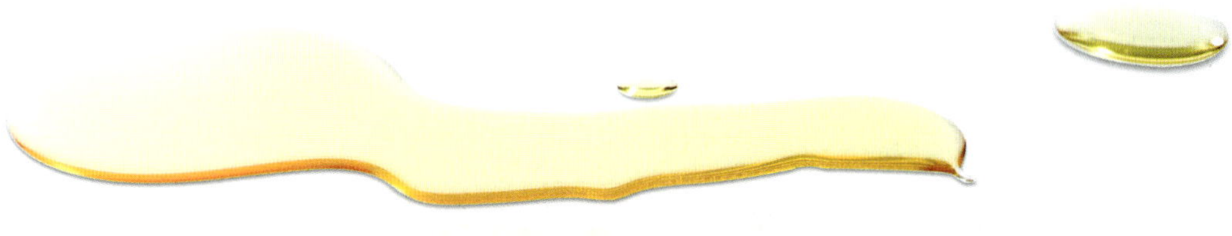

EINE KUR FÜR STRAPAZIERTES HAAR • Haare sind häufig starken Strapazen ausgesetzt: Im Sommer werden sie durch Hitze und im Winter durch klirrende Kälte geschädigt! Trockenem und sprödem Haar kann wieder die notwendige Feuchtigkeit gegeben werden, indem man 100 ml Olivenöl erhitzt (nicht kochen!) und es dann großzügig im Haar verteilt. Anschließend mit einer Klarsichtfolie umwickeln (ersatzweise funktioniert auch eine zerschnittene Plastiktüte) und darüber ein Handtuch schlagen. Nachdem das Öl etwa 45 Minuten eingezogen ist, wird das Haar gründlich mit Shampoo gewaschen und gut ausgespült.

ORANGEN

DUFTENDE KAMINANZÜNDER • Getrocknete Orangen- und Zitronenschalen sind viel hochwertigere Kaminanzünder als Zeitungspapier. Sie riechen besser und durch die entzündlichen Öle in den Schalen brennen sie überdies länger als Papier.

WOHLRIECHENDE KUGELN FÜR DEN SCHRANK • Jahrhundertelang schon werden Duftkugeln genutzt, um kleine Räume mit angenehmem Duft zu erfüllen und gleichzeitig lästige Motten zu vertreiben. Erfreulich, dass die kleinen Kugeln mit der großen Wirkung ganz einfach herzustellen sind. Spicken Sie hierzu eine Orange mit einer ansehnlichen Anzahl Gewürznelken, sodass die ganze Oberfläche bedeckt ist. Nun muss nur noch ein Faden zum Aufhängen um die Orange gebunden werden. Hängen Sie die Duftkugel in den Schrank oder ans Regal und Sie werden mit einem frischen Duft verwöhnt.

ERFRISCHUNGSDUFT FÜR DIE WOHNUNGSLUFT • Nach einer Party oder einem Abendessen mit Freunden hängen oft noch tagelang unangenehme Essensgerüche und kalter Rauch in der Luft. Was ist da zu tun? Geben Sie 500 ml Wasser und mehrere Zitronen- sowie Orangenschalen in einen Topf. Lassen Sie die Mischung für 1 - 2 Stunden bei geringer Hitze köcheln und gießen Sie immer wieder Wasser nach. Das Verfahren sättigt trockene Wohnungsluft mit Feuchtigkeit und macht sie dadurch frischer. Wahlweise können Sie auch ein feuerfestes Schälchen mit der gleichen Mischung auf ein Stövchen stellen.

KATZEN EFFEKTIV VOM RASEN FERN HALTEN • Verirren sich Nachbars Katzen auch immer wieder auf Ihren Rasen, um ihr kleines Geschäft zu erledigen? Weisen Sie ihnen sanft den Weg aus Ihrem Garten, indem Sie Orangenschalen und Kaffeesatz vermischen und an denjenigen Stellen großzügig verteilen, welche die Katzen bevorzugt aufsuchen. Falls sich die ungebetenen Gäste doch wieder einstellen sollten, legen Sie eine zweite Ladung aus und befeuchten diese mit ein wenig Wasser – das verstärkt die Wirkung.

VORBEUGUNG GEGEN LÄSTIGE INSEKTENSTICHE • Ein wunderschöner lauer Sommerabend, wie geschaffen zum Grillen oder zum Abendessen auf dem Balkon, wenn da nur nicht diese Plagegeister wären: Stechmücken! Zum Schutz gegen Insektenstiche gibt es zwar die Möglichkeit, Zwiebeln (siehe Seite 363 für Methoden zur Stechmückenabwehr mit Zwiebeln) und herkömmliche Sprays oder Sticks zu verwenden, aber diese Varianten riechen nicht besonders gut. Wie erfreulich ist es da, dass man die Haut genauso gut mit Orangen- bzw. Zitronenschalen einreiben kann, denn intensiver Zitrusduft schreckt Insekten effektiv ab, ist für die Menschennase jedoch sehr wohlriechend! Waschen Sie die Früchte vorher am besten gründlich mit heißem Wasser ab, damit eventuelle Schadstoffe von der Schale der Früchte entfernt werden.

PAPIERTÜCHER

FASERN VOM MAISKOLBEN ENTFERNEN• Um Fasern von einem frisch geschälten Maiskolben zu entfernen, feuchtet man ein Stück Küchenpapier an und reibt damit den Kolben ab. Das Tuch nimmt die Fasern auf und der Mais ist bereit für eine schmackhafte Zubereitung im Kochtopf oder auf dem Grill.

SAUBERES GEMÜSEFACH • Das Gemüsefach im Kühlschrank ist nicht leicht sauber zu halten, da immer die komplette Schublade zum Wischen herausgezogen werden muss. Dies ist umso ärgerlicher, als sich durch die Feuchtigkeit, die aus dem Gemüse austritt, schnell Schimmel bildet. Zum Glück gibt es eine Lösung: Einfach das komplette Gemüsefach einmal in der Woche mit zwei Lagen Küchenpapier auslegen, das die Feuchtigkeit aufnimmt und mit dem zusammen eventuell vorhandener Schmutz entfernt wird.

FETT VON FLEISCHBRÜHE ABSEIHEN • Die gute, hausgemachte Fleischbrühe köchelt schon einige Stunden im Topf auf dem Herd vor sich hin und wäre nun bereit zum Verzehr. Wenn Sie nicht warten wollen, bis die Brühe abgekühlt ist, um das Fett abzuschöpfen, gibt es die Möglichkeit, es von einem Stück Küchenpapier aufsaugen zu lassen. Stellen Sie dazu einen zweiten Topf in das Spülbecken. Hängen Sie ein Sieb hinein und legen Sie es mit zwei Lagen Küchenpapier aus. Schütten Sie nun langsam die Brühe durch das Tuch in den bereitgestellten Topf. Sie werden feststellen, dass das Fett im Papiertuch zurückbleibt, während die Brühe durchfließt.

KNUSPRIGER SPECK OHNE FETTSPRITZER • Zu einem rustikalen Frühstück gehört knusprig gebratener Speck. Es gibt eine tolle Methode, wie Sie diesen im Mikrowellengerät zubereiten können, ohne dass Fett im Innenraum verspritzt. Legen Sie zwei Küchentücher übereinander auf den Teller des Geräts, verteilen Sie darauf den in dünne Scheiben geschnittenen Speck und bedecken Sie den Speck mit zwei weiteren Küchentüchern. Nun stellen Sie das Gerät mehrmals hintereinander jeweils für 1 Minute auf die höchste Stufe; dazwischen prüfen Sie, ob der Speck schon knusprig ist. Insgesamt beträgt die Backzeit 3–4 Minuten. Da die Papiertücher das überschüssige Fett aufsaugen, bleibt das Mikrowellengerät völlig sauber.

NÄHMASCHINE REINIGEN • Damit kein Schmierfett aus der Nähmaschine auf den Stoff gelangt, den Sie gerade nähen, fädeln Sie den Faden ein und nähen vorab mehrere Reihen auf ein Papiertuch. Das sollte genügen, um mögliche Fettreste zu entfernen.

KEIN ROST AN GUSSEISEN-TÖPFEN • Wer schon einmal einen Schmorbraten in einem gusseisernen Topf zubereitet hat, gibt den Bräter nicht mehr her. Verhindern Sie, dass Ihr hochwertiges Kochgeschirr rostig wird, indem Sie in die sauberen Töpfe jeweils ein Papiertuch legen, das Feuchtigkeit aufnimmt. Lagern Sie außerdem die Deckel getrennt von den Töpfen auf Papiertüchern, so sind auch diese geschützt.

PLATZDECKEN FÜR KINDER • Kinderbesuch ist herrlich. Allerdings sollten beim Essen die gute Tischdecke und die teuren Sets lieber im Schrank bleiben. Verwenden Sie stattdessen Papiertücher als Platzdecken. So wird nicht nur Ihre Tischwäsche geschont, das anschließende Aufräumen geht auch einfacher von der Hand, da Sie vom Teller gefallenes Essen nicht vom Tisch wischen müssen, sondern mit den Platzdecken direkt in den Abfall werfen können.

Lebendige Wissenschaft

Entstehen alle Farben aus Rot, Blau und Gelb?

Dies ist ein tolles Experiment: Schneiden Sie ein Blatt Küchenpapier in etwa 5 cm breite Streifen und malen Sie mit einem dicken Filzstift auf ein Ende jedes Streifens ein Rechteck oder einen großen Kreis. Wählen Sie hierfür verschiedene Orange-, Grün-, Purpur- oder Brauntöne. Auch schwarze Farbe kann verwendet werden. Füllen Sie nun ein Glas zu drei Viertel mit klarem Wasser und hängen Sie die Streifen mit der unbemalten Seite nebeneinander in das Wasser. Der farbige Teil muss trocken bleiben; deshalb hängen sie ihn über den Rand des Glases. Sobald nach ungefähr 20 Minuten das Wasser aus dem Glas den Papierstreifen durchtränkt und die farbigen Enden erreicht hat, können Sie beobachten, wie sich die Farben in ihre Primärfarben Rot, Blau und Gelb trennen. Dieser Versuch veranschaulicht auch die Kapillarwirkung des Küchenpapiers, also die Kraft, die das poröse Tuch dazu bringt, sich mit Wasser voll zu saugen und es über den Rand des Glases hinauszubefördern.

AUFGETAUTES BROT WIE FRISCH VOM BÄCKER • Wenn Sie gerne gleich mehrere Brote beim Bäcker kaufen, um immer welches im Haus zu haben, zeigt Ihnen dieser Tipp, was beim Einfrieren und Auftauen zu beachten ist: Umwickeln Sie jedes Brot, das eingefroren werden soll, mit einem Papiertuch, bevor Sie es in die Gefriertüte stecken. Beim Auftauen nimmt das Papiertuch die Feuchtigkeit auf, sodass das Brot nicht durchweicht und die Rinde schön knackig bleibt.

AUSSÄEN ODER WEGWERFEN? • Sie sind auf ein Päckchen Blumensamen gestoßen, das schon 2 Jahre alt ist, und fragen sich, ob sie noch verwendbar sind. Testen Sie die Keimfähigkeit alter Samen, indem Sie zwei Küchentücher befeuchten, einige Samen darauf legen und das Saatgut mit zwei weiteren feuchten Papiertüchern bedecken. Halten Sie die Tücher in den nächsten 2 Wochen feucht und kontrollieren Sie regelmäßig die Samen. Wenn die meisten Samen aufgehen, können Sie den Rest des Päckchens getrost im Garten aussäen.

SCHMETTERLINGE FÜRS KINDERZIMMER • Wunderschöne bunte Schmetterlinge lassen sich ganz einfach aus Küchenpapier basteln. Dazu mit bunten Filzstiften Muster auf ein Papiertuch malen und anschließend das Tuch leicht mit Wasser besprühen. Es sollte gerade so feucht sein, dass die Farben verlaufen. Sobald das Papiertuch getrocknet ist, wird es einmal in der Mitte gefaltet und gleich wieder geöffnet. Dann rafft man es am Falz zusammen. Als Schmetterlingskörper dient ein Pfeifenreiniger, der um die Mitte gebogen und an einem Ende zusammengedreht wird. Für die Fühler biegt man einen weiteren Pfeifenreiniger zu einer V-Form und befestigt ihn am Vorderende des Schmetterlings unter dem ersten Pfeifenreiniger. Die lustigen Falter sind eine schöne bunte Frühlingsdekoration für das Kinderzimmer.

DEN DOSENÖFFNER SÄUBERN • Haben Sie sich schon einmal Ihren Dosenöffner etwas näher angeschaut? Dann haben Sie unter Umständen einen unappetitlichen Film auf dem Schneiderädchen entdeckt. Hierbei handelt es sich um Reste der Lebensmittel, die sich in den geöffneten Dosen befunden haben und die an der Klinge hängen geblieben sind. Leider gelangen auf diesem Weg die alten Speisereste beim Öffnen in jede neue Dose und damit in Ihr Essen. Das können Sie verhindern, indem Sie die Klinge des Öffners mit einem Küchentuch reinigen. Und das geht ganz einfach: Die beiden Hebel des Dosenöffners auseinander ziehen, das Papiertuch unter das Rad legen und die Griffe zusammendrücken. Wenn man nun an der Schraube dreht, wird das Küchentuch zerschnitten und nimmt dabei den Schmutzfilm auf.

23 TIPPS

PAPIERTÜTEN

Im und ums Haus

SAUBERER MOP • Mit einem Mop lassen sich Staubknäuel und Tierhaare im Handumdrehen aufnehmen, aber wie kriegt man den Mop selbst wieder sauber? Stülpen Sie eine große Papiertüte über den Mop und binden Sie ein Stück Schnur oder ein Gummiband um die Öffnung, damit die Tüte nicht herunterrutscht. Jetzt wird der Mop mehrmals kräftig geschüttelt und danach ein paar Minuten auf den Boden gelegt, damit sich der Staub im Beutel setzen kann. Dann nehmen Sie den Beutel vorsichtig ab und entsorgen ihn mitsamt dem Staub.

KUNSTBLUMEN REINIGEN • Das ganze Jahr über Blumenpracht bieten Kunstpflanzen aus Nylon oder Seide. Doch leider ziehen sie Staub fast magisch an. Zum Glück lassen sich Kunstblumen mühelos auffrischen, indem man sie zusammen mit 30 g Salz in eine Papiertüte gibt. Schütteln Sie die Tüte mehrmals leicht und nehmen Sie die Blumen wieder heraus – sie werden so sauber sein wie am Tag des Kaufs.

EINBAND FÜR SCHULBÜCHER • Es ist nicht nur ein lustiger Bastelspaß, mit den Kindern zusammen Einbände für Schulbücher herzustellen, auf diese Weise wird auch ihr Sinn für Werterhaltung geschult. Wenn es um widerstandsfähige Buchumschläge geht, können nur wenige Materialien mit Papiertüten gleichziehen. Um die Tüten in einen Buchumschlag zu verwandeln, werden sie entlang den Faltlinien aufgeschnitten und flach auf den Tisch gelegt. Anschließend das Buch aufgeschlagen in die Mitte legen und das Papier oben und unten so falten, dass es nur wenige Zentimeter höher ist als das Buch. Als Nächstes wird das Papier an den Seiten um die Buchdeckel herumgefaltet, sodass diese umschlossen sind. Schneiden Sie das überstehende Papier so ab, dass auf jeder Seite nur ein paar Zentimeter stehen, die als Einschlag für den vorderen und hinteren Buchdeckel dienen. Mit einem Stück Kreppband verbinden Sie nun den oberen und unteren Rand der Papierhülle fest mit den seitlichen Einschlägen. Fertig! Zuletzt darf Ihr Kind jeden Einband nach seinen Vorstellungen bemalen, z. B. mit Tier- oder Pflanzenmotiven. Oder lassen Sie es die Einbände mit lustigen Aufklebern verzieren.

ORIGINELLE BLUMENVASE • Aus einer kleinen Papiertüte aus der Parfümerie oder einem Schmuckgeschäft lässt sich ein attraktiver Blickfang für den Esstisch kreieren. Füllen Sie ein kleines Glas mit Wasser und platzieren Sie es in die Mitte der Tüte. Stellen Sie ein paar frisch geschnittene Blumen hinein und schon haben Sie mit einfachen Mitteln eine schöne Blumendekoration hergestellt.

GANZ PERSÖNLICHES GESCHENKPAPIER • Wenn in letzter Minute noch schnell ein Mitbringsel eingepackt werden soll und kein Geschenkpapier mehr im Haus ist, lässt sich ganz einfach originelles Geschenkpapier selbst herstellen. Dazu wird eine große Papiertüte entlang den Faltlinien aufgeschnitten und flach auf den Tisch gelegt. (Falls die Tüte bedruckt ist, legt man das Papier mit der bedruckten Seite nach oben hin.) Dann platziert man das Geschenk in der Mitte und verpackt es wie gewohnt. Nun kann dem selbst gemachten Geschenkpapier noch eine persönliche Note verliehen werden, indem man es mit einer Bemalung oder Aufklebern ausgefallen dekoriert.

ORIGINELLER PAPIER-HANDTUCHSPENDER • Verschönern Sie Ihr Gäste-WC, indem Sie kleine Boutique-Tüten zu Papier-Handtuchspendern umfunktionieren, in denen Ihr Besuch immer frische Handtücher findet. Zur Einrichtung passende Bänder oder Aufkleber geben den Tüten eine individuelle Note.

ORDNUNG IM WÄSCHESCHRANK • Haben Sie auch schon einmal den kompletten Inhalt Ihres Wäscheschranks ausgeräumt, bloß weil das zu einem bestimmten Bettzeug passende Spannbetttuch nicht auffindbar war? Diese Mühe können Sie sich in Zukunft sparen, indem Sie Ihre Wäschesets jeweils zusammen in mittelgroßen Papiertüten aufbewahren. So haben Sie immer einen perfekten Überblick über Ihren Wäscheschrank. Wenn Sie nun noch in jede Tüte ein Trocknertuch legen, duftet Ihre Bettwäsche zusätzlich frisch.

BÜGELTUCH AUF REISEN • Wer kennt diese Situation nicht: Man ist auf Reisen, möchte schick Essen gehen und im Koffer findet sich nur zerknitterte Kleidung. An ein Reisebügeleisen hat man sogar gedacht, aber weit und breit ist kein Bügelbrett in Sicht. Zum Glück kann man sich ganz leicht behelfen: Ein oder zwei Papiertüten aufschneiden und leicht befeuchten, dann ein dickes Handtuch auf den Tisch und das angefeuchtete Tütenpapier darauf legen – und fertig ist das provisorische Bügelbrett samt Bügeltuch!

HÄTTEN SIE'S GEWUSST?

Sind Papier-Einkaufstüten umweltfreundlicher als solche aus Plastik? Überraschenderweise nicht. Bei der Herstellung von Papiertüten fallen deutlich mehr Schadstoffe an als bei Plastiktüten. Ferner benötigt man zur Herstellung einer Papiertüte viermal mehr Energie als zur Herstellung einer Plastiktüte, und es erfordert 91 % mehr Energie, Papier zu recyceln, als dies bei Plastik der Fall ist. Auf der anderen Seite werden Papiertüten aus einem erneuerbaren Rohstoff (Holz) hergestellt, die meisten Plastiktüten aus einem nicht erneuerbaren Rohstoff (Polyethylen). Idealerweise kauft man also mit einer Stofftasche ein.

WIEDERVERWENDUNG ALS GESCHENKTÜTEN

Kleine Papiertüten aus der Parfümerie kommen noch einmal ganz groß heraus, wenn man sie als Geschenktüten wiederverwendet. Für Dinge wie Kosmetik, Parfüm, Schmuck und auch die meisten Bücher sind sie geradezu ideal. Wenn Sie jetzt noch ein paar Verzierungen aus buntem Krepppapier anbringen, steht dem Schenken nichts mehr im Weg!

Fortsetzung →

ALTPAPIER SAMMELN

Wer Altpapier sammelt, ist für andere ein beispielhaftes Vorbild. Draußen an der Papiertonne zu stehen und jedes Zettelchen, das am Boden des Papierkorbs hängen geblieben ist, einzeln herauszufischen, macht indes wenig Spaß. Sie ersparen sich viel Zeit und Mühe, wenn Sie Ihren Papiermüll direkt in einer Papiertüte sammeln. Denn nun können Sie Tüte und Inhalt in einem entsorgen!

PAPIERTÜTEN – IM URLAUB IMMER NÜTZLICH • Packen Sie für den Familienurlaub? Vergessen Sie nicht, ein paar größere Papiertüten in Ihrem Gepäck zu verstauen. Sie werden sich als nützlich erweisen, z. B. für Souvenirs, Schmutzwäsche oder Einkäufe.

In der Küche

KÜCHENABFALL SCHNELL BESEITIGT • Beim Putzen bzw. Schälen von Obst und Gemüse fällt viel Biomüll in Form von kleinen Gemüseresten an. Es ist eine leidige Arbeit, diese Abfälle nach und nach zusammenzuschieben, in den Mülleimer zu entsorgen und dann nochmal alles mit dem Lappen abzuwischen. Schneiden Sie lieber ein oder zwei Papiertüten auf und breiten Sie das Papier auf der Küchenarbeitsplatte aus, bevor Sie Möhren putzen, Kartoffeln schälen oder Pfirsiche abziehen. Wenn Sie fertig sind, rollen Sie das Papier einfach zusammen und werfen es in den Biomülleimer. Schon ist die Küche wieder sauber!

LÄNGER FRISCHES, WOHLSCHMECKENDES BROT • Papiertüten eignen sich wesentlich besser zur Aufbewahrung von Brot als Plastiktüten. Letztere haben den großen Nachteil, dass sie die Feuchtigkeit im Brot nicht nach außen abgeben können; dadurch weicht die Kruste schnell durch und das Brot schmeckt nicht mehr. Papier hingegen lässt die Feuchtigkeit austreten und das Brot bleibt außen länger schön knusprig und innen wunderbar weich.

REIFE FRÜCHTE • Viele Früchte – darunter Avocados, Bananen, Birnen, Pfirsiche und Tomaten – werden unreif importiert und haben deshalb beim Kauf möglicherweise noch nicht die ideale Reife. Um Obst und Gemüse ausreifen zu lassen, legt man es in eine Papiertüte. Soll der Reifeprozess beschleunigt werden, gibt man einen bereits reifen Apfel oder eine Bananenschale mit hinein und lagert die Tüte bei Raumtemperatur. Bevor man noch grüne Bananen in die Papiertüte steckt, sollte man sie in ein feuchtes Geschirrtuch einwickeln, da sie so am schnellsten reifen. Sobald die Früchte den richtigen Reifegrad erreicht haben, kann man den Prozess stoppen, indem man das Gemüse bzw. Obst (außer Bananen) kühl lagert.

PILZE LAGERN • Um zu verhindern, dass frische Speisepilze rasch verderben, sollte man sie in einer Papiertüte im Kühlschrank aufbewahren. So ist für eine ausreichende Belüftung gesorgt und die Pilze bleiben bis zu 5 Tage frisch.

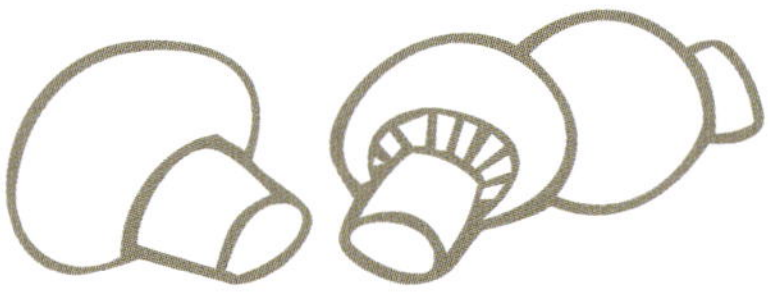

Im Garten

GERANIEN ÜBERWINTERN • Auch in Gegenden, in denen es in der kalten Jahreszeit stark friert und viel schneit, können Geranien den Winter unbeschadet überstehen. Dazu holt man die Pflanzen zunächst aus ihren Töpfen oder gräbt sie vorsichtig aus dem Gartenbeet und schüttelt so viel Erde wie möglich von den Wurzeln ab. Dann stellt man jede Pflanze in ihre eigene Papiertüte. Stülpen Sie eine zweite Tüte umgekehrt darüber und lagern Sie die Geranien an einem kühlen, trockenen Ort. Im Frühling wird der Stiel dann bis auf eine Länge von 3 cm eingekürzt und die Pflanze wieder eingesetzt. Bei genügend Sonnenlicht und regelmäßigem Gießen werden Ihre Geranien schnell zu neuem Leben erwachen und Augen und Nase erfreuen!

SELBST HERGESTELLTER PFLANZENDÜNGER • Knochenmehl ist eine sehr gute Nährstoffquelle für alle Gartenpflanzen und lässt sich überdies ohne großen Aufwand selbst herstellen. Beim nächsten Hühner-, Enten- oder Gänsebraten die Knochen nicht wegwerfen, sondern gründlich von Fleischresten, Sehnen und Knorpel befreien und abwaschen. Anschließend im Mikrowellengerät je nach Menge 1–4 Minuten lang auf höchster Stufe oder bei mittlerer Temperatur im Backofen für 15–20 Minuten durchtrocknen lassen. Anschließend werden die Knochen in eine stabile Papiertüte gegeben und mit einem Hammer zerschlagen (am besten ein Küchentuch zweimal falten und auf die Tüte legen, das dämpft etwas den Aufschlag) oder einem Nudelholz zermahlen. Verteilen Sie das Pulver um Ihre Pflanzen herum und sie werden wunderbar gedeihen.

KRÄUTER TROCKNEN • Um immer einen Vorrat an Küchenkräutern zu haben, kann man diese mithilfe von Papiertüten trocknen. Dazu frische Kräuterpflänzchen unter kaltem Wasser waschen und sorgfältig mit Papiertüchern abtrocknen. Die Kräuter sollten vollkommen trocken sein, da sonst die Gefahr besteht, dass sich Schimmel bildet.

1 Man nimmt jeweils fünf oder sechs Pflanzen, entfernt die unteren Blätter und steckt die Gewächse umgekehrt in eine Papiertüte. Die Öffnung der Tüte um die Stiele herum zusammendrücken und fest verschnüren.

2 Damit die Kräuter genügend Luft bekommen, bohrt man ein paar Löcher in die Tüte. Nun die Pflanzen mindestens 2 Wochen lang an einem warmen, trockenen Ort ruhen lassen. Die getrockneten Kräuter sollte man sorgfältig auf Schimmel untersuchen. Falls sich solcher gebildet hat, muss das ganze Bündel weggeworfen werden.

3 Nun die Stiele entfernen und die getrockneten Blätter mit einem Nudelholz oder einer vollen Wasserflasche zermahlen. Allerdings hält sich das Aroma länger, wenn man die Kräuter im Ganzen lässt. Der ideale Ort für getrocknete Kräuter ist ein luftdichter, lichtundurchlässiger Behälter.

Fortsetzung →

DEN KOMPOSTHAUFEN DURCHLOCKERN • Braune Papiertüten sind eine ideale Ergänzung zur Durchlockerung eines Komposthaufens. Sie enthalten nicht nur weniger giftige Farbstoffe als Zeitungen und Zeitschriften, sondern ziehen auch mehr Kompostwürmer an (das Einzige, was Kompostwürmer noch lieber mögen als Papiertüten, ist Pappe). Am besten ist es, wenn man die Tüten in kleine Stücke reißt und nass macht, bevor man sie in den Komposthaufen gibt. Arbeiten Sie die Papierschnipsel gut unter, damit sie nicht austrocknen und bei stärkerem Wind wegfliegen.

Für den Heimwerker

SCHNEE- UND EISFREIE WINDSCHUTZSCHEIBE • Sind Sie es leid, im Winter früher aufstehen zu müssen, weil Sie die Windschutzscheibe Ihres Wagens allmorgendlich von Eis und Schnee befreien müssen? Dann sollten Sie immer ein paar Papiertüten griffbereit halten. Sobald im Wetterbericht Frost oder Schnee gemeldet ist, gehen Sie zu Ihrem Auto, schalten die Scheibenwischer ein und betätigen die Zündung. Wenn die Wischer ungefähr die Mitte der Windschutzscheibe erreicht haben, schalten Sie die Zündung wieder aus. Nun zwei große Papiertüten aufschneiden, auseinander klappen, glatt streichen und jeweils eine Tüte unter jeden Scheibenwischer klemmen. Am nächsten Morgen entfernen Sie einfach das Papier samt Eis oder Schnee.

DEKORATIVEN TÜTENDRACHEN BASTELN • Sie hätten im Herbst gern eine originelle Dekoration für Ihr Heim? Dann bauen Sie sich doch einen bunten Papierdrachen. Dazu nehmen Sie eine Papiertüte und falten sie oben um, damit sie offen bleibt. Unter den Falz kleben Sie bunte Papierschlangen. Um den Drachen zu verstärken, werden ein paar Streifen Balsaholz oder einige dünne Zweige längs an die Tüte geklebt. Nun in Höhe der Öffnung zwei Löcher in das Papier stechen. Zuvor kleben Sie ein Stück buntes Krepp- oder Transparentband über die Stellen, damit die Löcher nicht einreißen. In den Löchern befestigen Sie zum Aufhängen des Drachens zwei Stücke Schnur oder Garn. Zum Schluss wird der Drachen mit einem schönen bunten Schwanz versehen. Nun können Sie ihn an die Decke, die Wand oder ans Fenster hängen.

KLEINE GEGENSTÄNDE SPRITZLACKIEREN • Sie müssen nicht jedes Mal den kompletten Raum mit Zeitung oder Malerfolie auslegen, wenn Sie ein kleines Objekt spritzlackieren wollen. Stellen Sie den betreffenden Gegenstand einfach in eine große Papiertüte und sprühen Sie hinein. Die Tüte wird die überschüssige Farbe auffangen. Sobald das Objekt trocken ist, holen Sie es heraus und werfen die Tüte weg.

Spaß für Kinder

Stellen Sie doch einmal zusammen mit Ihrem Kind ein lebensgroßes Poster Ihres Sprößlings her! Dazu zunächst – je nach Größe des Kindes – vier bis sechs Papiertüten aufschneiden, sodass Sie flache Rechtecke erhalten. Das Papier mit der bedruckten Seite nach unten und leicht überlappend auf dem Boden zu einem großen Rechteck ausbreiten und an den Schnittstellen zusammenkleben. Nun legt sich Ihr Kind in die Mitte und Sie fahren mit einem Wachsmalstift die Umrisse seines Körpers nach. Der Rest bleibt der Phantasie Ihres Kindes überlassen. Mit Wachsmalstiften oder Wasserfarben darf es Gesicht, Kleidung und andere Details aufmalen. Das fertige Poster ist eine originelle Wanddekoration fürs Kinderzimmer.

25 TIPPS

PAPPKARTONS

Im Haus

FRÜHSTÜCK IM BETT MIT TABLETT • Für ein sonntägliches Frühstück im Bett oder als Geburtstagsgeschenk ist ein Tablett fürs Bett aus einem Pappkarton eine tolle Idee. Und es ist schnell hergestellt: Die oberen Klappdeckel des Kartons entfernen und die Seitenwände auf die gewünschte Tablethöhe abschneiden. Bogenförmige Öffnungen in die Längsseiten schneiden, damit der Karton quer über den Körper passt. Die Unterseite des Kartons, die als Oberseite des Tabletts dient, wird mit Farb- oder Dekorhaftfolie überzogen.

TÜREN UND MÖBEL SCHÜTZEN • Beim Polieren von Türklinken und Griffen sind Türen und Möbelstücke mit Schilden aus Pappe gut geschützt. Löcher in der passenden Größe in die Pappe schneiden und über die zu polierenden Gegenstände streifen. Diese Schutzpappen können für etliche Arten von Türklinken oder Zuggriffen angefertigt werden.

STAURAUM UND BEISTELLTISCH IN EINEM • Um kleine Geräte oder anderes staubfrei verschwinden zu lassen, schneidet man von einem Pappkarton die Deckel ab. Anschließend überzieht man den Karton mit zur Einrichtung passender Farb- oder Dekorhaftfolie. Die verzierte Box kann man nun über die zu schützenden Gegenstände stülpen und hat so gleichzeitig einen kleinen Beistelltisch gewonnen.

ORDNUNG AUF DEM SCHREIBTISCH • Müslipakete beseitigen das Chaos auf dem Schreibtisch, indem man sie in verschiedene Ablagefächer für ein- und ausgehende Post sowie wichtige Unterlagen verwandelt. Dazu Deckelklappe und Vorderseite der Pakete abtrennen, die Längsseiten abschrägen und die Packungen mit farbiger Dekorhaftfolie überziehen.

TIPP

Bezugsquellen für Pappkartons

* ***Fragen Sie einfach bei Ihrem nächsten Einkauf im Getränkeladen nach leeren Wein- und Spirituosenkartons.***

Der Inhaber wird Sie Ihnen sicher gern geben. Und bitten Sie unbedingt darum, dass die praktischen Stegeinsätze in den Kartons bleiben.

GESCHENKBOXEN OHNE ENDE

Machen Sie es wie die Russen mit ihren Matroschka-Puppen. Wenn Sie das nächste Mal einem Freund ein kleines Geschenk überreichen, das ihm viel bedeuten wird, stecken Sie die Geschenkschachtel in eine Reihe immer größer werdender, festlich verzierter oder in Geschenkpapier eingewickelter Kartons. So wird das Auspacken zum Ereignis.

Fortsetzung →

HÄTTEN SIE'S GEWUSST?

Bereits im frühen 16. Jh. erfanden die Chinesen die Pappe. Der New Yorker Albert Jones ließ sich 1871 die Idee für die Herstellung einer festen Pappe patentieren, die aus Wellpapier bestand und zwischen zwei Lagen flachen Karton geklebt wurde. So entstand ein stabiles Material, das sich auch gut eignete, um darin Gegenstände zum Versand einzupacken. Doch erst 1890 erfand der Amerikaner Robert Gair den Karton aus Wellpappe. Es handelte sich dabei um in Masse hergestellte, fertig zugeschnittene flache Teile, aus denen sich Boxen falten ließen – wie die heute auf der ganzen Welt verwendeten Pappkartons.

PRAKTISCHE PLATZDECKCHEN INDIVIDUELL GESTALTET • Ganz persönliche Platzdeckchen entstehen, wenn man mehrere Stücke Pappe in der Größe 30 x 45 cm zurechtschneidet und mit Klebefolie überzieht. An Weihnachten und Ostern kann man Geschenkpapier mit durchsichtiger Folie bekleben. Die Sets sind wiederverwendbar, denn man kann sie nach dem Essen mit einem feuchten Lappen sauber wischen.

LUSTIGES BALLSPIEL MIT EINEM GETRÄNKEKARTON • Verwandeln Sie Ihren Flur oder den Garten in einen Jahrmarkt. Dazu einen leeren Wein- oder Spirituosenkarton nehmen und den Stegeinsatz stecken lassen. Den Karton auf den Boden legen, etwas kippen und in dieser Stellung mit einem Stapel Bücher stabilisieren. Mit einer Gummimatte, die über einen weiteren Stapel Bücher gelegt wird, eine kleine Rampe bauen. Jede Kartonöffnung mit einer Punktzahl versehen. Nun brauchen Sie noch ein paar Tennis- oder Golfbälle und das Spiel kann losgehen: Jeder Mitspieler muss einen Ball die Rampe hochrollen und versuchen, Fächer mit einer möglichst hohen Punktzahl zu treffen.

Für Kinder

EINEN PROVISORISCHEN SCHLITTEN BASTELN • Aus einem großen Pappkarton lässt sich wunderbar ein improvisierter Schlitten basteln. Auch einen Stapel Kaminholz kann man so über einen verschneiten Weg zum Haus ziehen.

GARAGE FÜR GROSSE KINDERFAHRZEUGE UND KLEINE SPIELZEUGAUTOS • Ein großer leerer Karton (z. B. von Elektrogeräten) kann, auf die Seite gelegt, als Parkmöglichkeit für Kinderräder und Roller dienen. So haben die Kleinen eine eigene Garage, ganz wie die Großen! Ein kleinerer Karton ist als Minigarage für Spielzeug-Pkw, -Lastwagen und -Busse geeignet. Lassen Sie den umfunktionierten Karton von den Kindern noch phantasievoll bemalen, beispielsweise mit den angedeuteten Etagen eines Parkhauses, und er passt toll ins Kinderzimmer.

KASPERLETHEATER BAUEN • Von einem großen Pappkarton die oberen Klappen entfernen und den Karton mit der offenen Seite nach unten auf den Boden stellen. Dann eine große Öffnung in die Rückwand schneiden, durch welche die Puppenspieler hineinkriechen können. Eine kleinere Öffnung in der Vorderwand dient als Bühne. Bemalen, Stoffstücke als Vorhang aufkleben, und Kasperle kann in Aktion treten!

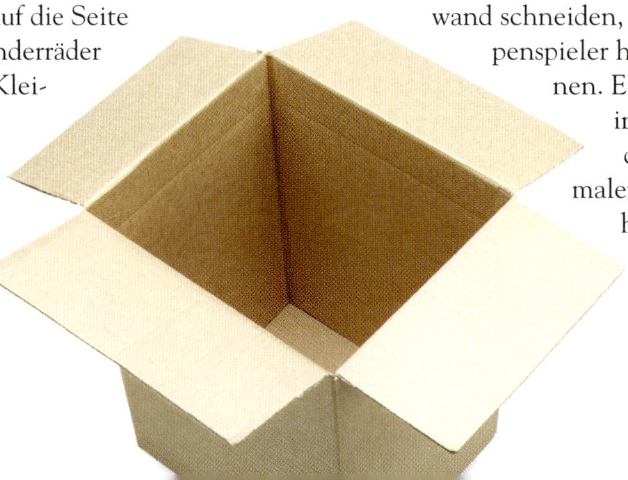

Lebendige Wissenschaft

Mit einer einfachen Sonnenuhr aus einem Stab und einem Stück Pappe können Kinder beobachten, wie sich der Lauf der Sonne täglich ändert. Dabei erfahren Sie spielerisch wichtige Dinge über unsere Erde.

Man steckt einen Stab durch die Mitte einer 25 x 25 cm großen Pappe. Von unten ein Brettchen an den Stab schrauben oder nageln, damit er senkrecht stehen bleibt. Die Sonnenuhr an einen sonnigen Platz stellen. Zu jeder vollen Stunde die Kinder auf der Pappe die Stelle markieren lassen, auf die der Schatten des Stabs fällt. Am nächsten Tag überprüfen lassen. Die Abweichungen sind minimal. Doch bereits eine Woche später zeigt sich, dass der Schatten zur vollen Stunde nicht mehr mit den Markierungen der letzten Woche übereinstimmt. Ermuntern Sie die Kinder, im Internet nach der Erklärung für dieses Phänomen zu suchen: Die Erdachse ist geneigt, wodurch sich die Sonneneinstrahlung verändert – und die wechselnden Jahreszeiten entstehen.

SPIELBURG FÜR KLEINE RITTER • Aus einem großen Gerätekarton kann man eine mittelalterliche Burg bauen.

1 Die Deckelklappen entfernen und in den oberen Rand viereckige Öffnungen als Zinnen schneiden. Dazu mit einem scharfen Messer den Abschnitt, den man entfernen will, auf beiden Seiten einschneiden, nach vorn knicken und im Knick abschneiden.

2 Eine Zugbrücke entsteht, indem man in eine Seite des Kartons eine große, nach unten klappbare Öffnung schneidet. Der untere Rand der Klappe bleibt mit dem Karton verbunden. Der obere Rand – also die Zugbrücke – wird mit Schnüren mit der Wand verbunden.

3 Dazu die entsprechenden Stellen zuerst mit Gewebeklebeband verstärken und anschließend mit einem spitzen Gegenstand durchstechen. Zwei Schnüre durchziehen und jeweils auf der Rückseite verknoten. Für Schießscharten schmale Rechtecke in die Wände schneiden. Wenn nun die Kinder noch das Aufmalen von Steinen übernehmen, ist bald eine tolle Spielburg entstanden.

ORDNUNG IN DIE SPORTSACHEN DER KINDER BRINGEN • Ihre Kinder kommen vom Sport nach Hause und werfen ihre Sportgeräte einfach in die Ecke? Ordnung ist in diesem Fall kein Problem. Stellen Sie einen leeren Wein- oder Spirituosenkarton mit Stegeinsatz und abgeschnittenen Deckelklappen in das Kinderzimmer. Der Nachwuchs braucht dann seine Tennisschläger, Angelruten und Ähnliches nur noch hineinzustellen.

Fortsetzung →

Zur Aufbewahrung

GLÄSER UND GLÜHBIRNEN GESCHÜTZT LAGERN • Damit die edlen, dünnwandigen Kristallgläser, aus denen bei besonderen Gelegenheiten getrunken wird, ohne Sprung auf den Tisch gestellt werden können, bewahrt man sie am besten in leeren Wein- oder Spirituosenkartons mit Stegeinsatz auf. Auch Glühbirnen können gut in solchen Kartons gelagert werden. Nach der Wattstärke einsortieren, damit man bei Bedarf gleich die richtige zur Hand hat.

ZEITSCHRIFTEN ÜBERSICHTLICH ARCHIVIEREN • Wer eine oder gar mehrere Zeitschriften abonniert hat und sammelt, kennt das Problem schnell wachsender und unübersichtlicher Papierstapel. Auch ohne im Papierhandel immer wieder teure Spezialboxen kaufen zu müssen, lässt sich dem Durcheinander vorbeugen, denn die Zeitschriften kann man genauso gut in leeren Waschmittelkartons sammeln. Den Deckel abtrennen, dann die Seitenteile von oben bis zum unteren Drittel schräg abschneiden. Die neue Zeitschriftenbox mit Dekorhaftfolie beziehen und auf die Rückseite den Jahrgang schreiben.

BOX FÜR POSTER, LANDKARTEN UND FOTOS

Ein sauberer Spirituosenkarton mit unbeschädigtem Stegeinsatz eignet sich hervorragend, um darin aufgerollte Poster, Landkarten und Leinwände aufzubewahren. Fotos oder ausgeschnittene Zeitungsartikel einfach schräg in die Fächer stecken.

WEIHNACHTSBAUMSCHMUCK AUFBEWAHREN • Baumschmuck aus Glas ist wunderschön anzusehen und verleiht jedem Weihnachtsbaum eine nostalgische Note. Um sich auch im nächsten Jahr wieder an dem Schmuck erfreuen zu können, wird beim Abschmücken jedes Dekorteil einzeln in Zeitungs- oder Seidenpapier gewickelt und in einen leeren Weinkarton mit Stegeinsatz gelegt. Ist der Weihnachtsbaumschmuck aus stabilerem Material wie Holz oder Plastik, kann man in jedem Fach ein paar eingewickelte Teile übereinander stapeln.

Für den Heimwerker

SCHNELLE DACHREPARATUR • Wenn es bei Regen in den Dachstuhl tropft, kann man die Zeit bis zur Reparatur durch den Dachdecker überbrücken, indem man ein Stück Pappe in einer Plastiktüte unter die Ziegel schiebt.

ORDNUNG IN DER WERKSTATT • Eine bessere Materialübersicht gewährleisten Wein- oder Spirituosenkartons mit Stegeinsatz. Kanthölzer, Leisten und Metallstäbe lassen sich darin ordentlich lagern.

GARTENGERÄTE AUFBEWAHREN • Aus leeren Wein- oder Spirituosenkartons kann man eine Lagerbox mit Einteilungen für Gartengeräte mit langem Stiel herstellen. Dazu benötigt man drei gleich große Kartons mit Stegeinsatz. Vom ersten Karton die Deckelklappen entfernen und den Karton auf den Boden stellen. Von den anderen Kartons sowohl Deckel- als auch Bodenklappen abschneiden und sie so auf den ersten Karton setzen, dass die Stegeinsätze übereinander sitzen. Mit Gewebe-Klebeband verbinden. In dieser Fächerbox kann man nun Hacken, Harken und andere Gartengeräte mit langem Stiel aufbewahren.

SCHUTZ FÜR ARBEITSFLÄCHEN • Arbeitsflächen bleiben sauber und unbeschädigt, wenn man sie mit einem großen, auseinander gefalteten Karton bedeckt. Ob Werkbank, Arbeitsplatte, Tisch oder Schreibtisch, ein großes, flaches Stück Karton schützt vor Tinten-, Farb- oder Klebstoffflecken, aber auch vor Beschädigungen durch Messer und Scheren. Die Abdeckung einfach austauschen, wenn sie verschmutzt ist.

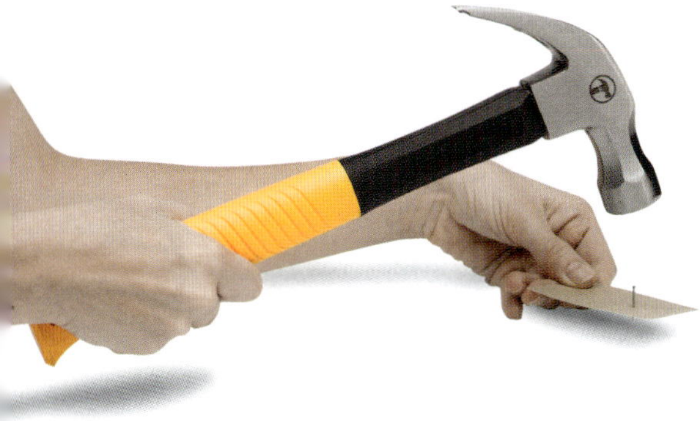

VERLETZUNGSFREIES HÄMMERN

Um zu verhindern, dass Sie sich schmerzhaft an den Fingern verletzen, wenn Sie einen Nagel in die Wand einschlagen, stecken Sie den Nagel vor dem Einschlagen durch ein Stückchen dünne Pappe. Die Pappe am Rand festhalten, den Nagel an der richtigen Stelle platzieren und einschlagen. Dann reißen Sie das Pappstückchen ab.

POLSTERNÄGEL GLEICHMÄSSIG EINSCHLAGEN • Beim Aufpolstern von Stühlen oder Sofas ist es besonders schwierig, die Polsternägel in gleichmäßigen Abständen zu platzieren. Eine hervorragende Hilfe ist ein schmales Stück Pappe, auf dem Sie die Abstände einzeichnen. Die Polsternägel an der entsprechenden Stelle in die Pappe drücken, dann fast vollständig einschlagen. Anschließend den Pappstreifen wegziehen und die Polsternägel vollständig versenken. So kann man ganz einfach präzise Polsterarbeit leisten.

KEIN ÖL AUF DEM BODEN DANK TROPFWANNE • Mit einer Tropfwanne aus Pappe verhindern Sie, dass aussickerndes Öl aus Ihrem Auto den Garagenboden oder die Auffahrt verschmutzt. Sie brauchen nur ein paar Bogen Wellpappe auf ein Kuchenblech zu legen und das Blech unter den Motor zu schieben. Gut aufgenommen wird das Öl, wenn Sie die Pappe auf dem Blech mit Katzenstreu oder Sägemehl bestreuen.

UNTERSTÜTZUNG FÜR DEN AUTOMECHANIKER • Flüssigkeit tropft aus dem Auto und Sie möchten damit lieber nicht mehr zur Werkstatt fahren. Legen Sie über Nacht ein großes Stück Pappe unter den Motor und bringen Sie es am nächsten Tag in die Werkstatt. Farbe und Lage der ausgelaufenen Flüssigkeit helfen dem Mechaniker, das Problem zu identifizieren.

PAPPROLLEN

STAUBSAUGER-REICHWEITE VERGRÖSSERN • Spinnweben an der Decke oder Staub unter dem Bett sind in aller Regel nur unter Verrenkungen wegzusaugen. Bevor es unbequem wird, kann man sich die Arbeit mit einer leeren Papprolle, z. B. von einer aufgebrauchten Küchenrolle, erleichtern. Die Rolle wird auf das untere Ende des Rohrs gesteckt und die Verbindung mit Gewebe-Klebeband fixiert und abgedichtet. Wenn nötig, entsteht durch Zusammendrücken des Rollenendes eine Fugendüse, mit der man problemlos in alle Winkel und Ritzen gelangt.

Fortsetzung →

FUTTERAL FÜR PICKNICK- ODER CAMPINGMESSER • Beim Campen oder Picknicken darf ein großes, scharfes Küchenmesser nicht fehlen. Um Schnittwunden zu vermeiden, sollte sich das Messer aber sicher in einem Futteral befinden. Hierfür die Pappröhre einer Küchenpapierrolle flach drücken und an einem Ende mit Gewebe-Klebeband verschließen. Für kleinere Besteckteile kann man gut Papphülsen von Toilettenpapierrollen nutzen.

TIPPS FÜR PFLANZENFREUNDE

SCHUTZ FÜR JUNGE BÄUME • Um die zarten Stämme junger Bäume vor Nagern oder einer fehlgehenden Unkrauthacke zu schützen, schneidet man eine starke Papprolle längs in zwei Teile und steckt sie um den Baumstamm in die Erde. Eventuell mit Bindfaden fixieren. Wenn der Baum größer und stärker geworden ist, kann die Rolle wieder abgenommen werden.

SELBST GEMACHTE ANZUCHTGEFÄSSE • Sie brauchen nicht ins Gartencenter zu gehen, um biologisch abbaubare Anzuchtgefäße für Samen zu kaufen. Papprollen von Küchen- und Toilettenpapier sind ideal für diesen Zweck! Mit einer Schere oder einem Teppichmesser werden die Rollen von Toilettenpapier in zwei, die von Küchenpapier in vier Teile zerschnitten. Die Röhren dicht nebeneinander in eine Schale stellen, damit sie sich gegenseitig stützen und beim Gießen nicht umfallen. Auf diese Weise wird auch ein zu schnelles Austrocknen verhindert. Die Gefäße mit Anzuchterde füllen, dann die Samen aussäen und leicht in die Erde drücken. Beim Pflanzen der Keimlinge reißt man die Röhren seitlich auf und sorgt dafür, dass die Pappe vollständig in die Erde eingegraben wird.

HÄTTEN SIE'S GEWUSST?

Es dauerte fast 500 Jahre, bis Toilettenpapier auf Rollen gewickelt wurde. Das erste Toilettenpapier bestand aus Einzelblättern, wurde 1391 in China hergestellt und einzig der Kaiser durfte es verwenden. Jedes Blatt maß tatsächlich 60 x 90 cm. Das erste Toilettenpapier auf Rollen wurde 1890 in den USA von der Scott Paper Company produziert. In Deutschland wurde die erste Toilettenpapierfabrik 1928 von Hans Klenk in Ludwigsburg gegründet. Der Markenname Hakle® geht auf die Initialen seines Namens zurück. Zu dieser Zeit bestand eine Rolle aus 1000 Blatt rauen Krepppapiers. Ab 1958 verbreitete sich - aus den USA kommend - das Tissue-Papier, das weicher und auf der Haut viel angenehmer als das Krepppapier ist.

KEIN KABELSALAT MEHR • Ein nicht zu entwirrendes Durcheinander von Kabeln hinter dem Schreibtisch oder der Musikanlage muss nicht sein: Legen Sie die Kabel entsprechend der benötigten Länge in Schlaufen zusammen und ziehen Sie die Bündel durch die Papphülsen leerer Toilettenpapierrollen. Auf diese Weise können Sie auch gerade nicht benutzte Verlängerungskabel aufbewahren. Falls sich größere Stecker nicht durch die Röhre ziehen lassen, wird diese längs aufgeschnitten, z. B. mit einem Teppichmesser, und der Schnitt nach dem Einlegen der Kabel mit Gewebe-Klebeband zugeklebt.

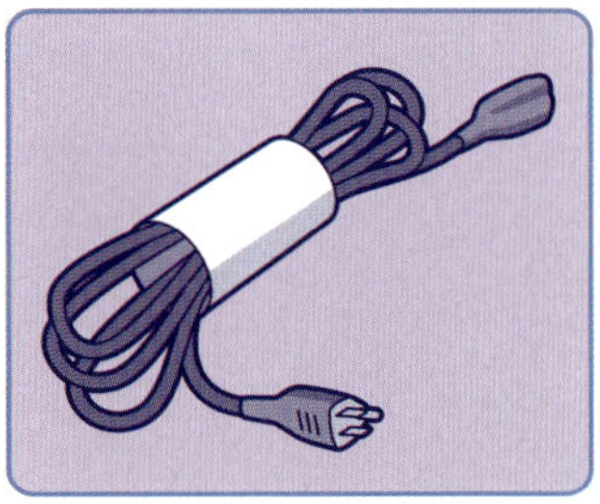

FLIEGENFÄNGER FÜR DIE DECKE • Ein selbst gemachter Ungezieferfänger befreit Sie von lästigen Fliegen und Mücken. Dazu eine Papprolle von Toiletten- oder Küchenpapier mit doppelseitigem Klebeband umwickeln. In ein Ende der Röhre zwei einander gegenüberliegende Löcher stechen, dann Bindfaden hindurchziehen und zuknoten. Zum Schluss den Fliegenfänger an einer geeigneten Stelle aufhängen.

SO ENTZÜNDEN SIE SCHNELL EIN KAMINFEUER • Papphröhren eignen sich bestens, um daraus Anzünder und Brennmaterial für den Kamin zu machen. Zur Benützung als Anzünder wird die Pappe quer in 3 mm breite Streifen geschnitten. Das geht am einfachsten mit einem Teppichmesser. Vorsicht beim Schneiden: die Klinge dieser Messer ist sehr scharf. In einem Behälter am Kamin gelagert, sind die Pappschnipsel schnell zur Hand. Als Brennmaterial für den Notfall, wenn das Holz ausgegangen ist, geht man so vor: Die Papphröhren werden mit einem geeigneten Kleber an einem Ende zugeklebt und dann mit zerkleinertem Zeitungspapier ausgestopft. Je fester das Papier gestopft wird, desto länger brennen diese „Papierscheite".

HÄSSLICHE FALTEN IN STIEFELN VERMEIDEN • Damit die Schäfte langer, weicher Lederstiefel nicht umknicken und hässliche Falten bekommen, steckt man Versandrollen für Poster oder Flaschen aus Pappe hinein. So bleiben die Stiefel schön in Form.

SO BEWAHREN SIE STRICKNADELN SICHER AUF

Damit Stricknadeln sich nicht verbiegen oder gar brechen, steckt man sie in die lange Papphülse einer Alu- oder Klarsichtfolienrolle. Ein Ende mit Klebeband verschließen, das andere Ende zudrücken und fest mit Gewebe-Klebeband verkleben. Die Nadeln durch das Band am zugeklebten runden Ende stecken. Das Band sorgt für eine sichere und ordentliche Aufbewahrung.

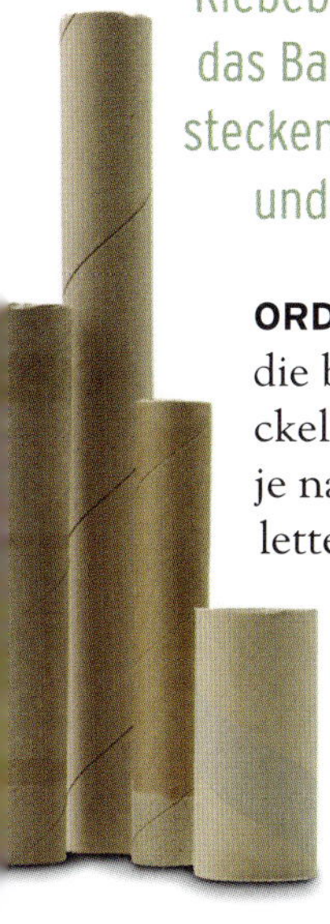

ORDNUNG FÜR STOFFRESTE • Stoffreste, die beim Nähen übrig geblieben sind, wickelt man am besten fest auf und stopft sie, je nach Größe, in die Papphülse einer Toiletten- oder Küchenpapierrolle. Damit man den Stoff, den man sucht, immer leicht findet, wird ein Fetzen außen auf die Röhre geklebt oder geheftet.

MACHEN SIE LÄRM!

BLASINSTRUMENT FÜR KINDER • Eine lustige Bastelidee für verregnete Kindergeburtstage: Schneiden Sie in die Papphülse einer Küchenpapierrolle drei kleine Löcher. Dann verschließen Sie das eine Ende der Rolle mithilfe von Butterbrotpapier, das Sie mit einem Gummiband befestigen, sodass das Papier nicht abfallen kann und dicht sitzt. Nun summen Sie in das andere Ende, wobei Sie die Tonhöhe variieren, indem Sie die Finger auf ein, zwei oder alle drei Löcher setzen. Für jedes Kind ein Blasinstrument basteln und Sie haben ein tolles Orchester! Sie können übrigens auch Papprollen von Alu- oder Klarsichtfolie verwenden, um Instrumente zu bauen.

MEGAFON AUF DIE SCHNELLE • Die Kinder spielen in Nachbars Garten, der Hund ist außer Sichtweite und Sie wollen alle zu sich rufen? Schonen Sie Ihre Stimmbänder, indem Sie zum Verstärken Ihrer Stimme eine dicke Papprolle als Megafon benutzen. Denn die Erfahrung hat gelehrt, einmal Rufen wird nicht reichen ...

KNOTENFREIER BINDFADEN • Wie viele Bindfäden haben Sie schon weggeworfen, weil sie sich beim losen Lagern verheddert hatten und nicht mehr zu verwenden waren? Ein Bindfaden bleibt gebrauchsfertig, wenn man in beide Enden einer Toilettenpapierhülse eine Kerbe schneidet, in eine Kerbe das eine Ende des Bindfadens legt, den Faden um die Röhre wickelt und das andere Ende in der zweiten Kerbe befestigt.

ADRETTE HOSE • Oft holt man eine gute Hose aus dem Kleiderschrank, die man länger nicht getragen hat, und stellt fest, dass sie dort, wo sie über dem Kleiderbügel hing, eine hässliche Falte hat. Das passiert nicht, wenn man die Papphröhre einer Küchenpapierrolle längs aufschneidet und auf den Steg des Bügels steckt. Danach wieder zusammenkleben.

Fortsetzung →

KEINE CHANCE FÜR VERHEDDERTE LICHTERKETTEN

Dauert es länger, die Lichterkette zu entwirren als sie aufzuhängen? Man macht sich das Leben leichter, wenn man die Kette um eine Papprolle wickelt und mit Abklebeband befestigt. Kürzere Lichterketten oder Girlanden steckt man in die Hülsen hinein und verschließt die Enden mit Abklebeband.

LEUCHTSTOFFRÖHREN SICHER LAGERN • Leuchtstoffröhren gehen leicht zu Bruch. Wenn man sie in langen Papprollen aufbewahrt, die an den Enden mit Klebeband verschlossen sind, kann nichts passieren.

KUNSTWERKE VON KINDERHAND DAUERHAFT AUFBEWAHRT • Wenn Sie ein paar der kostbaren Zeichnungen Ihrer Kinder erhalten wollen – beispielsweise, um sie später zum 18. Geburtstag effektvoll präsentieren zu können –, rollen Sie die Kunstwerke einfach auf und stecken sie in die Hülse einer Küchenpapierrolle. Auf der Außenseite den Namen des Kindes und das Datum notieren.

FÜR DEN KLEINEN BAUHERREN • Baut Ihr Kind auch so gern? Dann können Sie ihm aus Pappröhren tolle Bauelemente basteln. Die Enden langer Papprollen mit einem scharfen Messer so einkerben, dass Zacken entstehen. Nun können die Kinder die Rollen leicht zusammenfügen und aneinander kleben, um damit Hütten und anderes mehr zu bauen. Für Vielseitigkeit sorgen Hülsen verschiedener Größe. Damit alles bunter und hübscher wird, lassen Sie die Kinder die Röhren vor Baubeginn anmalen.

ÜBERRASCHUNGSBONBONS FÜR SILVESTER • Aus Papphülsen von Toilettenpapierrollen kann man Überraschungsbonbons basteln, aus denen kleine Geschenke herausfallen. Für jedes Bonbon braucht man eine etwa 30 cm lange Schnur, an deren eines Ende hintereinander mehrere Kleinigkeiten wie Bonbons, Luftballons, Radiergummis oder ein lustiges Figürchen gebunden werden. Es sollten noch 15 cm Schnur übrig sein. Die Geschenke in die Hülse stecken und die Schnur aus einem Ende herausbaumeln lassen. Das Röhrchen mit buntem Krepp- oder Seidenpapier umwickeln und die Papierenden fest zusammendrehen, sodass sie von selbst nicht wieder aufgehen können. Wenn man nun an der Schnur zieht, purzeln die Geschenke heraus. Eine nette Überraschung!

TIPP

Große Papprollen von Teppichen

Im Teppichhandel fallen lange dicke Papprollen an, die entsorgt werden müssen. Fragen Sie bei den Verkäufern danach, man überlässt sie Ihnen wahrscheinlich gern.

Da die Röhren mehrere Meter lang sein können, sollten Sie sich vorher genau die benötigte Länge überlegen und die Hülsen am besten im Teppichgeschäft auf die passende Größe kürzen lassen.

BESCHÄFTIGUNG FÜR NAGER • Legen Sie Mäusen oder Meerschweinchen als Spielzeug ein paar Hülsen von Toiletten- oder Küchenpapierrollen in den Käfig (Letztere in zwei Teile schneiden). Die Tierchen schlüpfen gern hindurch bzw. nagen an der Pappe. Wenn die Röhren angefressen aussehen, austauschen.

PAPPTELLER

KARTEIKARTEN HERSTELLEN • Sie brauchen neue Adresskärtchen oder wollen Ihre Vokabeln vom Italienischsprachkurs auf praktische Lernkarten schreiben? Wenn Sie keine fertigen Kärtchen im Haus haben, können Sie sich mit Papptellern behelfen, die vielleicht vom letzten Fest übrig sind. Basteln Sie eine Schablone, indem Sie auf einem Teller mithilfe von Bleistift und Lineal ein Kärtchen zeichnen und es ausschneiden; typische Maße sind 9 x 13 cm oder 10 x 15 cm, aber das bleibt ganz Ihnen überlassen. Mithilfe dieser Schablone können Sie dann beliebig viele Karteikarten herstellen.

TROPFENFÄNGER FÜR FARBEIMER • Wer beim Streichen seinen Pinsel am Farbeimer abstreift, muss mit Farbflecken auf dem Boden rechnen. Doch wer will schon seine Arbeit ständig unterbrechen, um die Flecken aufzuwischen. Später lassen sie sich allerdings nur noch schwer beseitigen. Von Klecksen verschont bleibt der Boden, wenn man einen Pappteller unter den Eimer stellt.

LERNSPASS MIT FRISBEE-KARTEN • Welches Kind macht schon gerne Hausaufgaben? Doch es gibt eine Methode, mit der Lernen Spaß macht. Schreiben Sie Zahlen, Buchstaben, Wörter oder sonstigen Lernstoff auf Pappteller. Jedes Mal, wenn das Kind die richtige Antwort weiß, darf es den Teller zur Belohnung wie eine Frisbee-Scheibe durchs Zimmer (oder bei schönem Wetter über den Rasen) werfen.

EIN SCHNEEMANN IM WARMEN • Draußen schneit es und ist so kalt, dass man nicht einmal den Hund vor die Tür schicken möchte. Um die Kinder trotzdem mit winterlichen Spielen zu unterhalten, bieten sich Pappteller als preiswertes Material an, das eine kreative Beschäftigung ermöglicht. Denn aus Papptellern kann man vielfältige Dekorationsstücke anfertigen, z. B. einen niedlichen Schneemann. Dafür nimmt man zwei Pappteller. Von einem der beiden Teller schneidet man den Rand ab, damit er kleiner wird. Diesen Teller tackert man nun an den größeren, wodurch Kopf und Körper des Schneemanns entstehen. Ein angeklebter Hut und Stiefel aus schwarzem Fotokarton sowie Fausthandschuhe aus rotem Buntpapier vervollständigen die Figur. Das Gesicht bilden Knöpfe als Kulleraugen und ein Pfeifenputzer als Mund. Oder Ihre Kinder malen mit einem Wachsmal- oder dicken Filzstift lustige Gesichtszüge auf.

GESCHÜTZTES GESCHIRR • Sie ziehen um und möchten, dass Ihr Geschirr heil bleibt? Oder Sie möchten die schönen Teller Ihrer Großmutter wohl verpackt aufbewahrt wissen? Das lässt sich leicht verwirklichen, indem Sie übrig gebliebene Pappteller vom letzten Picknick aus dem Schrank holen und beim Packen jeweils zwischen zwei Geschirrteile einen Teller legen. So können die einzelnen Teile nicht aneinander schlagen und brechen.

PFEFFER

WIEDER FREI DURCHATMEN • Es ist Winter, überall wird genießt und gehustet, und es ist nur noch eine Frage der Zeit, bis es auch Sie erwischt hat. Wenn die Nase verstopft, der Hals verschleimt und eine richtige Erkältung im Anzug ist, müssen Sie aber nicht gleich zur Chemie aus der Apotheke greifen. Würzen Sie lieber das nächste Gericht mit viel Cayennepfeffer. Wahrscheinlich werden Ihre Augen tränen, aber nichts löst Schwellungen in Nase und Hals besser als Cayennepfeffer. Legen Sie Papiertaschentücher bereit!

TIPP

Wirksam gegen Motten

*** *Wenn Kleider eingelagert werden sollen und kein Mottenpulver zur Hand ist, kann man die Plagegeister auch mit Pfeffer abwehren.***

Dazu werden die Kleidungsstücke leicht mit Pfeffer bestreut, gefaltet und aufeinander gestapelt in Kisten verstaut. Die Motten werden den scharfen Pfeffer meiden und damit auch Blusen, Hosen und Röcke unversehrt lassen!

HÄTTEN SIE'S GEWUSST?

Der schwarze Pfeffer auf Ihrem Tisch war einmal eine rote Beere an einem Busch. Legt man die erbsengroße Beere 10 Minuten lang in kochendes Wasser, schrumpft sie, nimmt eine schwarze Farbe an und wird zu dem uns allen bekannten Pfefferkorn, mit dem wir unsere Pfeffermühlen füllen. Schwarzer Pfeffer ist seit Urzeiten bekannt und stellt das am häufigsten verwendete Gewürz der Welt dar.

IMMER STRAHLENDE BUNTWÄSCHE • Um zu verhindern, dass Farben beim Waschen verblassen, ist Pfeffer genau das richtige Mittel. Geben Sie einfach 1 TL Pfeffer in die Waschmaschine. Er sorgt dafür, dass leuchtende Farben leuchtend bleiben, und außerdem kann Buntwäsche nun nicht mehr färben.

GEMÜSEGARTEN OHNE SCHÄDLINGE • Kaum ist die Saat im Gemüsegarten aufgegangen, sind auch schon die Schädlinge da und tun sich gütlich am Stolz des Hobbygärtners. Folgende Methode hilft: Mischen Sie schwarzen Pfeffer mit Mehl und streuen Sie die Mixtur um Ihre Pflanzen herum aus. Das hält lästiges Kleintier von seinem Beutezug ab.

SO BLEIBT DAS WILD IM WALD • Wer nahe am Wald wohnt, kennt das Problem, dass immer wieder Wildtiere in den Garten eindringen. Man kann sie aber abhalten, indem man die Hecke oder die Büsche im Garten mit einer Mischung aus Cayennepfeffer und Wasser besprüht. Dabei Vorsicht walten lassen, damit nichts von der Lösung in die Augen gerät.

DIE KÜCHE AMEISENFREI HALTEN

Zwei oder drei Ihrer alljährlichen Sommergäste sind auf der Suche nach Zucker in Ihre Küche eingedrungen. Schrecken Sie die ungebetenen Besucher sofort ab, indem Sie die Stellen, an denen Ameisen normalerweise suchen – zwischen Wand und Arbeitsplatte oder entlang der Fußleiste –, mit Cayennepfeffer bestreuen. Der Cayennepfeffer vermittelt ihnen die Botschaft: kein Zucker da!

PFEIFENPUTZER

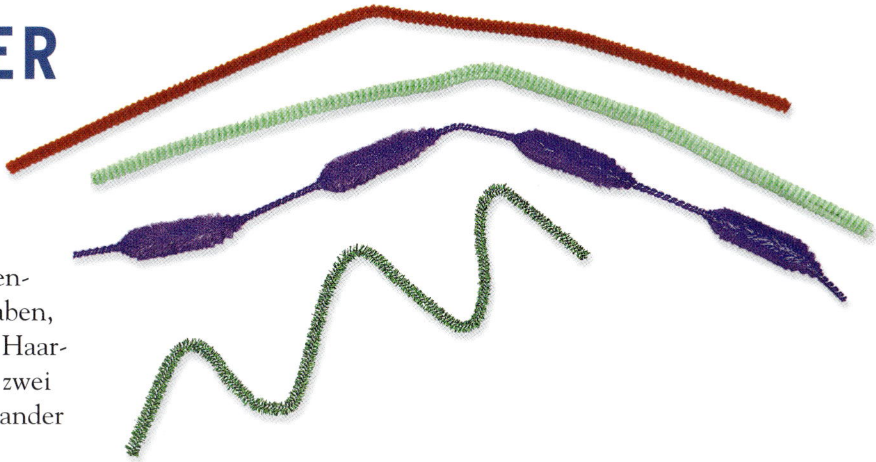

SCHMUCK FÜR PFERDESCHWANZ • Sie binden Ihr Haar gern zu einem Pferdeschwanz und haben Lust, einmal wieder einen neuen Haarschmuck zu tragen? Dann machen Sie doch Folgendes: Sobald Sie Ihre Haare gebunden haben, wickeln Sie einen Pfeifenputzer um das Haargummi. Noch besser wirkt es, wenn Sie zwei Pfeifenputzer verschiedener Farbe ineinander drehen, bevor Sie sie befestigen.

SICHERHEITSNADELN NACH GRÖSSE SORTIERT • Sicherheitsnadeln gibt es in den verschiedensten Größen, daher dauert es oft lange, bis man im Nähkästchen die passende Größe gefunden hat. Schnell zur Hand hat man die richtige Nadel, wenn man die Sicherheitsnadeln der Größe nach mit der unteren Öse an einem Pfeifenputzer aufhängt.

PROVISORISCHER SCHNÜRSENKEL • Wenn der Schnürsenkel reißt und man keinen Ersatz parat hat, kann ein Pfeifenreiniger als Ersatzsenkel dienen. Einfach wie sonst den Schnürsenkel durch die Ösen des Schuhs fädeln, oben zusammendrehen – und man hat wieder sicheren Halt!

GASBRENNER MIT VOLLER FLAMME • Sind die Brennerdüsen Ihres Gasherds sauber, sehen Sie nach dem Entzünden des Gases einen geschlossenen Flammenkreis. Ist der Kreis unterbrochen, strömt kein Gas durch die entsprechenden Düsen, weil sie verstopft sind. Um die Düsen zu reinigen, schalten Sie den Herd aus und stoßen einen Pfeifenputzer in die kleinen Öffnungen. Dadurch werden sie gereinigt und der Brenner bringt wieder eine bessere Leistung. Diese Reinigungsmethode lässt sich übrigens auch bei Überdruckventilen von Dampfkochtöpfen anwenden.

BUNTE SERVIETTENRINGE FÜR VIELE ANLÄSSE • Wenn Sie ein großes Abendessen geben und für die vielen Servietten nicht genügend Serviettenringe besitzen, sind bunte Pfeifenputzer eine gute Alternative. Biegen Sie den Pfeifenputzer um die Serviette und drehen Sie ihn oben zu. Für ausgefallenere Kreationen benutzen Sie zwei Pfeifenputzer. Einer dient als Serviettenring, der andere wird am ersten befestigt und in eine Form gebogen, z. B. ein Kleeblatt zu Silvester oder ein Herz zum runden Hochzeitstag.

VERSCHLUSS FÜR MÜLLBEUTEL • Sie haben einen Müllbeutel mit unangenehm riechenden Küchenabfällen und stellen fest, dass keine Drillbinder mehr im Haus sind, um ihn luftdicht zu verschließen? Dann greifen Sie einfach zu einem Pfeifenputzer.

HÄTTEN SIE'S GEWUSST?

Verlässlichen Quellen zufolge wurden Pfeifenputzer im ausklingenden 19. Jh. von J. Harry Stedman in New York erfunden. Und obwohl das Pfeiferauchen seit damals stark aus der Mode gekommen ist, erlebte die Pfeifenputzerindustrie in dem Maß einen großen Aufschwung, in dem das Kunsthandwerk den Pfeifenputzer für sich entdeckte. Genau genommen heißen die Pfeifenputzer, die z. B. Kinder bei Bastelarbeiten verwenden, Chenilledraht oder Biegeplüsch und sind in verschiedenen Farben und Breiten erhältlich. Sie sind weicher und flauschiger als die richtigen Pfeifenputzer, die von Pfeifenrauchern benutzt werden.

Fortsetzung →

PFLANZEN FESTBINDEN • Ihnen ist der Gärtnerbast ausgegangen, mit dem Sie sonst Ihre Pflanzen festbinden? Befestigen Sie kleinere Pflanzen an Stäben oder Kletterpflanzen an Spalieren, einer Pergola und anderen Gerüsten mit Pfeifenreinigern.

DIE KINDER IM AUTO BESCHÄFTIGEN • Wenn ein großer Familienurlaub mit dem Auto bevorsteht, sollte man sich für unterwegs eine gute Beschäftigung für die Kinder überlegen. Denn auf der Rückbank entsteht bald Langeweile, und die wird meist lautstark geäußert. Präparieren Sie deshalb vor der Fahrt ein paar bunte Pfeifenputzer, indem Sie die Enden fest in klein geschnittene Korken stecken. So bleiben sie auch bei einer scharfen Bremsung ungefährlich. Nun kann Ihr Kind die farbenfrohen Pfeifenputzer zu vielen lustigen Figuren, Tieren, Blumen oder sonstigen Gebilden biegen, und die Langeweile ist vergessen.

MINIREINIGUNGSBÜRSTE • Pfeifenputzer eignen sich sehr gut zur Reinigung von schwer zugänglichen, engen Stellen. Das Rädchen eines Dosenöffners lässt sich damit ebenso mühelos von Schmutz befreien wie das Spulengehäuse einer Nähmaschine.

HÜBSCHER GESCHENKANHÄNGER

Damit ein Geburtstags- oder Weihnachtsgeschenk eine besondere Note bekommt, biegen Sie einen Pfeifenputzer in eine Herz- oder andere Form. Führen Sie ein Ende durch ein Loch in der Karte (falls es keines gibt, nutzen Sie dafür Ihren Locher) und befestigen Sie das Ganze mit einem Tropfen Kleber auf dem Paket.

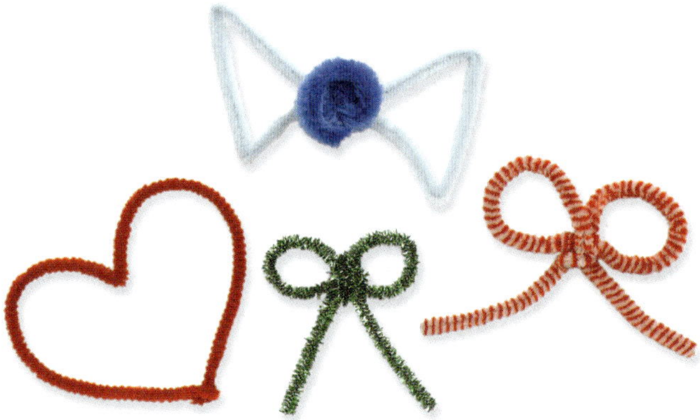

PFLANZENÖL

SCHLUSS MIT ETIKETTEN- UND AUFKLEBERRÜCKSTÄNDEN • Gebrauchte Behälter – aus Plastik oder Glas – sind im Haushalt sehr praktisch, da immer wieder verwendbar. Doch die Etiketten lassen sich meist schlecht entfernen, manche Preisschilder sind ebenso nur unter Mühen abzulösen. Zurück bleibt eine klebrige unansehnliche Stelle. Tupfen Sie ein Küchentuch in etwas Pflanzenöl und reiben Sie über das Etikett oder das Preisschild. Im Handumdrehen geht es ab.

NÄCHTLICHE FUSSKUR • Gönnen Sie Ihren Füßen eine Kur, damit sie weich und geschmeidig werden. Dazu massieren Sie vor dem Zubettgehen jeden Fuß mit einigen Tropfen Pflanzenöl. Ziehen Sie anschließend ein Paar Socken an. Wenn Sie am nächsten Morgen aufwachen, sind Ihre Füße weich wie Seide. Diese Methode funktioniert übrigens auch bei den Händen: ein wenig Pflanzenöl in die Hände reiben und anschließend ein Paar Glaceehandschuhe darüberstreifen. Nach ein paar Stunden erscheinen Ihre Hände um Jahre jünger …

PFLEGENDES ÖLBAD

Ein Ölbad wirkt wunderbar gegen trockene Haut. Lassen Sie heißes Wasser in die Wanne einlaufen und geben Sie als Badezusatz eine Mischung aus je 1 EL Maiskeim-, Oliven- und Weizenkeimöl hinzu. Nach dem Baden den Körper mit dem Handtuch trockentupfen und nicht frottieren. Wenn Sie anschließend über Ihre Haut streichen, werden Sie sich über das samtene Gefühl freuen!

RASENMÄHER PRÄPARIEREN • Sie müssen das Mähen oft unterbrechen, um die Unterseite Ihres Rasenmähers von Grasresten zu befreien? Sobald Sie die Reinigung das nächste Mal durchgeführt haben, reiben Sie Gehäuse und Messer mit etwas Pflanzenöl ein. Jetzt können Sie viel länger mähen, denn das Öl verhindert, dass das Gras an der Maschine klebt.

TIPP

Pflege fürs Holzbrettchen

* ***Küchenutensilien aus Holz wie Schneidbretter, Salatschüsseln und Zangen trocknen mit der Zeit aus, ebenso die Holzgriffe von Messern.***

Zu ihrer Pflege verwendet man medizinisches Weißöl, erhältlich in Apotheken. Es ist lebensmittelecht, wird nicht ranzig und eignet sich daher für alle Holzgegenstände, die mit Lebensmitteln in Kontakt kommen. Verwenden Sie für diesen Zweck kein herkömmliches Pflanzenöl, denn es zieht in das Holz ein. Das sieht zwar gut aus, aber das eingezogene Pflanzenöl kann nicht richtig trocknen und wird mit der Zeit ranzig.

INEINANDER STECKENDES GESCHIRR SICHER TRENNEN • Auch Sie kennen folgendes Problem: Zwei ineinander gestapelte Trinkgläser oder Glasschälchen klemmen. Es scheint, als sei das Geschirr nicht mehr voneinander zu trennen, ohne dass es Scherben gibt. Doch die Lösung ist einfach: Verteilen Sie ein wenig Pflanzenöl um den Rand des unteren Glases oder Schälchens, und schon lässt sich das Geschirr ganz leicht voneinander lösen.

LANGES LEBEN FÜR GUSSEISERNES KOCHGESCHIRR • Kochgerät aus Gußeisen ist schön, doch es rostet leicht. Nachdem eine gusseiserne Bratpfanne oder ein gusseiserner Topf gespült und sorgfältig abgetrocknet wurde, sollte man deshalb etwas Pflanzenöl auf ein Küchenpapier geben und das Kochgeschirr damit ausstreichen. Anschließend das Öl nicht ganz abwischen, sondern eine dünne Schicht zurücklassen. So fängt das Kochgerät nicht an zu rosten und ist gut auf den nächsten Einsatz vorbereitet.

FEST STECKENDEN SPLITTER ENTFERNEN • In Ihrem Finger steckt ein kleiner Splitter und Sie haben den Eindruck, dass er sich nur schwer entfernen lässt? Dann sollten Sie die betreffende Stelle einige Minuten in ein Schälchen mit etwas Pflanzenöl halten. Das Öl macht die Haut schön weich, und oft lässt sich nach einem solchen Fingerbad der Splitter mit einer Pinzette ganz leicht herausziehen.

PINSEL

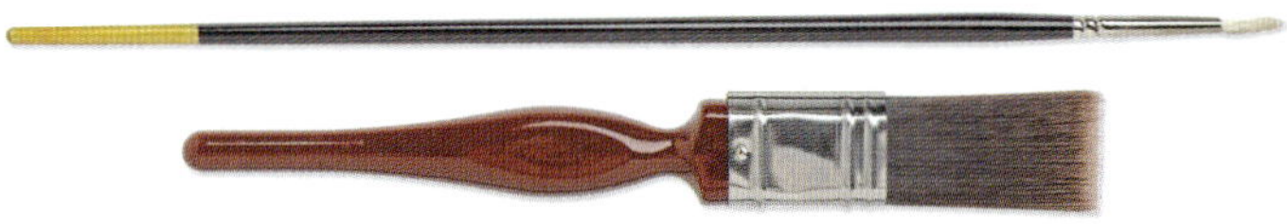

URLAUB OHNE SAND IM AUTO • Plant man einen Urlaub am Meer, ist es ratsam, vor Reiseantritt einen großen Pinsel im Handschuhfach oder Kofferraum zu verstauen. Denn der feine Sand setzt sich überall im Auto fest und wird später auch ins Hotelzimmer oder die Ferienwohnung getragen. Entfernen Sie deshalb den Sand mit einem Pinsel von Handtüchern, Sandspielzeug, Liegestühlen und von sich selbst und den Kindern, bevor Sie in den Wagen steigen. Bei der nächsten Autoreinigung werden Sie viel weniger staubsaugen müssen, und auch in Ihrem Feriendomizil reduziert sich der Reinigungsaufwand.

STAUBFREIE RATTANMÖBEL • Staublappen und Staubwedel sind gut geeignet, um damit Regale und andere glatte Flächen zu reinigen, dringen aber nicht bis in die Ritzen von Rattanmöbeln oder auch Kronleuchtern vor. Hier ist ein kleiner Naturhaarpinsel unverzichtbar. Die weichen Borsten eignen sich perfekt zur Staubentfernung an Stellen, die anders nicht zu erreichen sind. Auch empfindliche Gegenstände wie Porzellan oder geschnitzte Holzfiguren können mit dem Pinsel mühelos vom Staub befreit werden.

TIPP

Pinsel kaufen und reinigen

* ***Naturhaarpinsel eignen sich am besten für Farben auf Kunstharz- bzw. Ölbasis. Für Acrylfarbe ist dagegen ein Kunsthaarpinsel zu empfehlen, weil das Wasser in der Farbe die Naturborsten zerstören kann.***

Bevor Sie daran gehen, einen Pinsel zu reinigen, wischen Sie die überschüssige Farbe an einem Stück Zeitungspapier ab. Pinsel, die mit Ölfarbe getränkt sind, werden in Lackbenzin (Terpentin) geschwenkt, bis sich die Farbe gelöst hat, und dann ausgeschüttelt. Zum Herauslösen von Acrylfarbe waschen Sie den Pinsel gründlich in Seifenwasser, spülen ihn mit klarem Wasser und schütteln ihn aus. Viele Acrylfarben enthalten Acrylsäuren, die sich nicht ganz mit Seife und Wasser herauswaschen lassen. In diesem Fall muss mit Terpentin nachbehandelt werden.

MIT LIEBE SÄEN • Beim Aussäen sollte man mit viel Fingerspitzengefühl vorgehen. Streichen Sie deshalb, nachdem Sie die Einsaat in Reihen ausgebracht haben, die Erde vorsichtig mit einem breiten Pinsel über die Samen. Auf diese Weise wird nur so viel Erde aufgebracht wie nötig und die Samen werden nicht unter der Last erdrückt.

SAUBERE FLIEGENFENSTER • Fliegengitter sind normalerweise nur unter großen Mühen sauber zu halten, weil die Maschen sehr eng sind. Man kann sich das Reinigen des Gitters aber erleichtern: Mit einem breiten sauberen Pinsel staubt man das Fliegengitter zunächst ab. Nachdem man den Staub aus dem Pinsel entfernt hat, taucht man ihn in eine kleine Schale mit Kerosin und streicht das Gitter von beiden Seiten damit ein. Nun muss das Geflecht nur noch gründlich mit einem fusselfreien Tuch abgetrocknet werden. Der Schmutz ist verschwunden.

FLECKEN PRÄZISE ENTFERNEN • Ein verflecktes Kleidungsstück mit flüssigem Fleckenentferner zu behandeln, ist in der Regel ein Unterfangen auf gut Glück. Bei kleineren Flecken ist es nahezu unmöglich, den Fleckenentferner aus der Flasche zielgenau aufzutragen. Schnell ist viel mehr Mittel als nötig auf das Kleidungsstück geschüttet. Man macht es sich wesentlich einfacher, wenn man zum Auftragen von Fleckenentferner auf schmutzige Hemdkragen und Ähnliches einen kleinen Pinsel benutzt. Das ist geschickter und viel genauer und außerdem sparsamer beim Verbrauch des Fleckenmittels.

GÜNSTIGER ERSATZ FÜR BACKPINSEL • Es muss nicht unbedingt ein Backpinsel aus dem Fachgeschäft oder der Küchenabteilung des Warenhauses sein. Ein kleiner Kunsthaarpinsel leistet in der Küche genauso wertvolle Dienste. Wie ein richtiger Backpinsel lässt er sich beim Backen oder Braten zum Ausfetten von Formen oder zum Auftragen von Glasur oder Bratenfond verwenden. Bei Grillpartys im Freien kann damit auch das Grillgut mit Barbecue-Sauce bepinselt werden. Und das Beste ist, dass ein gewöhnlicher Pinsel viel leichter zu reinigen ist als die meisten herkömmlichen Backpinsel.

PLASTIKBEHÄLTER

FALLE FÜR GEFRÄSSIGE SCHNECKEN • Ihre frisch gesetzte Gemüsepflanze ist von Schnecken bedroht und Sie möchten sie retten? Hierfür gibt es eine Lösung, die radikal, aber wirksam ist: Graben Sie neben die Pflanze ein Loch in der Größe eines durchschnittlichen Plastikbehälters. Setzen Sie den Behälter bündig mit dem Erdboden ins Loch und füllen Sie ihn mit Bier oder Salzwasser. Dann legen Sie um den Rand herum Kartoffelscheiben aus, um die Schädlinge anzulocken. Die Schnecken werden in den Behälter kriechen, nicht mehr herauskommen und darin ertrinken. Sie brauchen Sie dann nur noch zu entsorgen.

HÄTTEN SIE'S GEWUSST?

Der gewaltige Erfolg von Tupperware-Plastikschüsseln ist dem Einfallsreichtum eines Mannes und dem guten Instinkt einer Frau zu verdanken. Der Mann, ein US-amerikanischer Chemiker, hieß Earl Silas Tupper und entdeckte, dass sich ein neues Plastikmaterial namens Polyethylen, das gleichzeitig elastisch und haltbar war, zu Plastikschüsseln und dicht schließenden Deckeln formen ließ. Doch die Umsätze seiner 1938 gegründeten Firma, der Tupperware Plastics Company, blieben bescheiden, bis Tupper 1948 auf Brownie Wise, eine geschiedene Mutter aus Detroit, traf. Wise erkannte, dass die amerikanische Gesellschaft es zwar als Schande betrachtete, wenn Frauen einer Arbeit nachgingen, es aber akzeptiert wurde, wenn sie auf so genannten Tupper-Partys die „Wunderschüsseln" verkauften. Tupper beauftragte Wise mit dem Vertrieb von Tupperware, und gemeinsam machten sie das Produkt zu dem, was das Guinnessbuch der Rekorde als eines der bleibenden Symbole unseres Zeitalters bezeichnet.

GEFÄHRLICHE WESPEN AUSSER GEFECHT SETZEN • Es ist Sommer, und die Wespen umschwirren Sie auf der Terrasse so zahlreich, dass Sie sich wirklich beeinträchtigt fühlen. Außerdem befürchten Sie, dass Ihr Kind jeden Augenblick unter Tränen aus dem Garten gestürzt kommen könnte. Nehmen Sie deshalb einen Plastikbehälter und füllen Sie ihn mit Zuckerwasser. Dann schneiden Sie ein Loch in den Deckel und setzen ihn auf das Gefäß. Die Wespen werden von dem Wasser angelockt, kriechen in den Behälter und sind gefangen.

Fortsetzung →

GRILLABEND OHNE AMEISENBESUCH • Zum Grillen im Garten kommen leider auch immer wieder Gäste, die niemand eingeladen hat. Hilflos muss man mit ansehen, wie Ameisen an allen vier Tischbeinen hochklettern, über die Tischplatte krabbeln und zum Schluss im Essen landen. Mit der folgenden Methode können Sie die Ameisenstraße unterbrechen: Jedes Bein des Tischs wird in einen Plastikbehälter gestellt, der mit Wasser gefüllt ist. Diesen einfach zu installierenden Burggraben können die Ameisen nicht überwinden.

ORDNUNG IN DIE NÄHECKE BRINGEN • Sie machen es sich in Ihrer Nähecke gemütlich und wollen an Ihrer Handarbeit für Weihnachten weitermachen. Aber statt zu nähen, suchen Sie verzweifelt nach einer bestimmten Nadel, dem Faden in der richtigen Farbe oder dem Fingerhut. Mit Plastikbehältern können Sie Ordnung in Ihre Nähsachen bringen. Füllen Sie einige der Gefäße mit Garnrollen, andere mit Hilfsmitteln wie Auftrenner, Maßband usw. In einem weiteren Behälter können Sie Nadeln aufbewahren.

TRAGBARER NAPF FÜR HUNDE • Wenn Sie das nächste Mal mit Ihrem Hund eine längere Wanderung unternehmen, packen Sie ein wenig Futter in einen Plastikbehälter und den Proviant für Sie selbst in einen anderen. Ein weiterer, leerer Behälter kann als Wassernapf für unterwegs dienen – und alles ist ganz einfach im Auto zu verstauen.

PLASTIKDECKEL

KÜHLSCHRANK SAUBER HALTEN • Einen angebrochenen Becher Sahne im Kühlschrank aufzubewahren ist nicht ganz ungefährlich. Schon ein leichter Stoß, z. B. mit der Milchtüte, reicht aus, damit Sahne aus dem Behälter schwappt und den Kühlschrank verunreinigt. Auf Nummer Sicher geht man, indem man einen Plastikdeckel unter das Lebensmittel legt, damit alles sauber bleibt. Wenn der Untersetzer schmutzig wird, kann er einfach in die Spülmaschine gegeben werden, während die Kühlschrankregale von klebrigen Rückständen frei bleiben. Übrigens eignen sich Plastikdeckel auch hervorragend, um Flaschen mit Ketchup, Mayonnaise oder Grillsaucen ordentlich und übersichtlich im Kühlschrank unterzubringen.

FRIKADELLEN VORBEREITEN • Ein richtig großes Grillfest steht ins Haus und Sie bereiten Frikadellen für die ganze Familie bzw. den Freundeskreis vor. Bis zur Party sollen die Hackfleischscheiben eingefroren werden. Doch wie bewahren Sie die Scheiben am besten auf, damit nicht alle am Ende zusammenkleben? Legen Sie die Fleischscheiben jeweils auf einen Plastikdeckel und stapeln sie die Deckel aufeinander. Die Stapel stecken Sie in Gefrierbeutel. Nun können Sie die Fleischscheiben einfrieren. Wenn dann der Grill brennt, werden Sie keine Probleme haben, die vorgeformten Frikadellen voneinander zu trennen.

BLUMENTOPF-UNTERSETZER • Die neuen Zimmerpflänzchen brauchen dringend Wasser, aber es ist kein Untersetzer zur Hand? Man kann stattdessen auch Plastikdeckel verwenden. Einer unter jeder Pflanze, und die Holzmöbel bleiben ohne Wasserränder.

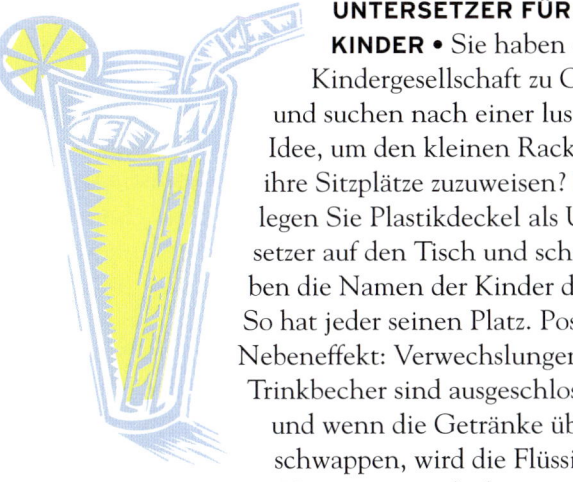

UNTERSETZER FÜR KINDER • Sie haben eine Kindergesellschaft zu Gast und suchen nach einer lustigen Idee, um den kleinen Rackern ihre Sitzplätze zuzuweisen? Dann legen Sie Plastikdeckel als Untersetzer auf den Tisch und schreiben die Namen der Kinder darauf. So hat jeder seinen Platz. Positiver Nebeneffekt: Verwechslungen der Trinkbecher sind ausgeschlossen, und wenn die Getränke überschwappen, wird die Flüssigkeit vom Untersetzer aufgefangen und die Tischplatte überlebt das Fest unbeschadet.

AUFGERÄUMTE WERKSTATTSCHUBLADE • Bringen Sie Ordnung in Ihre Werkstattschublade. Dazu sägen Sie eine Pressspanplatte auf die Größe der Schublade zu und kleben darauf Spraydosendeckel. Die Platte legen Sie in die Schublade. In den Deckeln können Sie nun Nägel, Schrauben, Dübel und anderes Kleinmaterial aufbewahren.

GEBÄCK AUSSTECHEN • Kein Aussstecher im Haus? Zur Not können Sie auch den Deckel einer Spraydose verwenden, um runde Kekse auszustechen.

TIPP

In der Zimmerdecke bohren

✱ *Jeder Heimwerker kennt dieses Problem: Ein Loch muss in die Decke gebohrt werden, beispielsweise um einen Haken zum Aufhängen einer Lampe einzuschrauben. Wenn nur der lästige Bohrstaub nicht wäre.*

Die Lösung ist einfach: Bohren Sie mit Ihrer Bohrmaschine durch einen Plastikdeckel. Der Deckel fängt zumindest einen Teil des Bohrstaubs auf und Ihre Augen sind geschützt.

HUNDE- UND KATZENFUTTER UNTER VERSCHLUSS

Manchmal hat man als Tierhalter den Eindruck, dass Hund oder Katze ihr Futter umso mehr lieben, je intensiver es riecht. Wenn Ihr vierbeiniger Liebling zu klein ist, um eine ganze Dose auf einmal zu verputzen, die Küche aber auch nicht nach Tierfutter riechen soll, ist ein Plastikdeckel, z. B. von einem leeren Margarinebecher, ein ausgezeichneter Verschluss für Futterdosen. Er sorgt für eine geruchsfreie Aufbewahrung der Tiernahrung.

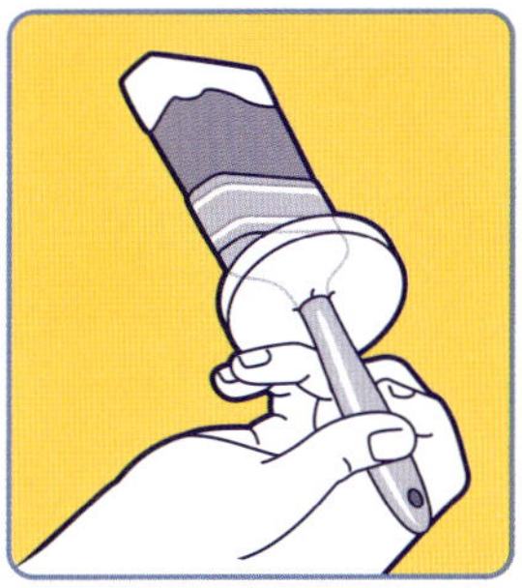

FLECKENFREI MALERN • Beim Streichen der Zimmerdecke bleiben nach dem Trocknen in der Regel ein paar Stellen, die nachbearbeitet werden müssen. Unglücklicherweise tropft dabei die Farbe gern vom Pinsel auf den Ärmel oder das Hemd. Diesem Ärgernis kann man auf einfache Art vorbeugen: Man nimmt einen Plastikdeckel zur Hand, am besten in der Größe, wie sie auf Kaffeedosen sitzen. In die Mitte wird mit einem Messer ein Schlitz geschnitten. Nun den Pinselstiel so hindurchstecken, dass sich der Deckel am schmalen Teil des Stiels genau über der Hand befindet. Beim Malern werden jetzt sämtliche Farbtropfen aufgefangen. Dessen ungeachtet ist es ratsam, nicht zu viel Farbe mit dem Pinsel aufzunehmen, wenn man über Kopf arbeitet.

BESCHICHTETE PFANNEN SANFT SÄUBERN • Auch in so genannten Antihaftpfannen backt hin und wieder etwas fest. Natürlich können Sie den Essensresten nicht mit Stahlwolle zu Leibe rücken. Versuchen Sie es stattdessen mit der geraden Seite eines in der Mitte durchgeschnittenen Plastikdeckels. Damit können Sie übrigens auch Essensreste von Tellern oder Teig aus Schüsseln schaben.

PLASTIKFLASCHEN

Im Haushalt

SCHNELL WIEDER WARME FÜSSE • Von einem Spaziergang bei eisigem Winterwetter kommt man oft mit kalten und müden Füßen nach Hause. Um sie zu wärmen, muss man nicht extra teure Wärmekissen kaufen. Denn zum Glück gibt es eine günstige Alternative. Wenn man eine Plastikflasche, die etwa 1 oder 1,5 Liter Fassungsvermögen hat, mit warmem, nicht kochendem Wasser füllt und die Flasche unter den Füßen hin und her rollt, setzt bald eine behagliche Wärme ein und die Durchblutung wird ebenfalls angeregt.

VERWENDUNG ALS STIEFELSPANNER • Möchten Sie verhindern, dass die Schäfte Ihrer Stiefel während der sommerlichen Lagerung umknicken und Falten werfen? Dann stellen Sie in jeden Stiefel eine saubere 1-Liter-Plastikflasche. Wenn Sie wollen, dass die Schäfte noch straffer gespannt werden, überziehen Sie die Flaschen mit ein paar alten Socken oder wickeln Sie Handtücher darum.

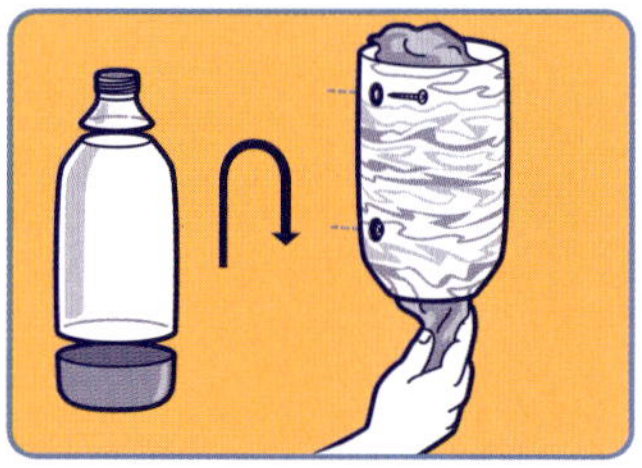

TÜTEN- ODER SCHNURSPENDER HERSTELLEN • Von vielen Einkäufen bringt man eine neue Plastiktüte mit. Um dem aufkommenden Tütendurcheinander Herr zu werden, kann man sich aus einer 1,5 -Liter-Plastikflasche einen Behälter zur Aufbewahrung und Entnahme von Plastiktüten herstellen. Dazu werden der Boden und ein Teil des Flaschenhalses entfernt und die Flasche verkehrt herum an der Seitenwand eines Küchenschranks festgeschraubt. Unter den Schraubenköpfen sollten Unterlegscheiben platziert werden, damit sich die Schrauben nicht durchs Plastik drücken. Dann werden die wiederverwendbaren Plastiktüten oben in die Flasche gefüllt (vorher Luft herausdrücken) und bei Bedarf unten wieder herausgezogen. Auf die gleiche Weise lässt sich auch ein Schnurspender konstruieren, indem man das Ende der Kordel aus dem Hals einer 1-Liter-Flasche hängen lässt.

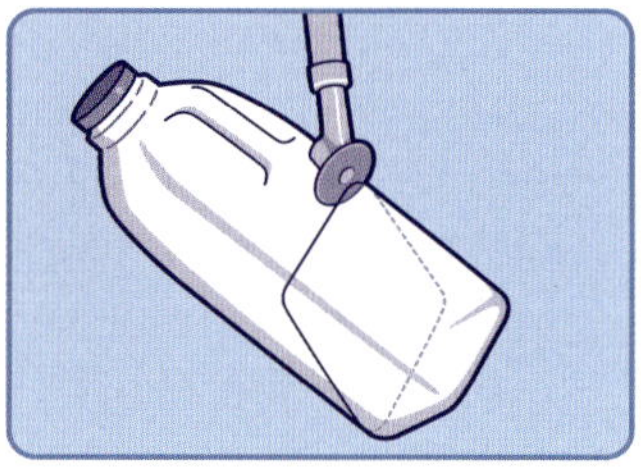

SCHAUFEL HERSTELLEN • Eine Schaufel, die sehr vielseitig verwendbar ist, kann man basteln, indem man eine große Plastikflasche mit Griff vom Boden her diagonal durchschneidet, sodass die oberen drei Viertel der Flasche intakt bleiben. Schon hält man eine praktische Schöpfkelle in den Händen, mit der z. B. die Dachrinne von Blättern befreit, die Katzentoilette gereinigt, Hundefutter aus der Tüte geschöpft oder im Winter Sand auf vereiste Wege gestreut werden kann.

WASSER SPAREN BEI DER TOILETTENSPÜLUNG • Die neuen Wasser-Stopp-Toiletten sparen eine Menge Wasser und das schlägt sich natürlich deutlich in der Wasserrechnung nieder. Falls Ihre Toilette nicht zu den neuesten Modellen gehören sollte, können Sie trotzdem Geld sparen, indem Sie eine 1-Liter-Plastikflasche mit Wasser füllen (vorher Etiketten entfernen) und die Flasche in den Toilettenspülkasten legen. Die Wassermenge beim Herunterspülen verringert sich nach der ersten Nutzung, da nicht mehr so viel Wasser nachfließen kann.

PRAKTISCHER ZUCKERSPENDER • Die Zuckerpäckchen aus dem Supermarkt sind unpraktisch in der Aufbewahrung, da immer etwas vom Inhalt in den Küchenschrank rieselt. Auch die richtige Dosierung fällt schwer, denn schnell ist ein großer Schwung Zucker in der Rührschüssel gelandet, wo doch eigentlich nur 100 g vorgesehen waren. Eine gute Lösung bietet eine saubere und trockene Plastikflasche mit Griff, in die man mehrere Päckchen Zucker füllen kann. Der Zucker wird nicht so leicht hart, da er nicht feucht werden kann, und der Griff macht es viel einfacher, ihn richtig zu dosieren.

TRICHTER HERSTELLEN • Werfen Sie eine leere Weichspüler- oder Reinigerflasche mit Griff nicht weg, denn daraus lässt sich ganz einfach ein praktischer und strapazierfähiger Trichter herstellen. Spülen Sie die Flasche gründlich aus und schneiden Sie sie in der Mitte durch. Der obere Teil (mit Öffnung und Griff) dient dann als Trichter für das Einfüllen von Farben, Reis, Münzen oder anderen geeigneten Materialien, die Sie umfüllen oder dosieren möchten.

KAUSPIELZEUG FÜR DEN VIERBEINER • Wenn Ihr Hund mal wieder die Hausschuhe zerkaut hat, die eigentlich Ihre Füße wärmen sollten, ist dies ein untrügliches Zeichen dafür, dass er neues Kauspielzeug benötigt. Geben Sie ihm doch einfach eine leere 1-Liter-Plastikflasche. Vielleicht liegt es an dem knirschenden Geräusch, das beim Hineinbeißen entsteht, aber Hunde sind ausgesprochene Fans von Plastikflaschen. Achten Sie allerdings darauf, das Etikett und den Deckel zu entfernen (ebenso wie die losen Plastikringe unter dem Deckel). Tauschen Sie das Spielzeug auch unbedingt aus, bevor es zu arg zerbissen ist, denn abgelöste Plastikteile stellen eine nicht zu unterschätzende Erstickungs- und Verletzungsgefahr dar.

SPIELZEUG GUT VERWAHRT • Machen die Bauklötze und Spielsteine der Kinder Ihr Wohnzimmer zu einem Hindernisparcours? Dann basteln Sie doch einfach einen praktischen Allzweckbehälter, in dem die Teile aufbewahrt werden können. Dazu schneiden Sie ein großes Loch in die Seite einer sauberen Plastikflasche mit Griff (z. B. einer Weichspülerflasche). Das Loch sollte sich gegenüber dem Griff befinden, damit Ihr Kind den Behälter nach dem Aufräumen mühelos ins Kinderzimmer zurücktragen kann. Zur Aufbewahrung von Bastelmaterial, Stiften oder kleinen Spielsachen schneidet man die Flasche in der Mitte durch und benutzt nur den unteren Teil als Behältnis. Sie sollten gegebenenfalls scharfe Kanten mit Klebeband abkleben!

TIPP

Sicherer Rotationsschneider

Das Schneiden von Plastikbehältern ist gefährlich – besonders wenn Sie dazu Ihr schärfstes Küchenmesser hervorgeholt haben.

Das Risiko lässt sich stark vermindern, wenn Sie sich in einem Bau- oder Heimwerkermarkt ein Rundmesser besorgen (nicht mit einem Pizzaschneider zu verwechseln). Die Abbildung neben der Überschrift „Schaufel herstellen“ zeigt so ein Gerät, das im Handel meist für ca. 30 Euro erhältlich ist. Seien Sie aber vorsichtig. Diese Messer verwenden Blätter, die scharf sind wie Rasierklingen. Dafür erleichtern Sie aber die Arbeit erheblich, wenn es darum geht, einen harten Plastikbehälter zu schneiden.

Fortsetzung →

Unterwegs

UNTERSTÜTZUNG FÜR DIE KÜHLTASCHE • Sie wollen eine Radtour oder ein Picknick machen? Damit Ihre Kühltasche unterwegs nicht zu schnell an Kälte verliert, legen Sie ein paar Plastikflaschen mit Wasser oder Saft ins Gefrierfach und geben Sie danach die selbst gebastelten Kühlakkus zu den Lebensmitteln in der Kühltasche. Diese Methode bietet den Vorteil, dass die Lebensmittel kühl bleiben und Sie das Wasser oder den Saft nach dem Auftauen trinken können. Übrigens ist es auch empfehlenswert, einige gefrorene Flaschen in Gefrierfach oder Tiefkühltruhe aufzubewahren, falls Sie noch Platz haben. Denn eine volle Tiefkühltruhe verbraucht weniger Energie, was sich auf der Stromrechnung positiv bemerkbar macht. Füllen Sie die Flaschen aber nicht zu voll, damit sich das Wasser ausdehnen kann.

WENN ES GLATT WIRD AUF DER STRASSE

Im Winter ist es praktisch, immer eine Plastikflasche mit Sand oder Katzenstreu im Kofferraum des Autos mit sich zu führen. Am besten eignen sich hierzu Weichspüler- oder Reinigungsmittelflaschen mit Griff, die vorher gründlich gereinigt und getrocknet wurden. Hat man sich auf einer rutschigen Stelle festgefahren, streut man den Inhalt auf den Boden, damit die Griffigkeit der Räder erhöht wird. Der Griff macht es leichter, Sand oder Katzenstreu herauszuschütten.

Im Garten

VOGELHÄUSCHEN FÜR DIE GEFIEDERTEN FREUNDE • Warum im Gartencenter viel Geld für ein Vogelhäuschen ausgeben, wenn es doch so einfach ist, eines selbst herzustellen. Nehmen Sie eine 1,5-Liter-Plastikflasche und schneiden Sie an der Seite ein großes, rundes Loch hinein, sodass ein eventuell vorhandener Griff entfernt wird. Wenn man will, kann man unter das große Loch noch ein kleineres bohren, durch das man einen Zweig als Sitzstange schiebt. Stechen Sie anschließend ein kleines Loch in die Mitte des Deckels. Nun nehmen Sie sich ein Stück reißfeste Schnur zur Hand und binden es an einen winzigen Zweig (er darf nicht größer sein, als der Durchmesser des Deckels). Stecken Sie das lose Ende der Schnur von unten durch den Flaschendeckel und schrauben Sie ihn dann wieder auf die Flasche. Der kleine Zweig im Innern sollte verhindern, dass die Schnur aus der Flasche rutscht. Nun können Sie das Flaschenhäuschen an einem Ast aufhängen. Füllen Sie den Futterspender bis zur Öffnung mit Vogelfutter und genießen Sie das Schauspiel.

GIESSKANNE HERSTELLEN • Wer viele Pflanzen besitzt und das Hin- und Herlaufen mit nur einer Gießkanne vermeiden möchte, für den gibt es hier die Lösung: Aus großen, sauberen Plastikflaschen mit Griff lassen sich im Handumdrehen gleich mehrere funktionsfähige Gießkannen herstellen. Dazu bohrt man auf der gegenüberliegenden Seite des Griffs unterhalb der Flaschenöffnung etwa ein Dutzend winzige Löcher in das Plastikmaterial (ca. 2 mm Durchmesser). Hierzu eignet sich z. B. ein Fleischspieß. Dann kann man die Flaschen mit Wasser auffüllen und den Verschluss

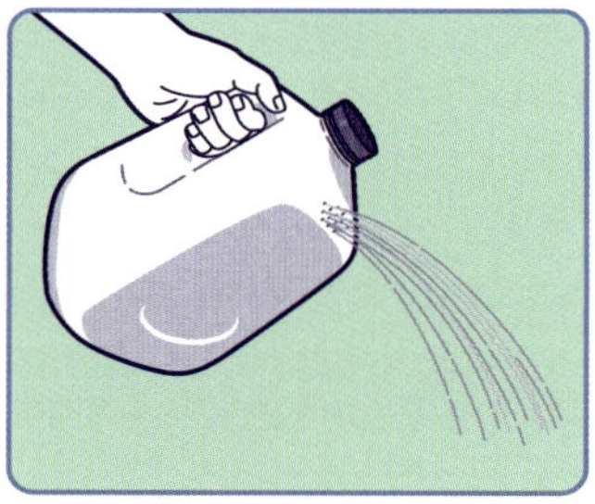

zudrehen. Wenn man nun die vollen Kannen zwischen den Pflanzen verteilt, kann man sich das unaufhörliche Laufen zum Wasserhahn sparen.

BEWÄSSERUNGSSYSTEM FÜR PFLANZEN • Sie sind über das Wochenende verreist und wollen nicht schon wieder die Nachbarn bitten, den Garten zu gießen? Dann stellen Sie doch ein eigenes Bewässerungssystem her, mit dem die Wurzeln der Pflanzen mit Wasser versorgt werden. Auf diese Weise können die Blumen auch bei Mittagshitze nicht zu Schaden kommen. Schneiden Sie ein großes Loch in den Boden einer 1,5-Liter-Plastikflasche (eine Limonadenflasche sollten Sie gut ausspülen) und bohren Sie zwei bis fünf kleine Löcher im Durchmesser von etwa 2 mm in den Deckel. Graben Sie die zugeschraubte Flasche neben der Pflanze, die Sie bewässern wollen, verkehrt herum in den Boden ein, sodass sie zu drei Vierteln in der Erde steckt. Dann wird durch das obere Loch Wasser eingefüllt und dieser Vorgang nach Bedarf wiederholt. Diese Methode eignet sich auch für die vorübergehende Bewässerung größerer Topfpflanzen.

WAS-IST-WAS IM GARTEN • Für einen besseren Überblick im Kräutergarten werden aus großen, klaren Plastikwasserflaschen vertikal Streifen herausgeschnitten. Die Streifen sollten dieselbe Breite, aber die doppelte Länge haben wie die Samenpäckchen. Nun wird jeder Streifen über ein leeres Päckchen gefaltet, damit es vor Wind und Wetter geschützt ist. Zu guter Letzt wird es an einen Eisstiel oder an einem asiatischen Essstäbchen festgetackert und in den Boden vor die Pflanze gesteckt. So sind alle Kräuter übersichtlich gekennzeichnet.

GARTENFOLIE SICHER VOR WIND UND WETTER • Wenn die Gewebeplane oder die Gartenfolie über Ihren Gartenbeeten ständig locker wird und neu gespannt werden muss, beschweren Sie die Ränder mit großen, mit Wasser gefüllten Plastikflaschen, damit das Material nicht verrutschen kann.

VERWENDUNG ALS MOBILER ABFALLBEHÄLTER ODER ERNTEKORB • Wenn Sie sich den Umstand ersparen wollen, beim Entfernen alter Blüten und Blätter von Pflanzen oder beim Unkrautrupfen immer einen Eimer vor sich herschieben zu müssen, kommt hier ein toller Tipp: Waschen Sie eine Plastikflasche für Weichspüler oder Putzmittel, die einen Griff besitzt, gründlich aus und lassen Sie sie trocknen. Schneiden Sie in die dem Griff gegenüber liegende Seite ein großes Loch und führen Sie diesen durch einen Gürtel oder einen Strick, den Sie um die Hüfte tragen. Nun können sie dort ganz bequem alle Gartenabfälle sammeln. Dieselbe Konstruktion eignet sich übrigens auch als Korb zum Umschnallen, um Beeren, Kirschen oder andere kleine Obst- oder Gemüsearten ernten zu können.

REGELMÄSSIGER PFLANZABSTAND • Um Samen in einem ganz regelmäßigen Abstand voneinander einzupflanzen, nimmt man sich eine leere, runde Plastikflasche zu Hilfe. Man steckt den Flaschenhals so tief in die Erde, bis sein Durchmesser dem auf der Packung angegebenen Pflanzabstand entspricht. An dieser Stelle sollte die Flasche durchgeschnitten werden. Zum Pflanzen wird der abgeschnittene Rand der Flasche fest in den Boden gedrückt und in die Mitte des entstandenen Rings ein Samenkorn gesteckt. Der Vorgang wird für alle auszusäenden Samen wiederholt, indem man den Rand des Flaschenhalses nun an die Linie des ersten Abdrucks setzt und ihn abermals nach unten drückt. In die Mitte wird wieder der Samen eingepflanzt usw.

GEZIELTER KAMPF GEGEN UNKRAUT • Wenn Sie zur Unkrautbekämpfung in Ihrem Garten Herbizide einsetzen, sollten Sie gut aufpassen, dass umgebende Pflanzen nicht ebenfalls mit dem Gift in Berührung kommen. Damit Sie auch ganz bestimmt nur das Unkraut treffen, schneiden Sie eine 1,5-Liter-Plastikflasche in der Mitte durch und stülpen Sie die obere Hälfte über das Unkraut, das Sie vernichten wollen.

Fortsetzung →

Führen Sie nun die Spritzdüse Ihrer Pumpe durch die Öffnung im Flaschenhals und sprühen Sie los. Warten Sie ab, bis sich der Sprühnebel gelegt hat, bevor Sie die Flasche aufnehmen und sich Ihrem nächsten Ziel zuwenden. Achten Sie darauf, stets Schutzbrille und Handschuhe zu tragen, wenn Sie im Garten mit Chemikalien hantieren!

WASSERSPRÜHER FÜR HEISSE TAGE • An heißen Sommertagen wollen Kinder am liebsten im Garten mit Wasser herumplantschen. Diese Freude kann man ihnen im Handumdrehen bereiten, ohne dass man sich eine teure Sprenkelanlage zulegen muss. Einfach mehrere je 3 cm lange vertikale Schlitze seitlich in eine saubere 1,5-Liter-Plastikflasche schneiden. Die Schlitze können auch in verschiedenen Winkeln zueinander angeordnet werden, sodass das Wasser in unterschiedliche Richtungen spritzt. Mit ein paar Streifen Klebeband wird nun das Ende des Wasserschlauchs an der Flaschenöffnung befestigt (gut prüfen, ob alles fest sitzt). Den Wasserhahn aufdrehen und der Spaß kann beginnen!

WESPENFALLE • Können Sie im Sommer keine ruhige Minute mehr im Garten verbringen, weil Sie sofort von Wespen umschwirrt werden? Dann konstruieren Sie doch aus einer leeren 1,5-Liter-Plastikflasche eine umweltfreundliche Insektenfalle. Lösen Sie zunächst in der Flasche 100 g Zucker in 200 ml Wasser auf. Fügen Sie 200 ml Apfelessig und eine Bananenschale hinzu (sie kann zerquetscht werden, damit sie hineinpasst). Schrauben Sie den Deckel zu und schütteln Sie die Mischung kräftig durch, bevor Sie die Flasche bis zur Hälfte mit kaltem Wasser auffüllen. Schneiden oder bohren Sie ein Loch von 2 cm Durchmesser in den oberen Abschnitt der Flasche und hängen Sie die Falle an einer Stelle auf, wo die Insekten besonders aktiv sind. Wenn die Falle voll ist, wird sie in den Müll entsorgt und durch eine neue ersetzt.

Für den Heimwerker

HANDLICHER FARBEIMER • Es ist schon eine lästige Angelegenheit, wenn man beim Streichen der oberen Zimmerecken ständig die Leiter hinauf- und wieder hinunterklettern muss, um den Pinsel in die Farbe zu tauchen. Man kann sich das Malern wesentlich erleichtern, indem man sich selbst einen handlichen Farbspender baut. Dazu schneidet man in die dem Griff gegenüberliegende Seite einer großen, sauberen Plastikflasche eine breite Öffnung. Dann wird die Farbe hineingefüllt, sodass sie ein paar Zentimeter unter dem Rand der Öffnung steht. Der Pinsel kann ganz einfach eingetaucht werden und der Rand dient dazu, überschüssige Farbe abzustreichen – und das alles in einem handlichen Format, das man auf die Leiter mitnehmen kann.

FARBEN LAGERN • Wenn nach dem Zaunstreichen oder anderen Malerarbeiten noch Farbe übrig ist, bietet es sich an, diese in eine Plastikflasche umzufüllen, anstatt sie in der vollgetropften, verklebten und schon bald rostenden Farbdose aufzubewahren. Füllen Sie die Farbe durch einen Trichter in eine saubere, trockene Plastikflasche und geben Sie ein paar Murmeln hinzu (dadurch wird die Farbe besser durchmischt, wenn Sie den Behälter vor den Anstricharbeiten schütteln). Beschriften Sie jeden Behälter mit einem Stück Kreppband, auf dem Sie den Farbenhersteller notieren sowie den Namen der Farbe und das Datum, an dem sie geöffnet wurde.

ORDNUNG IN DER WERKSTATT • Suchen Sie auch ständig nach dem richtigen Nagel, nach einer Wäscheklammer, einem Bilderhaken oder einer kleinen Schraubenmutter? Mit ein paar Weichspüler- oder Putzmittelflaschen können Sie etwas Ordnung in Ihre Werkstatt bringen. Schneiden Sie ziemlich weit oben an jeder Flasche auf der Seite, die dem Griff gegenüberliegt, ein Stück heraus. So können Sie die Schrauben und Nägel bequem hineinlegen und herausnehmen. Benutzen Sie die Behälter zum Lagern und Sortieren all der Kleinteile, die sonst durch die Ritzen Ihrer Werkbank fallen würden. Am Griff lässt sich die Flasche leicht dorthin tragen, wo Sie gerade arbeiten.

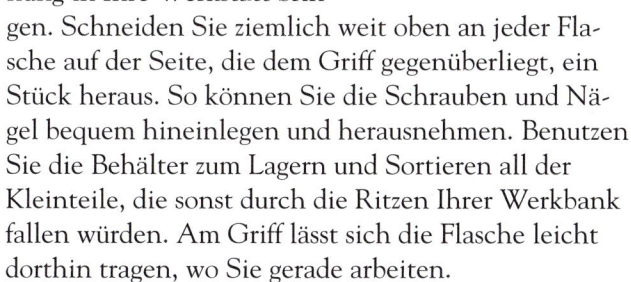

ERSATZ FÜR DIE WASSERWAAGE • Wenn man feststellen will, ob das Regal, dass man aufgehängt hat, auch wirklich gerade angebracht ist, braucht man eigentlich eine Wasserwaage. Ist so ein Gerät allerdings nicht zur Hand, kann eine 1-Liter-Plastikflasche, die etwa zu drei Vierteln mit Wasser gefüllt wird, als Ersatz dienen. Den Verschluss festschrauben und die Flasche flach auf das Regal legen. Wenn das Wasser links und rechts auf gleicher Höhe steht, dann ist auch das Regal genau waagerecht.

GEWICHT ZUM BESCHWEREN ODER HEBEN

Füllen Sie eine große, trockene Plastikflasche mit Sand und drehen Sie den Verschluss zu. Sie haben jetzt ein Gewicht, mit dem Sie eine Malerfolie beschweren, einen wackeligen Terrassenschirm sichern oder einen Tisch zur Reparatur stabilisieren können. Oder Sie benutzen die mit Sand gefüllten Flaschen als Übungsgewichte und stellen durch Variieren der Sandmenge fest, wie schwer Sie heben können.

PLASTIKSPRITZFLASCHEN

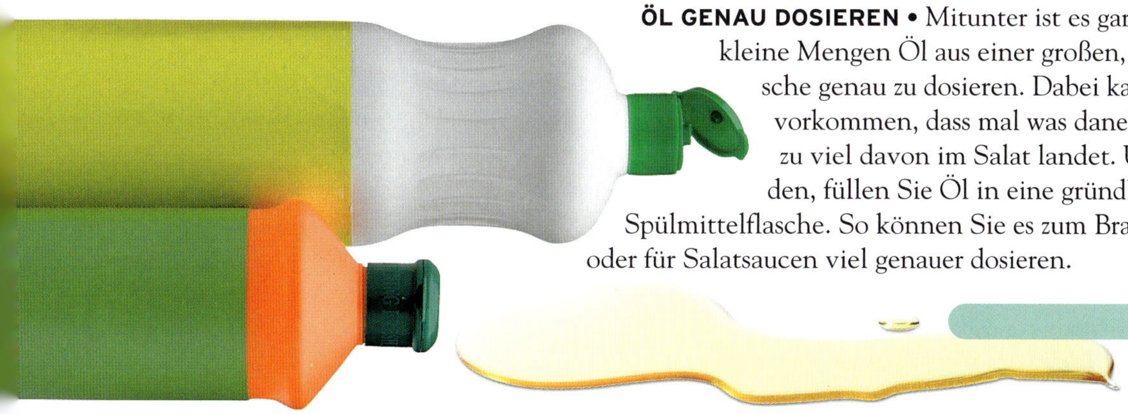

ÖL GENAU DOSIEREN • Mitunter ist es gar nicht so einfach, kleine Mengen Öl aus einer großen, schweren Glasflasche genau zu dosieren. Dabei kann es durchaus vorkommen, dass mal was daneben geht oder viel zu viel davon im Salat landet. Um das zu vermeiden, füllen Sie Öl in eine gründlich gereinigte Spülmittelflasche. So können Sie es zum Braten in der Pfanne oder für Salatsaucen viel genauer dosieren.

Fortsetzung →

ALTERNATIVE ZU EINER BRATENSPRITZE • Kunststoffflaschen mit Spritzverschluss lassen sich in der Küche wunderbar als Bratenspritzen verwenden. Spülen Sie die Flasche sehr gründlich aus und lassen Sie sie trocknen. Drücken Sie danach einfach ein wenig Luft heraus und saugen Sie dann mit der Öffnung der Flasche überschüssiges Fett von Braten und Suppen. Allerdings erst wenn diese nicht mehr kochend heiß sind. Umgekehrt funktioniert es übrigens genauso: Mit solchen Flaschen können Sie auch Marinaden über Fleisch verteilen.

AUFBEWAHRUNG VON WÜRZSAUCEN • Was wäre ein Grillfest ohne eine breite Auswahl an Gewürzsaucen? Nur stehen jeden Sommer zahllose angebrochene, große und kleine Flaschen und Gläser mit Grillsaucen, Senf und Ketchup im Kühlschrank. Ein Chaos! In sauberen Spülmittelflaschen oder speziellen Ketchup-Flaschen können Sie Mayonnaise und Co., aber auch Marmelade oder flüssigen Honig ideal aufbewahren. Im Kühlschrank herrscht wieder Ordnung und Sie müssen weniger Löffel und Messer abspülen, da Sie den Inhalt direkt aus der Flasche spritzen können. Achten Sie auf jeden Fall darauf, die Flaschen gründlich zu reinigen, bevor Sie sie verwenden. Außerdem sollten Sie sie beschriften, um Irrtümern vorzubeugen.

SCHMALE SPALTEN UND ECKEN SÄUBERN

Eine saubere, trockene Scheuermittelflasche ist das richtige Werkzeug, um Staub aus den Ecken von Bilderrahmen oder aus schmalen Ritzen zu pusten. Drücken Sie fest auf die Flasche, damit der Luftstrom den Staub wegbläst, an den Sie sonst nicht herankommen.

SPASS FÜR KINDER • An heißen Sommertagen füllen Sie einige zuvor gesäuberte Sonnencremeflaschen mit Wasser und lassen die Kinder eine Wasserschlacht im Garten veranstalten. Dabei können sie sich so richtig austoben und kommen noch dazu in den Genuss einer kühlenden Erfrischung.

PLASTIKTISCHDECKEN

PROVISORISCHER DUSCHVORHANG • Nach langer Fahrt ist man im Ferienhäuschen angekommen und möchte nun eine wohltuende Dusche genießen. Doch leider fehlt der Badezimmereinrichtung ein Duschvorhang. Eine Plastiktischdecke kann hier als Übergangslösung dienen. Etwa 2 cm vom Rand und im Abstand von ca. 15 cm werden Löcher hineingebohrt. Anschließend zieht man eine Kordel durch die Löcher und befestigt die Schnur samt „Duschvorhang“ an den Wänden neben der Dusche.

LAUB SAMMELN • Laub zusammenzurechen kann ganz schön anstrengend sein. Hinzu kommt, dass das ständige Bücken, um die Blätter aufzuheben, und das Hin- und Herfahren mit der Schubkarre zwischen Kompost- und Laubhaufen auch noch äußerst schlecht für den Rücken sind. Sparen Sie sich diese Mühe und rechen Sie das Laub auf einer alten Plastiktischdecke zusammen. Nehmen Sie die vier Ecken auf und ziehen Sie die Tischdecke zum Kompost- oder Laubhaufen.

IMPROVISIERTE MATTE FÜR DAS HOCHSTÜHLCHEN• Wer kleine Kinder hat, weiß, dass oft die Hälfte des Essens auf dem Boden und nicht im Mund landet. Um sich das Bodenputzen nach jeder Mahlzeit zu sparen, kann man eine Plastiktischdecke unter dem Hochstuhl ausbreiten.

46 TIPPS

PLASTIKTÜTEN

Im Haushalt

ABDICHTUNG FÜR ALTE VASEN • Eine Blumenvase aus altem Familienbesitz ist eine Augenweide, besonders wenn sie mit Blumen gefüllt ist. Schade nur, wenn die Vase wegen Sprüngen undicht wird. Um das Problem zu beheben, kleidet man die Vase mit einer Plastiktüte aus und befestigt die Tüte mit einem Gummiband an der Halsöffnung, bevor sie mit Wasser gefüllt und mit Blumen bestückt wird. Das gute Erbstück erwacht so zu neuem Leben.

FÜLLUNG FÜR TEDDYS UND KISSEN • Einen selbst gestrickten Teddybären kann man mit den verschiedensten Materialien füllen: mit Reis, Stoffresten, Plastikkügelchen, Nylonstrumpfhosen und vielem mehr. Genauso gut lassen sich Handarbeiten oder ein Sofakissen auch mit Plastiktüten stopfen. Davon hat man immer genug im Haus, und daneben leistet man einen aktiven Beitrag zum Recycling.

ORDNUNG BEIM BADESPIELZEUG • Sammeln Sie die Gummiente und sonstiges Badespielzeug nach dem Bad in einer Plastiktüte, die mit mehreren Löchern versehen ist. Hängen Sie die Tüte mit den Griffen an einen Wasserhahn, damit das Wasser durch die Löcher ablaufen kann. Auf diese Weise wird das Spielzeug an einem Platz zusammengehalten und steht für die nächste Badezeit bereit. Außerdem setzt es so keinen Schimmel an und wird nicht zur Gesundheitsgefahr für Ihr Kind.

GELUNGENE PARTYDEKORATION • Mit unbedruckten Plastiktüten lassen sich auf einfache Weise Girlanden für eine Party basteln. Schneiden Sie jede Tüte von der Öffnung her in Streifen und stoppen Sie erst kurz vor dem Tütenboden. Mit Klebeband wird der Tütenboden dann an der Zimmerdecke festgeklebt.

STETS TROCKENE KINDERMATRATZEN • Für das Bett Ihres Kindes müssen Sie keine teuren Matratzenschoner kaufen. Überziehen Sie in der Übergangszeit, wenn Ihr Kind trocken wird, die Matratze einfach mit Plastik-Müllsäcken und legen Sie ein Frottee-Tuch darauf, bevor Sie die Matratze mit einem Betttuch beziehen. Große Plastiksäcke eignen sich auch, um Kindersitze vor kleinen Missgeschicken zu schützen, oder aber als Abdeckung für die Autositzbezüge, wenn Kinder vom Schwimmbad heimgefahren werden.

Fortsetzung →

HÄTTEN SIE'S GEWUSST?

Papier oder Plastik? Obwohl Plastiktüten schon seit fast 50 Jahren bekannt sind, setzten sie sich in Supermärkten erst ab 1977 auf breiter Ebene durch. Innerhalb von zwei Jahrzehnten hatte die Plastiktüte die Papiertüte als gängigste Einkaufstüte abgelöst. Heute bestehen vier von fünf Tüten, die zum Transport von Lebensmitteln verwendet werden, aus Plastik. Einige Supermärkte haben Recycling-Programme für den ständig wachsenden Plastiktütenberg eingeführt, andere bieten preiswerte Dauertaschen aus Jute als Alternative zur Wegwerftüte an.

HANDSCHUHE FÜR RISSIGE HÄNDE • Gegen trockene Hände gibt es ein gutes Mittel: Schmieren Sie die Hände dick mit Vaseline ein und wickeln Sie eine Plastiktüte darum. Vaseline und Körperwärme machen die Haut in etwa 15 Minuten wieder geschmeidig.

SAMMELBEUTEL AN DER WASCHMASCHINE • Die Wäsche ist fertig und Sie öffnen die Waschmaschine. Leider müssen Sie feststellen, dass ein Papiertaschentuch, das jemand in seiner Tasche vergessen hat, in Fetzen gegangen ist und nun überall an der Wäschetrommel und den Kleidern haftet. Damit so etwas nicht wieder passiert, hängen Sie eine Plastiktüte neben die Waschmaschine. Das hat den Vorteil, dass Sie die Tüte immer daran erinnert, vor dem Waschen noch einmal alle Taschen zu durchsuchen. Außerdem haben Sie dann schon einen Beutel für die „Fundsachen" zur Hand.

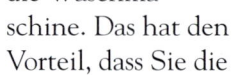

Zur Lagerung

AUFBEWAHRUNG VON FEUCHTTÜCHERN • Sie haben eine Jumbo-Packung mit Baby-Feuchttüchern ergattert, die Ihren Bedarf für mehrere Monate decken wird – vorausgesetzt, sie trocknen vorher nicht aus. Damit das nicht passiert, bewahren Sie die geöffnete Schachtel in einer Plastiktüte auf, die Sie mit einem Drillbinder verschließen.

KLEIDERSAMMLUNG • Ständig legen Sie Kleider heraus, die Sie zur Kleidersammlung geben wollen, und finden sie schließlich doch in Kleiderschrank oder Schublade wieder? Abhilfe schafft ein großer Müllbeutel, den Sie in den Kleiderschrank hängen. Wenn Sie das nächste Mal ein Kleidungsstück finden, das Sie spenden wollen, werfen Sie es einfach in den Sack. Sobald er voll ist, bringen Sie ihn zur Altkleidersammelstelle. Vergessen Sie nicht, danach gleich einen neuen Sack in den Schrank zu hängen!

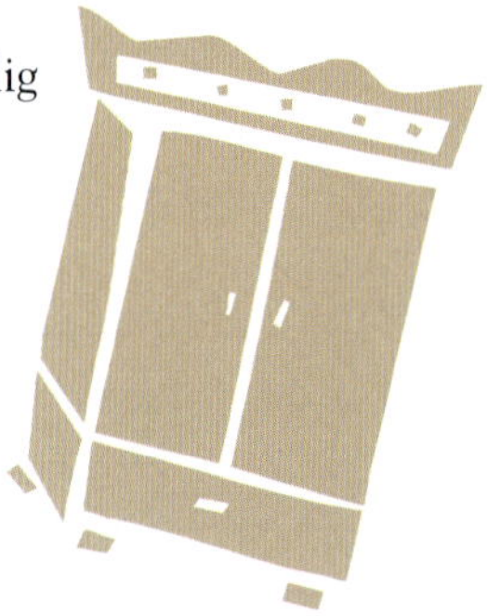

SCHUTZHÜLLE FÜR DIE KLEIDERLAGERUNG • Einen alten, teuren Anzug, z. B. aus Seersucker, möchte man nicht wegwerfen: Irgendwann kommt er bestimmt wieder in Mode. Um ihn bis dahin schonend aufzubewahren, nimmt man einen großen, unbenutzten Müllsack und macht oben einen Schlitz hinein. Dann stülpt man den Müllsack über den Anzug, sodass der Haken des Kleiderbügels aus dem Schlitz hervorschaut. Im Handumdrehen hat man einen vollwertigen Schutzbezug.

SO BLEIBEN HANDTASCHEN IN FORM • Handtaschen, die man über einen längeren Zeitraum hinweg einlagern möchte, sollte man mit sauberen, leeren Plastiktüten ausstopfen, damit ihre ursprüngliche Form erhalten bleibt.

TIPP

Plastiktüten aufbewahren

Überall erhält man Plastiktüten. Wenn zu Hause bereits die dritte Küchenschublade mit Einkaufstüten voll gestopft ist, wird es Zeit, sich nach einer anderen Lagerungsmöglichkeit umzusehen. Hier einige Vorschläge:

- Pressen Sie die Luft aus den Tüten heraus und stopfen Sie sie in einen leeren Windelkarton, aus dem man sie leicht wieder hervorholen kann.

- Stecken Sie ein Bündel Tüten in eine Kartonrolle, z. B. von einer aufgebrauchten Küchenrolle.

- Schneiden Sie in den Boden einer großen Plastikflasche (z. B. einer Weichspülerflasche mit etwa 4 l Inhalt) ein Loch von ca 10 cm Durchmesser. Stopfen Sie die Flasche mit Plastiktüten aus und hängen Sie Ihren selbst gebastelten Tütenspender mit seinem Griff an einen Haken. Bei Bedarf lassen sich die Tüten dann ganz mühelos aus der Öffnung hervorziehen.

- Stellen Sie einen Tütenstrumpf her! Falten Sie ein Geschirrtuch der Länge nach mit der Nahtseite nach außen Ecke auf Ecke. Nähen Sie die langen Seiten zusammen. Nähen Sie dann in den Rand der oberen und unteren Öffnung einen 1 cm breiten Saum, sodass sich eine Röhre bildet. Ziehen Sie durch den Saum ein Gummiband, um die Enden zusammenbinden zu können. Drehen Sie diesen Strumpf, der jetzt aus dem Geschirrtuch entstanden ist, auf rechts und nähen Sie als Aufhänger mit einem Band oder einer Schnur eine Schlaufe an den oberen Rand. Durch die obere Öffnung werden nun Tüten in den Strumpf gestopft und bei Bedarf durch die untere Öffnung wieder herausgezogen.

Sauber und rein

HANDSCHUH ZUM TOILETTENPUTZEN • Sind Ihnen die Plastikhandschuhe kaputt gegangen, doch Ihr stilles Örtchen nimmt keine Rücksicht darauf? Bevor Sie Ihre Toilette einer Generalreinigung unterziehen, umwickeln Sie Ihre Hand mit einer alten Plastiktüte. So können Sie nach Herzenslust schrubben, ohne sich dabei die Hand zu beschmutzen.

NIE MEHR ROSTENDE STAHLWOLLE • Wenig benutzte Topfkratzer rosten nach einiger Zeit am Rand der Spüle vor sich hin. Das kann man verhindern, indem man Kratzer, solange sie nicht benötigt werden, an Ort und Stelle in einer Plastiktüte aufbewahrt. Dort setzen sie keinen Rost an und sind bei Bedarf schnell zur Hand.

IMPROVISIERTE LÄTZCHEN • Die Enkel sind unerwartet zu Besuch gekommen und stürzen sich aufs Essen. Sie haben aber keine Lätzchen im Haus und sehen schon, wie die Kinder ihre gesamten Kleider verschmutzen? Das lässt sich ganz einfach verhindern. Legen Sie den Kindern einfach eine Plastiktüte locker um den Hals und die Kleider bleiben fleckenfrei. Auch behelfsmäßige Schürzen kann man auf diese Weise herstellen.

HOCHSTUHLMATTE SELBST GEMACHT • Babyausstatter freuen sich, wenn sie Ihnen eine teure Unterlage für den Kinderstuhl verkaufen können. Aber warum sollten Sie für ein Stück Plastik Geld ausgeben, wo doch jeder viele große Müllsäcke zu Hause hat, die diesen Zweck ebenso gut erfüllen? Schlitzen Sie einen Sack an den Rändern auf und legen Sie ihn unter den Hochstuhl, damit Tropfen und Essensreste aufgefangen werden. Wenn der Sack schmutzig wird, kann man ihn draußen ausschütteln oder wegwerfen.

Fortsetzung →

NADELFREIE CHRISTBAUMENTSORGUNG • Wenn es Zeit ist, den Weihnachtsbaum zu entsorgen, breiten Sie unter dem Baum eine Decke aus. Dann stülpen Sie einen großen Müllsack über die Spitze des Baums und ziehen ihn nach unten. Ist der Baum für einen Müllsack zu lang, verwenden Sie einen zweiten, den Sie von unten hochziehen. So nadelt der Baum nur auf die Decke und lässt sich wohl verpackt hinaustransportieren.

SAUBERE HÄNDE BEIM SCHUHEPUTZEN • Sie wollen Ihre Sandalen aufpolieren, befürchten aber, dass Ihre Hände mehr Schuhcreme abbekommen als Ihre Sandalen? Dann wickeln Sie sich eine Plastiktüte um die Hand, bevor Sie sie in die Sandale stecken. Wenn Sie jetzt mit etwas Schuhcreme neben die Sandalenriemen geraten, ist Ihre Hand geschützt. Lassen Sie die Tüte in der Sandale, bis die Schuhcreme getrocknet ist.

UNTERLAGE FÜR DAS KATZENKLO • Niemand macht gern das Katzenklo sauber. Man kann sich die Arbeit aber erleichtern, indem man die Wanne mit einer aufgeschnittenen Plastiktüte auslegt, bevor man die Streu hinein gibt. Erscheint einem eine Tüte als zu dünn, kann man auch zwei verwenden. Wenn es an der Zeit ist, die Katzenstreu zu wechseln, rafft man einfach die Tüte oben zusammen und entsorgt das Bündel in den Müll.

In der Küche

ALLZEIT TELEFONBEREIT • Man ist gerade dabei, Plätzchen zu backen und steckt bis zu den Ellbogen im Teig. Da klingelt das Telefon. Was nun? Ganz einfach. Man schlüpft mit einer Hand in eine Plastiktüte und nimmt den Hörer ab. Auf diese Weise entgeht einem kein Anruf und man muss nicht einmal das Telefon putzen, wenn man fertig ist.

ENTSORGUNG VON TELLERRESTEN • Sie feiern ein großes Familienfest und über 20 Kinder, Enkel, Geschwister, Onkel und Tanten sind gerade mit dem Sonntagsschmaus fertig geworden. Nun geht es an den Abwasch. Damit dieser nicht in das perfekte Chaos mündet, sollten Sie folgenden Tipp zur Beseitigung der Essensreste beherzigen. Kleiden Sie eine große Schüssel mit einer passenden Plastiktüte aus und kratzen Sie die Essensreste von den Tellern hinein. Sobald die Tüte voll ist, ziehen Sie sie an den Henkeln hoch und werfen sie in den Mülleimer. Stellen Sie die Schüssel an einen gut sichtbaren Platz in der Küche, sodass jeder seinen eigenen Teller abkratzen kann, wenn er ihn zur Spüle bringt.

Lebendige Wissenschaft

Eine Plastiktüte hält angeblich etwa 9 kg Lebensmittel aus, bevor man sie durch eine zweite Tüte unterstützen muss. Finden Sie heraus, wie viel eine Tüte wirklich fassen kann, ohne dass ihre Griffe abreißen.

Für dieses Experiment sollten Sie auf die Terrasse gehen. Sie benötigen eine Personenwaage, eine Plastiktüte und einige Steine. Legen Sie zuerst die Plastiktüte auf die Waage. Befüllen Sie dann die Tüte mit Steinen, bis die Waage 4,5 kg anzeigt. Heben Sie die Tüte hoch. Hält sie? Fügen Sie noch mehr Steine hinzu und testen Sie nach der Zugabe von je 1 kg die Stabilität der Tüte. Wenn die Griffe einreißen, wissen Sie, wie viel die Tüte tatsächlich aushält.

RÜHRSCHÜSSEL FÜR DEN NOTFALL • Gehen einem die Rührschüsseln aus, weil man für sehr viele Leute kochen muss, kann man einfach eine Plastiktüte als Ersatz nehmen. Man schüttet die trockenen Zutaten hinein, nimmt die Tüte zusammen und schüttelt sie vorsichtig. Sind die Zutaten nass, mischt man sie mit den Händen weiter.

IMPROVISIERTE SALATSCHLEUDER • Bei dieser Arbeit werden die Kinder mit Sicherheit gern helfen. Waschen Sie Kopfsalat und schütteln Sie die Blätter so gut es geht über der Spüle aus. Schlagen Sie eine Plastik-Einkaufstüte mit Papiertüchern aus und geben Sie die Salatblätter hinein. Packen Sie die Henkel und wirbeln Sie die Tüte in großen Kreisen durch die Luft. Nach mehreren Umdrehungen ist der Salat trocken.

KRÜMELTEIG IM HANDUMDREHEN • Es ist kinderleicht, die Krümel für eine Krümeltorte selbst herzustellen. Bröckeln Sie mehrere einfache Kekse, z. B. weiche Vollkornplätzchen, in eine Plastiktüte. Legen Sie die Tüte auf die Küchenarbeitsplatte und gehen Sie mehrmals mit einem Nudelholz darüber. In null Komma nichts haben Sie so viele Kekskrümel, wie Sie für Ihre Krümeltorte benötigen.

FRÜCHTE AUSREIFEN LASSEN
Die Pfirsiche, die Sie gerade gekauft haben, sind noch steinhart. Stecken Sie die Früchte zusammen mit einigen reifen Exemplaren oder mit reifen Bananen oder Äpfeln in eine Plastiktüte. Die reifen Früchte sondern ein natürliches Gas ab, das die anderen bei der Reifung unterstützt. Lassen Sie das Obst aber nicht länger als 1–2 Tage in der Tüte.

SCHUTZHÜLLE FÜR KOCHBÜCHER • Sie wollen aus einem geliehenen Kochbuch ein neues Rezept nachkochen. Damit das Buch beim Kochen keine Spritzer abbekommt, stecken Sie es aufgeschlagen in eine durchsichtige Plastiktüte. So können Sie die Anweisungen lesen und das Buch bleibt dennoch sauber.

Rund ums Haus

„WINTERMANTEL" FÜR GARTENPFLANZEN • Kleinere Pflanzen, die im Winter von Frost bedroht sind, können mit Plastiktüten ganz einfach vor dem Erfrieren geschützt werden. Man schneidet ein Loch in den Tütenboden, führt die Pflanze von unten durch das Loch ein und beschwert den Tütenboden mit kleinen Steinen. Dann zieht man die Tütenränder über die Pflanze, rollt das offene Ende der Tüte über ihr zusammen und sichert das Ganze mit einer Wäscheklammer vor dem Aufgehen. Wenn das Wetter wärmer wird, öffnet man die Tüte wieder.

KLARE AUTOSPIEGEL AUCH IM WINTER • Wenn für die Nacht Schnee gemeldet ist, können Sie sich einen Vorsprung verschaffen, indem Sie die Seitenspiegel Ihres Autos mit Plastiktüten umwickeln. Am nächsten Morgen müssen Sie die Tüten nur entfernen und haben sich das Eiskratzen gespart.

IMMER SAUBERE GARTENSCHUHE • Wer nach starken Regenfällen hinaus in den Garten will, um Unkraut zu jäten, muss befürchten, sich schlammige

Fortsetzung ➔

Schuhe zu holen. Damit das nicht passiert, schlüpft man mit den Gartenschuhen in Plastiktüten, die man am Bein festbindet. So kommt die nasse Erde nur an die Tüte, aber nicht an die Schuhe, und auch die Füße bleiben angenehm trocken.

LEICHTE GRILLREINIGUNG • Die Grillparty mit den Nachbarn war ein voller Erfolg. Nur Ihr Grill befindet sich jetzt leider in einem äußerst beklagenswerten Zustand? Nehmen Sie den Rost ab und stecken Sie ihn in einen großen Müllsack. Sprühen Sie die Grillstäbe dick mit Ofenreiniger ein und verschließen Sie den Sack. Wenn Sie ihn am nächsten Tag öffnen, sollten Sie darauf achten, dass Sie die ausströmenden Dämpfe nicht einatmen. Der fest gebrannte Fettschmutz sollte sich nun vollständig gelöst haben und sich mühelos abwischen lassen.

OBSTSCHUTZ AM BAUM

Möchten Sie die Äpfel in Ihrem Obstgarten schützen oder gibt es Zwetschgen, die zum Reifen ein wenig länger am Baum hängen bleiben sollen? Ziehen Sie eine durchsichtige Plastiktüte über die Frucht, während sie noch am Baum hängt. Das hält Insekten und Vögel fern und die Frucht kann in Ruhe weiter reifen.

HÜLLEN FÜR HINWEISSCHILDER

Sie haben sich die Mühe gemacht, Ihren bevorstehenden Umzug durch selbstgemachte Hinweisschilder bekannt zu geben. Doch nun könnte der Regen Ihnen einen Strich durch die Rechnung machen. Keine Sorge! Überziehen Sie die Schilder einfach mit Stücken von durchsichtigen Plastiktüten.

HÄTTEN SIE'S GEWUSST?

Wegen der riesigen Plastiktütenschwemme auf den Mülldeponien sind einige Länder der Welt dazu übergegangen, Regeln für die Herstellung und Benutzung von Plastiktüten aufzustellen. In Bangladesch wurden Plastiktüten verboten, nachdem sie die Abflussrohre verstopft und eine Überschwemmung verursacht hatten. Auch einige australische Städte haben den Gebrauch von Plastiktüten untersagt, und wegen der vielen Protestaktionen möchte der dortige Einzelhandel seinen Umsatz an Plastiktüten (schätzungsweise 7 Billionen Tüten jährlich) innerhalb weniger Jahre halbieren. Wer in Irland eine Plastiktüte verwenden will, muss 19 Cent pro Tüte, in Taiwan sogar 34 Cent pro Tüte bezahlen.

SAMMELTÜTE FÜR BEDIENUNGSANLEITUNGEN • Die Spindel der Motorsense hat gerade den Geist aufgegeben und Sie müssen sie austauschen. Aber wie? Halten Sie sämtliche Garantien und Handbücher für Ihre Außenwerkzeuge in einer Plastiktüte zusammen, die Sie in Ihrer Werkstatt aufhängen. Dann wissen Sie immer ganz genau, wo Sie im Ernstfall nachschauen müssen.

BLÜTENPRACHT VOR WEIHNACHTEN • Weihnachtssterne entfalten ihre größte Pracht normalerweise mit Beginn der Weihnachtsfeiertage. Sie können der Natur aber etwas auf die Sprünge helfen, indem Sie die Pflanze mehrere Wochen lang in einen dunklen Müllsack stecken. Das bringt die Knospen zum Erwachen.

Unterwegs

SCHUHE PACKEN • Sie packen für eine Reise, auf der Sie viele verschiedene Schuhe brauchen werden. Nun befürchten Sie, dass die übrige Kleidung im Koffer durch die Schuhe verschmutzt werden könnte. Wickeln Sie deshalb jedes Paar in eine eigene Plastiktüte. Das hält den Schmutz von der Kleidung fern und Sie haben die Gewissheit, komplette Paare eingepackt zu haben. Außerdem haben Sie damit gleich eine Aufbewahrungsmöglichkeit für die Schmutzwäsche zur Hand.

DUFTENDE HÄNDE TROTZ TANKSTOPP • Man ist mit Freunden zum Mittagessen verabredet und muss vorher noch kurz tanken. Wer will aber schon seinen Freunden zur Begrüßung eine Hand reichen, die nach Benzin riecht? Deshalb legt man sich am besten einen Vorrat an Plastiktüten in sein Auto und wickelt sich immer eine um die Hand, während man Benzin zapft.

WOHIN MIT DEM NASSEN REGENSCHIRM? • Sie sind draußen im Regen und hasten zu Ihrem nächsten Termin. Wohin aber mit dem triefenden Regenschirm, der auf Kleider und Autositze tropft? Nehmen Sie sich eine große Plastiktüte, falten Sie den Schirm einfach zusammen und stecken Sie ihn in die Tüte.

IMPROVISIERTER RODELSPASS • Gerade sind 15 cm Neuschnee gefallen und es zieht Ihre Kinder ins Freie. Schneiden Sie in die Böden von Müllsäcken je 2 Löcher, sodass daraus Hosen entstehen, und schon kann die Rasselbande auf dem Hosenboden den Hügel herunterrutschen.

NOTBEHELF IM REGEN • Deponieren Sie einen großen Müllsack im Auto. Wenn Sie das nächste Mal unerwartet im Regen aussteigen müssen, schneidern Sie sich schnell einen Regenschutz. Machen Sie einfach zwei Armschlitze in den Müllsack und einen Schlitz für den Kopf.

Für den Heimwerker

ABDECKUNG FÜR DIE WOHNZIMMERLAMPE • Die Wohnzimmerdecke muss wieder einmal getüncht werden, aber Sie haben keine Lust, deswegen die große Lampe abzumontieren. Umhüllen Sie sie einfach mit Plastiktüten, sodass sie vor Farbspritzern geschützt ist. Damit die Tüten nicht verrutschen, verwenden Sie ein paar Streifen Krepp-Klebeband.

NICHT ÜBER DAS ZIEL HINAUS SPRÜHEN • Wenn kleine Gegenstände mit einer Spraydose lackiert werden sollen, geben Sie immer jeweils einen Gegenstand in die Tüte und lackieren ihn darin.

PINSEL AUFBEWAHREN • Das Wohnzimmer ist zur Hälfte gestrichen und es ist Zeit für die Mittagspause. Den Pinsel müssen Sie aber nicht reinigen! Stattdessen stecken Sie ihn in eine Plastiktüte. So bleibt er feucht und einsatzbereit, bis Sie zurückkommen. Und wenn Sie erst nächste Woche weiterstreichen wollen? Kein Problem! Dann stecken Sie den mit der Plastiktüte umwickelten Pinsel ins Gefrierfach. In der folgenden Woche tauen Sie ihn auf und schon kann es losgehen.

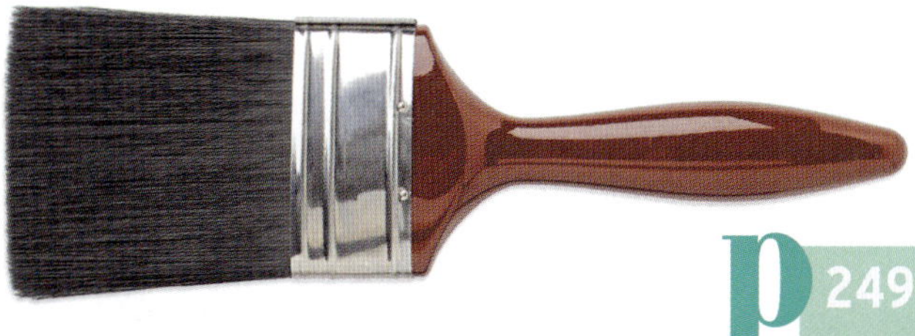

RADIERGUMMIS

NEUER GLANZ FÜR MÜNZEN • Echte Münzsammler betrachten die Reinigung ihrer edlen Stücke als eine Wissenschaft für sich. Wenn Sie nur einige wenige Münzen besitzen und nach einer einfachen Lösung des Problems suchen, kann ein Radiergummi helfen. Diese Methode sollte aber nicht bei seltenen und antiken Münzen angewendet werden. Man könnte versehentlich ihre Patina (einen grünlichen Überzug) wegrubbeln, wodurch sie im Wert sinken würden.

STECKNADELN AUFBEWAHREN • Meist bewahrt man Stecknadeln in kleinen Schachteln auf. Wenn dann die geöffnete Schachtel herunterfällt, sind die Nadeln überall verstreut und es dauert lange, bis man sie wieder zusammengesucht hat. Außerdem ist es mühsam, genau die Nadel zu finden, die man gerade braucht. Die Lösung ist einfach: Stecken Sie die Nadeln in einen Radiergummi. Auch zur Aufbewahrung kleiner Bohrerspitzen ist diese Methode bestens geeignet.

WACHSMALSPUREN AN DER WAND • Der kleine Racker hat die Zimmerwände mit Wachsmalstiften „verschönert" und alle Versuche, die Spuren zu beseitigen, sind fehlgeschlagen? Dann kann man es noch mit einem Radiergummi versuchen! Die Zeichnungen einfach ausradieren und die Wand ist wieder wie neu.

SPUREN VON SCHWARZEN SCHUHEN AUF PVC • Neue schwarze Schuhe haben die schlechte Eigenschaft, dunkle Streifen auf PVC-Böden zu hinterlassen. Mit einem Radiergummi lassen sich diese Spuren jedoch im Handumdrehen beseitigen. Drücken Sie Ihren Kindern und allen anderen Familienmitgliedern, die gerade zur Stelle sind, einen Radiergummi in die Hand, und los geht's!

SO ENTFERNEN SIE AUFKLEBERRESTE • An der Stelle, an der das Preisschild klebte, verunziert nun eine graue, gummiartige Substanz den neuen Bilderrahmen, die mit Wasser und Seife einfach nicht wegzubekommen ist. Wenn man stattdessen einfach mit einem Radiergummi darübergeht, bröckelt die klebrige Masse jedoch im Nu ab.

KLAVIERTASTEN SPIELEND LEICHT GESÄUBERT • Ob es sich um den edlen Flügel im Wohnzimmer, ein ganz normales Klavier oder um ein elektronisches Keyboard handelt – die Tasten von Staub und Fingerspuren zu säubern, ist meist ein gutes Stück Arbeit. Besonders mühsam zu reinigen sind die Seiten der schwarzen Tasten, und an einigen Stellen kommt man gar nicht an den Schmutz heran. Nimmt man aber einen kleinen Radiergummi zur Hand, ist das Problem sofort gelöst. Diese Methode funktioniert sowohl bei alten Klavieren mit Elfenbeintasten als auch bei solchen mit einfachen Kunststofftasten.

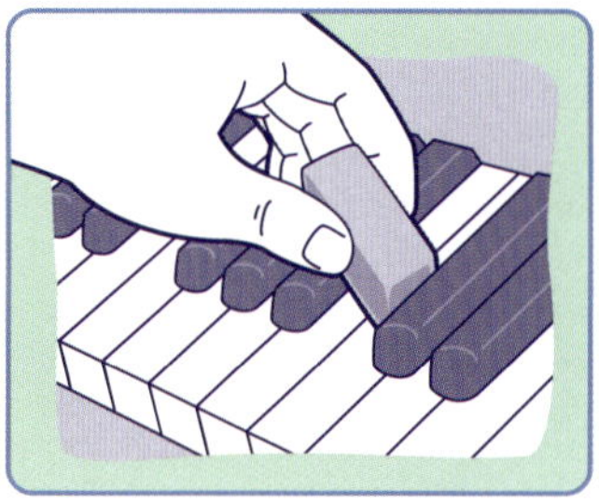

WÄNDE SCHÜTZEN • Beim Saubermachen stößt man manchmal so stark an ein Bild oder einen Spiegel, dass der Rahmen verschoben wird und unansehnliche Spuren auf der Zimmerwand hinterläßt. Wenn Sie sich nicht länger um eventuelle Kratzer sorgen wollen, die Ihre Bilder und Spiegel an der Wand hinterlassen könnten, kleben Sie Radiergummis auf die unteren Ecken der Rahmenrückseite. Die Rahmen hängen nun sicherer und können nicht mehr so leicht verschoben werden.

RASIERSCHAUM

OHNE WASSER HÄNDE WASCHEN • Es ist herrliches Ausflugswetter und Sie unternehmen mit der ganzen Familie eine Wanderung. Dabei lassen sich schmutzige Kinderhände kaum vermeiden. Weit und breit sind weder ein Bächlein noch eine Gaststätte, wo die Kleinen ihre Hände waschen können. Damit die hungrigen Sprösslinge ihren Proviant trotzdem mit sauberen Fingern essen können, haben Sie eine Dose mit Rasierschaum und ein Handtuch dabei. Geben Sie etwas Schaum in die schmutzigen Hände und fordern Sie die Kinder auf, ihre Hände wie beim normalen Händewaschen zu reiben. Anschließend trocknen Sie die Hände einfach mit dem Handtuch ab.

SO BESCHLÄGT DER BADEZIMMERSPIEGEL NICHT

Dass der Badezimmerspiegel beim Duschen beschlägt, kann man ganz einfach verhindern, indem man zuvor ein wenig Rasierschaum darauf verreibt. Nun kann man sich direkt rasieren, ohne warten zu müssen, dass der Spiegel endlich klar wird.

SAFTFLECKEN IM TEPPICH • Bei Saftflecken auf Ihrem Teppich ist Rasierschaum das ideale Fleckenmittel. Tupfen Sie den Saft auf und drücken Sie einen nassen Schwamm auf den Fleck, um ihn zu befeuchten und die Saftrückstände zu verdünnen. Geben Sie dann etwas Rasierschaum auf den Fleck und reiben Sie alles mit dem gesäuberten, feuchten Schwamm ab. Auf die gleiche Weise können Sie kleinere Flecken auf Kleidungsstücken behandeln; mit Rasierschaum lassen sich z. B. Frühstücksreste entfernen, die Sie bei der letzten Kontrolle Ihrer Kleidung vor dem Spiegel gerade noch entdeckt haben.

QUIETSCHENDE TÜRANGELN WERDEN STUMM • Was Erwachsene eigentlich nicht wissen sollten: Wie kommt man als Kind unbemerkt an den Schrank mit den Süßigkeiten, wenn beim Öffnen immer die Tür in den Angeln quietscht? Mithilfe von Papas Rasierschaum! Die Sprühdose ermöglicht es, den Schaum gezielt auch in kleinste Ritzen zu sprühen. So lassen sich selbst kleinere Türen schnell zum Verstummen bringen.

HÄTTEN SIE'S GEWUSST?

Archäologische Funde belegen, dass sich der Mensch schon seit dem 6. Jh. v. Chr. rasiert. Aus hartem Gestein wurden dazu scharfe Klingen gefertigt und auch Bronzeschaber wurden gefunden.

Später benutzte der Barbier einen Rasierpinsel - traditionell aus Dachshaar -, um Seife auf die Haut aufzutragen und damit das Barthaar weicher zu machen, wodurch es sich besser rasieren lässt. Heutzutage ist das Naßrasieren sehr einfach geworden: Es werden zur Haarentfernung nur noch Rasiermesser und Rasierschaum benötigt; Letzterer kommt ganz praktisch direkt aus der Sprühdose.

REGENSCHIRME

SCHUTZHAUBE FÜR EIN PICKNICK • Wer verhindern möchte, dass Fliegen und Wespen über das Picknick herfallen, bevor man auch nur einen Bissen genießen konnte, sollte einen Schirm mit Teleskopgriff zur Hand nehmen. Den Schirm aufspannen, den Griff dabei aber so wenig wie möglich ausziehen. So kann man den geöffneten Schirm über das Essen und Trinken stülpen – und alle Leckereien sind vor fliegenden Insekten und zu viel Sonne geschützt.

PLATZSPARENDER WÄSCHESTÄNDER • Aus einem alten Regenschirm lässt sich ein Wäscheständer für kleine Wohnungen zaubern. Dazu den Stoff abziehen und das Gestell verkehrt herum an die Stange des Duschvorhangs hängen. Schon kann die nasse Wäsche mit Wäscheklammern daran befestigt werden. Ein praktisches Plus: Nach Gebrauch lässt sich dieser Wäscheständer ganz klein zusammenfalten und in jedem Winkel der Wohnung verstauen.

EINEN KRONLEUCHTER REINIGEN • Wenn Sie das nächste Mal Ihren Kronleuchter oder eine andere große Deckenleuchte reinigen, nehmen Sie einen alten Regenschirm mit auf die Leiter. Öffnen Sie ihn und hängen Sie ihn verkehrt herum an die Leuchte. Herunterfallender Staub und Schmutz werden vom Schirm aufgefangen, sodass Sie anschließend nicht auch noch den Boden putzen müssen.

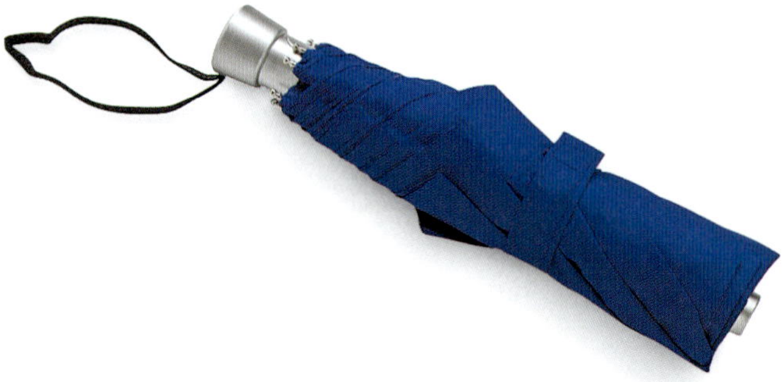

ZIMMERPFLANZEN BESPRÜHEN • Zimmerpflanzen lassen sich gern mit Wasser besprühen und danken es mit prächtigem Wachstum, Ihre Tapeten mögen das indes weniger. Beiden recht macht man es, wenn man einen Regenschirm zwischen Pflanzen und Wand aufspannt. Nun können die Zimmerpflanzen nach Herzenslust besprüht werden.

HALT FÜR GROSSE PFLANZEN • Wenn sich der Wind an einem stürmischen Tag im Regenschirm verfangen hat und der Stoff zerrissen ist, muss man den Schirm nicht gleich in den Mülleimer werfen! Entfernen Sie die Stoffreste und alle Stangen, denn mit dem Griff lassen sich Pfingstrosen und andere Gartenpflanzen hervorragend stabilisieren.

REICH BLÜHENDES SPALIER • Öffnen Sie Ihren alten Regenschirm, ziehen Sie den Stoff ab und stecken Sie das Gestell mit dem Griff nach unten in die Erde. So haben Sie im Handumdrehen ein Spalier für Kletterpflanzen wie Efeu, Gartenwicke oder Wilden Wein. Der blühende Regenschirm wird mit Sicherheit ein Blickfang in Ihrem Garten.

SCHUTZ FÜR SETZLINGE • Sie haben Ihre Setzlinge zur empfohlenen Zeit gepflanzt, doch jetzt kündigt sich, viel zu spät für die Jahreszeit, überraschend Nachtfrost an. Mit einem alten Schirm mit Teleskopgriff können Sie Ihre Setzlinge retten. Öffnen Sie den Schirm, ziehen Sie den Griff aber nur minimal aus und decken Sie das Gestell wie eine Haube über die Setzlinge. So sind die Jungpflanzen sicher vor Frost geschützt.

FREUNDE IM GEWÜHL WIEDERFINDEN • Freunde oder Verwandte aus einer anderen Stadt kommen zu Ihnen? Dann möchten Sie Ihrem Besuch sicher die Sehenswürdigkeiten Ihrer eigenen Stadt zeigen. Und da bleibt es bestimmt nicht aus, dass Sie sich ins Getümmel begeben, z. B. in der Fußgängerzone. Damit Sie sich in dem Menschengewühl nicht verlieren, nehmen Sie zwei gleichfarbige, leuchtende Regenschirme mit. Falls Sie voneinander getrennt werden, öffnen Sie einfach die Schirme und halten sie über Ihren Kopf. So werden Sie sich schnell wiederfinden, und der Stadtbummel ist gerettet.

REIFEN

SCHUTZ FÜR DAS GEMÜSE • Autoreifen schützen Pflanzen vor rauen Winden, zudem absorbiert das dunkle Gummi die Sonneneinstrahlung und wärmt so die Erde. Legen Sie die Reifen auf Ihr Beet und setzen Sie Tomaten-, Kartoffel- und Auberginenpflanzen in die Ringe. Das Gemüse dankt es Ihnen mit gutem Wachstum und einer prächtigen Ernte.

PLANSCHBECKEN FÜR KLEINKINDER

Reifen können sehr gut als Mini-Planschbecken dienen. Man legt einen Duschvorhang über einen großen LKW-Reifen, füllt ihn mit Wasser, und los geht der Badespaß.

REIFEN ZUM SCHAUKELN • Große Reifen sind eine tolle Alternative zu gekauften Kinderschaukeln. Bohren Sie in die untere Rundung ein paar Ablauföffnungen, damit sich dort kein Regenwasser sammeln kann, und oben Löcher für die Aufhängung. In den oberen Löchern befestigen Sie am besten eine handelsübliche Schaukelkette und hängen den Reifen daran an einen gesunden Ast eines Hartholzbaums. Achten Sie auf DIN-Normen und TÜV-Siegel, damit die Konstruktion sicher ist! Streuen Sie Rindenmulch, Holzspäne oder anderes weiches Material unter die Schaukel, um Stürze abzudämpfen.

Fortsetzung →

AUFBEWAHRUNG VON REINIGUNGSSPIRALEN • Nicht nur Autoreifen, auch alte Fahrradreifen können im Haushalt von Nutzen sein. Sie eignen sich beispielsweise hervorragend, um darin Rohrreinigungsspiralen aufzubewahren, die bei normaler Lagerung möglicherweise sehr viel Platz wegnehmen. Auch die Einziehdrähte, mit denen man Kabel durch Wände verlegt, finden in Fahrradreifen Platz. Legen Sie die Spirale oder den Draht innen in den Reifen, sodass sie sich darin ausdehnen können. Den Reifen hängen Sie einfach im Keller oder im Schuppen an einem Haken auf.

TIPP

Monatlich die Reifen prüfen

Nehmen Sie sich einmal im Monat 5 Minuten Zeit, um den Zustand Ihrer Autoreifen zu überprüfen. So verhindern Sie Pannen oder Unfälle, erhalten den Fahrkomfort, verlängern die Lebensdauer der Reifen und senken den Spritverbrauch. Einige praktische Hinweise:

- Prüfen Sie den Reifendruck mindestens einmal im Monat und vor jeder längeren Fahrt. Auch das Reserverad muss regelmäßig überprüft werden.
- Sehen Sie nach, ob das Reifenprofil gleichmäßig abgenutzt ist und ob Risse oder andere Anzeichen von Verschleiß sowie Fremdkörper, beispielsweise Glasstücke, im Reifenprofil zu erkennen sind. Entfernen Sie alle eventuell vorhandenen Fremdkörper.
- Achten Sie darauf, dass auf allen Reifenventilen Schutzkappen sitzen.
- Passen Sie den Reifendruck der Beladung an und überladen Sie Ihr Fahrzeug nicht.

REISSVERSCHLÜSSE

SOCKENPUPPE • Selbst gemachtes Spielzeug macht Kindern oft am meisten Spaß. Nähen Sie z. B. eine Sockenpuppe. Als Augen und Nase dienen angenähte Knöpfe, Wollfäden bilden die Haare. Zum Schluss nehmen Sie einen kleinen Reißverschluss und nähen ihn mit der Innenseite nach außen in einem Halbkreis an. So bekommt die Puppe einen lustigen Mund.

SAFE IN DER JACKE • Die ganze Urlaubsfreude ist dahin, wenn man bemerkt, dass man unterwegs bestohlen wurde. Versehen Sie Ihre Jacke mit einem „Kleidersafe", indem Sie die Innentasche mit einem Reißverschluss ausstatten. Taschendiebe haben nun keine Chance mehr.

MULTIFUNKTIONSHOSE • So genannte Zipp-off-Hosen gehören mittlerweise zum Standardangebot des Outdoor-Handels. Sie sind vor allem praktisch für Wanderer und Radwanderer, die nicht zu viel Gepäck mit sich führen wollen. Man kann sich diese Hosen aber auch selbst schneidern. Dazu schneidet man die Beine einer Jeans oder einer anderen bequemen Hose oberhalb der Knie ab. Dann verbindet man die Hosenbeine mithilfe von zwei Reißverschlüssen wieder. Wenn es jetzt warm wird, kann man die Beine einfach abnehmen. Kühlt es ab, fügt man sie wieder an. Man muss nun keine zweite Hose mehr mit sich führen und kann sich überall einfach umziehen.

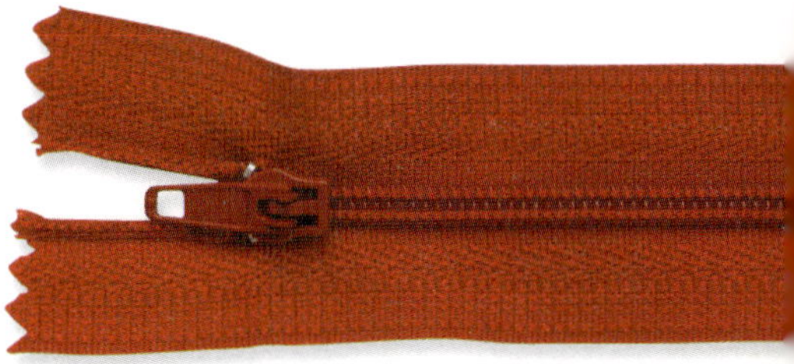

SICHERER SCHLÜSSELHORT

Es ist kein Spaß, wenn man im Urlaub seinen Autoschlüssel am Strand im Sand verliert oder die Geldbörse gestohlen wird. Dass einem so etwas passiert, lässt sich aber ganz einfach verhindern. Nähen Sie eine kleine Tasche mit Reißverschluss an eine Ecke auf die Unterseite Ihres Badetuchs (falls möglich aus dem gleichen Frotteestoff), groß genug für Schlüssel, Sonnenbrille und ein paar Geldstücke. Auf diese Weise sind Ihre Sachen vor Verlust geschützt und unauffällig verwahrt, denn Diebe werden nicht so schnell auf dieses Versteck kommen.

RIZINUSÖL

GUT FÜR DIE NÄGEL • Als Abführmittel bei Verstopfung ist Rizinusöl ebenso bekannt wie berüchtigt, denn es schmeckt furchtbar. Wer das dickflüssige Öl als Kind jemals schlucken musste, wird es daher kaum in guter Erinnerung behalten haben. Bei brüchigen Nägeln und eingerissener Nagelhaut kann das Öl mit seinem hohen Gehalt an Vitamin E jedoch wahre Wunder wirken. Glücklicherweise muss man es dafür nicht schlucken! Man massiert lediglich jeden Tag ein bisschen Öl in Nägel und Nagelhaut ein. Nach 3 Monaten ist die Nagelhaut geschmeidig und die Nägel sind gesund.

WOHLFÜHLMASSAGE • Ganz gewöhnliches Rizinusöl eignet sich hervorragend als beruhigendes Massageöl. Wenn Sie sich also etwas Gutes tun wollen, erwärmen Sie das Öl auf dem Herd oder auf mittlerer Stufe in der Mikrowelle. Anschließend können Sie sich entspannen und die Massage genießen.

Fortsetzung →

GLANZ FÜR AUGEN UND WIMPERN

Wer vor dem Schlafengehen Rizinusöl um die Augen verreibt und in die Wimpern bürstet, wird mit glänzenden Wimpern und strahlenden Augen erwachen. Beim Einmassieren darauf achten, dass kein Öl in die Augen gelangt.

RATTEN ABSCHRECKEN • Ratten sind eine Plage, die sich nie ganz ausrotten lässt, und schnell haben sich einige im eigenen Garten eingenistet. Mit Rizinusöl kann man sie auf schonende Art vertreiben. Dazu vermischt man 100 ml Rizinusöl mit 7,5 l Wasser und besprenkelt damit den Rasen. Die Ratten nehmen keinen Schaden, suchen sich aber auf jeden Fall einen anderen Ort.

DIE KÜCHENSCHERE SCHMIEREN • Küchenscheren und andere Küchengeräte, die mit Lebensmitteln in Berührung kommen, schmiert man idealerweise mit Rizinusöl statt mit giftigem Schmieröl.

TIPP

Arznei für den Farn

Ihr Farn lässt die Zweige hängen?

Eine Mischung aus 1 EL Rizinusöl, 1 EL Babyshampoo und 900 ml lauwarmem Wasser ist eine Wohltat für den „Patienten". Die Pflanze einmal am Tag mit etwa 3 EL der Mischung gießen und mit klarem Wasser nachgießen. Bis die Mischung aufgebraucht ist, hat sich der Farn erholt.

HÄTTEN SIE'S GEWUSST?

Rizinusöl wird aus dem Samen des Wunderbaums gewonnen. Das in den Samenschalen enthaltene Rizin ist äußerst giftig. Da es aber fettunlöslich ist, verbleibt es beim Pressen in den Rückständen und ist im Rizinusöl nicht vorhanden.

Rizinusöl ist weit mehr als ein altbekanntes Hausmittel und wird auch in der Industrie vielseitig verwendet. Große Mengen Rizinus braucht man zur Herstellung von Farben und Lacken. Auch Seifen, Shampoos, Haarwässer und Lippenstifte enthalten Rizinusöl. Da das Öl weder bei Kälte dickflüssig noch bei Hitze zu dünn wird, findet es sogar bei der Herstellung von Schmierstoffen für Flugzeugtriebwerke Verwendung.

LEDERHANDSCHUHE PFLEGEN • Ihre Lederhandschuhe sind hart geworden? Rizinusöl macht sie wieder geschmeidig und außerdem wasserabweisend.

FLIEGEN VERTREIBEN • Stellen Sie im Sommer an jedes Fenster Ihrer Wohnung eine Rizinuspflanze, und die Fliegen bleiben weg.

KEINE GEHFALTEN IN LACKSCHUHEN • Neue Lackschuhe bekommen keine Gehfalten, wenn man sie ein paar Mal mit Rizinusöl einreibt.

PFLEGESPÜLUNG FÜRS HAAR

Über schönes Haar dürfen Sie sich freuen, wenn Sie eine Mischung aus 2 TL Rizinusöl, 1 TL Glyzerin (in der Apotheke erhältlich) und einem Eiweiß ins nasse Haar einmassieren. Ein paar Minuten einwirken lassen, anschließend auswaschen.

23 TIPPS

SALMIAKGEIST

In der Küche

DEN BACKOFEN REINIGEN • In Backöfen gibt es schnell einmal Spritzer, die in der Hitze verkrusten und denen man dann oft nur mit großer Mühe beikommt. Mit der folgenden Methode geht die Reinigung jedoch mühelos vonstatten. Zunächst wird der Ofen eingeschaltet und auf 65 °C erwärmt, danach schaltet man ihn wieder aus. Nun stellt man ein Schälchen mit 125 ml Salmiakgeist auf den obersten Rost und eine große Schüssel mit kochend heißem Wasser auf den Boden. Dann schließt man die Ofentür und lässt die Flüssigkeiten über Nacht stehen. Am nächsten Morgen nimmt man Schälchen und Schüssel heraus und lüftet den Ofen eine Zeit lang. Jetzt kann man ihn mit einer Lösung aus 1 l warmem Wasser, dem Salmiakgeist aus dem Ofen und ein paar Tropfen Spülmittel ganz einfach auswischen – selbst alte Fettablagerungen verschwinden im Handumdrehen!
ACHTUNG: Beim Gasherd ist diese Reinigungsmethode nur anwendbar, wenn kein Kontrolllämpchen leuchtet und die Hauptgasleitung abgedreht ist.

GRILLROSTE WIE NEU • Sie haben eine wunderschöne Grillparty ausgerichtet! Doch nun geht es ans Aufräumen. Festgebackene Verkrustungen auf Grillrosten entfernen Sie dabei ganz einfach mithilfe von Salmiakgeist. Legen Sie ein altes Handtuch in einen großen Waschbottich und darauf die Roste. Sie können auch die Badewanne verwenden, müssen sie dann aber anschließend putzen. Lassen Sie warmes Wasser in den Bottich oder die Wanne laufen und setzen Sie 125 ml Salmiakgeist zu. Mindestens 15 Minuten im Wasser einweichen, dann herausnehmen. Nun können Sie die Roste mühelos abwischen.

GLANZMITTEL FÜR KRISTALL • Haben Ihre guten Kristallgläser ihren Schimmer verloren? Der strahlende Glanz kehrt schnell zurück, wenn Sie ein weiches Tuch oder eine weiche Bürste in eine Mischung aus 500 ml Wasser und einigen Tropfen Salmiakgeist tauchen und die Gläser damit abwischen bzw. abbürsten. Spülen Sie die edlen Gefäße anschließend mit klarem Wasser und trocknen Sie sie mit einem weichen, trockenen Tuch ab.

VORSICHT: Salmiakgeist darf man auf keinen Fall mit Chlorbleiche oder einem anderen chlorhaltigen Mittel mischen, sonst entstehen giftige Dämpfe, die unter Umständen sogar tödlich sind! Arbeiten Sie mit Salmiakgeist immer in gut durchlüfteten Räumen und atmen Sie die Dämpfe nicht ein. Zudem sollten Sie Gummihandschuhe tragen und streng darauf achten, dass kein Salmiakgeist auf die Haut oder in die Augen gelangt. Ganz wichtig: Salmiakgeist muss außerhalb der Reichweite von Kindern aufbewahrt werden.

MOTTENABWEHR • Lebensmittelmotten sind ungebetene und leider auch hartnäckige Gäste. Man kann ihnen aber den Garaus machen, wenn man Regalbretter, Schubladen und Schränke mit einer Lösung aus 1 l Wasser und 125 ml Salmiakgeist auswäscht. Schubladen und Schränke sollte man danach offen stehen lassen, bis sie gründlich ausgetrocknet sind.

Fortsetzung →

Im Haus

KEIN FARBGERUCH • Ein frisch gestrichenes Zuhause sieht wunderbar aus, es stört aber der penetrante Farbgeruch. Das muss nicht sein. Wenn man in jedes frisch gestrichene Zimmer ein Schälchen mit Salmiakgeist stellt, wird der Geruch neutralisiert. Ist er nach ein paar Tagen noch nicht verschwunden, füllt man die Schälchen auf. Dieselbe Wirkung erzielt man übrigens auch mit Essig oder Zwiebelscheiben.

REINIGUNG VON GOLD- UND SILBERSCHMUCK • Schmuckstücke aus Gold und Silber erstrahlen in neuem Glanz, wenn man sie 10 Minuten in eine Lösung aus 100 ml klarem Salmiakgeist und 200 ml warmem Wasser legt. Nach dem Herausnehmen wischt man sie mit einem weichen Tuch ab und lässt sie trocknen.
ACHTUNG: Diese Methode nicht bei mit Perlen bestücktem Schmuck anwenden! Der Lüster (die fein schimmernde Perlenoberfläche) könnte sonst stumpf werden oder anderweitig Schaden nehmen.

ANGELAUFENES SILBER ODER MESSING PUTZEN • Um Silber oder Messing wieder richtig glänzen zu lassen, bürsten Sie es vorsichtig mit einer weichen, in ein wenig Salmiakgeist getauchten Bürste ab. Damit die Metalloberfläche keinen Schaden nimmt, sollten Sie anschließend die überschüssige Flüssigkeit mit einem weichen Tuch – idealerweise einem Fensterleder – sorgfältig abwischen.

KEINE SEIFENRÜCKSTÄNDE IM WASCHBECKEN • Ablagerungen von Seifenschaum und Fett lassen das das emaillierte Waschbecken oder die emaillierte Badewanne stumpf und unhygienisch wirken. Gehen Sie dem Schmutz mit einer Lösung aus 1 EL Salmiakgeist und 4 l heißem Wasser zu Leibe und spülen Sie die Oberfläche nach dem Abreiben gründlich ab.

VERRUSSTE FLÄCHEN KRAFTVOLL REINIGEN • Der Ruß, der sich auf dem Glas der Kaminofentür festsetzt, lässt sich mit einfachen Reinigungsmitteln kaum entfernen. Die folgende Methode verspricht aber Erfolg. Man gibt in 1 l warmes Wasser 1 EL Salmiakgeist und 2 EL Essig und füllt die Flüssigkeit in eine Sprühflasche. Nun besprüht man die Tür mit ein wenig

TIPP

Salmiakgeist im Gewebetest

Wie lässt sich überprüfen, ob man Salmiakgeistlösung oder einen anderen Fleckentferner ohne Schaden bei einem bestimmten Gewebe oder Material verwenden darf?

Am besten, man probiert die Lösung immer erst mit einem oder zwei Tropfen an einer unauffälligen Stelle des Kleidungsstücks oder Gegenstands aus. Nach der Anwendung sollte man die Stelle auf Farbechtheit prüfen, indem man sie mit einem weißen Waschlappen abreibt. Wenn sich Farbe am Waschlappen absetzt oder eine deutliche Veränderung des Materials zu erkennen ist, sieht man besser von der Reinigungsmethode ab.

HÄTTEN SIE'S GEWUSST?

Im Mittelalter wurde Ammoniak - die Grundsubstanz von Salmiakgeist - durch Erhitzen von Horn, Klauen oder Leder produziert. Der manchmal verwendete Name Hirschhornsalz ist irreführend, da Hirschgeweih aus Knochen und nicht aus Horn besteht und das Salz nicht aus ihm hergestellt wurde. Anfang des 20. Jh. produzierte man Ammoniak durch Trockendestillation von stickstoffhaltigen pflanzlichen und tierischen Produkten.

Heute benutzt man zur Herstellung von Ammoniak vorwiegend das Haber-Bosch-Verfahren, bei dem Wasserstoff- und Stickstoffgase bei mittleren Temperaturen und unter extremem Druck zur Reaktion gebracht werden. Dieses Verfahren wurde 1909 von Fritz Haber und Carl Bosch entwickelt. Im Ersten Weltkrieg wurde es in Deutschland erstmals in großem Maßstab für die Produktion von Munition genutzt.

Lösung, lässt sie ein paar Sekunden einwirken und wischt sie dann mit einem saugfähigen Tuch ab. Wenn der Ruß nicht gleich völlig abgeht, wiederholt man den Vorgang so lange, bis das Glas wieder vollkommen rein ist.

WEISSES WIRD WIEDER WEISS

Können Sie sich erinnern, wie schön Ihre Tennis- oder Joggingschuhe beim Kauf ausgesehen haben? Geben Sie ihnen ihr strahlendes Weiß wieder, indem Sie sie mit einem Lappen abreiben, den Sie mit verdünntem Salmiakgeist (Salmiakgeist und Wasser zu gleichen Teilen) getränkt haben.

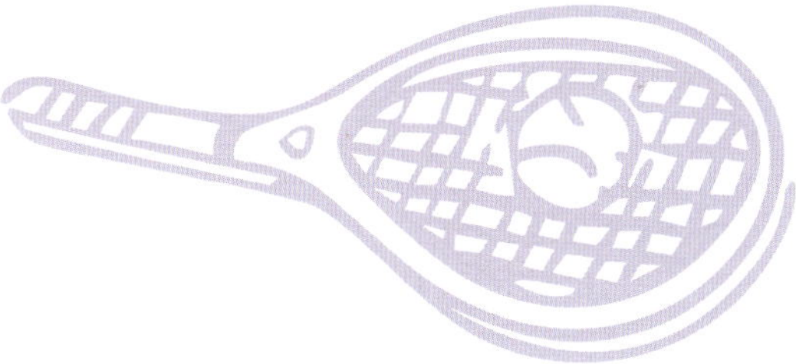

PERFEKTER FLECKENTFERNER • Salmiakgeist ist hervorragend geeignet, um damit Kleidungsstücke zu reinigen. Hier einige Methoden, mit denen man verschiedene Flecken entfernen kann. Achten Sie aber unbedingt darauf, dass Sie Salmiakgeist vor der Anwendung auf Seide, Wolle oder Spandex mit Wasser auf mindestens 50 % verdünnen.

■ Schweiß-, Blut- und Urinflecken in Textilien macht man den Garaus, indem man die Stellen vor dem Waschen mit einer 50%igen Salmiakgeistlösung betupft.

■ Die meisten nicht fetthaltigen Flecken lassen sich entfernen, wenn man eine Mischung aus Salmiakgeist, Wasser und Spülmittel zu gleichen Teilen in eine leere Sprühflasche füllt, die Flasche gut schüttelt und die Lösung direkt auf den Fleck sprüht. Das Mittel sollte 2–3 Minuten einwirken, anschließend spült man es aus.

HÄTTEN SIE'S GEWUSST?

Ammoniak ist ein farbloses, beißendes Gas, das in Wasser löslich ist. Die heute handelsüblichen Salmiakgeistprodukte enthalten das in Wasser gelöste Gas. Salmiakgeist gehört zu den ältesten Reinigungsmitteln und wurde schon im alten Ägypten verwendet. Das Wort Ammoniak ist von dem ägyptischen Gott Ammon abgeleitet. In seinem Tempel auf dem Gebiet des heutigen Libyen soll Ammoniak zum ersten Mal durch Verbrennen von Kameldung hergestellt worden sein.

■ Sogar Textilien mit Farbflecken, die man schon einige Male in der Waschmaschine gehabt hat, lassen sich noch säubern, wenn man die Flecken mehrmals mit einer Lösung aus 50 % Salmiakgeist und 50 % Terpentin tränkt und die Kleidungsstücke dann erneut in die Wäsche gibt.

FLECKEN IN POLSTERMÖBELN UND TEPPICHEN • Flecken in Polstermöbeln und Teppichen entfernt man mit einer Lösung aus knapp 2 l warmem Wasser und 200 ml Salmiakgeist. Man tunkt einen Schwamm in die Mischung und reibt die verfleckte Stelle ab. Anschließend gründlich trocknen lassen. Bei Bedarf den Vorgang wiederholen.

FENSTER MIT FRISCHEM GLANZ • Fenster mit dicken Schmutzschleiern machen einen ungepflegten Eindruck. Dabei kann man Staub, Ruß und Fingerabdrücke mühelos beseitigen. Befeuchten Sie ein weiches Tuch mit einer Lösung aus 200 ml klarem Salmiakgeist und 600 ml Wasser und putzen Sie damit die Fenster. Sie werden nicht nur kristallklar, sondern noch dazu streifenfrei sauber.

Fortsetzung →

ALTES BOHNERWACHS BESEITIGEN • Wachs lässt Bodenbeläge aus Kunststoff im Lauf der Zeit vergilben. Man beseitigt alte Wachsschichten und lässt den Belag wie neu erscheinen, wenn man ihn mit einer Lösung aus knapp 2 l Wasser und 200 ml Salmiakgeist aufwischt. Die Lösung sollte 3–5 Minuten einwirken, anschließend scheuert man mit einem Topfkratzer nach und löst das alte Wachs ab. Die Reste wischt man mit einem sauberen Lappen oder Schwamm weg und putzt dann den Fußboden mit viel Wasser gründlich nach.

BLINKENDE, SCHIMMELFREIE BADEZIMMERFLIESEN • Die Fliesen in Ihrem Bad werden wieder glänzend – und schimmelfrei –, wenn man sie mit einem Schwamm abwischt, der mit einer Lösung aus 50 ml Salmiakgeist und 4 l Wasser getränkt ist.

Im Garten

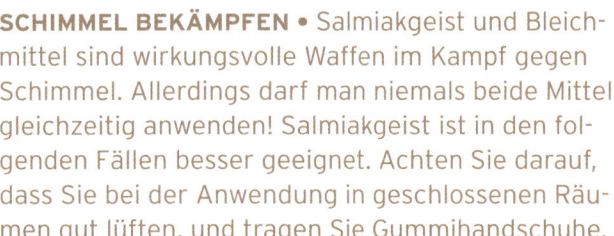

SCHIMMEL BEKÄMPFEN • Salmiakgeist und Bleichmittel sind wirkungsvolle Waffen im Kampf gegen Schimmel. Allerdings darf man niemals beide Mittel gleichzeitig anwenden! Salmiakgeist ist in den folgenden Fällen besser geeignet. Achten Sie darauf, dass Sie bei der Anwendung in geschlossenen Räumen gut lüften, und tragen Sie Gummihandschuhe.

■ Von unbehandelten Terrassen-Holzmöbeln lässt sich Schimmel mit einer Mischung aus 200 ml Salmiakgeist, 100 ml Essig, 50 g Natron und knapp 4 l Wasser abreiben. Verwenden Sie die Lösung großzügig und nehmen Sie die überschüssige Feuchtigkeit mit einem alten Waschlappen auf. Mit derselben Mischung kann man Schimmel von lackierten Haustüren entfernen.

■ Bei Schimmel auf Korbmöbeln wäscht man die befallenen Stellen mit einer Lösung aus 2 EL Salmiakgeist und 4 l Wasser ab. Schwer erreichbare Stellen bearbeitet man mit einer alten Zahnbürste. Alles gut abspülen und die Möbel an der Luft trocknen lassen.

KEIN JUCKREIZ BEI MÜCKENSTICHEN • Sie verbringen einen romantischen Sommerabend an einem See, und plötzlich fallen Stechmücken über Sie her. Gegen die Stiche können Sie nichts mehr tun, wohl aber gegen den Juckreiz. Tupfen Sie 1–2 Tropfen Salmiakgeist unmittelbar auf die Stiche. Bei einem Stich, der schon aufgekratzt ist, empfiehlt sich Salmiakgeist aber nicht: Die Stelle würde durch die Schärfe des Mittels brennen.

FLECKENTFERNUNG VON BETON • Verfärbungen auf Betonflächen am Haus entfernt man mit einer Lösung aus 200 ml Salmiakgeist und knapp 4 l Wasser, mit der man die Flecken abschrubbt. Anschließend die Mischung gründlich mit dem Schlauch abspritzen.

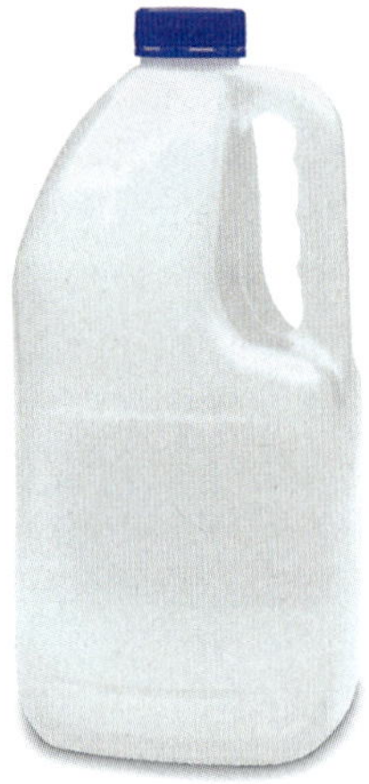

KEINE UNLIEBSAMEN ÜBERRASCHUNGEN MEHR AM MÜLL • Streunende Katzen an der Mülltonne können einem einen gehörigen Schreck einjagen, und appetitlich ist so ein Besuch ohnehin nicht. Halten Sie solche Streuner und andere Aasfresser fern, indem Sie die Außenseiten und den Deckel der Mülltonnen oder die Müllbeutel in der Tonne mit einer 50%igen Salmiakgeistlösung besprühen.

GUTES FÜR DIE PFLANZEN

Verwöhnen Sie die alkaliliebenden Blüten- und Gemüsepflanzen im Garten, z. B. Clematis, Flieder, Hortensien und Gurken, indem Sie ihnen gelegentlich eine Dusche aus 5 ml Salmiakgeist, verdünnt in 4 l Wasser, gönnen. Vor allem der so zugeführte Stickstoff wird ihnen gut tun.

65 TIPPS

SALZ

Im und ums Haus

RATTANMÖBEL PFLEGEN • Rattanmöbel können mit zunehmendem Alter einen Gelbstich bekommen, besonders wenn sie häufig Sonne oder gar Regen ausgesetzt sind. Damit das Flechtwerk sein natürliches Aussehen bewahrt, schrubben Sie es mit warmem Salzwasser und einer groben Bürste. Lassen Sie die Möbelstücke in der Sonne trocknen. Diesen Vorgang sollten Sie möglichst einmal im Jahr, zumindest aber jedes zweite Jahr wiederholen. So werden Sie lange Freude an Ihren Rattanmöbeln haben!

JUNGBRUNNEN FÜR BESEN • Die Lebensdauer eines neuen Strohbesens lässt sich verlängern, indem man die Borsten in einem Eimer mit heißem Salzwasser einweicht. Nach etwa 20 Minuten herausnehmen und trocknen lassen.

KAMINFEUER LÖSCHEN • Sie möchten ins Bett gehen, aber das Feuer im Kamin brennt noch? Schütten Sie Salz in die Flammen. Das Feuer wird dann schneller niederbrennen und es bleibt weniger Ruß zurück, als wenn es noch lange weiterglimmt. Auch die Reinigung des Kamins geht leichter vonstatten, weil sich Asche und andere Brennrückstände in Verbindung mit dem Salz besser wegkehren lassen.

MESSING- UND KUPFERPOLITUR • Gegenstände aus Messing oder Kupfer werden mit der Zeit stumpf, vor allem wenn sie starker Sonneneinstrahlung oder Regen ausgesetzt sind. Gleichwohl muss man kein teures Reinigungsprodukt kaufen, um sie wieder erstrahlen zu lassen. Mit einer Paste aus Salz, Mehl und Essig zu gleichen Teilen kann man dem Kerzenleuchter seinen Glanz zurückgeben oder den grünlichen Belag von Kupfertöpfen entfernen. Benutzen Sie ein weiches Tuch, um die Paste zu verteilen. Dann spülen Sie den Gegenstand mit warmem Seifenwasser ab und polieren ihn, bis er seinen ursprünglichen Metallschimmer wiedergewonnen hat.

TIPPS FÜR BLUMENFREUNDE

VASE VON KALKRÜCKSTÄNDEN BEFREIEN • Der schöne Blumenstrauß ist verblüht, und in der Vase ist ein unerfreuliches Andenken zurückgeblieben: Ein Kalkring hat sich gebildet. Nehmen Sie etwas Salz auf Zeige- und Mittelfinger, greifen Sie in die Vase und reiben Sie mit dem Salz über die Ablagerungen. Anschließend spülen Sie die Vase mit Seifenwasser aus. Falls der Vasenhals zu eng ist, füllen Sie das Gefäß mit einer starken Salzwasserlösung. Nun schütteln Sie die Vase entweder oder bearbeiten den Kalkring mit einer Flaschenbürste. Zum Schluss die Vase ausspülen. Die Rückstände sollten beseitigt sein.

KUNSTBLUMEN SO SAUBER WIE BEIM KAUF • Kunstblumen – ob nun aus echter Seide oder aus Nylon – lassen sich rasch auffrischen, indem man sie zusammen mit 50 g Salz in eine Papiertüte gibt. Die Tüte verschließen und mehrmals leicht schütteln, und die Blumen sehen so sauber aus wie am Tag ihres Kaufs.

KUNSTBLUMEN ARRANGIEREN • Salz ist ein gutes Mittel, um Kunstblumen in der gewünschten Anordnung zu halten. Füllen Sie eine Vase oder ein anderes Behältnis mit Salz und geben Sie ein wenig kaltes Wasser hinzu. Jetzt stecken Sie Ihre Kunstblumen hinein und ordnen Sie so an, wie Sie es wünschen. Das Salz härtet aus und die Blumen bleiben fest an Ort und Stelle.

Fortsetzung →

ROTWEINFLECK IM WEISSEN TEPPICH • Es kann einem kaum ein schlimmeres Missgeschick widerfahren, als Rotwein auf einem weißen Teppich zu verschütten. Doch man muss in solch einem Fall nicht gleich alle Hoffnung fahren lassen. Solange der Wein noch feucht ist, geben Sie zunächst ein bisschen Weißwein darauf, um den roten Farbstoff zu verdünnen. Danach reiben Sie den Fleck mit einem Schwamm und kaltem Wasser ab und bestreuen ihn anschließend mit Salz. Nach etwa 10 Minuten saugen Sie das Salz mit dem Staubsauger auf. Der Fleck sollte nun verschwunden sein.

HÄTTEN SIE'S GEWUSST?

Salz könnte der Schlüssel zur Existenz von Leben auf dem Mars sein. Die letzten Marsmissionen haben zwei Vermutungen der Wissenschaftler über den Roten Planeten bestätigt: Es gibt dort Wasser, wenn auch nur in Form von Eis, und es gibt dort große Mengen Salz. Wasser ist die Voraussetzung allen Lebens. Zwar sind die Temperaturen an der Oberfläche des Mars für flüssiges Süßwasser zu niedrig, doch unter der Oberfläche könnte stark salzhaltiges Wasser in flüssigem Zustand vorkommen. Wenn aber solche Wasserreservoirs existieren, könnte es auch Leben geben.

FETTFLECK IM WEISSEN TEPPICH • Der Schreck ist groß, aber eigentlich ist es halb so schlimm, wenn jemandem aus der Familie über dem spannenden Fußballspiel sein Teller aus der Hand rutscht und das Essen auf dem neuen schneeweißen Teppich einen Fettfleck hinterlässt. In so einem Fall mischt man Salz und Spiritus im Verhältnis 1 zu 4 und reibt die Mixtur kräftig in den Fettfleck ein. Dabei sollte man darauf achten, dass man in Richtung des natürlichen Haarstrichs des Teppichs arbeitet. Mit dieser Methode ist der Fettfleck schnell vergessen, während das Fußballspiel in bester Erinnerung bleibt.

HOLZTISCH OHNE WASSERRINGE • Wasserringe von Gläsern springen auf einem Holztisch unangenehm ins Auge. Mit einer Paste aus 1 TL Salz und einigen Tropfen Wasser lassen sie sich entfernen. Tragen Sie die Paste mit einem Schwamm oder weichen Tuch behutsam auf den Ring auf und reiben Sie, bis der Fleck verschwunden ist. Damit das Holz wieder glänzt, gehen Sie dann mit Möbelpolitur darüber.

HYGIENE FÜR DEN SCHWAMM • Lange bevor sie wirklich abgenutzt sind, werden Hand- und Scheuerschwämme durch den Gebrauch schmutzig. Um die Schwämme wieder hygienisch sauber zu bekommen, weicht man sie über Nacht in einer Lösung aus etwa 50 g Salz auf 1 l Wasser ein, z. B. im Waschbecken. Nun sind sie wieder wie neu und können noch eine Weile benutzt werden.

LINDERUNG BEI INSEKTENSTICHEN UND NESSELAUSSCHLAG • Salz lindert wirksam den Schmerz bei Bienen- und Mückenstichen sowie quälender Nesselsucht:

- Sie sind von einer Biene gestochen worden? Benetzen Sie die Einstichstelle sofort mit Wasser und geben Sie Salz darauf. Das lindert den Schmerz und mindert die Schwellung. Wenn Sie gegen Bienenstiche allergisch sind, sollten Sie jedoch umgehend ärztlichen Rat einholen.

- Zur Linderung des Juckreizes bei Mückenstichen benetzt man die Einstichstelle mit Salzwasser und reibt anschließend etwas Schmalz oder Pflanzenöl darauf.

- Werden Sie von Nesselsucht geplagt, lässt sich der Juckreiz lindern, indem Sie die betroffenen Stellen in warmem Salzwasser baden. Bei großflächiger Nesselsucht können Sie sich auch in eine Badewanne voll Salzwasser legen. Tritt keine Besserung ein, sollten Sie zum Arzt gehen.

EISFREIE AUTOSCHEIBEN UND HAUSFENSTER • Gegen Glatteis wird auf den Straßen Salz gestreut, denn es senkt den Gefrierpunkt von Wasser. Als Autofahrer kann man sich Salz aber auch für eine bessere Sicht zunutze machen. Die Windschutzscheibe des Autos und auch die anderen Scheiben lassen sich nämlich eisfrei halten, indem man sie mit einem in Salzwasser getränkten Schwamm abwischt und die Feuchtigkeit auf den Scheiben trocknen lässt. Für unterwegs ist ein kleiner Stoffbeutel mit Salz praktisch, den man im Auto mit sich führt. Indem man die feuchten Scheiben mit dem Beutel abreibt, verhindert man, dass sie sich mit Eis überziehen – und man hat sicheren Durchblick. Auch zu Hause sind Eisschichten auf den Fenstern mit diesen Methoden passé.

SELBST GEMACHTER RAUMDUFT • Statt einen teuren Duftspender zu kaufen, kann man sich seinen Raumduft kinderleicht selbst herstellen. Um z. B. das Schlafzimmer nach Rosen riechen zu lassen, schichtet man in einem hübschen Glas mit dicht schließendem Deckel Rosenblätter und Salz aufeinander. Jedes Mal, wenn der blumige Duft das Zimmer durchfluten soll, muss man nun bloß noch den Deckel aufschrauben. Außerdem ist das mit Blüten gefüllte Glas ein hübscher Hingucker.

GERUCHSFREIE TURNSCHUHE

Wer Sport treibt, kommt ins Schwitzen. Daher können Turnschuhe leicht einen strengen Geruch annehmen, besonders wenn sie im Sommer ohne Socken getragen werden. Vertreiben Sie den Geruch und saugen Sie die Feuchtigkeit auf, indem Sie gelegentlich etwas Salz in die Schuhe streuen.

RUND UMS AQUARIUM

WELLNESSOASE FÜR BUNTBARSCHE • Sie möchten Ihren Aquarienfischen etwas Gutes tun? Dann kann Salz die Lösung sein. Denn tatsächlich wird für manche Fischarten empfohlen, dem Aquarienwasser Salz zuzusetzen. Das trifft besonders auf Arten zu, zu deren natürlichem Lebensraum Brackwasserbereiche gehören (das ist z. B. bei manchen Buntbarschen der Fall). Wenn Sie also solche Fische besitzen, dann geben Sie ein wenig Salz ins Aquarium. So bilden Sie den natürlichen Lebensraum Ihrer schuppigen Lieblinge sehr genau nach. Als grobe Richtmenge kann etwa 1 TL auf 4–5 l Wasser gelten. **Achtung:** Informieren Sie sich bitte zuvor im Fachhandel, ob die Fischarten, die Sie besitzen, Salz im Aquarienwasser vertragen. Denn anderen Arten kann der Zusatz von Salz unter Umständen schaden.

KLARE SICHT AUF DIE FISCHE • Kalbablagerungen von hartem Wasser an den Wänden des Aquariums lassen sich entfernen, indem man die Aquarienwände mit Salz einreibt. Gut abspülen, bevor man die Fische wieder einsetzt. Für diese Reinigung darf ausschließlich gewöhnliches und kein jodiertes Salz verwendet werden.

FLOHFREIE HUNDEHÜTTE • Ihr Hund fühlt sich in seiner Hütte ausgesprochen wohl, doch leider halten sich auch unerwünschte Flöhe darin auf. Verhindern Sie, dass diese hüpfenden Plagegeister die Behausung Ihres Lieblings heimsuchen, indem Sie Innenwände und Boden alle paar Wochen mit einer Salzwasserlösung abwaschen.

Fortsetzung →

STOPPZEICHEN FÜR AMEISEN • Das kann im Sommer leicht passieren: Ameisen sind in die Wohnung vorgedrungen. Indem man Salz auf die Türschwelle oder direkt auf die Ameisenstraße streut, kann man die Insekten stoppen. Für Ameisen stellt das Salz ein unüberwindliches Hindernis dar.

In der Küche

ANGEBRANNTE SPEISERESTE • Speisereste, die sich in Auflaufformen oder Backbleche eingebrannt haben, lassen sich manchmal mit normalen Mitteln kaum beseitigen. Eine Vorbehandlung mit Salz löst das Problem in aller Regel. Bevor man das Geschirr spült, befeuchtet man die anhaftenden Reste mit Wasser, bestreut sie mit Salz und wartet ab, bis sich die Kruste durch das Salz abhebt. Dann spült man das Geschirr wie gewöhnlich mit Wasser und Spülmittel.

AUSGELAUFENES IM OFEN • Wenn Ihnen das nächste Mal ein Auflauf oder Kuchenteig im Backofen überquillt, bestreuen Sie die Stelle mit Salz, solange die ausgelaufene Masse noch flüssig ist. Sobald der Ofen abgekühlt ist, können Sie die Substanz mit einem Tuch wegwischen. Dieselbe Technik lässt sich auch bei Spritzern und Tropfen auf der Herdplatte anwenden. Das Salz beseitigt dabei übrigens gleichzeitig den unangenehmen Geruch, der entsteht, wenn etwas anbrennt. Und wenn Sie den schlechten Geruch durch einen appetitlichen Duft ersetzen möchten, mischen Sie ein wenig Zimt unter das Salz.

EINGEBRANNTES AUF EMAILGESCHIRR • Es kann in einen wahren Kraftakt ausarten, wenn man versucht, Speisereste wegzuschrubben, die sich in Emailtöpfe eingebrannt haben. Doch es geht auch mit weniger Anstrengung. Man lässt über Nacht Salzwasser im Topf stehen und bringt es am nächsten Tag zum Kochen. Dann sollten die Flecken verschwunden sein – ganz ohne scheuern und bürsten.

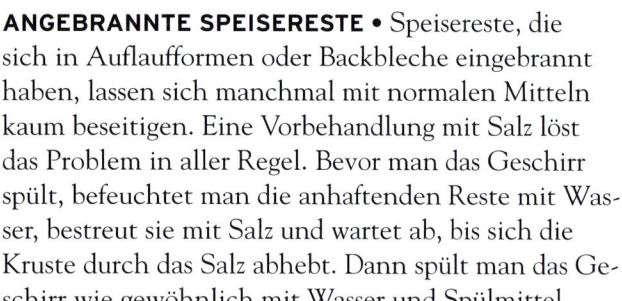

HÄTTEN SIE'S GEWUSST?

Die Vereinigten Staaten von Amerika sind der Salzproduzent Nummer eins weltweit. 2002 erzeugten die USA nach Angaben des Salt Institute 43,9 Mio. t Salz. An zweiter Stelle rangierte China mit 35 Mio. t. Weitere Staaten, die bedeutende Mengen Salz produzieren, sind u. a. Deutschland mit 15,7 Mio. t, Indien mit 14,8 Mio. t und Kanada mit 13 Mio. t.

WENN MILCH ANBRENNT • Angebrannte Milch hinterlässt die hartnäckigsten Flecken überhaupt, doch Salz kann die Reinigungsarbeit erheblich erleichtern. Spülen Sie den angebrannten Topf mit Wasser aus und streuen Sie Salz hinein. Warten Sie etwa 10 Minuten und schrubben Sie den Topf dann kräftig aus. Besonders praktisch: Das Salz absorbiert gleichzeitig den Geruch nach angebrannter Milch.

FETTRESTE IN PFANNEN • Aus Eisenpfannen lässt sich Fett oft schwer entfernen, weil es nicht wasserlöslich ist. Kürzen Sie das Verfahren ab, indem Sie die Pfanne vor dem Spülen mit Salz ausstreuen. Das Salz wird das meiste Fett aufsaugen. Nun können Sie das Fett-Salz-Gemisch ganz einfach mit einem Papiertuch herauswischen und die Pfanne anschließend wie üblich spülen.

ROSTSCHUTZ FÜR GUSSEISEN • Egal wie gründlich man sie auch abtrocknet, gusseiserne Töpfe und Pfannen neigen dazu, Rost anzusetzen, wenn sie mit Wasser gespült werden. Das lässt sich vermeiden, indem man nach dem Kochen in das noch heiße Kochgeschirr etwa 50 g Salz gibt und es mit einer harten Drahtbürste schrubbt. Danach sollte das Geschirr sauber ausgewischt und anschließend mit einer dünnen Schicht Pflanzen- oder Sesamöl ausgepinselt werden. Antihaftbeschichtete Pfannen dürfen auf diese Art nicht gereinigt werden, weil die Beschichtung sonst Schaden nehmen würde.

SCHÖNHEITSKUR FÜR ALTE SCHNEIDBRETTER • Nachdem Sie Ihre Schneidbretter mit Wasser und Spülmittel gespült haben, reiben Sie das Holz mit einem feuchten Tuch ab, das Sie in etwas Salz getaucht haben. Dadurch werden die Bretter wieder hell und blank.

FUNKELNDES GLASGESCHIRR

VERKALKTES GLAS WAR GESTERN • Ist es Ihrer Spülmaschine nicht gelungen, die hartnäckigen Flecken auf Ihrem Glasgeschirr zu beseitigen? Und hat auch das Schrubben hinterher nichts genutzt? Dann versuchen Sie einmal mit dieser Methode: Lösen Sie eine Hand voll Salz in 1 l Essig auf und weichen Sie das Glasgeschirr über Nacht darin ein. Am nächsten Morgen darüberwischen, und die Flecken verschwinden.

WEG MIT DEM LIPPENSTIFT AM GLÄSERRAND • Flecken von Lippenstift auf Trinkgläsern sind oft nur schwer zu entfernen. Vor allem Spülmaschinen schaffen das nicht immer. Ursache sind Weichmacher, die dazu bestimmt sind, den Lippenstift auf den Lippen haften zu lassen. Am Glas bleiben sie ebenso hartnäckig hängen wie am Mund. Reiben Sie die Ränder der Stiel- oder Wassergläser mit Salz ein, bevor Sie die Gläser spülen. So lösen sich die Lippenstiftflecken und die Gläser werden wieder strahlend rein.

KÜHLSCHRANK PUTZEN OHNE CHEMIE • Es macht keinen Spaß, doch von Zeit zu Zeit muss es sein: Der Kühlschrank muss einer Reinigung unterzogen werden. Nachdem alle Lebensmittel und Ablagen aus dem Gerät entfernt wurden, löst man eine Hand voll Salz in etwa 4 l warmem Wasser auf, taucht einen Schwamm hinein und wischt damit den Kühlschrank aus. Schon ist das Gerät wieder sauber und rein. Gegenüber Scheuermitteln hat diese Methode den Vorteil, dass die Flächen nicht zerkratzt werden und dass keine chemischen Dämpfe oder Gerüche in den Innenraum des Kühlschranks gelangen. Außerdem ist Salz viel preiswerter als jedes Reinigungsmittel.

SAUBERE ARBEITSFLÄCHE

Sie haben Plätzchenteig ausgerollt oder Brotteig geknetet. Entsprechend verunreinigt sieht die Arbeitsfläche aus. Hier ist eine Methode, wie Sie im Handumdrehen wieder für Sauberkeit sorgen. Bestreuen Sie die Platte einfach mit Salz, und schon können Sie mit einem Schwamm alle Teigreste schnell und sauber entfernen. Die Schlieren, die sich beim normalen Wischen auf der Arbeitsfläche bilden und die alles nur noch schlimmer machen, gibt es nicht.

TEE- UND KAFFEEFLECKEN IM GUTEN GESCHIRR • Tee und Kaffee hinterlassen Flecken in Tassen und Kannen. Diese unansehnlichen Stellen sind für ihre Hartnäckigkeit bekannt. Dabei lassen sie sich leicht entfernen. Dazu gibt man Salz auf einen Schwamm und fährt mit kleinen, kreisenden Bewegungen über die Flecken. Sollte die braune Verfärbung dabei nicht verschwinden, versuchen Sie es mit einer Mischung aus Salz und Essig zu gleichen Teilen, die ebenfalls mit einem Schwamm aufgetragen wird. Das sollte in jedem Fall wirken.

Fortsetzung →

Spaß für Kinder

Aus Salzteig lässt sich Kinderspielzeug aller Art backen. Verrühren Sie in einer Schüssel langsam 200 g Salz mit etwa 250 ml kochendem Wasser. Nachdem sich das Salz gelöst hat, mischen Sie 250 g einfaches Weizenmehl darunter. Geben Sie den Teig auf eine Arbeitsfläche und kneten Sie ihn, bis er glatt ist. Sollte er kleben, fügen Sie esslöffelweise weiteres Mehl hinzu, bis er geschmeidig ist. Er sollte sich nun mühelos zu Kugeln, Ringen und anderen Formen verarbeiten lassen. Wenn Sie und Ihre Kinder genügend Formen oder auch lustige Figuren hergestellt haben, lassen Sie die Salzteig-Kreationen an der Luft trocknen oder bei 100 °C 2 Stunden lang im Ofen backen (die Dauer hängt von der Dicke der Knetkunstwerke ab). Man kann den Teig auch in der Mikrowelle 1-2 Minuten lang auf höchster Stufe erhitzen, um ihm Festigkeit zu geben. Zum Schluss bemalen Sie die Formen oder Figuren nach Herzenslust und verleihen ihnen mit einer Schicht aus durchsichtigem Nagellack oder Klarlack Schutz und Glanz.

KÜRZERE GARZEIT

Die Familie sitzt schon hungrig am Tisch? Damit das Essen schneller fertig ist, gibt man dem Wasser, in dem das Essen gekocht wird, 1-2 gestrichene TL Salz zu. Denn Salz lässt Wasser bei einer höheren Temperatur kochen, sodass die Zubereitung eine kürzere Garzeit erfordert. Gleichzeitig bekommt das Essen ein wenig zusätzliche Würze. Allerdings erreicht Salzwasser den Siedepunkt nicht schneller als ungesalzenes Wasser, sondern eher etwas langsamer. Die verlorene Zeit holt man aber beim Garen wieder herein.

KAFFEEMASCHINE MIT NEUER QUALITÄT • Schmeckt Ihr Filterkaffee seit neuestem etwas bitter? Dann versuchen Sie Folgendes: Füllen Sie die Kaffeemaschine mit Wasser und fügen Sie 4 EL Salz hinzu. Dann lassen Sie das Wasser wie gewöhnlich durchlaufen. Lassen Sie anschließend klares Wasser durchlaufen, und der nächste Kaffee, den Sie aufbrühen, wird wieder köstlich schmecken.

SO WIRD ZU LANGE WARM GEHALTENER KAFFEE WIEDER GENIESSBAR • Sie kochen gerade Kaffee; plötzlich klingelt das Telefon. Der Kaffee bleibt 1 Stunde auf der Warmhalteplatte stehen und ist nun bitter. Ihr erster Gedanke: Jetzt kann ich ihn leider nur noch in den Ausguss schütten! Nicht unbedingt. Denn manchmal wirkt 1 Prise Salz, die man vor dem Einschenken in die Tasse gibt, Wunder, und der schwarze Muntermacher schmeckt wieder bestens.

FETTSPRITZER VERMEIDEN • Beim Braten von Kurzgebratenem verbrennt man sich nur allzu leicht an spritzendem Fett. Dabei wollte man sich doch nur ein schnelles Mittagessen zubereiten. Bevor Sie das nächste Mal Lebensmittel braten, die spritzen können, sollten Sie 1 Prise Salz in die Pfanne streuen. Jetzt müssen Sie nicht mehr befürchten, dass Ihnen das Fett auf die Hände oder ins Gesicht spritzt, und auch die Herdplatte bleibt sauber. So schlagen Sie zwei Fliegen mit einer Klappe.

SAUBERER TEEKANNENAUSGUSS • Der stark verfärbte Ausguss einer Teekanne kann sehr gut mit Salz gereinigt werden. Man stopft den Ausguss mit Salz und lässt das Salz über Nacht oder zumindest mehrere Stunden lang einwirken. Wenn dann mit kochendem Wasser ausgespült wird, funkelt der Ausguss in der Regel wie neu. Sollten die Verfärbungen doch noch nicht ganz verschwunden sein, behandeln Sie den Ausguss mit einem in Salz gewendeten Wattebausch nach. Spätestens jetzt steht Ihnen die Teekanne in voller Schönheit wieder zur Verfügung.

EIER POCHIEREN • Es scheint den Profiköchen vorbehalten zu sein, dass beim Pochieren von Eiern das Eiweiß unbeschädigt bleibt. Denn wie vorsichtig Sie auch sind, wenn Sie zu Hause Eier pochieren - immer läuft das Eiweiß im Wasser aus. Hier nun das Geheimnis der Chefs: Streuen Sie etwa 1/2 TL Salz ins Wasser, kurz bevor Sie die Eier hineingeben. Das Salzwasser hält das Eiweiß schön zusammen. Auch ein Schuss Essig hat diese Wirkung und verbessert obendrein den Geschmack der Eier.

HÄTTEN SIE'S GEWUSST?

Salz war mit Sicherheit die erste Speisewürze. Die Urmenschen deckten ihren gesamten Salzbedarf aus Fleisch, das den überwiegenden Teil ihrer Ernährung ausmachte. Als die Menschen begannen, sich dem Ackerbau als einer verlässlicheren Nahrungsquelle zuzuwenden, entdeckten sie, dass Salz - hauptsächlich aus dem Meer - den Pflanzen einen Geschmack verlieh, nach dem ihr Körper verlangte. Die Menschheitsgeschichte ist auch eine Geschichte des Salzgebrauchs: Allmählich lernten die Menschen, Salz einzusetzen, um damit Nahrung haltbar zu machen, Felle zu gerben und Wunden zu heilen.

HART GEKOCHTE EIER MÜHELOS GESCHÄLT • Fragen Sie sich manchmal, ob es ein Geheimnis gibt, wie man hart gekochte Eier schält, ohne dass die Schale in tausend kleine Stücke zerbricht? Ja, das gibt es: Man muss dem Kochwasser nur 1 TL Salz hinzufügen, bevor man die Eier hineingibt.

FRISCHETEST BEI EIERN • Sie haben den Eierkarton schon weggeworfen und sind nun im Zweifel, ob die Eier im Kühlschrank noch frisch genug sind? Geben Sie 2 TL Salz in eine Tasse Wasser und legen Sie das Ei vorsichtig hinein. Ein frisches Ei sinkt zu Boden, ein altes schwimmt oben.

PEKANNÜSSE IM NU GEKNACKT

Pekannüsse sind schwer zu knacken. Und wenn man es geschafft hat, muss man noch die zweite Hürde nehmen: den Kern herausschälen. Das kann man umgehen, wenn man die Nüsse vor dem Knacken mehrere Stunden lang in Salzwasser einweicht. Dann lässt sich der Kern sauber von der Schale lösen.

MANGOLD UND SPINAT WASCHEN • Frische Mangold- oder Spinatblätter sind hübsch anzusehen, aber ihre gekräuselte, unregelmäßige Oberfläche macht es schwierig, die Erde, die sich in den Zwischenräumen gesammelt hat, herauszuwaschen. Hygienisch sauber wird das Gemüse, wenn man die Blätter in Salzwasser wäscht. Die Erde wird zusammen mit dem Salz im Waschwasser ausgeschwemmt und man braucht die Blätter nur noch einmal unter fließendem Wasser nachzuspülen.

KNACKIGER SALAT • Haben Sie Freunde zum Abendessen eingeladen und wollen u. a. einen knackigen Blattsalat servieren, den Sie gerne rechtzeitig vorbereiten möchten? Dann sollten Sie nach dem Waschen und Putzen etwas Salz über die Salatblätter geben. Das hält sie mehrere Stunden lang knackig frisch.

HERUNTERGEFALLENE EIER - KEIN PROBLEM • Wem je ein rohes Ei heruntergefallen ist, weiß, dass es danach gehörig etwas zu putzen gibt. Man kann sich die Arbeit erleichtern, indem man das ausgelaufene Ei mit Salz bestreut. Dadurch zieht es sich zusammen und lässt sich leicht mit einem Schwamm oder einem Papiertuch aufnehmen.

Fortsetzung →

VERJÜNGUNGSKUR FÜR RUNZELIGE ÄPFEL • Bekommen die vor ein paar Tagen gekauften Äpfel schon eine faltige Haut? Wenn man sie in leicht gesalzenes Wasser legt, wird die Haut wieder glatt und der Apfel zum Anbeißen appetitlich.

LANGE FRISCHE FÜR DEN OBSTSALAT • Sie bereiten den Obstsalat für eine Party vor und möchten sichergehen, dass Ihr frisch geschnittenes Obst appetitlich aussieht, wenn es serviert wird. Damit Äpfel und Birnen ihre natürliche Farbe bewahren, tauchen Sie die Früchte kurz in eine Schüssel mit leicht gesalzenem Wasser.

SAHNE (RAHM) SCHLAGEN UND EIER RÜHREN • Wenn man Sahne schlagen oder Rührei zubereiten möchte, empfiehlt es sich, eine Prise Salz zuzufügen. Dadurch wird die Sahne lockerer und das Rührei erhält beim Braten eine festere Beschaffenheit.

KEIN UNERWÜNSCHTER SCHIMMEL AUF KÄSE

Käse ist viel zu teuer, um ihn wegzuwerfen, weil er schimmelig geworden ist. So weit sollte man es also gar nicht erst kommen lassen. Schimmel kann man vermeiden, indem man den Käse in ein mit Salzwasser benetztes Papiertuch wickelt, bevor er in den Kühlschrank kommt.

HÄTTEN SIE'S GEWUSST?

Die Salzkonzentration im menschlichen Körper entspricht knapp einem Drittel der Konzentration von Meerwasser. Deshalb schmecken Blut, Schweiß und Tränen salzig. Viele Wissenschaftler glauben, dass Salz für die Menschen und überhaupt alle Landtiere lebensnotwendig ist, weil alles Leben ursprünglich aus den Ozeanen stammt. Als sich die ersten Landlebewesen entwickelten und aus dem Meer an Land krochen, nahmen sie ihr Bedürfnis nach Salz - und in ihren Zellen einen kleinen Vorrat davon - mit und gaben beides an ihre Nachkommen weiter.

LANGE FRISCHE MILCH • Streuen Sie ein wenig Salz in eine Tüte Milch und sie wird länger frisch bleiben. Das funktioniert auch mit Sahne (Rahm).

SO LÖSCHEN SIE BRENNENDES FETT RICHTIG • Halten Sie immer eine Schachtel Salz in der Nähe des Herdes griffbereit. Sollte einmal ein Unglück geschehen und das Bratfett Feuer fangen, schütten Sie Salz darauf, um die Flammen zu löschen. Gießen Sie niemals Wasser auf brennendes Fett. Wasser bewirkt, dass das Fett hochspritzt und das Feuer sich ausbreitet. Salz ist auch das richtige Mittel, wenn Flammen aus dem Grill schlagen, weil Fleischfett auf die Glut tropft. Indem Sie Salz auf die Kohle streuen, unterdrücken Sie die Flammen, ohne viel Rauch zu erzeugen und ohne die Kohle abzukühlen, wie das bei Wasser der Fall wäre.

HÄTTEN SIE'S GEWUSST?

Eines von vielen Wörtern, die sich von Salz ableiten, ist der Begriff Salär (Lohn, Gehalt). Er stammt vom lateinischen Wort Salarium, das so viel wie Salz-Geld bedeutet. Damit bezeichnete man im alten Rom einen Teil des Lohns eines römischen Soldaten, der in Salz ausbezahlt wurde oder zum Kauf von Salz bestimmt war. Salz war damals ein sehr wichtiges Handelsgut.

In der Waschküche

BÜGELEISEN REINIGEN • Man kann beim Bügeln noch so sorgfältig um Kunststoffaufdrucke herumbügeln, irgendwann setzt sich doch einmal etwas an der Platte fest. Es bilden sich dann raue Schlieren, die den Bügelvorgang beeinträchtigen und sich nur schwer wieder entfernen lassen. Hier ist Salz die Lösung. Man dreht das Bügeleisen auf die höchste Stufe, bestreut eine Zeitung, die man auf dem Bügelbrett ausbreitet, mit Salz, und fährt mit dem heißen Bügeleisen darüber. Die Schlieren werden buchstäblich weggebügelt.

BUNTE HANDTÜCHER LÄNGER FARBENFROH • Für neue, farbige Handtücher empfiehlt es sich, bei den ersten zwei oder drei Waschgängen jeweils 200 g Salz in die Maschine zu geben. Das Salz festigt die Farben im Stoff, sodass Ihre Handtücher länger wie neu aussehen.

SCHWEISSFLECKEN ENTFERNEN • Man muss vor hartnäckigen Schweißflecken im Hemd nicht kapitulieren. Stattdessen löst man 4 EL Salz in 1 l heißem Wasser auf, taucht einen Schwamm hinein und reibt damit über die Flecken, bis sie verschwunden sind.

SCHNELLE VORWÄSCHE

Sie sind mit Freunden auswärts beim Essen und bemerken, dass ein wenig Salatdressing auf Ihre Hose getropft ist. Wasser wird hier gar nichts bewirken. Aber es gibt eine Möglichkeit zu verhindern, dass der Fleck Ihre Kleidung ruiniert. Reiben Sie den Fleck mit Salz ein, das das Fett absorbiert. Wenn Sie nach Hause kommen, waschen Sie die Hose wie gewohnt.

Im Garten

STOPP FÜR UNKRAUT AUF DEM WEG • Unkraut, das aus Gehwegritzen sprießt, ist oft schwer zu bekämpfen. Bringen Sie 200 g Salz und 1/2 l Wasser zum Kochen und schütten Sie die Lösung direkt auf das Unkraut. Eine andere, gleichermaßen wirksame Methode besteht darin, Unkraut und unerwünschtes Gras, das zwischen Pflastersteinen wuchert, unmittelbar mit Salz zu bestreuen. Sie können die Stellen dann mit Wasser bespritzen oder warten, bis der Regen Ihnen diese Arbeit abnimmt.

SCHNECKENFREIER GARTEN • Schnecken können an Pflanzen großen Schaden anrichten. Doch es gibt eine sehr einfache, chemiefreie Lösung des Problems. Man bestreut die Schnecken mit Salz und ihr letztes Stündlein hat geschlagen.

SAUBERE BLUMENTÖPFE, GANZ OHNE WASSER • Wenn Sie einen Blumentopf säubern möchten, um ihn wiederzuverwenden, müssen Sie nicht den halben Garten unter Wasser setzen. Streuen Sie einfach ein wenig Salz in den Topf und scheuern Sie die Erdreste mit einer groben Bürste weg. Diese Methode funktioniert nicht nur gut, sie ist auch besonders praktisch, wenn kein Wasserhahn in der Nähe ist.

Fortsetzung →

Im Badezimmer

GESUNDHEIT FÜR DIE HAUT • Badesalze sind parfümierte Kristalle, die im Badewasser aufsprudeln. Leider hinterlassen Farbstoffe und andere Zusätze, die in ihnen enthalten sind, Schmutzränder in der Wanne, die man nach dem Bad mühsam entfernen muss. Man kann aber auch einfacher und zudem gesünder in Salz baden. Lösen Sie 200 g Salz im Badewasser auf und legen Sie sich wie gewohnt hinein. Ihre Haut wird sich anschließend spürbar weicher anfühlen. Für eine besonders wirksame Anwendung empfiehlt sich das mineralienreiche Meersalz. Es ist in Drogeriemärkten, im Reformhaus und in Supermärkten (eventuell in der Feinschmeckerabteilung) erhältlich.

ANTISCHUPPEN-VORBEHANDLUNG • Die natürliche Scheuerwirkung von normalem Tafelsalz kann man sich zunutze machen, um Schuppen zu entfernen. Dazu vor der Haarwäsche einfach Salz aus dem Salzstreuer im trockenen Haar verteilen und gut in die Kopfhaut einmassieren. Die trockene, schuppige Haut löst sich dabei ab und wird bei der anschließenden Haarwäsche weggewaschen.

SALZ-PEELING • Um abgestorbene Hautpartikel zu entfernen und die Durchblutung zu fördern, empfiehlt sich folgende Anwendung: Während oder kurz nach dem Wannenbad die noch feuchte Haut mit trockenem Salz einreiben. Dafür eignet sich gewöhnliches Kochsalz ebenso wie das grobkörnige Meersalz.

VERSTOPFTE ABFLÜSSE WERDEN WIEDER FREI • Es ist fast unvermeidlich, dass sich Haare und Seifenreste im Abfluss der Badewanne sammeln und zu Verstopfungen führen. Das unappetitliche Knäuel lässt sich mit 180 g Salz, 160 g Natron und 120 ml klarem Essig lösen. Alles gut verrühren, dann die Mischung in den Abfluss schütten und nach 10 Minuten mit 2 l kochendem Wasser nachspülen. Dann dreht man den Warmwasserhahn auf, bis das Wasser ungehindert abfließt. So kann man auf teure chemische Rohrreinigungsmittel, die zudem eventuell noch die Umwelt schädigen, verzichten.

FLECKEN IN EMAILBADEWANNEN ABSCHWÄCHEN • Gelbe Flecken in Emailbadewannen lassen sich durch eine Lösung aus Salz und Terpentin zu gleichen Teilen abschwächen. Ziehen Sie Gummihandschuhe an und tragen Sie die Lösung mit einem Schwamm auf die Verfärbung auf. Dann spülen Sie gründlich nach. Achten Sie darauf, dass das Badezimmer während dieser Arbeit gut belüftet ist, damit sie keine schädlichen Dämpfe einatmen.

FRISCHER ATEM NACH GROSSMUTTERS ART

Im Handel erhältliches Mundwasser enthält oft viele künstliche Zusatzstoffe wie Lebensmittelfarbe und Süßungsmittel und ist außerdem nicht gerade billig. Verwenden Sie das nachstehende altbewährte Rezept. Ihr Atem wird ebenso frisch sein wie nach der Anwendung von gekauftem Mundwasser, und Ihr Geldbeutel wird es Ihnen danken. Mischen Sie 1 TL Salz mit 1 TL Natron und lösen Sie beides in 120 ml Wasser auf. Wenn Sie mit dieser Lösung Ihren Mund gründlich spülen und gurgeln, wird Ihr Atem einer frischen Meeresbrise gleichen.

SALZSTREUER

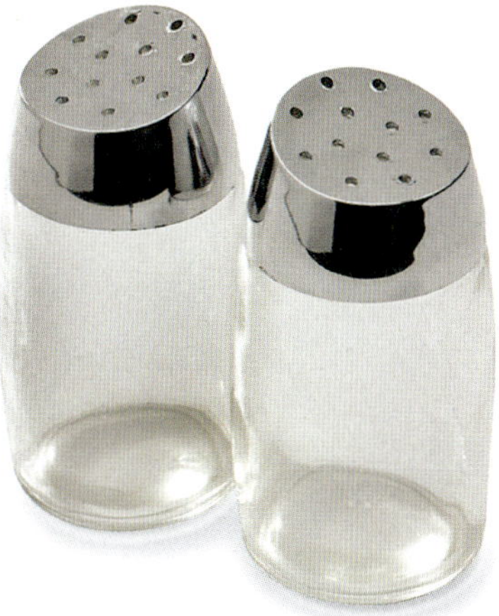

ZIMT-ZUCKER-SPENDER • Mit Zimt und Zucker bestreuter Grießbrei ist eine beliebte Kindermahlzeit, die auch vielen Erwachsenen schmeckt. Doch die Vorlieben, was das Verhältnis von Zimt und Zucker angeht, gehen auseinander. Wenn nun jedes Familienmitglied sich in einem Schälchen seine ganz individuelle Mischung bereitet und diese dann in einen Salzstreuer umfüllt, steht ihm oder ihr immer das richtige Verhältnis zur Verfügung. Die Salzstreuer einfach mit einem wischfesten Stift oder farbigen Klebepunkten markieren. Auch Milchreis oder Kaiserschmarrn lassen sich mithilfe von Zimt und Zucker geschmacklich verfeinern.

MEHL FÜR BACKBLECH UND KUCHENFORM • Backen macht Freude, aber leider meist auch viel Unordnung in der Küche, die hinterher beseitigt werden muss. Darum sparen Sie sich zumindest bei einem Arbeitsgang die nachträgliche Putzarbeit, indem Sie das Mehl zum Bestäuben von Kuchenformen oder Backblechen in einen großen Salzstreuer füllen – besonders wenn Sie einen Juniorchef haben, der tatkräftig mit anpacken will. Stellen Sie den Streuer in den Küchenschrank.

TIPP

Buntes Salz

Sie möchten Ihre Mahlzeiten auflockern und ein wenig Abwechslung und Spaß an den Esstisch bringen? Dann ist farbiges Salz genau das Richtige für Sie!

Geben Sie ein paar Esslöffel Salz in einen Frühstücksbeutel und träufeln Sie einige Tropfen Lebensmittelfarbe darauf. Kneten Sie den Beutel leicht mit den Fingern, bis sich die Zutaten vermengt haben, und lassen Sie die Mischung etwa 1 Tag lang im offenen Beutel trocknen. Füllen Sie das farbige Salz dann in den Salzstreuer. Das geht besonders bequem, wenn Sie den Beutel an einer der unteren Ecken aufschneiden. Übrigens lässt sich Ihr buntes Tafelsalz auch als wunderschöner selbst gemachter Glitter verwenden.

PULVERFÖRMIGEN DÜNGER RICHTIG DOSIEREN • Sie wollen Ihre Sämlinge düngen, fürchten aber, zu viel Dünger einzusetzen und Ihren Pflanzen Schaden zuzufügen? Bei pulverförmigem Dünger für Sämlinge lässt sich sehr gut ein Salzstreuer als Dosierungshilfe einsetzen. Dadurch verhindert man, dass die zarten Pflänzchen durch ein Übermaß an Dünger Verbrennungen erleiden.

ZUCKERKONSUM EINSCHRÄNKEN

Sie können Ihren Zuckerverzehr zurückschrauben, ohne ganz auf Süßes zu verzichten, indem Sie einen Salzstreuer mit Zucker füllen. Statt sich nun großzügig aus der Zuckerdose zu bedienen, bestreuen Sie den Obstsalat oder den Pfannkuchen nur leicht mit Zucker aus dem Salzstreuer. Das hilft, wenn Sie sich eine gesündere, zuckerreduzierte Ernährungsweise angewöhnen möchten.

SAND

HÄTTEN SIE'S GEWUSST?

In zahlreichen Küstenstädten in aller Welt sind Sandskulpturenwettbewerbe zu groß angelegten Touristenattraktionen geworden. Meist wird für die Wettbewerbe ein Thema vorgegeben. So entstand z. B. in Zeebrügge in Belgien ein riesiger Skulpturenpark, in dem Porträts von über 100 Hollywood-Größen und anderen Prominenten zu sehen waren. Alljährlich werden für diese Wettbewerbe mehrere Tausend Tonnen Spezialsand zum Formen von Skulpturen herbeigeschafft, der einen Lehmanteil von 8–10 % aufweist. Der hohe Gehalt an Lehm macht den Sand stabiler und leichter verbaubar. Der Wettbewerb in Zeebrügge wurde wie die meisten dieser Art von einem internationalen Bildhauerteam ausgerichtet, das wochenlang mit großem Engagement auf dem künstlichen Sandberg tätig war.

SCHUTZ FÜR GARTENGERÄTE • Sie möchten bestimmt, dass Ihre Gartengeräte länger als nur eine Saison halten. Darum sollten Sie sie sauber und vor Rost geschützt aufbewahren. Füllen Sie zu diesem Zweck einen 10-l-Eimer mit Bausand (erhältlich beispielsweise in Baumärkten) und schütten Sie ungefähr 1/2 l sauberes Motoröl hinein. Stoßen Sie Schaufeln und andere Gartenwerkzeuge ein paar Mal hintereinander in den Sand, bevor Sie sie wegstellen. So werden die Geräte gereinigt und bekommen einen schützenden Ölüberzug. Sägeblätter und andere kleinere Metallteile können Sie auch im Sandeimer stecken lassen, um Rost zu vermeiden. Für handlichere Geräte wie Handschaufeln und Gartenscheren verwenden Sie ein kleineres Gefäß mit entsprechend weniger Sand und Motoröl.

ENGHALSIGE VASE INNEN REINIGEN • In jeder Vase bilden sich Wasserränder oder es kommt zu Ablagerungen. Die Entfernung ist manchmal gar nicht so einfach. Ist der Hals der Vase so schmal, dass eine Hand nicht hindurchpasst, füllt man warmes Seifenwasser und ein wenig Sand hinein. Wenn man die Vase jetzt leicht schüttelt, scheuert der Sand die Rückstände weg – und Sie können sich auf den nächsten Blumenstrauß freuen!

GEGENSTÄNDE ZUM REPARIEREN FIXIEREN • Kleine Gegenstände, z. B. zerbrochene Porzellantassen, zu kitten wäre ein Leichtes, wenn man eine Hand mehr hätte: zwei zum Kleben und eine zum Halten. Da man aber nur zwei Hände hat, können Sie folgenden Trick anwenden: Stecken Sie das größere Teil des zerbrochenen Gegenstands in einen kleinen Behälter mit Sand, sodass es fixiert ist. Positionieren Sie das Bruchstück dabei so, dass es nicht verrutscht, wenn Sie das zweite Teil anfügen. Tragen Sie nun auf den Bruchrändern beider Stücke Kleber auf und drücken Sie sie fest zusammen. Lassen Sie den reparierten Gegenstand an Ort und Stelle stecken. Der Sand stabilisiert ihn, bis der Kleber getrocknet ist.

SICHERE BODENHAFTUNG BEI EIS UND SCHNEE • Wer im Winter im Kofferraum seines Wagens ein Kistchen mit Sand mit sich führt, kommt auch voran, wenn es glatt ist oder viel Schnee liegt. Als leichte Schaufel, mit der man im Notfall etwas Sand vor die Räder schüttet, kann eine gesäuberte Margarinedose dienen. Bei Fahrzeugen mit Hinterradantrieb sorgt ein Sandsack im Kofferraum für zusätzliche Bodenhaftung.

SAUGGLOCKE

BOHREN OHNE SCHMUTZ • So lässt man Bohrschmutz sich gar nicht erst ausbreiten: Bevor man ein Loch in die Zimmerdecke bohrt, entfernt man den Stiel von einer Saugglocke. Den Napf – eventuell von einem Helfer – umgedreht an die Decke drücken und durch die Öffnung bohren. Herabfallende Brocken oder Staub werden jetzt von dem Napf aufgefangen und man spart sich im Anschluss das lästige Staubsaugen.

EINE FACKEL IM FREIEN • Suchen Sie nach einer Möglichkeit, die Citronella-Kerze zur Mückenabwehr aufzustellen? Stecken Sie einfach den Stiel einer Saugglocke in den Boden und stellen Sie die Kerze in den Gumminapf – fertig ist Ihre Fackel.

AUTOBEULEN PREISWERT BESEITIGEN

Bevor Sie viel Geld für die Entfernung einer winzigen Beule an Ihrem Auto bezahlen, versuchen Sie es doch erst einmal selbst – und zwar mit einer simplen Saugglocke. Befeuchten Sie die Ränder der Glocke mit Wasser und setzen Sie sie über der Beule an. Dann lassen Sie durch Druck die Luft entweichen und ziehen anschließend kräftig an dem Stiel. Wenn es nicht auf Anhieb funktioniert, wiederholen Sie den Vorgang ein paar Mal. Bleibt die Beule hartnäckig, können Sie immer noch in die Werkstatt gehen.

SCHLEIFPAPIER (SANDPAPIER)

SPITZE NÄHNADELN • Gebrauchtes Schleifpapier muss nicht in den Abfall geworfen werden, denn man kann es durchaus noch einer sinnvollen Verwendung zuführen. Die kleinen Stücke sind ideal dafür geeignet, Nähnadeln zu schärfen. Dazu die Nadeln ein paar Mal durch das Schleifpapier hindurch stechen oder in einer Falte schleifen. Die Nadeln werden spitzer denn je. Die in der Werkstatt ausrangierten Schleifpapierstücke lassen sich wunderbar im Nähkasten verstauen.

Fortsetzung →

Spaß für Kinder

Sie oder Ihr kleiner Leonardo da Vinci können ein charmantes T-Shirt-Unikat herstellen. Lassen Sie dazu Ihr Kind mit Wachsmalkreide ein ganz individuelles Motiv auf die raue Seite eines Schleifpapierbogens malen. Inzwischen breiten Sie ein weißes, unbedrucktes T-Shirt auf dem Bügelbrett aus und schieben ein Stück Aluminiumfolie zwischen Vorder- und Rückseite des Shirts. Legen Sie nun das Schleifpapier mit dem Motiv nach unten auf das T-Shirt. Stellen Sie das Bügeleisen auf eine niedrige Stufe und drücken Sie es auf die Rückseite des Schleifpapiers. Halten Sie das Eisen für jeweils 10 Sekunden auf der gleichen Stelle, bevor Sie zur nächsten Stelle vorrücken. Machen Sie so weiter, bis das ganze Motiv aufgedruckt ist. Nun muss die Farbe noch auskühlen, damit sie fest wird. Danach waschen Sie das T-Shirt mit kaltem Wasser in der Maschine und hängen es zum Trocknen auf. Jetzt ist das ganz besondere Kunstwerk fertig.

SCHARFE SCHEREN • Um Haushaltsscheren zu schärfen, muss man sich nicht unbedingt ein teures Schleifgerät kaufen. Viel einfacher und günstiger geht es, wenn man mit der Schere einige Male durch einen Bogen Schleifpapier von feiner Körnung schneidet. So bleiben die Schnitte sauber.

KAMPF DEN FASERKNÖTCHEN AN PULLOVERN • Sie führen einen scheinbar aussichtslosen Kampf gegen die Faserknötchen an Ihren Pullovern? Dann versuchen Sie doch einmal Folgendes: Nehmen Sie etwas Schleifpapier zur Hand und fahren Sie damit einige Male sanft in einer Richtung über die Stoffoberfläche. Dies beseitigt die Faserknötchen.

FESTER STAND AUF LEDERSOHLEN

So schön Schuhe mit Ledersohlen auch sind, in den ersten Tagen bergen sie eine gewisse Rutschgefahr. Daher sollte man sich ein Stück Schleifpapier und ein bisschen Zeit nehmen und die Sohlen der Breite nach abschmirgeln, damit sie rauer werden. So müssen Sie beim Einlaufen der Schuhe nicht auf glatte Stellen achten.

BRANDFLECKEN AUF WOLLE KASCHIEREN • Ein kleiner Brandfleck auf Wollbekleidung lässt sich zwar nicht beseitigen, man kann ihn aber kaschieren, sodass er nicht mehr so stark auffällt. Dazu den Fleck mit Schleifpapier mittlerer Körnung um die Ränder herum abschmirgeln.

KEINE VERRUTSCHTEN BÜGELFALTEN MEHR • Manche Textilien rutschen auf dem Bügelbrett ständig hin und her und erschweren damit die Arbeit. Das lässt sich vermeiden, indem man bei Bedarf Schleifpapier mit feiner oder mittlerer Körnung auf das Brett unter die Textilie legt. Unter Bügelfalten gelegt, kann man so übrigens einen sehr scharfen Falz erzielen!

WILDLEDER FREI VON TINTENFLECKEN UND VERSCHLEISSSPUREN • Ein wenig feinkörniges Schleifpapier und ein vorsichtiger Umgang damit wirken Wunder bei der Beseitigung oder zumindest deutlichen Verminderung von Tintenflecken oder kleineren Verschleißspuren auf Wildleder. Nach der Behandlung sollte der Haarstrich mit einer Zahn- oder Nagelbürste wieder aufgerichtet werden – das ist alles. So lässt sich eine teure Trockenreinigung im Fachgeschäft vermeiden.

SCHNECKEN VERSCHRECKEN • Schnecken sind ungebetene Gäste, die freiwillig nicht mehr gehen. Lassen Sie sie daher erst gar nicht an Ihre Topfpflanzen im Garten, auf der Terrasse oder dem Balkon, indem Sie gebrauchte Schleifpapierblätter unter die Pflanzentöpfe schieben. Dieses Hindernis ist für die Schnecken nicht zu überwinden. Achten Sie darauf, dass das Schleifpapier breiter ist als der Topfboden.

HARTNÄCKIGE MÖRTELFLECKEN AUF FLIESEN • Manchmal reicht die Wirkung eines Scheuermittels einfach nicht aus, um Mörtelflecken auf Fliesen zu beseitigen. Dann kann man dem Fleck mit feinkörnigem Schleifpapier zu Leibe rücken. Ein Blatt Schleifpapier umknicken und den Fleck mit der gefalteten Kante vom Mörtelrand her abschmirgeln. Dabei sollte man Vorsicht walten lassen, damit die Fliese nicht zerkratzt wird.

MARMELADENGLAS ÖFFNE DICH! • Den festsitzenden Deckel eines Marmeladenglases können Sie abschrauben, indem Sie ein Stück Schleifpapier mit der rauen Seite nach unten darüber legen.

IMPROVISIERTE NAGELFEILE • Sie sind im Urlaub und haben Ihre Nagelfeile zu Hause vergessen. Eine günstige Alternative können Sie im nächsten Baumarkt erstehen. Schleifpapier mit der Körnung 120 oder 150 ist als Ersatz für eine Nagelfeile geeignet und kostet nur ein paar Cent.

SCHLÜSSEL

GARDINENBESCHWERER • Gardinen, die nicht glatt hängen, können Sie mit ein paar ausgedienten Schlüsseln beschweren, die Sie in den Saum schieben. Wenn Sie befürchten, dass sie herausfallen, befestigen Sie sie mit ein paar Nadelstichen. Dafür ist das Loch am oberen Teil des Schlüssels sehr praktisch – ziehen Sie das Garn einfach hindurch. Sie können alte Schlüssel auch als Gewicht an die Kordeln von Faltrollos hängen, damit sie sich nicht verdrehen.

SINKBLEI BEIM ANGELN • Alte, nicht mehr benutzte Schlüssel eignen sich gut, um damit die Angelschnur zu beschweren. Da sie bereits über ein Loch verfügen, lassen sie sich im Handumdrehen an der Schnur befestigen. Stecken Sie jeden nicht identifizierbaren Schlüssel, den Sie in die Hand bekommen, zu Ihrem Angelzubehör.

SENKBLEI BEIM TAPEZIEREN • Bevor man beim Tapezieren die erste Bahn klebt, muss man zunächst eine gerade senkrechte Linie auf der Wand ziehen. Dazu eignet sich bestens ein Stück Schnur oder Bindfaden, an die man einen oder zwei Schlüssel bindet. Nun hat man ein Senkblei, mit dessen Hilfe man leicht eine senkrechte Linie zeichnen kann. Eine Schere ist für diesen Zweck ebenfalls geeignet.

SCHNUR

GLÄNZENDE SILBERGABELN • Poliertes Silber verleiht einem gedeckten Tisch einen festlichen Glanz. Gerade die Gabeln sind aber besonders schwer zu putzen. Damit auch Ihre angelaufenen Silbergabeln wieder glänzen, tauchen Sie eine Schnur in Silberpolitur und ziehen sie zwischen den Zinken hindurch.

PFLANZEN ÜBER LÄNGERE ZEIT VERSORGT • Wenn Sie für ein paar Tage verreisen möchten, können Sie Ihre Zimmerpflanzen auf folgende Art versorgen: Füllen Sie eine große Schale oder einen großen Eimer mit Wasser und stellen Sie ihn neben Ihre Topfpflanzen. Schneiden Sie entsprechend der Zahl Ihrer Pflanzen Schnüre zurecht. Sie sollten so lang sein, dass sie vom Boden des Wassereimers bis in ein paar Zentimeter Tiefe der Blumentöpfe reichen. Weichen Sie die Schnüre gut ein, bis sie sich ganz mit Wasser voll gesogen haben, und führen Sie sie vom Eimer bis in die Erde der Pflanzen. Sobald die Erde in den Blumentöpfen auszutrocknen beginnt, steigt das Wasser aufgrund der Kapillarwirkung aus dem Eimer durch die Schnüre in die Blumentöpfe.

ABHILFE BEI TROPFENDEM WASSERHAHN • Das stete Tropfen eines undichten Wasserhahns kann jedem den Schlaf rauben. Mit folgendem kleinen Trick überbrückt man die Zeit, bis der Klempner kommt: Ein Stück Schnur so um den Hahn binden, dass das austretende Wasser genau auf die Schnur trifft. Nun die Schnur bis auf den Boden des Waschbeckens hängen lassen: Die Wassertropfen gleiten geräuschlos an der Schnur nach unten und es ist kein ständiges Tropfgeräusch mehr zu hören.

TIPPS FÜR PFLANZENFREUNDE

DEN GARTEN NEU ANLEGEN • Wer seinen Garten völlig neu gestalten möchte, tut gut daran, weiße Schnüre auszulegen, um den Verlauf der Wege und die Lage der Beete zu markieren. Von einem Zimmer im oberen Stockwerk des Hauses oder von einem anderen erhöhten Punkt aus erkennt man dann auf einen Blick, ob die Gestaltung gelungen ist.

SCHNURGERADE HECKEN • Eine lange Hecke völlig gerade zu schneiden, ist fast unmöglich, wenn keine Orientierungslinie vorhanden ist. Stecken Sie an jedem Ende der Hecke einen langen Stab in die Erde und verbinden Sie beide Stäbe waagerecht mit einer Schnur in genau der Höhe, die die Hecke später haben soll. Orientieren Sie sich beim Stutzen an dieser Schnur und Ihre Hecke wird so perfekt wie nie zuvor!

BEETE WIE MIT EINEM LINEAL GEZOGEN • Gerade Pflanzreihen sind schwerer einzusäen, als man allgemein glaubt. Mit einer Schnur kann man sich die Arbeit auf zwei verschiedene Arten erleichtern:

- Wenn man große Samen wie Bohnen säen möchte, steckt man an jedes Ende des Beetes einen Stab und spannt eine Schnur dazwischen. Nun die Samen entlang dieser Schnur in die Erde stecken.

- Wenn man viele kleine Samen in einer Reihe aussäen möchte, schneidet man am besten ein Stück Schnur ab, das genauso lang ist wie das Beet. Die Schnur gut durchnässen und die Samen direkt auf die Schnur streuen. An der nassen Schnur bleiben die Samen lange genug haften, um sie mitsamt der Schnur in eine vorbereitete Furche legen zu können. Jetzt muss die Schnur nur noch mit Erde bedeckt werden und die Pflanzen sprießen wie am Schnürchen.

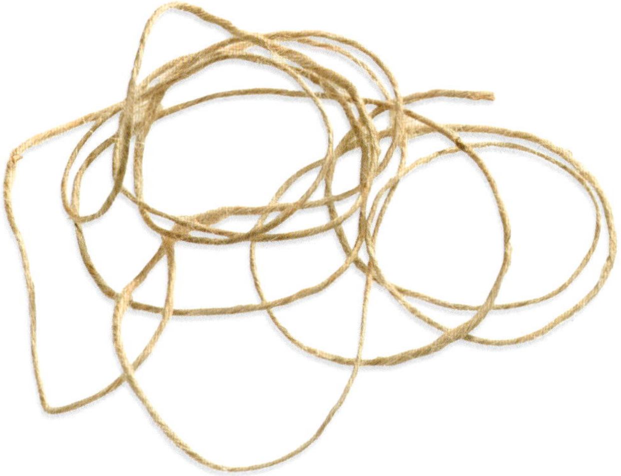

KEINE ZUFALLENDEN TÜREN MEHR • Mit zwei einfachen Methoden kann man verhindern, dass offene Türen laut zufallen:

- Man bindet ein Stück einer dünnen Schnur um die Türklinke, führt die Schnur um die Türkante herum zur anderen Klinke und bindet die Schnur an ihr fest. So entsteht beim Schließen der Tür gerade so viel Dämpfung, dass die Tür nicht zufällt, sondern leise schließt.

- Mit einer dickeren Schnur, die man auf die gleiche Weise befestigt, verhindert man, dass die Tür unbeabsichtigt zufällt. So können beispielsweise Haustiere nicht versehentlich in einem Zimmer eingesperrt werden.

UNREGELMÄSSIG GEFORMTE GEGENSTÄNDE AUSMESSEN • Mit einem gewöhnlichen Maßband lassen sich unregelmäßig geformte Gegenstände bequem ausmessen, doch hat man solch ein Band nicht immer griffbereit. Ziehen Sie in diesem Fall einfach ein Stück Schnur um den entsprechenden Gegenstand und messen Sie die Schnur mithilfe eines Lineals ab, um die Größe des Gegenstandes zu ermitteln.

PAKETE ÖFFNEN FÜR UNGEDULDIGE • Mit einem kleinen Trick erleichtern Sie dem Empfänger Ihrer Pakete das Öffnen des Kartons. Legen Sie über die Linie zwischen den oberen Faltdeckeln und entlang den seitlichen Kanten jeweils ein Stück Schnur, bevor Sie das Klebeband darüber kleben, und lassen Sie an jedem Ende ein kurzes Stück herausragen. Zum Öffnen des Pakets braucht der Empfänger nun nur noch mithilfe der Schnüre die Klebebänder hochzureißen und benötigt keine scharfen Schneidwerkzeuge mehr. Dieser Trick funktioniert auch prima bei Umzugskartons.

SCHRAUBDECKEL

KEKSE UND PLÄTZCHEN • Selbst gebackene Kekse und Plätzchen sind nicht nur während der Adventszeit ein Hochgenuss. Wenn Sie keine Ausstecher zur Hand haben, können Sie Schraubdeckel von Einmachgläsern mit breitem Rand als Ersatz benutzen. Verwenden Sie z. B. für die einzelnen Familienmitglieder Deckel verschiedener Größe. Tauchen Sie den Deckelrand in Mehl, damit der Teig beim Ausstechen nicht kleben bleibt. Deckel, deren Blech nach innen eingerollt ist, sind allerdings nur bedingt geeignet, weil der Teig eventuell innen anklebt und dann schwer herauszuholen ist. Probieren Sie es aus.

Fortsetzung →

REFLEKTIERENDE LEITPFOSTEN • Ist Ihre Garageneinfahrt bei Dunkelheit schwer einsehbar? Dann fertigen Sie sich doch ganz einfach preiswerte reflektierende Leitpfosten an. Dazu benötigen Sie ein paar alte Holzlatten, einige Schraubdeckel und reflektierende Farbe. Besprühen Sie die Schraubdeckel mit der Farbe, schrauben oder nageln Sie die Deckel an die Holzlatten und stecken Sie die Latten in den Boden. Eingedrückte Stoßstangen und überfahrene Blumen gehören von nun an der Vergangenheit an.

PRAKTISCHE LÖFFELABLAGE • Wenn man bei der Zubereitung des Mittagessens einen Schraubdeckel auf oder neben den Herd legt, z. B. von den Erbsen aus dem Glas, kann der Kochlöffel während des Kochens zwischendurch auf dem Deckel abgelegt werden. Danach entsorgt man einfach den Deckel, anstatt überall die Löffelspuren wegwischen zu müssen. So ist die Küche ganz schnell wieder sauber.

TROPFENFÄNGER UNTER DEM HONIGGLAS

Honig ist eine köstliche, aber auch klebrige Speise. Stellen Sie beim Tischdecken das Honigglas in einen Plastikdeckel. So tropft nichts auf die Tischplatte. Sie können das Glas auch nach dem Frühstück weiter auf dem Untersetzer belassen, dann bleibt das Regal im Vorratsschrank sauber.

Spaß für Kinder

Wahrscheinlich befinden sich an Ihrer Kühlschranktür Haltemagnete sowie eine ganze Sammlung von Kunstwerken Ihrer Kinder. Kombiniert man beides mit Schraubdeckeln, verbindet man das Schöne mit dem Nützlichen: Geben Sie den Kindern alle möglichen Dinge zum Dekorieren wie Malstifte, Farben, Stoffreste und Fotos und lassen Sie den Nachwuchs die Deckel damit verzieren. Kleben Sie ein paar starke Magnete aus dem Baumarkt auf die Rückseite der Basteleien (dafür ist eine Heißklebepistole gut geeignet) und hängen Sie die Werke der kleinen Picassos an den Kühlschrank. Nun können Sie mit ihnen Ihre Einkaufslisten und anderes befestigen.

1 Lassen Sie die Kinder mit einem ganzen Sortiment an Mal- und Bastelmaterial die Schraubdeckel erst bemalen und dann verzieren.

2 Wenn die aufgeklebten Dekors getrocknet sind, kleben Sie auf die Rückseite der verzierten Deckel einen Magneten und lassen alles noch einmal gründlich trocknen – fertig!

SCHUHKARTONS

SPENDER FÜR GESCHENKBÄNDER •
Jedes Mal, wenn Sie ein Geschenk verpacken möchten, werden Sie sich über diesen praktischen Spender für Geschenkbänder freuen. Nehmen Sie einen Schuhkarton und einen alten Besenstiel (oder etwas anderes, das sich als Achse verwenden lässt) und kürzen Sie ihn so zurecht, dass er etwas länger ist als der Karton. Schneiden Sie in den Schuhkarton an jeder Schmalseite ein Loch, und zwar so hoch, dass sich die Geschenkbandrollen, die auf den Stab kommen, noch frei drehen können. Stecken Sie den Stab durch das erste Loch in den Karton, fädeln Sie alle Geschenkbandspulen darauf und stecken Sie ihn dann durch das zweite Loch. Sobald der Stab richtig sitzt, umwickeln Sie beide Enden mit Klebeband, um sie zu verdicken, sodass der Stab nicht aus dem Karton rutschen kann. Sie können jetzt noch in die Längsseite des Kartons kleine Schlitze schneiden, durch die Sie die Geschenkbänder nach außen fädeln, so dass Sie bei jeder Spule problemlos den Anfang finden.

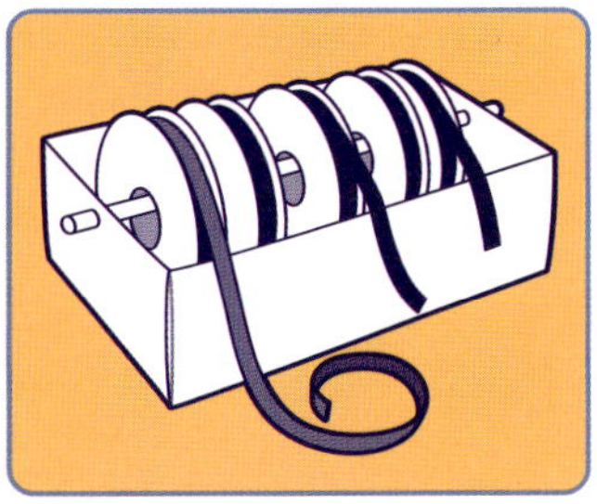

KLEINIGKEITEN VERSTAUEN •
In Schuhkartons lassen sich außer alten Fotos und Kochrezepten noch viele andere Dinge aufbewahren. Beschriften Sie die Kartons gut leserlich und verstauen Sie darin Andenken, Rechnungsbelege, Büromaterial und vieles andere, das Sie nicht wegwerfen können oder möchten. Damit die Kartons schöner aussehen, bekleben Sie sie mit selbstklebendem Papier oder bunter Folie.

BETTCHEN FÜR JUNGTIERE •
Wenn Ihre Katze oder Ihre Hündin wirft, setzen Sie immer eines oder mehrere der jeweils gerade geborenen Kätzchen oder Welpen in Schuhkartons, die Sie mit Handtüchern ausgelegt haben. So verringert sich die Gefahr, dass die Mutter eines der Babys versehentlich erdrückt, während die Geschwister zur Welt kommen. Auch später noch können die Kartons als Bettchen für die Jungtiere dienen.

HAUSGEMACHTES SICHER VERPACKEN •
Schuhkartons haben genau die richtige Größe, um als Geschenkverpackung für selbst gebackenes Brot, Kekse oder hausgemachte Schokolade zu dienen. Am besten legt man das Innere zuvor mit Alufolie oder Backpapier aus.

GROSSE BAUKLÖTZE

Schuhkartons sind tolle Spielzeuge für Kinder, denn sie können mit ihnen wie mit großen Bauklötzen spielen. Dazu sollten einfach nur die Deckel auf dem Karton festgeklebt werden und schon kann es losgehen. Kleinere Kinder können die Kartons zusätzlich mit bunter Plakafarbe anmalen.

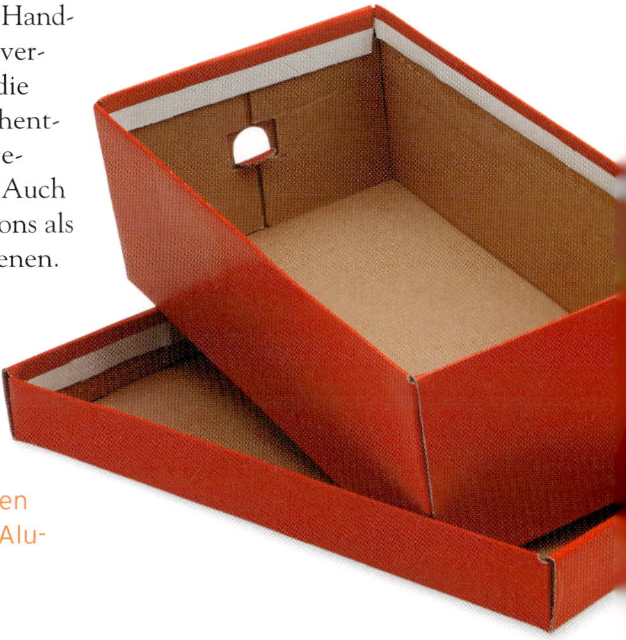

SCHWÄMME

WASSERSPEICHER IN BLUMENTÖPFEN • Topfpflanzen trocknen nach dem Gießen nicht so schnell aus, wenn man beim Umtopfen einen nicht zu hohen Schwamm in den Blumentopf legt, bevor man die Erde darauf gibt. Der Schwamm wirkt wie ein Wasserspeicher. Das ist besonders praktisch, wenn man einmal für ein paar Tage verreist. Außerdem saugt der Schwamm überschüssiges Wasser auf, falls einmal zu viel gegossen wurde.

FÜR SCHÄDLINGE KEIN ZUTRITT • Sobald das erste Gemüse im Garten sprießt, lassen ungebetene Krabbler nicht lange auf sich warten. Dagegen kann man etwas unternehmen, denn eines mögen diese Tiere überhaupt nicht: den Geruch von Putzwasser mit ammoniakhaltigem Reiniger. Tauchen Sie daher alte Schwämme in so ein Putzwasser und verteilen Sie sie im ganzen Garten. So bleiben die lästigen Schädlinge von Ihren Gemüsepflanzen fern – und dass umso nachhaltiger, als der Geruch lange anhält.

GEMÜSE FRISCH HALTEN • Im Gemüsefach des Kühlschranks sammelt sich schnell Feuchtigkeit, in der frisches Gemüse leicht verdirbt. Um das zu vermeiden, legt man das Gemüse auf saubere, trockene Schwämme. Sobald die Schwämme nass sind, drückt man sie aus und lässt sie trocknen, bevor man sie wieder in den Kühlschrank legt. Gelegentlich sollten die Schwämme in warmes Wasser mit etwas Bleichmittel gelegt werden, damit sich kein Schimmel bildet. So bleibt das Gemüse länger frisch und man selbst, dank der wertvollen Vitamine, gesund.

TROCKENER REGENSCHIRMSTÄNDER • Wenn es tagelang regnet und jeder einen nassen Schirm in den Schirmständer stellt, reicht die flache Schale unten im Ständer kaum mehr aus, um das viele Regenwasser aufzufangen. Legen Sie deshalb einen passenden Schwamm in die Schale, der das Wasser aufsaugt. Und sollten Sie einmal vergessen, den Schwamm auszudrücken, trocknet er ganz von allein, sobald sich das Wetter bessert.

Spaß für Kinder

Zu beobachten, wie Pflanzen aus Samen wachsen, erscheint kleinen und großen Kindern gleichermaßen wie ein Wunder. Um die Nachwuchsbotaniker an diesem eindrucksvollen Vorgang teilhaben zu lassen, nehmen Sie eine Seifenschale, einen Schwamm und Samen von Flachs, Hirse, Lobelien oder Senf (es funktioniert sogar mit Vogelfutter!). Schneiden Sie den Schwamm so zurecht, dass er genau auf die Seifenschale passt, tränken Sie ihn mit Wasser, bis er feucht ist, aber nicht im Wasser liegt, und streuen Sie die Samen obenauf. Jetzt stülpen Sie ein großes Gefäß aus Glas darüber, bis die Samen austreiben. Stellen Sie diesen kleinen Garten an ein helles Fenster; bei täglichem Gießen halten die Pflanzen einige Wochen lang und die Kinder haben ihre Freude.

SO HABEN SIE MEHR VON IHRER SEIFE • Wer kennt nicht den Anblick jener unappetitlichen Seife-Wasser-Mischung in der Seifenschale, die sich mit der Zeit ansammelt. Abhilfe schafft ein Schwamm, der das Wasser aufsaugt. So bleibt die Seife trocken und hält darüber hinaus auch deutlich länger.

FUSSELFREIE STOFFE • Um Flusen und Tierhaare schnell von Kleidungsstücken und Polsterstoffen zu entfernen, wischt man sie mit einem feuchten, gut ausgedrückten Schwamm ab. Anschließend die Flusen und Haare einfach mit den Fingern vom Schwamm abreiben.

MASSGESCHNEIDERTER SCHUTZ FÜR EMPFINDLICHE DINGE

Wenn Sie kleine, zerbrechliche Dinge, die unempfindlich gegen Feuchtigkeit sind, sicher aufbewahren oder versenden möchten, eignen sich Schwämme als perfekte Polsterung: Wickeln Sie die Porzellanfigur oder das Kristallglas in einen leicht feuchten Schwamm, den Sie mit einem Gummiband fixieren. Beim Trocknen nimmt der Schwamm genau die Konturen des Gegenstands an. Zum Auspacken tauchen Sie das Paket einfach kurz in Wasser. Die Schwämme können Sie problemlos mehrfach verwenden.

SEIFE

HILFE BEI VERKLEMMTEM REISSVERSCHLUSS • Wenn ein Reißverschluss klemmt, reiben Sie einfach mit einem Stück Seife an den Zähnen des Verschlusses entlang. So läuft der Reißverschluss wieder wie geschmiert!

PERFEKT GLEITENDE SÄGEBLÄTTER UND LEICHT EINZUDREHENDE SCHRAUBEN • Mit einem Sägeblatt, das Sie mit Seife eingerieben haben, sägen Sie kinderleicht. Das funktioniert auch bei Schrauben: Drehen Sie eine Schraube vor dem Eindrehen in ein Seifenstück.

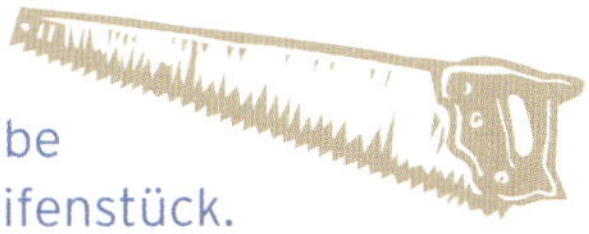

SCHUBLADEN LAUFEN LASSEN • Lassen sich Ihre Kommoden- oder Schrankschubladen nur noch unter Mühen herausziehen oder hineinschieben? Reiben Sie die Schienen, auf denen die Schublade ruht, und die Schublade selbst unten mit Seife ein. Dann gleiten die Schubladen wieder besser.

ZERBROCHENE GLÜHBIRNEN SICHER AUS DER FASSUNG DREHEN • Vorsicht, wenn eine Glühbirne in der Fassung zerbrochen ist! Bei dem Versuch, die Lampe herauszudrehen, kann man sich leicht schnei-

Fortsetzung →

den. Um Verletzungen vorzubeugen, schaltet man zunächst den Strom ab und drückt dann ein Stück Seife in die Fassung. Dann dreht man die Seife ein paar Mal hin und her und schon löst sich die Glühbirne aus der Fassung.

EINFACHER FLOHFÄNGER • Haben Sie genug von den ekligen Hundeflöhen, die ihr Vierbeiner nach Waldspaziergängen manchmal mit ins Haus bringt? Geben Sie ein paar Tropfen Flüssigseife in einen großen Teller mit Wasser und stellen Sie den Teller auf den Boden neben eine Lampe. Flöhe springen immer zum Licht – dabei werden sie im Teller landen und im Wasser ertrinken.

ANGENEHMER DUFT IM AUTO • Anstelle der üblichen Duft-Bäumchen probieren Sie doch einmal Folgendes, damit es in Ihrem Auto immer gut riecht: Legen Sie Ihre Lieblingsseife in ein kleines Netz oder in ein Stück einer ausrangierten Strumpfhose und hängen Sie das Netz an Ihren Rückspiegel.

SÄUME SAUBER MARKIERT • Fehlt die Schneiderkreide, um den Saum vom selbst genähten Rock zu markieren? Genauso gut eignet sich für diesen Zweck ein schmaler Seifenrest, der beim Duschen übrig geblieben ist. Ist der Rock dann fertig, lassen sich die Markierungen rückstandsfrei wieder auswaschen.

DUFTENDES NADELKISSEN • Wie wär's mit einem herrlich duftenden Nadelkissen? Falten Sie ein hübsches Stück Stoff um ein Stück Seife und binden Sie es mit einem passenden Band fest. Jetzt stecken Sie Ihre Nadeln hinein. Das Kissen riecht nicht nur herrlich, die Nadeln werden vielmehr auch mit einer dünnen Seifenschicht überzogen, wodurch sie leichter durch den Stoff gleiten.

HÄTTEN SIE'S GEWUSST?

Die Seife ist eine uralte Erfindung. Bereits vor 4000 Jahren mischten die Sumerer aus Pflanzenasche und Ölen eine Lauge, die man als Urseife ansehen kann. Allerdings verwendeten sie die neuartige Substanz nur als Wundheilmittel und nicht zur Reinigung. Diese Wirkung nutzten erst die als diszipliniert und wohl organisiert bekannten Römer vor etwa 2000 Jahren. Ab dem 7. Jh. n. Chr. stellten die Araber aus siedender Lauge und Öl Seifenstücke im heutigen Sinn her. Und so wirkt Seife: Die Lauge vermindert die Oberflächenspannung des Wassers, das dadurch auch in kleinste Poren und Ritzen von Gegenständen oder der Haut dringen und sie so besser säubern kann.

TIPP

Selbst gemachte Seife

Selbst gemachte Seife ist ein wunderbares Geschenk für Freunde und Verwandte. Und es ist ganz einfach, sie herzustellen.

Man braucht Folgendes: ein festes Stück Glyzerin, Seifenformen (aus dem Bastelgeschäft), eine saubere, trockene Dose, einen Topf, Lebensmittelfarbe und Duftöl. Im Topf bereitet man zunächst ein Wasserbad vor, indem man den Topf mit etwas Wasser füllt. Dann wird das Glyzerin in die Dose gelegt und die Dose in den Topf gestellt. Nun erhitzt man das Wasser und bringt das Glyzerin langsam zum Schmelzen. Sobald es sich vollständig verflüssigt hat, fügt man die gewünschte Lebensmittelfarbe hinzu. Dann fettet man die Seifenform und füllt sie bis zur Hälfte mit geschmolzenem Glyzerin. Man gibt einige Tropfen Duftöl hinein und füllt die Seifenform weiter mit Glyzerin auf. Die Masse fest werden lassen – fertig!

IMMER FRISCHE KLEIDER • Legen Sie ein Stück Ihrer Lieblingsseife dazu, wenn Sie einen Koffer für die Reise packen oder Kleidungsstücke bis zum nächsten Sommer oder Winter wegräumen. So entsteht im Koffer kein muffiger Geruch und Ihre Kleidung riecht auch nach längerer Zeit immer noch frisch.

KEIN RUSS AN GUSSEISERNEN TÖPFEN • So kann man sich beim nächsten Campen den Abwasch deutlich erleichtern: Man reibt die Unterseiten der gusseisernen Töpfe und Pfannen mit einem Stück Seife ein, bevor man sie auf eine rußende, offene Flamme stellt. So bekommt das Geschirr keine Rußflecken über dem Feuer und das Saubermachen geht viel leichter von der Hand.

SEIFENSTÜCKE BIS ZUM ENDE AUFBRAUCHEN • Werfen Sie kleine Seifenreste nicht weg, denn sie können sie noch verwenden. Schneiden Sie einen Schlitz in einen Schwamm und stecken Sie die Seifenreste hinein. Jetzt können Sie sich noch einige Male damit waschen. Eine andere Möglichkeit: Füllen Sie die Seifenreste in eine Socke und geben Sie diesen praktischen Waschlappen Ihren Kindern zum Duschen. Aber vergessen Sie nicht, die Socke regelmäßig zu wechseln!

SENF

LINDERUNG FÜR SCHMERZENDE MUSKELN • Wenn Sie das nächste Mal ein entspannendes Bittersalz-Bad nehmen, setzen Sie dem Badewasser einige Teelöffel gelben Tafelsenf zu. Der Senf steigert die schmerzlindernde Wirkung des Salzes.

GESICHTSMASKE MIT SENF • Gönnen Sie sich eine Gesichtsmaske, die gleichzeitig beruhigend und erfrischend auf die Haut wirkt, und bestreichen Sie Ihr Gesicht mit mildem gelbem Senf.

Fortsetzung →

Testen Sie den Senf aber zunächst auf einem kleinen Hautbereich, um sicherzugehen, dass er keine Hautreizung hervorruft. Ist das der Fall, steht der Schönheitskur nichts mehr im Weg.

LINDERUNG BEI BRONCHITIS

Ganz wie es Großmutter früher zu tun pflegte, kann man sich bei Bronchitis durch Auflegen einer Senfpackung Erleichterung verschaffen. Man reibt die Brust mit Tafelsenf ein, dann tränkt man einen Waschlappen mit heißem Wasser, wringt ihn aus und legt ihn über den Senf.

HÄTTEN SIE'S GEWUSST?

Die alten Römer brachten den Senf aus Ägypten mit und verwendeten die Samen zum Würzen von unvergorenem Traubensaft, dem so genannten Most. Man vermutet, dass sich davon die englische Bezeichnung für Senf, „Mustard", ableitet. Außerdem stellten die Römer aus gemahlenen Senfkörnern eine Paste für medizinische Zwecke her. Zudem ist auch eine Verwendung als Gewürz wahrscheinlich. Der Senf, wie wir ihn heute kennen, wurde zum ersten Mal im 13. Jh. in Dijon, Frankreich, zubereitet. Dijon-Senf wird aus dunkleren Senfkörnern hergestellt als gelber Senf.

SENFBAD GEGEN RÜCKENSCHMERZEN • Gegen Rückenschmerzen oder Gelenkentzündung kann ein Bad in gelbem Senf hilfreich sein. Geben Sie löffelweise ein 200-ml-Glas Tafelsenf ins einlaufende Badewasser. Nachdem sich der Senf gut im Wasser verteilt hat, legen Sie sich 15 Minuten lang in die Wanne. Haben Sie keine Zeit für ein Bad, können Sie die schmerzenden Partien auch direkt mit Senf einreiben. Verwenden Sie stets nur milden gelben Senf, den Sie zunächst probeweise auf einen kleinen Hautbereich auftragen, denn unverdünnter Senf kann die Haut unter Umständen reizen.

HARTNÄCKIGE GERÜCHE AUS FLASCHEN VERTREIBEN • Manchmal hat man eine hübsche Flasche, die man gern aufheben möchte. Aber nachdem man sie gespült hat, riecht sie immer noch nach ihrem ursprünglichen Inhalt. In diesem Fall ist Senf ideal, um den Geruch zu neutralisieren. Spülen Sie die Flasche und drücken Sie ein wenig Senf aus der Tube hinein. Anschließend warmes Wasser hineinfüllen und kräftig schütteln. Danach nochmals gut ausspülen, und der Geruch ist verflogen!

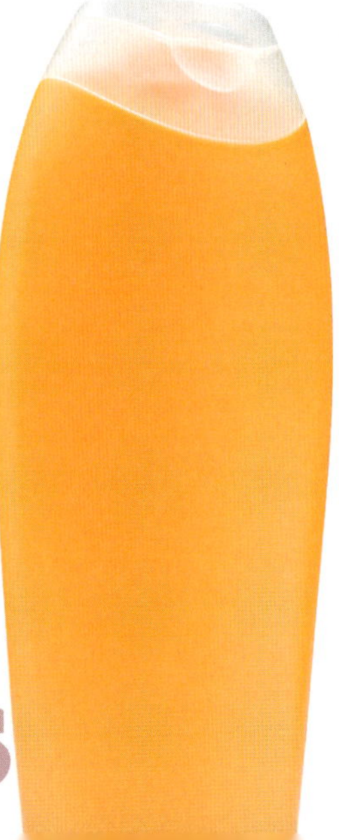

SHAMPOO

PORTMONNAIES UND LEDERSCHUHE WIEDER WIE NEU • Sie brauchen kein teures Nerzöl, damit Ihr Portmonnaie oder Ihre Lederschuhe wieder wie neu aussehen. Mit etwas Shampoo und einem sauberen Lappen erzielen Sie den gleichen Effekt. Reiben Sie das Shampoo in Kreisbewegungen auf die abgenutzten Stellen. So wird das Leder gereinigt, und die alte Farbe kommt wieder zum Vorschein. Gleichzeitig schützen Sie Ihre Schuhe mit dieser Behandlung vor unansehnlichen Streusalzrändern.

LIEBLING, ICH HABE DEN PULLI GESCHRUMPFT! • Retten Sie Ihren Lieblingspulli, wenn er eingelaufen ist – mit Babyshampoo und warmem Wasser hat das gute Stück schnell wieder seine ursprüngliche Größe. Lassen Sie reichlich warmes Wasser ins Waschbecken laufen, geben Sie etwas Babyshampoo hinein und rühren Sie einmal mit der Hand um. Legen Sie den Pullover auf die Wasseroberfläche und lassen Sie ihn sich langsam vollsaugen. Etwa 15 Minuten lang liegen lassen und dann vorsichtig herausnehmen. Nicht auswringen!

Legen Sie den Pulli beiseite und füllen Sie das Waschbecken erneut – diesmal mit klarem Wasser. Lassen Sie den Pullover sich erneut auf der Wasseroberfläche voll saugen. Herausnehmen, auf ein Handtuch legen und das Handtuch einrollen. So wird das meiste Wasser aus dem Pullover herausgedrückt. Legen Sie den Pullover danach auf einem trockenen Handtuch auf eine ebene Fläche und ziehen Sie ihn vorsichtig in die alte Form und Größe. Lassen Sie den Pulli im Liegen trocknen und ziehen Sie ihn immer wieder in Form. Ihre Geduld wird sich auszahlen!

SCHÖNHEITSKUR FÜR DIE FÜSSE • So gönnt man seinen Füßen eine ebenso preiswerte wie wirksame Schönheitskur, während man schläft: Die Füße rundum mit Shampoo einreiben und anschließend ein Paar dünne Baumwollsocken anziehen. Am nächsten Morgen sind die Füße wunderbar weich und seidig.

Gönnen Sie sich ein Schaumbad

Haben Sie kein Schaumbad im Haus? Dann genießen Sie ein herrliches Bad im Schaum Ihres Shampoos! Mit dem schönen Duft Ihres Lieblingsshampoos wird es besonders entspannend. Und ganz nebenbei wird die Badewanne wunderbar sauber gespült.

HÄTTEN SIE'S GEWUSST?

Seefahrer brachten das Wort „Shampoo" aus Indien nach Europa. Es hat seinen Ursprung im 18. Jh. und noch heute streiten sich Experten über die genaue Herkunft. Die einen sagen, es stamme vermutlich vom Hindi-Wort champo. Champo ist eine Ableitung von champa und heißt so viel wie „pressen" oder „die Muskeln formen". Andere Quellen lassen vermuten, dass es von dem Sanskrit-Wort capayati kommt, das „kneten" oder „massieren" bedeutet. Beide Ursprünge beziehen sich dabei auf das Einmassieren des Tonikums ins Haar.

Im Sinn von „Haarwaschmittel" ist das Wort „Shampoo" erstmals im Jahr 1860 schriftlich belegt. Und seitdem ist der Siegeszug von Haarkosmetik nicht mehr aufzuhalten. Mit keinem anderen Kosmetikprodukt wird heute so viel Geld umgesetzt wie mit Haarshampoo. Allein in Deutschland verbraucht jeder Einwohner rund 1,8 l Shampoo pro Jahr. Tatsächlich ist Deutschland mit einem Umsatz von über 11 Mrd. Euro im Jahr der größte Körperpflege-Markt Europas, gefolgt von Frankreich, Italien und Großbritannien.

GEGEN SCHMUTZIGE HÄNDE • Sie haben sich als Heimwerker betätigt und Ihnen ist die Seife ausgegangen? Ein einfaches Shampoo kann Wunder wirken, wenn Sie hartnäckigen Schmutz oder sogar Schmiere von Ihren Händen abwaschen möchten. Shampoo entfernt auch wasserlösliche Farben problemlos von der Haut.

Fortsetzung →

PREISWERTE ALTERNATIVE ZUM AUGEN-MAKE-UP-ENTFERNER • Mildes, „Keine-Tränen-mehr“-Babyshampoo ist einfach unschlagbar, wenn Sie Ihr Augen-Make-up auf preiswerte Weise entfernen möchten. Geben Sie einen Tropfen Babyshampoo auf ein feuchtes Baumwolltuch, reiben Sie das Make-up ab und spülen Sie das Gesicht mit klarem Wasser nach. Kein finanzieller Aufwand, keine Tränen!

SHAMPOO STATT RASIERSCHAUM • Unterwegs auf Reisen den Rasierschaum vergessen? In so einem Fall sollte man keinen Seifenschaum verwenden, sondern Shampoo. Es enthält Weichmacher und ist damit die deutlich bessere Alternative.

KEIN HAARSPRAY AUF DER BADEZIMMERWAND • Wo kommen denn die Haarspray-Flecken auf der Badezimmerwand her? Ist vielleicht gelegentlich etwas mehr Spray auf der Wand als in den Haaren gelandet? In jedem Fall wird man die Flecken schnell wieder los, wenn man ein wenig Shampoo auf einen nassen Schwamm gibt, damit über die Flecken reibt und mit einem sauberen feuchten Schwamm nachwischt.

HÄTTEN SIE'S GEWUSST?

Anfang des 20. Jh. erfand die Kanadierin Martha Mathilda Harper den heute noch üblichen Stuhl in Schönheits- und Friseursalons: ein Sitzmöbel, in das man sich bequem zurücklehnt, um sich die Haare waschen zu lassen. Leider ließ sich Harper diese Erfindung niemals patentieren. Dennoch war ihr Leben erfolgreich.

Martha Harper war als junges Mädchen von Kanada in die USA ausgewandert und hatte ihr eigenes Rezept für ein „Haartonikum" (Shampoo) mitgebracht, das sie im Gartenschuppen herstellte. Eines Tages beschloss sie, ihr Geschäft zu erweitern. Sie ermunterte wohlhabende Frauen, die Schönheitspflege nicht mehr selbst in den eigenen vier Wänden zu betreiben, sondern in den Schönheitssalon zu kommen, den sie eröffnete. Dort konnten sich die Damen von Profis gekonnt shampoonieren und frisieren lassen. Martha Harper war ihre eigene perfekte Werbung: Ihre atemberaubenden Haare reichten ihr bis zu den Füßen!

PFLASTER SCHMERZFREI ENTFERNEN

Jetzt ist Schluss mit „Auf die Plätze - fertig - autsch", wenn Sie ein Pflaster von der Haut abziehen! Verreiben Sie einfach einen Tropfen Shampoo so lange auf dem Pflaster, bis das Shampoo das Material durchdrungen hat. Dann lässt sich das Pflaster ohne Schmerzen abziehen - und besonders Kinderaugen bleiben trocken.

WASCHBECKEN UND BADEWANNE STRAHLEND SAUBER • Sie müssen noch schnell Ihr Badezimmer putzen, bevor die Gäste kommen? Greifen Sie zu dem, was sowieso griffbereit im Bad steht: Ihr Shampoo! Damit haben Sie Seifenränder im Waschbecken schnell weggewischt. Anschließend lässt sich das Shampoo rückstandslos abspülen. Wischen Sie auch noch schnell über die verchromten Armaturen. Sie werden herrlich glänzen, und der Besuch kann kommen.

KÄMME UND BÜRSTEN GRÜNDLICH REINIGEN • Die feine Fettschicht, die einen Schutzmantel auf der Haut bildet, sammelt sich leider auch auf Kämmen und in Bürsten. Wenn Sie Ihre Bürste zusätzlich in die Handtasche stecken, bleibt es nicht aus, dass nach einer Weile zusätzlich noch Staub und Schmutz daran kleben. In einem Shampoo-Bad lassen sich Kämme und Bürsten rasch reinigen. Kämmen Sie zunächst alle Haare aus der Bürste und reiben Sie dann ein wenig Shampoo in die Bürstenhaare bzw. auf die Zinken des Kamms. Geben Sie nun etwas Shampoo in ein hohes Glas mit warmem Wasser und lassen Sie Kamm oder Bürste ein paar Minuten darin einweichen. Kurz durchschwenken und gründlich abspülen. Jetzt erscheinen Kamm oder Bürste wieder wie neu.

PFLEGE FÜR EMPFINDLICHE KLEIDUNGSSTÜCKE • Shampoo ist ein perfektes Waschmittel für empfindliche Textilien. Schon ein kleiner Tropfen genügt für eine größere Menge Waschlauge. So bekommt man zwei Waschprodukte auf einmal und es stehen nicht so viele Flaschen herum.

BLÄTTERPFLEGE FÜR ZIMMERPFLANZEN

Auch Zimmerpflanzen stauben leicht ein, doch im Gegensatz zu Möbeln müssen sie atmen können. Atmungsaktiv sauber werden sie, wenn man ein paar Tropfen Shampoo in etwas lauwarmes Wasser gibt und die Blätter mit einem Lappen abwischt, den man in diese Seifenlauge getaucht und dann ausgewrungen hat. Den Pflanzen schadet diese Behandlung keineswegs, und die Blätter werden schön sauber.

SO ENTFERNEN SIE KLEBRIGEN SCHMUTZ AUS HAUSTIERFELL • Hat sich Hund oder Katze wieder einmal in etwas Undefinierbarem gewälzt? Klebt etwas im Fell, von dem man vergeblich hofft, dass es bloß Kaugummi ist? Um den Schmutz zu entfernen, verreibt man etwas mildes Shampoo an der betroffenen Stelle und zieht den Unrat entlang den Haaren heraus. Anschließend das Shampoo mit einem nassen Lappen wieder auswaschen.

HÄTTEN SIE'S GEWUSST?

Kindergeschrei beim Haarewaschen galt lange Zeit als unvermeidlich. 1955 brachte Johnson & Johnson das erste Shampoo speziell für Kleinkinder auf den Markt – mit der auch heute noch bekannten „No-more-tears"-Formel („Keine-Tränen-mehr"-Formel). Das Unternehmen warb mit der Aussage, sein Babyshampoo sei „so sanft zu den Augen wie reines Wasser". Johnsons Babyshampoo enthält die gleichen Inhaltsstoffe wie gewöhnliches Shampoo. Dass es nicht in den Augen brennt, hat weniger mit seinen Inhaltsstoffen als mit seinem neutralen pH-Wert zu tun.

AUTOWÄSCHE • Die Schmutz lösende Wirkung von Shampoo bewährt sich nicht nur auf menschlichen Köpfen, sondern auch auf dem Lack eines Autos. Etwa 50 ml Shampoo in einen Eimer Wasser geben und das Auto damit wie gewohnt waschen. Selbst hartnäckige Teerspritzer lassen sich mit einem Lappen und einem Tropfen Shampoo problemlos vom Lack entfernen.

FESTGEZOGENE SCHRAUBEN UND MUTTERN LÖSEN • Sie möchten eine Schraube oder eine Mutter lösen, doch auch mit größter Anstrengung tut sich nichts? Wenn Ihr übliches Schmiermittel gerade nicht zur Hand oder ausgegangen ist, nehmen Sie einfach einen Tropfen Haarwaschmittel. Lassen Sie das Shampoo in die Verbindung eindringen und die Schraube oder Mutter wird sich ganz einfach lösen.

VERKLEMMTE REISSVERSCHLÜSSE • Wenn sich ein Reißverschluss festgeklemmt hat, sollte man nicht daran zerren oder reißen. Stattdessen gibt man einen Tropfen Shampoo auf ein Wattestäbchen und betupft den Reißverschluss damit. Jetzt lässt er sich leicht lösen. Eventuell verbleibende Shampooreste werden bei der nächsten Wäsche einfach herausgewaschen.

SKATEBOARDS

HILFE BEI SCHWEREN WÄSCHEKÖRBEN • Wäschekörbe können ganz schön schwer sein. Und wenn dann der Rücken sowieso schon schmerzt, wird ihr Transport vollends zur Qual. Stellen Sie Ihren Wäschekorb auf ein Skateboard, mit dem Ihre Kinder schon lange nicht mehr fahren. Sobald der Korb voll ist, rollen Sie die schwere Last zur Waschmaschine. So ersparen Sie sich das Tragen des Korbs und schonen Ihren Rücken.

MÜHELOS SCHWERE FARBEIMER BEWEGEN • Ein Zimmer zu streichen ist eine schweißtreibende Arbeit. Erleichtern Sie sich das Malern, indem Sie den Farbeimer auf ein Skateboard stellen. Auf dem fahrbaren Untersatz begleitet Sie der Farbeimer mühelos von einer Ecke des Raumes zur anderen.

ORIGINELLES BÜCHERREGAL

Der Sprössling ist ein begeisterter Skateboard-Fahrer? Wenn es mal wieder Zeit für ein neues Brett ist, müssen Sie das alte nicht wegwerfen! Denn daraus lässt sich ein originelles Bücherregal für das Jugendzimmer bauen: Man legt das Brett einfach auf Regalhalter aus Metall. Die Rollen mussen dafür nicht abmontiert werden. Schon ist das Regal fertig!

SOCKEN

EMPFINDLICHE DINGE GUT GESCHÜTZT • Um beim Umzug eine schöne Vase, eine wertvolle Porzellanfigur oder anderes Zerbrechliches zu schützen, schieben Sie den Gegenstand einfach in eine große Socke. So kann nichts angeschlagen werden oder zerbrechen.

SCHUHE HYGIENISCH VERPACKT • Sie oder die Kinder möchten die alten Lieblingssportschuhe mit in den Urlaub mitnehmen, doch der Kofferinhalt soll vor Geruch und Schmutz geschützt werden? Stecken Sie einfach jeden Schuh in eine große Socke, bevor Sie ihn in den Koffer packen.

KEINE KRATZER AUF DEM PARKETT • Wenn Sie ein großes Sofa oder einen schweren Tisch auf einem empfindlichen Bodenbelag bewegen müssen, ziehen Sie einfach Socken über die Füße der Möbelstücke. Schon lassen sich die Möbel ganz leicht und ohne Kratzer zu hinterlassen verschieben.

SAUBERE HÄNDE BEIM REIFENWECHSEL • Sie sind auf dem Weg zu einer geschäftlichen Besprechung oder wollen ins Konzert und werden von einer Reifenpanne überrascht. Da sich beim Reifenwechsel oft hartnäckiger Schmutz an den Händen festsetzt, werden Sie für ein vorsorglich in den Kofferraum gelegtes Paar Socken sehr dankbar sein. Schlüpfen Sie bei der Montage einfach mit den Händen in die Socken. Ihre Hände bleiben sauber und Sie vermeiden eine peinliche Situation beim Termin oder im Konzert.

VERSCHMUTZTER RAUPUTZ • Um Rauputz abzuwischen, kann man anstelle eines Tuchs oder eines Schwamms einfach alte Nylonsocken oder -strümpfe verwenden. Aller Schmutz wird von dem Strumpf aufgenommen, und es bleiben nicht einmal kleinste Partikel an der Wand zurück.

BEUTEL FÜR ZARTE WÄSCHE • Natürlich kann man im Fachhandel ein Wäschenetz kaufen, um empfindliche Wäschestücke wie Büstenhalter und Höschen aus feinem Material in der Waschmaschine vor Beschädigung zu schützen. Doch eine große Socke tut es auch. Schieben Sie die Wäsche in die Socke und knoten Sie das Ende zu. So hat das zarte Gewebe eine schützende Hülle, wenn es in der Waschmaschine hin und her bewegt wird.

LEITERN ANLEHNEN OHNE SCHRAMMEN • Damit die Leiter keine Schrammen an der Wand hinterlässt, wenn man sie anlehnt, zieht man Socken über die oberen Enden. Jetzt kann die Leiter keinen Schaden mehr anrichten. Da durch die Socken aber auch etwas an Griffigkeit verloren geht, muss aus Sicherheitsgründen auf jeden Fall eine zweite Person die Leiter festhalten, wenn man hinaufklettert.

SAUBERE LAMELLEN • Vergessen Sie die sündhaft teuren Spezialgeräte zur Reinigung von Jalousien und Fensterläden. Ziehen Sie einfach eine Socke über Ihre Hand und wischen Sie den Staub vorsichtig von den Lamellen ab. Sie können dabei auch etwas Möbelspray auf die Socke sprühen, dann geht's noch leichter.

WACHSEN SIE IHR AUTO

Ihr Auto muss gewachst werden? Eine große, weiche Socke ergibt einen perfekten Handschuh, um das Wachs auf den Autolack aufzutragen.

AUCH STOFFTIERE MÜSSEN MAL DUSCHEN • Muss der kleine Lieblingsteddy Ihres Sprösslings oder ein anderes kleines Stofftier wieder einmal gewaschen werden? Stecken Sie das Stofftier einfach in eine große Socke und binden Sie das Ende zusammen, sodass sich die Augen und andere angenähte Elemente nicht lösen können. Jetzt kann dem Liebling Ihres Kindes nichts mehr passieren. Achten Sie auf die Pflegehinweise des Stofftiers.

PRAKTISCHER PUTZHANDSCHUH • Es lohnt sich durchaus, alte oder einzelne Socken aufzuheben, um sie als Putzhandschuh zu verwenden. Einfach mit der Hand hineinschlüpfen und schon kann man auch in engen Winkeln und Spalten putzen.

DER RICHTIGE PLATZ FÜR ARBEITSBRILLEN

Manche Brillen passen einfach nicht in ein herkömmliches Brillenetui wie z. B. Modelle im 70er-Jahre-Stil oder Schutzbrillen für die Arbeit. Stecken Sie solche Brillen einfach in eine Socke, um sie vor Kratzern zu schützen. Die Socke kann man dann sogar an die Wand am Arbeitsplatz hängen, dann geht die Brille nicht verloren.

SPARSCHÄLER

KÄSE UND SCHOKOLADE RASPELN

Probieren Sie's aus: Mit einem Gemüsesparschäler können Sie viel dünnere Käsescheibchen schneiden als mit einem Messer. Auch Schokoraspeln für die selbst gebackene Torte lassen sich damit im Handumdrehen zaubern.

HARTE BUTTER WEICH MACHEN • Für Ihre Teigmischung fehlt nur noch die Butter, aber Sie haben vergessen, sie rechtzeitig aus dem Kühlschrank zu nehmen? Keine Sorge, dieses Problem lässt sich in kürzester Zeit beheben. Kratzen Sie von dem kalten, harten Butterblock einfach so viel Butter, wie benötigt wird, mit einem Gemüsesparschäler ab. Nach wenigen Sekunden ist sie weich und kann weiterverarbeitet werden.

BLEISTIFTE SPITZEN • Sie können Ihren Anspitzer nicht finden? Warum greifen Sie nicht einfach zum Gemüsesparschäler? Sie werden sehen – dieser Trick funktioniert hervorragend.

NEUER DUFT FÜR DAS SEIFENSTÜCK • Duftseifen bereichern jedes Gäste-WC, denn sie sehen nicht nur schön aus, sondern verleihen dem Raum darüber hinaus noch einen angenehmen Duft. Mit der Zeit trocknet ihre Oberfläche jedoch aus und der Duft geht verloren. Wenn Sie mit dem Gemüsesparschäler eine dünne Schicht der Seife abtragen, sieht das Seifenstück wieder wie neu aus und verströmt einen frischen Duft.

SPIRITUS

FUNKELNDE BADARMATUREN • Wenn Sie das nächste Mal die Chromarmaturen im Bad reinigen möchten, denken Sie daran, die Spiritusflasche hervorzuholen. Geben Sie ein wenig Spiritus direkt aus der Flasche auf ein weiches, saugfähiges Tuch und wischen Sie damit über die Armaturen. Sie werden sehen, der Spiritus lässt das Chrom erstrahlen und tötet überdies sämtliche Keime ab, die mit ihm in Berührung kommen. Ein weiteres Plus: Abwaschen erübrigt sich, denn der Alkohol verflüchtigt sich ganz von selbst. Allerdings sollten Sie wegen des etwas strengen Spiritusgeruchs die Fenster für 1–2 Stunden geöffnet lassen.

HAARSPRAYRESTE AUF SPIEGELN ENTFERNEN • Ihre Haare sollen tiptop aussehen und Sie bringen Ihre Frisur mit Haarspray in Form. Dabei lässt es sich nicht vermeiden, dass der Badezimmerspiegel einige Sprühflecken abbekommt. Die klebrigen Rückstände lassen sich jedoch ganz schnell wieder entfernen; einfach mit ein wenig Spiritus kurz darüberwischen und Ihr Spiegel erstrahlt in neuem Glanz.

SAUBERE JALOUSIEN • Spiritus wirkt bei der Reinigung von Jalousielamellen wahre Wunder. Umwickeln Sie ein flaches Werkzeug – z. B. einen Spachtel oder eine etwa 15 cm lange Maurerkelle – mit einem Lappen und befestigen Sie diesen mit einem Gummiring. Tauchen Sie das so präparierte Werkzeug in Spiritus und gehen Sie ans Werk, indem Sie vorsichtig zwischen den Lamellen entlang wischen.

BLITZBLANKE FENSTER IM WINTER • Überziehen sich Ihre Fenster im Winter mit Eisblumen? Damit sich Raureif erst gar nicht bilden kann, waschen Sie die Fenster mit einer Lösung aus 100 ml Spiritus und 1 l Wasser ab. Anschließend mit Zeitungspapier oder einem fusselfreien Lappen gründlich nachpolieren und die Scheiben glänzen wieder.

VORSICHT: Verwechseln Sie medizinischen Spiritus (in Apotheken oft als Desinfektionsalkohol oder Isopropylalkohol erhältlich) nicht mit Brennspiritus. Letzterer wird in Drogerie- und Supermärkten verkauft und trägt auch die Bezeichnung „denaturierter Alkohol". Er besteht aus Ethylalkohol (Trinkalkohol), der vergällt wurde – d. h. ihm wurden Chemikalien beigemischt, die ihn als Lebensmittel ungenießbar machen. Anderenfalls würde er mit der sehr hohen Branntweinsteuer belegt. Die chemischen Substanzen in Brennspiritus sind oftmals hautunverträglich. Beachten Sie daher die Zusammensetzung und entscheiden Sie sich für ein Produkt mit möglichst wenigen Zusatzstoffen oder verwenden Sie medizinischen Spiritus. Er besteht in der Regel zu 70 Prozent aus Alkohol und zu 30 Prozent aus Wasser. Daher ist er frei von Fremdstoffen und hautschonend, aber aufgrund der Branntweinsteuer auch teurer.

WINDSCHUTZSCHEIBEN FREI VON EIS • Vereiste Autoscheiben müssen im Winter nicht unbedingt durch anstrengendes Kratzen von Frost befreit werden. Sehr viel einfacher ist es, eine Sprühflasche mit Spiritus zu befüllen und die Scheiben damit großzügig zu besprühen. Dadurch löst sich der Reif und kann mühelos weggewischt werden. So bleibt Ihnen mehr Zeit für Ihren morgendlichen Kaffee.

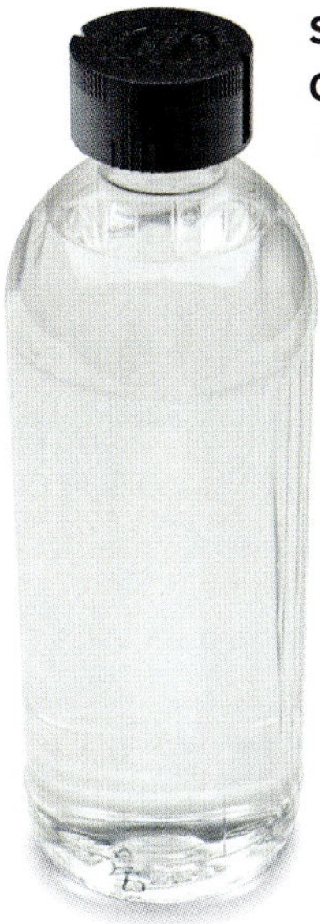

SCHWEISSRÄNDER AM HEMDKRAGEN VERMEIDEN • An besonders heißen Sommertagen lassen sich leichte Schweißränder am Hemdkragen kaum vermeiden. Um diesen lästigen Flecken effektiv vorzubeugen, empfiehlt es sich, den Hals morgens vor dem Ankleiden mit etwas medizinischem Spiritus einzureiben. Verwenden Sie dafür aber auf jeden Fall Spiritus aus der Apotheke und testen Sie zunächst an einer kleinen Stelle, ob Ihre Haut den Alkohol auch wirklich verträgt.

HYGIENE FÜRS TELEFON

Auch im saubersten Haushalt können Telefone bisweilen vom vielen Gebrauch etwas abgegriffen und stumpf erscheinen. Dem können Sie entgegenwirken, indem Sie gelegentlich mit einem mit Spiritus befeuchteten Lappen darüberwischen. Das löst die Rückstände und sorgt gleichzeitig für eine gründliche Desinfektion des Apparats.

Fortsetzung →

DER TINTENFLECK MUSS WEG • Zu ärgerlich, wenn Ihr liebstes Hemd oder Kleid einen Tintenklecks abbekommen hat. Versuchen Sie Folgendes: Weichen Sie den Fleck ein paar Minuten in Spiritus ein, bevor Sie das Kleidungsstück in die Waschmaschine stecken. Spiritus kann übrigens auch bei empfindlichen Stoffen wie Seide angewendet werden.

FILZSTIFTSPUREN GEKONNT BESEITIGEN • Stehen Sie vor der Herausforderung, die künstlerischen Ergüsse Ihrer Kinder von der Küchenarbeitsplatte entfernen zu wollen? Das meistern Sie im Handumdrehen! Von Arbeitsflächen, die mit wasserundurchlässigem Material wie Kunststoff oder Granit beschichtet sind, löst Spiritus sogar Permanentmarkerreste. Er versetzt die Farbe wieder in einen flüssigen Zustand, sodass sie einfach weggewischt werden kann.

NIE WIEDER FRUCHTFLIEGEN

Wenn diese Störenfriede das nächste Mal in Ihrer Küche herumschwirren, befüllen Sie eine fein zerstäubende Sprühflasche mit Spiritus. Fliegen, die vom Sprühstrahl getroffen werden, fallen einfach zu Boden. Jetzt kann man sie aufkehren oder mit einem Küchentuch wegwischen. Spiritus ist zwar nicht ganz so wirksam wie Insektenvernichter, dafür aber auch wesentlich weniger giftig.

SPRÜHFLASCHEN

HILFE BEI DER WÄSCHE • Sprühflaschen eignen sich für die verschiedensten Aufgaben rund um die Wäsche. In Sprühflaschen können Sie klares Wasser füllen, um es beim Bügeln auf die Kleidung zu sprühen. Oder aber Sie füllen eine Sprühflasche mit einer Fleckenmittellösung, die Sie so gezielt auf jeden Fleck sprühen können, ohne etwas davon zu verschütten.

EINE WOHLTAT FÜR ZIMMERPFLANZEN • Eine kurze Dusche aus einer Sprühflasche hält Ihre Zimmerpflanzen gesund. Diese angenehmen Nebelduschen tun allen Pflanzen gut. Reinigen Sie die Flasche, indem Sie genauso viel Wasser wie Essig hineingeben und das Ganze 1 Stunde lang einwirken lassen. Bei Bedarf können Sie das Essigwasser erneuern und die Sprühflasche noch einmal einweichen. Anschließend spülen Sie die Flasche gründlich aus und füllen sie zum Besprühen der Pflanzen mit handwarmem Wasser.

ABKÜHLUNG AN HEISSEN SOMMERTAGEN

Beim Joggen im Park oder beim Sonnenbad auf der Terrasse leistet eine Sprühflasche voller Wasser außerordentlich gute Dienste. Auf Gesicht und Körper gesprüht, erfrischt so eine kühlende Nebeldusche ganz hervorragend.

JEDERZEIT SAUBERE AUTOSCHEIBEN • Besonders im Herbst machen Matsch und Dreck den Autofahrern häufig das Leben schwer. Eine Sprühflasche, gefüllt mit einer Mischung aus Wasser und Glasreiniger, ist dann ein praktischer Helfer. Im Handschuhfach oder Kofferraum verstaut, können damit jederzeit Scheinwerfer, Spiegel und Scheiben gereinigt werden. In den kalten Wintermonaten geben Sie etwas Frostschutzmittel in die Flasche, dann bleibt das Mittel immer flüssig und einsatzbereit.

SCHÄDLINGE EINFACH WEGSPRÜHEN • Stellen Sie sich ein paar alte, gesäuberte Sprühflaschen für die Gartenarbeit bereit, denn nun folgen zwei tolle Tipps:

- Unwillkommen, aber trotzdem immer da: Unkraut, Ameisen und andere Insekten machen sich nur allzu gerne im Garten breit. Versuchen Sie Folgendes: Füllen Sie eine Flasche mit unverdünntem Weißweinessig. Diesen können Sie dann auf ungeliebte Gäste sprühen, die sich in Betonspalten breit machen. Achten Sie aber darauf, dass Sie keinen Essig direkt auf Ihre Pflanzen sprühen, da die starke Säure diese schädigen kann.

- Es gibt auch ein effektives Schädlingsbekämpfungsmittel, das Ihren Pflanzen nicht schadet und das Sie ganz leicht selbst zusammenmischen können. Dazu benötigen Sie einige mit dem Messer zerdrückte Knoblauchzehen, 50 ml Rapsöl, 3 EL scharfe Chilisauce und außerdem 1 TL einer milden Flüssigseife. Mischen Sie alles mit 4 l Wasser und füllen Sie die Sprühflasche damit auf. Nun haben Sie genug Schädlingsmittel, um den ganzen Garten zu versorgen. Vor jeder Anwendung gut schütteln! Wenn Sie sichergehen möchten, dass die Öffnung Ihrer Sprühflasche nicht durch kleine Chili- oder Knoblauchteile verstopft, lesen Sie den Eintrag „Gegen verstopfte Sprühdüsen“ im Tipp Strumpfhosen auf Seite 298.

STAHLWOLLE

RETTUNGSAKTION FÜR DIE LIEBLINGSTURNSCHUHE • Sie können Ihre schmutzigen Lieblingsturnschuhe mit Stahlwolle wieder aufpolieren. Ein Stahlwollepad mit etwas Seife und Wasser anfeuchten und damit vorsichtig Flecken und Schmutz abschrubben. Die Schuhe anschließend mit einem feuchten Schwamm sauber reiben oder in die Waschmaschine stecken. Nun sind die Turnschuhe noch ein paar weitere Monate tragbar. Bei Wildlederschuhen darf diese Methode allerdings nicht angewendet werden.

SO REIBEN SIE WACHSMALKREIDE VON TAPETEN • Die Werke kleiner Künstler auf der Tapete lassen sich problemlos entfernen. Retten Sie Ihre Tapete und reiben Sie mit einem Stahlwollepad mit Seife vorsichtig über die Oberfläche (am besten zunächst an einer unauffälligen Stelle testen) – aber nur in einer Richtung, nicht in Kreisen, sonst verteilen Sie die Farbe nur. So wird die Wand garantiert schnell wieder sauber.

SPUREN VON GUMMISOHLEN WEGWISCHEN • Auf Vinyl-Böden hinterlassen Gummisohlen oft hässliche schwarze Spuren, die sich nicht wegwischen lassen. Reiben Sie die Oberfläche mit einem feuchten Stahlwollepad und Seife ab. Sobald die Spuren nicht mehr zu sehen sind, den Boden mit einem feuchten Schwamm nachwischen und alles blitzt wieder.

Fortsetzung →

GARTENWERKZEUGE PERFEKT GEPFLEGT • Damit Werkzeuge lange funktionstüchtig bleiben, sollten sie am Ende jeder Gartensaison gründlich gereinigt werden. In jedem Gartencenter gibt es feine Stahlwolle zu kaufen (der Feinheitsgrad 000 ist für diesen Zweck am besten geeignet). Für die optimale Pflege Ihrer Werkzeuge mit Metallanteil tauchen Sie ein Pad in Schmieröl und entfernen damit den Rost von Heckenscheren, Schaufeln und Co. Wenn Sie das Metall dann noch mit einem trockenen Tuch sauber reiben, alle Klingen schärfen und etwas Öl auftragen, sind die Werkzeuge perfekt gerüstet für den Winterschlaf.

TIPP

Keine Stahlwolle für Edelstahl!

* ***Oft wird empfohlen, Edelstahl mit Stahlwollepads und Seife zu reinigen.***

Viele Hersteller von Edelstahlprodukten warnen allerdings davor, Scheuermittel oder andere scheuernde Produkte auf Edelstahl zu verwenden. Nach einer Behandlung mit Stahlwolle sieht Edelstahl zwar zunächst besser aus, doch die Stahlwolle zerkratzt die Oberfläche, sodass der Edelstahl schnell zu rosten beginnt. Edelstahl daher am besten einfach nur mithilfe eines Schwamms und milder Seifenlauge abwaschen.

PASSGENAUE „PADS" PLUS SCHARFE SCHEREN

Für bestimmte Aufgaben sind normale Stahlwollepads einfach zu groß. Sie können die Pads aber ganz einfach mit einer Schere auf die gewünschte Größe zurechtschneiden. Ein positiver Nebeneffekt: Die Schere wird geschärft.

HINDERNISSE FÜR NAGETIERE • Mäuse, Ratten und Marder sind wahre Experten darin, einen Weg in jedes Haus zu finden. Wenn Sie z. B. in der Dachverkleidung ein Loch gefunden haben, das von diesen unwillkommenen Gästen verursacht wurde, verstopfen Sie es mit Stahlwolle. Diese eignet sich besser als Styropor® oder Zeitungspapier, denn auch der hartnäckigste Nager wird nicht versuchen, sich durch ein solches Hindernis zu nagen.

STÄRKEMEHL

TROCKENSHAMPOO • Nach einem Waldspaziergang braucht Ihr Hund dringend ein Bad. Aber für die übliche Prozedur, ihn erst zu baden und danach trockenzurubbeln, haben Sie gerade keine Zeit? Da kommt ein Trockenshampoo sehr gelegen. Verreiben Sie Stärkemehl in seinem Fell und bürsten Sie es danach gründlich aus. Nun ist das Fell wieder sauber und außerdem schön flauschig. Wenn Sie vorher ein Handtuch unterlegen, müssen Sie es nur ausschütteln und schon ist alles wieder sauber.

BEFRIEDIGENDE HAUSARBEIT

POLITUR FREI VON RÜCKSTÄNDEN • Nach dem Möbelpolieren bleibt oft ein wenig Politur zurück. Dem ist leicht abzuhelfen: Etwas Stärkemehl auf die Möbelflächen streuen, die Mischung aus Politur und Stärkemehl mit einem trockenen Küchentuch oder Lappen abwischen und die Fläche polieren. Dann werden die Möbel bald wieder in klassisch elegantem, mattem Glanz erstrahlen.

TEPPICHE OHNE TINTENFLECKEN • Sollten Sie Tintenflecken auf dem Teppich haben, schaffen Stärkemehl und Milch Abhilfe. Verrühren Sie beides zu einer Paste und tragen Sie diese auf den Tintenfleck auf. Die Mischung muss einige Stunden eintrocknen. Dann können die trockenen Rückstände abgebürstet und mit dem Staubsauger entfernt werden. Nun gehört der unschöne Fleck der Vergangenheit an.

FRISCHER DUFT FÜR TEPPICHE • Stärkemehl bietet eine schnelle Lösung, um Teppichböden, die schließlich nicht einfach in die Waschmaschine gesteckt werden können, von lästigen Essensgerüchen oder Rauchgeruch zu befreien. Bestreuen Sie vor dem Staubsaugen den Teppich mit Stärkemehl und lassen Sie es 1/2 Stunde einwirken. Danach wie gewohnt staubsaugen und alle Gerüche sollten verschwunden sein.

PLÜSCHTIERREINIGUNG • Jedes Kind hat ein allerliebstes Kuscheltier, das seit Jahren einigen Strapazen standgehalten hat, die meist nicht spurlos an ihm vorübergegangen sind. Die wohlverdiente Reinigung erhält es, indem man das Plüschtier mit ein wenig Stärkemehl einreibt, 5 Minuten wartet und dann die Stärke abbürstet. Alternativ kann man das Plüschtier oder auch ein paar weitere kleinere Kuscheltiere in einen Beutel geben, Stärkemehl hineinstreuen, ihn fest verschließen und kräftig schütteln. Anschließend werden die Tiere abgebürstet und der Beutel wandert in den Müll.

KNOTEN ENTWIRREN

Ein Bindfadenknäuel oder ein festgezogener Knoten in einem Schnürsenkel lassen sich schwer entwirren. Bestreuen Sie den Knoten mit etwas Stärkemehl, dann lassen sich die Fäden viel leichter voneinander lösen.

FINGERFARBEN • Mit Fingerfarben können Kinder nach Herzenslust große Plakate oder an heißen Sommertagen im Garten auch sich selbst bemalen. Mit diesem einfachen Rezept können Sie die Farbe gemeinsam mit Ihren Kindern herstellen und so die Vorfreude steigern. Rühren Sie dafür 4 EL Stärkemehl in 1/2 l kaltes Wasser ein, stellen Sie die Mischung auf den Herd und lassen Sie sie kochen, bis sie eindickt. Dann schüttet man die Masse in mehrere kleine Gefäße, rührt Lebensmittelfarbe hinein und lässt sie auskühlen. Schon sind die selbst gemachten Fingerfarben fertig und der Kreativität Ihrer Kinder sind keine Grenzen gesetzt.

SELBST HERGESTELLTER KLEISTER • Es ist Sonntag, Ihre Kinder wollen basteln, und Sie haben keinen Kleister im Haus? Das macht nichts, denn er ist leicht selbst hergestellt. Dazu vermengt man 3 TL Stärkemehl und 4 EL kaltes Wasser und rührt, bis der Kleister die richtige Konsistenz hat. Auftragen lässt sich die Paste mit einem Zungenspatel oder einem Dauerlutscherstiel. Besonders hübsch wird die Bastelarbeit, wenn Sie dem Kleister noch etwas Lebensmittelfarbe beimengen.

SAUBERE KÜCHENWÄNDE TROTZ BRATEN UND KOCHEN • Auch der sorgfältigste Koch kann gelegentliche Fettspritzer nicht verhindern. Doch gegen unschöne Fettflecken gibt es ein Mittel: Etwas Stärkemehl auf einen weichen Lappen streuen und den Fettfleck leicht abreiben, bis er verschwunden ist.

Fortsetzung →

BEFREIEN SIE KLEIDUNG VON BÜGELFLECKEN • Während Sie bügeln, klingelt das Telefon, und im Handumdrehen ist es passiert: Das Lieblingshemd hat eine leicht versengte Stelle. Sollte Ihnen das passieren, ist das noch lange kein Grund, das gute Stück wegzuwerfen. Feuchten Sie stattdessen den verfärbten Fleck an und bestreuen Sie ihn mit etwas Stärkemehl. Bürsten Sie das Mehl ab, nachdem es getrocknet ist, und der Fleck wird verschwunden sein. Dieser Trick funktioniert aber nur, wenn der versengte Fleck noch nicht eingebrannt ist.

HÄTTEN SIE'S GEWUSST?

Aus Stärkemehl wird biologisch abbaubares Verpackungsmaterial in der Form von Erdnussflips hergestellt. Wenn Sie eine Postsendung erhalten, die in solchem Material verpackt ist, können Sie die Flips auf umweltschonende Art entsorgen: Streuen Sie die kleinen Flips auf Ihren Kompost oder auf ein abgelegenes Stück Ihres Rasens. Keine Sorge, sie sind wasserlöslich, zersetzen sich schnell und hinterlassen keine Schadstoffe. Um zu testen, ob sie tatsächlich aus Stärkemehl bestehen, können Sie ein paar Flips im Spülbecken durchnässen und beobachten, ob sie sich auflösen.

SCHÖNHEITSKUR FÜR ANGELAUFENES SILBER • Wenn das geerbte Silber über die Jahre etwas angelaufen ist, verpassen Sie ihm eine Schönheitskur! Dazu rührt man eine Paste aus Stärkemehl und Wasser an und trägt sie mit einem feuchten Tuch auf das Silber auf. Gönnen Sie dem Besteck eine Pause und lassen Sie es gut trocknen. Dann mit einem Seihtuch oder einem anderen weichen Lappen abreiben. So kehrt alter Glanz zurück.

NIE MEHR UNGEZIEFER • Gegen lästige Sechsbeiner gibt es kein sanftes Mittel. Eine zu gleichen Teilen aus Gips und Stärkemehl hergestellte Mischung ergibt eine sehr wirksame Verbindung … Man verteilt das Pulver in allen Spalten, in denen sich die unerwünschten Gäste aufhalten, und sie werden sich bestimmt nicht mehr blicken lassen.

BLUTFLECKEN ENTFERNEN

Von Kleidung oder Tischwäsche lassen sich frische Blutflecken ganz und älteres Blut zumindest teilweise entfernen. Dazu rührt man Stärkemehl und kaltes Wasser zu einer Paste an, trägt sie auf den Fleck auf und reibt sie leicht in das Gewebe ein. Suchen Sie sich eine sonnige Stelle, an der Sie das Wäschestück trocknen lassen. Dann können die Rückstände abgebürstet werden. Ist der Fleck schon älter und deshalb nicht ganz herausgegangen, muss man die Prozedur wiederholen.

MARSHMALLOWS VÖLLIG LOSGELÖST • Marshmallows neigen dazu, aneinander zu kleben, doch auf folgende Weise lassen sie sich trennen. Geben Sie gut 1 TL Stärkemehl in den Marshmallowbeutel und schütteln Sie ihn. Das Stärkemehl nimmt die überschüssige Feuchtigkeit auf und schon lassen sich die Süßigkeiten wieder voneinander trennen. Übrig gebliebene Marshmallows können vor erneutem Verkleben geschützt werden, indem Sie sie in einen Plastikbehälter umfüllen und einfrieren.

BLITZBLANKE FENSTER • Stellen Sie Ihr eigenes Putzmittel für streifenfreie Fenster her. Dafür benötigen Sie 2 EL Stärkemehl, das Sie mit jeweils 100 ml Salmiakgeist (Ammoniakwasser) und hellem Essig in einen Eimer geben. Füllen Sie das Ganze mit 3–4 l warmem Wasser auf und verrühren Sie es gut. Lassen Sie sich dabei nicht von der milchigen Farbe abschrecken. In eine saubere Sprühflasche umgefüllt, auf die Scheiben gesprüht und mit warmem Wasser wieder abgewaschen, entfaltet die Lösung ihre volle Putzkraft. Reiben Sie die Fenster schließlich mit einem Küchenpapier oder einem fusselfreien Tuch ab und genießen Sie die Sonnenstrahlen.

31 TIPPS

STRUMPFHOSEN

Rund ums Haus

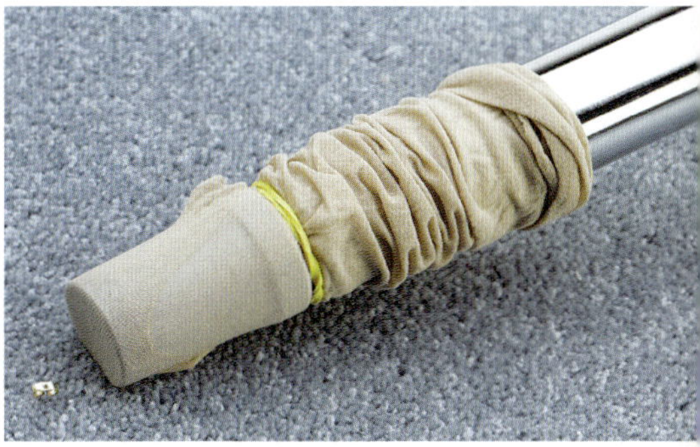

KONTAKTLINSEN-DETEKTOR • Sind Sie auch schon stundenlang auf allen vieren herumgekrochen und haben einen Teppich nach einem heruntergefallenen Ohrclip, einer Kontaktlinse oder einem anderen winzigen Gegenstand abgesucht? Dann probieren Sie doch das nächste Mal Folgendes: Schneiden Sie von einer alten Strumpfhose ein Bein ab – das Fußteil muss unbeschädigt sein – und stülpen Sie es über die Öffnung Ihres Staubsaugerrohrs. Für zusätzliche Sicherheit können Sie auch noch das andere Bein abschneiden und ebenfalls darüberziehen. Fixieren Sie das Strumpfbein mit einem Gummiband. Saugen Sie nun vorsichtig über den Teppich. Schon bald wird das verlorene Kleinteil am Strumpfhosenfilter hängen bleiben.

WASSERWECHSEL IM AQUARIUM

Siedeln Sie die Fische um und gehen Sie vor wie im vorangehenden Tipp: Stülpen Sie das Fußteil einer alten Strumpfhose über die Saugerdüse eines Nass-Trocken-Saugers und binden Sie es mit einem Gummiband fest. Jetzt kann das Wasser bequem abgesaugt werden.

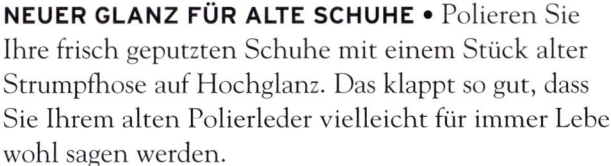

NEUER GLANZ FÜR ALTE SCHUHE • Polieren Sie Ihre frisch geputzten Schuhe mit einem Stück alter Strumpfhose auf Hochglanz. Das klappt so gut, dass Sie Ihrem alten Polierleder vielleicht für immer Lebewohl sagen werden.

GESCHENKPAPIERVERPACKUNG • Damit bereits gebrauchte Geschenkpapierbögen nicht einreißen oder hässliche Ecken bekommen, kann man sie sicher in selbst gemachten Strumpfschläuchen verwahren. Dazu das Bein einer alten Strumpfhose abschneiden (Fußteil unversehrt lassen) und in jedes Bein einen Bogen stecken. Wer ein ganzes Bündel gebrauchter Rollen hat, kann sie auch in unzerschnittene Strumpfhosen stecken und diese über einen Kleiderbügel in den Schrank hängen.

HYGIENE FÜR DIE HAARBÜRSTE • Es gehört nicht gerade zu den angenehmsten Aufgaben, die Haare aus einer Haarbürste zu entfernen. Doch es gibt eine Methode, die einem das Leben erleichtert. Man schneidet einen etwa 5 cm breiten Streifen aus einer alten Strumpfhose und spannt ihn über und um die Borsten einer neuen (oder gerade gesäuberten) Haarbürste.

Fortsetzung →

Falls nötig, nimmt man eine Haarklammer oder einen Kamm zu Hilfe, um die Strumpfhose an den Borsten herunterzudrücken. Wenn die Strumpfhose nicht von allein hält, kann sie auf der Rückseite zusammengebunden werden. Bei der nächsten Reinigung braucht man dann nur noch den Strumpfhosenüberzug mitsamt allen Haaren und Fusseln abzunehmen und ihn durch einen neuen Streifen zu ersetzen.

NAGELLACK ENTFERNEN • Haben Sie die Wattebällchen zum Entfernen von Nagellack nicht zur Hand, können Sie sich mit Stücken aus einer Strumpfhose behelfen, die Sie mit Nagellackentferner tränken. Schneiden Sie den Strumpfhosenstoff in 5 cm große Quadrate und bewahren Sie einen Stapel zusammen mit Ihrem Nagellackentferner auf.

EIN BAD IN ZITRUSWASSER • Bereiten Sie sich Ihr ganz eigenes duftendes Wohlfühlbad. Trocknen und mahlen Sie Orangen- oder Zitronenschalen und geben Sie das Ganze in das Fußteil einer abgelegten, sauberen Strumpfhose. Machen Sie etwa 3 cm über der Füllung einen Knoten und lassen Sie darüber noch weitere 15 cm Strumpfschlauch stehen. Der übrige Stoff wird abgeschnitten. Befestigen Sie den Strumpfschlauch am Wasserhahn, sodass der gefüllte Beutel unter dem einlaufenden Wasser hängt. Sie können mit dem duftenden Säckchen durch sanftes Reiben auch ein Hautpeeling vornehmen.

GEGEN VERSTOPFTE SPRÜHDÜSEN • Die Düsen von Sprühflaschen, die man wieder verwenden will, werden vor dem Verstopfen geschützt, wenn man über das offene Ende des Rohrs – der Teil, der in die Flasche führt – ein kleines, viereckig geschnittenes Stück Strumpfhose legt und mit einem kleinen Gummiring vor dem Verrutschen sichert. Besonders gut lassen sich mit dieser Methode Flüssigkeiten filtern, die aus Konzentraten angerührt wurden und deshalb zu Klümpchen neigen.

ERSATZ FÜR FÜLLMATERIAL • Verliert der Teddy oder die Puppe Ihres Kindes das Füllmaterial? Dann ersetzen Sie es einfach durch schmale Streifen einer ausrangierten, sauberen Strumpfhose, die Sie, wenn möglich, zusammenbauschen. Anschließend nähen Sie die Öffnung gut zu. Auch Sofakissen und Sitzsäcke lassen sich auf diese Art wiederherstellen.

HÄTTEN SIE'S GEWUSST?

Nylon, die erste Kunstfaser der Welt, wurde von der Firma E. I. DuPont de Nemours Inc. entwickelt und am 28. Oktober 1938 erstmals der Öffentlichkeit vorgestellt. Statt eine Pressekonferenz einzuberufen, entschied sich Firmendirektor Charles Stine dafür, die bahnbrechende Erfindung auf der Weltausstellung in New York vor einem Publikum von 3000 Mitgliedern eines Frauenclubs bekannt zu geben. Dazu ließ er Models in Nylonstrümpfen aufmarschieren. Stine hatte den richtigen Riecher. Bis Ende 1940 hatte DuPont 64 Millionen Strumpfhosen verkauft. Bereits ein Jahr zuvor hatte die neue Faser ihr großes Leinwanddebüt. In *Der Zauberer von Oz* wurde mit ihrer Hilfe der Tornado erschaffen, der Dorothy aus Kansas wegtrug.

ORDNUNG IM KOFFER • Wie jeder erfahrene Reisende weiß, lässt sich in einem Koffer viel mehr verstauen, wenn man die einzelnen Kleidungsstücke zusammenrollt. Damit die Kleiderrollen nicht aufgehen, steckt man sie in Nylonröhren. Einfach die Beine einer alten Strumpfhose abschneiden, das Fußteil entfernen und die Strümpfe über die aufgerollten Kleidungsstücke stülpen. Gute Reise!

DUFTSÄCKCHEN ODER MOTTENKUGELHALTER • Suchen Sie nach einer einfachen Art, wie sich Mottenkugeln im Kleiderschrank aufbewahren lassen oder wie man Duftsäckchen für die Sockenschublade herstellen kann? Geben Sie den gewünschten Inhalt in das Fußteil einer Strumpfhose, machen Sie oben einen Knoten hinein und schneiden Sie den übrigen Stoff ab. Möchten Sie die Mottenkugeln aufhängen, lassen Sie den Strumpf etwas länger.

KEIN ZOPFBAND ZUR HAND? • Um sich das Haar zu einem Pferdeschwanz binden zu können, muss man nicht ewig in Handtaschen und Kosmetikbeuteln nach einem Haarband kramen. Man kann sich sein Zopfband nämlich ganz einfach und noch dazu völlig kostenlos selbst herstellen. Dafür schneidet man das Bein einer alten Strumpfhose zweimal quer durch, sodass ein Nylonschlauch von etwa 8 cm Breite entsteht, und schon hat man ein Zopfband, das man ein paar Mal um die Pferdeschwanzfrisur schlingen kann.

PULLOVER OHNE ABDRÜCKE • Abdrücke von Wäscheklammern auf Ihren frisch gewaschenen Pullovern lassen sich ganz einfach vermeiden. Stecken Sie eine alte Strumpfhose durch die Halsöffnung des Pullis und führen Sie die Beine durch die Ärmel, bis sie am anderen Ende wieder zum Vorschein kommen. Hängen Sie nun die Strumpfhose mit dem Pullover daran an die Wäscheleine.

DIE IDEALE AUFBEWAHRUNG FÜR DECKEN • Umwickeln Sie Stapel von Decken und Steppbetten mit breiten, elastischen Bändern, die Sie aus dem Bund Ihrer abgelegten Strumpfhosen herstellen. Das ist eine mühelose und kinderleichte Methode, die Decken vor ihrer vorübergehenden Einlagerung sicher im Bündel zu verschnüren. Die Bänder lassen sich jedes Jahr wiederverwenden.

ALTPAPIER ZUSAMMENBINDEN

Wenn einem mal die Kordel ausgegangen ist (oder wenn man etwas Stärkeres braucht, z. B. zur Schnürung eines großen Stapels zusammengefalteter Kartons), bündelt man Zeitschriften, Zeitungen und andere wiederverwertbare Papierwaren am besten mit einer alten Strumpfhose. Einfach die Füße und den Bund abschneiden, und alles lässt sich fest und sicher zusammenbinden.

In der Küche

ZWIEBELKETTE • Zwiebeln bleiben viel länger frisch, wenn sie bei optimaler Luftzirkulation aufbewahrt werden. Zu diesem Zweck kann man die Zwiebeln in einer Kette aus separaten Nylonsäckchen aufhängen.

Stecken Sie die Zwiebeln nacheinander in das Bein einer Strumpfhose. Schieben Sie die erste bis in den Fußabschnitt, machen Sie kurz oberhalb einen Knoten und schieben Sie die nächste nach. Wiederholen Sie den Vorgang, bis alle Zwiebeln wohl verstaut sind. Schneiden Sie den verbleibenden Strumpf ab und hängen Sie die Zwiebelkette an einem kühlen, trockenen Ort auf. Immer wenn Sie eine Zwiebel benötigen, schneiden Sie jeweils das unterste Säckchen ab.

SCHEUERKISSEN FÜR TÖPFE UND GESCHIRR • Ein Do-it-yourself-Scheuerkissen lässt sich basteln, indem man eine saubere, alte Strumpfhose zusammenknüllt und mit etwas warmem Wasser und ein paar Tropfen Spülmittel befeuchtet. Wahlweise kann man auch

Fortsetzung →

einfach das Fußteil abschneiden, über einen Schwamm stülpen und zuknoten. Ein solches Scheuerkissen eignet sich hervorragend für Geschirr und Töpfe sowie für Wände und andere nicht poröse Oberflächen.

EIN PERFEKTER MEHLZERSTÄUBER • Möchten Sie wissen, wie man auf einfache Art Backformen und Arbeitsflächen mit genau der richtigen Menge Mehl bestäubt? Schneiden Sie das Fußteil einer sauberen, alten Strumpfhose ab, füllen Sie es mit Mehl, knoten Sie es zu und bewahren Sie es zusammen mit Ihrem Mehl auf. Immer wenn Sie nun ein Backblech mit Mehl bestäuben oder eine Arbeitsfläche zum Ausrollen von Brot- oder Backteig vorbereiten wollen, schwenken Sie Ihren neuen Mehlspender ein paar Mal sanft hin und her.

SAUBERKEIT UNTER DEM KÜHLSCHRANK • Es ist gar nicht so einfach, an den Staub heranzukommen, der sich unter und neben dem Kühlschrank ansammelt. Das Problem lässt sich jedoch aus der Welt schaffen, indem man eine alte Strumpfhose um einen Kleiderbügel oder Besenstiel wickelt und mit einem Gummiband befestigt. So erreicht man auch die hintersten Ecken, und das Nylongewebe bindet Staub und Schmutz wie ein Magnet. Vor dem nächsten Einsatz als Staubtuch lässt sich die Strumpfhose mühelos auswaschen.

NIE MEHR VERRUTSCHENDE MÜLLBEUTEL • Wie oft haben Sie schon den Mülleimer in der Küche aufgemacht und festgestellt, dass der Müllbeutel heruntergerutscht ist und jemand trotzdem noch frischen Müll darauf geworfen hat? Solche Unfälle lassen sich vermeiden, indem man den Müllbeutel mit dem elastischen Bund einer alten Strumpfhose vor dem Verrutschen sichert. Schneiden Sie dafür den Bund einer ausgedienten Strumpfhose ab und binden Sie ihn über den Rand von Beutel und Mülleimer. Machen Sie einen Knoten in das Strumpfhosenband, um es zu fixieren. Sie können diese Methode auch bei Ihren Mülltonnen vor dem Haus anwenden.

HÄTTEN SIE'S GEWUSST?

Vielleicht haben Sie auch schon gehört, dass man bei einer Autopanne einen gerissenen Keilriemen vorübergehend durch eine Nylonstrumpfhose ersetzen kann. Glauben Sie das nicht, denn es wird nicht funktionieren! Die Riemenscheiben in den meisten Fahrzeugen benötigen flache Riemen. Eine Strumpfhose wäre dafür zu dick. Die Strumpfhose würde von der Keilriemenscheibe abspringen, sobald der Motor angelassen wird. Es ist daher besser, den Riemen auszuwechseln, bevor er völlig abgenutzt ist.

SCHUTZ VOR KLEBRIGEM TEIG

Teig so hinzubekommen, dass er die perfekte Konsistenz hat, ist eine Kunst für sich. Ist der Teig zu trocken, kann man zwar Wasser hinzufügen, aber dann wird er oft klebrig und bleibt am Nudelholz hängen. Die Mühe, das Nudelholz sauber zu kratzen, kann man sich sparen, indem man es mit einem Stück Strumpfhose umwickelt. Der Nylonstoff nimmt so viel Mehl auf, dass selbst der feuchteste Teig nicht am Nudelholz kleben bleibt.

Im Garten

EINE STÜTZE FÜR ZARTE PFLANZEN • Geben Sie Ihren jungen Pflanzen und Bäumchen den Halt, den Sie brauchen. Zum Festbinden an den Pfählen eignen sich Stoffstreifen aus einer alten Nylonstrumpfhose. Schnüre oder Wollfäden können die Pflanzenstiele beschädigen, wenn sie zu fest gebunden sind. Im Gegensatz dazu gibt das elastische Nylon nach und passt sich dem Wachstum des Schösslings oder Sämlings an.

BLUMENZWIEBELN IM WINTERSCHLAF • Strumpfhosenbeine eignen sich prima als Säckchen für die Überwinterung von Blumenzwiebeln: Sie lassen genug Luft hindurch, sodass die Zwiebeln nicht verfaulen. Einfach das Bein einer Strumpfhose abschneiden, die Zwiebeln hineinstecken, das Ende verknoten und anschließend mit einem Stück Kreppband Namensschildchen anbringen. Werden die Zwiebeln an einem kühlen Ort aufgehängt, können sie im Frühjahr wieder eingesetzt werden.

KEIN ERDVERLUST BEI TOPFPFLANZEN • Wenn Sie das nächste Mal Ihre Zimmerpflanzen umtopfen, nutzen Sie die Gelegenheit und platzieren Sie auf dem Grund des neuen Topfs ein Stück Nylonstrumpfhose. Das Gewebe kann so als praktische Einlage fungieren, die überschüssiges Wasser abfließen lässt, ohne dass dabei Erde ausgeschwemmt wird.

OBST- UND GEMÜSEHALTER • Verhindern Sie, dass kleine Kürbisse oder Zucchini mit dem Erdboden in Berührung kommen, indem Sie aus einer Strumpfhose Schutzhüllen für sie anfertigen. Sobald die jungen Früchte anfangen sich zu entwickeln, schneiden Sie die Beine einer alten Strumpfhose ab, stecken den Kürbis oder jede andere Art von Obst oder Gemüse, die nah am Boden wächst, in den Fußabschnitt eines Beins und binden Sie das Bein an einen Pfahl, sodass die Frucht über dem Boden aufgehängt ist. Die Nylonsäckchen passen sich dem zunehmenden Umfang des wachsenden Obstes oder Gemüses an und halten dieses vom feuchten Erdreich fern, wo sie faulen oder hungrigen Schädlingen zum Opfer fallen könnten.

ABDECKUNG FÜR INSEKTENGLÄSER

Welches Kind fängt an einem Sommertag nicht gerne Heuschrecken und setzt sie danach hoffentlich wieder aus? Wenn Sie für Ihr Kind ein Insektenglas vorbereiten, machen Sie sich nicht die Mühe, mit Hammer und Nagel Löcher in den Metalldeckel zu bohren (den Deckel können Sie für eine andere Gelegenheit aufbewahren). Viel einfacher ist es, aus einer Strumpfhose ein 15 cm großes Quadrat auszuschneiden und es mit einem Gummiring am Glas zu befestigen. Die Nylon-Abdeckung lässt viel frische Luft ins Glas und macht es wesentlich einfacher, die Insekten hinein- und wieder hinauszubefördern.

Fortsetzung →

WILD AUS DEM GARTEN VERBANNEN • Knabbern Wildkaninchen und Co. an Ihrem Gemüse herum? Dann stellen Sie ein „Betreten-verboten-Schild" auf, das sie leicht verstehen werden. Füllen Sie die Fußteile einiger Strumpfhosen mit menschlichen Haaren, die Sie aus Haarbürsten oder bei ihrem Friseur gesammelt haben – oder noch besser mit ausgekämmten Hundehaaren. Verknoten Sie die Enden und hängen Sie die Nylonsäckchen an den Fressplatz, der von den Wildtieren bevorzugt wird. Sie werden sich ab sofort nicht mehr blicken lassen. Da das Haar oder das Fell nach einer Weile seinen Geruch verliert, muss man es alle 4 – 5 Tage austauschen.

SAUBERE HÄNDE NACH DER GARTENARBEIT • Nun erhalten Sie zwei Recycling-Tipps in einem: Man nehme eine alte Strumpfhose und fülle den Fußteil mit Seifenresten, die im Bad oder der Gästetoilette übrig geblieben sind. Dann bindet man die Strumpfhose oben zu und hängt den improvisierten Seifenspender neben einen Wasserhahn im Garten. So hat man eine sinnvolle Verwertung für die Seifenreste gefunden. Außerdem kann man sich nach der Gartenarbeit vor Ort mit dem Seifenbeutel die Hände waschen und verteilt den Schmutz auf dem Weg ins Badezimmer nicht an den Türklinken oder Badarmaturen.

Für den Heimwerker

PRÜFEN SIE GESCHLIFFENE OBERFLÄCHEN AUF RAUE STELLEN • Unterziehen Sie Ihre Werkstücke aus Holz dem Strumpfhosen-Test. Umwickeln Sie Ihre Handfläche mit einem langen Stück Strumpfhose und fahren Sie damit über das Holz. Bleibt die Strumpfhose an irgendeiner Stelle hängen, müssen Sie dort nachschleifen, bis sich der Nylonstoff ungehindert über die Oberfläche führen lässt.

HÄTTEN SIE'S GEWUSST?

Nach Angaben der Vereinigung der US-Spielwarenindustrie hatte die legendäre Puppenmacherin Madame Alexander in den frühen 1950er-Jahren erstmals die Idee für Strumpfhosen, als sie damit anfing, die winzigen Seidenstrümpfe Ihrer Puppen an die Unterhosen anzunähen, damit die Strümpfe nicht herunterrutschen konnten. Doch es war Allen Gant senior, der in den USA die Strumpfhosen erfand, wie wir sie heute kennen. Sie wurden 1959 erstmals von Glen Raven Mills, dem Textilunternehmen seiner Familie, hergestellt. Eine weitere Strumpfhosen-Pionierin ist der Hollywood-Star Julie Newman (allgemein bekannt als erste Catwoman in den alten Batman-TV-Serien der späten 1960er-Jahre), die das Patent für zwei Strumpfhosensorten hält.

SCHWIERIGE STELLEN STREICHEN • Der Versuch, Ecken und enge Spalten des neuen, noch unbehandelten Bücherschranks zu lackieren, kann sich unter Umständen recht schwierig gestalten, insbesondere dann, wenn man nicht ein ganzes Sortiment von passenden Pinseln zur Hand hat. Dann gelangt man oft nicht überallhin und der Farbaufstrich wird nicht immer gleichmäßig. Dabei ist das Ganze ein Kinderspiel, wenn man erst einmal das Geheimnis kennt. Einfach einen Streifen aus einer alten Strumpfhose schneiden, um das Ende eines hölzernen Eisstiels wickeln und ihn mit einem Gummiband befestigen. Anschließend taucht man das selbst gebastelte Anstreichgerät in die Lasur oder den Lack und erreicht damit mühelos alle noch so schwer zugänglichen Stellen.

FARBE FILTERN • Wandfarbe lässt sich filtern wie bei den Profis, wenn man mit einem Strumpfhosen-Filter die Farbklümpchen aus einem alten Farbtopf abseiht. Zuerst schneidet man ein Bein von einer Strumpfhose ab, entfernt das Fußteil und trennt das Bein der Länge nach auf, sodass ein flaches

Stück Nylon entsteht. Dann spannt man das Nylonstück über einen sauberen Eimer oder einen anderen Behälter und sichert es mit einem Gummiring oder mit dem elastischen Bund einer Strumpfhose. Nun wird die Farbe langsam durch das Sieb in den Eimer geschüttet.

STYROPOR®

SICHERER SCHUTZ FÜR DEN INHALT VON PAKETEN UND PÄCKCHEN • Zerbrechliche und empfindliche Gegenstände sind beim Versand ausgezeichnet geschützt, wenn sie in Styropor® verpackt werden. Hierzu schneidet oder bricht man große Styroporteile aus anderen Versandverpackungen auseinander und gibt sie in den Mixer. Anschließend schaltet man den Mixer so lange immer wieder kurz an, bis die Stücke die richtige Größe für den jeweiligen Versandzweck haben.

WAFFELHALTER FÜR DEN EISSCHRANK • Gefüllte Eiswaffeln kann man für ein Abendessen mit Gästen im Voraus zubereiten: Man schneidet einen Styroporblock so zu, dass er flach ins Gefrierfach passt. Dann bohrt man Löcher hinein, in die man die Waffeln stecken kann, ohne dass sie umfallen bzw. einander oder den Boden des Fachs berühren. Nun füllt man die Eiswaffeln ganz nach Wunsch und steckt sie in die Löcher. So kann der Gastgeber das Dessert einfach aus der Küche holen statt es noch lange vorbereiten zu müssen.

MAKELLOSER NAGELLACK

Stecken Sie beim Auftragen von Nagellack Styroporeckchen zwischen Ihre Finger bzw. Zehen. So bleiben sie gespreizt und berühren nicht versehentlich den frischen Lack anderer Finger oder Zehen. Nehmen Sie das Styropor® wieder heraus, wenn der Lack trocken ist.

Fortsetzung →

WINTERSCHUTZ FÜR STRÄUCHER UND TOPFPFLANZEN • Einige Pflanzen benötigen Schutz vor rauem und kaltem Winterwetter. Styroporplatten können diesen Schutz bieten, da sie sowohl stabil als auch wind- und wasserdicht sind. Befestigen lassen sich solche Platten auf verschiedene Arten:

- Wenn Ihre Pflanzen nur mäßig geschützt werden müssen, dann stellen Sie zwei Styroporplatten zeltförmig über die Pflanze. Damit die Platten nicht wegfliegen, stecken Sie Holzstäbe von unten in jede Platte und dann in die Erde.

- Um empfindlichere Pflanzen zu schützen, steckt man aus einzelnen Platten vier Wände rechtwinklig zusammen, die um die Pflanzen gestellt werden. Fixieren Sie die Platten in jeder Ecke mit Klebe- oder Packband an einem Holzstab. So können die Wände später weder auseinander fallen noch zusammenklappen. Wenn es sehr windig ist, muss das Styropor® eventuell noch zusätzlich gesichert werden, z. B. durch Holzstäbe, die in jede Platte und dann in die Erde gesteckt werden.

- Topfpflanzen, die im Freien überwintern müssen, lassen sich auf dieselbe Weise mit Styropor® vor Frost schützen.

TIPP

Styroporverpackungen zurücksenden

*** Wenn Sie des Öfteren bei Versandhäusern bestellen, kommt schnell mehr Verpackungsmaterial zusammen, als Sie entsorgen oder brauchen können.***

Einige Versand- oder Verpackungsunternehmen nehmen gerne sauberes Styropor® zurück, um es weiterzuverwenden. Fragen Sie doch mal nach, denn auf diese Weise ist allen Beteiligten und vor allem der Umwelt geholfen.

HÄTTEN SIE'S GEWUSST?

Im Volksmund wird das Material, aus dem Kaffeebecher zum Mitnehmen, Verpackungsmaterialien, preiswerte Kühlboxen und all die anderen weißen Produkte hergestellt sind, fast immer Styropor® genannt. Doch genau genommen ist Styropor® ein Markenname des Chemie-Unternehmens BASF und bezeichnet nur äußerst haltbares Polystyrol, das beispielsweise als Wärmedämmung für Gebäude verwendet wird. Die bekannten weißen Schaumprodukte, die sich sehr leicht zerbrechen oder zerkrümeln lassen, bestehen jedoch aus einem billigeren, aufgeschäumten Polystyrol und sollten korrekterweise eigentlich als Schaumstoffe auf Kunststoffbasis oder als Polystyrolschaum bezeichnet werden.

EIN SCHWIMMTABLETT FÜR DEN SOMMER • Styropor® schwimmt hervorragend. Aus nicht mehr benötigten Verpackungen kann man ein praktisches Schwimmtablett basteln, das man in den Pool mitnehmen kann. Aber bitte nur Plastikbecher daraufstellen, keine Gläser.

- Um einen praktischen Dosenhalter für den Pool zu basteln, schneidet man zwei Styroporstücke auf die Größe zu, die der Dosenhalter später haben soll, und macht in eines davon ein Loch in der Größe einer Getränkedose. Dann klebt man mit einem geeigneten Kleber das andere Styroporstück darunter, damit man die Dose in dem Loch abstellen kann.

- Für ein Tablett mit Rand braucht man schmale Styroporstreifen in der Länge einer Styroporplatte, die mindestens 3 cm breit sein müssen. Diese Streifen klebt man dann einfach oben an den Seiten der Platte fest.

STYROPORSCHALEN FÜR LEBENSMITTEL

KNIESCHÜTZER FÜR DIE GARTENARBEIT • Gerade wenn man sehr lange Zeit am Stück im eigenen Garten arbeitet, macht einem das viele Niederknien zu schaffen. Doch Schmerzen an den Knien lassen sich mit Styroporschalen vermeiden, in denen beim letzten Einkauf z. B. die Äpfel lagen. Zu diesem Zweck bindet man die Schalen mit einer dicken Schnur am Bein fest. Man kann sie auch mit ausgedienten Stulpen oder einem abgeschnittenen Teil alter Socken oder Strumpfhosen an den Beinen befestigen. Die Schalen sorgen beim Unkrautjäten und Blumenzwiebelneinpflanzen für eine gute Polsterung. Dem entspannten Gärtnern steht also nichts mehr im Weg.

SCHUTZPOLSTER FÜR FOTOS

Es gibt eine preiswerte und einfache Möglichkeit, Bilder oder andere wichtige Unterlagen geschützt um die Welt zu schicken. Anstatt teure gepolsterte Versandtaschen zu kaufen, schneiden Sie aus Lebensmittelschalen Schutzplatten zurecht. Wählen Sie ein Format, das etwas kleiner ist als die Versandtasche. Legen Sie Ihre Weihnachtsfotos oder Urlaubsbilder zum Verschicken zwischen die Styroporplatten in den Umschlag und sie werden unbeschädigt und ohne jegliche Knicke beim Empfänger ankommen.

EINWEG-SERVIERPLATTEN • Wie viele Ihrer Servierteller und Schüsseln haben schon unbeabsichtigt den Besitzer gewechselt, weil Sie zu einer Einladung etwas fürs Buffet mitgebracht oder Plätzchen bei Freunden und Verwandten verteilt haben? Darum müssen Sie sich dank des folgenden Tipps nicht mehr sorgen: Waschen Sie eine Einwegschale aus Styropor® gründlich mit Seife und Wasser aus und überziehen Sie sie komplett mit Klarsichtfolie. Wenn die Schale selbst nicht so hübsch ist, wickeln Sie sie in Alufolie. Jetzt ist sie bestens für den Transport von Speisen geeignet. Mit diesen Servierplatten können Sie auf Schulfesten Gebäck für den Kuchenstand mitbringen, kranke Nachbarn mit hausgemachtem Essen versorgen oder zum nächsten Grillfest marinierte Spieße beitragen, ohne befürchten zu müssen, dass die eigenen wertvollen Platten verloren gehen. Außerdem erübrigt sich das Abspülen der Schalen.

MALPALETTE SELBST GEMACHT • Werden Sie zu einem wahren Picasso! Eine gründlich ausgewaschene und gut abgetrocknete Styroporschale lässt sich ganz hervorragend als Malpalette zweckentfremden. Da sie wasserundurchlässig ist, eignet sie sich besonders gut für Tempera- und Ölfarben. Wenn Sie allerdings lieber mit Wasserfarben malen möchten, nehmen Sie einfach zwei Schalen: eine für die Wasserfarben und die andere für das Wasser. Sehr praktisch ist auch, dass Sie die Schale nach der künstlerischen Arbeit nicht unbedingt abspülen müssen, sondern einfach wegwerfen können.

TALKUM

CHEMIEFREIES AMEISENMITTEL • Jeder weiß, dass Ameisen nützliche Tiere sind, doch im Haus und eventuell auch im Garten sind sie unerwünscht. Das Gegenmittel der Wahl ist in jedem Baumarkt zu bekommen und heißt Talkum. Verstreuen Sie das Pulver großzügig rund ums Haus, besonders an Öffnungen wie Fenstern und Türen. Als natürliche chemiefreie Insektenmittel können darüber hinaus Borax, Nelkenöl, Schwefelpulver oder Weinstein dienen. Auch rund ums Haus gepflanzte Minze wirkt gegen Ameisen, die das erfrischende Kraut überhaupt nicht mögen.

ABHILFE BEI QUIETSCHENDEN DIELEN • Wer möchte schon nachts auf dem Weg zur Toilette wegen der quietschenden Bodenbretter die ganze Familie wecken? Als Soforthilfe empfiehlt es sich, etwas Talkum oder Grafitpulver zwischen die Holzbretter zu streuen. Falls das nichts nützt, gießen Sie etwas Flüssigwachs in den Spalt. Nun sollte die Familie ruhig schlafen können.

VORSICHT: Ein paar wichtige Hinweise gibt es bei Talkum zu beachten: Suchen Sie im Geschäft gezielt nach unparfümiertem Talkum, denn durch beigemischte Duftstoffe kann es zu Unverträglichkeiten kommen. Gar nichts verloren hat Talkum übrigens im Intimbereich, denn es kann gesundheitsschädigende Wirkungen haben.

AUS FÜR BLUTFLECKEN • Blutflecken in der Wäsche sind für viele Menschen der reinste Alptraum. Trägt man aber eine Paste aus Talkum und Wasser auf den frischen Fleck auf, lässt er sich meist problemlos entfernen. Sobald die Paste getrocknet ist, bürsten Sie den Stoff aus. Wenn Sie gerade kein Talkum im Haus haben, lässt es sich gut durch Maismehl ersetzen.

FLECKENFREIE TEPPICHE • Ein einziger Fleck kann einen ganzen Teppich unansehnlich machen. Besonders ärgerlich sind hartnäckige Fettflecken. Mit Talkum, das das Fett aufsaugt, und etwas Geduld lassen sich solche Flecken jedoch einfach entfernen. Streuen Sie das Mittel großzügig auf den Fleck und lassen Sie es mindestens 6 Stunden lang einwirken. Enfernen Sie danach das Talkum mit dem Staubsauger und der Fleck darunter wird verschwunden sein. Backpulver oder Maismehl sind gute Alternativen zu Talkum, wenn gerade keins im Haus ist.

KNOTEN ADIEU!

An festgezogenen Knoten kann man sich im übertragenen Sinn die Zähne ausbeißen bzw. im wirklichen Leben die Fingernägel abbrechen. Streuen Sie lieber etwas Talkum auf Knoten in Schnürsenkeln oder anderen Schnüren. Dann lassen sie sich wesentlich leichter lösen. Auch eine verknotete Halskette, die lange im Schmuckkästchen gelegen hat, lässt sich mithilfe von Talkum problemlos entwirren und kann wieder der Star an Ihrem Hals werden.

ENTFERNEN SIE FETTFLECKEN AUS POLYESTERHEMDEN • Sah John Travolta in den 1970er-Jahren in seinen Polyesterhemden nicht phantastisch aus? Auch wenn diese Hemden gerade nicht modern sind, ihre Zeit kommt sicherlich wieder und dann sind sie umso schwerer angesagt. Bis dahin müssen die alten Fettflecken entfernt sein. Streuen Sie Talkum direkt auf den Fleck und reiben Sie es mit den Fingern ein. Lassen Sie das Mittel 24 Stunden lang einwirken und bürsten Sie es anschließend vorsichtig aus. Wiederholen Sie dieses Verfahren so lange, bis der Fleck nicht mehr zu sehen ist. Jetzt sind Sie für den Tag gerüstet, an dem Polyester wieder in Mode kommt. Bis dahin können Sie das Hemd ja im Fasching verwenden.

TAPETE

KLEIDEN SIE IHRE SCHUBLADEN AUS • Tapetenreste können ein erstklassiger Ersatz für Auslegepapier sein, um Schubladen von Kommoden oder Schrankfächer auszukleiden – besonders, wenn es sich im Fall von Schubladen um Struktur- oder Stofftapete handelt, da diese durch ihre raue Oberfläche verhindert, dass die Sachen hin und her rutschen. Schneiden Sie die Tapete in passende Stücke, sodass sie genau auf die gewünschte Fläche passt. Ein hübscher Effekt ergibt sich, wenn die Auslagen und das Muster der Wand zusammenpassen.

VERJÜNGUNGSKUR FÜR FALTWÄNDE • Geben Sie Ihrer etwas in die Jahre gekommenen Faltwand, die im Lauf der Zeit Altersflecken oder Risse bekommen hat, ein neues, jüngeres Aussehen! Übrig gebliebene Tapete von der letzten Renovierung eignet sich dafür bestens. Schneiden Sie die Tapete zurecht und kleben Sie sie auf. Wenn Sie die Faltwand nicht mit Kleister verkleben wollen, können Sie die Tapetenstreifen oben und unten mit Klebeband befestigen. Ton in Ton mit Ihrer Zimmertapete hat die Faltwand nun noch einige nutzbringende Jahre vor sich.

SCHUTZUMSCHLAG FÜR SCHULBÜCHER • Wenn Ihr Kind die Schutzumschläge seiner Schulbücher immer wieder ruiniert, greifen Sie zu einer alten Tape-

Fortsetzung →

tenrolle. Auch ein Fotoalbum mit wertvollen Erinnerungen kann man auf diese Weise schützen. Buchhüllen aus Tapetenresten sind viel preiswerter als gekaufte Hüllen und widerstandsfähiger als Umschläge aus Packpapier. Sie vertragen Schmutz und Stöße besser. Außerdem machen hübsche Tapeten als Schutzumschläge durchaus etwas her und mit einem modernen Muster ist Ihrem Kind die Aufmerksamkeit seiner Klassenkameraden sicher.

TAPETEN-PUZZLE • Die Reste einer Tapetenrolle sind viel zu wertvoll, um sie einfach wegzuwerfen. Wie wäre es, aus einem Stück davon ein Puzzlespiel zu basteln? So können sich Jung und Alt kreativ beschäftigen und die Tapetenreste sind sinnvoll verwendet. Schneiden Sie dafür einfach ein rechteckiges Stück mit möglichst vielen Mustern aus und kleben Sie es auf ein Stück Karton. Nach dem Trocknen schneiden Sie es mit geschwungenen wie auch geraden Schnitten in beliebig viele Stücke. Das Puzzle wird Ihnen oder Ihren Kindern an regnerischen Tagen oder beim Kindergeburtstag viel Freude bereiten.

23 TIPPS

TEE

Für Gesundheit und Schönheit

LINDERUNG BEI SONNENBRAND • Trotz aller Vorsichtsmaßnahmen haben Sie einen Sonnenbrand bekommen? Irritierte Haut können Sie mithilfe nasser Teebeutel mit schwarzem oder grünem Tee, die Sie auf die geröteten Stellen legen, beruhigen. Falls die Sonnenbrandfläche zu groß ist, um mit einzelnen Teebeuteln behandelt zu werden, lassen Sie sich ein wohltuendes Bad ein und legen mehrere Teebeutel in Ihr Badewasser. Bei anderen leichten Verbrennungen, die Sie sich beispielsweise an einem Bügeleisen oder heißen Töpfen zugezogen haben, helfen Teebeutel übrigens auch. Dies gilt aber nur für leichte Blessuren. Wenn die verbrannte Stelle großflächiger ist, stark schmerzt oder Blasen wirft, gehen Sie bitte sofort zum Arzt.

GEREIZTE HAUT NACH DER RASUR BEHANDELN • Von gereizter Haut nach der Rasur (Rasierbrand) war wohl jeder Mann schon einmal betroffen. Vor allem stumpfe, nicht rechtzeitig ausgewechselte Rasierklingen können die Haut reizen. In solchen Fällen, oder auch bei kleineren Schrammen, können nasse Teebeutel die Haut beruhigen und das brennende Gefühl lindern. Vergessen Sie aber trotzdem nicht, die Klinge vor der nächsten Rasur auszutauschen!

SCHNELLKUR FÜR MÜDE AUGEN

Das ist doch wieder typisch: Sie haben früh morgens einen wichtigen Termin und wollen ausgeruht und frisch erscheinen, doch ausgerechnet jetzt sehen Ihre Augen müde und geschwollen aus. In so einem Fall ist eine Teebeutelkur mit schwarzem oder grünem Tee genau das Richtige: Lassen Sie zwei Teebeutel in warmem Wasser ziehen und legen Sie sie anschließend 20 Minuten auf die geschlossenen Augen. Die Tannine im Tee mindern die Schwellungen und Sie können gut aussehend in den Tag starten.

ABDECKUNG FÜR GRAUES HAAR • Jeden Morgen vor dem Spiegel entdecken Sie eine störende graue Strähne mehr in Ihrem Haar? Färben Sie Ihren Schopf wieder braun! Dazu bedarf es weder eines teuren Friseurbesuchs noch chemischer Haarfärbemittel im Badeschrank. Aus Tee und Kräutern können Sie sich Ihr eigenes Färbemittel zubereiten. Dazu legen Sie drei Teebeutel in eine Tasse mit kochendem Wasser. Geben Sie noch 1 EL Rosmarin und 1 El Salbei (frisch oder getrocknet) hinzu und lassen Sie den Sud über Nacht ziehen. Am nächsten Tag waschen Sie sich die Haare wie üblich mit Shampoo und gießen danach den Sud in Ihre Haare. Wenn Sie die Lösung zuvor in eine gesäuberte Sprühflasche umfüllen, können Sie sich das Haar damit auch besprühen. Achten Sie darauf, dass keine Spritzer auf Ihre Kleidung gelangen, da es sonst Flecken geben könnte. Tupfen Sie die Flüssigkeit anschließend mit einem Handtuch ab und spülen Sie die Haare nicht aus. Manchmal sind mehrere Durchgänge erforderlich, um das gewünschte Resultat zu erzielen.

PFLEGE FÜR TROCKENE HAARE • Haben Sie trockenes Haar? Dann freuen Sie sich auf neuen Glanz und Spannkraft, denn um trockenen Haaren natürliche Brillanz zu verleihen, gibt es ein einfaches Mittel. Spülen Sie das Haar nach dem Waschen mit warmem, ungesüßtem schwarzem Tee aus. Das funktioniert sowohl mit lose aufgebrühtem Tee als auch mit Tee aus Beuteln. Je öfter Sie solch eine Teespülung durchführen, desto glänzender wird Ihr Haar.

SOMMERBRÄUNE AUS TEE • Wer wünscht sich nicht auch im Winter ein frisches Aussehen? Sie können ihre blasse Gesichtshaut sonnengebräunt erscheinen lassen, ohne sich schädlichen UV-Strahlen auszusetzen. Dafür brüht man zwei Tassen starken Schwarztee auf, lässt ihn abkühlen und gießt ihn in eine Sprühflasche. Dann sprüht man sich den Tee direkt auf die saubere, trockene Haut. Nun das Gesicht an der Luft trocknen lassen. Gegebenenfalls wiederholen. Die Haut bekommt auf diese Weise eine gesunde Bräune. Besonders praktisch auch für Männer, die sich gerade den Bart abrasiert haben.

Fortsetzung →

HÄTTEN SIE'S GEWUSST?

Der Legende nach hat Tee seinen Ursprung im Jahr 2737 v. Chr. in China, wo der chinesische Kaiser Shen Nung das Getränk entdeckte. Als fürsorglicher Herrscher und kluger Wissenschaftler bestand Shen Nung darauf, dass alles Trinkwasser zum Schutz der Gesundheit abgekocht werden müsse. An einem Sommertag machte der Herrscher bei einer Reise durch eine entfernte Region Rast und seine Diener begannen, für die Gesellschaft Trinkwasser abzukochen, als unbemerkt die Blätter eines Busches in das Wasser fielen. Das kochende Wasser verfärbte sich braun. Die wissenschaftliche Neugier des Herrschers war geweckt, und er bestand darauf, das Wasser zu kosten – die erste Tasse Tee der Menschheit.

SCHMERZLINDERNDE MUNDSPÜLUNG • Zahnschmerzen oder andere Schmerzen in der Mundhöhle lassen sich verringern, wenn Sie den Mund mit einer Tasse heißem Pfefferminztee ausspülen, in der Sie vorher 1–2 Prisen Salz aufgelöst haben. Pfefferminze tötet Keime ab und kann dank des enthaltenen Menthols Schmerzen lindern. Übergießen Sie einfach 1 EL frische Pfefferminzblätter mit 200 ml heißem Wasser und lassen Sie den Tee einige Minuten ziehen.

TIPP FÜR STILLENDE MÜTTER • Die Geburt des eigenen Kindes ist ein aufregendes und wunderbares Ereignis und auch die folgenden Monate genießt eine Mutter in der Regel in vollen Zügen. Doch kleine Unannehmlichkeiten wie wunde Brustwarzen, denen das Stillen zusetzt, bleiben nicht aus. In diesem Fall hilft ein eiskalter Teebeutel. Man brüht sich wie gewohnt eine Tasse grünen oder schwarzen Tee auf, nimmt den Teebeutel heraus und hält ihn etwa 1 Minute lang in eine Tasse mit Eiswürfeln. Anschließend legt man den Teebeutel auf die betroffene Brustwarze und deckt den Beutel mit einer Stilleinlage unter dem BH ab. Das Tannin im Tee lindert das Brennen und unterstützt den Heilungsprozess der wunden Haut. Den Tee kann man natürlich noch trinken, aber wegen des darin enthaltenen Tein sollten stillende Mütter darauf verzichten. Denn Tein kann beim Kind genau wie Koffein zu unerwünschten Wirkungen führen.

HILFE BEIM ZAHNWECHSEL • Eigentlich ist es eine aufregende Zeit, wenn die Kinder ihre ersten Zähne verlieren und in der Nacht die Zahnfee mit ihren Geschenken kommt. Doch wenn die Milchzähne ausfallen, sind damit leider manchmal auch Schmerzen und ein blutender Gaumen verbunden. Um die Blutung zu stoppen und die Schmerzen nach einem ausgefallenen oder gezogenen Zahn zu lindern, tränken Sie einen Beutel mit schwarzem oder grünem Tee mit kaltem Wasser und drücken ihn direkt in die Zahnhöhle. Dann werden schon bald die Tränen versiegen und die Freude über das Geschenk der Zahnfee wird überwiegen.

FREI VON FUSSGERUCH

Wenn Sie unter unangenehmem Fußgeruch leiden, sollten Sie einmal diese Kur probieren: ein Teefußbad. Stellen Sie Ihre Füße täglich 20 Minuten in starken schwarzen Tee und der unangenehme Fußgeruch wird verschwinden.

IMPFUNG OHNE NACHWIRKUNGEN • Keine Mutter hat es gern, wenn ihr Baby eine Spritze bekommt und das Kleine nach einer Impfung einfach nicht aufhören will zu weinen. In so einem Fall drücken Sie einen nassen Teebeutel auf die Einstichstelle, bis Ihr Schatz sich beruhigt hat und nicht mehr weint. Das Tannin im Tee lindert den Schmerz. Sie können das auch bei sich selbst ausprobieren, wenn eine Auffrischungsimpfung etwas schmerzt.

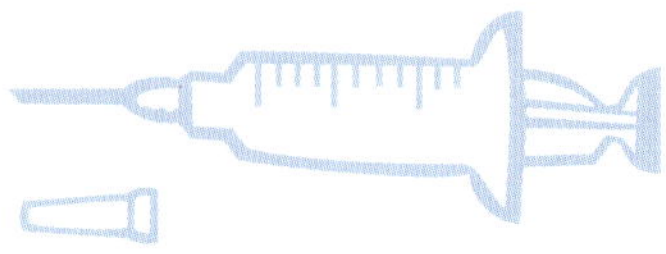

Im Haus

LINDERUNG BEI BRENNENDEM AUSSCHLAG • Leiden Sie manchmal unter einem harmlosen Ausschlag, dessen Brennen gleichwohl an Ihren Nerven nagt? Mit starkem schwarzem Tee lässt sich brennender Ausschlag einfach lindern. Tauchen Sie einen Wattebausch in den Tee, betupfen Sie damit die brennende Hautstelle und lassen Sie die Stelle an der Luft trocknen. Bei Bedarf können Sie diese Behandlung wiederholen. Wenn Sie der Ausschlag beunruhigt, sollten Sie allerdings einen Arzt aufsuchen.

SO WIRD ZÄHES FLEISCH ZART • Ihre Nachbarn servieren Fleisch immer schmelzend zart und Sie fragen sich schon lange, wie sie das hinbekommen? Vielleicht mit folgendem Trick: Selbst zähere Fleischstücke werden herrlich zart, wenn man sie einfach in schwarzem Tee mariniert. Geben Sie 4 EL Schwarzteeblätter in einen Topf mit warmem, aber nicht kochendem Wasser, und lassen Sie den Sud 5 Minuten ziehen. Dann seihen Sie die Teeblätter ab. Rühren Sie noch 100 g braunen Zucker in den Tee, bis er sich aufgelöst hat, und stellen Sie die Marinade beiseite. Würzen Sie nun bis zu 1,5 kg Fleisch mit Salz, Pfeffer, Zwiebeln und Knoblauchpulver und legen Sie es in einen Schmortopf mit Deckel. Gießen Sie die Marinade über das vorbereitete Fleisch und lassen Sie es im vorgeheizten Ofen bei 160 bis 170 °C garen, bis es so zart ist, dass es sich mit der Gabel zerteilen lässt. Das dauert etwa 90 Minuten.

SPIEGEL AUF HOCHGLANZ • Spiegel blinken herrlich, wenn man sie mit starkem, abgekühltem schwarzem Tee reinigt. Tauchen Sie ein weiches Tuch in den Tee und wischen Sie damit über die Oberfläche des Spiegels. Polieren Sie mit einem fusselfreien, trockenen Tuch nach, damit der Spiegel völlig streifenfrei glänzt.

TIPP

Kräutertees zum Färben

*** *Seit vielen Jahrhunderten wird Tee auch zum Färben von Stoffen verwendet – völlig natürlich und ganz ohne Chemie.***

Einfache Kräutertees eignen sich sehr gut, um Stoffe in den verschiedensten Farben zu färben. Mit Hibiskusblättern erzeugt man rote Töne, während dunklere Kräutertees beispielsweise aus Süßholz weiche Brauntöne kreieren. Auf kleinen Stoffproben kann man die faszinierende Wirkung der Kräuter ausprobieren, bis man genau den gewünschten Farbton gefunden hat.

BLITZENDE MÖBEL UND BÖDEN AUS HOLZ • Frisch aufgebrühter Tee ist ein ideales Reinigungsmittel für Holzmöbel und -böden. Übergießen Sie ein paar Teebeutel mit 1 l kochendem Wasser und lassen Sie die Flüssigkeit abkühlen. Tauchen Sie nun ein weiches Tuch in den ausgekühlten Tee, wringen Sie es aus und wischen Sie damit Staub und Schmutz weg. Polieren Sie das Holz mit einem weichen, sauberen Tuch nach, und die Möbel und Böden erstrahlen in Reinheit und Glanz.

ANTIKES AUSSEHEN FÜR STOFFE • Weiße Spitze oder weiße Kleidung bekommt bei einem Bad in schwarzem Tee einen wunderschönen, altmodischen Beige-, Ecru- oder Elfenbeinton. Um diesen edlen Effekt zu erreichen, gibt man in jeweils 1/2 l kochendes Wasser 3 Teebeutel und lässt den Tee 20 Minuten ziehen. Sobald der Tee etwas abgekühlt ist, weicht man die Stoffe etwa 10 Minuten darin ein. Je länger man sie einweicht, umso dunkler wird der Farbton.

Fortsetzung →

KAMINASCHE SAUBER ENTFERNT • Wie schön wäre ein romantischer Abend am offenen Kaminfeuer, wenn man nicht am nächsten Tag die Asche aus dem Kamin entfernen und danach das halbe Haus fegen müsste. Doch die Reinigung des Kamins muss kein Problem sein. Einfach nasse Teeblätter auf die Asche streuen; dadurch wird sie gebunden und kann nicht stauben, wenn man sie herausschaufelt.

DUFTKISSEN MIT KRÄUTERTEE • Duftkissen sind etwas Herrliches und werden gerne als Kuschel- und Schlafkissen verwendet. Mithilfe Ihres Lieblingskräutertees können Sie sich ein wunderbares Duftkissen selbst herstellen. Schneiden Sie einige gebrauchte Kräuterteebeutel auf und streuen Sie den nassen Tee zum Trocknen auf Zeitungspapier. Mit den getrockneten Blättchen füllen Sie das Kissen. So haben Sie einen doppelten Nutzen von Ihrer Lieblingssorte Tee.

Im Garten

TEE ALS ROSENDÜNGER • Frische oder gebrauchte Teeblätter (lose oder in Beuteln), die Sie um die Rosen streuen und mit Mulch bedecken, eignen sich ideal als Sommerdünger für Rosensträucher. Wenn die Rosen gegossen werden, gelangen die Nährstoffe aus dem Tee in den Boden und fördern das Pflanzenwachstum. Denn für Rosen ist das Tannin, das in jedem schwarzen oder grünen Tee enthalten ist, ein wahrer Jungbrunnen. Prachtvolles Wachstum ist der Dank.

DÜNGER FÜR FARNE • Für Farne und andere säureliebende Topfpflanzen ist es eine Wohltat, wenn sie gelegentlich mit aufgebrühtem Tee begossen werden (vorher abkühlen lassen!). Die gleiche Wirkung erzielt man, wenn man nasse Teeblätter in die Erde um die Pflanzen herum eingräbt. So bekommen sie üppige, dichte Blätter.

DÜNGER UND WASSER FÜR IHRE TOPFPFLANZEN • Damit Ihre Topfpflanzen von Anfang an gesund bleiben, legen Sie einige gebrauchte Teebeutel oben auf die Dränageschicht im Topf, bevor Sie die Pflanze hineinsetzen. Das wirkt sich zweifach positiv aus: Zum einen geben die Beutel Nährstoffe an die Erde ab, zum anderen speichern sie Wasser. Sie können Ihre Pflanzen also auch einmal ein paar Tage allein lassen.

SÄUREREICHER KOMPOST

Wenn der Komposthaufen im Garten einen Anstoß benötigt, um seine Arbeit aufzunehmen, und damit er sie gut macht, gießen Sie einige Tassen starken Tee darüber. Das Getränk fördert die Kompostierung und unterstützt außerdem das Wachstum von säureproduzierenden Bakterien. Und genau diese Bakterien erzeugen den gewünschten säurereichen Kompost.

TENNISBÄLLE

KEIN ÖLFILM IM SCHWIMMBECKEN • Sie oder einer Ihrer Freunde besitzen einen Swimmingpool? Dann wissen Sie, dass Make-up und Sonnencreme einen öligen Film auf dem Wasser hinterlassen, der die Wasserqualität mindert. Bekämpfen Sie die Ölschicht, indem Sie Tennisbälle auf der Wasseroberfläche schwimmen lassen, sie saugen das Fett auf. Wenn der Pool viel benutzt wird, tauschen Sie die Tennisbälle einfach alle paar Wochen aus.

SCHUTZ FÜR DIE ANHÄNGERKUPPLUNG • Schneiden Sie einen Tennisball auf und stülpen Sie ihn über den Kugelkopf Ihrer Anhängerkupplung. So bleibt der Kugelkopf vor Kratzern und Feuchtigkeit bewahrt und kann nicht rosten. Wer möchte, kann den Tennisball auch lustig bemalen. Dadurch bekommt Ihr Auto eine ganz individuelle Note.

FESTER STAND FÜR FAHRRÄDER • Standen Sie schon einmal an einem sonnigen Tag mit dem Fahrrad auf einer Wiese, um beispielsweise ein Picknick zu veranstalten, und wussten nicht, wie Sie auf dem weichen Untergrund Ihr Rad abstellen sollen, ohne dass es umfiele? Damit Ihr Fahrradständer nicht mehr in weichem Rasen oder Sand versinkt, versehen Sie einen alten Tennisball mit einem Schlitz, verstauen ihn in Ihrem Picknick-Gepäck und stülpen ihn bei Bedarf über das untere Ende des Fahrradständers. Das sichert zuverlässig den Stand Ihres Fahrrads – und die Suche nach Bäumen, Hecken, Zäunen, Wänden oder Laternenmasten zum Anlehnen des Drahtesels hat endlich ein Ende.

SO BLEIBEN DAUNENFÜLLUNGEN IN DER WÄSCHE FLAUSCHIG

Bei allem, was mit Daunen gefüllt ist, z. B. Jacken, Westen, Schlafsäcke und Kissen, tritt beim Waschen das Problem auf, dass die Daunen zusammenkleben. Dann trocknen sie nicht richtig und verlieren an Fülle. Hier kann Abhilfe geschaffen werden, indem man ein paar Tennisbälle in den Trockner gibt. Dadurch werden die Daunen aufgelockert, trocknen richtig und sind flauschig wie eh und je.

ENTSPANNENDE RÜCKENMASSAGE • Sie wollen sich preiswert und ohne großen Aufwand etwas Gutes tun? Gönnen Sie sich von Zeit zu Zeit eine entspannende Rückenmassage, ohne lange vorher einen teuren Termin in der Massagepraxis ausmachen zu müssen. Stecken Sie dazu einfach mehrere Tennisbälle in einen sehr langen Strumpf und binden Sie das Ende zu. Ziehen Sie den Strumpf nun mit beiden Händen wie ein Handtuch nach dem Baden über Ihren Rücken.

BEQUEME SCHMIRGELHILFE • Schleifpapierblätter kann man oft nicht richtig greifen. Das muss nicht sein: Wickeln Sie einen Tennisball in dem Papier ein und schmirgeln Sie so Ihre Möbel ab. Der Ball liegt gut in der Hand, weil er genau die richtige Größe und Form für diesen Zweck hat.

Fortsetzung →

INTELLIGENTES WERTSACHENVERSTECK • Wohin mit Auto- oder Haustürschlüssel, Uhr und anderen Wertsachen, wenn Sie sich in einer Turnhalle in Form bringen, die nicht über Schließfächer verfügt? Schneiden Sie einen 5 cm langen Schlitz in die Naht eines Tennisballs und schieben Sie Ihre Wertsachen hinein. Dann legen Sie den Tennisball in Ihre Sporttasche. Nun sind Ihre Wertsachen perfekt getarnt. Aber passen Sie auf, dass Sie den präparierten Ball nicht auf den Tennisplatz mitnehmen!

EINPARKEN LEICHT GEMACHT

Vorurteile beiseite – der folgende Tipp hilft Männern und Frauen gleichermaßen: Hängen Sie einen Tennisball an einer langen Schnur so an die Decke Ihrer Garage, dass er genau dann an die Windschutzscheibe Ihres Autos stößt, wenn Sie anhalten müssen. So wissen Sie immer genau, wie weit Sie in die Garage hineinfahren können. Ist das nicht ein beruhigendes Gefühl?

WOHLTUENDE MASSAGE FÜR SCHMERZENDE FÜSSE • Gönnen Sie sich nach einem langen Einkaufsbummel, einem Tag auf einer Messe oder einer anstrengenden Wanderung eine einfache, aber überraschend wirksame Fußmassage: Ziehen Sie die Schuhe aus, legen Sie einen Tennisball auf den Boden und rollen Sie ihn unter ihren Füßen hin und her. Ein wohliges Gefühl wird Sie überkommen.

FLASCHENDECKEL – WIDERSTAND ZWECKLOS • Flaschendeckel mit Drehverschluss, wie man sie manchmal auf Flaschen mit ausländischem Bier oder auf Saftflaschen findet, sind manchmal wirklich verflixt fest zugedreht! In so einem Fall, oder wenn Sie aufgrund einer Handverletzung oder aus anderen Gründen Schraubverschlüsse nicht so gut aufdrehen können, halbieren Sie einen Tennisball und nutzen eine der Hälften, um den Deckel besser fassen zu können. So überwältigen Sie auch den hartnäckigsten Verschluss.

Lebendige Wissenschaft

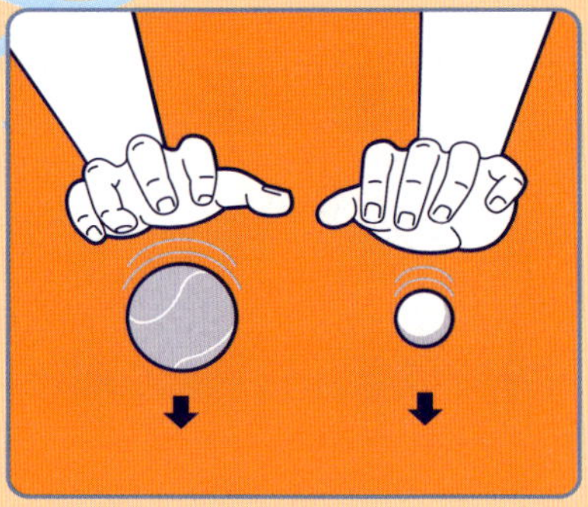

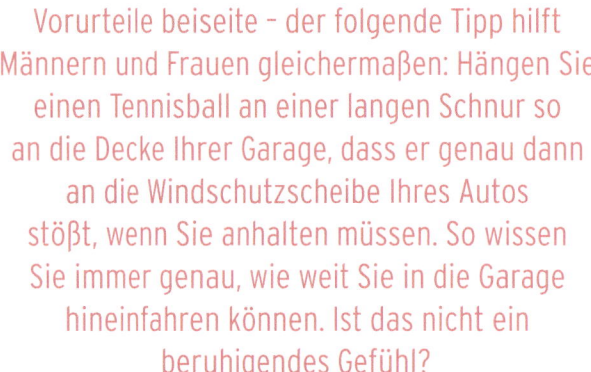

Mit Kindern auf Isaac Newtons Spuren

Isaac Newton entdeckte die Schwerkraft angeblich durch einen Apfel, der ihm auf den Kopf fiel. Ähnlich können Sie Kindern dieses physikalische Gesetz näher bringen. Stellen Sie sich mit zwei Tennisbällen in den Händen auf einen Stuhl und strecken Sie die Arme gerade nach vorn, sodass die Bälle gleich weit vom Boden entfernt sind. Die Kinder sollen jetzt die Bälle genau beobachten. Lassen Sie beide Bälle gleichzeitig fallen. Die Tennisbälle werden den Boden praktisch im selben Moment berühren. Wiederholen Sie das Experiment mit einem Tennisball und einem Tischtennisball. Was glauben die Kinder, welcher Ball zuerst unten ankommt? Die meisten werden sagen, der schwerere Tennisball lande zuerst, doch beide Bälle treffen wieder zugleich auf dem Boden auf. Der Grund: Die Schwerkraft übt auf alle Gegenstände die gleiche Kraft aus – unabhängig von ihrem Gewicht. Wiederholen Sie das Experiment mit einem Tischtennisball und einem Blatt Papier. Warum fällt das Papier langsamer zu Boden, obwohl es fast genauso schwer ist wie der Ball? Weil sein Luftwiderstand größer ist.

TEPPICHRESTE

PRAKTISCHER SOCKENFÄNGER • Jedem, der wäscht, ist es schon passiert, dass Socken oder andere Kleidungsstücke zwischen die Waschmaschine und den Trockner oder hinter eines der Geräte gefalllen sind. Doch es gibt eine Möglichkeit, unbequemen Verrenkungen vorzubeugen: Sie müssen nicht mehr nach der Wäsche angeln oder hinter die Maschinen kriechen, wenn Sie sich aus dem Rest eines Teppichs einen schmalen Streifen in der Breite des Spalts zuschneiden und auf den Boden in den Schlitz legen. Fällt nun etwas in die Ritze, ziehen Sie den Streifen zu sich heran und schon kommt die fehlende Socke zum Vorschein – ganz ohne Gymnastik.

PREISWERTE GYMNASTIKMATTE • Wer etwas für seine Gesundheit tun möchte und gern Yoga- oder Gymnastikübungen macht, der braucht eine bequeme Unterlage. Man spart sich den Gang ins Geschäft sowie einiges an Geld, wenn man sich die Gymnastikmatte einfach selbst anfertigt. Aus einem Teppichrest schneidet man eine Bahn von 1 m Breite und in der Länge etwas mehr als seiner Körpergröße, und schon ist die maßgeschneiderte Yogamatte fertig. Wird sie gerade nicht gebraucht, rollt man die Matte auf und legt sie unters Bett.

EINFACHER KNIESCHUTZ • Keine schmerzenden Knie mehr beim Fußbodenputzen, Unkrautjäten oder bei anderen Arbeiten, die man im Knien erledigt. Der Trick: selbst gemachte Knieschützer! Man schneidet zwei Teppichstücke von etwa 25 x 25 cm Größe zurecht, die jeweils rechts und links am Rand auf gleicher Höhe einen Schlitz oder ein Loch haben. Nun zieht man alte Krawatten, Schals oder Strumpfhosen durch die Schlitze und bindet die Knieschützer damit auf schonende Art an den Knien fest. Nun steht den Arbeiten in Haus und Garten nichts mehr im Weg.

GUTER STAND FÜR DIE WASCHMASCHINE

Wenn die Waschmaschine oder der Trockner wackelt oder wandert, legt man ein Stück Teppichrest unter - und schon ist wieder Ruhe.

SCHUTZ FÜR HAUSTIERE

TROCKENE HUNDEHÜTTE • Verhindern Sie, dass schräg fallender Regen Ihrem Hund zusetzt, indem Sie die Hundehütte mit einer Regenklappe wetterfest machen. Nageln Sie einfach einen Teppichrest über den Eingang. Für klirrend kalte Wintertage können Sie den Boden und die Innenwände zusätzlich mit kleinen Teppichstücken auskleiden und somit isolieren. Dafür benötigen Sie nur ein paar Nägel und einige Hammerschläge.

KRATZBAUM FÜR KATZEN • Wetzt Ihre Katze ihre Krallen am Wohnzimmersofa? Dann bauen Sie einen Kratzbaum, der Sie diese Sorge vergessen lässt - sie werden keine zerkratzten Möbelstücke mehr haben und zudem eine glücklichere Katze. Tackern oder nageln Sie Teppichreste an einen Pfosten und lehnen Sie diesen Kratzbaum an das „Lieblingswetzobjekt" der Katze. Wenn der Kratzbaum frei stehen soll, nageln Sie ein Brett als Standfläche unter den Pfosten.

Fortsetzung →

SELBST GEMACHTE AUTOMATTEN

Sparen Sie sich den Kauf teurer Bodenmatten für Ihr Auto. Schneiden Sie stattdessen einfach Teppichreste zurecht, die dem Fußraum im Auto entsprechen.

TROCKENER BODEN DURCH PFLANZENSETS • Basteln Sie Ihren Zimmerpflanzen ein eigenes Set! Damit kein Gießwasser auf den Fußboden spritzt, legen Sie rund geschnittene Teppichreste unter die Untersetzer, die das vorbeigehende Wasser auffangen. Je nach Größe der Töpfe sollten die Sets einen Durchmesser von 30 cm oder mehr haben.

KEINE KRATZER AUF DEM FUSSBODEN MEHR • Einen doppelt positiven Effekt erzielt man mit runden Teppichstückchen, die man unter Stuhl- und Tischbeine klebt. Zum einen gibt es keine lauten Geräusche mehr, wenn Tische und Stühle verrückt werden, zum anderen werden Holz- oder PVC-Böden vor Kratzern oder hässlichen Spuren verschont.

POLIERBLOCK • Aus Teppichresten, die man mit Epoxidharz auf Holzklötze klebt, entstehen ganz schnell und einfach Polierhilfen, die einem auf vielfache Weise die Arbeit erleichtern. Mit ihnen kann man beispielsweise Schuhe polieren, Wandtafeln abwischen oder auch Drahtfenster reinigen.

ANFAHRHILFE UND PANNENMATTE • Größere Stücke von Teppichen, die man im Auto dabei hat, können in zweierlei Hinsicht eine wertvolle Hilfe sein. Wenn man im Winter bei Schnee und Eis stecken bleibt, sorgen Teppichstücke, die man unter die Autoräder legt, für die zum Anfahren nötige Bodenhaftung. Und wenn man einmal eine Panne hat, kann man den Teppich als Unterlage für sich selbst benutzen und muss nicht auf dem schmutzigen Boden knien oder liegen, während man unter das Auto schaut.

SCHUTZ FÜR DAS WERKZEUG • Besteht Ihr Werkstattboden aus Beton oder Fliesen, dann legen Sie das nächste Mal, wenn Reparaturen anstehen, ein paar Teppichreste um die Werkbank auf den Boden. So verhindern Sie, dass die Werkzeuge Schaden nehmen, falls sie durch ein Versehen auf den Boden fallen – oder dass Fliesen zerspringen.

TETRAPAKS

EIS FÜR PARTYS • Mithilfe von leeren Tetrapaks können Sie Eis herstellen, das auf Ihrer nächsten Grillparty für kalte Getränke sorgt. Spülen Sie gebrauchte Tetrapaks sorgfältig aus, füllen Sie Wasser hinein und legen Sie die Paks ins Tiefkühlfach. Nachdem der Inhalt gefroren ist, schneiden Sie die Hülle auf und entfernen sie. Dann zerkleinern Sie die Eisblöcke und geben die Eisstücke in den Sektkühler oder die Punschschale.

IMPROVISIERTE KEGELBAHN FÜR ZU HAUSE • Möchten Sie für die Geburtstagsparty Ihres Kindes eine schöne Überraschung vorbereiten? Verwandeln Sie doch Ihren Flur in eine Bowlingbahn mit Kegeln aus leeren Milch- oder Saftkartons. Waschen Sie Tetrapaks beliebiger Größe aus und lassen Sie sie trocknen. Schieben Sie dann zwei gleich große Behälter so ineinander, dass ihre Böden jeweils nach außen zeigen. Vielleicht müssen Sie den inneren Karton etwas quetschen, um ihn in den äußeren schieben zu können. Wiederholen Sie dies, bis Sie zehn Stück

zusammen haben. Stellen Sie die „Kegel“ an einem Ende des Flurs oder auch im Garten auf und lassen Sie die Kinder mit einem Tennisball um die Kegel-Krone wetteifern.

ROMANTISCHE KERZEN IN VIELFÄLTIGER FORM • Hier die Anleitung für schöne selbst gemachte Kerzen: Man besprüht die Innenseiten eines Tetrapaks mit Öl (entweder aus der Spraydose oder mithilfe einer Sprühflasche, die zuvor mit Öl gefüllt wurde), träufelt etwas flüssiges Wachs hinein und verankert in diesem Fundament eine dünne Kerze oder einen Docht. Danach füllt man den Behälter mit Eiswürfeln, die man mit heißem Wachs übergießt. Das ist übrigens eine perfekte Gelegenheit, alte Kerzenstummel zu verwerten. Sobald sich das Wachs abgekühlt hat, wird der Karton entfernt. Das geschmolzene Eis hat nun wunderschöne und einmalige Borten und Hohlräume hinterlassen. Solch eine Kerze ist auch ein kreatives und einzigartiges Geschenk für Freunde oder Verwandte!

SPEISERESTE BEQUEM ENTSORGT • Platzieren Sie einen leeren Tetrapak in der Nähe der Spüle und sammeln Sie darin Speisereste für den Komposthaufen. So kann der Abfall bequem hinausgetragen werden und es sammeln sich, anders als bei einem größeren Mülleimer, nicht so viele Reste an, dass unangenehme Gerüche oder Schimmel entstehen könnten.

FARBBEHÄLTER • Wer kleinere Malerarbeiten zu verrichten hat und keine schweren Farbeimer mit sich herumschleppen möchte, kann eine leere Milchtüte benutzen. Man schneidet einfach das Oberteil des Kartons weg und gießt die gewünschte Farbmenge hinein. Nach getaner Arbeit wirft man den Karton mitsamt der Farbe in den Müll, und schon ist alles inklusive Aufräumen erledigt.

HÄTTEN SIE'S GEWUSST?

John Van Wormer, ein Spielzeugfabrikant aus dem US-Bundesstaat Ohio, ärgerte sich nur kurz, als er eines Morgens im Jahr 1915 eine Milchflasche fallen ließ, deren Inhalt sich über den Fußboden ergoss. Er ließ sich vielmehr von dem Vorfall dazu inspirieren, einen Milchkarton auf Papierbasis zu erfinden, den er Pure-Pak nannte. Danach dauerte es allerdings noch 10 Jahre, um eine Maschine herzustellen, die das Papier mit Wachs beschichtete und den Karton mit Leim versiegelte. Diese frühen Wachsbehälter hatten noch nicht viel Ähnlichkeit mit den Getränkekartons, wie wir sie heute kennen, und es dauerte lange, bis die Idee sich durchsetzte und der Marktführer 2004 stolze 7,5 Milliarden Verpackungen verkaufen konnte.

VOGELFUTTER EINEN WINTER LANG • Im Winter kann man gefiederten Gästen mit einer Mischung aus Talg und Vogelfutter einen Festschmaus bereiten. Talg ist nichts anderes als Rinderfett, das man in jeder Fleischerei kaufen kann. Man füllt zunächst Vogelfutter in einen leeren Tetrapak. Dann lässt man das Fett aus, indem man es zerstückelt und anschließend bei schwacher Hitze zum Schmelzen bringt. Nun träufelt man es durch ein Gazetuch auf das Vogelfutter im Tetrapak und vermengt beides miteinander. Aus einem Stück Kordel formt man eine Schlaufe und steckt die Enden in die noch weiche Masse. Nachdem das Fett ausgehärtet ist, wird der Karton entfernt und der würfelförmige Leckerbissen an einem Ast aufgehängt. Er sollte dort allerdings nur bei kalter Witterung hängen, denn sobald das Thermometer auf über 20 °C steigt, wird der Talg ranzig und beginnt zu schmelzen.

Fortsetzung →

BESONDERS GÜNSTIGE ANZUCHTSCHALEN

Tetrapaks haben die ideale Größe, um als Anzuchtschalen Verwendung zu finden. Schneiden Sie einfach die obere Hälfte des Kartons ab und bohren Sie ein paar Löcher in den Boden. Füllen Sie das Behältnis danach mit Aussaaterde und säen Sie die Samen wie beschrieben aus.

SCHUTZZAUN FÜR GARTENGEMÜSE • Das junge Gartengemüse wird leicht zum Opfer nimmersatter Schädlinge. Um das zu verhindern, kann man leere Tetrapaks verwenden und damit Raupen und Schnecken von jungen Gemüsepflanzen fern halten. Dazu schneidet man die Ober- und Unterseite der Verpackungen ab, stülpt die Behälter über die frisch gesetzten Pflanzen und drückt sie in die Erde. Solch einen Schutzwall werden die kriechenden Vielfraße nicht so leicht überwinden.

TIEFKÜHLSCHRANK

SO BRENNEN KERZEN LÄNGER • Legen Sie Ihre Kerzen vor dem nächsten Anzünden für mindestens 2 Stunden in den Tiefkühlschrank. Sie werden sehen, das verlängert die Brenndauer. Im direkten Vergleich wird das besonders deutlich. Probieren Sie es einfach einmal aus. Kühlen Sie nur eine Kerze und zünden Sie sie zeitgleich mit einer nicht gekühlten an.

SAUBERE KERZENSTÄNDER • Herabgetropftes Wachs auf Kerzenständern lässt sich ganz leicht abkratzen, wenn man den Ständer eine Weile in den Tiefkühlschrank legt.
ACHTUNG: Diese Methode eignet sich nicht für Kerzenständer, die aus mehreren Metallarten bestehen. Die Metalle würden sich unterschiedlich schnell ausdehnen bzw. zusammenziehen. Dadurch könnte der Ständer Schaden nehmen.

VERKLEBTE FOTOS VONEINANDER LÖSEN • Beim Versuch, zusammenklebende Fotos zu trennen, ist schon das eine oder andere Urlaubsbild auf der Strecke geblieben. Bevor Sie sich lange vergeblich bemühen, legen Sie die verklebten Fotos etwa 20 Minuten in den Tiefkühlschrank. Anschließend versuchen Sie, sie vorsichtig mit einem Buttermesser zu trennen. Sollte das nicht auf Anhieb klappen, legen Sie die Fotos noch einmal in den Tiefkühlschrank. Diese Methode kann man auch bei Briefmarken und Briefumschlägen anwenden.

EISKALTE GERUCHSBEKÄMPFUNG

Bücher mit muffigem Geruch oder Plastikbehälter, die nach Fisch riechen, legt man über Nacht in den Tiefkühlschrank. Bis zum nächsten Morgen haben sie den unerwünschten Geruch verloren. Diese Methode funktioniert bei fast allem, was schlecht riecht – vorausgesetzt, es passt in den Tiefkühlschrank.

POPCORN OHNE BLINDGÄNGER • Jeder kennt sie, keiner will sie: die harten Maiskerne, die nicht „poppen". Damit ein Maiskorn poppt, muss die Kernwand stabil sein. Um die Anzahl der „Blindgänger" möglichst gering zu halten, sollte man das Popcorn bis zum Gebrauch im Tiefkühlschrank oder im Eisfach des Kühlschranks aufbewahren.

ANGEBRANNTES ENTFERNEN • Wer einen Topf zu lange auf dem Herd stehen lässt, muss sich mit Angebranntem abmühen. In so einem Fall stellen Sie den Topf einfach einige Stunden in den Tiefkühlschrank und verschieben das Abspülen auf später. Angebranntes, das eingefroren wurde, lässt sich leicht entfernen.

TIPP

Der richtige Umgang mit dem Tiefkühlgerät

Ein paar Tricks und Kniffe zur optimalen Nutzung von Tiefkühlgeräten:

- Ihre tiefgefrorenen Lebensmittel halten sich am längsten, wenn das Tiefkühlgerät auf –18 °C eingestellt ist. Um die Temperatur stets unter Kontrolle zu haben, legen oder hängen Sie einfach ein Tiefkühlthermometer (im Haushaltswarengeschäft erhältlich) in das Gerät und werfen gelegentlich einen Blick darauf.

- Je voller der Tiefkühlschrank, desto weniger läuft der Kompressor und das Gerät bleibt länger kalt. Dies ist zum Beispiel bei einem Stromausfall von Vorteil.

- Die Fächer in der Tür des Tiefkühlschranks sind beim Öffnen der Außenluft stärker ausgesetzt als das Innere des Schranks und deshalb etwas wärmer. Daher eignen sie sich ideal zum Lagern von Lebensmitteln wie Brot und Kaffee, die es nicht ganz so kalt mögen wie andere Speisen.

- Beim Enteisen des Tiefkühlschranks sollte man ein großes Handtuch auf den Boden legen. So wird das Wasser aufgefangen und man spart das Wischen.

- Nachdem Sie Ihren Tiefkühlschrank enteist haben, tragen Sie eine dünne Schicht Vaseline auf die Innenwände auf. So kann sich der Reif schlechter festsetzen und das Gerät vereist langsamer.

TOMATENSAFT

KUNSTSTOFFBEHÄLTER GERUCHFREI MACHEN • Kunststoffbehälter neigen dazu, nach einer Weile den Geruch ihrer Inhalte anzunehmen und dadurch unangenehm zu riechen. Dem kann man abhelfen. Um unwillkommene Gerüche aus Kunststoffen zu entfernen, gibt man etwas Tomatensaft auf einen Schwamm und wischt damit den Behälter aus. Wenn man das Gefäß anschließend in warmem Spülwasser reinigt und dann trocknet und für einige Tage ins Tiefkühlfach stellt (Deckel nicht vergessen!), ist der Geruch verschwunden und der Behälter riecht wie neu. Nun kann selbst in Gefäßen, in denen vorher Kohlroulade lag, wieder Torte aufbewahrt werden.

Fortsetzung →

SO BLEIBEN BLOND GEFÄRBTE HAARE BLOND • Blond gefärbtes Haar ist empfindlich und kann durch den Kontakt mit Chlor einen leicht grünlichen Stich bekommen. Deswegen ein guter Rat, wenn Sie aus dem Schwimmbad kommen: Verteilen Sie reichlich Tomatensaft im Haar, ziehen Sie eine Duschhaube darüber und lassen Sie den Saft 10–15 Minuten lang einwirken. Spülen Sie Ihr Haar anschließend gründlich aus und waschen Sie es mit Shampoo.

GERÜCHE AUS DEM KÜHLSCHRANK VERBANNEN • Wer schon einmal etwas hinten im Kühlschrank vergessen hat, weiß, dass sich in solch einem Fall schon bald ein übler Geruch ausbreitet. Spätestens dann fällt einem das Lebensmittel wieder ein. Doch bloßes Entfernen des Übeltäters genügt nicht, der Geruch hat sich festgesetzt. Wenn man nicht Tage warten will, bis er sich von selbst verzogen hat, sollte man den Kühlschrank mit einem in Tomatensaft getränkten Lappen auswischen. Danach mit Seifenwasser nachwischen und anschließend alles mit einem Lappen oder Papiertuch trockenreiben. Gegebenenfalls wiederholen.

LINDERUNG BEI HALSSCHMERZEN

Für kurzzeitige Linderung bei Halsschmerzen kann man mit einer Mischung aus je 100 ml Tomatensaft und heißem Wasser gurgeln. Eine besonders feurige Wirkung ergibt sich durch die Zugabe von 8 Tropfen Tabasco.

TÖPFE UND PFANNEN

IMPROVISIERTES VOGELBAD • Es macht Freude, Vögel beim Baden zu beobachten. Dafür muss man sich aber nicht unbedingt ein Vogelbad kaufen. Man kann auch eine ausgediente Pfanne auf einen hohen Blumentopf stellen und dafür sorgen, dass sie immer mit Wasser gefüllt ist.

GROSSE SCHÖPFKELLE • Man erleichtert sich die Gartenarbeit wesentlich, wenn man nicht immer den schweren Sack mit Düngemittel oder Erde quer durch den Garten trägt. Der 20-Kilo-Sack kann getrost im Gartenschuppen bleiben, wenn man nur die Menge, die benötigt wird, in einem alten Topf an die betreffende Stelle trägt. Ein kleiner Stieltopf lässt sich übrigens auch bestens als Wasserschöpfer an Bord eines Ruderboots oder als Schöpfkelle für Hundefutter einsetzen.

MEHR PLATZ FÜR GRILLWÜRSTCHEN • Sie planen ein großes Gartenfest, doch Ihr Grill ist gerade groß genug, um die Hälfte der Gäste mit Steaks und Würstchen zu versorgen? Improvisieren Sie mit einem Behelfsgrill: Nehmen Sie einen großen, alten Topf und bohren Sie seitlich ein paar Luftlöcher hinein. Stellen Sie den improvisierten Grill auf Ziegelsteine und geben Sie Kohle und Anzünder hinein. Sobald die Kohle gleichmäßig glüht, legen Sie ein Kuchengitter darüber – und schon sind Sie stolzer Besitzer eines zweiten Grills. Nachdem alle satt geworden sind, decken Sie das Grillfeuer mit dem Topfdeckel ab. Das Feuer verlischt und Sie können die Holzkohle direkt im Grill für das nächste Grillfest aufbewahren.

TRICHTER

FADENSPENDER STATT KNOTENCHAOS • Nie mehr Bindfadenwirrwarr! Befestigen Sie einen großen Trichter so an der Wand, dass das Abflussrohr nach unten zeigt. Nun legen Sie das Fadenknäuel in den Trichter und fädeln das Ende der Schnur durch das Rohr. Schon ist der Spender fertig und verwickelte Bindfäden sind passé.

EIWEISS UND DOTTER TRENNEN • Eier zum Backen und Kochen ganz einfach trennen, ohne sich die Finger schmutzig zu machen? Das geht! Man stellt einfach einen Trichter in ein Gefäß, schlägt das Ei vorsichtig über dem Trichter auf und lässt das Innere hineingleiten. Das Eiweiß fließt nun durch das Rohr in das Gefäß und das Eigelb bleibt im Trichter zurück. Man muss lediglich darauf achten, dass das Eigelb beim Aufschlagen nicht platzt. Daher sollte man möglichst frische Eier verwenden, denn je frischer das Ei ist, umso eher bleibt der Dotter heil.

TELEFON FÜR KINDER ZUM NULLTARIF • Für Kinder gibt es nichts Schöneres als zu telefonieren. Doch mit einem echten Telefon geht das ins Geld. Geben Sie Ihren Kindern ihre eigenen Telefone – und das auch noch besonders günstig –, indem Sie ihnen aus zwei kleinen Plastiktrichtern und einem Bindfaden ein Schnurtelefon basteln. Dazu fädeln Sie ein langes Stück Drachenschnur durch einen der beiden Trichter und binden vor der breiten Öffnung einen Knopf an das Ende der Schnur. Nun fixieren Sie den Faden mit einem zweiten Knopf unterhalb des Abflussrohrs. Gehen Sie mit dem anderen Ende der Schnur und dem zweiten Trichter genauso vor – und schon können die Kleinen zum Nulltarif telefonieren.

TRINKHALME

NIE MEHR VERHEDDERTE KETTEN • Ob Sie Ihren Schmuck lose in der Schublade, schön beisammen in einer Schachtel oder übersichtlich geordnet im Schmuckkästchen aufbewahren – auch bei noch so achtsamem Umgang mit den wertvollen Stücken kann man nicht immer verhindern, das sich die eine oder andere feine Kette verheddert, wenn sie über längere Zeit in dem Behältnis liegt. Doch mit einem einfachen Trick kann man für Ordnung sorgen: Man fädelt einfach jede Kette durch einen Trinkhalm, kürzt den Halm auf die entsprechende Länge und schließt den Kettenverschluss, bevor man die Kette in das Behältnis legt. So ist jede Kette sicher verwahrt und immer griffbereit.

Fortsetzung →

HÄTTEN SIE'S GEWUSST?

Der Cocktail Mint Julep kann nur gekühlt serviert werden, da sein Aroma unter höheren Temperaturen leidet. Diese Tatsache inspirierte Marvin Stone, einen amerikanischen Hersteller von Zigarettenpapier, im Jahr 1888 zur Erfindung des Trinkhalms. Denn wenn man einen kühlen Drink längere Zeit in der Hand hält, erwärmt er sich. Deshalb trank man Mint Juleps früher mit Strohhalmen aus hohlen Getreidehalmen, meist Roggenhalmen. Das hatte den Nachteil, dass der Roggen dem Getränk einen „grasigen" Beigeschmack gab. Also entwickelte Stone ein Papierröhrchen, durch das er seinen kalten Mint Julep trinken konnte. Als immer mehr Mint-Julep-Liebhaber nach diesen Papierröhrchen fragten, erkannte Stone, dass er eine Marktlücke entdeckt und ein viel versprechendes Produkt mit großem Potenzial geschaffen hatte.

ZUGSCHNÜRE OHNE KNOTEN • Alle Kinder lieben Spielzeug, das sie hinter sich her ziehen können. Doch die Zugschnüre verheddern sich sehr leicht und lassen sich schwer wieder entwirren. Schieben Sie vorsorglich einen Trinkhalm (oder auch mehrere) über die Schnur. So können Knoten erst gar nicht entstehen.

GEWÜRZE FÜR UNTERWEGS • Kennen Sie diese Situation? Sie sind unterwegs und nehmen einen Imbiss ein. Doch dieser schmeckt so fade, dass Sie sich nichts sehnlicher herbeiwünschen als ein bisschen Salz. Nehmen Sie Ihre Lieblingsgewürze doch einfach überallhin mit! Knicken Sie dazu das untere Ende eines Trinkhalms um und umwickeln Sie es mit Gewebe-Klebeband, um es zu verschließen. Dann füllen Sie das Gewürz mithilfe eines zu einem Trichter gerollten Backpapiers in den Halm und verschließen das obere Ende ebenfalls mit Klebeband. Nun sind Sie auf der Raststätte oder bei einem Picknick immer gerüstet, um fadem Essen etwas Pep zu geben. Dies ist auch ein Tipp für Menschen, die aus gesundheitlichen Gründen auf normales Salz verzichten müssen und daher immer ein Päckchen Diätsalz (Kochsalzersatzmittel) dabeihaben sollten.

BLUMENSTIELE VERLÄNGERN • Sie binden sich von Zeit zu Zeit einen schönen Blumenstrauß? Dann ist es ungünstig, wenn die Blumen unterschiedlich lang sind. Schnell ist der Strauß ruiniert, wenn man sich an den kürzesten Stielen orientiert! Um Blumensträuße in Zukunft ganz nach den eigenen Vorstellungen arrangieren zu können, steckt man die zu kurz geratenen Stängel in einen Plastiktrinkhalm, der dann auf die gewünschte Länge zurechtgeschnitten wird. So kann man auch Blumen für hohe Vasen und große Blumengestecke verlängern.

SPASS MIT SEIFENBLASEN

Kinder und Junggebliebene erfreut das Spiel mit Seifenblasen gleichermaßen – für eine neue Variante sorgt folgender Tipp: Schneiden Sie die Enden einiger möglichst bunter Trinkhalme schräg ab und stellen Sie eine flache Schale, gefüllt mit leicht verdünntem Spülmittel, auf den Tisch. Tauchen Sie einen der farbenfrohen Halme ins Seifenwasser und pusten Sie sachte durch das andere Ende. Dabei entstehen zum Entzücken aller lange Luftblasenreihen.

SO BEKOMMEN SIE DAS KETCHUP AUS DER FLASCHE

Manchmal will das Ketchup einfach nicht aus der Flasche auf den Teller – egal, wie lange Sie es schon umgedreht über das Essen halten. Stecken Sie in so einem Fall einen Trinkhalm in die Flasche und rühren Sie ein wenig um, dann löst sich das Ketchup und die Pommes frites als Beilagen sind gerettet.

GELÖSTES FURNIER KLEBEN • Selbst bei qualitativ hochwertigen Möbeln löst sich nach langen Jahren guter Dienste an der einen oder anderen Stelle irgendwann das Furnier. Mit Holzleim kann man es problemlos wieder befestigen. Das Verzwickte bei dieser Reparatur ist allerdings, dass Furnier leicht abbricht, sodass Sie es nicht einfach hochbiegen können, um den Kleber darunter aufzubringen. Schneiden Sie deshalb ein Stück von einem Trinkhalm ab und drücken Sie es etwas flach. Anschließend falten Sie es in der Mitte und füllen den Kleber vorsichtig und tropfenweise in eine der beiden Hälften. Schieben Sie nun die gefüllte Hälfte unter das Furnier und blasen Sie sachte in das andere Ende (nicht wieder einatmen). Sobald der gesamte Kleber im Spalt verschwunden ist, drücken Sie das Furnier fest und wischen eventuell herausquellenden Kleber ab. Decken Sie jetzt die Stelle mit Backpapier ab und klemmen Sie über Nacht einen Holzblock darauf fest. Am nächsten Morgen ist der Kleber getrocknet und Ihre Möbel haben noch einige gute Jahre vor sich.

TROCKNERTÜCHER

SCHLECHTER GERUCH IM AUTO • Das Innere neuer Autos riecht manchmal stark nach Kunststoffen, und wenn der Wagen schon etwas älter ist, kann der Innenraum ebenfalls einen unangenehmen Geruch entwickeln. In diesen Fällen legen Sie ein neues Trocknertuch unter jeden Autositz. Das hilft auch gegen Hunde- und sogar Zigarettengeruch.

ANGEBRANNTES LÖSEN • Trocknertücher machen nicht nur Gewebe weich. Wenn das nächste Mal beim Kochen etwas anbrennt, kann man sich das mühsame Scheuern sparen. Einfach heißes Wasser in Topf oder Pfanne gießen, dann drei oder vier gebrauchte Trocknertücher hineingeben und das Angebrannte über Nacht einweichen lassen. Am nächsten Tag nimmt man die Tücher heraus und wäscht die Rückstände problemlos aus. Gut nachspülen.

STAUBIGE ELEKTROGERÄTE • Die Röhrenbildschirme von Fernsehern und PCs sind elektrisch geladen und ziehen deshalb Staub an. Sie müssen weniger oft abstauben, wenn Sie gebrauchte Trocknertücher zum Wischen nehmen. Diese Tücher verringern statische Aufladung. Sie beseitigen den Staub und verhindern ein paar Tage lang, dass sich neuer Staub absetzt.

FRISCHER DUFT FÜR SCHUBLADEN

Dank der Trocknertücher müssen Sie nicht neues duftverstärktes Schrankpapier kaufen, um Ihre Schubladen auszulegen. Legen Sie ein neues Trocknertuch unter das vorhandene Schrankpapier oder kleben sie ein Tuch hinten in die Schublade.

DER DUFT FRISCH GEWASCHENER GARDINEN • Sie lieben den Geruch frisch gewaschener Gardinen, kommen aber gerade nicht zum Waschen? Legen Sie einfach ein Trocknertuch auf die Heizung und schon durchzieht ein schöner Duft die Wohnung.

Fortsetzung →

SAUBERE DUSCHKABINENWAND • Ärgern Sie sich nicht länger über die Seifenschaumreste an den Wänden Ihrer Duschkabine, die so mühselig zu entfernen sind. Mit einem gebrauchten Trocknertuch lassen sie sich leicht abwischen.

FRISCHE FÜR WÄSCHEKORB ODER ABFALLEIMER • Gebrauchte Trocknertücher verbreiten überall ihren guten Duft. Deshalb wirken sie auch in Wäschekörben oder Abfalleimern gegen schlechte Gerüche.

GUT RIECHENDE SPORTSCHUHE • Sport ist gesund, doch können unsere Ausdünstungen in Sporttaschen und -schuhen zu unangenehmen Gerüchen führen, die ein starkes Gegenmittel erfordern. Wenn man ein ungebrauchtes Trocknertuch in jeden Schuh steckt und über Nacht einwirken lässt, ist der Geruch am nächsten Tag neutralisiert. Bevor man die Schuhe das nächste Mal anzieht, sollte man die Tücher wieder entnehmen. Auch in der Sporttasche hilft ein solches Tuch. Das Tuch erneuern, sobald die Wirkung nachlässt.

DER DUFT DER WEITEN WELT ...

... kann im Koffer eher unangenehm sein. Legen Sie vor dem Wegräumen einige ungebrauchte Trocknertücher in die leeren Koffer, dann duften sie beim nächsten Gebrauch frisch.

VORSICHT: Menschen, die Allergien haben oder empfindlich sind gegen chemische Substanzen, können mit Hautreizungen oder sogar Ausschlägen reagieren, wenn sie mit Wäschestücken in Berührung kommen, die mit handelsüblichem Weichspüler oder mit Trocknertüchern behandelt wurden. Statt des Weichspülers kann man der Wäsche beim letzten Spülgang ersatzweise 50 ml weißen Essig oder dieselbe Menge Haarpflegespülung zusetzen. Auch auf diese Weise wird die Wäsche weicher und sie duftet frischer.

BLITZBLANKER CHROM • Wenn der Chrom an Ihrem Toaster oder an den Radkappen Ihres Autos auch nach dem Reinigen noch streifig und matt aussieht, probieren Sie es einmal mit einem gebrauchten Trocknertuch – das hilft fast immer.

PREISWERTE LUFTVERBESSERER • Im Handel gibt es Geräte, die die Raumluft reinigen. Doch man muss sein Geld nicht unbedingt für diese teuren elektrischen Luftreiniger ausgeben, die zudem noch zur Stolperfalle im Zimmer werden können. Preiswerter ist es, ein paar ungebrauchte Trocknertücher in Schränke, hinter Gardinen und unter Stühle zu stecken.

KLEIDUNG HAFTET AM KÖRPER DURCH STATISCHE AUFLADUNG • Mit einem gebrauchten Trocknertuch in der Handtasche kommen Sie nie wieder in die Situation, dass Ihre Kleidung durch statische Aufladung an Ihnen klebt, z. B. der Rock an den Beinen. In einem solchen Fall das Tuch anfeuchten und über die Strumpfhose wischen, dann haftet nichts mehr.

TIPP

Jalousien abstauben

Jalousien abzustauben ist mühsam. Doch es gibt einen Weg, es seltener tun zu müssen.

Um sich diese Arbeit eine Zeit lang zu sparen, wischt man die Jalousien mit einem gebrauchten Trocknertuch ab und macht sie so für längere Zeit staubabweisend. Sobald die Wirkung nachlässt, staubt man wieder mit einem Trocknertuch ab.

WEICHSPÜLERTUCH STATT STAUBBINDETUCH • Staubbindetücher mit Klebeformel beseitigen vor dem Anstreichen oder Lackieren von Holz restlos alle störenden Sägemehlreste. Allerdings sind die Spezialtücher teuer und nicht immer leicht erhältlich. Wenn man mitten in der Arbeit ist und kein Staubbindetuch zur Hand hat, behilft man sich mit einem noch nicht gebrauchten Trocknertuch: Es zieht das Sägemehl an und hält es wie ein Magnet fest.

BETTWÄSCHE ORDENTLICH UND FRISCH IM SCHRANK AUFBEWAHREN • Verbessern Sie Ihr Aufbewahrungssystem für Bettwäsche: Legen Sie zusammengehörende Teile in den entsprechenden Kopfkissenbezug und geben Sie ein ungebrauchtes Trocknertuch dazu – die Bettwäsche duftet frisch.

SCHLUSS MIT VERHEDDERTEM NÄHGARN

Mit einem ungebrauchten Trocknertuch im Nähkästchen machen Sie verheddertem Nähgarn ein Ende. Stecken Sie die Nadel nach dem Einfädeln durch das Tuch und ziehen Sie den gesamten Faden hindurch. So wird er mit einer Antihaftbeschichtung versehen.

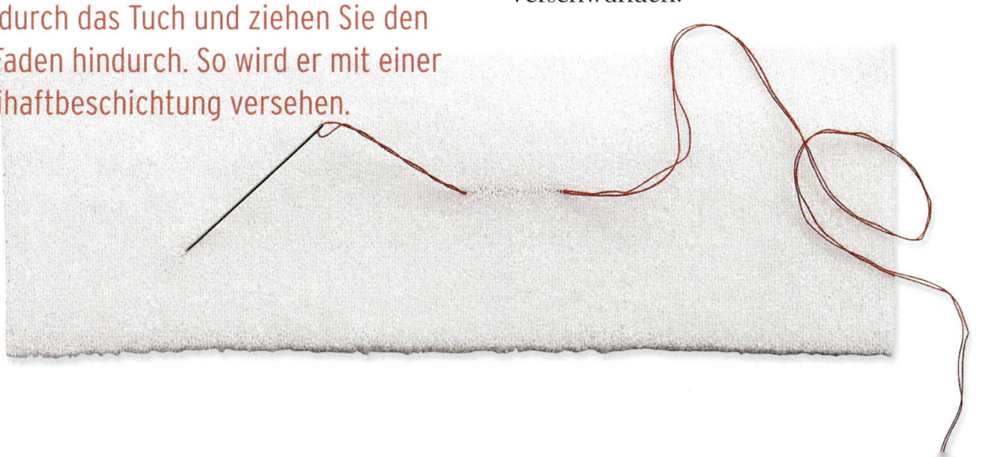

FRISCHER DUFT FÜR KUSCHELTIERE

Um das Lieblingsplüschtier Ihres Kindes oder Enkels aufzufrischen, sollten Sie es (aber nur, wenn es waschbar ist) bei niedriger Temperatur in der Waschmaschine waschen und dann zusammen mit alten Tennisbällen und einem Trocknertuch in den Wäschetrockner geben. Das Fell des Kuscheltiers wird flauschig und seidenweich.

BLÜTENDUFT AM COMPUTER • Durch langjährigen Gebrauch entwickeln die Tastaturen von Notebooks mitunter einen unangenehmen Geruch, der vom Schweiß der Hände herrührt. Dagegen gibt es ein Mittel: Nehmen Sie die Tastatur heraus, legen Sie ein Trocknertuch ein und setzten Sie die Tastatur wieder ein. Nun arbeiten Sie inmitten von Blütenduft.

KATZENHAARE AUF DER KLEIDUNG • Als Katzenhalter kennen Sie die Situation: Nach intensivem Schmusen ist Ihre Kleidung über und über von Katzenhaaren bedeckt. Natürlich hilft hier eine Fusselbürste und auch mit einer Strumpfhose lassen sich die Haare abreiben. Man kann das Kleidungsstück aber auch zusammen mit einem Trocknertuch in den Wäschetrockner geben – und schon sind fast alle Haare verschwunden.

VANILLEEXTRAKT

FRISCHEDUFT FÜR DEN KÜHLSCHRANK • Wenn Sie nicht wollen, dass Ihr Kühlschrank nach Lebensmitteln wie Wurst oder Käse riecht, dann wischen Sie das Kühlgerät mit etwas Vanilleextrakt aus und schon verbreitet sich ein herrlicher Wohlgeruch. Der angenehme Vanilleduft bleibt besonders lange erhalten, wenn Sie einen in Vanilleextrakt getränkten Wattebausch in den hinteren Teil des Kühlschranks legen.

MIKROWELLENGERÄT FREI VON GERÜCHEN • Hat sich in Ihrer Mikrowelle Fischgeruch oder ein anderes strenges Aroma breit gemacht? Geben Sie ein paar Tropfen Vanilleextrakt in eine mikrowellengeeignete Schüssel und erhitzen Sie sie für 1 Minute auf höchster Stufe. Schon ist der unangenehme Geruch verschwunden.

FRISCHE FARBE MIT VANILLEDUFT • Frisch gestrichene Wände sind hübsch anzusehen, riechen aber nicht besonders angenehm. Doch wenn man einem Eimer Farbe 1 EL Vanilleextrakt beimischt, wird das Haus von Vanilleduft erfüllt anstatt von dem Geruch nach frischer Farbe. Um die Qualität der Farbe muss man sich auch nicht sorgen, denn diese wird durch die Vanille in keiner Weise beeinträchtigt.

PARFÜM AUS DER KÜCHE • Ist Ihr Parfüm gerade leer geworden und ausgerechnet jetzt kommt überraschender Besuch? Auch wenn es seltsam klingt, versuchen Sie einmal Folgendes: Geben Sie ein klein wenig Vanilleextrakt auf Ihre beiden Handgelenke. Sie werden sehen, Vanille ist ein wunderbar duftendes Parfüm, das auch noch preiswert und stets zur Hand ist – man muss es nur aus dem Küchenregal nehmen.

DUFTENDER INSEKTENSCHUTZ • Jeder mag den Duft von Vanille – jeder, nur Insekten nicht. Für wohlriechenden Schutz vor Insekten löst man 1 EL Vanilleextrakt in 250 ml Wasser auf und reibt seine Haut mit dieser Mixtur ein. Stechmücken und Zecken werden sofort das Weite suchen.

KÜHLUNG BEI LEICHTEN VERBRENNUNGEN • Wenn Sie in der Küche versehentlich einen heißen Kochtopf anfassen oder sich mit heißem Fett bespritzen, dann geben Sie schnell etwas Vanilleextrakt auf die betroffene Stelle. Der Extrakt enthält Alkohol, der verdunstet und so die Verbrennung kühlt. Alkohol sollten Sie aber nur anwenden, wenn die betroffene Stelle klein und die Verbrennung ganz leicht ist.

VASELINE®

Zur Körperpflege

LIPPENPFLEGE UND MEHR • Wer nicht gewillt ist, viel Geld für Lippenbalsam, Make-up-Entferner oder Gesichtscreme auszugeben, ist mit einer Dose Vaseline® gut beraten. Sie sorgt für zarte Lippen, entfernt Make-up, Lidschatten, Wimperntusche und vieles mehr.

MAKE-UP FÜR NOTFÄLLE

Sie haben Karten für eine Theaterpremiere, aber Ihr Lidschatten ist leer, und alle Geschäfte haben schon zu. Dann stellen Sie doch einfach Ihren eigenen Lidschatten her: Verrühren Sie ein wenig Lebensmittelfarbe mit Vaseline® und tragen Sie die Mischung mit dem Finger oder einem Kosmetiktuch dünn auf das Lid auf. Diese Methode eignet sich nicht nur zur Herstellung von Lidschatten, sondern auch für Rouge und Lippenstift. Vorhang auf für einen perfekten Abend.

PARFÜM, DAS BIS ZUM MORGENGRAUEN HÄLT • Sie haben sich einen tollen neuen Duft ausgewählt, den Sie gerne abends beim Ausgehen tragen möchten. Wie ärgerlich ist es da, dass viele Düfte kurz nach dem Aufsprühen schon wieder verfliegen! Um dem vorzubeugen, verreiben Sie einfach ein wenig Vaseline® auf den Innenseiten Ihrer Handgelenke und sprühen dann das Parfüm darauf. Jetzt können Sie sicher sein, dass der Duft lange anhaften wird.

SO RUTSCHT DER FESTSITZENDE RING GANZ LEICHT VOM FINGER • Alles Zerren und Ziehen ist vergebens: Der Ring sitzt fest und bewegt sich nicht vom Fleck. Da hilft nur noch eins: Etwas Vaseline® um den Finger schmieren und der Ring wird sich mühelos abziehen lassen.

PANNENHILFE BEI DER MANIKÜRE • Wenn man sich die Nägel lackiert, ist es eine Herausforderung, den Nagellack nicht versehentlich auf die Haut zu pinseln – besonders wenn man als Rechtshänder die rechte Hand lackiert und umgekehrt. Vaseline® kann bei einer makellosen Maniküre behilflich sein. Tupfen Sie ein wenig Vaseline® auf den Nagelansatz und unter die Nagelränder. Wenn Sie dann etwas Lack über die Ränder hinausstreichen, müssen Sie nur die Vaseline® abwischen, und der überschüssige Nagellack wird automatisch mit beseitigt. Nach dem gleichen Prinzip können Sie auch bei der Pediküre vorgehen.

VASELINE® FÜR BABYS

PFIRSICHBÄCKCHEN STATT WINDELAUSSCHLAG • Es zerreißt einem fast das Herz, wenn das Baby wegen eines schmerzhaften Windelausschlags weint. Doch man kann dem kleinen Liebling schnell Linderung verschaffen, indem man die wunden Stellen mit Vaseline® einreibt. Denn die Salbe bildet eine schützende Schicht auf der Haut, sodass der Ausschlag rasch verheilt und die Schmerzen schnell nachlassen.

KEINE TRÄNEN MEHR BEI DER HAARWÄSCHE • Haben Sie sich schon einmal überlegt, Ihrem Kind ein spezielles „Antitränen-Shampoo" zu kaufen? Das Geld und den Weg ins Geschäft können Sie sich sparen. Verteilen Sie eine großzügige Menge Vaseline® auf den Augenbrauen Ihres Sprösslings. Die Salbe bildet dann eine Art Schutzschild gegen herunterrinnendes Wasser und verhindert so, dass Shampoo in die Augen gelangt.

Fortsetzung →

FARBE AUF DEM HAAR STATT AUF DER HAUT • Die Haare in einem neuen Farbton zu färben ist eine aufregende Sache, denn wie sie am Ende tatsächlich aussehen, ist ja nicht so ganz gewiss. Was man aber auf jeden Fall vermeiden möchte, ist ein hässlicher dunkler Rand auf der Stirn. Das passiert unglücklicherweise sehr schnell, wenn das flüssige Färbemittel vom Haar herunterläuft. Vermeiden lässt sich dieser unschöne Nebeneffekt, indem man rings um den Haaransatz einen Streifen Vaseline® aufträgt. Er hindert die Flüssigkeit am Herunterlaufen.

LINDERUNG FÜR GERÖTETE HAUT • Sie kommen von einer traumhaft schönen Radtour durch die bunte Herbstlandschaft zurück. Doch so sehr Sie es auch genossen haben, ein unangenehmes Andenken ist Ihnen geblieben: Ihre Haut ist von dem scharfen Fahrtwind schmerzhaft gerötet. Hier kann Vaseline® Abhilfe schaffen. Cremen Sie Ihr Gesicht oder die betroffenen Stellen dick mit Vaseline® ein und der Schmerz wird bald nachlassen.

Im und ums Haus

DUSCHVORHANG SCHNELL ZUGEZOGEN • Ein störrischer Duschvorhang, den man nur schwer auf und zu bekommt, kann schnell zu Überschwemmungen auf dem Fußboden führen und dadurch die Nerven strapazieren. Damit Vorhangringe wieder leicht rutschen, schmiert man die Stange mit Vaseline® ein, und schon lässt sich der Vorhang ganz einfach auf- und zuziehen.

ENTFERNEN SIE LIPPENSTIFTSPUREN • Ihre nette Dinnerparty hat leider einen etwas bitteren Nachgeschmack bekommen: Einige Gäste haben auf Ihren Lieblingsstoffservietten Lippenstiftspuren hinterlassen. Doch das ist kein Grund, sie wegzuwerfen. Versuchen Sie stattdessen Folgendes: Geben Sie Vaseline® auf die Flecken und stecken Sie die Servietten dann wie üblich in die Waschmaschine. Danach hat sich das Thema Flecken höchstwahrscheinlich erledigt.

KERZENSTÄNDER WIEDER FREI VON WACHS • Lange rote Kerzen erzeugen beim Abendessen eine wunderschöne Stimmung. Weniger schön ist allerdings das herabtropfende Wachs, das am Kerzenleuchter zurückbleibt. Tragen Sie eine dünne Schicht Vaseline® auf den Kerzenständer auf, dann bleibt das Wachs nicht so stark haften und lässt sich hinterher kinderleicht wieder entfernen.

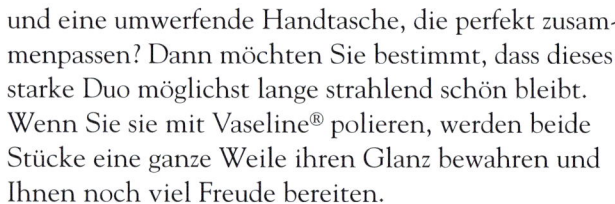

BLITZBLANKE LACKSCHUHE • Sie haben ein wunderschönes Paar Lackschuhe und eine umwerfende Handtasche, die perfekt zusammenpassen? Dann möchten Sie bestimmt, dass dieses starke Duo möglichst lange strahlend schön bleibt. Wenn Sie sie mit Vaseline® polieren, werden beide Stücke eine ganze Weile ihren Glanz bewahren und Ihnen noch viel Freude bereiten.

KAUGUMMI VON HOLZ ENTFERNEN • Wenn Kinder im Haus sind, können unter einer Tischplatte oder am Kopfende des Kinderbettes böse Überraschungen lauern: angetrocknete Kaugummis, die nach dem Verzehr nicht mehr den Weg in den Mülleimer gefunden haben. Geben Sie Vaseline® auf den unappetitlichen Klumpen und reiben Sie diese ein wenig ein. Nach einem Weilchen beginnt sich der Kaugummi aufzulösen und kann ganz leicht entfernt werden.

STAUBSAUGERTEILE SCHNELL ZUSAMMENGESTECKT • Toll, dass Staubsauger heutzutage meist mit so umfangreichem Zubehör und so vielen Aufsätzen geliefert werden! Aber es ist dennoch ärgerlich, wenn die Teile ineinander stecken bleiben und man sie nur unter großer Anstrengung wieder auseinander bekommt. Diese Mühe kann man sich sparen, wenn man um die Ränder der Rohre herum ein wenig Vaseline® aufträgt. Die Teile lassen sich dann mühelos zusammenfügen und auch wieder trennen.

VERJÜNGUNGSKUR FÜR LEDERJACKEN • Für die Lieblingslederjacke braucht man keine ausgefallenen und teuren Pflegeprodukte. Mit Vaseline® ist man genauso gut bedient. Wenig Vaseline® mit einem sauberen Tuch auftragen und einreiben. Nur bei Glattleder anwenden, Materialien wie Wildleder nehmen Schaden durch diese Behandlung.

FÜR AMEISEN KEIN ZUTRITT ZU FUTTERNÄPFEN • Tiernahrung in Futterschüsseln zieht Ameisen magisch an. Mit folgendem Trick verhindert man, dass der Futternapf belagert wird: Man zieht einen Ring aus Vaseline® um ihn herum, denn auch der hungrigsten Ameise vergeht der Appetit, wenn sie erst eine „Mauer" aus Vaseline® überqueren muss.

VERSCHLÜSSE PROBLEMLOS ÖFFNEN • Um nicht mehr mit aller Kraft die Flasche mit Klebstoff oder Nagellack aufschrauben zu müssen, schmieren Sie nach dem ersten Öffnen ein wenig Vaseline® um das Gewinde der Flasche. Ab diesem Zeitpunkt wird der Verschluss beim Öffnen keine Schwierigkeiten mehr machen.

EINE WOHLTAT FÜR TIERPFOTEN • Wenn im Winter Salz auf die Gehwege gestreut wird, können die Pfoten von Hund oder Katze trocken und rissig werden, da das Salz die Ballen ihrer Pfoten angreift. Tun Sie Ihrem treuen Haustier etwas Gutes und schmieren Sie ein wenig Vaseline® auf die lädierten Pfoten. Das lindert den Schmerz und verhindert, dass die Haut noch weiter aufspringt. Ihr vierbeiniger Freund wird es Ihnen danken.

HÄTTEN SIE'S GEWUSST?

Vaseline® (auch Petrolatum genannt) ist ein Nebenprodukt, das bei der Erdöldestillation anfällt. Sie wurde im Jahr 1859 von dem Amerikaner Robert Chesebrough erstmals genauer untersucht und als Ableitung von dem deutschen Wort Wasser und dem griechischen Wort Elaion (Öl) Vaseline® genannt. Seit Chesebrough diese neue Substanz im Jahr 1872 patentieren ließ, wurde sie für alle möglichen Zwecke eingesetzt: als Politur für Leder, als schützende Pflege für Haut und Lippen, als Pomade fürs Haar und als Mittel gegen Fußnagelpilz, um nur einige Anwendungsmöglichkeiten zu nennen. Und noch heute wird das Produkt ebenso vielfältig verwendet wie damals.

GESCHMEIDIGER LEDERGÜRTEL

Ältere schwarze Ledergürtel, die im Laufe der Zeit rissig geworden sind und Verhärtungen aufweisen, können mit ein wenig Vaseline® wieder richtig geschmeidig gemacht werden. Tragen Sie mit einem sauberen Tuch eine nicht zu dicke Schicht auf beide Gürtelseiten auf und reiben Sie sie sanft in das Leder ein. Legen Sie den Gürtel nun über Nacht zur Seite, um die Creme einziehen zu lassen. Am nächsten Morgen werden Sie sich an einem geschmeidigen Gürtel erfreuen können.

Für den Heimwerker

SCHUTZ FÜR TÜRKLINKEN BEIM STREICHEN • Haben Sie vor, das Wohnzimmer zu streichen, aber keine Lust, sämtliche Metallarmaturen einschließlich der Türklinken aufwändig abzuschrauben? Das müssen Sie auch nicht. Tragen Sie stattdessen Vaseline® auf das Metall auf, denn die Salbe verhindert, dass die Farbe daran haften bleibt. Wenn Sie mit den Malerarbeiten fertig sind, können Sie die Vaseline® samt Farbe einfach abwischen und ungewollte Kleckse sind schnell verschwunden.

Fortsetzung

ZUVERLÄSSIGE AUTOBATTERIE • Es ist kein Zufall, dass Autobatterien immer am kältesten Wintertag den Geist aufgeben. Niedrige Temperaturen verlangsamen die chemische Reaktion zur Stromerzeugung und verdicken das Motoröl, sodass die Batterie mit weniger Kraft mehr Leistung bringen muss. Ein weiterer Grund kann Korrosion an den Batterieklemmen sein, die den Widerstand vergrößert und dadurch auch für das Versagen der Batterie verantwortlich ist. Bevor der Winter kommt, sollte man daher die Batterieklemmen trennen und mit einer Drahtbürste säubern. Danach schließt man sie wieder an und schmiert sie mit Vaseline® ein. Die Vaseline® schützt vor Korrosion und sorgt dafür, dass der Motor den ganzen Winter über anspringt.

CHROM ROSTFREI LAGERN • Sie sind im Begriff, Fahrräder für den Winter einzulagern oder den Kinderwagen wegzuräumen, bis das nächste Baby kommt ... Warten Sie noch einen Moment! Reiben Sie die Chromteile an Lenker oder Reifen zuvor mit Vaseline® ein. Denn so können Sie sicher sein, dass alle Gegenstände rostfrei sein werden, wenn Sie sie wieder hervorholen. Dieselbe Methode lässt sich auch bei allen Werkzeugen aus Garten und Werkstatt anwenden.

NIE MEHR WASSERRINGE AUF HOLZ • Befinden sich seit dem letzten Fest eine Menge Wasserringe auf den Holzmöbeln? Um sie loszuwerden, trägt man mit einem Lappen ein wenig Vaseline® auf die betroffene Stelle auf und lässt sie über Nacht einwirken. Am nächsten Morgen wischt man die Salbe mitsamt den Wasserringen einfach weg.

VERSIEGELUNG FÜR SAUGGLOCKEN • Um ein Abflussrohr von Verstopfung zu befreien, sollte man um den Rand des Saugers der Saugglocke Vaseline® auftragen, denn so entsteht ein dichteres Vakuum und die unangenehme Arbeit ist schneller erledigt. (Siehe auch Saugglocke, S. 273)

SCHMIERE FÜR SCHUBLADEN UND BALKONTÜREN • Können Sie es nicht mehr mit anhören, wie beim Öffnen die Schublade oder die Schiebetür zum Balkon quietscht? Sie werden erstaunt sein, wie leicht man etwas dagegen tun kann. Streichen Sie mit einem kleinen Pinsel Vaseline® in den Kanal der Schublade bzw. der Schiebetür. Ab jetzt werden sich beide geräuschlos öffnen und schließen lassen.

KEINE FESTGEBACKENEN GLÜHBIRNEN MEHR • Haben Sie je eine Glühbirne herausgedreht und fanden sich mit dem Glas in der Hand wieder, während der Metallsockel noch in der Fassung steckte? Das passiert Ihnen nicht mehr, wenn Sie den Sockel der Glühbirne vor dem Einschrauben in die Lampe mit Vaseline® einschmieren. Besonders für Glühbirnen, die im Außenbereich eingesetzt werden und wegen der Witterung häufiger festbacken, ist dieser Tipp von großem Nutzen.

KLEMMENDE UND QUIETSCHENDE TÜREN AUF VORDERMANN BRINGEN • Lästiges Zerren und Reißen an einer klemmenden Tür kann schon bald der Vergangenheit angehören. Auch eine quietschende Eingangstür wird Sie nicht mehr belästigen, wenn Sie folgenden Tipp beherzigen: Am besten, Sie haben eine kräftige Person zur Seite, die Ihnen hilft. Dann heben Sie gemeinsam die Tür aus den Angeln und schmieren den Zapfen reichlich mit Vaseline® ein. Anschließend werden Sie ganz mühelos die Türe öffnen können und dabei wird wohltuende Stille herrschen.

MARDERABWEHR AM VOGELHÄUSCHEN • Gehen Sie sicher, dass Sie mit Ihrem Vogelhäuschen die Vögel füttern und nicht die Marder! Wenn Sie den Pfosten des Vogelhäuschens mit Vaseline® beschmieren, halten Sie ungebetene Gäste fern. Denn nun finden Marder keinen Halt mehr.

VERSCHLUSS-KLIPSE

BRILLENGESTELLE SCHNELL REPARIERT • Die kleinen Schrauben, mit denen die Ohrbügel der Brille befestigt sind, gehen leicht einmal verloren. Bis man einen Optiker aufgesucht hat, kann man seine Brille mit einem Verschluss-Klips für Gefrierbeutel reparieren. Dazu die Plastikkanten von den Klipsen so abschneiden, dass nur der Strang in der Mitte übrig bleibt. Diesen Draht anstelle der Schraube durch die Löcher fädeln und zusammenzwirbeln. Die überstehenden Enden können mit einer Schere gestutzt werden. So entsteht ein provisorisches und preiswertes Gestell, das wieder den nötigen Durchblick verschafft.

SO VERMEIDEN SIE KABELSALAT • Auf, unter, vor und hinter Computertischen, Stereoanlagen und DVD-Playern – überall liegen und hängen miteinander verschlungene Kabel, die zusammen einen mächtigen Kabelsalat ergeben. Um diesem Chaos ein Ende zu bereiten, rollt man jedes Kabel ordentlich auf und fixiert die einzelnen Kabelbündel einfach mit Verschluss-Klipsen.

RANKGITTER FÜR KLETTERPFLANZEN • Aus Beutelverschlüssen und einem alten Stück Maschendrahtzaun können Sie ein praktisches Rankgitter für einjährige Kletterpflanzen wie Wilden Wein oder Winden bauen. Schneiden Sie den Maschendrahtzaun mit einer Drahtzange in die Größe, in der Sie das Rankgitter haben möchten, und befestigen Sie dieses Gitter mit so vielen Verschluss-Klipsen zwischen zwei Stäben, bis alles sicher hält. Wenn die Pflanze wächst, können Sie das Rankgitter jederzeit problemlos mit einem weiteren Stück Zaun vergrößern, das Sie ebenfalls mit Beutelverschlüssen an dem schon vorhandenen Gitter festbinden.

UNTERSTÜTZUNG FÜR PFLANZEN • Stützen Sie Ihre Pflanzen! Mit Verschluss-Klipsen können Sie hängende Äste hochbinden oder Kletterpflanzen an Rankgittern befestigen. Achten Sie aber darauf, dass Sie die Beutelverschlüsse nicht zu eng zusammendrehen, damit Sie die Pflanze nicht versehentlich verletzen und dadurch das Wachstum behindern.

ERSATZSCHNÜRSENKEL FÜR DEN NOTFALL • Es folgt ein guter Grund, warum es sich lohnt, immer einige Verschluss-Klipse bei sich zu haben. Ein Schnürsenkel reißt, und da es sich bekanntlich in zwei Schuhen besser läuft als in einem, retten Sie die Situation mit Verschluss-Klipsen: Fädeln Sie jeweils einen Beutelverschluss durch zwei einander gegenüberliegende Löcher und verzwirbeln Sie ihn. So halten die Schuhe noch bis Sie zu Hause sind.

BEUTELVERSCHLÜSSE ALS MANSCHETTENKNÖPFE • Wenn Sie einmal auf Reisen Ihre Manschettenknöpfe vergessen oder verloren haben, geben Verschluss-Klipse einen guten Ersatz ab. Achten Sie allerdings darauf, die provisorischen Verschlüsse so durch die Knopflöcher zu fädeln, dass sie nicht zu sehen sind.

LOSE BLÄTTER ZUSAMMENGEFASST • Fädelt man Beutelverschlüsse durch gelochtes Papier, gehen keine Seiten mehr verloren und man besitzt eine preiswerte Alternative zu Schnellheftern.

Fortsetzung →

SCHLÜSSELVERWECHSLUNG AUSGESCHLOSSEN • Mehrere ähnlich aussehende Schlüssel am Schlüsselbund lassen sich mit bunten Verschluss-Klipsen, die durch die Löcher gefädelt werden, leicht markieren. Durch die verschiedenen Farben sind Verwechslungen von nun an ausgeschlossen.

CHRISTBAUMSCHMUCK DOPPELT GESICHERT • Wenn man sehr wertvollen Weihnachtsbaumschmuck besitzt, vielleicht sogar noch aus Großmutters Zeiten, kann man ihn trotz tobender Kinder getrost aufhängen. Man befestigt ihn zur Sicherheit einfach mit Verschluss-Klipsen an den Zweigen des Baums und zwirbelt diese fest zu. Jetzt kann gefahrlos um den Weihnachtsbaum getanzt werden.

VORHANGRINGE

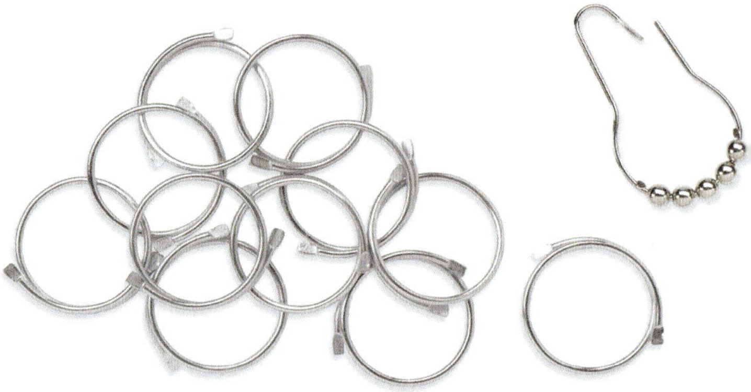

SICHER AM HAKEN • Sie wollen keinen Rucksack auf die geplante Wanderung mitnehmen, wissen aber nun nicht, wohin mit der Taschenlampe oder der Wasserflasche? Gute Dienste leisten hier Karabinerhaken, mit denen sich Gegenstände, die eine Schlaufe haben, am Gürtel befestigen lassen. Doch wenn Sie nicht gerade ein Bergsteiger sind, werden Sie kaum Karabinerhaken im Haus haben. Behelfen Sie sich einfach mit Gardinenringen, Schlüsselringen oder Duschvorhangringen aus Metall. Sie werden sehen, diese Methode funktioniert einwandfrei!

FÜR DEN HEIMWERKER

BEFESTIGUNG FÜR DEN HAMMER • Manchmal könnte man bei Reparaturen im Haushalt drei Hände gebrauchen. Befestigen Sie einen robusten Vorhangring aus Metall am Gürtel und stecken Sie den Hammer hindurch. Nun haben Sie beide Hände frei. Sie können auf die Leiter steigen oder mit beiden Händen arbeiten und bei Bedarf nach dem Hammer greifen.

AUFBEWAHREN VON MUTTERN UND UNTERLEGSCHEIBEN • Muttern und Unterlegscheiben kann man in der Werkstatt an Duschvorhangringen aus Metall aufhängen. Die birnenförmige Form und der Verschluss sorgen für eine sichere Aufbewahrung.

NEUGIERIGE KLEINKINDER IN SCHACH HALTEN • Neugier ist ganz natürlich und gehört zum Entwicklungsprozess von Kindern, doch ist sie mitunter nicht ganz ungefährlich, vor allem dann, wenn die Kleinen anfangen, in Küchenschränken zu stöbern. Falls die Schränke leicht zu öffnende Riegel haben, können Sie diese mithilfe von Duschvorhangringen, die Sie durch die Riegel ziehen, kleinkindsicher verschließen.

KINDERHANDSCHUHE WIEDERFINDEN • „Wo sind meine Handschuhe?" „Wohin hast du sie denn gelegt?" „Weiß nicht." Diese Gespräche haben ein Ende, wenn Sie sich mit einem einfachen Vorhangring (ein Modell, das sich öffnen lässt) behelfen. Schlagen Sie einen Nagel in die Flurwand oder die Rückseite der Tür. Dann geben Sie dem Kind den Vorhangring und sagen ihm, es solle damit die Handschuhe zusammenheften und an den Nagel hängen.

WACHSMALSTIFTE

FUSSBÖDEN AUSBESSERN • Wachsmalstifte eignen sich äußerst gut als eine Art „Spachtelmasse“, um kleinere Kerben und Löcher in elastischen Bodenbelägen auszubessern. Nehmen Sie einen Stift in einer Farbe, die der Farbe des Bodenbelags am nächsten kommt. Legen Sie diesen Stift auf einem Stück Pergamentpapier in die Mikrowelle und lassen Sie das Gerät auf mittlerer Stufe so lange laufen, bis der Stift weich und knetbar geworden ist. Anschließend wird die schadhafte Stelle mit Wachs gefüllt und die Oberfläche danach mit einem flachen Gegenstand geglättet. Wenn die Malstiftmasse abgekühlt ist, kann man die ausgebesserte Stelle noch mit etwas Bohnerwachs polieren, um sie zusätzlich mit einer Schutzschicht zu versehen.

FARBENFROHE DEKORATION • Eine Bastelarbeit, die Kindern Spaß macht! Fertigen Sie zusammen mit Ihren Kindern ein kunterbuntes Fensterbild, indem Sie zunächst mithilfe einer Küchenreibe oder eines Kartoffelschälers von verschiedenen Wachsmalstiften Späne abhobeln. Geben Sie die Raspeln zwischen zwei Laminierfolien und bügeln Sie mit einem heißen Bügeleisen darüber, bis die Späne miteinander verschmelzen. Dann muss man nur noch am oberen Rand ein Loch in die Folie machen und ein Band durch das Loch ziehen – fertig ist der farbenfrohe Fensterschmuck.

HÄTTEN SIE'S GEWUSST?

Vor gut 100 Jahren wurden in den USA die ersten Wachsmalstifte hergestellt. Heute sind bunte Wachsmalstifte aus keinem Kinderzimmer mehr wegzudenken; mit ihnen lassen sich in kürzester Zeit äußerst effektvolle Bilder malen. Wachsmalstifte sind in vielen Farben und Versionen erhältlich: Es gibt wasserfeste und abwaschbare Stifte, Stifte mit Glitzerpartikeln und sogar solche, die ausradiert werden können, wenn der kleine Künstler sein Werk verändern will. Für die Kleinsten gibt es besonders dicke, stabile Stifte und Stifte in lustigen Formen. Wachsmalstifte bestehen aus gefärbten natürlichen und synthetischen Wachsen und sind für die Gesundheit völlig unbedenklich.

KRATZERFREIE HOLZMÖBEL • Ihre Katze hat zwar einen Kratzbaum, trotzdem lässt sie sich nicht davon abhalten, manchmal an Ihren Holzmöbeln zu kratzen. Alles halb so schlimm, denn Kratzer und Schrammen an Holzmöbeln lassen sich gut mit Wachsmalstiften kaschieren. Suchen Sie eine Farbe aus, die der Holzfarbe möglichst ähnlich ist, und machen Sie den Wachsmalstift mit einem Föhn weich. Man kann den Stift auch in der Mikrowelle weich werden lassen (Einstellung: Auftauen). Nun übermalt man den Kratzer und poliert dann die ausgebesserte Stelle mit einem sauberen Lappen.

WACHSPAPIER

GEWÜRZE EINTRICHTERN • Wenn man Gewürze in Dosen mit kleiner Öffnung umfüllt, landet oft mehr auf dem Küchentisch als in der Dose. Besser geht's, wenn man ein Stück Wachs- oder Pergamentpapier trichterförmig zusammenrollt. So können die Gewürze abgefüllt werden, ohne dass auch nur ein einziges Körnchen daneben fällt. Wenn man mehrere Blätter übereinander legt und einrollt, kann man auch Flüssigkeiten umfüllen, ohne zu kleckern.

KÜCHENREINIGUNG IN BESTZEIT • Die Küche sauber zu halten ist zeitraubend. Wie gut, wenn man ein paar Tricks kennt: Mit Wachspapier lässt sich eine Reihe von Oberflächen in der Küche problemlos sauber halten.

- Legen Sie im Gemüsefach Ihres Kühlschranks Wachspapier aus. Um es auszuwechseln, ziehen Sie das Papier einfach ab und werfen es weg. Schon herrscht wieder Ordnung und Sauberkeit. Wenn es nur mit Gemüse in Berührung gekommen ist, können Sie das Wachspapier sogar in den Kompost geben.

- Wenn man Wachspapier auf die Küchenschränke legt, sind sie gut vor Staub und Fett geschützt. Beim Frühjahrsputz können sie ganz einfach durch neue ersetzt werden.

PERFEKTE WAFFELN • Wird es immer schwieriger, fertig gebackene Waffeln aus Ihrem Waffeleisen zu bekommen? Nun ja, alles ist vergänglich – so auch die Antihaftbeschichtung Ihres Waffeleisens. Um mit dem etwas altersschwachen Gerät weiter köstliche Waffeln herzustellen, können Sie während des Aufheizens für einige Minuten Wachspapier dazwischen legen. Das Wachs geht auf das Eisen über und sorgt dafür, dass die Waffeln wieder für eine Weile mühelos herausgleiten.

TORTENDEKORATION LEICHT GEMACHT • Möchten Sie mit einem Spritzbeutel auf Anhieb „Happy Birthday" auf eine Torte schreiben können? Ab sofort bleibt das nicht nur den Konditoren vorbehalten. Nehmen Sie die Kuchenform als Vorlage und schneiden Sie ein Stück Wachs- oder Backpapier in der Größe der Torte zurecht. Dann schreiben Sie den Text mit Spritzbeutel und Buttercreme auf das Papier und frieren alles ein. Schon nach $1/2$ Stunde können Sie die Schrift mit einem Palettenmesser vorsichtig auf die Torte schieben. Es funktioniert wirklich gut und der Trick wird Sie wie einen Profi aussehen lassen!

MÜHELOS FLASCHEN ENTKORKEN • Verwenden Sie zum Kochen gerne mal den angebrochenen Wein vom letzten größeren Abendessen? Dann müssen Sie diese Flaschen bestimmt auch öfter verschließen und wieder öffnen, bevor sie aufgebraucht sind. Ersparen Sie sich den ständigen Kampf mit dem Korken, indem Sie etwas Wachspapier um ihn herumwickeln, bevor Sie die Flasche das nächste Mal verschließen. So werden Sie sie ab jetzt mit Leichtigkeit öffnen können. Außerdem verhindert das Wachspapier, dass kleine Teilchen vom Korken abbröseln und in den Wein fallen.

ROSTSCHUTZ FÜR GUSSEISEN • Verfechter von Gusseisen werden zustimmen, dass es dieses erstklassige Material wert ist, etwas sorgfältiger gepflegt zu werden. Um zu verhindern, dass sich Rost bildet, reibt man die Bratpfanne oder Kasserolle gründlich mit einem Blatt Wachspapier ein – und zwar so lange sie noch warm ist. Anschließend legt man das Papier zwischen die Pfanne und den Deckel und stellt sie in den Schrank. Jetzt kann dem guten Stück wirklich nichts mehr passieren.

WASSERFLECKEN CHANCENLOS • Wenn Besuch kommt, möchte man, dass das ganze Haus vor Sauberkeit erstrahlt. Um Bad-Armaturen für längere Zeit vor Kalkflecken zu schützen, kann man sie nach der Reinigung mit einem Blatt Wachspapier einreiben. Dadurch erhält das Metall eine Wachsschicht, die wie durch Zauberhand sämtliche Wassertropfen abperlen lässt. So haben Kalkflecken – zumindest bis zur nächsten Reinigung – keine Chance.

SCHUTZ VOR KLEBSTOFF • Tischler und Hobbyschreiner wissen sehr gut, dass überschüssiger Klebstoff auf der Werkbank (oder schlimmer noch, Klebstoff, der das Werkstück mit den Schraubzwingen dauerhaft verleimt) äußerst schwer zu entfernen ist. Um zu verhindern, dass Teile zusammengeklebt werden, die nicht zusammengehören, kann man Wachs- oder Backpapier als Schutz auf die Werkbank oder zwischen Schraubzwinge und Werkstück legen. Das Wachspapier saugt den Klebstoff nicht auf und schützt deshalb Werkstück und Schraubzwinge vor versehentlichem Verkleben.

Spaß für Kinder

Welchem Kind würde es keinen Spaß machen, „Buntglas" selbst herzustellen? Vor allem, wenn es schon nach wenigen Minuten fertig ist. Lassen Sie sich und Ihren Kindern diesen Spaß nicht entgehen! Hobeln Sie zuerst mit einem Gemüseschäler Späne von Wachsmalstiften und ordnen Sie diese Späne nach Farben. Dann legen Sie ein Papiertuch oder eine Papiertüte auf den Tisch und einen Bogen Wachspapier darüber. Streuen Sie anschließend die Wachsmalstiftspäne darauf, bedecken Sie diese zuerst mit einem weiteren Blatt Wachspapier und abschließend mit einem Papiertuch. Bügeln Sie das Ganze ein paar Minuten und entfernen Sie danach die Tücher. Nun können Ihre Kinder aus dem selbst gemachten „Buntglas" Bilder ausschneiden und ins Fenster hängen. Sie werden an den Lichtspielen durch die Sonne sicher lange Freude haben. Alternativ können Sie und die Kinder aus dem „Buntglas" lustige Lesezeichen ausschneiden. Wenn Sie dafür eine Zickzackschere verwenden, sehen die Basteleien besonders pfiffig aus.

HÄTTEN SIE'S GEWUSST?

Wachspapier ist ein gutes Beispiel dafür, wie wichtig die Verpackung für den Erfolg eines Produkts sein kann. Bis 1927 wurde Wachspapier in vorgeschnittenen Bögen, in einem Umschlag verpackt, verkauft. Doch bald stellte sich heraus, dass die Benutzer unzufrieden damit waren, dass die Blätter an warmen Sommertagen zusammenklebten. Dann kam Nicholas Marcalus, ein geschäftstüchtiger Erfinder. Er wickelte Wachspapier auf eine Rolle und legte diese in eine Schachtel mit Schneidevorrichtung – und das Wachspapier, wie wir es heute kennen, war geboren. Seitdem wurde sogar ein Produkt (das amerikanische Reynolds Wachspapier) nach der Schneidevorrichtung „Cut-Rite" benannt und mittlerweile wird das patentierte Verfahren für eine Vielzahl von Produkten verwendet.

SCHLITTEN FLOTT MACHEN

Je schneller der Schlitten, desto größer der Spaß! Sorgen Sie dafür, dass Ihre Kinder den Hang regelrecht hinuntersausen. Nehmen Sie einfach ein großes Stück Wachspapier und reiben Sie damit die Kufen bzw. die Rutschfläche ein und der Rodelspaß kann beginnen.

Fortsetzung →

2 + 5 = ?

LERNSPIEL UND BASTELSPASS VEREINT • Langweilige Lernkarten können Sie zu einer Schreibtischunterlage aufpeppen und dadurch Bastelspaß und Wissensvermittlung verbinden. So merken sich die Kinder bestimmt, was darauf geschrieben steht, und der Unterrichtsstoff ist ruck, zuck auswendig gelernt. Und so geht's: Nehmen Sie einige Karteikarten, schreiben Sie den Lernstoff darauf und legen Sie diese zwischen zwei Bögen Wachspapier, die Sie auf das Format des Kartenarrangements plus einen Rand von etwa 1 cm zurechtgeschnitten haben. Legen Sie dann das Ganze zwischen zwei Lagen Papiertücher und „laminieren“ Sie die Karten mit einem warmen Bügeleisen. Jetzt müssen Sie nur noch die Papiertücher entfernen und fertig ist die individuelle Schreibtischunterlage.

EMPFINDLICHE STOFFE SICHER VERWAHRT • Wertvolle Spitzendeckchen und andere Wäschestücke, die innerhalb der Familie von einer Generation zur nächsten weitergereicht werden, können Schäden davontragen, wenn man sie nicht sorgfältig aufbewahrt. Wachs- oder Backpapier zwischen den wertvollen Erbstücken schützt die edlen Textilien zum einen vor Licht und verhindert zum andern, dass die Stoffe untereinander abfärben. Die nächsten Generationen werden es zu schätzen wissen.

WÄSCHEKLAMMERN

FRISCHEPACK FÜR KNUSPRIGES • Alt gewordene Kartoffelchips aus einem angebrochenen Beutel schmecken fad und sind nicht mehr knackig. Mit Wäscheklammern lassen sich Packungen mit Chips oder auch Haferflocken, Kräcker oder Müsli fest verschließen. Außerdem werden sie endlich nicht mehr im ganzen Vorratsschrank verstreut. Für Nahrungsmittel, die man in Gefrierbeuteln aufbewahren und lange frisch halten möchte, eignen sich Wäscheklammern übrigens genauso.

SO HÄLT DIE WEIHNACHTSBELEUCHTUNG WIND UND WETTER STAND • Weihnachten steht vor der Tür und es wird höchste Zeit für die passende Dekoration. Lichterketten kann man einfach mit Wäscheklammern an Dachrinnen, Bäumen und Büschen befestigen. So fallen sie sicher nicht ab und halten allen Witterungen stand.

ADVENTSKALENDER MIT PERSÖNLICHER NOTE • Mit Wäscheklammern kann man ganz einfach einen individuellen und originellen Adventskalender basteln. Dazu benötigt man 24 Wäscheklammern und eine Schnur oder ersatzweise einen Draht. Man kann auch einen auseinander gebogenen Kleiderbügel verwenden. Die Wäscheklammern werden an die Schnur oder den Draht gehängt, und an die Klammern kommt für jeden Tag ein hübsch verpacktes Geschenk. Nun werden noch die Nummern von 1 bis 24 auf die Geschenke geklebt und fertig ist der ganz persönliche Adventskalender. Als Geschenke kann man z. B. Süßigkeiten in kleine Säckchen verpacken oder man verschenkt Weihnachtsdekoration, kleine Holzfiguren oder Christbaumschmuck, die dann auch gleich zum Einsatz kommen können. Man kann aber auch ein weihnachtliches Gedicht abschreiben oder liebe Worte selbst verfassen und an die Wäscheklammern hängen. Zu Nikolaus dient dann eine rote Socke als Verpackung.

HÄNGELEISTE MIT HOLZWÄSCHEKLAMMERN • In der Werkstatt, der Küche und im Badezimmer lässt sich mit einer aus altmodischen Holzwäscheklammern gebastelten Hängeleiste Ordnung halten. Ordnen Sie ein paar Wäscheklammern in gleichmäßigen Abständen auf einer Leiste an und schrauben Sie sie von der Rückseite her fest. Die Löcher in der Wäscheklammer vorbohren, damit sie nicht springt. Fertig ist die Hängeleiste.

ORDNUNG IM KLEIDERSCHRANK • Manchmal ist nicht das Finden von Kinderschuhen an sich das Problem, sondern das Finden beider Schuhe! Halten Sie daher Schuhe, Stiefel und Turnschuhe paarweise mit Wäscheklammern zusammen, dann hat die ständige Suche ein Ende. Dieses Ordnungsprinzip funktioniert bei Handschuhen genauso gut.

LÄTZCHENERSATZ • Sind gerade alle Lätzchen in der Wäsche? Dann legen Sie Ihrem Sprössling stattdessen ein Geschirrtuch um und befestigen Sie es mit Wäscheklammern – das funktioniert genauso. Außerdem kann man sich auf diese Weise Geld für teure Lätzchen sparen.

LUSTIGE ZETTELHALTER AUS WÄSCHEKLAMMERN • Holzwäscheklammern eignen sich hervorragend als praktische Zettelhalter. Verzieren Sie den hinteren Teil mit Figuren, die Sie aus Buntpapier ausschneiden oder aus Modelliermasse formen und auf das Holz kleben. Diese individuellen Notizhalter können Sie auf den Schreibtisch legen oder am Kühlschrank als Halter für Ihre Einkaufsliste anbringen.

LÜCKENLOSES BLÜTENMEER • Wenn ein Frühlingsblüher nicht blüht, steckt man an der betreffenden Stelle eine Holzwäscheklammer in den Boden. Dann weiß man im Herbst genau, wo man eine neue Zwiebel setzen muss, um die Lücke zu schließen.

LAUBSACK KINDERLEICHT BEFÜLLEN • Wer jemals versucht hat, Laub in einen großen Sack zu füllen, weiß, dass meistens die Hälfte auf dem Boden landet, weil der Beutel ständig zusammenklappt und dadurch die Öffnung versperrt wird. Doch dafür gibt es eine Lösung: Das nächste Mal nehmen Sie ein paar Wäscheklammern, öffnen den Beutel so weit wie möglich und befestigen mit den Wäscheklammern eine Seite des Sacks am Drahtzaun oder an einer anderen geeigneten Stelle. Wenn Sie möchten, können Sie auf der gegenüberliegenden Seite auch ein paar Wäscheklammern befestigen und außen herunterhängen lassen. Sie werden den Beutel allein durch ihr Gewicht zusätzlich offen halten. Nun bleibt er weit geöffnet und lässt sich leicht befüllen.

HÄTTEN SIE'S GEWUSST?

Die ersten Wäscheklammern bestanden lediglich aus einem Stück Holz, das gespalten oder mit einem Schlitz versehen war. In Deutschland wurden diese einfachen Modelle bis in die 1960er-Jahre – inzwischen neben den Klammern mit Feder – verwendet. Die moderne Kunststoffversion verdrängte das Holzmodell innerhalb der folgenden zehn Jahre fast völlig. Das in den 1980er-Jahren immer stärker aufkommende Umweltbewusstsein verschaffte der Holzklammer aber ein Revival. Allerdings konnte sie sich nicht erneut auf den heimischen Wäscheleinen durchsetzen, im Bastelbereich dagegen erfreut sie sich größter Beliebtheit.

Fortsetzung →

NÄGEL UNBESCHADET IN DIE WAND SCHLAGEN

Schlagen Sie mit dem Hammer auf den Nagel statt auf Ihre Finger! Halten Sie die Nägel mithilfe einer Wäscheklammer, wenn Sie sie an schwer zugänglichen Stellen einschlagen möchten.

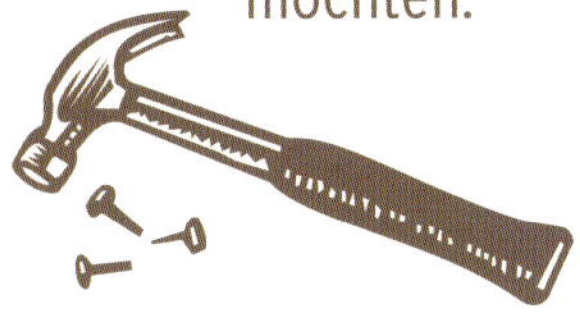

DÜNNE GEGENSTÄNDE GUT FIXIERT • Beim Zusammenkleben von zwei dünnen Gegenständen kann man zwei Wäscheklammern als Haltevorrichtung verwenden, bis der Kleber fest geworden ist.

PINSELHALTERUNG • Sowohl nach künstlerischen Ergüssen als auch nach Malerarbeiten müssen Pinsel wieder gereinigt werden. Damit das Malgerät beim Einweichen nicht vollständig im Lösungsmittel versinkt, befestigt man es einfach mit einer Wäscheklammer am Gefäß. So wird der Pinsel vor dem sicheren Untergang gerettet und man bekommt bei der Rettungsaktion keine dreckigen Finger.

WASSERSTOFFPEROXID

GEGEN UNBEKANNTE FLECKEN • Sie entdecken einen Fleck, wissen aber nicht, wovon er stammt? Entfernen Sie ihn dennoch: Mischen Sie 1 TL 3%ige Wasserstoffperoxid-Lösung mit etwas Weinsteinbackpulver oder gelfreier Zahnpasta. Verreiben Sie die Paste mit einem weichen Lappen auf dem Fleck und spülen Sie sie dann aus.

GRASFLECKEN – KEIN PROBLEM! • Bei Kinderkleidung voller Grasflecken schafft Wasserstoffperoxid Abhilfe. Einfach ein paar Tropfen Salmiakgeist mit knapp 1 TL 3%iger Wasserstoffperoxid-Lösung mischen und auf den Flecken verreiben. Sobald sie verschwinden, ausspülen und die Kleidung durchwaschen.

SCHIMMEL-EX • Schimmel im Badezimmer ist weder schön noch gesund und erfordert ein Gegenmittel mit nachhaltiger Wirkung. Nehmen Sie daher eine Flasche 3%ige Wasserstoffperoxid-Lösung und tragen Sie die Lösung unverdünnt unmittelbar auf die befallenen Stellen auf. Lassen Sie die Lösung etwas einwirken und wischen Sie sie anschließend kurz mit einem feuchten Lappen ab.

HILFE BEI FRISCHEN BLUTFLECKEN • 3%ige Wasserstoffperoxid-Lösung direkt auf den frischen Blutfleck auftragen, mit klarem Wasser gründlich nachspülen und wie üblich waschen.

WEINFLECKEN RESTLOS ENTFERNEN • Mit Wasserstoffperoxid lassen sich auch Weinflecken in Kleidungsstücken erfolgreich bekämpfen (Vorsicht bei empfindlichen Stoffen). Also keine Sorge mehr, wenn beim Anstoßen mal etwas Wein verschüttet wird.

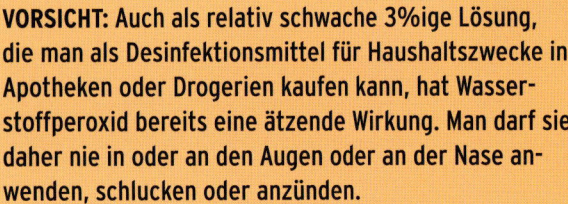

VORSICHT: Auch als relativ schwache 3%ige Lösung, die man als Desinfektionsmittel für Haushaltszwecke in Apotheken oder Drogerien kaufen kann, hat Wasserstoffperoxid bereits eine ätzende Wirkung. Man darf sie daher nie in oder an den Augen oder an der Nase anwenden, schlucken oder anzünden.

KEINE BAKTERIEN AUF DEM SCHNEIDEBRETT

Wasserstoffperoxid macht Bakterien den Garaus und ist daher das richtige Mittel, um die Vermehrung von Bakterien auf einem Schneidebrett, besonders nach der Verarbeitung von Fleisch, zu verhindern. Die Keime auf dem Hackbrett werden abgetötet, wenn man es mit Essig abwischt und anschließend mit frischem Küchenpapier und Wasserstoffperoxid nachreibt. Die übliche 3%ige Wasserstoffperoxid-Lösung ist ausreichend.

HÄTTEN SIE'S GEWUSST?

Wasserstoffperoxid (H_2O_2) wurde 1818 entdeckt. Im Haushalt verwendet man es zumeist als Desinfektions- und Bleichmittel. In der Kosmetik wird es zum Bleichen von Zähnen und zum Blondieren von Haaren eingesetzt. Auch in Sauerstoffbleichmitteln für Stoffe bildet es einen wichtigen Bestandteil. Textilhersteller benutzen Wasserstoffperoxid in höheren Konzentrationen als Stoffbleichmittel. Im Zweiten Weltkrieg dienten Wasserstoffperoxid-Lösungen sogar als Treibstoff für Torpedos und Raketen. Vor allem wird es aber zur Bleichung von Zellstoff in Taschentüchern, Papier u. Ä. verwendet.

WATTEBÄUSCHE

KEINE UNANGENEHMEN GERÜCHE IM KÜHLSCHRANK • Manchmal hinterlassen allerkleinste Speisereste einen schlechten Geruch im Kühlschrank. Wer nicht gleich den ganzen Kühlschrank auf den Kopf stellen möchte, kann einfach einen Wattebausch mit Vanilleextrakt befeuchten und hinten in den Kühlschrank legen. Das verbreitet einen angenehmen Duft.

SCHUTZ FÜR GUMMIHANDSCHUHE • Lange, gut manikürte Fingernägel sehen elegant aus. Im Haushalt haben sie jedoch manchmal Nachteile und durchbohren eventuell die Fingerspitzen von Gummihandschuhen. Um das zu vermeiden, zerteilen Sie einen Wattebausch und schieben die Watte in jeden Finger der Gummihandschuhe. Die weiche Polsterung verlängert die Haltbarkeit der Handschuhe und schützt gleichzeitig die Fingernägel.

ZIMMERDÜFTE • Tränken Sie einen Wattebausch großzügig mit Ihrem Lieblingsduft und stecken Sie ihn in den Staubsaugerbeutel. Auf diese Weise wird sich der Duft bei jedem Staubsaugen in Ihrem Zimmer ausbreiten.

BEKÄMPFUNG VON SCHIMMEL • In jedem Badezimmer gibt es einige schwer erreichbare Stellen, meistens um die Armaturen herum, wo sich Schimmel in den Fliesenfugen bildet. Wer dort gründlich wischen will, muss sich oft regelrecht verrenken. Stattdessen kann man einfach ein paar Wattebäusche mit Bleichmittel tränken und auf die befallene Stelle legen (Achtung: Handschuhe tragen und sehr umsichtig vorgehen!). Nach ein paar Stunden wird man sehen, dass die Methode Wunder gewirkt hat. Mit warmem Wasser gründlich nachwischen.

WD-40®

TRENNEN SIE INEINANDER FESTSTECKENDE GLÄSER • Man steht vor dem Küchenregal und findet zwei ineinander gestapelte Trinkgläser vor, die derart feststecken, als wären sie eines. Natürlich möchte man nicht riskieren, dass die Gläser beim Auseinanderziehen zu Bruch gehen. Was soll man also tun? Feststeckende Gläser können ganz einfach voneinander getrennt werden, indem man sie mit WD-40® einsprüht. Man wartet ein paar Sekunden, bis das Öl zwischen die Gläser gelaufen ist, und schon kann man sie vorsichtig auseinander ziehen. Falls sie jedoch sehr fest sitzen, sollte man als Vorsichtsmaßnahme unbedingt Handschuhe tragen. Vor dem nächsten Gebrauch müssen die Gläser dann sorgfältig ausgespült werden.

LOCKERN SIE FEST SITZENDE LEGOSTEINE • Es kann schon mal zu Tränen führen, wenn die Plastikbausteine des kleinen Lieblings so fest zusammenstecken, dass an einen lustigen Turmbau nicht mehr zu denken ist. Schnelle Hilfe verspricht hier das Multifunktionsöl WD-40®: Das Mittel wird einfach auf die Nahtstelle der beiden feststeckenden Plastikbausteine aufgesprüht. So kann es in den schmalen Spalt zwischen den Steinen eindringen und nach einer kurzen Einwirkzeit wird ein wenig Rütteln die Bausteine auseinander bringen. Da es sich bei WD-40® um Multifunktionsöl handelt, sollten die Spielsteine danach gleich gründlich abgewaschen und getrocknet werden.

VORSICHT: Folgende Sicherheitshinweise gilt es vor und bei dem Gebrauch von WD-40® zu beachten:

Da es sich bei diesem Mittel um ein Multifunktionsöl handelt, sollte es nie in der Nähe einer offenen Flamme oder einer anderen Hitzequelle verwendet werden. Auch unter elektrischer Spannung stehende Geräte oder einzelne Teile von diesen dürfen nicht besprüht werden. Also unbedingt immer den Netzstecker herausziehen, wenn elektrische Geräte mit WD-40® behandelt werden.

Die Sprühdose steht unter Druck und darf aus diesem Grund niemals direkter Sonneneinstrahlung ausgesetzt oder auf heiße Oberflächen gestellt werden. Bewahren Sie die Dose deshalb auch nicht bei Temperaturen über 50 °C (z. B. in der Nähe eines Grills) auf und stechen Sie unter keinen Umständen in die Dose hinein. Verwenden Sie WD-40® nur in einer sehr gut belüfteten Umgebung und schlucken oder inhalieren Sie es auf keinen Fall. Wenn dergleichen doch unabsichtlich passiert sein sollte, holen Sie unverzüglich ärztlichen Rat ein.

KEINE KLEMMENDEN REISSVERSCHLÜSSE MEHR • Widerspenstige Reißverschlüsse von Jacken, Ruck- und Schlafsäcken funktionieren wieder reibungslos, wenn Sie diese mit dem Multifunktionsöl WD-40® behandeln. Sprühen Sie den Reißverschluss ein und bewegen Sie den Schieber mehrmals auf und ab, um das Mittel gleichmäßig auf den Zähnen zu verteilen. Wenn Sie vermeiden möchten, dass der Stoff durch die ölige Substanz verschmutzt wird, sprühen Sie das Mittel in ein kleines Gefäß, tauchen Sie einen Malpinsel hinein und tragen Sie WD-40® damit auf den Reißverschluss auf.

GEGEN HARTNÄCKIGEN KLEBSTOFF AUF HÄNDEN • Beim Basteln mit Kraftkleber erschwert das Tragen von Schutzhandschuhen die Arbeit mit kleinen Bauteilen. Allerdings kennt auch jeder Hobbybastler das unschöne Gefühl von Klebstoffresten auf den Fingern, die, egal wie sehr man rubbelt oder wie viel Seife man auch verwendet, einfach nicht verschwinden wollen. Ein äußerst wirksames Mittel gegen Klebstoffrückstände ist WD-40®. Die verklebten Finger besprühen und die Hände so lange aneinander reiben, bis die Finger frei von Klebstoff sind. Das Praktische ist, dass man auf diese Weise auch Klebstoffreste von harten Oberflächen entfernen kann: WD-40® auf die betroffene Stelle sprühen und 30 Sekunden einwirken lassen. Danach kann der Kleber einfach mit einem feuchten Tuch abgewischt werden.

SO RUTSCHT DER RING VOM FINGER • Alles Ziehen und Zerren hilft nicht – der Ring will einfach nicht vom Finger! Dann nehmen Sie WD-40® zu Hilfe: Träufeln Sie ein wenig davon auf den Ring und er wird vom Finger gleiten. Denken Sie daran, danach die Hände und auch den Ring sorgfältig zu waschen.

KEIN QUIETSCHENDER KINDERWAGEN MEHR • Wenn die Räder des Kinderwagens quietschen oder recht störrisch sind, sprühen Sie etwas Multifunktionsöl auf die Räder und der kleine Liebling wird beim Spaziergang nicht mehr durch penetrante Geräusche oder unangenehmes Ruckeln geweckt.

TIPP

Maximale Leistung aus der Dose

Um sicherzugehen, dass aus der Spraydose auch das Maximum der möglichen Sprühkraft austritt, sollten Sie WD-40® während der Nutzung senkrecht halten. Bei einem waagerechten Gebrauch tritt lediglich Treibgas aus.

WD-40® hat generell keine Mindesthaltbarkeit, nach längerer Nutzungspause sollte die Dose allerdings vor dem erneuten Gebrauch gut geschüttelt werden.

GUT GEPFLEGTE GITARRENSAITEN

WD-40® eignet sich hervorragend zur Pflege der Gitarrensaiten. Dazu die Saiten regelmäßig mit dem Multifunktionsöl einsprühen und anschließend mit einem trockenen Tuch abwischen. Die Saiten sollten hierfür von der Gitarre abgenommen werden, denn sonst lassen sich hässliche Ölflecken auf Gitarrenhals und -körper kaum vermeiden. Nach der Pflege mit WD-40® kann man sich lange an sauberen geschmeidigen Gitarrensaiten erfreuen und ihrem Klang lauschen.

BESEITIGUNG HARTNÄCKIGER ABRIEBSPUREN • Schwarze Schuhsohlen können hässliche Abriebspuren auf dem Fußboden hinterlassen. Wenn Sie keine Lust haben, solche Flecken unter großen Mühen vom Boden zu schrubben, sprühen Sie WD-40® auf die Abriebspuren und lassen Sie es für kurze Zeit einwirken. Sie werden sehen, dass sich die Flecken fast mühelos wegwischen lassen. WD-40® ist für das Entfernen von Teer- und Abriebspuren auf allen harten Böden geeignet. Beim Gebrauch des Multifunktionsöls sollten Sie aber stets ans Lüften denken.

Fortsetzung →

HÄTTEN SIE'S GEWUSST?

Wöchentlich werden allein in den USA eine Million Dosen WD-40® hergestellt. Das Geheimrezept, das seit über 50 Jahren im Wesentlichen aus den gleichen Inhaltsstoffen besteht, kennen nur eine Hand voll Mitarbeiter der WD-40® Company. Ein einziger „Braumeister" mischt dieses Produkt in der Zentrale in San Diego an der Westküste der Vereinigten Staaten. Obwohl die Firma sich weigert, die Inhaltsstoffe preiszugeben, kann man festhalten: „WD-40® beinhaltet weder Silikon, Kerosin, Wasser, Wachs, Graphit, Fluorchlorkohlenwasserstoffe (FCKWs) noch irgendwelche bekannten krebserregenden Stoffe".

FILZ- UND WACHSMALSTIFTFREIE WÄNDE • Haben Ihre Kinder die Wand nach eigenen Vorstellungen umgestaltet? Kamen dabei vielleicht bunte Kreide, Wachsmal- oder Filzstifte zum Einsatz? Kein Grund zur Sorge, sprühen Sie einfach etwas WD-40® auf die Flecken und wischen Sie diese mit einem sauberen Tuch ab. Das WD-40® beschädigt weder Wandfarben noch Tapeten. (Bei Wandbezügen aus Stoff oder anderen außergewöhnlichen Materialien sollten Sie WD-40® allerdings erst an einer unauffälligen Stelle testen.) Es entfernt Filz- und Wachsmalstiftflecken auch von Möbeln und Geräten.

SCHNELLE HILFE BEI HUNDEKOT AM SCHUH • Es ist eine unangenehme Arbeit, Schuhsohlen von Hundekot zu befreien. Die Angelegenheit kann man sich aber vereinfachen, wenn man die Schuhe mit WD-40® behandelt. Das Öl wird dazu einfach auf die Sohle gesprüht. Hat diese ein tiefes Profil, wie manche Sport- oder Wanderschuhe, hilft eine alte Zahnbürste, um die Vertiefungen zu reinigen. Spülen Sie den Schuh mit kaltem Wasser ab und schon sind Sie wieder startklar.

TERRAKOTTATÖPFE FREI VON KALK- UND SALZRÄNDERN • Terrakottatöpfe sind der Blickfang in jedem Garten und auf jedem Balkon. Da sie aber die praktische Eigenschaft besitzen, Wasser zu speichern, neigen sie leider auch dazu, nach einer gewissen Zeit hässliche Kalk- und Salzränder zu bilden. Dagegen schien bisher kein Kraut gewachsen. Zum Glück lässt sich dieser Makel mit dem Multifunktionsöl WD-40® ganz leicht entfernen. Das Mittel wird dazu auf einen Lappen gegeben, mit dem man mehrere Male über die weißen Ränder reibt, und schon bald werden sie verschwunden sein.

„GRILL-FIT" IN DIE GARTENSAISON • Der alte Grill steht nun seit Jahren in der Garage. Jeden Sommer nimmt man sich vor, ihn wieder „grill-fit" zu machen, wäre da nicht die unumstößliche Tatsache, dass dies mit viel Mühe verbunden ist. Man muss ihn aber nicht aufgeben und wegwerfen, denn man kann sich die Arbeit mit dem Multifunktionsöl WD-40® wesentlich erleichtern. Dazu jedes Teil des Grills großzügig mit dem Mittel einsprühen. Ein paar Sekunden warten, dann mithilfe einer Drahtbürste abschrubben und gründlich abwaschen. Beim nächsten Grillen sollten keine WD-40®-Rückstände mehr am Rost haften.

LEISE KINDERSCHAUKEL • Eine quietschende Kinderschaukel kann mitunter zu Unstimmigkeiten in der normalerweise guten Nachbarschaft führen. Beugen Sie dem Krach vor, indem Sie die Aufhängung der Schaukel mit WD-40® besprühen. Es wird kein Quietschen (mehr) zu hören sein. So haben die Kinder ihren Spaß und die Erwachsenen ihre Ruhe.

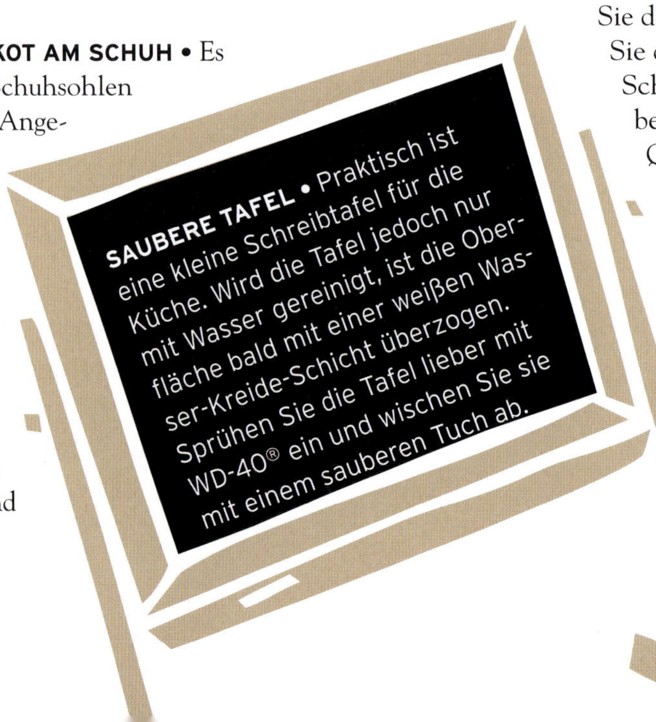

SAUBERE TAFEL • Praktisch ist eine kleine Schreibtafel für die Küche. Wird die Tafel jedoch nur mit Wasser gereinigt, ist die Oberfläche bald mit einer weißen Wasser-Kreide-Schicht überzogen. Sprühen Sie die Tafel lieber mit WD-40® ein und wischen Sie sie mit einem sauberen Tuch ab.

ALTES WACHS ENTFERNEN • Um bestes Fahrverhalten von Skiern und Snowboards zu gewährleisten, sollte man alle paar Jahre das alte Wachs entfernen und neues auftragen. Den Gang in ein Sportgeschäft kann man sich jedoch sparen. Zum Wachsentfernen in der Garage oder im Hobbykeller (Garagentor oder Fenster während der Arbeit öffnen) wird WD-40® sparsam auf die Unterseite des Sportgeräts gesprüht. Dann wird das Wachs mithilfe eines Acrylspachtels gelöst. Für die weitere Reinigung und für oxidierte Stellen eignet sich eine Messingbürste.

PLASTIKMÖBEL WIEDER GLÄNZEND • Mit der Zeit verlieren Gartenmöbel aus Plastik ihren Glanz, die Farben verbleichen und werden stumpf. Lassen Sie Ihre Gartenmöbel wieder in alter Pracht erstrahlen, indem Sie deren Oberfläche mit WD-40® einsprühen und mit einem trockenen Tuch abwischen. Sie werden vom Ergebnis überrascht sein.

WINTERFESTE STIEFEL UND SCHUHE • Nach einem winterlichen Einkaufsbummel in der Stadt können hässliche Salzflecken auf den Schuhen zurückbleiben. Diese können Sie mit WD-40® entfernen. Besprühen Sie Schuhe oder Stiefel mit dem Multifunktionsöl und wischen Sie mit einem sauberen und weichen Lappen nach. Ihre Stiefel und Schuhe werden fast wie neu aussehen. Wildlederschuhe sind für diese Behandlung jedoch nicht geeignet.

GOLFSCHLÄGER REINIGEN UND SCHÜTZEN • Als Golfanfänger kann man gleich mit Wissen brillieren und als Profi etwas Nützliches dazulernen: Golfschläger werden wunderbar gereinigt und geschützt, wenn man sie nach jedem Gebrauch mit WD-40® einsprüht. Wenn die Kinder Leichtathletik betreiben oder Fussball spielen, können auch Erdreste von Spikes sehr einfach abgelöst werden.

FLECKEN ENTFERNEN

TEEFLECKEN AUF DEM TISCH ADIEU! • Unschöne Teeflecken sind ganz leicht von Oberflächen zu entfernen, wenn man hierfür WD-40® verwendet. Das Mittel auf einen Schwamm oder Lappen geben und die Flecken bearbeiten. Zum Nachwischen reicht ein feuchtes Tuch. WD-40® ist ein Multifunktionsöl und sollte nicht auf unbehandeltem Holz verwendet werden.

RETTUNG FÜR DEN TEPPICH • Ein Tintenfleck auf dem Teppich ist eine wirklich ärgerliche Angelegenheit, denn diese Flecken scheinen gegen alle Mittel resistent zu sein. Doch es gibt keinen Grund zur Sorge – WD-40® hilft! Man sprüht den Fleck mit dem Multifunktionsöl ein und wartet 1–2 Minuten. Nun kommt das übliche Teppichreinigungsgerät zum Einsatz (dieses kann man sich in der Reinigung ausleihen, wenn man kein eigenes besitzt). Alternativ können auch ein Schwamm und warmes Seifenwasser zum anschließenden Reinigen des Teppichs verwendet werden.

TOMATENFLECKEN VON KLEIDUNG BESEITIGEN • Die selbst gezüchteten Tomaten aus dem Garten sahen so appetitlich aus, dass Sie nicht widerstehen konnten? Nur leider hat Ihr Hemd oder Ihre Bluse einen schwer zu entfernenden Tomatenfleck davongetragen. Um Flecken von frischen Tomaten oder von Tomatensoße zu beseitigen, sprühen Sie WD-40® direkt auf den Fleck, warten einige Minuten und waschen den Fleck nun wie gewohnt aus. Schon bald wird von dem kleinen Missgeschick nichts mehr zu sehen sein.

VORBEHANDLUNG VON BLUTFLECKEN UND CO. • Blut und andere schwer zu entfernende Flecken auf Kleidung sollten vor der Wäsche vorbehandelt werden. Das funktioniert besonders einfach mit WD-40®. Man sprüht die Flecken direkt ein, wartet ein paar Minuten und wäscht danach das Kleidungsstück wie gewohnt in der Waschmaschine.

WEGWERFWINDELN

HEIZKISSEN GEGEN MUSKELSCHMERZEN • Wegwerfwindeln haben eine hohe Saugfähigkeit und lassen sich daher zu einem weichen, anschmiegsamen Heizkissen umfunktionieren. Man feuchtet eine unbenutzte Wegwerfwindel an und erhitzt sie 2 Minuten in der Mikrowelle auf mittlerer bis hoher Stufe. Wenn sie die richtige Temperatur hat, kann man sie nun auf die schmerzenden Muskeln auflegen.

GUT BEFEUCHTETE TOPFPFLANZEN • Legen Sie vor dem Eintopfen einer Pflanze eine saubere Wegwerfwindel mit der saugfähigen Seite nach oben auf den Boden des Blumentopfs. Sie nimmt das Wasser auf, das normalerweise aus dem Boden austreten würde, und bewahrt die Pflanze vor schnellem Austrocknen. Außerdem erspart man sich so häufiges Gießen.

GEPOLSTERTE PAKETTASCHEN SELBST GEMACHT • Empfindliche Gegenstände kann man in Wegwerfwindeln einwickeln und so sicher in der Pakettasche versenden. Zwar sind Windeln teurer als gewöhnliche Polsterfolien zum Verpacken, aber wer hat so etwas schon immer zur Hand? Mit dem „Windelpaket" kann man auf jeden Fall sicher sein, dass das Geschenk auch heil ankommt.

HÄTTEN SIE'S GEWUSST?

Die Amerikanerin Marion Donovan, die für ihre Tochter eine Alternative zu Stoffwindeln suchte, entwickelte Plastiküberzüge für Windeln. Die erste Plastikhülle entstand aus einem Duschvorhang, später verwendete sie Fallschirmseide. Die Industrie war an dem Produkt nicht interessiert, doch als sie ein Unternehmen gründete und die Windelüberzüge 1949 in einem renommierten Kaufhaus in New York vorstellte, hatte sie sofort Erfolg. Bald stellte Marion Donovan durch Zusatz von saugfähigem Material die erste Wegwerfwindel her. Schon 1951 verkaufte sie ihr Unternehmen für 1 Mio. US-Dollar.

WEICHSPÜLER

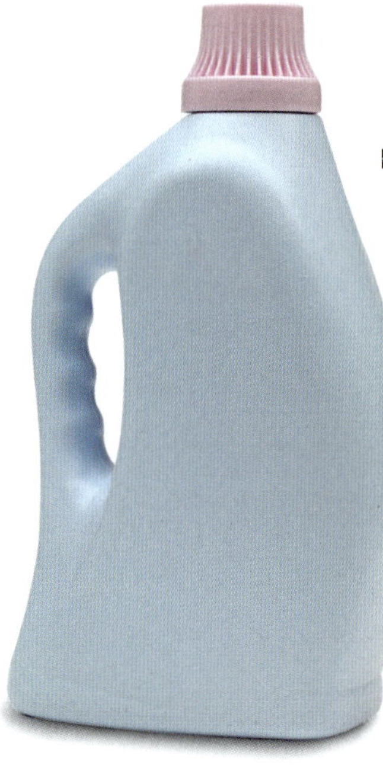

KEIN STAUB MEHR AUF DEM BILDSCHIRM • Immer wieder setzt sich bald nach dem Wischen neuer Staub auf dem Bildschirm des Fernsehgeräts oder anderen Kunststoffflächen ab. Um dem vorzubeugen, geben Sie etwas Weichspüler direkt auf das Staubtuch und wischen Sie damit den Bildschirm wie üblich ab. Das verhindert die statische Aufladung und der Bildschirm bleibt somit länger staubfrei.

MITTEL GEGEN KALKFLECKEN • Hartes Wasser verursacht oftmals ziemlich hartnäckige Flecken auf den Fensterscheiben. Solche Flecken lassen sich wesentlich leichter entfernen, wenn man unverdünnten Weichspüler darauf tupft und 10 Minuten einwirken lässt. Anschließend wischt man Weichspüler und Flecken mit einem feuchten Tuch vom Glas ab und spült einmal gründlich nach.

PFLEGENDES MITTEL GEGEN HAARKNOTEN • Haben Sie immer mal wieder schwer entwirrbare Knoten in Ihrem Haar? Lösen Sie flüssiges Weichspülmittel in Wasser und tragen Sie es nach der Haarwäsche auf: Das pflegt und entwirrt die Haarpracht. Wie viel Pflegespülung Sie benötigen, richtet sich nach der Beschaffenheit des Haars. Bei feinem Haar braucht man eine schwächere, bei kräftigem, lockigem Haar eine stärkere Lösung. Nach der Anwendung sollte man das Haar durchkämmen und ausspülen.

SAUBERKEIT FÜR GLATTE FLÄCHEN • Glastische, Türen von Duschkabinen und andere harte Flächen kann man mit Weichspüler reinigen und staubabweisend machen. Man mischt 1 Teil Weichspüler mit 4 Teilen Wasser und bewahrt die Lösung in einer Sprühflasche auf, z. B. in einer leeren Glasreinigerflasche. Etwas davon sprüht man auf einen sauberen Lappen und wischt die Flächen damit ab. Danach mit einem trockenen Tuch polieren.

KEINE HAARSPRAYRÜCKSTÄNDE AUF DEM FRISIERTISCH • Haben Sie sich auch schon abgemüht, angetrocknete Haarsprayrückstände vom Frisiertisch zu entfernen? Selbst hartnäckige Ablagerungen lassen sich mit einer Lösung aus 1 Teil flüssigem Weichspüler und 2 Teilen Wasser problemlos abwischen. Rühren Sie die Mischung um und gießen Sie sie in eine Sprühflasche. Dann besprühen Sie die Flächen und polieren sie mit einem trockenen Tuch.

SELBST GEMACHTE TROCKNERTÜCHER • Trocknertücher sind bequem in der Handhabung, aber im Vergleich zu flüssigem Weichspüler recht teuer. Man kann solche Tücher aber selbst machen und auf diese Weise viel Geld sparen. Feuchten Sie einen alten Waschlappen mit 1 TL Weichspülmittel an und stecken Sie ihn mit der nächsten Wäscheladung in den Trockner.

GEGEN FESTGEBACKENE SCHMUTZKRUSTEN • Sie sparen sich das langwierige Scheuern, wenn Sie Töpfe mit angebrannten Speiseresten zuerst in einer Weichspüler-Lösung einweichen. Füllen Sie den Topf mit Wasser, geben Sie einen Spritzer Weichspüler hinzu und lassen Sie alles eine Stunde einweichen. Die Rückstände sind nun relativ leicht wegzuwischen.

ELEKTROSCHOCK VOM TEPPICH?

Elektrische Schläge, die man erhält, wenn man auf dem Kunstfaserteppich läuft und dann an ein leitendes Material fasst (z. B. die Türklinke), können unangenehm sein. Sie lassen sich vermeiden, wenn man den Teppich mit einer Weichspülerlösung einsprüht. Hierfür mischt man 220 ml Weichspüler und 2,5 l Wasser, füllt alles in eine Sprühflasche und sprüht den Teppich leicht ein. Der Teppich darf nicht durchnässt und die Beschichtung auf der Rückseite nicht angegriffen werden. Am besten sprüht man den Teppich abends ein und lässt ihn über Nacht trocknen, bevor man ihn wieder begeht. Die Wirkung hält in der Regel mehrere Wochen an.

RUNTER MIT DER ALTEN TAPETE! • Mit Weichspüler ist das Ablösen alter Tapeten kein Problem. Eine Kappe flüssigen Weichspüler auf 1 l Wasser geben und die Lösung mit dem Schwamm auf die Tapete streichen. 20 Minuten einwirken lassen, dann lässt sich das Papier von der Wand schaben. Tapeten mit wasserfester Beschichtung müssen vor der Behandlung mit der Weichspülerlösung mit einer Drahtbürste aufgeraut werden.

WODKA

SELBST GEMACHTER VANILLEEXTRAKT • Mit diesem außergewöhnlichen Hausrezept können Sie jeden Geschenkkorb aufwerten! Nehmen Sie eine getrocknete Vanilleschote und schlitzen Sie diese der Länge nach auf. Legen Sie die Schote in ein Marmeladenglas und bedecken Sie sie mit 180 ml Wodka. Schließen Sie das Glas und lassen Sie es für 4–6 Monate im Küchenschrank stehen. Gelegentlich sollten Sie es schütteln. Filtern Sie Ihren selbst gemachten Vanilleextrakt durch einen ungebleichten Kaffeefilter oder ein Baumwolltuch. Füllen Sie ihn in eine dekorative Flasche um und ein tolles Geschenk wartet nur noch auf die passende Gelegenheit.

„SPIRITUELLE" REINIGUNG FÜR GLAS UND SCHMUCK • Mit nur wenigen Tropfen Wodka können Sie jede Art von Glas und echten Edelsteinen aus Kristallen reinigen. Auch wenn Sie von einigen Leuten verwundert angeschaut werden, tunken Sie eine Serviette in Ihren Wodka on the Rocks, um damit den Schmutz auf Ihrer Brille wegzuwischen. Oder tauchen Sie Ihren Diamantring für ein paar Minuten in den Drink. So funkelt er wieder wie neu. Aber versuchen Sie dies nicht mit Kontaktlinsen! Halten Sie Alkohol auch von anderen, nicht kristallinen Schmucksteinen fern. Nur Edelsteine wie Diamanten und Smaragde profitieren von einem Wodkabad.

DESINFEKTIONSMITTEL • Wodka enthält Alkohol, und jeder Alkohol tötet bakterielle Erreger. Sollten Sie keinen normalen Methylalkohol zur Hand haben, benutzen Sie stattdessen Wodka. Man kann damit sowohl Rasierklingen, die man nochmals verwenden will, einsprühen als auch Haar-, Zahn-, oder Tierbürsten säubern, eigentlich alles, was Erreger von Mensch zu Mensch oder von Tier zu Mensch übertragen könnte.

UNKRAUTVERNICHTER DIREKT AUS DEM KÜCHENREGAL • Einen schnellen und einfachen Unkrautvernichter stellen Sie her, indem Sie 30 ml Wodka mit ein paar Tropfen Geschirrspülmittel und 500 ml Wasser mischen. Füllen Sie das Ganze in eine Sprühflasche und benetzen Sie damit das Unkraut, bis die Blätter ganz nass sind. Wenden Sie diese Methode gegen Unkräuter an, die in der Sonne wachsen, und tragen Sie das Gemisch in der Mittagssonne eines heißen Tages auf.

LANGE FREUDE AN SCHNITTBLUMEN • Das Geheimnis lang anhaltender Frische von Schnittblumen liegt im Blumenwasser. Dort gilt es, die Vermehrung von Bakterien möglichst gering zu halten und der Blume gleichzeitig Nährstoffe zuzuführen. Gegen Bakterien wirken einige Tropfen Wodka (oder anderer klarer Alkohol), die man dem Blumenwasser beimischt, als Nährstoff fügt man 1 TL Zucker hinzu.

HÄTTEN SIE'S GEWUSST?

Wodka spielt in der russischen Kultur eine wichtige Rolle. Sein Name stammt vom russischen Wort für Wasser (Voda). Wodka wurde erstmals im 15. Jh. hergestellt und als Desinfektions- und Betäubungsmittel benutzt. Später entdeckte man, dass er auch als Getränk seine Qualitäten hat. Aber was ist Wodka genau? Klassischer Wodka wird mit fermentiertem Weizen oder Roggen angesetzt, wobei der Zucker im Korn durch Zugabe von Hefe in Alkohol umgewandelt wird. Bei der anschließenden Destillation erhitzt man die Flüssigkeit, bis der Alkohol verdampft und als Kondensat eingefangen wird. Zusatzstoffe wie Zitrone wurden beigegeben, um den Geschmack zu glätten. Heutzutage dienen sie vor allem zur Unterscheidung der verschiedenen Marken.

ZAHNBÜRSTEN

DIE ALLZWECKBÜRSTE • Alte Zahnbürsten gehören nicht in den Müll: Mit ihnen lassen sich die unterschiedlichsten Gegenstände sowie kleine und schwer zu erreichende Flächen oder Spalten reinigen. Man kann sie verwenden, um künstliche Blumen, Modeschmuck, Kämme, Stangen für Duschvorhänge und Spalten zwischen Kacheln oder an Wasserhähnen sauber zu halten. Auch um das Innere der Waschmittellade der Waschmaschine zu reinigen, sind Zahnbürsten hervorragend geeignet. Zahnbürsten lassen sich auch für die Reinigung von Tastaturen, Schneiderädern von Dosenöffnern und kleinen Flächen an Herden verwenden. Auch die Nähte von Schuhen am Übergang zur Sohle lassen sich so säubern.

REINE REIBEN • Mit einer Zahnbürste lässt sich die Reibfläche einer Käse- oder Muskatreibe gut vorreinigen, bevor die Reibe abgewaschen oder in die Spülmaschine gelegt wird. Die Reibe wird so viel gründlicher sauber.

GEGEN HARTNÄCKIGE FLECKEN • Flecken, die tief in weiches Gewebe eingedrungen sind, lassen sich eventuell mit einer Zahnbürste entfernen. Tauchen Sie eine weiche Zahnbürste mit Nylonborsten in das Reinigungsmittel (z. B. Bleichmittel oder Essig) und betupfen Sie damit den Fleck, bis er verschwunden ist.

ZUBEREITUNG VON MAISKOLBEN • Frischer Mais wird auch bei uns immer beliebter. Bevor Sie Maiskolben zubereiten, bürsten Sie mit einer Zahnbürste die langen Fasern zwischen den Maiskörnern heraus. Sonst bleiben sie beim Essen in den Zahnzwischenräumen hängen.

DAS WAFFELEISEN REINIGEN • Frische Waffeln schmecken einfach herrlich! Doch das verschmutzte Waffeleisen kann einem den Spaß daran etwas verderben. Mit einer sauberen weichen Zahnbürste lassen sich aber leicht alle Krümel und angebrannten Reste aus den Ecken des Geräts bürsten. Zudem kann man mit der Zahnbürste sehr gut die Backflächen des Waffeleisens vor der nächsten Benutzung gleichmäßig mit Fett oder Öl einstreichen.

HILFE BEIM HAAREFÄRBEN • Wenn Sie Ihre Haare selbst färben, verwenden Sie doch mal eine Zahnbürste, um die Farbe aufzutragen. Sie hat genau die richtige Größe.

DUNKLE VERKRUSTUNGEN VON HAUSHALTSGERÄTEN ENTFERNEN • Tauchen Sie eine alte Zahnbürste in Seifenwasser und entfernen Sie damit die dunklen Verkrustungen rund um Knöpfe und Tasten von Haushaltsgeräten oder von Schriftzügen mit erhabenen Buchstaben.

HÄTTEN SIE'S GEWUSST?

Die Chinesen verwendeten vor etwa 500 Jahren vermutlich als erste Menschen Zahnbürsten, die sie aus Nackenborsten von Schweinen herstellten. Die ersten Zahnbürsten der westlichen Welt kamen erst Ende des 19. Jh. auf. Das zwei- bis dreimalige Zähneputzen pro Tag ist noch jünger und verbreitete sich erst nach dem Zweiten Weltkrieg in der Bevölkerung. Zu dieser Zeit entwickelte das amerikanische Unternehmen DuPont Nylonborsten, die im Gegensatz zu den bislang verwendeten Borsten aus Naturmaterialien zwischen den Putzgängen vollständig trockneten und so gegen Bakterienbefall geschützt waren. Die meisten der heute verwendeten Zahnbürsten haben immer noch Nylonborsten.

ZAHNPASTA

NEUER GLANZ FÜR ALTE SCHUHE • Mit weißer Zahnpasta lassen sich leicht abgewetzte Stellen an Lederschuhen hervorragend behandeln. Man gibt eine erbsengroße Menge Zahnpasta auf die beschädigte oder abgenutzte Stelle und verreibt sie mit einem weichen Tuch. Dann poliert man die Schuhe mit einem feuchten Tuch nach. Das Leder sieht nach dieser Behandlung wieder wie neu aus.

TIPP FÜR TASTENTIGER • Auch Klaviertasten lassen sich mithilfe von weißer Zahnpasta säubern. Bürsten Sie die Tasten mit Zahnpasta und einer Zahnbürste ab und wischen Sie mit einem feuchten Tuch nach. Der Effekt ist bei den Elfenbeintasten alter Klaviere genauso groß wie bei den Kunststofftasten moderner Instrumente.

BÜGELEISEN REINIGEN • Da normale Zahncreme, also keine Gel-Zahncreme, Partikel für eine Scheuerwirkung enthält, eignet sie sich perfekt dazu, die Gleitfläche eines Bügeleisens zu reinigen. Man trägt die Zahnpasta auf das kalte Eisen auf, schrubbt die Verschmutzungen mit einem Lappen ab und reinigt die Gleitfläche mit klarem Wasser.

TIPPS FÜRS BADEZIMMER

KLARE SICHT IM BADEZIMMER • Beschlagene Badezimmerspiegel sind hinderlich beim Rasieren oder Föhnen. Reiben Sie den Spiegel mit normaler Zahnpasta (kein Gel) ein und polieren Sie nach, bevor Sie sich unter die Dusche stellen. Dann beschlägt der Spiegel nicht.

BLITZENDE ARMATUREN IN BADEZIMMER UND KÜCHE • Es gibt Reinigungsmittel mit feinen Scheuerkörnchen zu kaufen, um verchromte Armaturen zum Strahlen zu bringen, doch mit einfacher Zahnpasta (kein Gel) funktioniert es genauso. Geben Sie etwas Zahnpasta auf die Armaturen und polieren Sie mit einem weichen, trockenen Tuch nach.

SAUBERKEIT IM WASCHBECKEN • Normale Zahnpasta (kein Gel) ist ein ausgezeichnetes Reinigungsmittel für Waschbecken und die Tube steht sowieso immer griffbereit am Beckenrand. Einfach das Becken mit etwas Zahnpasta und einem Schwamm auswischen und mit Wasser nachspülen. Die Zahnpasta beseitigt außerdem sogar eventuelle unangenehme Gerüche aus dem Ausguss.

BABYFLÄSCHCHEN REINIGEN • Babyfläschchen sind in den ersten Monaten ständig im Einsatz und nehmen mit der Zeit leicht einen säuerlichen Milchgeruch an. Geben Sie daher etwas Zahnpasta auf die Flaschenbürste und schrubben Sie damit die Flasche aus. Achten Sie darauf, das Fläschchen anschließend gründlich auszuspülen.

WACHSMALKREIDE AUF DEN WÄNDEN? • Wenn Ihre Kinder mit Wachsmalstiften Spuren an den Wänden hinterlassen haben, nehmen Sie eine Tube normale Zahnpasta (kein Gel) und eine Bürste. Geben Sie etwas Zahnpasta auf die Wand und schrubben Sie mit der Bürste die Kunstwerke ab. Die feinen Scheuerkörnchen in der Zahnpasta lassen keinen Farbtupfer übrig. Abschließend wird die Stelle großzügig mit Wasser abgewischt.

TINTEN- UND LIPPENSTIFTKILLER • Wenn in der Tasche Ihres Lieblingshemds ein Stift aufgegangen ist, können Sie versuchen, die Tintenflecke mit Zahnpasta zu beseitigen. Je nach Art des Gewebes und der Tinte kann es besser oder schlechter funktionieren, einen Versuch ist es aber allemal wert. Geben Sie etwas normale Zahnpasta (kein Gel) auf den Fleck und rubbeln Sie gründlich mit einem anderen Stück Stoff über die Stelle. Spülen Sie das Hemd anschließend mit klarem Wasser aus. Wenn zumindest ein Großteil der Tinte entfernt wurde, können Sie die Prozedur so oft wiederholen, bis der Fleck nicht mehr zu sehen ist. Das funktioniert übrigens auch bei Lippenstiftflecken.

ANTI-BESCHLAG-KUR

Ob beim Holzhacken, Skifahren oder Tauchen – oft trägt man dabei „Schutzbrillen". Leider beschlagen diese häufig und das stört nicht nur, sondern kann sogar gefährlich sein. Verreibt man zur Vorbeugung etwas Zahnpasta innen auf den Gläsern und wischt diese danach wieder ab, wird man anschließend beim Gebrauch mit Sicherheit klare Sicht haben.

HÄTTEN SIE'S GEWUSST?

Die alten Ägypter verwendeten zum Zähneputzen ein Gemisch aus der Asche von Ochsenhufen, verbrannten Eierschalen, Myrrhe, Bimsstein und Wasser. In früheren Jahrhunderten benutzten meist nur wohlhabende Leute Mittel zur Zahnreinigung. Die Erfindung der eigentlichen Zahnpasta geht auf das Jahr 1907 zurück, als der Dresdner Apotheker Ottomar Heinsius von Mayenburg die Creme Chlorodont auf den Markt brachte. Zuvor verwendete man unter anderem eine Art Zahnseife, die bereits im Jahr 1852 ebenfalls ein sächsischer Apotheker entwickelt hatte – Adolf Heinrich August Bergmann. Aus Dresden stammt übrigens auch das berühmte Odol®-Mundwasser, es wurde 1893 von Karl August Lingner erfunden.

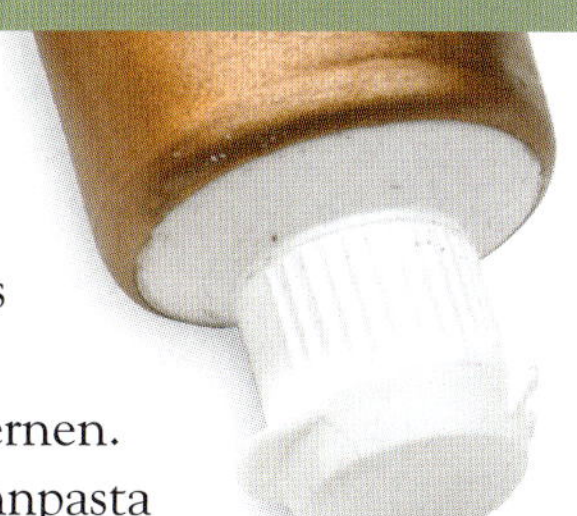

WEG MIT DEM TEERFLECK • Auf Straßen und Wegen bleibt im Sommer schnell einmal etwas Teer an den Fußsohlen kleben, doch dieser lässt sich leicht entfernen. Verreiben Sie etwas normale Zahnpasta (kein Gel) darauf und spülen Sie alles ab.

KAMPF DEM PICKEL • Wenn Ihr pubertierender Nachwuchs mal wieder von einem großen Pickel zur Verzweiflung getrieben wird, soll er einfach etwas Zahnpasta (kein Gel, kein Zahnweiß) auf den Pickel geben und über Nacht trocknen lassen. Die Zahnpasta trocknet den Pickel aus und saugt das Fett auf. Diese Methode wirkt am besten bei Pickeln, auf denen sich gerade der typische gelbe Punkt zeigt.
ACHTUNG: Dieses Hausmittel kann empfindliche Haut reizen. Bei Überreaktion nicht wieder anwenden.

WOHLRIECHENDE HÄNDE • Zahnpasta wirkt nicht nur gegen Mundgeruch, sondern kann auch Ihre Hände von störenden Gerüchen befreien. Waschen Sie sie einfach mit Zahnpasta statt mit Seife und Ihre Hände werden angenehm duften.

Fortsetzung →

VORWÄSCHE FÜR MÖBELPOLITUR • Sie können so viele Untersetzer auf den Tischen auslegen, wie Sie wollen, nach einer größeren Party finden Sie bestimmt einige hässliche Ringe auf Tischen und Regalen. Reiben Sie etwas normale Zahnpasta (kein Gel) mit einem weichen Tuch auf das Holz, wischen Sie mit einem feuchten Lappen nach und lassen Sie das Holz trocknen, bevor Sie herkömmliche Möbelpolitur auftragen.

VORSICHT: Jede Zahncreme, auch Gel-Zahncreme, enthält kleine Scheuerkörnchen – manche mehr, manche weniger. Eine starke Konzentration dieser Partikel kann bei manchen Leuten den Zahnbelag schädigen. Wer empfindliche Zähne hat, sollte daher eine Zahnpasta mit wenig Scheuerkörnchen verwenden. Fragen Sie Ihren Zahnarzt, welche Zahnpasta für Sie am besten ist.

ZAHNSEIDE

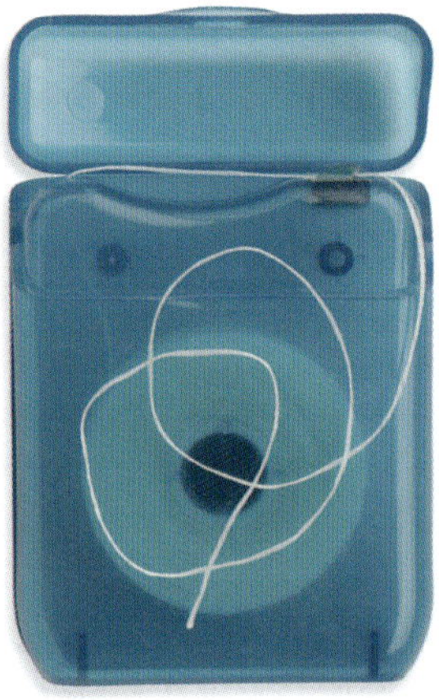

ROBUSTER FADEN FÜR REPARATUREN • Zahnseide ist kräftig und widerstandsfähig, aber trotzdem dünn. Deshalb ist sie ein geeigneter Fadenersatz für die Reparaturen von kleinen Schadstellen an Schirm, Zelt oder Rucksack – Gegenständen, die stark beansprucht werden und Wind und Wetter ausgesetzt sind. Größere Löcher werden gestopft, indem man den Faden mit der Nadel von rechts nach links und zurück durch den Stoff zieht, bis die Stelle mit einem Zahnseideflicken überdeckt ist.

HILFE BEI FESTSITZENDEN RINGEN • Sitzt der Ehering zu fest? Es gibt eine einfache Möglichkeit, ihn vom Finger abzustreifen. Den Finger vom Ring bis zum Fingernagel fest mit Zahnseide umwickeln. Am besten funktioniert es mit der flachen, bandartigen Zahnseide. Dann den Ring über die Zahnseidenhülle nach oben schieben und abziehen.

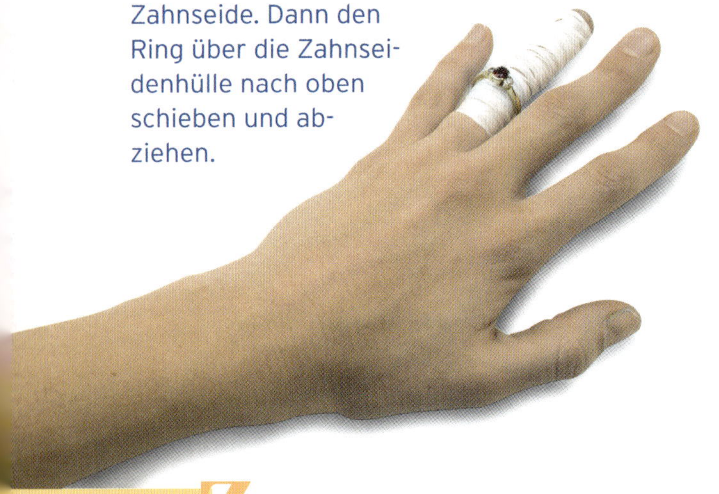

RETTUNG FÜR VERKLEBTE FOTOS • Wer hat nicht schon einmal bei dem Versuch, verklebte Fotos voneinander zu trennen, die Bilder beschädigt? Dabei ist es so leicht: Mit einem zwischen den Fotos durchgezogenen Stück Zahnseide lassen sie sich behutsam und sicher voneinander lösen.

EWIGER HALT FÜR KNÖPFE • Knöpfe, die immer wieder abfallen, sollte man mit Zahnseide annähen. Sie ist wesentlich stärker als Nähgarn und eignet sich gut zum Annähen von Knöpfen an Mänteln, Jacketts und dicken Hemden.

KEIN KEKSBRUCH MEHR • Oft hängen frisch gebackene Kekse hartnäckig am Backblech fest. Krümel schmecken zwar genauso gut wie ganze Kekse, sehen aber auf dem Teller nicht schön aus. Mit einem Stück stramm gezogener Zahnseide lassen sich Kekse und Plätzchen leicht vom Backblech ablösen.

EXTRASTARKE SCHNUR ZUM AUFHÄNGEN • Man kann Zahnseide statt Bindfaden oder Draht zum sicheren Aufhängen von Bildern oder Wind-Klangspielen benutzen. Mit Zahnseide und Nadel lassen sich auch Papiere zusammenheften.

PERFEKTER SCHNITT DURCH KUCHEN UND KÄSE • Kuchen, insbesondere feine und klebrige Kuchen, bleiben beim Schneiden oftmals am Messer hängen. Nehmen Sie deshalb statt eines Messers lieber ein Stück Zahnseide, ziehen Sie es ganz stramm und zerteilen Sie den Kuchen damit. Während des Schneidens sollten Sie den Faden leicht hin- und herbewegen. Auch kleine Käsewürfel können Sie auf diese Weise mit Zahnseide sauber schneiden.

ZAHNSTOCHER

STEAKS FÜR JEDEN GESCHMACK • Bei einer Grillparty möchte jeder Gast sein Steak unterschiedlich weit durchgebraten haben. Damit man beim Grillen den Überblick behält, empfiehlt es sich, die verschiedenen Steaks mit Zahnstochern zu markieren (entweder durch verschiedene Längen oder indem man vorher mit Lebensmittelfarbe drei „Arten" markiert: leicht, mittel und ganz „durch"). Dann bekommt beim Servieren auch wirklich jeder das richtige Steak.

SO KOCHT NICHTS ÜBER • Einmal weggedreht, schon ist das Essen übergekocht? Legen Sie einen Zahnstocher auf den Topfrand zwischen Topf und Deckel. Dadurch entsteht ein kleiner Spalt, durch den genügend Dampf entweichen kann, sodass nichts überkocht. Der gleiche Trick funktioniert auch bei Schmortopfgerichten im Backofen.

KARTOFFELN IN DER MIKROWELLE • Stecken Sie vier Zahnstocher als „Beine" in eine Kartoffel, bevor Sie sie in der Mikrowelle garen. Die Kartoffel gart deutlich schneller und gleichmäßiger, da die Strahlen die Unterseite dann genauso gut erreichen wie die Oberseite.

WENIGER SALATSAUCE • Wer hat nicht schon mal etwas zu schwungvoll Fertigsalatsauce über sein Essen gekippt und sich dann über die Verschwendung und die Extrakalorien geärgert. Beim nächsten Mal ziehen Sie die Schutzfolie nicht von der Flaschenöffnung ab, sondern stechen mit einem Zahnstocher mehrere kleine Löcher in die Folie. So lässt sich die Sauce immer perfekt und sicher dosieren.

TIPPS ZUM NÄHEN

KLEBER AUF PAILLETTEN • Bei Näharbeiten kommt es vor, dass Sie Kleber auf Knöpfe oder Pailletten auftragen müssen. Geben Sie etwas Kleber auf ein Stück Papier und tunken Sie die Spitze eines Zahnstochers hinein. Damit können Sie problemlos kleine Mengen des Klebers auftragen, ohne den Stoff zu verkleben oder Kleber zu verschwenden.

ERLEICHTERUNG BEIM NÄHEN • Näharbeiten an der Nähmaschine lassen sich um einiges beschleunigen und sehr vereinfachen, wenn man den Stoff, die Spitze oder die Falten während dem Nähen mit einem runden Zahnstocher unter den Nähfuß schiebt.

Fortsetzung →

KEIN WÜRSTCHENTANZ IN DER PFANNE • Wenn Sie Würstchen braten, stechen Sie einen Zahnstocher zwischen die Würstchen eines Paares. Auf diese Weise lassen sie sich leichter wenden und sie können nicht mehr in der Pfanne herumrollen. Deshalb garen sie wesentlich gleichmäßiger und müssen nur ein Mal gewendet werden.

VORSICHT: Zu häufige Verwendung von Zahnstochern kann den Zahnschmelz schädigen und das Zahnfleisch verletzen. Wer Brücken oder Kronen hat, muss sehr vorsichtig sein, um diese nicht zu beschädigen. Auch die Zahnhälse kann man mit Zahnstochern verletzen, denn insbesondere bei älteren Menschen hat sich oft das Zahnfleisch zurückgezogen und die Zahnhälse liegen frei.

DER ANFANG DES KLEBEBANDS • Den Anfang einer Klebebandrolle zu suchen, kann einen beinahe zur Verzweiflung bringen. Rollen Sie beim nächsten Mal einen Zahnstocher in das Ende des Klebebands, nachdem Sie es benutzt haben, dann hat das Suchen sofort ein Ende.

HILFE BEI FARBSCHÄDEN AUF MÖBELN • Das Geheimnis des Erfolgs beim Ausbessern von Möbelfarbe liegt darin, so wenig Farbe wie möglich zu verwenden. Auch wenn man die richtige Farbe gekauft hat, passt der frische Farbton nicht 100%ig zu der älteren, ausgebleichten Farbe des Möbels. Man taucht darum die Spitze eines Zahnstochers in den Farbeimer und trägt damit die Farbe auf den Riss auf. Im Gegensatz zur Arbeit mit dem Pinsel gelangt auf diese Weise niemals zu viel Farbe auf das Möbelstück und auch das lästige Pinselreinigen entfällt.

HÄTTEN SIE'S GEWUSST?

- Buddhistische Mönche benutzen bereits seit dem 8. Jh. Zahnstocher, und Forscher haben sogar in den Zähnen von Menschen aus prähistorischer Zeit Rillen von Zahnstochern entdeckt.
- 1872 ließen die Amerikaner Silas Noble und J. P. Cooley die erste Maschine zur Herstellung von Zahnstochern patentieren.
- Aus 40 m^3 Weißbirkenholz lassen sich bis zu 7,5 Mio. Zahnstocher herstellen. Weißbirken werden in den USA auch als „toothpick trees", also als Zahnstocherbäume bezeichnet.

FIDIBUS FÜR KERZENSTUMMEL • Eine breite Kerze ist so weit heruntergebrannt, dass der Docht nur noch sehr schwer zu erreichen ist und ein kurzes Streichholz einfach nicht mehr ausreicht. Zünden Sie stattdessen einfach einen deutlich längeren Zahnstocher an und halten Sie ihn zum Anzünden an den Docht.

NEUER HALT FÜR LOCKERE SCHRAUBEN • Wenn Sie eine Tür zum Streichen abgenommen und auch die Beschläge abgeschraubt haben, kann es sein, dass sich die Schrauben beim Montieren der Türangel zwar in das Loch drehen lassen, aber nicht mehr greifen. Tauchen Sie einen Zahnstocher in etwas Klebstoff und schieben Sie ihn in das Loch. Brechen Sie das herausragende Ende ab. Wiederholen Sie das mit so vielen Zahnstochern, bis das Loch ausgefüllt ist. Bohren Sie nun ein neues Loch, und Sie können die Türangel problemlos festschrauben.

WACHSTUMSHILFE • Wenn sich der Stiel einer kleinen oder noch sehr jungen Pflanze nach unten biegt, muss das nicht unbedingt bedeuten, dass sie abgestorben ist. Eine Zahnstocherschiene kann hier Abhilfe schaffen: Man hält den Stiel aufrecht und schient ihn mit einem Zahnstocher und Klebeband. Nun gießt man die Pflanze und beobachtet sie in der nächsten Zeit. Je nachdem, wie schnell sie wächst, gewinnt der Stiel an Stärke und man kann das Klebeband und den Zahnstocher wieder abnehmen, um den Stamm nicht einzuschnüren.

DICHTUNG FÜR LÖCHER IM GARTENSCHLAUCH

Wegen eines winzigen Lochs muss man nicht den ganzen Gartenschlauch wegwerfen. Stecken Sie einfach einen Zahnstocher in das Loch und schneiden Sie das herausragende Ende ab. Am besten sichern Sie die Stelle noch mit einem Klebeband. Das Wasser lässt das Holz des Zahnstochers anschwellen, sodass er das Loch perfekt abdichtet.

AUSBESSERUNG VON HOLZSCHÄDEN • Was tun, wenn man einen Nagel oder einen Stift in die falsche Stelle einer Holzwand getrieben hat? Sie können das Loch ohne Probleme verschließen: Tauchen Sie einfach die Spitze eines Zahnstochers in weißen oder gelben Kleber, stecken Sie ihn in das Loch und brechen Sie das herausragende Ende ab. Schmirgeln Sie es ab und Sie werden die Stelle kaum noch sehen können.

SAUBERKEIT IN RISSEN UND SPALTEN • Tauchen Sie einen Zahnstocher in etwas Haushaltsalkohol und entfernen Sie damit festsitzenden Schmutz aus schmalen Rissen und Spalten. Auf die gleiche Weise können Sie auch die Spalten rund um die Tasten Ihres Telefons reinigen.

ZEHENSANDALEN

EINSATZ GEGEN TIERHAARE • Schlüpfen Sie mit der Hand in eine Zehensandale und fahren Sie damit in der Richtung des Haarstrichs über Teppiche und Vorleger. Tierhaare werden sich zu Knäueln zusammenballen und können so mühelos weggesaugt werden. Diese Methode lässt sich auch bei Polstermöbeln und Autositzen anwenden.

TÜRSPERRE • Schneiden Sie einen Gummikeil aus einer alten Zehensandale und halten Sie damit an einem windigen Tag beispielsweise Ihre Terrassentür offen.

KEINE KLAPPERNDEN FENSTERLÄDEN • Können Sie nicht schlafen, wenn nachts der Wind bläst? Ältere Klappläden, die bei Wind gegen die Hauswand schlagen, lassen sich mit einem einfachen Trick zur Ruhe bringen. Schneiden Sie Gummistreifen aus einer alten Zehensandale und klemmen Sie diese als geräuschdämmende Polsterung zwischen Laden und Hauswand oder Befestigungsriegel.

STANDFESTE MÖBEL • Ein wackeliger Tisch kann stabilisiert werden, indem man ein Stück von einer alten Zehensandale in Form schneidet und unter das Wackelbein klebt.

ZEITSCHRIFTEN

BASTELMATERIAL FÜR KINDER • Eine günstige und kreative Möglichkeit, Kinder an verregneten Sommertagen zu beschäftigen, ist es, sie eine Collage anfertigen zu lassen. Werfen Sie deshalb in Zukunft Ihre alten Zeitschriften nicht mehr weg. Holen Sie lieber Papier, Schere und Klebstoff aus dem Schrank und lassen Sie die Kinder die Magazine nach Bildern und Wörtern durchblättern und damit Collagen anfertigen. Als Anregung empfiehlt es sich, ihnen für die Collagen Themen vorzuschlagen.

NASSE STIEFEL GUT IN FORM • Beim herbstlichen Wanderurlaub sind die Stiefel nass geworden, die Stiefelleisten sind jedoch zu Hause geblieben? Um zu verhindern, dass die Schuhschäfte Knickspuren bekommen, kann man mit alten Zeitschriften provisorische Stiefelleisten herstellen. Die Zeitschriftenrollen werden dazu in die nassen Stiefel gesteckt, damit das Schuhwerk beim Trocknen in Form bleibt.

EINFALLSREICHES GESCHENKPAPIER • Wenn Sie Ihre Zeitschrift „ausgelesen" haben, müssen Sie sie noch lange nicht wegwerfen, denn Sie können sie noch wunderbar zum Einpacken von Geschenken verwenden. Blättern Sie bei der nächsten Einladung zu einer Geburtstagsfeier doch mal eine Zeitschrift durch und suchen Sie sich eine Anzeige oder eine hübsche Abbildung, die zu Ihrem Geschenk passt. Falls Sie einen Duft verschenken, würde zum Beispiel eine Parfümanzeige ein originelles und passendes Papier abgeben.

ORIGINELLES SCHUBLADENPAPIER • Seiten aus großformatigen Zeitschriften mit schwerem Hochglanzpapier lassen sich zu tollen Einlagen für kleine Frisierkommoden oder Schreibtischschubladen umfunktionieren. Am besten sucht man sich zuerst Seiten mit besonders farbenfrohen Zeichnungen oder Fotos aus, um dann die entsprechenden Seiten auszuschneiden. Um die Größe sauber anzupassen, legt man sie in die Schublade und drückt die Ränder ringsherum an. Der entstehende Falz zeigt an, wo die Seiten abgeschnitten werden müssen.

ZEITUNGSPAPIER

NASSE SCHUHE TROCKNEN • Tropfnasse Schuhe sollte man mit zusammengeballtem Zeitungspapier ausstopfen, damit sie beim Trocknen keinen dauerhaften Schaden nehmen. Die Schuhe bei Zimmertemperatur auf die Seite legen, sodass die Feuchtigkeit besser absorbiert werden kann. Bei starker Durchnässung muss das Zeitungspapier mehrmals erneuert werden.

GLASKLARE FENSTER • Viele Leute benutzen große Mengen saugfähiger Papiertücher, um ihre frisch geputzten Fenster trockenzureiben. Überraschenderweise eignet sich aber zerknülltes Zeitungspapier zum Trocknen und Polieren von Fensterscheiben besser als Papiertücher – und ist obendrein noch viel billiger.

MOTTENSCHUTZ FÜR PULLOVER UND DECKEN • Lassen Sie Motten nicht in den Genuss Ihrer Pullover und Wolldecken kommen. Wickeln Sie die Wollsachen vor der Einlagerung in ein paar Bögen Zeitungspapier und verkleben Sie die Ränder mit Klebeband. Das wird die Motten fern halten und Ihre Kleidung vor Staub und Schmutz schützen.

KEINE UNANGENEHMEN GERÜCHE IN DOSEN UND BEHÄLTERN • Sie haben eine Plastikdose oder eine Holzkiste, in der ein hartnäckiger, unangenehmer Geruch steckt? Stopfen Sie ein paar zerknüllte Zeitungspapierblätter hinein und halten Sie den Behälter drei oder vier Tage lang fest verschlossen. Diese Technik lässt sich auch auf Truhen und Koffer anwenden. Sie müssen nur entsprechend mehr Zeitungspapier verwenden.

HÄTTEN SIE'S GEWUSST?

Als erste Tageszeitung der Welt erschien 1650 in Leipzig die „Einkommenden Zeitungen". Sie war an sechs Tagen pro Woche erhältlich. Zuvor gab es bereits wöchentlich gedruckte Blätter, als deren älteste die so genannten „Relationen" aus Straßburg gelten, die wahrscheinlich Mitte 1605 zum ersten Mal in Druck gingen. Die traditionsreichste noch heute bestehende Zeitung ist wohl die „Hildesheimer Allgemeine Zeitung", die im Jahr 2005 ihren 300. Geburtstag feierte und seit immerhin 200 Jahren von derselben Verlegerfamilie, inzwischen in der siebten Generation, herausgegeben wird.

IMPROVISIERTES BÜGELBRETT

Wer unterwegs ein Reisebügeleisen dabei hat, kann sich auf folgende Weise im Handumdrehen ein Bügelbrett improvisieren. Man füllt dazu einfach einen Kissenbezug mit einem kleinen Stapel Zeitungspapier und achtet darauf, dass eine möglichst ebene Fläche entsteht. Nun legt man das ganze Bündel auf eine Arbeitsplatte oder auf den Boden, und das Bügeln kann sofort beginnen.

VERSCHMUTZTE GRILLROSTE SÄUBERN • Jeder kennt die lästige Aufgabe, den hartnäckigen Schmutz vom Grillrost zu entfernen. Erleichtern Sie sich die Arbeit und wickeln Sie den abgekühlten Rost nach dem Grillen in nasses Zeitungspapier. Am nächsten Tag sollte sich der Schmutz mit Wasser und Spülmittel einfach abwaschen lassen.

Fortsetzung →

FÜR LEUTE MIT GRÜNEM DAUMEN...

TOMATENLAGER • Droht im Spätherbst der erste Frosteinbruch und Ihr Tomatenstock hängt noch voller Früchte? Ernten Sie sie und wickeln Sie jede für sich in Zeitungspapier. Lagern Sie die Früchte bei Zimmertemperatur in luftdichten Behältern in einem dunklen Schrank und führen Sie alle drei oder vier Tage eine Kontrolle durch. Nach und nach werden sie alle vorbildlich reifen.

VERWENDUNG ALS MULCH • Zeitungspapier gibt einen hervorragenden Mulch für Gemüse- oder Blumenbeete ab. Es hält nicht nur ausgezeichnet die Feuchtigkeit, sondern hemmt auch das Wachsen von lästigem Unkraut. Man breitet einfach mehrere Bogen Zeitungspapier aus und bedeckt das Papier etwa 8 cm hoch mit Rindenmulch, damit es nicht wegfliegt.

Vorsicht: Zum Mulchen oder Kompostieren eignet sich kein Hochglanzpapier oder buntes Zeitungspapier. Farbige Tinten enthalten oft Blei oder schädliche Farbstoffe, die in den Boden sickern können. Wer sich unsicher ist, kann bei der örtlichen Zeitungsredaktion anrufen und sich nach den dort verwendeten Tinten erkundigen. Viele Zeitungen benutzen heute ausschließlich ungefährliche Tinten auf Pflanzenbasis.

ALS KOMPOSTBEIMISCHUNG • In kleinen Mengen kann man feuchtes, zerkleinertes Zeitungspapier (nur schwarze Tinte) einem Komposthaufen zusetzen. Es sorgt für eine Geruchsverminderung und ist ein Leckerbissen für Kompostwürmer.

OHRWURMFALLE • Wickeln Sie eine nasse Zeitung fest zusammen und schlingen Sie ein Gummiband darum. Platzieren Sie die Rolle über Nacht dort, wo Sie die Insekten gesehen haben. Am nächsten Morgen können Sie die Rolle an einem geeigneten Ort ausschütteln.

DEFEKTE GLÜHBIRNE HERAUSDREHEN • Beim Entfernen einer kaputten Glühbirne kann man sich leicht schneiden. Bauschen Sie ein paar Zeitungsblätter zusammen, greifen Sie die Birne mit dem Papier und drehen Sie sie entgegen dem Uhrzeigersinn. Achten Sie unbedingt darauf, dass Sie Schutzhandschuhe tragen und der Strom abgeschaltet ist. Normalerweise sollte sich die Birne auf diese Weise problemlos aus der Fassung herausdrehen lassen.

WEG MIT OFENREINIGER-RESTEN • In der Werbung werden solche Mittel zwar als selbsttätige Ofenreiniger angepriesen, aber wenn der Schmutz dann gelöst ist, bleibt es doch wieder Ihnen überlassen, die ascheartigen Rückstände herauszuwischen. Verschwenden Sie dafür aber keine ganze Küchenrolle. Ein paar angefeuchtete, zerknüllte Zeitungspapierbögen tun es auch.

KEINE FARBE AUF FENSTERSCHEIBEN

Wenn Sie Ihre Fensterrahmen streichen wollen, brauchen Sie kein teures Malerkrepp zu kaufen. Befeuchten Sie einfach mehrere Zeitungspapierstreifen mit Wasser und kleben Sie die Stücke längsseits des Rahmens, den Sie streichen wollen, auf die Scheibe. Das Zeitungspapier bleibt mühelos an der Oberfläche haften und lässt keine Farbe aufs Glas gelangen. In der Regel ist es auch noch einfacher zu entfernen als das übliche Kreppband.

KAMINSCHEITE AUS PAPIER • Der Winter ist im Anzug und es fehlt noch etwas Kaminholz? Stellen Sie doch einfach ein paar Scheite aus altem Zeitungspapier selbst her! Schichten Sie Zeitungsblätter passgenau zu einem Stapel aufeinander, wickeln Sie das

Papier so fest Sie können zusammen und binden Sie die Rollen mit Schnur oder Draht zu. Danach werden die Bündel kurz in eine leichte Seifenwasserlösung getaucht und zum Trocknen hochkant hingestellt. Auch wenn es eine Weile dauert, sollte man sie vor Gebrauch gründlich trocknen lassen. Im Kamin geben sie ein schönes Feuerchen. In einem Holzofen sollten Zeitungspapierscheite aber nicht verfeuert werden, sofern der Hersteller dies nicht ausdrücklich erlaubt.

ACHTUNG GLASSCHERBEN • Es ist fast ein Gesetz: Mindestens einmal im Leben lässt jeder mal eine Glasschüssel fallen. Das kleine Dilemma haben Sie aber schnell wieder im Griff! Heben Sie zunächst die großen Scherben auf. Um sicher auch alle kleinen Splitter zu erwischen, deckt man den Bereich mit nassem Zeitungspapier ab. Die winzigen Bruchstücke bleiben am Papier kleben und können leicht entsorgt werden. Einfach das Zeitungspapier vorsichtig in den Mülleimer werfen.

WINTERFESTE WASSERHÄHNE • Sofern keine frostfreien Außenleitungen vorhanden sind, sollte man in der kalten Jahreszeit die Außenwasserhähne isolieren. Damit Eis und Kälte keinen Schaden anrichten, muss man darauf achten, das Absperrventil zu jedem Hahn zuzudrehen und die Leitungen vollständig zu entleeren. Danach wird jeder Wasserhahn isoliert, indem man ihn mit mehreren Zeitungsblättern umwickelt und eine Plastiktüte darüber stülpt. Die Plastiktüte lässt sich mit Klebeband oder ein paar Gummibändern vor dem Verrutschen sichern.

HÄTTEN SIE'S GEWUSST?

Der Papiertyp, der von allen Zeitungen weltweit für den Druck verwendet wird, wurde um 1838 von Charles Fenerty, einem kanadischen Teenager aus Neuschottland, erfunden. Als Fenerty mitbekam, dass örtliche Papierfabrikanten ständig über Lieferengpässe bei Lumpen klagten, die zur Herstellung des bis dahin üblichen Hadernpapiers dienten, entwickelte er eine Methode, Papier aus Fichtenholz-Zellstoff zu fabrizieren. Dieselbe Idee verfolgte ab 1840 der sächsische Webermeister Friedrich Gottlob Keller, der das Verfahren gemeinsam mit dem Papiermacher Heinrich Voelter noch vor Fenerty 1844 zum Patent anmeldete.

REIFENHAFTUNG AUF GLATTEM BODEN • Hat man keinen Wagen mit Allradantrieb, ist es immer gut, in den Wintermonaten einen kleinen Stapel Zeitungen im Kofferraum mitzuführen. Damit kann man sich nämlich aus der Patsche helfen, wenn sich die Räder im Schlamm oder auf Eis festgefahren haben. Indem man unter jedes Hinterrad ein bis zwei Dutzend Zeitungsblätter schiebt, sorgt man meist schon für die nötige Bodenhaftung, um das Auto zurück auf die Straße zu bringen.

36 TIPPS

ZITRONEN

Im Haus

ANGENEHM RIECHENDE KATZENSTREU • Um üble Gerüche von Katzenstreu zu beseitigen oder die Badezimmerluft aufzufrischen, braucht man kein Aerosolspray, sondern zerschneidet einfach ein paar Zitronen, legt sie mit der Schnittseite nach oben auf einem Tellerchen in das Zimmer, und schon riecht es dort herrlich zitronenfrisch!

Fortsetzung →

ALTE SCHUHCREME WIEDER BRAUCHBAR MACHEN • Ist Ihnen mal wieder die Schuhcreme eingetrocknet, da der Deckel offen stand? Kein Problem! Geben Sie einfach einige Tropfen Zitronensaft zur Creme und sie ist wieder geschmeidig und einsatzbereit.

ARMATUREN WIE NEU • Kalkablagerungen auf Chromwasserhähnen sowie Verfärbungen auf Chrom lassen sich mit Zitronenschale entfernen. Die Chromteile mit der Schale abreiben, und schon kehrt der Glanz zurück. Gut abspülen und mit einem weichen Lappen trockenreiben.

KNIFF FÜR HARTNÄCKIGE FLECKEN AUF MARMOR • Marmor ist ein eher empfindliches Material mit poröser Beschaffenheit und ist daher recht anfällig für Flecken oder Schadstellen. Flecken sind oft nur schwer zu beseitigen, doch mit der folgenden Methode geht es ganz einfach: Eine Zitrone halbieren, die Schnittfläche in Tafelsalz drücken und damit anschließend kräftig über den Fleck reiben. Das sollte den Fleck verschwinden lassen.

DUFTENDER KAMIN • Was gibt es Gemütlicheres als ein prasselndes Kaminfeuer an einem kalten Winterabend? Doch manchmal trüben üble Gerüche den Genuss. Wenn das Kaminfeuer einen unangenehmen Duft in das Zimmer strömen lässt, wirft man einfach ein paar Zitronenschalen in die Flammen oder man verbrennt als vorbeugende Maßnahme einige Zitronenschalen mit dem Brennholz.

FRISCHER DUFT FÜR DEN LUFTBEFEUCHTER • Ein Luftbefeuchter ist eine praktische Sache, doch manchmal entströmt ihm neben der Feuchtigkeit auch ein unangenehmer Geruch. Mit 3 – 4 TL Zitronensaft im Wasser des Befeuchters verschwindet der Muff jedoch und es verbreitet sich ein zarter frischer Zitronenduft. Alle paar Wochen wiederholen, damit der Geruch nicht wiederkehrt.

STRAHLENDES MESSING • Verfärbungen auf Messing, Kupfer oder Edelstahl müssen nicht sein. Mit einer Paste aus Zitronensaft und Salz bringt man das Metall wieder zum Strahlen. Anstelle des Salzes kann man auch Weinstein verwenden. Einfach das Gemisch auf die angelaufenen Stellen auftragen und 5 Minuten einwirken lassen. Dann mit warmem Wasser abwaschen, abspülen und trockenpolieren. Mit dieser Mischung kann man auch Spülbecken aus Metall reinigen.

FRISCHE, FEUCHTE ZIMMERLUFT • Die trockene Heizungsluft, die man an Wintertagen zu Hause hat, sollte man auffrischen und befeuchten. Stellen Sie eigene Duftquellen für das Zimmer her, die gleichzeitig auch als Luftbefeuchter dienen. Wenn man einen mit Holz befeuerten Ofen hat, stellt man einen emaillierten, gusseisernen Topf darauf, gießt Wasser hinein und gibt Zitronenschalen (oder Orangenschalen), Zimtstangen, Nelken und Apfelschalen hinein. Wer keinen solchen Ofen hat, stellt den Topf auf den Herd und lässt das Wasser immer wieder ein wenig kochen.

In der Küche

KEINE GERÜCHE AUF DEN SCHNEIDBRETTERN • Schneidbretter, die man in der Küche zum Schneiden von Zwiebeln, Knoblauch, Fleisch und Fisch verwendet, nehmen oft einen unangenehmen Geruch an. Der Geruch verschwindet und das Schneidbrett ist keimfrei, wenn man es gründlich mit der Schnittfläche einer halben Zitrone abreibt.

FRISCHE IM KÜHLSCHRANK • Wenn der Kühlschrank etwas muffig riecht, können Sie einfach einen mit Zitronensaft getränkten Wattebausch oder Schwamm für ein paar Stunden in den Kühlschrank legen. Außerdem sollte man darauf achten, dass man schlecht riechende Lebensmittel möglichst aus dem Kühlschrank entfernt.

DAS AUGE ISST MIT • Kartoffeln und Blumenkohl verfärben sich manchmal beim Kochvorgang und werden unansehnlich braun. Sie behalten ihre weiße Farbe jedoch, wenn man dem Kochwasser einen Teelöffel frischen Zitronensaft zusetzt.

LOCKERER REIS • Reis sollte locker von der Gabel fallen und nicht als pappiger Klumpen auf dem Teller liegen. Um das Verkleben zu vermeiden, setzt man dem kochenden Wasser einen Löffel Zitronensaft zu. Den gar gekochten, etwas abgekühlten Reis vor dem Servieren mit einer Gabel auflockern.

POLITUR FÜR TÖPFE AUS ALUMINIUM • Stumpf gewordene Töpfe und Pfannen können Sie innen und außen blank putzen, indem Sie eine Zitrone zerschneiden und Töpfe und Pfannen mit den Schnittflächen abreiben. Mit einem weichen Lappen polieren.

GUACAMOLE BLEIBT SCHÖN GRÜN • Guacamole, der leckere Avocado-Dip, ist ein tolles Mitbringsel für jede Party. Damit die Creme auf dem Weg dorthin nicht braun wird, sollten Sie reichlich frischen Zitronensaft auf die Oberfläche träufeln. So bleibt die Guacamole nicht nur frisch und grün, das Aroma des Zitronensafts ist auch eine natürliche Ergänzung für die darin enthaltene Avocado. Auch Obstsalat können Sie auf diese Weise viele Stunden vorher zubereiten. Die Apfelstücke mit Zitronensaft beträufeln, dann bleiben sie schneeweiß.

SALATBLÄTTER WIEDER KNACKIG MACHEN • Leicht welken Salat braucht man nicht in den Abfall zu werfen. Man kann ihn mit ein bisschen Zitronensaft nämlich wieder auffrischen. Den Saft einer halben Zitrone in eine Schale mit kaltem Wasser geben, den Salat hineinlegen und eine Stunde in den Kühlschrank stellen. Man sollte darauf achten, dass die Salatblätter völlig trocken sind, bevor man sie für Salate oder Sandwiches verwendet.

Spaß für Kinder

Geheime Botschaften schicken und bekommen – das macht Kindern riesigen Spaß. Mit Geheimtinte machen Sie den Kleinen eine besondere Freude. Nehmen Sie frisch gepressten Zitronensaft oder Zitronensaft aus der Flasche als Tinte, ein Wattestäbchen als Stift und ein Blatt weißes Papier zum Schreiben. Wenn die Kinder die unsichtbare Botschaft nach dem Trocknen der Tinte lesen wollen, müssen sie das Blatt Papier in die Sonne oder an eine helle Glühbirne halten. Durch die Wärme verfärbt sich die Schrift hellbraun und die Botschaft wird lesbar. Achten Sie darauf, dass die Kinder das Papier nicht zu nah an die Glühbirne halten, damit es sich nicht entzündet.

INSEKTEN AUS DER KÜCHE FERN HALTEN • Man braucht kein Insektengift und keine Ameisenfallen, um die Küche vor Ameisen zu schützen. Zitrone wirkt nahezu ebenso gut. Zunächst etwas Zitronensaft auf Türschwellen und Fensterbretter träufeln. Dann spritzt man Zitronensaft in die Öffnungen oder Spalten, durch die die Ameisen ins Haus gelangen. Schließlich verteilt man um die Haustür ein paar Stückchen Zitronenschale. Das alles hält Ameisen fern. Zitronen wirken aber auch gegen Küchenschaben. Schale und Saft von vier Zitronen mit 2 l Wasser vermischen und die Fußböden damit putzen. Krabbelnde Plagegeister werden von dem Duft verjagt und verschwinden.

SAUBERKEIT IM MIKROWELLENHERD • Wenn sich im Mikrowellengerät verkrustete Speisereste abgelagert haben, kann man das Gerät reinigen, indem man 3 EL Zitronensaft und 330 ml Wasser in einer mikrowellengeeigneten Schale mischt, in die Mikrowelle stellt und 5 –10 Minuten auf hoher Stufe erhitzt. Der Dampf schlägt sich an den Innenwänden nieder. Nun lassen sich die aufgeweichten Speisereste einfach wegwischen.

Fortsetzung →

In der Waschküche

EIN TURBO FÜR IHR WASCHMITTEL • Rostflecken und andere mineralische Verfärbungen gehen mit normalem Waschmittel aus Baumwoll-T-Shirts und Unterhosen oft nicht raus. Gießen Sie deshalb beim Waschgang 220 ml Zitronensaft in die Waschmaschine. Die natürliche Bleichwirkung der Zitrone lässt die Flecken verschwinden und verleiht Ihrer Wäsche zudem einen tollen Frischegeruch.

ACHSELFLECKEN ADE! • Sagen Sie gelblichen Verfärbungen im Achselbereich von Hemden und Blusen ade, indem Sie die Wäsche mit einer Mischung aus Zitronensaft (oder weißem Essig) und Wasser zu gleichen Teilen waschen.

AUS FÜR STOCKFLECKEN AUF IHRER KLEIDUNG • Beim Hervorholen der eingelagerten Sommer- oder Winterkleidung gibt es manchmal eine böse Überraschung: Stockflecken! Rücken Sie ihnen zu Leibe, indem Sie die fleckigen Stellen mit einer Paste aus Zitronensaft und Salz abreiben. Lassen Sie die Kleidungsstücke in der Sonne trocknen und wiederholen Sie die Prozedur, bis die Flecken verschwunden sind. Die Methode ist auch für Rostflecken geeignet.

TIPP

Vor dem Auspressen

** Sie pressen mehr Saft aus frischen Zitronen, wenn Sie diese zunächst auf Zimmertemperatur bringen und mit der Handfläche kräftig auf der Arbeitsplatte hin- und herrollen. Das Geheimnis: Beim Rollen platzen Bindegewebe und Wände der Saftzellen und die Zitrone gibt beim Auspressen mehr Flüssigkeit ab.*

SANFTE BLEICHWIRKUNG • Gewöhnliche Haushaltsbleichmittel haben einen Nachteil: Sie bewirken manchmal, dass das im Wasser enthaltene Eisen ausgefällt wird, was dann zusätzliche Flecken auf dem Gewebe bewirkt. Eine milde und fleckenfreie Bleichwirkung erreichen Sie jedoch, wenn Sie Ihre Feinwäsche mindestens eine Stunde vor dem Waschen in einer Mischung aus Zitronensaft und Natron einweichen.

WEISSMACHER FÜR KLEIDUNG • Zitronensaft, den man in die Waschmaschine gibt, ist ein ungefährlicher, aber wirksamer Weißmacher für Stoff und hinterlässt zudem einen zitronenfrischen Duft.

Für Gesundheit und Schönheit

GEGEN ALTERSFLECKEN • Man muss nicht gleich teure medizinische Cremes zum Bleichen unansehnlicher Leberflecken und Sommersprossen kaufen. Versuchen Sie es mal so: Tragen Sie Zitronensaft auf die Stellen auf, lassen Sie ihn 15 Minuten einwirken und spülen Sie dann die Haut ab. Zitronensaft ist ein ungefährliches und wirksames Hautbleichmittel.

STRAFFE HAUT AN KINN UND HALS • Wer sich einer kleinen Verjüngungskur unterziehen will, sollte sich der gern übersehenen Körperpartien Kinn und Hals zuwenden. Anstatt in ein teures Kosmetikgeschäft zu gehen, kann man sich ganz einfach selbst eine straffende Packung herstellen. Dazu ein Ei trennen und das Eiweiß steif schlagen. Dann den Saft von einem Zitronenviertel beimischen. Die Packung auf Kinn- und Halspartie geben und 30 Minuten einwirken lassen. Anschließend mit warmem Seifenwasser abwaschen und eincremen.

KUR FÜR DIE FINGERNÄGEL • Auch ohne professionelle Maniküre kann man etwas für seine Nägel tun. Man gebe den Saft einer halben Zitrone in 220 ml warmes Wasser und weiche die Fingerspitzen 5 Minuten lang darin ein. Dann schiebt man die Nagelhaut zurück und reibt mit Zitronenschale über den Nagel.

FRISCHER ATEM

Sie haben ein wichtiges Treffen und kein Mundwasser zur Hand? Zitronensaft aus der Flasche kann als Ersatz dienen. Den Mund mit dem Saft ausspülen, ihn dann schlucken, und der Atem bleibt anhaltend frisch. Die Zitronensäure lässt die Bakterien absterben, die Mundgeruch verursachen. Nach ein paar Minuten den Mund ausspülen, weil die Säure den Zahnschmelz schädigen kann.

BALSAM FÜR RAUE HÄNDE UND SCHMERZENDE FÜSSE • Zur Behandlung schmerzender Gliedmaßen braucht man keine starken Mittel. Es reicht, Hände oder Füße in einer Mischung aus Zitronensaft und Wasser zu gleichen Teilen zu baden und danach mit Olivenöl einzureiben.

Lebendige Wissenschaft

Mit einer Zitronenbatterie kann man zwar nicht das Auto starten, doch man kann den Strom mit der Zunge spüren.

Die Zitrone auf einer glatten Fläche rollen. Im Abstand von 1,25 cm zwei kleine Schlitze einschneiden. Dann eine alte Kupfermünze in den einen und eine Silbermünze in den anderen Schlitz stecken. Versuchen Sie, mit der Zunge die Kupfermünze und die Silbermünze gleichzeitig zu berühren: Spüren Sie ein leichtes Kribbeln? Das funktioniert wie folgt: Die in der Zitrone enthaltene Säure reagiert mit jedem der beiden Metalle. Es entstehen elektrisch geladene Teilchen und ein Spannungsgefälle. Dadurch fließt Strom über die Zunge als Leiter von einer Münze in die andere. Mit einem fein justierbaren Strommessgerät sollte der Effekt auch messbar sein.

HÄTTEN SIE'S GEWUSST?

Der unattraktive Zitronenbaum dürfte kaum der Grund für die übliche Sehnsucht nach dem Süden sein. Die ungleichmäßig wuchernden Zweige haben wenig Ähnlichkeit mit dem dichten Laub eines Orangenbaums und die rötlichen Blüten lassen den angenehmen Duft von Orangenblüten vermissen. Eine Besonderheit ist jedoch, dass der Zitronenbaum ganzjährig gleichzeitig Blüten und Früchte trägt. Die Frucht ist dank des hohen Gehalts an Zitronensäure sehr sauer. Zur Vorbeugung gegen Skorbut haben Seeleute jahrhundertelang Zitronen mit ihrem hohen Gehalt an Vitamin C zu sich genommen. Bis heute muss an Bord von Schiffen der britischen Marine für jeden Seemann täglich 30 ml frischer Zitronensaft zur Verfügung stehen.

BEHANDLUNG VON SCHNITT- UND SCHÜRFWUNDEN • Bei kleineren, frischen Schnitt- und Schürfwunden lässt sich die Blutung stoppen, wenn man ein paar Tropfen Zitronensaft unmittelbar auf die Wunde träufelt oder den Zitronensaft mit einem Wattebausch aufträgt und eine Minute anpresst. Gleichzeitig wird die Wunde desinfiziert.

WIRKSAME PFLEGE FÜR TROCKENE ELLENBOGEN • Trockene, juckende Ellenbogen sind nicht nur lästig, sie können auch unschön aussehen. Nach mehrfacher Behandlung mit dem folgenden Rezept werden sie sich jedoch zusehends bessern. Aus Natron und Zitronensaft eine Scheuerpaste anrühren und die Ellenbogen zum Beruhigen, Glätten und Entschuppen sorgfältig mit der Paste einreiben.

NATÜRLICHE GESICHTSREINIGUNG • Das Abwaschen mit Zitronensaft klärt und entschuppt die Gesichtshaut. Nach mehreren Behandlungstagen müsste die Haut deutlich erholt aussehen. Achten Sie darauf, dass Sie den Saft nicht in die Augen bringen.

Fortsetzung →

BRENNNESSELBLASEN • Haben Sie sich an Brennnesseln verbrannt, können Sie sich teure Lotions sparen. Tragen Sie einfach unverdünnten Zitronensaft auf die betroffene Stelle auf. Das lindert den Schmerz und den Ausschlag.

ZITRONENFRISCHE SCHUPPENBEHANDLUNG • Leiden Sie unter Schuppen und störendem Kopfjucken? Massieren Sie 2 EL Zitronensaft in die Kopfhaut ein und spülen Sie ihn anschließend mit Wasser aus. Dann rühren Sie 1 TL Zitronensaft in 220 ml Wasser und spülen das Haar damit. Wenden Sie das Ganze einmal täglich so lange an, bis die Schuppen verschwinden und der Juckreiz nachlässt.

BEERENFLECKEN AN DEN HÄNDEN • Beeren pflücken macht Spaß, doch die Saftflecken an den Fingern lassen sich mit Wasser und Seife kaum entfernen. Waschen Sie die Hände mit Zitronensaft. Ein paar Minuten warten, dann mit warmem Seifenwasser nachwaschen. Bei Bedarf wiederholen.

ZUCKER

LANG ANHALTENDE FRISCHE FÜR SCHNITTBLUMEN • Mit einem einfachen Rezept können Sie Ihre Schnittblumen länger frisch halten. Rühren Sie 3 EL Zucker und 2 EL Weißweinessig in 1 l warmes Wasser ein. Achten Sie darauf, dass die Stängel in der Vase mindestens 7–10 cm in diese Flüssigkeit hineinragen. Der Zucker ernährt die Pflanzen, während der Essig das Wachstum schädlicher Bakterien hemmt. Auf diese Weise bleiben Schnittblumen überraschend lange frisch.

HILFE BEI VERBRÜHTER ZUNGE • An heißer Pizza, Kaffee, Tee oder Suppe kann man sich schnell die Zunge verbrühen. Streuen Sie einfach ein, zwei Prisen Zucker auf die betroffene Stelle und der Schmerz lässt sofort nach.

NIE MEHR FADENWÜRMER IM GARTEN • Wenn die Gartenpflanzen nicht gesund aussehen und sich Knoten an den Wurzeln zeigen, kann es sein, dass sie von Fadenwürmern, so genannten Nematoden, befallen sind. Diese Würmer, die auch in den gesündesten Gärten auftreten können, sind mikroskopisch kleine Parasiten, die in die Wurzeln von Pflanzen eindringen. Mit Zucker lässt sich dieser Wurm vertreiben. Streuen Sie 2 kg Zucker auf jeweils 25 m^2 Ihres Gartens. Die Mikroorganismen, die sich von Zucker ernähren, werden sich vermehren, den organischen Anteil an der Erde vergrößern und so die lästigen Nematoden vernichten.

SAUBERE HÄNDE • Um Hände von klebrigem Schmutz, Ruß oder Farbe zu reinigen, gibt man Zucker und Olivenöl in gleichen Mengen in die Hände und reibt sie sich mehrere Minuten lang. Danach wäscht man sie mit viel klarem Wasser und trocknet sie gut ab. Die Zuckerkörner rubbeln den Dreck ab und unterstützen das Öl dabei, fettlöslichen Schmutz zu entfernen. Die Hände werden perfekt sauber und durch das Öl zugleich noch gepflegt.

FLIEGENFALLE OHNE GIFT • Fliegen lassen sich auch ohne Gift vertreiben. Geben Sie 500 ml Milch, 115 g Rohzucker und 60 g gemahlenen Pfeffer in einen Topf und lassen Sie die Mischung 10 Minuten lang unter gelegentlichem Rühren köcheln. Verteilen Sie die Mischung anschließend auf mehrere flache Schälchen, die Sie überall dort aufstellen, wo Fliegen stören, beispielsweise in der Küche oder auf der Terrasse. Der Geruch zieht die Fliegen an und sie ertrinken in der Flüssigkeit.

PUDDING OHNE HAUT • Pudding macht Kinder glücklich – und viele Erwachsene auch. Der einzige Wermutstropfen: Beim Erkalten bildet das Naschwerk eine Haut, die recht dick werden kann und manchem die Freude am Puddingessen etwas trübt. Das kann man leicht verhindern, indem man etwas Zucker auf den noch heißen Pudding streut. Der Pudding bleibt dann überall locker und cremig.

STETS FRISCHE DESSERTS • Zucker hält Kuchen länger frisch und saftig. Bewahren Sie Kuchen in einem luftdichten Behälter zusammen mit einigen Zuckerwürfeln auf, damit er ein paar Tage länger hält. Wenn Sie Zuckerstücke mit unter die Käseglocke legen, wird auch der Käse nicht so schnell schimmeln.

Spaß für Kinder

Um leckere Zuckerkristalle selbst zu züchten, braucht man nur 625 g Zucker in 250 ml heißem Wasser aufzulösen und dann diesen Sirup in mehrere flache Schälchen zu geben und beiseite zu stellen. In jedes Schälchen gibt man ein Zuckerkorn, das als so genannter Kristallisationskeim dient. In einigen Tagen bilden sich glitzernde „Felsbrocken“. Mit dem Löffel kann man diese nun herausheben und kurz abspülen - fertig ist das lehrreiche Naschwerk für den Nachwuchs!

ZWIEBELN

KAMPF DEM ROST • Rost auf den Küchenmessern? Mit Stahlwolle oder aggressiven Chemikalien tun Sie sich und Ihren Messern keinen Gefallen. Aber es geht auch einfacher: Stoßen Sie Ihr rostiges Messer drei- bis viermal (wenn es sehr rostig ist, kann es ruhig etwas öfter sein) in eine große Zwiebel. Sollte Ihnen die Zwiebel Tränen entlocken, werden es Freudentränen über Ihre rostfreie Messerklinge sein!

BALSAM FÜR BIENENSTICHE • Ein unangenehm schmerzender Bienenstich kann einem die schönste Grillparty verderben. In diesem Fall können die Zwiebelringe helfen, die eigentlich als Beilage für Hamburger und Salate gedacht waren. Einfach einen Zwiebelring auf die Stichstelle legen, und der Schmerz wird sich lindern. Bei Allergie gegen Stiche von Bienen oder sonstigen Insekten sollte man aber auf jeden Fall sofort einen Arzt aufsuchen.

KEIN LÄSTIGER FARBGERUCH

Das Schlafzimmer ist frisch gestrichen, doch genießen lässt sich die neue Pracht nicht wirklich. Der lästige Farbgeruch stört die wohlverdiente Nachtruhe. Als Gegenmaßnahme eignen sich mehrere frisch geschnittene Zwiebelscheiben, die man mit ein wenig Wasser in eine Schüssel gibt. Das Zwiebelwasser wird den störenden Geruch in wenigen Stunden absorbiert haben.

EINSATZ GEGEN STECHMÜCKEN • Als Hausmittel gegen Moskitos und andere stechende Insekten sind Zwiebeln ganz hervorragend geeignet. Man muss sich nur die Haut mit ihnen einreiben. Manche schwören auch darauf, im Sommer besonders viele Zwiebeln und viel Knoblauch zu essen – ein Verfahren, das man aber unbedingt mit seinem Partner absprechen sollte! Siehe Seite 211 für Methoden zur Stechmückenabwehr mit Orangen.

REGISTER

Damit man bei einem Problem möglichst schnell die Lösung findet, ist dieses Register „problemorientiert“ aufgebaut: So findet man alles, was beispielsweise mit Anmalen, Streichen usw. zu tun hat, unter *Malerarbeiten* alphabetisch geordnet (z. B. Farbe filtern, Farbspritzer entfernen usw.). **Fett** gesetzte Seitenzahlen verweisen auf Haupteinträge

A

B

C

H

L

M

N

O

P

Z

BILDNACHWEIS
Alle Fotos und Illustrationen Reader's Digest außer:
Comstock Images: 330 unten.
Corel Corporation: 297 Mitte links und rechts.
mauritius images: 103 unten (age fotostock), 135 (age fotostock).
Photodisc: 9 rechts, 24 oben links, 91 oben, 93 rechts, 95.